Hernandes Dias Lopes

SALMOS

73–150
O livro das canções e
orações do povo de Deus

VOL. 2

LIVRO 3
(Salmos 73—89)

W. T. PURKISER DIZ que o Livro 3 consiste em 17 salmos (73—89). Todos têm títulos indicando nomes pessoais: 11 são de Asafe, três de Corá, um de Davi, um de Hemã e um de Etã. Todos os tipos de salmos estão representados, com exceção do salmo de penitência: seis salmos de lamento, cinco de culto, adoração, louvor e ações de graças; três de sabedoria, um imprecatório, um litúrgico e um messiânico. Alguns dos salmos mais admiráveis e preciosos do Saltério estão nessa seção.[1]

Capítulo 72

A prosperidade do ímpio

(Sl 73:1-28)

Esse é o primeiro salmo de um grupo de 11 ligados a Asafe neste terceiro livro do Saltério. São atribuídos a Asafe os salmos 50 e 73 a 83. Esse Asafe foi descendente de Gerson, filho de Levi (1Cr 6:39-43), um dos líderes de música a quem Davi designara (1Cr 15:16,17) e fundador de um dos coros do templo (1Cr 25:1). Ele trata basicamente do mesmo assunto abordado nos salmos 37 e 49. Por que, sendo Deus justo, permite que o ímpio prospere e o justo sofra e seja afligido? Esse salmo é uma espécie de comentário do livro de Jó, trazendo em seu bojo, também, uma sólida doutrina da imortalidade. Derek Kidner diz que Asafe faz nesse salmo uma busca amarga e desesperadora, e recebe uma recompensa acima de toda a expectativa.

Na verdade, o salmista faz uma confissão e tem uma descoberta suprema a repartir.[2]

Ainda hoje perguntamos: por que homens cheios do Espírito Santo como João Batista estão na prisão e homens perversos como Herodes estão no trono? Por que um homem como o apóstolo Paulo é degolado enquanto um devasso e perverso como Nero está governando o mundo? Por que aqueles que escarnecem de Deus se tornam ricos e desfrutam dos prazeres deste mundo e aqueles que são fiéis a Deus passam por dificuldades e ainda têm que suportar a disciplina de Deus?

O grande patriarca Jó expressa esse drama (Jó 21:7-15). O profeta Habacuque expressa também a sua angústia (Hc 1:4,14). Agora, Asafe expressa o seu conflito nesse salmo. Por que o ímpio prospera e o justo é castigado? Vale a pena ser fiel a Deus? Tem algum proveito ser justo?

O salmo começa com a conclusão, mas, antes de expor seu conflito, ele afirma a bondade de Deus (73:1), pois seu conhecimento sobre as realidades da vida foi governado pelas promessas do Deus da aliança. Concordo com Derek Kidner quando diz que o versículo 1 fica um pouco isolado, mas é a chave do salmo inteiro, pois mostra o que Deus pode fazer para um homem e o que Deus pode ser para ele.[3] Warren Wiersbe é assaz oportuno quando escreve: "Ao ponderar sobre os mistérios da vida, devemos nos apegar àquilo que sabemos com certeza e, quando estivermos em trevas, jamais duvidar daquilo que Deus nos ensinou na luz".[4] Spurgeon diz que deveríamos orar assim: "Meu Deus, por mais desorientado e confuso que eu esteja, nunca permitas que eu pense mal de ti. Se eu não entendo, nunca permitas que eu deixe de crer em ti".[5]

O crente na janela da tentação, com os pés na estrada escorregadia (73:1-14)

A partir do versículo 2, Asafe abre o coração para compartilhar a crise que vivenciou, que quase o fez cair. Ele estava na janela da tentação, com os pés numa estrada escorregadia, como veremos a seguir.

Em primeiro lugar, *ele invejou as pessoas pelo que elas possuíam sem olhar para o que elas eram diante de Deus* (73:2,3). Inobstante Asafe fosse um conhecedor da verdade, ele deu vazão à dúvida acerca da bondade de Deus e enfrentou uma grande batalha em sua alma. A pergunta de Asafe foi: por que eu trabalho com o suor do meu rosto e sofro para pagar as minhas contas em dia enquanto o meu vizinho de uma só tacada consegue resolver o seu problema financeiro? Para mim, o rigor da lei; para ele, os favores? Para mim, o trabalho; para ele, as recompensas? Asafe olhou pela janela da tentação e começou a sentir inveja dos arrogantes ao ver a prosperidade dos perversos. Spugeon diz que já é lamentável que um herdeiro do céu tenha de confessar que tinha inveja, mas pior ainda é ele ter de dizer que tinha inveja dos soberbos.[6] Asafe tinha inveja dos soberbos não porque são arrogantes, mas porque são ricos, fortes, populares e aparentemente felizes. Quando Asafe avaliou a vida apenas pelas coisas externas, viu que estava em desvantagem com os perversos. Ele começou a olhar para vida com egoísmo e sentiu-se injustiçado (73:13), pois só via as coisas do presente, mas se esquecia das coisas do futuro, por isso, seus pés quase se resvalaram. Spurgeon alerta para o fato de que erros do coração e da cabeça logo afetam a conduta, pois há estreita ligação entre o coração e os pés. Quando os homens duvidam da justiça de Deus, a própria integridade deles começa a vacilar.[7]

Em segundo lugar, *ele olhou para a saúde física e emocional dos ímpios em contraste com as aflições dos outros homens* (73:4,5). Asafe esqueceu-se que as aparências enganam. À primeira vista, como diz Allan Harman, os perversos nunca ficam doentes e são imunes aos problemas que amiúde afligem os outros.[8] Por outro lado, ele esqueceu-se de que a aflição não é necessariamente um sinal do desfavor divino (Jo 9:1-3; Hb 12:7-11). Nas palavras de Warren Wiersbe, "do ponto de vista de Asafe, os ímpios estavam feitos na vida. Tinham saúde e não enfrentavam lutas nem na vida, nem na morte. Usavam seu orgulho como se fossem joias".[9]

Em terceiro lugar, *ele olhou para a carnalidade dos ímpios em contraste com a pureza dos justos* (73:6-10,13). Os ímpios são soberbos, arrogantes e violentos, e se ataviam com seu orgulho como se fossem joias exibidas em torno de seu pescoço (73:6). Na verdade, não há joalheiro que possa adorná-los suficientemente. Os ímpios vivem nababescamente e em fanfarronices intérminas (73:7). Nas palavras de Derek Kidner, "sua vaidade os impulsiona a querer submeter o universo à sua valentia".[10] Os ímpios desandam a boca para falar impropérios contra o próximo, e sua conversa é cínica e presunçosa (73:8). Os ímpios desandam a boca para falar contra Deus e não têm limites na sua insolência. Eles desandam a boca para proferir blasfêmias contra Deus (73:9). Os conselhos dos ímpios são muito mais aceitos a despeito de suas leviandades (73:10), porém, quando Asafe olha para a sua vida, diz: "Com efeito, inutilmente conservei puro o coração e lavei as mãos na inocência" (73:13). Se você ficar na janela da tentação, avaliando a vida só pelas aparências, você também vai pisar em terreno escorregadio. Quantos que já desistiram de ter um coração puro? Quantos que já desistiram de ter mãos inocentes?

Em quarto lugar, *ele olhou para as blasfêmias dos ímpios em contraste com a linguagem santa dos justos* (73:8,9,15). Os ímpios falam contra os céus e a terra, contra Deus e os homens e, mesmo assim, prosperam. Mesmo assim se tornam famosos. Mesmo assim têm uma vida tranquila. Asafe, entretanto, percebeu que se apenas tivesse falado acerca de suas angústias íntimas, de sua crise de invejar os arrogantes, já teria traído a geração dos filhos de Deus. Ele entendeu que há coisas que passam pelo nosso coração que não devem ser ditas nem compartilhadas, para não se tornarem um laço para os outros.

Em quinto lugar, *ele olhou para a prosperidade dos ímpios em contraste com as provações dos justos* (73.12,14). O ímpio prospera, cresce, torna-se pujante, e tudo o que ele põe a mão parece que se multiplica em dinheiro e prosperidade. Asafe, ao contrário, em vez de prosperidade, enfrenta provações. Ele diz que, em vez de ter riqueza, de "contínuo é afligido" e a "cada manhã castigado". Ele não tem folga, vive diariamente no moinho e na fornalha de Deus. Ele sai de um problema e entra noutro, sai de uma prova e entra noutra. Para o ímpio, a riqueza; para ele, a pobreza. Para o ímpio, os louvores, para ele, o chicote. Para o ímpio, o conforto; para ele, o castigo. Asafe entra em crise quando compara a qualidade de vida dele com a do ímpio, pois parece que o ímpio é mais feliz do que ele. Nas palavras de Spurgeon, "havia coroas para os réprobos e cruzes para os eleitos. Estranho que os santos gemessem e os pecadores cantassem. Descanso era dado para os perturbadores, mas a paz era negada para os pacificadores".[11]

O crente na Casa de Deus, seguro nas mãos do Todo-poderoso (73:15-28)

Asafe saiu da janela da tentação e entrou na Casa de Deus, e ali seus olhos foram abertos, sua mente foi iluminada e o discernimento raiou em sua vida. Vejamos.

Em primeiro lugar, *ele deixou de lado o egoísmo idolátrico para olhar para a vida com os olhos de Deus* (73:15,16). A transformação do ponto de vista de Asafe teve seu início quando ele refreou a sua língua (73:15) e sondou o seu coração (73:16). Derek Kidner diz que o primeiro passo não foi mental, mas moral: o virar-se contra o egoísmo e autocompaixão que se revela nos versículos 3 e 13 para, então, lembrar-se das responsabilidades e da lealdade que deve ao próximo (73:15).[12] Ele ainda não tinha uma resposta clara para o seu dilema (73:16), mas já estava liberto de seu egoísmo e da sua autopiedade, pronto para fazer uma avaliação da vida pela perspectiva de Deus.

Em segundo lugar, *ele entrou na Casa de Deus para olhar para a vida como Deus a vê* (73:17-20). Asafe viu seu conflito dissipar-se quando ele deixou de ser o juiz de Deus para ser um adorador, ou seja, ele deixou de julgar a Deus para adorá-lo. Concordo com Warren Wiersbe quando diz: "Deus não é um problema com o qual devemos lidar, mas sim o Senhor transbordante de graça que devemos amar e adorar".[13] Ir à Casa de Deus foi o começo da sua libertação e da sua cura. Allan Harman diz que Deus amiúde resolve nossas perplexidades assim que meditamos profundamente sobre seu caráter revelado.[14] A Casa de Deus nos cura das caxumbas e sarampos da alma, e quando vamos à Casa de Deus encontramos Deus e ele é a luz que dissipa as nossas trevas. Quando vamos à Casa de Deus, encontramos outros irmãos que chegaram antes de nós. Outras pessoas semelhantes a nós descobriram que em Deus há abrigo e buscam ao Senhor. Quando vamos à Casa de Deus, descobrimos que pessoas que enfrentam os mesmos problemas que nós ou maiores estão encontrando em Deus resposta, e isso nos cura.

Asafe é categórico: "Até que entrei na Casa de Deus e atinei com o fim deles" (73:17). Não é esquecer o problema, é receber entendimento. Cristianismo não é ópio, anestésico ou narcótico. Deus dá entendimento a Asafe. As pessoas hoje buscam resposta na bebida, nas drogas, nas seitas, nas psicologias de autoajuda, mas Deus abre o entendimento de Asafe para compreender as coisas: ele só olhava para a prosperidade dos ímpios, mas não para o fim destes, pois sua visão estava sendo parcial e defeituosa. Warren Wiersbe está correto quando escreve: "O ponto de vista de Asafe sobre o problema mudou quando considerou não as circunstâncias a seu redor, mas o destino adiante dele, pois percebeu que aquilo que observou na vida dos ímpios que prosperam não é a imagem verdadeira, mas apenas uma simulação".[15]

Purkiser lança luz sobre o assunto, quando escreve:

> Asafe sentiu que a dificuldade estava no seu ambiente. No santuário, ele percebeu que a dificuldade estava nele mesmo. No santuário, o centro da vida do salmista foi mudado de si próprio para Deus. A mudança de foco possibilitou uma revelação surpreendente. Mesmo na sua pobreza e opressão, ele possuía a única coisa no mundo digna de valor: a presença de Deus em sua vida (73:23). Estar com Deus, ter sua orientação e conselho e ser o herdeiro das suas promessas (73:24) é um tesouro que, em comparação com as posses das pessoas do mundo, é

de maior valor. A prosperidade dos ímpios era um sonho. A presença de Deus era a realidade.[16]

Asafe tem dois novos entendimentos:

Primeiro, *ele tem um novo entendimento acerca dos ímpios*: os ímpios têm uma aparente segurança, prosperam, tornam-se opulentos e famosos. Mas, e o fim deles? A situação deles na verdade é precária e perigosa, pois não são agentes livres. O próprio Deus os põe em lugares escorregadios, pois nada acontece à parte de Deus. Asafe começa a perceber que a situação dos ímpios é desesperadora e, por isso, sentir inveja deles é uma insensatez, visto que a destruição deles virá repentinamente (73:19). Os ímpios vão despertar para a vergonha e o horror eterno (Dn 12:2). Jesus vai lhes dizer: "Nunca vos conheci" (Mt 7:23).

Segundo, *tem um novo entendimento acerca de Deus*. Asafe chegou a questionar Deus (73:13) e pensou que Deus era injusto. Ele estava questionando o próprio caráter de Deus, mas agora isso é corrigido, e Asafe olha para o poder de Deus (73:18), reconhecendo que não há nada fora do controle do Senhor — na verdade, Deus controla e governa tudo, e todas as coisas estão em suas mãos. Asafe olha também para a justiça de Deus (73:19). Os ímpios criam as leis, usam as leis, manipulam as leis, torcem as leis e escapam das leis, mas eles não escaparão do juízo de Deus. Spurgeon escreve:

> A queda dos ímpios é abrupta; sem aviso, sem escape, sem esperança de restauração futura! Apesar das correntes de ouro no pescoço e das roupas finas e caras, a morte não se detém por etiqueta ou boas maneiras, mas os arrebata com violência. A

justiça inflexível e não corrompida pelas riquezas os lança na destruição.[17]

Mas, então, por que Deus permite o ímpio prosperar? É porque Deus parece estar dormindo (73:20). Isso é um antropomorfismo, pois Deus não dorme. Mas Deus nem sempre ajusta as contas no mesmo dia: Ele dá corda ao homem e entrega-o a si mesmo, mas um dia Deus despertará e a ruína do ímpio será repentina e completa. Deus permite a prosperidade do ímpio para que o pecado revele toda a sua fealdade, e para mostrar o castigo do pecado e para tornar a ruína do ímpio mais completa. Por fim, para mostrar sua grandeza e sua glória, e disciplinar o seu povo. Concordo com Spurgeon quando diz que o fim dos ímpios está perto, é judicial, súbito, atormentador e eterno.[18]

Em terceiro lugar, *ele olhou para si mesmo com honestidade* (73:21,22). Quando Asafe entrou na Casa de Deus, descobriu que o seu verdadeiro problema não eram os ímpios, mas ele mesmo; não eram as circunstâncias, mas seus sentimentos, pois a inveja e o ressentimento haviam cegado seus olhos. Compare os versículos 13 e 14 com os versículos 21 e 22. Que conceito completamente diferente de si mesmo! E tudo é resultado de ter sido corrigido o seu pensamento. Asafe faz um autoexame profundo e completo. Hoje somos rasos para examinarmo-nos a nós mesmos, somos tolerantes com os nossos próprios pecados e curamos superficialmente as nossas próprias feridas. Há muito pouco pano de saco e cinzas, há muito pouca tristeza pelo pecado e há muito pouca evidência do verdadeiro arrependimento em nós e entre nós.

O maior problema de Asafe era o seu próprio ego, pois, quando o ego assume o controle sobre nós, o nosso coração passa a governar a nossa cabeça, ou seja, passamos a ser governados por emoções e sentimentos e não pelo nosso entendimento.

Asafe descobre que estava sendo asnático (73:22), isto é, ele agiu como um asno, como um animal irracional; em outras palavras, estava agindo pelos seus instintos, e não pelo seu entendimento. Asafe descobre que estava sendo embrutecido e ignorante (73:22), ou seja, estava sendo ignorante a respeito do fim dos ímpios e ignorante acerca do caráter de Deus e ignorante acerca de si mesmo.

Por fim, *Asafe descobre que estava sendo tudo isso na presença de Deus*. Lembre-se que seus queixumes, lamentos, autopiedade estão acontecendo na presença de Deus.

Em quarto lugar, *ele abriu os olhos da fé para entender o que é a graça de Deus em sua vida* (73:23-26). Quatro verdades importantes devem ser aqui destacadas.

Primeira: *Asafe descobriu a graça salvadora de Deus* (73:23). "Todavia, estou sempre contigo...". Ele estava quase caindo quando, de repente, Deus abriu-lhe os olhos da fé. Essa conjunção adversativa "todavia" é uma das palavras mais importantes da Bíblia. O homem estava cativo e morto, mas Deus, estava sendo rico em misericórdia; o filho pródigo estava na lama, mas ele voltou e o Pai o recebeu; a ovelha estava perdida, mas o pastor a encontrou; e, por fim, Deus nos salvou apesar de quem somos.

Segunda: *Asafe descobriu a graça restringente de Deus* (73:23). "[...] Tu me seguras pela minha mão direita". Quando Asafe estava quase resvalando os pés, Deus o puxou do buraco e o impediu de cair na lama. Quantas vezes Deus tem nos impedido de cair. O salmista testemunhou: "Pois livraste da morte a minha alma, das lágrimas, os meus olhos, da queda, os meus pés" (Sl 116:8). Deus não apenas nos impede de cair, mas também nos levanta quando caímos.

Terceira: *Asafe descobriu a graça sustentadora de Deus* (73:24). "Tu me guias com o teu conselho eterno, e depois me recebes na glória". Asafe agora fala da perseverança dos santos. O Deus que nos salva, nos livra, nos restaura é o mesmo Deus que assegura a nossa salvação, e ele não apenas nos guia na jornada, mas depois nos recebe na glória. Jesus disse que aqueles que vêm a ele de modo nenhum os lançará fora. Ninguém pode arrebatar suas ovelhas das suas mãos. O fim da nossa jornada não é a riqueza que perece, mas a glória imarcescível!

Quarta: *Asafe descobriu a graça galardoadora de Deus* (73:25,26). "Quem mais tenho eu no céu? Não há outro em quem eu me compraza na terra [...]. Deus é a fortaleza do meu coração e a minha herança para sempre". Asafe agora entende que o ímpio não tem nada, mas ele é rico; o ímpio será de súbito assolado, mas ele tem Deus em sua jornada na terra e tem Deus como herança eterna no céu. Asafe descobre que o sentido da vida não é o dinheiro, mas Deus, e que a verdadeira riqueza não é ter ouro, mas ter Deus. Ele descobre que o dinheiro não dá segurança, mas Deus nos guia com o seu conselho eterno, e também que o rico não pode ter nada na outra vida a não ser tormento, mas ele tem Deus como seu deleite e herança eterna. Nas palavras de Warren Wiersbe, "os ímpios têm tudo o que desejam, exceto Deus, e os justos têm em Deus tudo o que desejam ou precisam".[19] Calvino, o reformador genebrino, corrobora dizendo que os justos não serão defraudados de seu galardão; e, do outro lado, os ímpios não escaparão das mãos do Juiz.[20]

Os versículos 27 e 28 concluem esse salmo de forma magistral, e agora o mesmo Asafe que estava sentindo inveja da prosperidade dos ímpios faz um contraste entre os ímpios e ele. Quem é rico? Quem está em vantagem? O ímpio ou o piedoso? O ímpio tem coisas, mas não tem Deus. Ele será assolado de súbito, mas o piedoso tem Deus, que é melhor do que suas dádivas. Ele é nossa herança. Deus castiga o piedoso porque está trabalhando nele, transformando-o na imagem do Rei da glória. Deus está desmamando o piedoso do mundo. Mas, mesmo aqui, ele tem a presença de Deus, o cuidado de Deus, a direção de Deus e, ao final, terá a recompensa de Deus. O piedoso está seguro, guiado e glorificado (Rm 8:29,30). Para o crente, a morte é lucro, pois é partir para estar com Cristo, o que é incomparavelmente melhor (Fp 1:23). Asafe compreendeu, então, que vale a pena servir a Deus porque ele é bom (73:1), justo (73:18,22,27) e cuidadoso (73:23-28). Concluo com as palavras de Derek Kidner: "À luz da sua descoberta, voltamos com novo entendimento à primeira exclamação dele: "Com efeito, Deus é bom para com Israel, para com os de coração limpo" (73:1).[21]

Notas

[1] Purkiser, W. T. "O livro de Salmos". In: *Comentário bíblico Beacon*, vol. 3. Rio de Janeiro: CPAD, 2015, p. 221.
[2] Kidner, Derek. *Salmos 73—150: introdução e comentário*. São Paulo: Vida Nova 2006, p. 289.
[3] Kidner, Derek. *Salmos 73—150: introdução e comentário*, p. 289.
[4] Wiersbe, Warren W. *Comentário bíblico expositivo*, vol. 3. São Paulo: Geográfica, 2006, p. 212.
[5] Spurgeon, Charles H. *Os tesouros de Davi*, vol. 2. Rio de Janeiro: CPAD, 2018, p. 324.
[6] Spurgeon, Charles H. *Os tesouros de Davi*, vol. 2, p. 325.

[7] Ibidem, p. 325.
[8] HARMAN, Allan. *Salmos*. São Paulo: Cultura Cristã, 2011, p. 273.
[9] WIERSBE, Warren W. *Comentário bíblico expositivo*, vol. 3, p. 212.
[10] KIDNER, Derek. *Salmos 73—150: introdução e comentário*, p. 290.
[11] SPURGEON, Charles H. *Os tesouros de Davi*, vol. 2. 2017, p. 328.
[12] KIDNER, Derek. *Salmos 73—150: introdução e comentário*. 2006, p. 291.
[13] WIERSBE, Warren W. *Comentário bíblico expositivo*, vol. 3, p. 213.
[14] HARMAN, Allan. *Salmos*, p. 275.
[15] WIERSBE, Warren W. *Comentário bíblico expositivo*, vol. 3, p. 213.
[16] PURKISER, W. T. "O livro de Salmos", p. 223.
[17] SPURGEON, Charles H. *Os tesouros de Davi*, vol. 2, p. 330.
[18] Ibidem, p. 352.
[19] WIERSBE, Warren W. *Comentário bíblico expositivo*, vol. 3, p. 214.
[20] CALVINO, João. *Salmos*, vol. 3. São José dos Campos: Fiel, 2012, p. 86.
[21] KIDNER, Derek. *Salmos 73—150: introdução e comentário*, p. 294.

Capítulo 73

A destruição do templo de Jerusalém

(Sl 74:1-23)

O SALMO 73 DESCREVEU a crise pessoal de Asafe, enquanto o salmo apresentado aborda uma tragédia nacional, a destruição do templo de Jerusalém, pelas mãos dos caldeus em 586 a.C. Fica evidente, portanto, que embora esse salmo tenha sido escrito por Asafe, não se trata da mesma pessoa, mas de um descendente com o mesmo nome. Allan Harman sugere que esse salmo foi escrito por um dos últimos membros dos filhos de Asafe, num período após a destruição do templo, quando parecia que a angústia duraria para sempre.[1] Muito embora o salmista tenha começado com um devastador desespero, ele termina com inabalável confiança. Purkiser diz, com razão, que este é um salmo de lamento, semelhante ao livro de Lamentações de Jeremias. Trata-se, portanto, de um canto melancólico puro, escrito em uma tonalidade triste.[2] Tomo emprestado o esboço de Warren Wiersbe para expor esse salmo.[3] Vejamos.

O santuário: o Senhor nos rejeitou (74:1-11)

Destacamos, aqui, algumas lições solenes.

Em primeiro lugar, *o povo da aliança sob a vara da ira de Deus* (74:1-3). Vemos aqui a herança repudiada. Quando a calamidade chega, parece que ela é permanente, e o sofrimento, embora temporário, parece interminável. O salmista reclama do fogo devastador da ira divina que cai não sobre os inimigos, mas sobre as ovelhas do seu pasto. Spurgeon diz que, embora esse fogo não seja um fogo consumidor, escurece a luz da alegria, cega os olhos da fé, restringe o fôlego da vida e enegrece a beleza das nossas consolações terrenas.[4]

No torvelinho da dor, o salmista clama a Deus para se lembrar de sua congregação, que ele havia adquirido desde tempos remotos e remido para ser o povo de sua herança. Ainda clama para Deus lembrar-se do monte Sião, onde havia habitado, e dirigir seus passos para as perpétuas ruínas deixadas pelos caldeus. A relação de Deus com o seu povo é de eleição, redenção e habitação. Spurgeon, aplicando a passagem citada à igreja, é assaz oportuno quando escreve:

> A redenção é um forte argumento. A igreja não é uma compra recente do Senhor. Desde antes da fundação do mundo os

escolhidos foram considerados resgatados pelo Cordeiro que foi morto. Será que o antigo amor acabará e o eterno propósito se frustrará? Pode o Senhor abandonar os comprados pelo sangue e desertar os remidos? Pode a eleição falhar e o amor eterno deixar de fluir? Impossível! As aflições do Calvário, de cuja aliança eles são o selo, é a segurança dos santos.[5]

Em segundo lugar, *o templo pilhado e queimado pelos inimigos do povo de Deus* (74:4-8). Asafe descreve, com cores fortes, os inimigos pilhando e queimando o templo e os demais lugares sagrados, num claro propósito de escarnecer de Deus e humilhar o seu povo. Relatos históricos da destruição de Jerusalém e seu templo, pelos babilônios, são encontrados em 2Reis 25:8-17 e 2Crônicas 36:17-19. O santuário foi invadido e marcaram sua conquista pelo hasteamento de seus estandartes ali. No mesmo lugar onde Deus encontrou-se com seu povo (74:3,4), ali os babilônios cometeram atrocidades, inclusive homicídio (2Cr 36:17).[6]

O templo de Deus foi profanado. Nas palavras de Warren Wiersbe, "os soldados babilônios levaram suas flâmulas pagãs para dentro do templo e começaram a arrancar pedaços dos painéis recobertos de ouro que revestiam as paredes (1Rs 6:18-22)".[7] O nome de Deus foi zombado e a glória de Deus, escarnecida. Nas palavras de Spurgeon, "onde o povo de Deus cantava como os anjos, os bárbaros rugiram como os animais".[8] Os caldeus usaram seus emblemas idólatras colocando-os em cima do altar de Deus como sinais de escárnio a Deus e ao seu povo. Eles devastaram a casa de Deus como um lenhador de machado em punho derruba as árvores de uma floresta e atearam fogo no santuário de Deus sem qualquer piedade. A maldade não conhece limites, e os que odeiam a Deus e o seu povo lançam mão de suas armas mais cruéis.

Em terceiro lugar, *o impenetrável silêncio de Deus diante das calamidades do seu povo* (74:9-11). O que mais está causando constrangimento ao escritor é o fato de Deus permanecer em silêncio e aparentemente inativo diante de tamanha afronta do inimigo. O templo foi arrasado até seus fundamentos. O altar de bronze, destruído; não há mais sacrifícios; o altar de incenso, demolido, o fogo não arde mais; e o Santo dos Santos, onde a Arca da Aliança repousava, não existe mais. A presença de Deus apartou-se do templo, e o silêncio de Deus é a única voz que escutam. As festas solenes cessaram e até a voz dos profetas foram silenciadas. Warren Wiersbe coloca essa situação assim: "O povo sentia que havia sido rejeitado para sempre (74:1), arruinado para sempre (74:3), humilhado para sempre (74:10) e esquecido para sempre (74:19)".[9]

O trono: o Senhor reina (74:12-17)

O salmista faz uma transição da destruição do templo e do silêncio de Deus para as proezas antigas de Deus. Como diz Purkiser, "o único raio de luz na escuridão é a memória do que o Senhor havia feito no passado".[10] Nas palavras de Spurgeon, "o pleiteante passa a apresentar outra série de argumentos em prol da ajuda divina. Os argumentos baseiam-se nas antigas maravilhas da graça do Senhor e nas ações de poder, implorando a repetição das mesmas obras divinas [...]. A nossa fé no presente é reavivada pelas alegres recordações do passado".[11] Warren Wiersbe chega a dizer que o versículo 12 é o versículo central do salmo e o ponto crítico da experiência de Asafe. Pela fé, ergueu os olhos das ruínas ainda em chamas para o trono santo de Deus no céu e vislumbrou uma nova perspectiva da situação.[12] Allan Harman destaca que, enquanto em outras religiões do Oriente Próximo o louvor era reservado para o que os homens haviam feito pelos seus deuses, em Israel o louvor era entoado pelo que Deus tem feito por seu povo.[13] Vejamos.

Em primeiro lugar, *o reinado de Deus é eterno* (74:12a). Deus é Rei e existe desde sempre; Ele é desde a antiguidade; Ele é eterno e o Pai da eternidade, por isso o povo da aliança reivindica que desde muito tempo é possessão do Senhor e se, de fato, ele é o seu Rei e os restaurará. Derek Kidner diz que "com as palavras *meu rei* há um voltar-se tácito da monarquia terrestre, em favor da celestial; a primeira era um episódio breve da história; a última é de tempos imemoráveis, e é irresistível".[14]

Em segundo lugar, *o reinado de Deus é salvador* (74:12b). A inatividade de Deus em face do juízo sobre Jerusalém não é em virtude da incapacidade de Deus de agir, pois todos os grandes feitos salvadores operados na terra são obras de suas mãos. Desde que Deus formou o povo de Israel, por meio de Abraão, ele demonstrou o seu poder salvador variadas vezes, em tempos diferentes e em diferentes circunstâncias. Concordo com Spurgeon quando diz que hoje todo crente pode apelar para as antigas ações do Senhor, a obra do Calvário, a derrota do pecado, da morte e do inferno, pois aquele que outrora operou a nossa salvação não nos abandonará agora.[15]

Em terceiro lugar, *o reinado de Deus é libertador* (74:13-15). Asafe passa a descrever os grandes feitos libertadores de Deus na vida de seu povo: Ele dividiu o mar e esmagou sobre Ele a cabeça dos monstros marinhos; Ele esmagou as feras mais perigosas e deu sua carne às alimárias do deserto; Ele abriu fontes no deserto e fez secar rios caudalosos. Spurgeon diz que ali, no mar Vermelho, o velho dragão faraó foi totalmente despedaçado, e o próprio Egito teve a cabeça do seu poder e pompa quebrada por um golpe fortíssimo [...]. Os demônios de múltiplas cabeças serão esmagados e as dificuldades monstruosas, superadas. O que Deus fez com o mar, pode fazer com o rio, ou seja, as dificuldades menores serão removidas, assim como as maiores.[16] Derek Kidner lança luz sobre o assunto:

> A separação do mar Vermelho e o golpe esmagador contra o Egito, aquele dragão das profundezas, convidam uma comparação com a jactância dos cananeus acerca das vitórias de Baal sobre o Mar e o Rio personificados, sobre o Dragão (*tanninim*) e sobre a serpente de sete cabeça (*lotan, leviatã*). A lição aqui é que aquilo que Baal reivindicara dentro do âmbito dos mitos Deus fizera no âmbito da história — e o fez em prol do seu povo — operando feitos salvadores.[17]

Em quarto lugar, *o reinado de Deus inclui a natureza e as estações* (74:16,17). Derek Kidner diz que, agora, o pensamento levanta voo em direção a Deus como Criador, e não somente como Redentor.[18] Deus reina não apenas sobre o seu povo, mas também sobre a natureza que ele mesmo criou. Ele governa o dia e a noite, é o Senhor da noite mais escura e do dia mais luminoso e tem domínio sobre os astros. Deus não está limitado por tempo, mas controla todo o universo e tem sob seu poder as estações do ano. O Deus da natureza é o Deus da graça, o mesmo Deus que muda as estações do ano pode mudar o inverno glacial de seu povo com o calor mais cálido de sua graça.

A aliança: o Senhor lembrou-se de nós (74:18-23)

Depois de descrever a majestade de Deus e seu excelso poder, o salmista passa a fazer suas urgentes orações fundamentado na aliança. Derek Kidner diz que o salmo termina com uma torrente de orações urgentes.[19] Nas palavras de Warren Wiersbe, "a aliança prescrevia que, se Israel obedecesse ao Senhor, Ele os abençoaria; se desobedecesse, Ele os disciplinaria; se confessasse seus pecados, Ele os perdoaria".[20] Vejamos.

Em primeiro lugar, *o zelo pelo nome do Senhor* (74:18). Asafe não ora inicialmente pelas urgentes necessidades do povo. O alvo principal de suas súplicas tem a ver com seu zelo pelo nome do Senhor ao ver a honra do glorioso Criador sendo atacada e desafiada. O povo havia transformado a casa de Deus num covil de salteadores (Jr 7:11), e havia uma confiança mística no templo (Jr 7:7). Deus disciplina o seu povo, entregando o Templo e seus vasos nas mãos dos caldeus, porém, os babilônios escarnecem de Deus ao profanarem sua casa. Agora, Asafe, cheio de zelo, está pleiteando a honra do nome de Deus.

Em segundo lugar, *o zelo pelo povo do Senhor* (74:19). Depois de reivindicar a Deus o zelo pelo seu próprio nome, Asafe intercede pelo povo de Deus, consumido pela aflição. A igreja pode ser fraca e pobre como uma pombinha, mas os adversários não podem atacá-la nem mesmo tocá-la sem a permissão divina.

Em terceiro lugar, *o zelo pelas promessas do Senhor* (74: 20,21). Agora o salmista volta sua atenção para as promessas de Deus, as quais não estão caducas nem caíram por terra. Por isso, ele pede ao Senhor para considerar a sua aliança, a fim de que aqueles que nele esperam não fiquem envergonhados. Como está escrito: "Invoca-me no dia da angústia; eu te livrarei, e tu me glorificarás" (Sl 50:15).

Em quarto lugar, *o zelo pela glória do Senhor* (74:22,23). Asafe conclui esse salmo rogando a Deus para se levantar a pleitear a sua própria causa, pois não suporta ver o nome de Deus sendo escarnecido pelos inimigos. Nas palavras de Spurgeon, "os julgamentos de Deus são respostas terríveis aos desafios dos inimigos. Quando Deus esmigalha os impérios e golpeia certeiramente os perseguidores, Ele está pleiteando a própria causa como ninguém a poderia ter defendido".[21] Concluo com as palavras de Warren Wiersbe: "A nação havia sido devastada, a cidade de Jerusalém estava arruinada e o templo havia sido destruído e incendiado. Porém, tudo o que havia de mais essencial não havia sido tocado pelo inimigo. O Deus Yahweh ainda era o Deus de Israel, sua Palavra e sua aliança não haviam mudado e Yahweh ainda operava no mundo".[22]

NOTAS

[1] HARMAN, Allan. *Salmos*. São Paulo: Cultura Cristã, 2011, p. 276.
[2] PURKISER, W. T. "O livro de Salmos". In: *Comentário bíblico Beacon*, vol. 3. Rio de Janeiro: CPAD, 2015, p. 223.
[3] WIERSBE, Warren W. *Comentário bíblico expositivo*, vol. 3. São Paulo: Geográfica, 2006, p. 214-215.
[4] SPURGEON, Charles H. *Os tesouros de Davi*, vol. 2. Rio de Janeiro: CPAD, 2017, p. 376.
[5] SPURGEON, Charles H. *Os tesouros de Davi*, vol. 2, p. 355.
[6] HARMAM, Allan. *Salmos*, p. 277.
[7] WIERSBE, Warren W. *Comentário bíblico expositivo*, vol. 3, p. 214.

[8] SPURGEON, Charles H. *Os tesouros de Davi*, vol. 2, p. 356.
[9] WIERSBE, Warren W. *Comentário bíblico expositivo*, vol. 3, p. 215.
[10] PURKISER, W. T. "O livro de Salmos", p. 224.
[11] SPURGEON, Charles H. *Os tesouros de Davi*, vol. 2, p. 359,360.
[12] WIERSBE, Warren W. *Comentário bíblico expositivo*, vol. 3, p. 215.
[13] HARMAN, Allan. *Salmos*, p. 278.
[14] KIDNER, Derek. *Salmos 73—150: introdução e comentário*. São Paulo: Vida Nova, 2006, p. 297.
[15] SPURGEON, Charles H. *Os tesouros de Davi*, vol. 2, p. 359.
[16] Ibidem, p. 359,360.
[17] KIDNER, Derek. *Salmos 73—150: introdução e comentário*, p. 297.
[18] Ibidem, p. 298.
[19] Ibidem, p. 298.
[20] WIERSBE, Warren W. *Comentário bíblico expositivo*, vol. 3, p. 215.
[21] SPURGEON, Charles H. *Os tesouros de Davi*, vol. 2, p. 361.
[22] WIERSBE, Warren W. *Comentário bíblico expositivo*, vol. 3, p. 215.

Capítulo 74

O justo Juiz

(Sl 75:1-10)

No SALMO ANTERIOR, os caldeus pilharam a cidade de Jerusalém e incendiaram o seu templo, e o juízo de Deus estava embocado para o povo da aliança, que rebeldemente recusou dar ouvidos à sua voz. Esse salmo, por sua vez, retrata a restauração do povo de Deus e o juízo deste caindo sobre a cabeça dos ímpios, dando-lhes a merecida paga de seus pecados. Nas palavras de Purkiser, "este hino de ações de graças está em contraste feliz com a melancolia do salmo 74".[1] Nessa mesma linha de pensamento, Allan Harman diz que os salmos 74 e 75 são ligados tematicamente pelo pensamento do juízo divino. No fim do salmo anterior, fez-se apelo para que Deus se erguesse e defendesse sua própria causa (74:22,23); nesse salmo, porém, o tema de juízo ocorre especialmente nos versículos 2-8, onde fica claro que o escopo desse juízo é universal.[2]

William MacDonald diz que a oração do salmo 74 é respondida no salmo 75: o Senhor defenderá sua própria causa (74:22), subjugará toda insubmissão e porá um fim a toda a rebelião dos ímpios. O salmo olha para a frente, para o momento da história quando o Senhor Jesus retornará para reinar com justiça e colocar todos os inimigos debaixo de seus pés[3].

Derek Kidner diz que, nesse salmo, não é o requerente relutante que clama por justiça, mas é o Juiz que domina a cena; o processo se iniciará quando ele o marcar (75:2), e a sentença será pronunciada sem meios-termos.[4]

Invocação e louvor: o povo adora a Deus (75:1)

A tônica do salmo é de um culto público, onde o povo de Deus se reúne para invocar a Deus, dar graças ao seu nome e testemunhar suas maravilhas. Vejamos.

Em primeiro lugar, *Deus é digno de receber ações de graças* (75:1a). "Graças te rendemos, ó Deus; graças te rendemos...". Adoramos a Deus por quem Ele é e damos graças a Deus pelo que Ele tem feito por nós, em nós e por intermédio de nós. O mesmo Deus que disciplinou o seu povo agora o restaura; o mesmo que fez a ferida agora a cura; o mesmo Deus que entregou o seu povo nas mãos dos caldeus agora aplica seu juízo aos opressores; e o povo de Deus responde à bondade infinita com o agradecimento incomensurável.

Em segundo lugar, *Deus é digno de ser invocado* (75:1b). "[...] e invocamos o teu nome...". Como este é um salmo litúrgico, lido no culto público, ele descreve o início do culto, com a invocação do nome de Deus, lembrando que invocar o nome de Deus é o mesmo que invocar o próprio Deus.

Em terceiro lugar, *Deus é digno de ter suas obras declaradas* (75:1c). "[...] e declaramos as tuas maravilhas". Deus faz maravilhas tanto na aplicação de sua disciplina como na manifestação de sua graça restauradora, isto é, Ele faz maravilhas quando liberta seu povo e quando aplica seu juízo sobre os inimigos. Concordo com William MacDonald quando diz: "Todos os poderosos milagres de Deus são provas eloquentes de seu cuidado pelo seu povo".[5]

A mensagem do Senhor: o Senhor se revela julgando o mundo com justiça (75:2-5)

Derek Kidner diz que a voz de Deus irrompe com autoridade poderosa, primeiramente para outorgar confiança (75:2,3) e depois para advertir (75:4,5).[6] Isso demonstra que o julgamento de Deus vem e vem sobre todos. Vejamos.

Em primeiro lugar, *o julgamento de Deus é endereçado ao seu povo* (75:2,3). Deus julga o seu próprio povo, pois o juízo começa pela casa de Deus; sobre isso, destacamos, aqui três verdades importantes.

Primeira, *Deus julga no tempo certo* (75:2a). "Pois disseste: Hei de aproveitar o tempo determinado...". Deus tem o seu tempo certo de julgar. Primeiro, ele faz soar o alarme da trombeta, fazendo solenes avisos; depois, no tempo determinado, Ele julga. Foi assim com Jerusalém: o povo não ouviu a voz dos profetas, e o Senhor entregou Jerusalém nas mãos dos opressores. O povo confiou no templo em vez de confiar no Senhor, e o Senhor entregou os vasos do templo nas mãos dos caldeus; assim, o Templo foi destruído e o povo, levado cativo. Os caldeus agiram com insolência e não entenderam que eram apenas instrumentos nas mãos do Senhor na aplicação de sua disciplina, por isso, no tempo oportuno de Deus, foram também julgados. Concordo com Spurgeon quando escreve: "Deus nunca está adiantado no seu tempo nem atrasado".[7]

Segunda, *Deus julga da forma certa* (75:2b). "[...] hei de julgar retamente". Deus julgou o seu povo de forma reta, e a retidão de Deus está em retribuir a cada um segundo as suas obras; portanto, quem não escuta a voz do conselho terá de escutar o estalido do chicote. VanGemeren diz que o Senhor é reto quando disciplina seu povo e quando aplica sua vingança sobre os inimigos, vindicando a causa dos justos.[8]

Terceira, *Deus julga de forma soberana* (75:3). "Vacilem a terra e todos os seus moradores, ainda assim eu firmarei as suas colunas". Spurgeon diz que, quando a anarquia está em operação e os tiranos estão no poder, tudo está liberado, a ruína ameaça todas as coisas, as sólidas montanhas do governo derretem-se como cera. Mas mesmo assim o Senhor apoia e sustenta o direito.[9] Na verdade, os juízos de Deus abalam a terra e fazem vacilar todos os seus moradores, e diante dele os montes mais altaneiros se derretem. Diante do seu poder, o mar se contorce com vagalhões em fúria. Porém, mesmo que a terra trema e os montes se lancem no seio dos mares, ainda assim Deus firma as colunas da terra, pois é soberano e está no controle do universo. William MacDonald diz que, na mesma hora crucial, quando os fundamentos do governo humano estarão se desintegrando, Deus levantará um reino que jamais será abalado. Muito embora a sociedade humana se torne profundamente corrupta espiritual, política e moralmente, os pilares do governo divino permanecerão sólidos e seguros,[10] pois foi Ele quem criou e é Ele quem sustenta as colunas da terra. Nas palavras de Spurgeon, "o Senhor é o esteio do seu povo sob as piores circunstâncias".[11]

Em segundo lugar, *o julgamento de Deus é endereçado aos ímpios* (75:4,5). "Digo aos soberbos: não sejais arrogantes; e aos ímpios: não levanteis a vossa força. Não levanteis altivamente a vossa força, nem faleis com insolência contra a Rocha" (74:4,5). O julgamento de Deus não é endereçado apenas ao seu povo, mas também, e sobretudo, aos ímpios, uma vez que Deus julga os ímpios com absoluta autoridade. A empáfia dos homens não assusta Deus, e o poder dos impérios expansionistas não faz tremer as mãos do Onipotente. O Senhor ri desde os céus quando vê os perversos cheios de empáfia imaginando que dominam a terra (Sl 2:4); na verdade, os soberbos e arrogantes serão esmagados pela Rocha, e os reinos deste mundo viram pó quando se levantam contra aquele que está assentado no trono (Dn 2:34,35).

A voz de aviso ao povo de Deus e aos ímpios (75:6-8)

O texto apresentado enseja-nos três solenes verdades, uma endereçada à igreja e duas endereçados aos ímpios.

Em primeiro lugar, *o socorro do povo de Deus não procede dos homens, mas de Deus* (75:6). "Porque não é do Oriente, não é do Ocidente, nem do deserto que vem o auxílio". O Norte é ocultado aqui porque o poder que havia derrubado as dez tribos do Norte (o império Assírio), bem como o poder que havia levado cativas as duas tribos de Judá (o império Babilônico) vieram do Norte. O socorro do povo de Deus, porém, não vem do Leste, nem do Oeste nem do Sul, mas vem de Deus, e a vitória não vem do braço da carne, mas do Deus Todo-poderoso.

Em segundo lugar, *Deus é o juiz e ninguém escapa de seu julgamento* (75:7). "Deus é o juiz; a um abate, a outro exalta". O oprimido povo judeu foi restaurado e exaltado por Deus, ao passo que o soberbo e arrogante povo caldeu foi abatido por Deus. O Senhor vira a mesa da história, de modo que quem estava no topo da pirâmide cai vertiginosamente para beijar o pó e quem estava abatido é levantado e levado para o topo da honra. Concordo com Spurgeon que, mesmo agora, Deus já está julgando. O seu lugar no tribunal não está vazio, e a sua autoridade não foi abdicada, pois o Senhor reina eternamente. Os impérios sobem e caem ao seu comando, e um calabouço aqui e um trono ali determinam a sua vontade — ou seja, os reis servem ao seu propósito quando sobem e quando caem.[12] Nas palavras de Derek Kidner, "procure onde quiser, mas você não achará outro Árbitro senão Deus; não há, portanto, qualquer posto ou posição no mundo que não seja provisório".[13]

Em terceiro lugar, *os ímpios receberão a justa punição de seus pecados* (75:8). "Porque na mão do Senhor há um cálice cujo vinho espuma, cheio de mistura; dele dá a beber; sorvem-no, até às escórias, todos os ímpios da terra". O juiz que tem poder para abater, não deixa escapar ninguém de seu reto julgamento. Ele tem um cálice em suas mãos misturado com sua ira, seu remorso, sua lembrança da alegria perdida, medo do futuro, recriminações, desespero e vergonha. O castigo dos ímpios está preparado, pois é o próprio Deus que o mantém de prontidão, e o cálice contém o vinho do julgamento. Aqueles que se embriagaram com o vinho de sua devassidão e violência agora terão que beber até à última gota o cálice do vinho espumante e misturado que está na mão do Senhor, e esse cálice está cheio da ira de Deus. Nas palavras de Spurgeon, "dez mil ais estão queimando no fundo do cálice ardente, que está cheio de indignação até à borda".[14] Esse cálice não traz o vinho doce dos prazeres, mas o fel amargo e nauseabundo das escórias. Resta então afirmar que Deus é o governador do mundo e que Ele castiga os ímpios e julga os inimigos. As calamidades da guerra, como peste e fome, são ministros da providência para executar a sua ira.

Spurgeon diz que aqueles que bebem com tanta vontade e liberdade o cálice do pecado serão forçados, quer queiram, quer não, a beber o cálice do juízo, e terão de beber até à última gota. Há a eternidade no fundo do cálice, e ela está misturada com a ira de Deus, com a maldade de Satanás, com a angústia da alma, com o fel do pecado e com as lágrimas do desespero.[15]

A resposta pessoal em face das intervenções de Deus na história (75:9,10)

Esse salmo litúrgico encerra com o compromisso pessoal do salmista. Nas palavras de Allan Harman: "o cântico de louvor que começou o salmo é reiterado no final, ainda que agora ele não seja comunitário, mas pessoal".[16] Destacamos aqui duas verdades.

Em primeiro lugar, *o compromisso de exaltar o Deus da aliança* (75:9). "Quanto a mim, exultarei para sempre; salmodiarei louvores ao Deus de Jacó". O culto foi aberto com invocação e ações de graças e concluído com alegria e cânticos de louvores ao Deus de Jacó, o Deus da aliança. Spurgeon diz que, enquanto os santos se ocupam com o ensaio dos louvores do Senhor Deus, os inimigos ficam bêbedos com o vinho da ira. Eles cantarão, ao passo que os outros rugirão de agonia.[17]

Em segundo lugar, *a compromisso de crer na promessa de Deus* (75:10). "Abaterei as forças dos ímpios; mas a força dos justos será exaltada". O culto que começou com o salmista adorando, termina com o salmista apropriando-se da promessa de que Deus abate as forças dos ímpios, mas exalta a força dos justos. É como diz Spurgeon: "Tendo-lhe sido restabelecidos o poder e a liberdade, Israel volta a fazer justiça, degradando os impiedosos que tinham se gloriado no reinado da opressão".[18]

Notas

1. Purkiser, W. T. "O livro de Salmos". In: *Comentário bíblico Beacon*, vol. 3. Rio de Janeiro: CPAD, 2015, p. 225.
2. Harman, Allan. *Salmos*. São Paulo: Cultura Cristã, 2011, p. 279-280.
3. MacDonald, William. Believer's Bible Commentary. Westmont: IVP Academic, 1995, p. 663.
4. Kidner, Derek. *Salmos 73—150: introdução e comentário*. São Paulo: Vida Nova, 2006, p. 299.
5. MacDonald, William. Believer's Bible Commentary, p. 663.
6. Kidner, Derek. *Salmos 73—150: introdução e comentário*, p. 300.
7. Spurgeon, Charles H. *Os tesouros de Davi*, vol. 2. Rio de Janeiro: CPAD, 2018, p. 379.
8. Vangemeren, Willem A. Psalms. In: Zondervan NIV Bible Commentary, vol. 1. Grand Rapids: Publishing House,1994, p. 877.
9. Spurgeon, Charles H. *Os tesouros de Davi*, vol. 2, p. 379.
10. MacDonald, William. Believer's Bible Commentary, p. 663.
11. Spurgeon, Charles H. *Os tesouros de Davi*, vol. 2, p. 387.
12. Ibidem, p. 380.
13. Kidner, Derek. *Salmos 73—150: introdução e comentário*, p. 301.
14. Spurgeon, Charles H. *Os tesouros de Davi*, vol. 2, p. 381.
15. Ibidem, p. 385.
16. Harman, Allan. *Salmos*, p. 281.
17. Spurgeon, Charles H. *Os tesouros de Davi*, vol. 2, p. 381.
18. Ibidem, p. 381.

Capítulo 75

A majestade indisputável de Deus

(Sl 76:1-12)

O ERUDITO EXEGETA DEREK Kidner diz que há uma simplicidade forte no padrão desse salmo, que, em primeiro lugar, olha para uma grande libertação no passado (76:1-6) e, depois, para um grande julgamento no futuro (76:7-12). A primeira parte é local e defensiva, sendo que Sião, a sede e residência de Deus na terra, está sendo atacada de todos os lados; a segunda parte é cósmica, tendo o céu como sede de Deus e o mundo como seu reino, sendo assunto dele todos quantos sofrem injustiças.[1] Spurgeon diz que esse salmo é um cântico de guerra muito exultante, um canto de triunfo para o Rei dos reis, o hino de uma nação teocrática ao seu regime divino.[2] Purkiser diz que não é possível encontrar nenhuma identificação histórica precisa para o livramento, embora muitos comentaristas se apoiem no título dado pela Septuaginta ao salmo, associando-o à libertação de Jerusalém das mãos de Senaqueribe, em 701 a.C. (2Rs 19:35-37; Is 37:36-38).[3]

Warren Wiersbe tem razão em dizer que os oficiais de Senaqueribe vangloriavam-se de seu rei e de suas conquistas, mas seus ídolos mortos não eram páreo para o verdadeiro Deus vivo (Sl 115:1-18). Quando o exército assírio acampou perto de Jerusalém e ameaçou atacar, o Anjo do Senhor visitou o acampamento e matou 185 mil soldados (2Rs 19:35). Todos os equipamentos de guerra que deixaram para trás serviram apenas de monumentos silenciosos ao poder do Deus de Israel.[4]

Deus é conhecido em sua fortaleza (76:1-3)

Três verdades importantes são destacadas aqui.

Em primeiro lugar, *quanto mais conhecemos a Deus, maior é o seu nome para nós* (76:1). "Conhecido é Deus em Judá; grande, o seu nome em Israel". Quando esse salmo foi escrito, Judá e Israel estavam divididos politicamente, mas os piedosos de ambas as nações estavam unidos ao Senhor apesar do cisma. Derek Kidner diz que o fato de Deus ser conhecido em Judá tornou-se em bênção para todos os homens, "porque a salvação vem dos judeus" (Jo 4:22).[5] O nome do Senhor é grande por sua eficácia, dignidade e amplitude, e seu nome está acima de todo nome. É claro que a reverência ao nome de Deus é proporcional ao verdadeiro conhecimento que se tem desse nome.

Em segundo lugar, *onde Deus habita, aí reina a paz* (76:2). "Em Salém, está o seu tabernáculo, e, em Sião, a sua morada". O tabernáculo de Deus ficava em Salém (Gn 14:18; Hb 7:2), uma forma reduzida do nome Jerusalém, a cidade da paz. Seu nome alternativo de Sião era o topo da colina e da fortaleza que Deus conquistou. Deus escolheu essa cidade para ali habitar (Sl 46:4; 68:15-18). É uma honra inaudita para a igreja ser a habitação de Deus, pelo seu Espírito, e confessar o nome de Jesus, o Emanuel, o Deus conosco.

Em terceiro lugar, *onde Deus está a vitória sobre os inimigos é certa* (76:3). "Ali, despedaçou ele os relâmpagos do arco, o escudo, a espada e a batalha". O Senhor enviou a sua Palavra e quebrou as flechas dos inimigos antes que eles as atirassem. O Senhor despedaçou toda arma, ofensiva e defensiva. Dardos mortais e armaduras protetoras não serviram para nada, pois o Senhor as destruiu.[6] Toda arma forjada contra o povo de Deus não prosperará (Is 54:17).

Deus é vitorioso contra seus inimigos (76:4-6)

Derek Kidner diz que a ocasião que aqui vem de imediato à mente é a eliminação do exército de Senaqueribe, numa só noite, pelo anjo do Senhor (Is 37:36).[7] Vejamos.

Em primeiro lugar, *Deus é mais glorioso que os mais altos e estáveis reinos da terra* (76:4). "Tu és ilustre e mais glorioso do que os montes eternos". Deus não era conhecido na Babilônia, no Egito e em outras nações. O seu tabernáculo e a sua morada não estavam entre essas nações, portanto, não tinham a mesma glória de Israel. Judá, Israel, Salém e Sião têm as misericórdias e bênçãos espirituais, portanto, sua glória é incomparavelmente maior do que a glória das nações. Se as outras nações têm torres formidáveis, Judá tem o Templo; se elas têm cidades imponentes, Jerusalém é a cidade de Deus. Se elas têm sábios, Israel tem profetas. Se as nações têm deuses de ouro e prata, Israel tem o Deus vivo; se elas têm leis humanas, Israel tem a lei de Deus. Se as nações têm as bênçãos temporais, Israel tem as bênçãos eternas.[8] Spurgeon é assaz oportuno quando escreve:

> Muito mais exaltado é [Yahweh] que todos os exércitos invasores que procuraram oprimir o povo, ainda que em termos de poder e grandeza fossem comparáveis a montanhas. A Assíria saqueara as nações até enriquecer-se com montes de espólio. Esse fato era falado entre os homens como glória, mas o salmista menospreza tal fama e declara que o Senhor é muito mais ilustre. Que são as honras de guerra, senão o alardeio de assassinato? Que é a fama dos conquistadores, senão o cheiro desagradável da carnificina? Mas o Senhor é glorioso em santidade, e as suas obras terríveis são feitas com justiça pela defesa dos fracos e a libertação dos escravizados.[9]

Em segundo lugar, *Deus reduz os mais valentes inimigos à paralisia total* (76:5). "Despojados foram os de ânimo forte; jazem a dormir o seu sono, e nenhum dos valentes pode valer-se das próprias mãos". Deus disse que o insolente Senaqueribe não entraria na cidade de Jerusalém nem mesmo lançaria sobre ela nenhuma flecha (Is 37:33). Os soldados assírios sitiaram Jerusalém para saqueá-la e tomá-la, mas eles é que foram saqueados e mortos. Spurgeon diz que o exército de Senaqueribe foi totalmente destruído em uma noite, de tal modo que as mãos que estavam furiosas para acabar com Jerusalém, não podiam sequer se erguer do chão, pois os mais valorosos guerreiros estavam tão fracos quanto os paralíticos à porta do Templo. Sequer podiam abrir os olhos, pois um sono profundo selou-lhes a visão na escuridão perpétua.[10]

Em terceiro lugar, *Diante de Deus os exércitos mais poderosos ficam paralisados* (76:6). "Ante a tua repreensão, ó Deus de Jacó, paralisaram carros e cavalos". A arma mais poderosa e mortífera daquele tempo era os carros puxados por seus cavalos poderosos, mas Deus fez cessar o relincho dos cavalos e o barulho das rodas dos carros, e diante da Majestade do Deus de Jacó as máquinas de guerra emperram. Warren Wiersbe diz, com razão, que em vez de a Assíria saquear Jerusalém, foi Jerusalém que saqueou a Assíria, e o leão assírio foi derrotado pelo Leão da tribo de Judá. O Deus de Jacó não apenas deu cabo daqueles soldados e dos cavalos de seus carros, como também tomou as armas e colocou o temor do Senhor no coração de seus líderes.[11]

Deus é temido por causa de seu juízo (76:7-10)

Derek Kidner diz que a ação já não é localizada, nem passada, nem defensiva. Aqui, há uma previsão de Deus, quando desfechará o golpe final contra o mal em todos os lugares, como Juiz; e, na estrofe final, quando receberá a homenagem do mundo, como Rei dele.[12] Destacamos aqui quatro verdades solenes.

Em primeiro lugar, *a ira de Deus é irresistível* (76:7). "Tu, sim, tu és terrível; se te iras, quem pode subsistir à tua vista?". Ninguém pode zombar de Deus e escapar. Ninguém pode afrontar o Senhor dos Exércitos e sair ileso. Quando ele se levanta em sua ira os céus se derretem, as montanhas tremem e os poderosos da terra entram em pânico. Essa é a cena da ira daquele que está assentado no trono, descrita em Apocalipse 6:12-17. Certamente essa passagem é uma exposição poderosíssima deste versículo de salmos.

Em segundo lugar, *o juízo de Deus é universal* (76:8). "Desde os céus fizeste ouvir o teu juízo; tremeu a terra e se aquietou". Este versículo afirma, de forma eloquente, que Deus não está entrincheirado em Sião, mas entronizado no céu. A acachapante derrota do exército assírio às portas de Jerusalém tornou-se notória, e todas as nações tremeram com a notícia e detiveram-se em temor humilhado. Assim, o poder do opressor foi quebrado.

Em terceiro lugar, *o juízo de Deus alcança os ímpios para condená-los e os humildes para salvá-los* (76:9). "Ao levantar-se Deus para julgar e salvar todos os humildes da terra". O juízo de Deus vem sobre os soberbos para condená-los e sobre os humildes para salvá-los. Nas palavras de Warren Wiersbe, "os julgamentos de Deus cumprem pelo menos três propósitos: glorificam a Deus ao revelar sua justiça e santidade, castigam os perversos por suas maldades e trazem salvação àqueles que confiam no Senhor".[13]

Em quarto lugar, *a ira dos homens não pode frustrar os desígnios de Deus* (76:10). "Pois até a ira humana há de louvar-te; e do resíduo das iras te cinges". Derek Kidner chega a dizer que este versículo traz uma das declarações mais marcantes do Saltério, pois a ferocidade do homem trará louvor a Deus. O mal é permitido para o bem, e isso mostra o controle providencial de Deus na história; a demonstração mais vívida dessa verdade é a morte de Cristo na cruz. Assim Pedro declarou: "Sendo este [Jesus] entregue pelo determinado desígnio e presciência de Deus, vós o matastes, crucificando-o por mãos de iníquos" (At 2:23).[14] Spurgeon tem razão em escrever: "Enraiveçam-se os homens e os demônios quanto quiserem, pois não podem fazer nada mais que servir aos propósitos divinos".[15]

Deus é digno de ser obedecido (76:11,12)

Quatro verdades são postas em relevo aqui.

Em primeiro lugar, *o povo de Deus, ao fazer votos, deve cumpri-los* (76:11a). "Fazei votos e pagai-os ao SENHOR, vosso Deus...". A expressão "vosso Deus" sugere que o salmista está se dirigindo ao povo da Aliança. Spurgeon está correto quando diz que "Jurar ou não é questão de escolha, mas cumprir os votos é o nosso dever sagrado. Quem defrauda a Deus, ao seu próprio Deus, é realmente um infeliz. Ele cumpre as promessas; que o seu povo não deixe de cumprir as suas".[16]

Em segundo lugar, *os povos devem trazer ofertas a Deus porque ele é digno* (76:11b). "[...] tragam presentes todos os que o rodeiam, àquele que deve ser temido". Aqui o salmista conclama o mundo em derredor a trazer presentes e tributos a Deus, e as nações circunvizinhas também são conclamadas a se submeterem ao único Deus vivo.

Em terceiro lugar, *diante de Deus nenhuma soberba prevalecerá* (76:12a). "Ele quebranta o orgulho dos príncipes...". A vida dos príncipes está nas mãos de Deus, que os exalta e os coloca no trono, e também os humilha e os faz apear do poder. O Senhor declara guerra aos soberbos e os tira de sua altivez, com o seu ninho incrustado entre as estrelas, para beijarem o pó. Concordo com Spurgeon quando escreve: "Ninguém é grande nas mãos divinas. Césares e Napoleões caem sob o seu poder, como os galhos das árvores sob os golpes do machado do lenhador".[17]

Em quarto lugar, *Deus é o rei acima de todos os reis da terra* (76:12b). "[...] é tremendo aos reis da terra". Os reis são terríveis para as pessoas, subjugando-as e oprimindo-as, mas o Senhor é terrível para com eles, e aqueles que se levantam para oprimir o povo de Deus terão que suportar o braço do Onipotente, o varão de guerra (Êx 15:3), que é tremendo aos reis da terra.

Notas

[1] KIDNER, Derek. *Salmos 73—150: introdução e comentário*. São Paulo: Vida Nova, 2006, p. 302.
[2] SPURGEON, Charles H. *Os tesouros de Davi*, vol. 2. Rio de Janeiro: CPAD, 2018, p. 389.
[3] PURKISER, W. T. "O livro de Salmos". In: *Comentário bíblico Beacon*, vol. 3. Rio de Janeiro: CPAD, 2015, p. 226.
[4] WIERSBE, Warren W. *Comentário bíblico expositivo*, vol. 3. São Paulo: Geográfica, 2006, p. 217.
[5] KIDNER, Derek. *Salmos 73—150: introdução e comentário*, p. 302.
[6] SPURGEON, Charles H. *Os tesouros de Davi*, vol. 2. 2017, p. 390.
[7] KIDNER, Derek. *Salmos 73—150: introdução e comentário*. 2006, p. 303.
[8] SPURGEON, Charles H. *Os tesouros de Davi*, vol. 2. 2017, p. 394.
[9] SPURGEON, Charles H. *Os tesouros de Davi*, vol. 2. 2017, p. 390.
[10] SPURGEON, Charles H. *Os tesouros de Davi*, vol. 2. 2017, p. 390.
[11] WIERSBE, Warren W. *Comentário bíblico expositivo*, vol. 3. 2006, p. 218.
[12] KIDNER, Derek. *Salmos 73—150: introdução e comentário*. 2006, p. 303.
[13] WIERSBE, Warren W. *Comentário bíblico expositivo*, vol. 3. 2006, p. 218.
[14] KIDNER, Derek. *Salmos 73—150: introdução e comentário*, p. 304.
[15] SPURGEON, Charles H. *Os tesouros de Davi*, vol. 2, p. 392.
[16] Ibidem, p. 392.
[17] Ibidem, p. 392.

Capítulo 76

Quando as crises da vida nos assaltam

(Sl 77:1-20)

Esse é um salmo de lamento pessoal, mas sua ocasião histórica não está definida. O salmo começa com a noite escura da tristeza e termina com uma descrição jubilosa dos grandes feitos de Deus, mostrando-nos que, mesmo andando com Deus, não somos poupados do vale escuro da tristeza. O próprio Filho de Deus, angustiado até à morte, orou no Getsêmani com forte clamor e lágrimas (Hb 5:7).

Westlake Purkiser, citando Morgan, lança luz sobre o entendimento desse salmo quando escreve:

> O versículo 10 é o pivô desse salmo, passando da descrição de uma experiência

de escuridão e tristeza para a descrição de alegria e louvor. A primeira parte relata uma tristeza que está esmagando a alma. A segunda descreve um cântico que é o resultado de uma visão que apagou a origem da tristeza. Na primeira parte, uma grande enfermidade ou debilidade obscurece o céu, e não se ouve nenhum cântico. Na segunda parte, vemos o irromper de um grande cântico, e a tristeza é esquecida. A diferença está entre um homem que se preocupa com as dificuldades e um homem que vê Deus entronizado lá no alto. Na primeira parte, o ego predomina. Na segunda, Deus é visto em sua glória. Um aspecto muito simples desse salmo deixa isso perfeitamente claro. Nos versículos 1 a 9, o pronome pessoal da primeira pessoa ocorre 22 vezes, e há 11 referências a Deus por nome, título e pronome. Na segunda parte, há apenas três referências pessoais e 24 menções a Deus.[1]

Consumido pela tristeza da alma, o salmista ora (77:1-3)

Três verdades são aqui destacadas.

Em primeiro lugar, *o dia da angústia nos leva à oração* (77:1). A oração é o melhor expediente na hora da angústia e também o remédio mais eficaz na hora da aflição. A dor amolece a cerviz e dobra os joelhos, mas Asafe não recorreu aos homens, e sim ao Senhor, e a ele apresentou o seu clamor. Concordo com Spurgeon quando diz que dias de angústia devem ser dias de oração.[2]

Em segundo lugar, *o dia da angústia nos leva a uma tristeza sem consolo* (77:2). Asafe estava profundamente angustiado, pois focar na tristeza e na angústia deixa a pessoa desanimada e desassistida de esperança. Como Jacó ao receber o manto rasgado e embebido de sangue de seu filho José recusou-se a ser consolado (Gn 37:35), a alma de Asafe também se recusa a ser consolada. Nessas horas, como diz Spurgeon, o silêncio da noite não nos oferece repouso, a cama nos serve de tortura, o corpo fica em tormento e o espírito fica em angústia.³

Em terceiro lugar, *o dia da angústia nos leva ao abatimento de espírito* (77:3). As lembranças e meditações de Asafe, longe de reanimá-lo, desfalecem ainda mais o seu espírito. Ele está imerso em sua dor, ruminando seu sofrimento e atordoado pela sua tristeza. Nas palavras de Spurgeon, "aquele que é a fonte de prazer para a fé, tornou-se objeto de medo para o coração perturbado do salmista".⁴

Perturbado pelas indagações do coração, o salmista busca a Deus (77:4-9)

Três verdades solenes são destacadas no texto.

Em primeiro lugar, *quando a dor nos deixa insones e calados* (77:4). Asafe não consegue dormir nem falar — está insone e mudo. Há momentos em que a dor é tão grande que o sono foge e as palavras se ausentam. Nesses tempos, as noites ficam mais trevosas e engolimos nossas palavras amargas como absinto. Spurgeon chega a dizer que as grandes aflições são mudas.⁵

Em segundo lugar, *quando as lembranças são nossa única âncora de esperança* (77:5,6). Olhar para o presente é mergulhar ainda mais no caudal do sofrimento, e pensar no sofrimento é agravar ainda mais a dor. Por isso, Asafe começa a folhear os registros do passado. Ele passa a pensar nos dias de outrora e traz à lembrança os anos dos tempos idos. Nessa meditação, ele indaga seu próprio íntimo e analisa seu próprio espírito. Nas palavras de Purkiser, "ele lembra das bênçãos passadas, e sua alma irrompe em uma agonia de questionamentos. A memória de dias melhores do passado intensifica a dor do estado presente".[6]

Em terceiro lugar, *quando nossas perguntas confrontam nossa fé* (77:7-9). Asafe faz seis perguntas retóricas e confronta a si mesmo com essas perguntas. Warren Wiersbe destaca possíveis respostas às perguntas:[7]

- *Rejeita o Senhor para sempre?* Não! Ele é fiel à sua Palavra (Lm 3:31-33).
- *Acaso, não torna a ser propício?* Sim! (Sl 30:5; Is 60:10).
- *Cessou perpetuamente a sua graça?* Não! (Jr 31:3).
- *Caducou a sua promessa para todas as gerações?* Não! (1Rs 8:56).
- *Esqueceu-se Deus de ser benigno?* Não! (Is 49:14-18).
- *Na sua ira, terá reprimido as suas misericórdias?* Não! (Lm 3:22-24).

Warren Wiersbe é oportuno quando escreve: "Quando estamos em trevas, não devemos jamais duvidar daquilo que Deus nos disse na luz".[8]

Encorajado pelas lembranças da mente (77:10-15)

Derek Kidner diz que o versículo 10 é o ponto crucial desse salmo,[9] pois é a chave da virada do salmista. Warren Wiersbe tem razão em dizer que, quando olhamos para as circunstâncias, concentramo-nos em nós mesmos e não vemos esperança nenhuma, mas quando, pela fé, olhamos para o Senhor, as circunstâncias talvez não se alterem, mas nós somos transformados.[10] Destacamos, aqui, algumas verdades importantes.

Em primeiro lugar, *o encorajamento vem quando fazemos um diagnóstico da nossa crise* (77:10). Até aqui, Asafe estava voltado para si mesmo, imerso em sua tristeza, fazendo seus lamentos e dando vazão à sua dor, mas agora ele faz um claro diagnóstico do problema, reconhece que não é o centro do universo e volta-se para Deus — em outras palavras, ele deixa de olhar para si e para as circunstâncias e volta seu olhar para Deus, deixa de olhar para dentro e passa a olhar para o alto, e começa aqui a virada de sua vida. Nas palavras de Purkiser, "o salmista começa a tirar a atenção de si mesmo e voltar-se ao Salvador, e encontra na memória da fidelidade passada a fé para o cumprimento futuro".[11]

Em segundo lugar, *o encorajamento vem quando tiramos os olhos de nós mesmos e das circunstâncias e os colocamos no Senhor* (77:11-15). Purkiser tem razão em dizer que a única saída do fundo do poço é para cima, e dessas profundezas de dúvidas o salmista começa sua ascensão.[12] Spurgeon diz que o salmista alça voos dos tumultos da vida para as grandezas da história para os sublimes atos do Senhor dos Exércitos, porque ele é o mesmo e está pronto para defender os seus servos como nos dias de outrora.[13] Sobre isso, algumas verdades importantes devem ser aqui destacadas:

Primeira, *encontramos encorajamento quando alimentamos nossa mente com os grandes feitos de Deus do passado* (77:11), pois o Deus que fez é o Deus que faz, ou seja, os feitos de Deus são uma prova incontestável de seu amor e poder; resumindo, as lembranças do passado são nosso alicerce no presente e nosso mirante do futuro.

Segunda, *encontramos encorajamento quando meditamos nos prodígios divinos* (77:12), uma vez que os milagres divinos são uma prova incontroversa de seu poder de interferir no curso da história e virar a mesa em favor do seu povo, pois ele realiza o imponderável, faz o impossível e executa o seu soberano querer.

Terceira, *encontramos encorajamento quando refletimos sobre a santidade e a onipotência divina* (77:13). O caminho de Deus é o caminho da santidade e seu poder é incomparável, por isso meditar nos atributos de Deus traz alento para o enfrentamento das grandes lutas da vida.

Quarta, *encontramos encorajamento quando pensamos nas maravilhas divinas operadas entre os povos* (77:14). Os deuses das nações não passam de ídolos e são desprovidos de Deus, mas o nosso Deus opera maravilhas e tem feito notório o seu nome entre os povos.

Quinta, *encontramos encorajamento quando relembramos como Deus redimiu o seu povo* (77:15). Deus tirou Israel com mão forte e poderosa da amarga escravidão do Egito; já os filhos de Jacó foram arrancados da fornalha da aflição; e esses são apenas algumas das diversas obras realizadas pelo Senhor.

Confiante pelos grandes feitos redentores de Deus (77:16-20)

Destacamos duas verdades importantes aqui.

Em primeiro lugar, *Deus agiu salvando seu povo da escravidão* (77:16-19). Asafe passa a relatar, com linguagem poética e majestosa, o grande livramento do povo de Israel na travessia do mar Vermelho. Depois de saírem do Egito, chegaram ao mar. As montanhas ao redor deles, o exército de Faraó atrás deles e pela frente o intransponível mar. O que fazer? Encurralados pela morte, Deus abriu-lhes um caminho no meio do mar. As águas viram a Deus e temeram.

Os abismos se abalaram. As nuvens grossas e pejadas de chuva se desfizeram em água. Os raios fuzilaram desde as alturas, cruzando os céus de um lado para o outro. O trovão ribombou ecoando por toda a redondeza e os relâmpagos luzidios, alumiaram o mundo. A terra se abalou e tremou como que num grande abalo sísmico. Então, Deus feriu as águas do mar Vermelho e abriu um caminho para o povo de Israel passar a pé enxuto e depois deu ordem às águas para fecharem o caminho e tragar o exército de Faraó — em outras palavras, o caminho dos hebreus tornou-se a sepultura de seus inimigos.

Em segundo lugar, *Deus agiu sustentando seu povo na caminhada do deserto* (77:20). Spurgeon, descrevendo a transição dos versículos 16 a 19 para o versículo 20, escreve:

> Que transição da tempestade para a paz, da ira para o amor. Quietamente como um rebanho, Israel foi dirigido pela agência humana que velou a glória excessiva da presença divina. O destruidor do Egito era o pastor de Israel. Expulsou de diante de si os inimigos, mas foi adiante do seu povo. O céu e a terra lutaram a favor dele contra os filhos de Cam, servindo igualmente aos interesses dos filhos de Jacó.[14]

Finalizo dizendo que, embora Deus tenha levantado líderes como Moisés e Arão para ir à frente do povo, foi o próprio Senhor quem conduziu o povo como um pastor conduz o seu rebanho. Durante o dia, havia uma coluna de nuvem para lhes trazer refrigério e, durante a noite, uma coluna de fogo os guiava, os aquecia e os protegia (Êx 13:21,22). Maná caiu do céu e água brotou da rocha; as roupas não envelheceram no corpo nem as sandálias nos pés; e, para fechar as maravilhas, os inimigos foram derrotados e os perigos, afastados.

Notas

[1] PURKISER, W. T. "O livro de Salmos". In: *Comentário bíblico Beacon*, vol. 3. Rio de Janeiro: CPAD, 2015, p. 228.
[2] SPURGEON, Charles H. *Os tesouros de Davi*, vol. 2. Rio de Janeiro: CPAD, 2018, p. 408.
[3] SPURGEON, Charles H. *Os tesouros de Davi*, vol. 2, p. 402.
[4] SPURGEON, Charles H. *Os tesouros de Davi*, vol. 2, p. 402.
[5] Ibidem, p. 403.
[6] PURKISER, W. T. "O livro de Salmos", p. 228.
[7] WIERSBE, Warren W. *Comentário bíblico expositivo*, vol. 3. São Paulo: Geográfica, 2006, p. 219.
[8] WIERSBE, Warren W. *Comentário bíblico expositivo*, vol. 3, p. 219.
[9] KIDNER, Derek. *Salmos 73—150: introdução e comentário*. São Paulo: Vida Nova, 2006, p. 307.
[10] WIERSBE, Warren W. *Comentário bíblico expositivo*, vol. 3, p. 219.
[11] PURKISER, W. T. "O livro de Salmos", p. 229.
[12] Ibidem, p. 229.
[13] SPURGEON, Charles H. *Os tesouros de Davi*, vol. 2, p. 405.
[14] Ibidem, p. 407.

Capítulo 77

A história de um povo amado, porém rebelde

(Sl 78:1-72)

O SALMO 78 é o mais longo do terceiro livro do Saltério. É um salmo histórico, e seu início é semelhante ao livro de Provérbios. Ele registra, com cores vivas, a história da Israel, desde sua libertação no Egito, sua introdução na Terra Prometida, indo até ao reinado de Davi, ou seja, cobrindo um período de 500 anos.

Esse salmo é um resumo poético da história de Israel até o estabelecimento da monarquia, com o propósito de ilustrar os perigos de se esquecer das instruções divinas. Allan Harman corrobora dizendo que o propósito desse salmo é apresentar um recital dos grandes eventos históricos na história de Israel.[1] Myer Pearlman diz que o propósito desse salmo é conservar o povo de Deus fiel a ele, por meio da demonstração de como a infidelidade no passado tantas vezes levava a grandes calamidades.[2]

Derek Kidner diz que o salmo visa sondar a consciência: é uma história que não se deve repetir. Ao mesmo tempo, visa acalentar o coração, pois conta acerca de grandes milagres, acerca de uma graça que persiste mesmo com todos os juízos, e da promessa que demonstra seus sinais na cidade escolhida e no rei escolhido.[3]

O salmista narra, com crueza indisfarçável, a rebeldia e a ingratidão do povo da aliança. Esse salmo é um alerta para nossa geração, pois entendemos que a história será nossa pedagoga ou nossa coveira, ou seja, quem não aprende com a história está fadado a repetir seus erros.

O salmista se mostra mais favorável a Judá e mais crítico a Efraim, o reino do norte. De acordo com Purkiser, isso implica uma data após a divisão do reino durante o governo de Roboão e a rebelião de Jeroboão, formando o reino de Israel, ou seja, o reino do norte.[4] Destacamos algumas lições na exposição desse salmo, as quais serão apresentadas a seguir.

Invista nas futuras gerações (78:1-8)

Allan Harman diz, corretamente, que uma das grandes responsabilidades dos pais e anciãos em Israel era passar adiante o conhecimento do Senhor às gerações sucessivas (Dt 6:4-9; 11:18-21; 29:29). As mesmas responsabilidades continuam para os cristãos com respeito tanto aos filhos (Ef 6:4) quanto aos adultos (1Tm 4:11-14; 2Tm 2:2; Tt 2:1-15).[5] Destacamos aqui alguns pontos.

Em primeiro lugar, *uma ordem expressa* (78:1). A lei de Deus é a própria palavra que saiu da boca de Deus, portanto, precisamos inclinar nossos ouvidos para ouvi-las. Nas palavras de Spurgeon, "preste bem atenção, dobre o pescoço duro, incline-se para pegar cada sílaba".[6]

Em segundo lugar, *uma promessa clara* (78:2). O salmista proclamará a lei de Deus usando parábolas e enigmas dos tempos antigos. Mas a verdade nunca caduca, pois não é velha nem nova, mas eterna, e Deus espera que façamos ligação entre Israel e a vida do crente. O apóstolo Paulo diz: "Pois tudo quanto, outrora, foi escrito para o nosso ensino, foi escrito, a fim de que, pela paciência das Escrituras, tenhamos esperança" (Rm 15:4).

Em terceiro lugar, *um privilégio especial* (78:3). Felizes os filhos que ouviram e aprenderam com seus pais a Palavra de Deus. Feliz os pais que contaram aos seus filhos as verdades divinas e os grandes feitos do Senhor. Spurgeon tem razão em dizer que a tradição prestou o mais excelente serviço ao povo de Deus nos tempos antigos, antes que a mais segura palavra da profecia se completasse e ficasse comumente acessível.[7]

Em quarto lugar, *uma promessa declarada* (78:4). A vida é como uma corrida de revezamento, ou seja, se falharmos em passar o bastão da verdade à nova geração, teremos falhado rotundamente. Não podemos encobrir nem subtrair nada da Palavra de Deus, pois precisamos contar à vindoura geração as excelências do caráter de Deus, a grandeza das obras do Senhor e a excelsitude de seu poder. Sendo assim, investir na educação cristã das crianças e dos jovens é dever imperativo da família e da igreja (Dt 6:1-9; Pv 22:6; 2Tm 3:15). Spurgeon é oportuno quando escreve:

"Não permitamos que o nosso silêncio negligente prive a nossa descendência e a dos nossos pais da verdade preciosa de Deus, pois seria verdadeiramente vergonhoso se assim fizéssemos".[8]

Em quinto lugar, *um propósito específico* (78:5-8). O processo de ensino-aprendizagem é uma ordenança do próprio Deus, isto é, a fé começa em casa, e os pais precisam ensinar os filhos com o propósito de que conheçam a Deus e coloquem nele a sua confiança. Os pais não podem ser neutros, deixando ao alvitre dos filhos as escolhas espirituais; em vez disso, precisam assumir a liderança espiritual de sua casa, como o fez Josué: "Eu e a minha casa serviremos ao SENHOR" (Js 24:15). Os mandamentos de Deus precisam ser relembrados e não esquecidos, pois, se esse processo falhar, a rebeldia será a marca da presente e das futuras gerações. Spurgeon traz um solene alerta: "Pais contumazes nos seus caminhos e rebeldes contra os caminhos de Deus são tristes exemplos para os filhos. É altamente desejável que a instrução melhor produza uma raça melhor".[9]

Derek Kidner é oportuno, quando alerta

> Nos versículos 7 e 8, temos a moral principal do salmo, em termos positivos e negativos. As três frases do versículo 7 demonstram uma corda tríplice da fé, como confiança pessoal, como pensamento bem-informado e humilde, e como vontade obediente. Se acharmos que essas qualidades nos parecem pouco aventurosas, o versículo 8 retrata o rebelde contra a aliança nas suas verdadeiras cores, não como herói, mas como renegado: perverso, enfermo quanto aos seus propósitos e indigno da confiança. Os versículos seguintes desenvolvem o pensamento.[10]

Não se esqueça das bênçãos passadas (78:9-16)

A parte central do salmo começa com uma referência ao reino do norte de Israel, aqui chamado Efraim, em decorrência de sua tribo mais dominante. A parte final do salmo focaliza, por meio de contraste, o reino do sul de Judá, pois Deus "não escolhera a tribo de Efraim; mas escolhera a tribo de Judá, o Monte Sião, ao qual ele amou" (78:67,68).[11] Nessa mesma linha de pensamento, Warren Wiersbe diz que Asafe faz uma retrospectiva, começando com a apostasia de Efraim (78:9-11) e continuando com os pecados de Israel no deserto (78:12-39) e em Canaã (78:54-64).[12] Vamos analisar alguns pontos importantes.

Em primeiro lugar, *uma covardia apontada* (78:9). A desobediência da maior e mais importante tribo do reino do Norte foi a causa de sua mais consumada covardia. Quem se afasta de Deus vulnerabiliza-se diante dos homens, e a rebeldia deles contra Deus fê-los fugir de diante de seus inimigos no campo da batalha, muito embora estivessem equipados militarmente com as melhores armas da época.

Em segundo lugar, *uma desobediência deliberada* (78:10, 11). Efraim é aqui não apenas uma tribo, mas o símbolo das dez tribos do norte. Como Efraim, o filho caçula de José, era a mais numerosa e mais forte tribo, o reino do norte passou a ser chamado Efraim. Essas tribos, desde a cisão em 931 a.C., sob a liderança de Jeroboão I, afastou-se da lei de Deus e levantou novos templos, com novo ritual e novos sacerdotes. A desobediência deles foi deliberada, tanto que fizeram da religião uma plataforma para atender os interesses políticos do monarca. Nas palavras de Spurgeon, "eles quebraram votos e promessas, levantaram ídolos e abandonaram o Deus vivo".[13]

Em terceiros lugar, *um testemunho prodigioso* (78:12-16). O salmista relembra os grandes feitos de Deus realizados diante dos pais primitivos na terra do Egito, em Zoã, ao nordeste do Delta do Nilo, cidade identificada como a capital de Ramsés II (Êx 1:11), e como Deus os tirou da escravidão com mão forte e poderosa. Relembrou-os de como Deus dividiu as águas do mar Vermelho para a multidão de israelitas passar a pé enxuto e depois os guiou por quarenta anos no deserto, oferecendo-lhes frescor e refrigério com a coluna de nuvem de dia e aquecimento, direção e proteção nas noites com a coluna de fogo. Das rochas fez brotar água em abundância para dessedentá-los na jornada pelo deserto, mostrando que o Deus da providência continua cuidando de seu povo. Nas palavras de Spurgeon, "caudalosos rios de amor têm jorrado para nós no deserto".[14]

Não seja rebelde ao Deus que cuida de você (78:17-31)

Destacamos, aqui, cinco lições solenes.

Em primeiro lugar, *rebeldia apesar das bênçãos* (78:17). O livramento miraculoso e a providência generosa de Deus não enterneceram o coração do povo. Prosseguiram em pecar contra Deus e rebelar-se contra o Altíssimo ao longo dos quarenta anos de peregrinação e nunca se cansavam de pecar; em vez disso, aceleravam cada vez mais na corrida rumo à iniquidade. Spurgeon escreveu: "Saindo de pecados anteriores, entravam em profundezas de males ainda maiores. Quanto mais tinham, mais ruidosamente desejavam. Murmuravam porque não tinham todo prazer que os seus apetites empanturrados desejavam [...]. As pedras lhes deram rios e eles responderam com inundações de maldade".[15] Derek Kidner alerta para o fato de que, quanto mais Deus dá, tanto menos o apreciamos. Essa resposta relutante a uma fileira de milagres não é muito diferente da sequela demonstrada na multiplicação dos pães para os cinco mil: uma exigência para um sinal adicional e melhor (Jo 6:26,30,31). A totalidade da história da descrença no deserto apoia a recusa de nosso Senhor; é, também, a resposta às exigências perpétuas por provas melhores.[16]

Em segundo lugar, *insolência apesar do cuidado* (78:18-20). Os israelitas tentaram a Deus e falaram contra ele, duvidando de seu poder para lhes dar alimento e preparar-lhes uma mesa no deserto. Concordo com Spurgeon quando diz que a incredulidade tem em si um grau de provocação do tipo mais alto.[17] Derek Kidner tem razão em dizer que Deus conhece a diferença entre a fé que se debate e a descrença desdenhosa.[18]

Em terceiro lugar, *indignação divina por causa da incredulidade* (78:21,22). A incredulidade do povo de Israel foi uma afronta a Deus e provocou sua ira — Deus salvou os israelitas com mão forte e poderosa e eles mesmo assim não creram em Deus.

Em quarto lugar, *provisão divina apesar dos apetites carnais* (78:23-29). Deus fez chover provisão sobre o povo desde as alturas, abrindo as comportas do céu para enviar maná sobre eles para os alimentar. Nas palavras de Spurgeon, "as grandes portas do armazém celestial foram totalmente abertas, e os pães do céu gotejaram aos montes".[19] Deus lhes deu o cereal do céu, o pão dos anjos, comida com fartura. Deu-lhes, ainda, carne a comer com abundância. Um vento do Oriente trouxe codornizes, aves migratórias que voam do sul do Egito até a Arábia, e fez chover sobre eles carne como poeira. Deus atendeu ao apetite desenfreado deles e fez o que eles desejaram. Purkiser diz que, mesmo nessa provisão abundante, os israelitas não refrearam o seu apetite; eles ficaram cheios, mas não satisfeitos, como é o caso de tantas pessoas hoje diante da profusão de coisas que possuem.[20] Allan Harman diz que aquilo que os israelitas cobiçaram receberam em abundância, sim, a ponto de vomitá-lo. O uso da palavra "desejaram" (78:29) é uma alusão ao lugar chamado Quibrote Hataavá, "sepulturas da gula" (Nm 11:34).[21]

Derek Kidner é oportuno quando escreve:

> Jesus indicou o sentido limitado em que o maná podia ser chamado "cereal do céu" ou "pão do céu" (Jo 6:31,32), sendo, porém, um antegozo, apesar disso, da realidade maior. Se este pão veio dos céus, Ele, o Pão da Vida, veio da parte do próprio Pai; e, se este pão nutria o corpo por um tempo, Ele satisfará uma fome mais profunda e viria a ser o alimento da imortalidade (Jo 6:30-40,47-51).[22]

Em quinto lugar, *juízo divino até mesmo aos mais fortes* (78:30,31). Não há nada mais perigoso para o ser humano do que Deus conceder a ele o que deseja; do que Deus entregar o homem aos seus próprios desejos e apetites (Rm 1:24,26,28), pois as paixões satisfeitas podem ser as porteiras do inferno. A ira de Deus se acendeu contra os israelitas, e os israelitas mais fortes, enquanto o alimento ainda estava em sua boca. Deus semeou a morte no arraial e prostrou os jovens de Israel. Nas palavras de Spurgeon, "curto foi o prazer, súbita foi a destruição. O festival terminou em funeral".[23] Concordo com Myer Pearlman quando diz: "nossa própria vontade nem sempre é a melhor".[24] O povo queria um corpo mimado para uma alma fraca.

Cuidado com o falso arrependimento (78:32-39)

Destacamos, aqui, três lições solenes.

Em primeiro lugar, *incredulidade, a causa do fracasso* (78:32,33). A despeito da providência e da disciplina, o povo ainda continuou a pecar contra Deus, descrendo dele, e o resultado é que Deus fez os seus dias se dissiparem num sopro e transformou seus anos em súbito terror.

Em segundo lugar, *um arrependimento insincero* (78:34-37). Quando a morte mostrava a sua carranca, eles se voltavam para Deus, mas não de todo o coração. Nas palavras de Spurgeon, "eles obedeceram somente enquanto sentiam o chicote sobre os lombos".[25] O arrependimento deles era passageiro e superficial, como uma camada fina de verniz para esconder a ferida mortal do pecado, ou seja, eles só se lembravam de Deus para se verem livres do sofrimento e adoravam a Deus apenas de lábios, sem sinceridade — resumindo, eram hipócritas, pois havia um abismo entre os lábios e o coração, e eles não foram fiéis à aliança divina. Spurgeon é contundente em suas palavras: "Eles eram bons em serem ruins. Eram falsos de joelhos e mentirosos nas orações. A adoração verbal é extremamente abominável a Deus quando dissociada do coração. Há reis que gostam de lisonja, mas o Rei dos reis a detesta".[26]

Em terceiro lugar, *uma misericórdia incompreensível* (78:38,39). Inobstante a incredulidade e hipocrisia do povo, Deus ainda o perdoava, pois reconhecia sua fraqueza e debilidade espiritual. O povo se esqueceu de Deus, mas Deus não se esqueceu do povo. Concordo com Purkiser quando diz que a brecha entre Deus e o homem, causada pelo pecado, deve ser transposta unicamente pela expiação, e é Deus quem toma a iniciativa, como está escrito: "Deus estava em Cristo, reconciliando consigo o mundo" (2Co 5:19).[27]

Valorize a salvação e a providência de Deus (78:40-53)

O salmista retorna novamente aos acontecimentos do Êxodo com o propósito de reforçar seu argumento de que a descrença e a desobediência da nação eram indesculpáveis à luz do que Deus tinha feito por eles.[28] Sobre isso, destacamos, aqui, quatro fatos.

Em primeiro lugar, *uma rebeldia contumaz* (78:40). Os israelitas eram contumazes na rebelião, constantes na provocação e inconstantes na obediência. Ao longo da jornada no deserto, não se cansavam de se rebelar contra Deus, e até mesmo na solidão de suas tendas não cessavam de pecar contra o Senhor — a instabilidade espiritual deles era notória.

Em segundo lugar, *um insolência abominável* (78:41). Vez após vez eles tentaram a Deus e escarneceram o Santo de Israel. Eles tinham a cerviz dura e o coração insensível. Spurgeon escreve: "O coração deles desejou saudosamente o Egito e as panelas de carne. Voltavam para os seus velhos caminhos muitas e repetidas vezes, depois de terem sido expulsos deles a chicotadas. Cheio de curvas e voltas, nunca permaneceram no caminho reto".[29]

Em terceiro lugar, *um esquecimento deliberado* (78:42-51). Myer Pearlman diz que a gratidão e a devoção do povo duraram pouco.[30] Asafe volta a relatar os prodígios de Deus no Egito para desbancar o panteão de deuses da terra dos faraós e tirar de lá o seu povo. Nas palavras de Spurgeon, "as pragas eram insígnias da presença de [Yahweh] e provas de seu ódio contra os ídolos".[31] O salmista menciona seis das dez pragas que Deus enviou ao Egito: 1) primeira praga: águas transformadas em sangue (v. 44; Êx 7:20); 2) quarta praga: moscas (v. 45a; Êx 8:21-24); 3) segunda praga: rãs (v. 45b; Êx 8:2-13); 4) oitava praga: gafanhotos (v. 46; Êx 10:4-15); 5) sétima praga: chuva de pedras (v. 47; Êx 9:18-33); quinta praga: peste nos animais (v. 48-50; Êx 9:1-7); décima praga: a morte dos primogênitos (v. 51; Êx 12:29-36).

Em quarto lugar, *uma providência imerecida* (78:52,53). Enquanto os inimigos opressores estão debaixo do juízo divino, Deus faz sair o seu povo como ovelhas e guia-o pelo deserto como um rebanho. Deus dirigiu o seu povo com segurança, abrindo-lhe o mar para passarem a pé enxuto ao mesmo tempo que afogou no mar o exército de faraó e seus cavaleiros.

Na Terra Prometida, mas com as velhas transgressões (78:54-64)

Cinco verdades são apresentadas aqui.

Em primeiro lugar, *uma promessa cumprida* (78:54,55). Deus cumpriu sua promessa feita aos patriarcas e conduziu o povo até à Terra Prometida e expulsou da presença deles as nações e fez ali habitar as tribos de Israel. Spurgeon descreve essa conquista da seguinte maneira:

> Não só os exércitos foram derrotados, mas todos os povos foram deslocados. A iniquidade dos cananeus estava cheia. As suas depravações os fizeram apodrecer sobre a terra. Por isso, a terra comeu os seus habitantes, os vespões os atormentaram, a peste os destruiu e a espada das tribos completou a execução, para a qual a justiça do céu há muito provocada por fim os

sentenciara. O Senhor foi o verdadeiro conquistador de Canaã. Ele expulsou as nações como o homem expulsa a sujeira de casa. Desarraigou-as como o lavrador extirpa ervas daninhas.[32]

Em resumo, o povo de Israel entrou na Terra Prometida com cidades edificadas, casas mobiliadas e despensas cheias.

Em segundo lugar, *uma imitação reprovável* (78:56,57). A geração que entrou na Terra Prometida não foi a mesma que saiu do Egito, pois toda aquela geração, exceto Josué e Calebe, morreu no deserto. A segunda geração, que nasceu no deserto, entrou na terra, mas repetiu os mesmos pecados de seus pais e continuou aleivosamente resistindo a Deus. Spurgeon diz que a mudança de condição não lhes alterou os modos, pois deixaram os hábitos nômades, mas não a tendência para perambular longe de Deus. Eles eram firmes em nada mais que a falsidade, conheciam a verdade divina e a esqueceram, sabiam qual era a vontade divina e a desobedeceram, e conheciam a graça divina e a perverteram em oportunidade para maior transgressão — em outras palavras eles eram uma nova geração, mas não uma nova nação. As más inclinações foram passadas para a nossa geração.[33] Allan Harman coloca esse fato da seguinte maneira:

> Uma vez mais adiciona-se o estribilho de pôr Deus à prova e se rebelar contra ele (78:56,57 conforme 78:8,17,40). A posse da "terra santa" não mudou o caráter do povo, e não eram diferentes de seus antepassados. O livro de Juízes e os primeiros capítulos de 1Samuel fornecem muitas ilustrações da deslealdade e infidelidade. A ilustração de um arco frágil que frustra o usuário é também usada por Oséias sobre a instabilidade do reino do norte (Os 7:16).[34]

Em terceiro lugar, *uma idolatria abominável* (78:58,59). Não bastasse essa nova geração ter vivido nos pecados antigos de seus pais, ainda, ao se instalarem na terra, começaram a adorar os deuses pagãos desses povos, provocando, assim, a ira do Senhor.

Em quarto lugar, *uma rejeição dolorosa* (78:60,61). Essa rebeldia e contumaz idolatria durou mais de três séculos, permanecendo em todo o período dos juízes. Então, nos dias do sacerdote Eli, Deus abandonou o tabernáculo que ficava em Siló, território de Efraim, cerca de 60 quilômetros a nordeste de Jerusalém. A Arca da Aliança, símbolo da presença de Deus, foi tomada pelos filisteus, dezenas de milhares de israelitas foram mortos e a glória de Deus se apartou do seu povo. Spurgeon alerta: "O castiçal pode ser removido ainda que a vela não esteja apagada. Igrejas em erro tornam-se igrejas em apostasia".[35] Não há calamidade que se iguale à retirada da presença de Deus de um povo. O profeta Ezequiel veria a glória do Senhor se apartando não somente do templo, mas também de Jerusalém (Ez 11:23), e Jesus haveria de falar em termos semelhantes, e não somente à igreja judaica (Ap 2:5; 3:16).

Em quinto lugar, *uma entrega fatídica* (78:62-64). Dezenas de milhares de israelitas foram mortos, e a glória de Deus se apartou do seu povo. Eli e seus dois filhos, Hofni e Fineias, foram mortos. A mulher de Fineias morreu no parto, mas deu o nome de Icabode ao filho que nasceu, dizendo: "Foi-se a glória de Deus". O Senhor entregou o seu povo à espada; o fogo devorou seus jovens; as moças não ouviram o cântico nupcial; os sacerdotes caíram à espada e suas viúvas nem fizeram lamentações. Concordo com Spurgeon quando diz que o peitoral adornado com pedras preciosas não é armadura contra as flechas do juízo.[36]

Novo começo, com novas promessas (78:65-72)

Allan Harman diz que a seção final do salmo contrabalança a primeira que trata de Efraim (78:9-16), mostrando como Deus havia escolhido Judá, e não Efraim, Sião, e não Siló, e a Davi para cumprir seus propósitos.[37] Vejamos.

Em primeiro lugar, *o despertamento divino* (78:65,66). Quando o cenário parecia cinzento demais e as nuvens escuras do juízo toldavam o horizonte, Deus se despertou como um poderoso valente e fez recuar os seus adversários, impondo-lhes acachapante derrota. De cidade em cidade, a Arca agiu como vingança em vez de troféu, e em todo lugar os falsos deuses caíram indefesos perante ela.

Em segundo lugar, *a rejeição das tribos do Norte* (78:67). Spurgeon diz que Deus tinha honrado Efraim, pois Josué, o grande conquistador, e Gideão, o grande juiz, pertenciam a essa tribo, em cujo território estava Siló, o lugar da Arca e do santuário. Mas agora o Senhor mudaria tudo e estabeleceria outras regras; assim, já não entregaria os assuntos à liderança de Efraim, visto que essa tribo havia sido provada e achada em falta.[38]

Em terceiro lugar, *a escolha da tribo de Judá* (78:68). Deus escolheu, como Jacó profetizou antes de morrer, a tribo de Judá, e dela procederam os reis que governaram o reino do sul, como Davi e o Messias prometido. Deus escolheu o monte Sião, em Jerusalém, para ali aportar o tabernáculo e, mais tarde, o Templo.

Em quarto lugar, *a construção do templo de Jerusalém* (78:69). O templo foi erigido no monte Sião, em Jerusalém, e não em Siló. Para a santidade, um templo; para a majestade um palácio.

Em quinto lugar, *a escolha de Davi como pastor do seu povo* (78:70-72). Deus escolheu Davi, seu servo, tomando-o dos redis das ovelhas para ser o pastor de seu povo e de Israel, a sua herança. Davi apascentou Israel consoante a integridade de seu coração e dirigiu o povo com mãos precavidas, de modo que, em seu reinado, Israel ganhou notoriedade entre as nações e exerceu influência sobre elas. Finalizo com a observação de Warren Wiersbe, o qual diz que os reis eram chamados de "pastores" (Jr 23:1-6; Ez 34:1-31), pois o povo escolhido de Deus era considerado seu rebanho (78:52; 77:20; 100:3), e ninguém melhor do que Davi para receber esse título (2Sm 5:1-3).[39]

Notas

[1] HARMAN, Allan. *Salmos*. São Paulo: Cultura Cristã, 2011, p. 286.
[2] PEARLMAN, Myer. *Salmos*. Rio de Janeiro: CPAD, 1977, p. 90.
[3] KIDNER, Derek. *Salmos 73—150: introdução e comentário*. São Paulo: Vida Nova, 2006, p. 309.
[4] PURKISER, W. T. "O livro de Salmos". In: *Comentário bíblico Beacon*, vol. 3. Rio de Janeiro: CPAD, p. 230.
[5] HARMAN, Allan. *Salmos*, p. 287.
[6] SPURGEON, Charles H. *Os tesouros de Davi*, vol. 2. Rio de Janeiro: CPAD, 2018, p. 424.
[7] SPURGEON, Charles H. *Os tesouros de Davi*, vol. 2, p. 424.
[8] Ibidem, p. 425.
[9] Ibidem, p. 426.
[10] KIDNER, Derek. *Salmos 73—150: introdução e comentário*, p. 310.
[11] HARMAN, Allan. *Salmos*, p. 288.
[12] WIERSBE, Warren W. *Comentário bíblico expositivo*, vol. 3. São Paulo: Geográfica, 2006, p. 221.
[13] SPURGEON, Charles H. *Os tesouros de Davi*, vol. 2, p. 427.
[14] Ibidem, p. 428.
[15] SPURGEON, Charles H. *Os tesouros de Davi*, vol. 2, p. 428.

[16] KIDNER, Derek. *Salmos 73—150: introdução e comentário*, p. 310,311.
[17] SPURGEON, Charlres H. *Os tesouros de Davi*, vol. 2, p. 430.
[18] KIDNER, Derek. *Salmos 73—150: introdução e comentário*, p. 311.
[19] SPURGEON, Charles H. *Os tesouros de Davi*, vol. 2, p. 430.
[20] PURKISER, W. T. "O livro de Salmos", p. 231.
[21] HARMAN, Allan. *Salmos*, p. 290.
[22] KIDNER, Derek. *Salmos 73—150: introdução e comentário*, p. 311.
[23] SPURGEON, Charles H. *Os tesouros de Davi*, vol. 2, p. 432.
[24] PEARLMAN, Myer. *Salmos*, p. 96.
[25] SPURGEON, Charles H. *Os tesouros de Davi*, vol. 2, p. 433.
[26] Ibidem, p. 433.
[27] PURKISER, W. T. "O livro de Salmos", p. 232.
[28] Ibidem, p. 232.
[29] SPURGEON, Charles H. *Os tesouros de Davi*, vol. 2, p. 435.
[30] PEARLMAN, Myer. *Salmos*, p. 92.
[31] SPURGEON, Charles H. *Os tesouros de Davi*, vol. 2, p. 435.
[32] Ibidem, p. 438,439.
[33] Ibidem, p. 439.
[34] HARMAN, Allan. *Salmos*, p. 293.
[35] SPURGEON, Charles H. *Os tesouros de Davi*, vol 2, p. 440.
[36] Ibidem, p. 441.
[37] HARMAN, Allan. *Salmos*, p. 294.
[38] SPURGEON, Charles H. *Os tesouros de Davi*, vol. 2, p. 442.
[39] WIERSBE, Warren W. *Comentário bíblico expositivo*, vol. 3, p. 223.

Capítulo 78

Quando Deus disciplina o seu povo

(Sl 79:1-13)

ESSE É UM SALMO de Asafe, um salmo de lamentação que retrata a invasão de Jerusalém pelos caldeus, a profanação e a destruição do templo e o massacre do povo da Aliança. Purkiser diz que esse salmo é a canção fúnebre de uma nação.[1]

Warren Wiersbe faz um apanhado histórico ao dizer que Deus deu a seu povo vitória sobre o Egito (Sl 77), ajudou-o a marchar pelo deserto e, posteriormente, a conquistar Canaã (Sl 78). Também lhes deu o rei Davi, que derrotou seus inimigos e expandiu o reino. Mas agora, o povo de Deus está cativo, a cidade e o Templo estão destruídos, e as nações pagãs triunfaram sobre Israel (Sl 79).[2]

Sob todos os aspectos, esse salmo é dependente do salmo 74, pois ambos têm o mesmo selo de Asafe, ambos gozam da mesma relação com Jeremias e ambos emitem lamentações pelas mesmas circunstâncias do tempo.[3] Derek Kidner diz, porém, que esse salmo é um grito de fé no meio da perplexidade, e não uma dúvida fundamental.[4]

Um lamento profundo por causa do juízo divino (79:1-4)

Asafe faz uma descrição dramática da invasão dos caldeus a Jerusalém. A cidade foi sitiada, invadida e arrasada; o Templo foi pilhado e destruído; o povo foi massacrado e muitos levados cativos. Destacamos quatro fatos solenes.

Em primeiro lugar, *um desastre nacional* (79:1). "Ó Deus, as nações invadiram a tua herança, profanaram o teu santo Templo, reduziram Jerusalém a um montão de ruínas". Asafe, um patriota leal, golpeado de horror, está lamentando a invasão sacrílega e acintosa das nações à terra de Judá, a profanação e a destruição do templo de Jerusalém e a destruição completa da cidade, transformando-a em montões de ruínas. Nas palavras de Spurgeon, "a Terra Santa, a Casa Santa e a Cidade Santa foram contaminadas pelos incircuncisos".[5] Transformaram Jerusalém em sepulturas a céu aberto. Nas palavras de Derek Kidner, "o que aconteceu é pior do que uma tragédia: é o sacrilégio".[6] Allan Harman corrobora dizendo que os invasores não pensaram que a terra fosse herança de Deus, nem que o templo fosse sagrado; eles simplesmente vieram contra Judá, destruíram o Templo e fizeram de Jerusalém um mero monturo de pedras.[7]

Em segundo lugar, *uma crueldade abominável* (79:2). "Deram os cadáveres dos teus servos por cibo às aves dos céus e a carne dos teus santos, às feras da terra". O povo de Deus sempre teve o máximo respeito e cuidado com o sepultamento de seus mortos, mas os invasores impiedosos mataram os servos de Deus e deixaram os corpos dos santos insepultos para serem devorados pelos urubus e rasgados pelos cães e pelos lobos. Os caldeus não profanaram apenas a terra, a cidade e o Templo, mas também os corpos dos servos de Deus. Derek Kidner diz que jazer sem sepultura era a humilhação final, como se o morto não fosse amado, não valesse nada, e como se pudesse ser jogado fora como animal.[8] É claro que o cuidado com o funeral, a maneira do enterro e a pompa das exéquias são expressões de consolo para os vivos em vez de ajuda para os mortos, uma vez que o corpo morto dos salvos nada sente e a alma dos crentes nada mais necessita deste mundo.

Em terceiro lugar, *um descaso reprovável* (79:3). "Derramaram como água o sangue deles ao redor de Jerusalém, e não houve quem lhes desse sepultura". Spurgeon diz que os invasores mataram os homens como se o sangue deles não fosse de mais valor que a água, transformando a cidade da paz em campo de sangue.[9]

Em quarto lugar, *desprezo doloroso* (79:4). "Tornamo-nos o opróbrio dos nossos vizinhos, o escárnio e a zombaria dos que nos rodeiam". Edom, Amom e Moabe se alegraram com a ruína de Judá. Allan Harman diz que, em vez de o povo de Deus cumprir uma função missionária nas nações adjacentes, Israel veio a ser um alvo de riso. Lançam escárnio sobre ele, ridicularizando-o enquanto deixam insepultos seus mortos e os demais são levados para o exílio (Dn 9:16).[10] Tanto Levítico 26 quanto Deuteronômio 28 apontavam para as bênçãos e maldições da Aliança. O povo desobedeceu e, agora, está colhendo o fruto amargo de sua rebeldia.

Concordo com Spurgeon quando escreve: "Alegrar-se com as desgraças dos outros e exultar-se com os sofrimentos dos outros são procedimentos dignos do Diabo e daqueles cujo pai ele é".[11]

Um sofrimento atroz por causa da ira divina (79:5-8)

Destacamos quatro verdades solenes.

Em primeiro lugar, *uma súplica para Deus cessar a sua ira contra o seu povo* (79:5). "Até quando, SENHOR? Será para sempre a tua ira? Arderá como fogo o teu zelo?". Asafe tem plena consciência de que a invasão de Jerusalém não era uma ação primordialmente dos caldeus, mas uma ação disciplinadora do próprio Deus, que, irado contra seu povo, entrega-o nas mãos de seus inimigos. Os caldeus foram a vara da ira de Deus para disciplinar seu povo (Is 10:5). Asafe está clamando aqui por um fim da manifestação da ira e uma manifestação da misericórdia. Allan Harman destaca que o salmista sabia que Deus jamais os deixaria para sempre em sua presente angústia, pois ele era o esposo ciumento de Israel (Êx 20:5), e o salmista apela para que haja um fim para esse período de ira.[12]

Em segundo lugar, *um pedido para Deus voltar sua ira contra os inimigos* (79:6). "Derrama o teu furor sobre as nações que te não conhecem e sobre os reinos que não invocam o teu nome". Asafe está orando para Deus poupar os seus filhos e ferir os seus inimigos. Tanto o profeta Jeremias como o profeta Ezequiel falaram do modo como Deus volveria sua ira contra as nações (Jr 50:9-16; Ez 36:5-7), por isso o salmista invoca a Deus para que ele honre seu compromisso.[13]

Em terceiro lugar, *um motivo para Deus aplicar sua ira aos inimigos* (79:7). "Porque eles devoraram a Jacó e lhes assolaram as moradas". As mais gentis misericórdias dos maus não passam de consumada crueldade. Os inimigos são impiedosos e implacáveis; eles devoram e assolam, saqueiam e matam.

Em quarto lugar, *um clamor por perdão e misericórdia* (79:8). "Não recordes contra nós as iniquidades de nossos pais; apressem-se ao nosso encontro as tuas misericórdias, pois estamos sobremodo abatidos". Deus está visitando a iniquidade dos pais nos filhos, por isso o salmista clama pelas misericórdias divinas, pois o abatimento está tomando conta de todos. Spurgeon é oportuno quando alerta:

> Pecados acumulam-se contra as nações. Gerações armazenam transgressões para serem visitadas nos herdeiros. Daí a oração urgente. Nos dias de Josias, o mais sério arrependimento não evitou o juízo que os longos e antigos anos de idolatria tinham determinado contra Judá (Jr 15:1-4). Todo homem tem razão em pedir anistia geral dos pecados passados, e toda nação deveria fazer desta uma oração ininterrupta.[14]

Warren Wiersbe tem razão em dizer que, diante de Deus, somos culpados somente de nossos próprios pecados (Dt 24:16; Jr 31:29,30; Ez 18:4), mas podemos sofrer em decorrência das transgressões de nossos antepassados (Êx 20:5; 34:7; Lm 5:7; Dn 9:4-14).[15]

Uma súplica urgente pelo socorro divino (79:9-12)

Destacamos quatro lições importantes.

Em primeiro lugar, *uma oração pedindo perdão ao Deus da aliança* (79:9). "Assiste-nos, ó Deus e Salvador nosso, pela glória do teu nome; livra-nos e perdoa-nos os pecados, por amor do teu nome". O arrependimento é o primeiro passo da restauração; sendo assim, o salmista pede ao Deus da aliança assistência, livramento e perdão, não fiado nos seus méritos ou nos méritos do povo, mas por amor do nome de Deus e pela sua glória. Concordo com Spurgeon quando diz que esse é um apelo magistral. Não há argumento que tenha força como este. A glória de Deus foi manchada aos olhos das nações pela derrota do seu povo e pela profanação do seu templo, por isso seus servos aflitos imploram-lhe a ajuda, para que o seu grande nome não seja mais o escárnio dos inimigos blasfemadores.[16] Ainda Spurgeon, citando William Greenhill (1691-1671), escreve:

> O fato do povo de Judá ter sido guardado na Babilônia foi amor do seu nome santo. O fato de terem sido replantados em Canaã foi amor do seu nome santo. O fato de possuírem novamente um templo, sacrifícios, sacerdotes, profetas e ordenanças foi por amor do seu santo nome. Quando muitas vezes estavam perto da destruição, em dias antigos, Deus os livrou. Não é por amor dos inimigos que Deus guarda ou livra o seu povo. Não é também por amor do seu povo ou das suas orações, lágrimas, fé, obediência e santidade que ele faz grandes coisas por eles e concede grandes misericórdias. É por amor do seu nome. O povo tem perdão dos pecados por amor do seu nome santo (Sl 25:11; 1Jo 2:12). São purificados dos pecados por amor do seu nome santo (Sl 79:9). São guiados pelos caminhos da justiça por amor do seu nome santo (Sl 23:2). Recebem vivificação para o coração morto e entorpecido por amor do seu nome

santo (Sl 143:11). Embora o seu povo peque contra Deus, ele não o abandona por amor do seu grande nome.[17]

Em segundo lugar, *uma demonstração de zelo pelo nome de Deus* (79:10). "Por que diriam as nações: Onde está o seu Deus? Seja, à nossa vista, manifesta entre as nações a vingança do sangue que dos teus servos é derramado". O salmista deseja que haja justiça para que Deus seja defendido e temido. É justo que os que escarneceram do povo de Deus, quando este sofria sob a vara do Senhor, sofram também pela mesma mão.[18] A destruição dos inimigos do Cordeiro de Deus e do seu povo é a recompensa do sangue dos mártires.

Em terceiro lugar, *um pedido de libertação para prisioneiros sentenciados à morte* (79:11). "Chegue à tua presença o gemido do cativo; consoante a grandeza do teu poder, preserva os sentenciados à morte". Spurgeon diz que o suplicante sobe de um pedido pelos que foram abatidos para uma oração pelos que estão à beira da morte, separados como vítimas para o matadouro.[19]

Em quarto lugar, *uma solene oração imprecatória* (79:12). "Retribui, Senhor, aos nossos vizinhos, sete vezes tanto, o opróbrio com que te vituperaram". Os vizinhos de Judá, Edom, Amom e Moabe se uniram aos caldeus para negarem a existência de Deus, zombarem de seu poder, insultarem o culto divino e destruírem a sua Casa. Agora, o salmista está rogando para que Deus lhes dê a devida retribuição e punição de suas maldades. Concordo com Allan Harman quando diz que esse apelo por juízo sobre os inimigos de Israel não provém de um senso de vingança pessoal. O salmista quer que se lhes faça pagamento em plena medida (simbolizado pelo uso do número sete) por causa do que fizeram a Deus. Eles o haviam injuriado, e se as nações vizinhas recebessem seu justo salário, então Israel, por sua vez, louvaria o nome do Senhor para sempre.[20]

Um voto solene de louvar a Deus (79:13)

Duas verdades são aqui destacadas.

Em primeiro lugar, *uma declaração de identidade* (79:13a). "Quanto a nós, teu povo e ovelhas do teu pasto...". A aliança de Deus é mantida, mesmo quando o seu povo é disciplinado, ou seja, mesmo quando pecamos contra Deus, não deixamos de ser o seu povo nem as ovelhas do seu pasto.

Em segundo lugar, *uma promessa para os tempos futuros* (79:13b). "[...] para sempre te daremos graças, de geração em geração proclamaremos os teus louvores". Depois do gemido, do opróbrio, da dor e do luto, o povo de Deus irrompe das cinzas, das calamidades mais medonhas, para assumir o compromisso de dar graças a Deus de geração em geração e proclamar nos ouvidos da história, do alto dos eirados, os louvores do Senhor. Assim, como diz Spurgeon, "os dias mais tenebrosos do povo de Deus tornam-se o prelúdio para demonstrações incomuns do amor e poder do Senhor".[21] Warren Wiersbe destaca que Deus havia chamado seu povo para o louvar e para servir de testemunho às nações pagãs (Is 43:21), e é isso o que Asafe promete fazer se Deus livrar seu povo. Quando o cativeiro na Babilônia chegou ao fim, alguns filhos de Asafe encontraram-se no meio do povo que voltou para Judá, de modo que a promessa de Asafe ao Senhor foi cumprida (Ed 2:41; 3:10; Ne 7:44; 11:17,22; 12:35,36).[22]

Notas

[1] PURKISER, W. T. "O livro de Salmos". In: *Comentário bíblico Beacon*, vol. 3. Rio de Janeiro: CPAD, 2015, p. 233.
[2] WIERSBE, Warren W. *Comentário bíblico expositivo*, vol. 3. São Paulo: Geográfica, 2006, p. 223.
[3] SPURGEON, Charles H. *Os tesouros de Davi*, vol. 2. Rio de Janeiro: CPAD, 2018, p. 482.
[4] KIDNER, Derek. *Salmos 73—150: introdução e comentário*. São Paulo: Vida Nova, 2006, p. 314.
[5] SPURGEON, Charles H. *Os tesouros de Davi*, vol. 2, p. 478.
[6] KIDNER, Derek. *Salmos 73—150: introdução e comentário*, p. 314.
[7] HARMAN, Allan. *Salmos*. São Paulo: Cultura Cristã, 2011, p. 296.
[8] KIDNER, Derek. *Salmos 73—150: introdução e comentário*, p. 314.
[9] SPURGEON, Charles H. *Os tesouros de Davi*, p. 478.
[10] HARMAN, Allan. *Salmos*, p. 296.
[11] SPURGEON, Charles H. *Os tesouros de Davi*, p. 479.
[12] HARMAN, Allan. *Salmos*, p. 296.
[13] Ibidem, p. 296.
[14] SPURGEON, Charles H. *Os tesouros de Davi*, vol. 2, p. 480.
[15] WIERSBE, Warren W. *Comentário bíblico expositivo*, vol. 3, p. 224.
[16] SPURGEON, Charles H. *Os tesouros de Davi*, vol. 2, p. 481.
[17] Ibidem, p. 486,487.
[18] Ibidem, p. 481.
[19] Ibidem, p. 481.
[20] HARMAN, Allan. *Salmos*, p. 297.
[21] SPURGEON, Charles H. *Os tesouros de Davi*, vol. 2, p. 482.
[22] WIERSBE, Warren W. *Comentário bíblico expositivo*, vol. 3, p. 224,225.

Capítulo 79

Um clamor por restauração

(Sl 80:1-19)

Esse é um salmo de Asafe, um salmo de lamento, no qual Israel é apresentado na figura de um rebanho e de uma vinha, rogando a Deus seu perdão e sua restauração. O salmista tem conhecimento do especial relacionamento de Deus com Israel no passado e, em virtude da decadência que vive no presente, clama pela restauração da nação eleita.

Concordo com o grande pregador Spurgeon quando diz que esse Asafe foi uma personagem posterior ao tempo de Davi, que teve a infelicidade de viver como o "último trovador" em tempos maus.[1] Allan Harman diz que é possível que esse salmo venha do tempo dos ataques feitos pela Assíria, os quais culminaram na queda de Samaria em 722 a.C. O salmo vem de um tempo de hecatombes para a nação, quando invasores estrangeiros pisotearam o país.[2] Nessa mesma linha de pensamento, Derek Kidner diz que, parece que não é a queda de Jerusalém, e sim os últimos dias da sua equivalente, Samaria, cerca de um século e meio antes, que deu origem a este forte grito de socorro. Aqui não há mais pensamento acerca das antigas rivalidades entre o Norte e o Sul, somente aflição diante da ruína de tanta promessa e da dissolução da antiga família.[3]

Warren Wiersbe diz que o fato de Asafe orar pelo reino do Norte e de pedir a Deus restauração e a união para a nação como um todo mostra que parte da rivalidade antiga estava chegando ao fim e que algumas pessoas de Judá estavam preocupadas com "a ruína de José" (Am 6:6).[4] O salmo apresentado pode ser entendido do modo como apresentamos a seguir.

Um clamor por restauração ao Pastor de Israel (80:1-3)

Warren Wiersbe diz que o pedido dessa passagem é que Deus dirija o seu povo em meio a essa crise, como os conduziu em segurança pelo deserto.[5] Destacaremos três pontos importantes aqui.

Em primeiro lugar, *um clamor para o pastor mostrar seu esplendor* (80:1). "Dá ouvidos, ó pastor de Israel, tu que conduzes a José como um rebanho; tu que estás entronizado acima dos querubins, mostra o teu esplendor". O povo está clamando ao Pastor de Israel, ao Deus exaltado acima dos mais altos seres celestiais, mas ao mesmo tempo, ao Deus generoso que conduz seu povo como um rebanho de ovelhas, para mostrar o seu esplendor. O povo está oprimido pelos inimigos e clama para Deus manifestar-se a seu favor. O nome "pastor" está cheio de ternura, pois corações quebrantados deleitam-se com nomes da graça. Estou de pleno acordo com o que escreve Spurgeon: "O nosso maior temor é a retirada da presença do Senhor, e a nossa mais brilhante esperança é a perspectiva da sua vinda. Nos dias mais escuros dos filhos de Israel, a luz do semblante do Pastor é tudo de que precisam".[6]

Allan Harman tem razão em dizer que "José" é usado como uma designação conveniente das dez tribos do Norte que formaram a nação de Israel com as tribos chamadas segundo os filhos de José (Efraim e Manassés) associadas com a tribo de Benjamim como uma expressão paralela do versículo 2.[7]

Em segundo lugar, *um clamor para o pastor mostrar o seu poder salvador* (80:2). "Perante Efraim, Benjamim e Manassés, desperta o teu poder e vem salvar-nos". Essas eram as três tribos que caminharam na vanguarda da procissão, quando os coatitas carregaram a arca. Aqui, essas três tribos representam todo o Israel, mostrando que a nação inteira está clamando para Deus desnudar seu braço forte, mostrar o seu poder e vir salvá-los. Efraim e Manassés representam José, e era adequado que Benjamim, o outro filho da amada Raquel, fosse mencionado no mesmo fôlego. Como já afirmamos, essas três tribos marchavam rotineiramente juntas no deserto, vindo imediatamente atrás da Arca. Derek Kidner destaca que somente Benjamim sobreviveu, pois essa tribo permaneceu com Judá quando foi dividido o reino depois de Salomão. Samaria, a capital de Israel, estava no território de Efraim, e essa tribo poderosa, com a de seu irmão Manassés, dominava o centro da Terra Prometida.[8]

Em terceiro lugar, *um clamor por restauração* (80:3). "Restaura-nos, ó Deus; faze resplandecer o teu rosto, e seremos salvos". A oração é expressa em termos da bênção araônica (Nm 6:25). É digno de nota que Asafe não disse: "Faze-nos voltar do nosso cativeiro", mas apenas: "Faze-nos voltar". A melhor volta não é a das circunstâncias, mas a volta do caráter.[9] O cativeiro era um reflexo da quebra da aliança e do afastamento de Deus, mas o brilho do rosto de Deus sobre o povo garante-lhe completa vitória e plena liberdade.

Destaco que este versículo é um refrão repetido novamente nos versículos 7 e 19. O refrão segue uma intensidade crescente no nome divino: "Ó Deus" (80:3); "Ó Deus dos Exércitos (80:7); "Ó SENHOR, Deus dos Exércitos" (80:19).[10] Eles apelam para que Deus os restaure do cativeiro, de modo que se apenas o rosto de Deus brilhar sobre eles, sua restauração estará assegurada. Willem VanGemeren diz, corretamente, que somente Deus pode restaurar o seu povo mediante o perdão de seus pecados, mediante a renovação da sua aliança e mediante a derrota de seus inimigos. Quando a face do Senhor brilha sobre o seu povo, eles são abençoados com sua presença e seu favor, e são salvos.[11] Nessa mesma toada, Warren Wiersbe escreve: "Quando Deus esconde sua face, as coisas vão de mal a pior (13:1; 27:9; 30:7; 44:24; 69:17; 88:14). Por isso, pedir que Deus faça resplandecer seu rosto é o mesmo que pedir para Deus restaurar a condição anterior de bênção e de relacionamento pessoal (85:4; 126:1,4; Lm 5:21)".[12]

Um lamento sobre o castigo do Juiz, o Senhor dos Exércitos (80:4-7)

Quatro realidades são destacadas aqui pelo salmista.

Em primeiro lugar, *lamento pela indignação divina* (80: 4). "Ó Senhor, Deus dos Exércitos, até quando estarás indignado contra a oração do teu povo?". O salmista reconhece que as aflições que o povo está suportando foram causadas pela ira de Deus (80:4,5), que não estava indignado apenas com os pecados do seu povo, mas também com suas orações.

Em segundo lugar, *lamento pelo choro* (80:5). "Dá-lhes a comer pão de lágrimas e a beber copioso pranto". O Pastor de Israel, em vez de oferecer pastos verdejantes e um cálice que transborda, oferece, de modo monótono, lágrimas copiosas.[13] Deus lhes deu uma dieta com pão de lágrimas e a beber uma torrente copiosa de pranto. Nas palavras de Spurgeon, "as refeições, que outrora eram ocasiões agradáveis de alegria, agora são como refeições fúnebres para as quais cada pessoa contribui com o seu bocado amargo".[14] Nas palavras de Allan Harman, "tribulação e tristeza são retratadas como sendo seu alimento diário, de modo que suas lágrimas substituem o pão e a bebida".[15]

Em terceiro lugar, *lamento pela zombaria sofrida* (80:6). "Constitui-nos em contendas para os nossos vizinhos, e os nossos inimigos zombam de nós a valer". Israel, que foi chamado para ser luz para as nações, está sendo motivo de zombaria entre essas nações. Edom e Moabe se alegraram com o infortúnio de Israel, oprimiram ainda mais aqueles que tentavam escapar de seus opressores e passaram a disputar a parte de cada um no espólio. Nas palavras de Spurgeon, "eles acharam graça da desgraça de Israel, fizeram comédia da tragédia de Israel e usaram sal para temperar o espírito humorístico na salmoura das lágrimas do povo de Israel".[16]

Em quarto lugar, *clamor por restauração* (80:7). "Restaura-nos, ó Deus dos Exércitos; faze resplandecer o teu rosto, e seremos salvos". Mais uma vez aparece o estribilho. O texto deixa claro que só o Deus dos Exércitos pode restaurar o seu povo e que a salvação vem no exato momento que o rosto de Deus se torna favorável ao seu povo. O pecado maligníssimo nos afasta do nosso bem maior, de modo que, se Deus se afastar do seu povo, ele perece; por outro lado, se Deus faz resplandecer o seu rosto sobre o seu povo, ele é salvo.

Um testemunho acerca da videira devastada ao Agricultor (80:8-13)

Asafe muda a metáfora do rebanho para a metáfora da videira — Israel é a vinha do Senhor (80. 8; Is 5:1-7; 27:2-6; Jr 2:21; 6:9; Ez 15:1,2; Os 10:1; 14:7; Mt 20:1-16). Jesus usou essa metáfora para descrever a si mesmo (Jo 15:1). Aquilo que Israel apenas havia começado a ser, ele era e é totalmente.[17] O Senhor trouxe sua vinha do Egito e a plantou em Canaã; ele limpou o terreno, plantou a vinha, nutriu-a. Israel ocupou a terra, subjugou os povos e controlou as nações do Eufrates ao Mediterrâneo (2Sm 8:3; 1Rs 4:21).[18] Allan Harman coloca esse fato do seguinte modo:

> Quando a videira foi plantada em Canaã, ela então se estabeleceu e cresceu de modo a cobrir o território que fora prometido a Abraão (Gn 15:18-21; 17:8) para descrições posteriores das fronteiras de Israel (Êx 23:31; Js 1:3,4; 1Rs 4:21,24). A videira cobriu Canaã. Abrangeu os montes do Líbano e o Mar Mediterrâneo ao ocidente. Ao norte/leste ela chegou até ao rio Eufrates.[19]

Destacamos quatro fatos importantes.

Em primeiro lugar, *a vinha transplantada — a jornada do Egito a Canaã* (80:8). "Trouxeste uma videira do Egito, expulsaste as nações e a plantaste". Asafe muda a figura do rebanho para a figura da videira. Israel foi uma videira tirada do Egito e transplantada em Canaã, e sete nações foram expulsas para abrir espaço para a vinha do Senhor.

Em segundo lugar, *a vinha reimplantada — o estabelecimento na Terra Prometida* (80:9). "Dispuseste-lhe o terreno, ela deitou profundas raízes e encheu a terra". Deus limpou a terra para plantá-la, expulsando as nações cananitas, cuja medida da iniquidade já havia transbordado. Nas palavras de Spurgeon, "os exércitos foram derrotados, os reis foram mortos, as cidades foram capturadas e Canaã tornou-se como um lote de terra pronto para uma vinha".[20] Israel tornou-se forte e influente.

Em terceiro lugar, *a vinha esplendorosa — o esplendor na Terra Prometida* (80:10,11). "Com a sombra dela os montes se cobriram, e, com os seus sarmentos, os cedros de Deus. Estendeu ela a sua ramagem até ao mar e os seus rebentos, até ao rio". William MacDonald diz que essa transplantação foi um sucesso, tendo em vista que essa vinha deitou raízes profundas e sua população se multiplicou e encheu a terra. A vinha tornou-se luxuriante, mais alta que os montes em glória e mais forte que os mais altos cedros. Sob o reinado de Salomão, Israel ocupou terras ao leste até o Eufrates (1Rs 4:21,24).[21]

Em quarto lugar, *a vinha completamente devastada* (80:12,13). "Por que lhe derribaste as cercas, de sorte que a vindimam todos os que passam pelo caminho? O javali da selva a devasta, e nela se repastam os animais que pululam no campo". Israel foi uma vinha devastada pelas bestas feras: Egito, Assíria, Babilônia, Pérsia, Grécia e Roma. Povos ferozes como porcos selvagens guerrearam contra a nação de Israel até ser escornada e despedaçada como uma vinha completamente destruída. É como diz Spurgeon, "com Deus, nenhum inimigo pode nos fazer mal. Sem ele, ninguém é tão fraco que não possa nos fazer mal".[22]

Uma oração por vivificação ao Senhor dos Exércitos (80:14-19)

Seis verdades solenes são aqui mencionadas.

Em primeiro lugar, *uma oração, rogando a visitação divina* (80:14). "Ó Deus dos Exércitos, volta-te, nós te rogamos, olha do céu, e vê, e visita esta vinha". O pecado do povo afastou o Deus da aliança. Agora, arrependidos, clamam para que Deus volte; para que Deus olhe do céu; para que Deus contemple a situação deles; para Deus visite a sua vinha que ele mesmo plantou. Allan Harman diz que o salmista roga ao divino vinhateiro que venha e cuide de sua própria e preciosa planta que colocou no pomar de Canaã.[23]

Em segundo lugar, *uma oração, pedindo a proteção divina* (80:15). "Protege o que a tua mão direita plantou, o sarmento que para ti fortaleceste". Oh, Israel está sendo devastado como uma vinha atacada pelo javali da mata e as feras do campo. O povo de Deus, afligido, clama por proteção. Apesar dos pecados e das mazelas, o povo compreende que é a nação que a mão direita plantou e o sarmento que o próprio Deus fortaleceu para si mesmo; assim, a oração não vem fiada em méritos, mas estribada na aliança.

Em terceiro lugar, *uma oração reivindicando a vindicação da justiça divina* (80:16). "Está queimada, está decepada. Pereçam os nossos inimigos pela repreensão do teu rosto". A vinha era como uma floresta posta em chamas, devorada pelo fogo. Há aqui uma constatação e uma oração imprecatória. Asafe olha para Israel como uma vinha decepada que não pode produzir as uvas doces; então, ora para que Deus faça os inimigos devastadores perecerem pela repreensão do seu rosto. Spurgeon registra que "o machado cruel foi usado de forma assassina, os ramos foram podados, o tronco foi ferido e a desolação reinava no mais alto grau".[24]

Em quarto lugar, *uma oração clamando pelo cuidado divino* (80:17). "Seja a tua mão sobre o povo da tua destra, sobre o filho do homem que fortaleceste para ti". Derek Kidner diz que "tua destra" é uma expressão para destacar o lugar de honra (110:1), e o "filho do homem" pode parecer messiânico, mas o contexto indica Israel em primeiro lugar, como "primogênito" de Deus, e homem da mão direita entre toda a humanidade. É noutras passagens que a vocação de Israel se focaliza numa figura individual da única Pessoa que a cumpre: a Videira verdadeira e Filho do homem (110:1; Hb 1:3; 8:1; 10:12).[25]

Em quinto lugar, *uma oração desejando reavivamento* (80:18). "E assim não nos apartaremos de ti; vivifica-nos, e invocaremos o teu nome". O reavivamento traz Deus ao povo e leva o povo a Deus. Quando o povo persevera em buscar a Deus, Deus o vivifica, e um povo reavivado continuamente invoca o nome do Senhor.

Em sexto lugar, *uma oração clamando por restauração* (80:19). "Restaura-nos, ó SENHOR, Deus dos Exércitos, faze resplandecer o teu rosto, e seremos salvos". Por fim, o refrão familiar fecha o salmo. O que os homens mais fortes não podem fazer com o seu braço desnudado, Deus pode fazer com o esplendor do seu rosto. Allan Harman diz que o uso amplificado dos nomes divinos no estribilho parece ser deliberado quando o salmo chega a seu clímax: "Deus" (80:3); "Deus Todo-poderoso" (80:7); "Senhor Deus Todo-poderoso" (80:19). Com isso, entendemos que as características de Deus como expressas em seus nomes são usadas como base para a resposta a esta oração.[26]

Notas

[1] Spurgeon, Charles H. *Os tesouros de Davi*, vol. 2. Rio de Janeiro: CPAD, 2018, p. 491.
[2] Harman, Allan. *Salmos*. São Paulo: Cultura Cristã, 2011, p. 297.
[3] Kidner, Derek. *Salmos 73—150: introdução e comentário*. São Paulo: Vida Nova, 2006, p. 316.
[4] Wiersbe, Warren W. *Comentário bíblico expositivo*, vol. 3. São Paulo: Geográfica, 2006, p. 225.
[5] Wiersbe, Warren W. *Comentário bíblico expositivo*, vol. 3, p. 225.
[6] Spurgeon, Charles H. *Os tesouros de Davi*, vol. 2, p. 492.
[7] Harman, Allan. *Salmos*, p. 298.
[8] Kidner, Derek. *Salmos 73—150: introdução e comentário*, p. 317.
[9] Spurgeon, Charles H. *Os tesouros de Davi*, vol. 2, p. 492.
[10] Purkiser, W. T. "O livro de Salmos", p. 234.
[11] Vangemeren, Willem A. Psalms. In: Zondervan NIV Bible Commentary. Grand Rapids: Publishing House, 1994, p. 882.
[12] Wiersbe, Warren W. *Comentário bíblico expositivo*, vol. 3, p. 225.
[13] Kidner, Derek. *Salmos 73—150: introdução e comentário*, p. 318.
[14] Spurgeon, Charles H. *Os tesouros de Davi*, vol. 2, p. 493.
[15] Harman, Allan. *Salmos*, p. 298.
[16] Spurgeon, Charles H. *Os tesouros de Davi*, vol. 2, p. 493.
[17] Kidner, Derek. *Salmos 73—150: introdução e comentário*, p. 318.
[18] Vangemeren, Willem A. Psalms, p. 882.
[19] Harman, Allan. *Salmos*, p. 299.
[20] Spurgeon, Charles. *Os tesouros de Davi*, vol. 2, p. 494.
[21] Macdonald, William. Believers's Bible Commentary. Westmont: IVP Academic, 1995, p. 672.
[22] Spurgeon, Charles H. *Os tesouros de Davi*, vol. 2, p. 495.
[23] Harman, Allan. *Salmos*, p. 299.
[24] Spurgeon, Charles H. *Os tesouros de Davi*, vol. 2, p. 496.
[25] Kidner, Derek. *Salmos 73—150: introdução e comentário*, p. 319.
[26] Harman, Allan. *Salmos*, p. 300.

Capítulo 80

Uma solene mensagem de Deus ao seu povo

(Sl 81:1-16)

ESSE É UM SALMO de adoração e foi escrito por Asafe, evidentemente, para ser usado na Festa das Trombetas, em conexão com o *Yom Kippur*, o Dia da Expiação e a Festa dos Tabernáculos. Derek Kidner corrobora esse pensamento quando diz que esse salmo poderoso não nos deixa qualquer dúvida quanto à sua natureza festiva, e pouca dúvida quanto à festa que estava destinado a acompanhar; com toda a probabilidade, a Festa dos Tabernáculos, que comemorava a peregrinação no deserto e que incluía a leitura pública da Lei a cada sétimo ano (Dt 31:10), fato que parece ser ecoado nos versículos 8-10.[1]

O propósito do salmo é interpretar para o povo o significado das lições práticas das observâncias cerimoniais[2]. Nada é mais nocivo à religião do que observar certos rituais de forma corriqueira e mecânica, pois o monumento pode tomar o lugar do movimento, o formalismo legalista pode ocupar o lugar da celebração festiva e a forma pode substituir a essência.

As festas de Israel apontavam para a expressão do amor e do poder de Deus, e foram verdadeiros monumentos levantados para testificar da bondade de Deus. Nessas ocasiões, era tempo oportuno de se relembrar dos grandes feitos de Deus e, ao mesmo tempo, espalhar os tesouros de sua generosidade.

Uma convocação festiva (81:1-5)

O texto nos apresenta vários imperativos divinos conclamando o povo de Israel a adorar a Deus com música jubilosa, acompanhada de vários instrumentos. Nas palavras de Warren Wiersbe, "o líder convoca uma reunião com o povo (81:1), os músicos (81:2) e os sacerdotes, que deveriam tocar as trombetas (81:3)".[3] Isso nos mostra que o culto divino não pode tornar-se um ritual árido, enfadonho e mecânico. Sobre isso, destacamos três fatos importantes

Em primeiro lugar, *uma celebração jubilosa* (81:1). "Cantai de júbilo a Deus, força nossa; celebrai o Deus de Jacó". Devemos cantar a Deus com júbilo, porque fica-lhe bem o cântico de louvor. Ele é a nossa força (Sl 18:1; 28:7), o Deus de Jacó, o Deus da Aliança (Sl 20:1; 46:7,11; 132:2).

Em segundo lugar, *uma celebração instrumental* (81:2). "Salmodiai e fazei soar o tamboril, a suave harpa com o

Saltério". Vozes e instrumentos exaltam a Deus; a música em si não é o que Deus requer, mas uma música cantada e orquestrada, que vem de Deus e volta para Deus, que é a origem e o destino da verdadeira música de adoração. Concordo com Purkiser quando diz que "a música alegre, tanto com cântico quanto com instrumentos, deve caracterizar a adoração ao Senhor".[4]

Em terceiro lugar, *uma celebração ordenada* (81:3-5). "Tocai a trombeta na Festa da Lua Nova, na lua cheia, dia da nossa festa. É preceito para Israel, é prescrição do Deus de Jacó. Ele o ordenou, como lei, a José, ao sair contra a terra do Egito. Ouço uma linguagem que eu não conhecera". A nação é chamada de "Jacó, Israel e José" (81:4,5). Jacó constituiu a família e José preservou a vida dessa família no Egito; e Deus chamou Jacó de Israel.

Derek Kidner diz que a referência à Lua Nova é um indício do sétimo mês, que era o clímax do ano festivo e que era anunciado com o sonido desta trombeta (Lv 23:23) no primeiro dia. No décimo dia, seguia-se o Dia da Expiação e, no décimo-quinto, isto é, na lua cheia, começava-se a Festa dos Tabernáculos (Lv 23:34).[5]

As festas aqui mencionadas foram prescritas por Deus. Todo o culto divino deve ser prescrito por Deus, ou seja, não podemos adorar a Deus do nosso modo, ao nosso gosto, uma vez que o próprio Deus estabeleceu a forma como quer ser adorado. Nas palavras de Spurgeon, "é tanto nosso dever rejeitar as tradições dos homens quanto observar as ordenanças do Senhor".[6] Assim, fica claro que a linguagem do culto idólatra é desconhecida por Deus, e o culto humanista, do homem para o homem, não passa de barulho indecifrável aos ouvidos de Deus.

Uma libertação grandiosa (81:6,7)

O salmista faz uma transição do culto prestado a Deus para a redenção operada por Deus, e dois fatos são dignos de nota.

Em primeiro lugar, *o livramento do jugo pesado* (81:6). "Livrei os seus ombros do peso, e suas mãos foram livres dos cestos". O povo de Israel viveu longos anos como escravo no Egito submetido a trabalhos forçados, sendo forçado a carregar terra, modelá-la e assá-la. Os israelitas eram verdadeiros burros de carga no Egito, pois faziam trabalhos forçados com escassez de pão e debaixo do estalido dos chicotes do carrasco. Deus, porém, livrou o povo das cargas pesadas e suas mãos do trabalho escravo. Nas palavras de Spurgeon, "Israel recebeu a Carta Magna como presente do poder divino".[7]

Em segundo lugar, *o livramento da angústia* (81:7). "Clamaste na angústia, e te livrei; do recôndito do trovão eu te respondi e te experimentei junto às águas de Meribá". Deus viu a aflição do povo, ouviu o seu clamor e desceu para libertá-lo (Êx 3:7-9). Spurgeon diz que da nuvem o Senhor enviou tempestade sobre os inimigos dos escolhidos. A nuvem era o pavilhão secreto, no qual ele pendurava as armas de guerra, os dardos de raio, as trombetas do trovão; e, partindo desse pavilhão, Deus veio e derrotou o inimigo para que os eleitos tivessem segurança.[8]

Deus livra e experimenta seu povo, não para reprová-lo, mas para aprová-lo; não para destruí-lo, mas para tonificar as musculaturas de sua alma. Spurgeon destaca que a história de Israel é a nossa história, porém em outro formato. Deus nos ouve, nos livra, nos liberta e, com excessiva frequência, a nossa incredulidade responde desgraçadamente com desconfiança, murmuração e rebelião. Grande é o nosso pecado. Grande é a misericórdia do nosso Deus.[9]

Uma exortação solene (81:8-10)

O salmista faz uma transição da libertação de Israel para uma exortação a Israel. O povo foi liberto, mas não obedeceu a Deus. Três verdades são aqui destacadas.

Em primeiro lugar, *o perigo da surdez espiritual* (81:8). "Ouve, povo meu, quero exortar-te. Ó Israel, se me escutasses!". Deus não está exortando os povos estrangeiros, mas Israel, o seu povo, o povo da aliança. Inobstante Deus ter remido o povo com mão forte e poderosa, sustentado o povo com farta provisão, derrotado seus inimigos com prodígios e maravilhas, o povo de Deus continuou rebelde, tapando seus ouvidos à voz divina — em outras palavras, seus ouvidos estavam surdos, sua cerviz estava dura e seu coração, rebelde.

Em segundo lugar, *o perigo da adoração falsa* (81:9). "Não haja no meio de ti deus alheio, nem te prostres ante deus estranho". A idolatria do Egito e dos povos vizinhos de Israel sempre seduziram o povo da aliança; além disso, ela é uma afronta a Deus e uma perversão do culto divino. O Senhor requeria lealdade exclusiva do seu povo, tanto que a ordem expressa no primeiro mandamento é: "Não terás outros deuses diante de mim" (Êx 20:3) e a ordem expressa no Novo Testamento é: "Filhinhos, guardai-vos dos ídolos" (1Jo 5:21). Spurgeon alerta: "Onde os falsos deuses estão, indubitavelmente haverá culto a eles. Enquanto houver ninhos, os pássaros sempre serão ávidos em voltar".[10]

Em terceiro lugar, *o privilégio da verdadeira adoração* (81:10). "Eu sou o SENHOR, teu Deus, que te tirei da terra do

Egito. Abre bem a boca, e te encherei". O motivo de Deus requerer lealdade exclusiva é posto com clareza diáfana: a redenção da escravidão. Em contraste com os ídolos vãos, Deus deixa claro que ele é o Senhor, o Deus da aliança e da redenção. Allan Harman tem razão em dizer que o Senhor reafirma sua relação pessoal como o Deus Redentor do êxodo e aquele que reivindica de seu povo um culto exclusivo.[11] O Senhor é, também, aquele que responde as orações do povo, de modo que, quem abre a boca para clamar a ele, tem a boca cheia da benevolência do Senhor.

Uma disciplina severa (81:11,12)

Asafe faz uma transição abrupta e descreve Deus falando da desobediência e incredulidade do povo. A desobediência é a porta de entrada da disciplina, e Deus repreende e disciplina aqueles a quem ama (Ap 3:19). Deus usou as nações pagãs como chicote de sua ira para disciplinar o seu povo, disciplina esta que é uma providência amarga, mas, infelizmente, quem não escuta a voz da graça, recebe o estalido do chicote. Neste ponto, destacamos dois fatos solenes.

Em primeiro lugar, *a tragédia da desobediência deliberada* (81:11). "Mas o meu povo não me quis escutar a voz, e Israel não me atendeu". Tapar os ouvidos à voz de Deus e recusar-se a ouvi-lo é enveredar-se por uma estrada de terríveis acidentes. Warren Wiersbe destaca que a surdez espiritual e a desobediência deliberada persistiram mesmo depois que Israel entrou na Terra Prometida (78:10,17,32,40,56).[12] Nas palavras de Spurgeon, "as advertências foram rejeitadas, as promessas foram esquecidas e os preceitos, desconsiderados. Embora a voz divina propusesse só o que era bom e em inigualável escala de liberalidade, eles se desviaram".[13]

Em segundo lugar, *a tragédia de receber o que se deseja* (81:12). "Assim, deixei-o andar na teimosia do seu coração; siga os seus próprios conselhos". A pior coisa que pode acontecer ao pecador é Deus entregá-lo a si mesmo, para beber até à última gota o cálice de seus desejos perversos (Rm 1:24,26,28). Nas palavras de Purkiser, "o pecado de Israel tornou-se seu maior castigo",[14] tendo em vista que ser entregue ao pecado é pior do que ser entregue a Satanás para a destruição da carne, a fim de que o espírito seja salvo, pois o pecado é o fruto da ira divina para a condenação da alma. Spurgeon ainda acrescenta:

> Não há punição mais justa ou mais severa que esta: se os homens não se controlarem, mas insensatamente saírem em disparada e recusarem obedecer, quem se importará se as rédeas estão no pescoço e se foram soltas para executar a própria destruição? Melhor seria sermos lançados aos leões que sermos entregues às concupiscências do nosso coração.[15]

Uma promessa gloriosa (81:13-16)

Asafe conclui esse salmo mostrando quão diferente a história de Israel poderia ter sido, e, então, passa a falar das gloriosas promessas divinas no caso de haver obediência. Nas palavras de Purkiser, "aqui vemos o contraste entre o que foi e o que poderia ter sido. A diferença estava toda na questão da obediência".[16] Warren Wiersbe é oportuno, quando escreve:

> Se o seu povo tivesse obedecido, o Senhor teria cumprido as promessas de sua aliança e o teria abençoado com proteção e provisão (Dt 28:15-ss; Lv 26:17-20; 27:31). Quando

desobedecemos ao Senhor, não apenas sentimos a dor de sua disciplina, como também perdemos as bênçãos que ele tanto deseja nos dar. O Senhor tirou água da rocha para Israel, mas estava preparado para tirar mel da rocha para lhes dar (Dt 32:13). Enviou o maná do céu, mas teria lhes dado o mais fino trigo.[17]

Vejamos.

Em primeiro lugar, *vitória sobre os inimigos* (81:13,14). "Ah! Se o meu povo me escutasse, se Israel andasse nos meus caminhos! Eu, de pronto, lhe abateria o inimigo e deitaria mão contra os seus adversários". O condescendente amor de Deus se expressa em dolorosos pesares pelo pecado e castigo de Israel. Tais foram os lamentos de Jesus sobre Jerusalém.[18] Resta claro afirmar que a vitória do povo de Deus sobre seus inimigos não procede de sua própria força ou destreza, mas da intervenção soberana e sobrenatural de Deus.

Em segundo lugar, *liderança perpétua* (81:15). "Os que aborrecem ao Senhor se lhe submeteriam, e isto duraria para sempre". Se Israel obedece aos princípios da Aliança, Deus o conduziria em triunfo, livrando-o das intempéries e dos inimigos. O próprio Deus faria o seu povo um destacado líder entre as nações. Spurgeon é oportuno quando escreve:

> Os nossos inimigos encontram as mais poderosas armas contra nós no arsenal das nossas transgressões. Nunca poderiam nos abater se não nos abatêssemos primeiro. O pecado tira do homem a armadura e o deixa exposto ao inimigo. Dez mil males que nos afligem agora já teriam sido expulsos para bem longe de nós, caso tivéssemos tido mais zelo da santidade

em nosso andar e relações. Temos de levar em conta não só o que o pecado tira das nossas bênçãos, mas o que impede que ganhemos.[19]

Em terceiro lugar, *provisão abundante* (81:16). "Eu o sustentaria com o trigo mais fino e o saciaria com o mel que escorre da rocha". Vitória, liderança e provisão são promessas divinas aos que obedecem a Deus. Allan Harman diz que a promessa é feita em termos que ecoam Deuteronômio 32:13 e em linguagem que fala de provisão sobrenatural para suas necessidades. No Novo Testamento, a promessa vai ainda além, e os crentes têm a certeza de que "Deus satisfará todas as nossas necessidades segundo suas gloriosas riquezas em Cristo" (Fp 4:19).[20] Nessa mesma toada, Derek Kidner diz que o salmo termina com uma forte lembrança da graça e dos recursos de Deus. Aquele em quem Israel não quer colocar sua confiança não é mesquinho nem incapaz, pois ele dá o melhor e traz doçura daquilo que era agreste, amedrontador e totalmente sem futuro.[21] Para finalizar, concordo com Spurgeon quando diz que, espiritualmente, a rocha designa Cristo, a rocha da salvação (1Co 10:4); o mel que sai da pedra diz respeito à plenitude da graça que está em Cristo e fala também do evangelho, que é dulcíssimo ao nosso paladar, arrancado do Calvário.[22]

NOTAS

[1] KIDNER, Derek. *Salmos 73—150: introdução e comentário*. São Paulo: Vida Nova, 2006, p. 320.
[2] PURKISER, W. T. "O livro de Salmos". In: *Comentário bíblico Beacon*, vol. 3. Rio de Janeiro: CPAD, 2015, p. 236.
[3] WIERSBE, Warren W. *Comentário bíblico expositivo*, vol. 3. São Paulo: Geográfica, 2006, p. 227.

[4] PURKISER, W. T. "O livro de Salmos", p. 237.
[5] KIDNER, Derek. *Salmos 73—150: introdução e comentário*, p. 320.
[6] SPURGEON, Charles H. *Os tesouros de Davi*, vol. 2. Rio de Janeiro: CPAD, 2017, p. 506,507.
[7] SPURGEON, Charles H. *Os tesouros de Davi*, vol. 2, p. 507.
[8] Ibidem, p. 507.
[9] Ibidem, p. 508.
[10] Ibidem, p. 508.
[11] HARMAN, Allan. *Salmos*. São Paulo: Cultura Cristã, 2011, p. 302.
[12] WIERSBE, Warren W. *Comentário bíblico expositivo*, vol. 3, p. 227.
[13] SPURGEON, Charles H. *Os tesouros de Davi*, vol. 2, p. 509.
[14] PURKISER, W. T. "O livro de Salmos", p. 238.
[15] SPURGEON, Charles H. *Os tesouros de Davi*, vol. 2, p. 509.
[16] PURKISER, W. T. "O livro de Salmos", p. 238.
[17] WIERSBE, Warren W. *Comentário bíblico expositivo*, vol. 3, p. 227.
[18] SPURGEON, Charles H. *Os tesouros de Davi*, vol. 2, p. 509.
[19] SPURGEON, Charles H. *Os tesouros de Davi*, vol. 2, p. 509.
[20] HARMAN, Allan. *Salmos*, p. 303.
[21] KIDNER, Derek. *Salmos 73—150: introdução e comentário*, p. 323.
[22] SPURGEON, Charles H. *Os tesouros de Davi*, vol. 2, p. 516.

Capítulo 81

Os juízes sob o julgamento de Deus

(Sl 82:1-8)

ESSE É MAIS UM salmo de Asafe. No salmo anterior, o salmista enfatizou a vinda de Jesus em carne, agora fala sobre sua segunda vinda para julgamento. Asafe não é apenas um poeta do Templo, mas também um pregador que confronta a corte e a magistratura. Esse salmo é um sermão pregado diante dos juízes, que, desprovidos de entendimento e rendidos à corrupção, torciam a lei para favorecer os poderosos e oprimir os fracos.

Esse salmo sapiencial é um grito por justiça nascido da percepção da má administração daqueles que estavam em posições de autoridade e primeiramente anuncia que Deus é o supremo Juiz, além de ser o reconhecimento da equidade perfeita do padrão de justiça. Os juízes em questão aqui têm errado no sentido de mostrarem respeito pela pessoa dos ímpios e, dessa forma, apartando-se da justiça perfeita que sempre caracteriza a conduta de Deus diante de quem eles são todos responsáveis.[1] Essa questão da injustiça dos governantes e magistrados é um tema recorrente nas Escrituras.

O Juiz divino julga os juízes da terra (82:1)

Asafe escreve: "Deus assiste na congregação divina; no meio dos deuses, estabelece o seu julgamento" (82:1). Purkiser diz que os comentaristas têm discordado fortemente acerca do significado deste versículo e, por conseguinte, da aplicação do salmo. "Os deuses" têm sido entendido como deidades subordinadas ou anjos, no entanto, com base no contexto e no uso que o Senhor fez do versículo 6 em João 10:34, é quase certo que o salmista tinham em mente reis humanos e magistrados que eram culpados de usar seus cargos para fins egoístas.[2] O mesmo autor ainda prossegue, dizendo que *elohim,* um substantivo plural normalmente traduzido por "Deus" ou "deuses", também é usado para seres sobrenaturais, como anjos, ou homens de alto escalão e autoridade suprema. A melhor compreensão, portanto, é que Deus, como o Juiz supremo, está no meio dos governantes e juízes corruptos de Israel para repreendê-los e condená-los.[3]

Nessa mesma linha de pensamento, Warren Wiersbe escreve:

> Os "deuses" (Sl 82:1,6) não são os falsos deuses dos pagãos, pois essas divindades inexistentes não são representantes judiciais de [Yahweh] na terra. Também não são anjos, pois os anjos não

podem morrer (Sl 82:7). Antes, esses "deuses", *elohim*, são pessoas que receberam a enorme responsabilidade de representar o Senhor na terra e de interpretar e aplicar sua lei (Êx 18:13-17; 21:6; Dt 16:18-20; 17:2-13; 19:15-20; 21:2).[4]

A linguagem aqui é a de um tribunal. Deus assume seu posto de juiz na assembleia de seu povo,[5] de modo que, quando as autoridades constituídas estão legislando, julgando e governando, estão fazendo todas as coisas na presença de Deus. O Senhor a tudo conhece e a todos sonda; além disso, está acima deles, e eles estão debaixo do escrutínio do Juiz supremo. Spurgeon tem razão em dizer que as decisões abusivas e as sentenças esquisitas são dadas na presença daquele que os visitará por todo ato impróprio, porque Deus não faz acepção de pessoas e é o defensor dos pobres e necessitados. As sentenças da terra serão revisadas pelo Supremo Tribunal Celestial.[6] Resta, portanto, afirmar que toda causa julgada no tribunal dos homens é a causa de Deus, julgada na presença de Deus. Os juízes devem temer porque julgar com injustiça é julgar contra o próprio Deus. Por isso, é preciso erguer a voz e dizer que Deus está presente nos gabinetes dos legisladores, dos governantes e dos juízes. Que eles temam o Todo-poderoso!

Os juízes são deuses para os homens, mas o Senhor é Deus para eles. Deus lhes empresta o nome, e esta é a autoridade que eles têm para agirem como juízes. Eles precisam compreender que, quando estes dão suas sentenças, em sessão entre eles, Deus está presente como o Juiz dos juízes.

Os juízes da terra exortados pelo Juiz divino (82:2-4)

Asafe, como um profeta, passa a confrontar os magistrados. Vejamos.

Em primeiro lugar, *a contínua injustiça* (82:2a). "Até quando julgareis injustamente?". A perversão da justiça não é algo novo — aliás, também foi praticada no passado. Mas até quando terá continuidade? O julgamento precisa ser justo e o juiz precisa ser íntegro, ou seja, não pode favorecer o rico nem o poderoso para oprimir o pobre e o fraco. Porém, a toga dos juízes estava manchada de violência, e a injustiça estava assentada no trono a tal ponto de os inocentes saírem como culpados e os culpados, como inocentes, pois os juízes eram céleres em atender os poderosos e lerdos em fazer justiça aos oprimidos. O salmista está condenando, aqui, de forma peremptória, a parcialidade no julgamento, fato reiteradamente repetido na história de Israel (1Sm 8:3; Is 1:17; 3:13-15; Jr 21:12; Am 5:12,15; Mq 7:3; Zc 8:9,10).

Derek Kidner diz que a pergunta de Deus "até quando?", dirigida às mais altaneiras das "autoridades superiores", condiz com a observação de Eclesiastes 5:8: "Se vires em alguma província opressão de pobres e o roubo em lugar do direito e da justiça, não te maravilhes de semelhante caso; porque o que está alto tem acima de si outro mais alto que o explora, e sobre estes há ainda outros mais elevados que também exploram".[7]

Em segundo lugar, *a parcialidade na aplicação da justiça* (82:2b). "[...] e tomareis partido por causa dos ímpios?". Allan Harman destaca que os juízes tinham a responsabilidade de velar para que os fracos fossem assistidos com a reta administração da justiça.[8] Porém, os juízes foram subornados para darem sentenças injustas, isto é, estavam em conluio com os criminosos para lhes dar sentenças favoráveis e tomaram partido em favor dos ímpios para surrupiar o direito dos inocentes. Nas palavras de Spurgeon, "os juízes eram injustos e corruptos. Não só escusavam os ímpios, mas até mesmo decidiam a favor deles contra os justos".[9] Oh, que horrenda coisa é ver juízes assentando-se nos tribunais com a missão de aplicar a lei e executar a justiça, defender a causa dos criminosos por suborno e, ainda, oprimir o fraco e sonegar o direito ao inocente.

Em terceiro lugar, *a exortação à prática da justiça* (82:3,4). "Fazei justiça ao fraco e ao órfão, procedei retamente para com o aflito e o desamparado. Socorrei o fraco e o necessitado; tirai-o das mãos dos ímpios". A justiça tem a balança da equidade em suas mãos e seus olhos são vendados para não favorecer um em detrimento do outro. A justiça julga segundo a verdade, porém, os governantes e magistrados de Israel, por causa do suborno que recebiam, eram parciais nas audiências e não faziam justiça ao fraco e ao órfão, tampouco procediam retamente para com o aflito e o desamparado e também não socorriam ao fraco e ao necessitado nem arrancavam das mãos opressoras dos ímpios aqueles que recorriam às cortes em busca de justiça. Quando os juízes estão em conluio com os transgressores para a prática da injustiça, o povo geme e o oxigênio da esperança é retirado.

Spurgeon, interpretando o versículo 4, escreve: "Quebre as redes dos apanhadores de homens, das armadilhas legais, dos contratos, das fianças, com os quais os astutos capturam e mantêm aprisionados os pobres e os envoltos em dificuldades financeiras".[10]

Os juízes da terra sentenciados pelo Juiz divino (82:5-7)

Asafe faz uma transição da ação da injustiça para o caráter injusto dos juízes. Vejamos.

Em primeiro lugar, *juízes sem entendimento* (82:5a). "Eles nada sabem, nem entendem...". Spurgeon alerta: "É uma situação miserável para a nação quando as justiças não sabem o que é justiça e os juízes são privados de juízo. Não saber o dever e não desejar sabê-lo são, antes, mais a marca de um criminoso incorrigível que de um magistrado correto. Contudo, foi esse o estigma colocado com justiça nos governantes de Israel".[11] Esses juízes deveriam ter pedido a Deus sabedoria, como o fez Salomão, para distinguir entre o certo e o errado (1Rs 3:9).

Em segundo lugar, *juízes em trevas* (82:5b). "[...] vagueiam em trevas...". Os juízes não eram apenas ignorantes acerca da responsabilidade de sua nobre função, mas também despreocupados e prosseguiam, sem hesitação, como numa deliberada cegueira, torcendo a lei, obrando a injustiça, favorecendo os poderosos e oprimindo os fracos, de modo que pareciam desatentos tanto à sua responsabilidade como à sua merecida punição.

Em terceiro lugar, *juízes que transtornam* (82:5c). "[...] vacilam todos os fundamentos da terra". Asafe faz coro às palavras de Davi: "Ora, destruídos os fundamentos, o que poderá fazer o justo?" (Sl 11:3). Concordo com Spurgeon quando escreve: "Quando os ministradores da Lei ministram sem a justiça, as decisões ficam indecisas, a sociedade se desorganiza, a estrutura da nação se abala. Quando a injustiça trafega no curso devido à Lei, o mundo está verdadeiramente fora do curso".[12] Quando a injustiça predomina nos tribunais, o mundo fica abalado nos mais diversos setores, como: segurança pessoal, conforto social, prosperidade comercial, tranquilidade nacional e liberdade religiosa. Concordo com Warren Wiersbe quando diz que a desobediência ou descaso às leis de Deus abala os fundamentos da sociedade e ameaça sua integridade, pois a lei moral de Deus é o parâmetro pelo qual as leis dos homens devem ser julgadas.[13]

Em quarto lugar, *juízes que não honraram sua posição* (82:6). "Eu disse: sois deuses, sois todos filhos do Altíssimo". Allan Harman diz que, aqui, "deuses" é um termo hebraico aplicado a seres humanos, e o uso que Jesus fez da passagem endossa essa interpretação (Jo 10:34-36).[14] O argumento de Jesus tem por base a variedade "quanto mais". Se o salmo aplicou esse termo a homens, quanto mais pode ser aplicado àquele a quem o Pai separou e enviou ao mundo (Jo 10:36). Deus lhes deu a maior honra, de modo que receberam por delegação poderes dos deuses e foram investidos por certo tempo com um pouco da autoridade pela qual o Senhor julga entre os filhos dos homens.[15] Concordo com Spurgeon quando diz que os magistrados não teriam direito de condenar os culpados se Deus não tivesse sancionado o estabelecimento do governo, a administração da Lei e a execução das sentenças (Rm 13:7).[16]

Em quinto lugar, *juízes que perderão a vida e a honra* (82:7). "Todavia, como homens, morrereis e, como qualquer dos príncipes, haveis de sucumbir". Embora esses juízes fossem chamados "deuses", não passavam de meros homens; e, como todos os demais magistrados, por fim morrerão.[17] O ofício é sublime, mas o homem é de barro, então, por mais nobre que seja a função que o homem ocupe na terra, ele continua mortal. Os juízes não permanecem no trono para sempre, pois terão de sair da cadeira da magistratura para assumir a posição de réu diante do Justo Juiz — em outras palavras, terão de substituir a toga pela mortalha. Spurgeon destaca: "Como a morte é ágil em despir os grandes. Que niveladora ela é. Os grandes morrem como os pequenos.

Não há lugar alto demais para as setas da morte".[18] Meditar sobre a inevitabilidade da morte deveria baixar as plumagens do nosso orgulho, uma vez que hoje somos pó levantado, mas amanhã seremos pó caído. Os homens cairão do pináculo de sua honra e reputação, assim como também cairão do castelo de suas riquezas e de suas glórias terrenas. Concordo com Purkiser quando diz que os cargos e as posições elevadas dos juízes não os salvarão da destruição.[19]

Um clamor pelo julgamento divino (82:8)

Asafe conclui o salmo fazendo um apelo a Deus para que ele aja como Juiz, o justo Juiz, como veremos a seguir.

Em primeiro lugar, *a invocação* (82:8a). "Levanta-te, ó Deus, julga a terra...". Deus é o supremo magistrado. O salmista está clamando para que Deus manifeste sua justiça, mesmo quando os juízes da terra claudicam e acionam o braço perverso da injustiça em nome da lei. Asafe clama para que o Juiz de toda a humanidade venha julgar os maus juízes, acabando de vez com toda injustiça, violência e corrupção. O dia do juízo já está determinado: será na segunda vinda de Cristo; o juiz já está indicado: é Jesus, o Filho de Deus; e o critério do julgamento já está estabelecido: será com justiça. Nesse grande dia do juízo, todos terão que comparecer perante o tribunal de Cristo (2Co 5:10).

Em segundo lugar, *a predição* (82:8b). "[...] pois a ti compete a herança de todas as nações". O reto Juiz será exaltado sobremaneira, e todo joelho se dobrará diante dele, toda língua confessará seu nome e reconhecerá seu senhorio. É como diz Spurgeon: "Há um que é "Rei por direito divino e já está a caminho. Os últimos dias o verão entronizado, e todos os potentados injustos serão quebrados como vasos de oleiro pelo potente cetro. O segundo advento de Cristo é a mais luminosa esperança da terra. Vem depressa, agora mesmo, vem, Senhor Jesus".[20] Termino com as palavras de Warren Wiersbe, que diz que a oração de Asafe é semelhante à oração da igreja: "Venha o teu reino; faça-se a tua vontade, assim na terra como no céu" (Mt 6:10).[21]

Notas

[1] PURKISER, W. T. "O livro de Salmos". In: *Comentário bíblico Beacon*, vol. 3. Rio de Janeiro: CPAD, 2015, p. 238.
[2] PURKISER, W. T. "O livro de Salmos", p. 238.
[3] Ibidem, p. 238.
[4] WIERSBE, Warren W. *Comentário bíblico expositivo*, vol. 3. São Paulo: Geográfica, 2006, p. 228.
[5] HARMAN, Allan. *Salmos*. São Paulo: Cultura Cristã, 2011, p. 303.
[6] SPURGEON, Charles H. *Os tesouros de Davi*, vol. 2. Rio de Janeiro: CPAD, 2018, p. 520.
[7] KIDNER, Derek. *Salmos 73—150: introdução e comentário*. São Paulo: Vida Nova, 2006, p. 324.
[8] HARMAN, Allan. *Salmos*, p. 304.
[9] SPURGEON, Charles H. *Os tesouros de Davi*, vol. 2, p. 520.
[10] Ibidem, p. 520.
[11] Ibidem, p. 521.
[12] Ibidem, p. 521.
[13] WIERSBE, Warren W. *Comentário bíblico expositivo*, vol. 3, p. 228.
[14] HARMAN, Allan. *Salmos*, p. 303.
[15] SPURGEON, Charles H. *Os tesouros de Davi*, vol. 2, p. 521.
[16] Ibidem, p. 521.
[17] HARMAN, Allan. *Salmos*, p. 304.
[18] SPURGEON, Charles H. *Os tesouros de Davi*, vol. 2, p. 521.
[19] PURKISER, W. T. "O livro de Salmos", p. 239.
[20] SPURGEON, Charles H. *Os tesouros de Davi*, vol. 2, p. 522.
[21] WIERSBE, Warren W. *Comentário bíblico expositivo*, vol. 3, p. 229.

Capítulo 82

Quando o povo de Deus é cercado por inimigos

(Sl 83:1-18)

ESSE É O ÚLTIMO salmo de Asafe registrado no Saltério e é considerado um salmo imprecatório. Aqui, temos Israel cercado por uma aliança ímpia, dedicada à sua destruição, uma coalizão de dez nações gentias que tenta apagar Israel da face da terra.[1]

Purkiser diz que há várias conjecturas quanto à exata ocasião histórica desses acontecimentos. O salmo é apropriado para muitos períodos na história do povo sitiado de Deus.[2]

Os inimigos que mencionados nesse salmo parecem indicar o ataque contra Judá durante o reinado de Josafá (2Cr 20:1-22). Edomitas, moabitas e amonitas se unem para destruir Judá (2Cr

20:11). Concordo, entretanto, com Derek Kidner quando diz que a lista de inimigos aqui é muito mais extensa do que a de Josafá, pois se trata de uma perene perseguição do mundo contra Deus e seu povo.[3]

Um clamor pela intervenção divina (83:1)

Asafe clama: "Ó Deus, não te cales; não te emudeças, nem fiques inativo, ó Deus!" (83:1). O salmista faz dois pedidos a Deus em seu clamor. Ele pede para Deus não se calar nem se emudecer e para Deus não ficar inativo — em outras palavras, ele espera que Deus abra a boca e estenda as mãos, pois o silêncio de Deus é mais perturbador do que o ruído dos inimigos. O braço encolhido de Deus pode ser mais ameaçador do que toda a ação dos inimigos confederados, e, quando o Senhor está em silêncio, nós devemos clamar a ele com todas as forças da nossa alma.

Uma coalizão contra o povo de Deus (83:2-8)

Para Asafe, os inimigos de Israel são inimigos de Deus, e aqueles que perseguem o povo de Deus perseguem ao próprio Deus (At 9:4). Destacamos aqui três pontos.

Em primeiro lugar, *a petulância dos inimigos de Deus* (83:2). "Os teus inimigos se alvoroçam, e os que te odeiam levantam a cabeça". Nas palavras de Spurgeon, "os inimigos são como um bando de cães famintos, todos latindo ao mesmo tempo".[4] O salmista não considera essas nações apenas como adversárias, como inimigas de Judá, mas, sobretudo, como inimigas de Deus, pois elas odeiam a Deus e, por isso, perseguem seu povo. Porém, atacar a igreja de Deus é tocar na menina de seus olhos (Zc 2:8); é tocar nos ungidos de Deus e maltratar os seus profetas (Sl 105:15).

Em segundo lugar, *as atitudes dos inimigos de Deus* (83:3-5). "Tramam astutamente contra o teu povo e conspiram contra os teus protegidos. Dizem: 'Vinde, risquemo-los de entre as nações; e não haja mais memória do nome de Israel. Pois tramam concordemente e firmam aliança contra ti'". Harman diz que a palavra "astúcia", aqui, (83:3), pressupõe que um acordo secreto foi alcançado pelos inimigos quando tramaram seu ataque.[5] O propósito dessas nações adversárias é riscar Judá do mapa, é varrer da história o povo de Deus. É digno de nota que o mundo sempre odiou e odiará a igreja e que a grande meretriz sempre lutará contra a noiva do Cordeiro. Spurgeon tem razão em dizer que o mal é intolerante com o bem. Os homens ficarão felizes em expulsar a igreja do mundo, porque ela os reprova e é uma ameaça constante à paz pecadora de que desfrutam.[6] Derek Kidner, nessa mesma linha de pensamento, escreve:

> A inimizade figadal contra Israel vai mais profundo do que a política e as rivalidades da época. Tendo em vista a promessa feita a Abraão, deve provavelmente ser vista como mais uma fase do conflito de longa duração, anunciado em Gênesis 3:15, mais uma tentativa entre muitas outras feitas pelo reino das trevas para liquidar os que transmitem a salvação, como, por exemplo, Faraó, Senaqueribe, Assuero, Hamã, Herodes, Hitler.[7]

Não é diferente com a igreja de Cristo. Ela é perseguida e atacada pelo mundo (Jo 15:18,19; 17:14). A grande Babilônia está em oposição constante a Jerusalém e a grande meretriz está em oposição permanente à noiva do Cordeiro, mas, assim como Asafe usou a arma da oração para enfrentar os inimigos, a igreja usa a oração e a fé nas promessas de Deus para vencer os inimigos (At 4:23-31).

Em terceiro lugar, *a confederação dos inimigos de Deus* (83:6-8). "As tendas de Edom e os ismaelitas, Moabe e os hagarenos, Gebal, Amom e Amaleque, a Filístia como os habitantes de Tiro; também a Assíria se alia com eles, e se constituem braço forte aos filhos de Ló". Os inimigos de Israel, enumerados pelo salmista, classificam-se em quatro divisões principais: Em primeiro lugar, os mais proximamente aparentados com os próprios israelitas pelos laços de sangue, os descendentes de Esaú e Ismael. Em segundo lugar, as duas linhagens da família de Ló junto com os seus respectivos auxiliares árabes, a saber, os moabitas, que tinham juntado forças para ajudar os hagarenos e amalequitas. Em terceiro lugar, os habitantes do litoral, os filisteus e tírios. Em quarto lugar, os assírios, mais distantes.[8] Warren Wiersbe diz que Moabe e Amom viriam do leste com os ismaelitas, enquanto Edom viria do sudeste com seu vizinho, Gebal. Os hagarenos viviam a nordeste de Israel e os amalequitas, a sudoeste. Os povos da Filístia e Fenícia (Tiro) ficavam a oeste de Israel. Resumindo, o inimigo veio contra Israel de todas as direções e cercou o povo de Deus.[9]

É digno de nota que os edomitas são os parentes mais próximos, mas os primeiros em inimizade, uma vez que seu antepassado menosprezou o direito de primogenitura, e eles menosprezaram os possuidores desse direito. Quanto aos ismaelitas, corriam-lhes no sangue um espírito de perseguição, pois perpetuaram o antigo rancor entre o filho da escrava e o filho da livre. Já Moabe, filho de Ló, nascido de incesto, mesmo sendo um parente próximo, nutria contra Israel uma ira rancorosa. Os hagarenos, muito provavelmente descendentes de Agar em um segundo matrimônio, buscaram com toda a força a destruição do povo de Deus. Amom, o outro filho de Ló, também fruto de incesto, constituiu-se em figadal inimigo do povo de Israel. Amaleque, o inimigo mais antigo de Israel depois do Egito, era uma tribo nômade de descendência edomita, centralizada mormente no sul. Os filisteus, que cegaram Sansão, foram inimigos constantes de Israel, e os habitantes de Tiro, que ajudaram na construção do Templo de Salomão, agora se unem aos perseguidores para atacar Israel. Já a Assíria, um poder em ascensão, mais tarde, com crueldade, dominou as dez tribos do norte e sitiou Jerusalém.

Harman diz que, quando o salmista ora pelo juízo divino sobre a coalização das forças arregimentadas contra Israel, recorda as grandes vitórias de Deus no passado, especialmente no tempo dos juízes. Ele seleciona duas batalhas notáveis, a da vitória sobre os cananeus registrada em Juízes 4 e 5, e a vitória de Gideão sobre os midianitas em Juízes 7 a 8. O fato de que somente os reis inimigos são mencionados nominalmente, não os juízes, chama a atenção para o fato de que Deus era o libertador.[10]

Uma petição pela derrota dos inimigos (83:9-15)

Asafe faz uma transição da coalização dos inimigos para uma petição para Deus derrotar esses inimigos, como veremos a seguir.

Em primeiro lugar, *que os inimigos sejam derrotados* (83:9,10). "Faze-lhes como fizeste a Midiã, como a Sísera, como a Jabim na ribeira de Quisom; os quais pereceram em Em-Dor; tornaram-se adubo para a terra". A oração é por uma vitória semelhante da parte do Senhor no futuro como aquela em que Sísera e Jabim foram destruídos. Todos esses são nomes dos derrotados de duas campanhas no livro de Juízes, que ressalta a fraqueza daqueles que Deus escolheu para serem vencedores. Spurgeon escreve: "Aqueles que não dariam a Israel um lugar acima da terra não recebem um lugar abaixo da terra. Contaram o povo de Deus como esterco, então eles mesmos se tornaram esterco".[11] Os corpos de seus soldados ficaram insepultos e seus cadáveres apodreceram sobre a terra e foram pisoteados sob os pés como esterco.

Em segundo lugar, *que os inimigos sejam desbaratados* (83:11,12). "Sejam os seus nobres como Orebe e como Zeebe, e os seus príncipes, como Zeba e como Zelmuna, que disseram: Apoderemo-nos das habitações de Deus". De acordo com Juízes 7:25, Orebe e Zeebe eram os comandantes do exército midianita, embora Zeba e Zalmuna fossem os reis. O alvo do ataque midianita era desapossar os israelitas e tomar a terra de Canaã. O salmista ora para que os presentes agressores sofram o mesmo destino que os líderes midianitas de outrora.[12] Derek Kidner destaca que, no Novo Testamento, ressalta-se, de modo semelhante, o cuidado protetor de Deus por aquilo que é dele: minha igreja (Mt 16:18); minhas ovelhas (Jo 10:27-29).[13]

Em terceiro lugar, *que os inimigos sejam dispersos* (83:13). "Deus meu, faze-os como folhas impelidas por um remoinho, como a palha ao léu do vento". O salmista pede a Deus para arrancar os inimigos, expulsá-los e dispersá-los como folhas impelidas por um vendaval.

Em quarto lugar, *que os inimigos sejam destruídos* (83:14). "Como o fogo devora um bosque e a chama abrasa os montes". O salmista pede a Deus para impor o seu juízo sobre os inimigos como a mesma intensidade de uma floresta em chamas.

Em quinto lugar, *que os inimigos sejam amedrontados* (83:15). "Assim, persegue-os com a tua tempestade e amedronta-os com o teu vendaval". Assim como uma tempestade era uma demonstração visível do juízo divino, o salmista roga a Deus para perseguir os inimigos com a força de uma tempestade devastadora.

Uma súplica pelo reconhecimento da supremacia divina (83:16-18)

Asafe clama ao Todo-poderoso para que os inimigos sejam envergonhados a ponto de admitir que é insensatez lutar contra ele e prevalecer. Destacamos aqui dois pontos importantes:

Em primeiro lugar, *que os inimigos sejam envergonhados e busquem o nome do Senhor* (83:16,17). "Enche-lhes o rosto de ignomínia, para que busquem o teu nome, Senhor. Sejam envergonhados e confundidos perpetuamente; perturbem-se e pereçam". O salmista ora não apenas por libertação e vitória, mas, sobretudo, para que o nome do Senhor seja exaltado e que todos busquem o seu nome. Eu concordo com Calvino quando escreve:

> O que aqui está implícito nada mais é do que uma submissão forçada e servil como aquela de faraó, rei do Egito. É um caso de ocorrência frequente que os ímpios, quando, subjugados pela adversidade, dão glória a Deus por um breve período. Mas logo depois voltam a sua frenética demência, o que claramente desmascara sua hipocrisia e traz à luz a soberba e rebelião que ocultam em seus corações. O que o profeta deseja é que os ímpios sejam compelidos, por meio de açoites, a reconhecerem a Deus, espontaneamente ou não, a fim de que sua fúria, a

qual se avoluma por escaparem impunemente, pelo menos seja mantida sob restrição. Isso é mais claramente evidente à luz do versículo 17, no qual ele distintamente ora para que sejam destruídos para sempre; o que de modo algum corresponderia a sua declaração prévia, caso fosse ela considerada uma oração para serem conduzidos ao arrependimento.[14]

Em segundo lugar, *que os inimigos reconheçam que o só o Senhor é Deus em toda a terra"* (83:18). "E reconhecerão que só tu, cujo nome é SENHOR [*Yahweh*], és o Altíssimo sobre toda a terra". Allan Harman diz que isso faz um paralelo com a súplica de Ezequias para que Deus salve Judá da mão de Senaqueribe: "Agora, pois, ó SENHOR, nosso Deus, livra-nos das suas mãos, para que todos os reinos da terra saibam que só tu és o SENHOR" (Is 37:20).[15] Calvino é oportuno quando diz que o que está em pauta não é o conhecimento de Deus, mas aquele reconhecimento dele que seu irresistível poder arranca dos ímpios. Não se diz simplesmente que saberão que existe Deus; mas está em pauta certo tipo de conhecimento, o qual sugere que os pagãos, que antes desprezavam a verdadeira religião, por fim percebem que o Deus que se fez conhecido na lei, e que foi adorado na Judeia, era o único e verdadeiro Deus. Entretanto, ainda se deve ter em mente que o conhecimento em pauta é meramente aquele de um caráter evanescente, sem qualquer raiz ou seiva viva para nutri-lo; pois os ímpios não se submeterão a Deus de bom grado e cordialmente, porém, são atraídos por compulsão a render-lhe uma obediência fingida, ou, sendo por ele refreados, não ousam irromper-se em franco ultraje. Esse, pois, é um reconhecimento experimental de Deus, o qual prostra não o coração, mas é arrancado deles pela força e necessidade.[16] E assim terminam os salmos de Asafe (50,73—83).[17]

Notas

[1] WIERSBE, Warren W. *Comentário bíblico expositivo*, vol. 3. São Paulo: Geográfica, 2006, p. 229.
[2] PURKISER, W. T. "O livro de Salmos". In: *Comentário bíblico Beacon*, vol. 3. Rio de Janeiro: CPAD, 2015, p. 239.
[3] KIDNER, Derek. *Salmos 73—150: introdução e comentário*. São Paulo: Vida Nova, 2006, p. 326
[4] SPURGEON, Charles H. *Os tesouros de Davi*, vol. 2. Rio de Janeiro: CPAD, 2018, p. 529.
[5] HARMAN, Allan. *Salmos*. São Paulo: Cultura Cristã, 2011, p. 305.
[6] SPURGEON, Charles H. *Os tesouros de Davi*, vol. 2, p. 529.
[7] KIDNER, Derek. *Salmos 73—150: introdução e comentário*, p. 327.
[8] SPURGEON, Charles H. *Os tesouros de Davi*, vol. 2, p. 537.
[9] WIERSBE, Warren W. *Comentário bíblico expositivo*, vol. 3, p. 229.
[10] HARMAN, Allan. *Salmos*, p. 306.
[11] SPURGEON, Charles H. *Os tesouros de Davi*, vol. 2, p. 531.
[12] HARMAN, Allan. *Salmos*, p. 306.
[13] KIDNER, Derek. *Salmos 73—150: introdução e comentário*, p. 328.
[14] CALVINO, João, *Salmos*, vol. 3. São José dos Campos: Fiel, 2012, p, 323.
[15] HARMAN, Allan. *Salmos*, p. 307.
[16] CALVINO, João. *Salmos*, vol. 3, p. 324.
[17] KIDNER, Derek. *Salmos 73—150: introdução e comentário*, p. 328.

Capítulo 83

A felicidade dos verdadeiros adoradores

(Sl 84:1-12)

Alguns estudiosos atribuem esse salmo aos filhos de Coré, o mais nobre dos filhos da hinologia. Isso revela a graça de Deus, pois os filhos não pagarão pelos pecados dos seus pais (Ez 18:14-20). Coré liderou uma rebelião contra Moisés e foi duramente castigado por Deus (Nm 16). Os seus descendentes, porém, continuaram servindo ao Senhor.[1] Lutero, Calvino e Spurgeon, por outro lado, pensam que esse salmo é de Davi e que o rei estaria falando sobre sua fuga de Jerusalém pela perseguição de Absalão, sentindo grandes saudades dos átrios da casa de Deus.

Spurgeon diz que esse salmo é considerado *a pérola dos Salmos*. Se o salmo

23 é o mais popular, o 103 o mais alegre, o 119 o mais profundamente experimental, o 51 o mais sentimental, e este com certeza é um dos mais doces dos salmos de paz.[2]

Esse salmo fala da peregrinação ao tabernáculo, que era um distintivo do povo de Deus. Famílias viajavam juntas, formando grupos que cresciam em cada parada; acampavam em clareiras à beira da estrada e cantavam em uníssono ao longo do caminho rumo a Sião. Na caminhada, acumulavam lembranças felizes que nunca seriam apagadas.[3] Warren Wiersbe diz que um homem errante não tem lar; um estrangeiro está longe do lar; mas um peregrino está se dirigindo a seu lar;[4] já William MacDonald diz que esse salmo fala da saudade do céu.[5] Derek Kidner sintetiza esse salmo nos três estágios dessa peregrinação: 1) O distante saudoso (84:1-4); 2) Uma viagem esperançosa (84:5-8); e 3) A presença radiante (84:9-12).[6]

Esse salmo mostra a importância da Casa de Deus para os crentes, bem como importância que tem o culto, a adoração e a comunhão. Quando o salmista diz que tem saudades dos tabernáculos de Deus, ele mostra que o culto não era algo secundário em sua vida.

O salmo fala três vezes sobre felicidade: uma vez com saudosa vontade (84:4), uma vez de modo resoluto (84:5) e uma vez em profundo contentamento (84:12).[7] Vamos destacar algumas preciosas lições sobre essa verdadeira felicidade.

A felicidade do adorador se expressa em seu intenso desejo de comunhão com Deus (84:1-4)

A Casa de Deus é amável para a mente, para o coração e para a alma, pois representa um bendito encontro com

Ele e também a reunião da assembleia dos santos. Nenhum lugar na terra oferece-nos tanta bênção como o encontro dos filhos de Deus na Casa de Deus com o Deus vivo. O desejo do salmista é profundo e insaciável, e igreja é a Casa de Deus para nós e o ninho para os nossos filhos, por isso ele diz que aqueles que frequentam a igreja são muito felizes (84:4). Nesse discurso, três verdades são destacadas pelo salmista.

Em primeiro lugar, *o adorador é despertado pelo seu amor à Casa de Deus* (84:1,2a). "Quão amável são os teus tabernáculos, SENHOR dos Exércitos! A minha alma suspira e desfalece pelos átrios do SENHOR...". A Casa de Deus é o lugar central da sua vida, e também é amável e desejada, e isso por três razões.

Primeiro, *porque a Casa de Deus é o lugar de adoração, louvor e intimidade com Deus*. Os tabernáculos de Deus são amáveis porque Deus habita neles para salvar os pecadores e consolar os santos. O salmista anseia não propriamente por um lugar, mas por uma Pessoa, e também não se deleita apenas na assembleia dos santos, mas, sobretudo, na intimidade de Deus. Ele quer Deus, sua alma tem sede de Deus. Sendo assim, devemos ir à Casa de Deus não apenas porque gostamos ou porque encontramos pessoas amigas, mas sim por causa de Deus. Devemos ir não para buscar uma bênção, mas para buscar o Deus da bênção, pois o culto é centrado em Deus. Em outras palavras, devemos ir não buscar algo, mas oferecer a Deus nossa vida.

Segundo, *porque a Casa de Deus é o lugar de instrução e exortação*. Na Casa de Deus, o Senhor nos ensina, nos anima e nos consola, de modo que, quando entramos na Casa de Deus, nossas dúvidas são dissipadas, nossos medos são superados e nossos olhos são abertos. Asafe teve os olhos do seu entendimento abertos quando entrou no santuário (Sl 73:17-28), ao passo que Isaías viu a Deus quando entrou no santuário (Is 6:1-8).

Terceiro, *porque a Casa de Deus é o lugar de santa comunhão*. Na Casa de Deus, os crentes se unem em arrependimento, oração e louvor. O santuário é o lugar onde temos um encontro com Deus, com nós mesmos e com os nossos irmãos, pois somos uma família, um rebanho e um só povo que se reúne com uma só alma, um só coração e um só propósito. O salmo 133 diz que é bela a união do povo de Deus; é como óleo e como o orvalho, e ali ordena o Senhor a vida e a bênção para sempre.

Em segundo lugar, *o adorador é despertado pelo seu amor ao Deus da Casa de Deus* (84:2b). "[...] o meu coração e a minha carne exultam pelo Deus vivo". O salmista anseia por Deus com todo o seu ser (alma, coração e carne), e todo o seu ser sente saudade de Deus. Ele tem fome de Deus e não se contenta em apenas ir à Casa de Deus e encontrar o povo de Deus: ele quer Deus, anseia pela presença manifesta de Deus, anseia por uma visitação poderosa de Deus.

O salmista tem uma visão da transcendência de Deus, chamando-o de Senhor dos Exércitos (84:1), e também tem uma compreensão de que Deus é o grande Yahweh, o Senhor autoexistente (84:2), o Deus vivo (84:2). Mas o salmista tem também uma visão da intimidade de Deus e o chama de Rei meu e Deus meu (84:3). Deus é a maior necessidade da nossa alma, tanto que o salmista expressa sua saudade do santuário (84:2a), mas também diz que seu coração e sua carne exultam pelo Deus vivo (84:2b).

Em terceiro lugar, *o adorador é despertado pelas bênçãos espirituais que encontra em Deus* (84:3a). "O pardal encontrou casa, e a andorinha, ninho para si, onde acolha os seus filhotes...". Arival Dias Casimiro destaca que o pardal é um pássaro insignificante e de pouco valor (Lc 12:6) e a andorinha, um pássaro migratório e que voa em bando.[8] Como o pardal, somos pequenos; como andorinhas, vivemos em comunhão uns dos outros.

Duas bênçãos especiais são aqui mencionadas: a primeira é segurança e proteção para toda a família. Havia um entendimento entre o povo de que um pássaro buscava abrigo na casa de Deus e fazia ninho para seus filhos lá, onde não podia ser enxotado nem morto. Assim como o pardal e a andorinha encontraram abrigo para seus filhotes, o salmista encontrou refúgio para ele e seus filhos, para ele e sua família na Casa de Deus. Em outras palavras, o melhor lugar para você criar os seus filhos é na Casa de Deus, portanto, construa o ninho de seus filhos nos tabernáculos do Senhor.

A segunda bênção é a redenção e resposta às orações (84:3b): "[...] eu, os teus altares, Senhor dos Exércitos, Rei meu e Deus meu!". O salmista fala de altares, que é onde os pecadores são reconciliados com Deus. No tabernáculo, havia dois altares: primeiro, o altar de bronze, o local onde o cordeiro era imolado e que é um símbolo da cruz de Cristo; esta, por sua vez, é um símbolo do lagar onde se pisam as uvas, tendo em vista que, na cruz, Cristo foi moído e traspassado pelos nossos pecados. Sendo assim, encontramos o refúgio da redenção no altar de Deus porque ali está o altar de bronze, o altar onde o Cordeiro de Deus, que tira o pecado do mundo, foi imolado para nos dar a redenção. Segundo, o altar de ouro, que é o altar do incenso, onde o fogo ardia continuamente. Esse altar fala da oração que sobe do altar ao trono, bem como da intimidade com Deus, por isso devemos nos refugiar na morte de Cristo e na intimidade com o Pai.

Em quarto lugar, *o adorador é despertado pelo deleite de cantar louvores a Deus* (84:4). "Bem-aventurados os que habitam em tua casa; louvam-te perpetuamente". O salmista nos fala aqui sobre três verdades preciosas: 1) o privilégio sugerido: habitar a Casa de Deus. Alguns pássaros voam por cima da Casa de Deus, outros ocasionalmente pousam em cima dela, e outros, ainda, fazem seus ninhos e criam seus filhotes lá — esse era o privilégio que o salmista queria; 2) o fato afirmado: como são felizes os que habitam na Casa de Deus, que fazem dela sua morada espiritual e, também, a de seus filhos. Isso nos ensina que a igreja de Deus é uma casa para nós e um ninho para os nossos filhos; 3) a razão dada: louvam-te perpetuamente, pois terão muito pelo que louvar a Deus e verão muito para louvar em Deus.[9]

A felicidade do adorador se expressa na caminhada alegre para a Casa de Deus a despeito das adversidades (84:5-7)

O salmista não pensa numa presença esporádica na casa de Deus, pois a felicidade consiste em habitar lá, pois é quando estamos na intimidade de Deus e em comunhão com seu povo que louvamos a Deus continuamente!

Na vida, passamos por vales, e o salmista fala de um vale árido, o vale de baca, o vale do choro, o vale de lágrimas (84:6). Nas regiões áridas da Judeia, havia árvores e arbustos chamados de balsameiras choronas ou álamos, uma árvore ou arbusto que cresce em lugares áridos.[10] Essas árvores destilavam lágrimas. Assim é a caminhada da vida, ou seja, nem sempre caminhamos para a casa de Deus por caminhos atapetados, por estradas pavimentadas.

O vale árido ou vale de Baca é o nome dado a qualquer lugar difícil e doloroso da vida, onde não parece haver esperança nenhuma, onde nos sentimos desamparados, no "poço do desespero". Os que caminham para a casa de Deus sabem que vão atravessar vales como esse, mas não vão permanecer ali,[11] pois esse vale logo vai ser um manancial. Em outras palavras, seus problemas não apenas terão solução, mas serão uma bênção também para outras pessoas. Mas a pergunta que surge é: como atravessamos esse vale árido?

Em primeiro lugar, *quando nossa força está em Deus, e não em nossos recursos* (84:5a). "Bem-aventurado o homem cuja força está em ti...". O Cristianismo difere frontalmente da Psicologia da Autoajuda, a qual diz que nós temos a força, que somos fortes. Em vez disso, Deus diz que somos fracos, e quantas fraquezas nós temos: fraquezas físicas, emocionais, morais e espirituais. Em outras palavras, não somos fortes pela saúde, nem pela inteligência, nem pelo poder, nem pela riqueza; na realidade, a nossa suficiência vem de Deus. Paulo disse: "Tudo posso naquele que me fortalece" (Fp 4:13). O rei Asa derrotou um milhão de etíopes; o rei Josafá venceu um exército com um coral; o profeta Daniel fechou a boca dos leões; Moisés enfrentou faraó com uma vara; e Davi venceu o gigante com uma funda — em suma, ninguém pode nos deter se Deus é a nossa força. O apóstolo Paulo pergunta: "Se Deus é por nós, quem será contra nós?" (Rm 8:31). Quando Lutero estava vivendo seus dias mais sombrios, escreveu: "Castelo Forte é o nosso Deus". O salmista diz que feliz é o homem cuja força está em Deus, e força para crer, força para obedecer, força para sofrer.

Em segundo lugar, *quando reagimos diante dos problemas de forma ultracircunstancial* (84:5b,6). "[...] em cujo coração se encontram os caminhos aplanados, o qual, passando pelo vale árido...". Se o salmista falou da felicidade daqueles que habitam na casa de Deus (84:4), agora fala daqueles que são favorecidos por habitarem na Casa de Deus (84:5), porque a bênção da sagrada adoração não pertence àqueles que vêm com o coração dividido, tampouco àqueles que vêm sem fome e sede de Deus. Nem oração, nem louvor, nem a pregação será prazerosa ou abençoadora para aqueles que vêm à igreja, mas deixam seu coração atrás de si. Resumindo, é preciso vir à Casa de Deus com todo o seu ser, com toda a sua força, com toda a sua alma.

Nessa caminhada à Casa de Deus, há vale nos pés, mas planície no coração; há tempestade na vida, mas bonança no coração; e há guerra na vida, mas paz na alma. Paulo e Silas cantaram à meia noite. Paulo estava no corredor da morte, mas disse: "[...] porque sei em quem tenho crido e estou certo de que Ele é poderoso para guardar o meu depósito até aquele Dia" (2Tm 1:12). Sendo assim, podemos cantar: "Haverá paz no vale para mim, eu sei".

Em terceiro lugar, *quando transformamos os vales de lágrimas em mananciais de alegria* (84:6b). "... faz dele um manancial; de bênçãos o cobre a primeira chuva". Os peregrinos para a Casa de Deus encontram refrigério mesmo nos lugares mais secos da estrada da vida. Nas palavras de Derek Kidner, "a fé ousa escavar bênçãos dos sofrimentos".[12] Deus mesmo transforma nossos vales em mananciais, nossos lugares secos em fontes, nossos vales de lágrimas em mananciais de consolo (2Co 1:3), e também dá a seu povo o suprimento de que ele necessita enquanto caminha rumo a Sião, de modo que, onde não há suprimento natural vindo da terra, os peregrinos encontram abundante compensação vinda do céu, e "de bênçãos o cobre as primeiras chuvas", as quais também enchem os mananciais, ou cisternas. Purkiser diz que "a primeira chuva" (84:6) denota uma chuva de outono suave e macia (Jl 2:23) que caía depois que as sementes do plantio eram semeadas. Assim, o vale de lágrimas se tornava em vale de alegria.[13] Deus é poderoso para mudar não apenas nossos sentimentos, mas também nossas circunstâncias; Ele acalma nosso coração aflito e, também, aquieta as tempestades que nos trazem aflição.

Há vários exemplos de pessoas que transformaram vales em mananciais: Jó perdeu seus bens, sepultou seus filhos, perdeu sua saúde e foi acusado pelos seus amigos, mas adorou a Deus e disse: "Nu saí do ventre da minha mãe e nu voltarei; o Senhor o deu e o Senhor o tomou; bendito seja o nome do Senhor" (Jó 1:21). Fanny Crosby foi a maior compositora cristã de todos os tempos. Ela ficou cega na sexta semana de vida, porém viveu 92 anos e escreveu mais de nove mil hinos; resumindo, ela cavou no sofrimento verdadeiros mananciais que abençoaram e têm abençoado milhões de pessoas ainda hoje.

Em quarto lugar, *quando somos reabastecidos diariamente pelo Senhor* (84:7a). "Vão indo de força em força...". Deus não nos dá forças para a vida inteira, mas nos fortalece todos os dias. Quando ficamos vazios, Deus nos enche; quando ficamos fracos, Deus nos fortalece — ou seja, todo dia dependemos de Deus. Temos aqui duas coisas: 1) Progresso: o povo de Deus não pode ficar parado, não pode retroceder; em vez disso, deve estar sempre avançando, pois caminhamos de força em força, de fé em fé, de graça em graça, sendo transformados de glória em glória. Quando você pensa que não vai aguentar mais, Deus lhe renova as forças, e, quando você está tão fraco a ponto de não poder caminhar, Ele carrega você no colo. 2) Vigor: vamos indo de força em força, isto é, de uma ordenança a outra; de um dever a outro; de uma graça a outra; de um grau de graça a outro. E tudo isso porque nossa força não vem de dentro, mas de cima; não é uma questão de autoajuda, mas de ajuda do alto.

Em quinto lugar, *quando caminhamos na certeza de uma gloriosa chegada* (84:7b). "[...] cada um deles aparece diante de Deus em Sião". O destino do peregrino é Sião; ou seja, nosso propósito não é apenas a assembleia dos santos, mas, sobretudo, a presença de Deus em Sião. E ninguém fica prostrado no caminho, pois aquele que cai, Deus o levanta — ou seja, todos vão chegar, pois o Deus que começou boa obra em nós vai completá-la até o dia de Cristo. Nós caminhamos para Sião, que é a alegria do culto, a alegria da adoração, a alegria do louvor, a alegria do encontro com Deus e com os irmãos. Sião era o propósito da peregrinação, e o santuário era o lugar para onde caminhavam. Nós, porém, caminhamos para a Sião Celeste, para a glória eterna.

A felicidade do adorador se expressa no claro entendimento de quem é o seu Deus (84:8-12).

O povo que conhece a Deus é um povo forte (Dn 11:6), porém, um dos nossos grandes problemas é não pararmos para meditar na grandeza do Deus que temos. Ele mede as águas na concha da mão e pesa o pó das montanhas em balança de precisão; também mede os céus a palmos e espalha as estrelas no firmamento; além disso, também considera todas as nações como um pingo que cai num balde e como uma partícula de pó numa balança de precisão

— resumindo, Ele é incomparável (Is 40:12-31). Então, quem é esse Deus em quem nos deleitamos em adorar?

Em primeiro lugar, *Ele é o Deus que responde as nossas orações* (84:8,9). "Senhor, Deus dos Exércitos, escuta-me a oração; presta ouvidos, ó Deus de Jacó! Olha, ó Deus, escudo nosso, e contempla o rosto do teu ungido". O salmista destaca três verdades sobre o Deus que responde nossas orações:

1. Ele é soberano em seu poder (84:8).
2. Ele é o Senhor dos Exércitos, o qual comanda os exércitos do céu e a nossa vida na terra, de modo que ninguém pode resisti-lo, ou seja, quando Ele age, ninguém pode impedir o seu braço de agir. Até há aqueles que tentam negar a possibilidade de Deus agir milagrosamente hoje, porém, Deus é livre e soberano e está no trono e faz todas as coisas conforme o conselho da sua vontade.
3. Ele é fiel à sua aliança, pois é o Deus de Jacó (84:8b), e também generoso em suas dádivas e nenhum bem sonega aos que andam retamente (84:11).

Em segundo lugar, *Ele é o Deus mais desejado que os maiores prazeres deste mundo* (84:10). "Pois um dia nos teus átrios vale mais que mil; prefiro estar à porta da casa do meu Deus, a permanecer nas tendas da perversidade". Tudo o que o mundo oferece é vazio em comparação com as alegrias da adoração, e os prazeres do mundo não podem ser comparados às alegrias que você encontra na Casa de Deus, pois esta é verdadeira, pura e eterna. Além disso, desfrutar da intimidade de Deus, receber a unção do Espírito, regozijar-se nas promessas do Altíssimo, ter o peito invadido pela doçura da graça é um manjar que só encontramos na mesa de Deus. Asafe dá seu testemunho: "Quem mais tenho eu no céu? Não há outro em quem eu me comprazo na terra" (73:25).

Há aqui duas verdades.

1. Uma comparação de lugares. A comparação é entre os átrios da Casa de Deus e as tendas da perversidade — um dia na Casa de Deus é melhor do que mil dias nas tendas da perversidade. Se um dia na Casa de Deus é algo tão maravilhoso, quanto mais um dia no céu. O que, então, poderá ser uma eternidade no céu! Um dia na Casa de Deus é um tempo bendito para ouvir, se arrepender, crer, adorar, ter comunhão e experimentar avivamento.

2. Uma comparação de pessoas: a comparação é entre o porteiro da Casa de Deus e o homem que se refestela nos banquetes do mundo. Todavia, é melhor ser o menor na igreja do que o maior no mundo, e o pior de Deus é melhor do que o melhor do Diabo.[14]

Em terceiro lugar, *Ele é digno de ser adorado por quem é e exaltado pelo que faz* (84:11). "Porque o Senhor Deus é sol e escudo; o Senhor dá graça e glória; nenhum bem sonega aos que andam retamente". Purkiser diz, corretamente, que graça e glória devem vir nessa ordem. A graça precede a glória, mas a glória segue a graça, e nós precisamos das duas.[15]

Duas verdades são aqui destacadas.

1. Deus é digno de ser adorado por quem é. Deus é sol, ou seja, Ele é a fonte de todo o bem; é a fonte da vida, que ilumina, guia, aquece e sustenta; é escudo, ou seja, é uma defesa de todo o mal, que protege, vigia, guarda; e também é sol para os dias felizes e escudo

para os dias de perigo. Ele é sol acima de você e escudo ao redor de você, é luz para lhe mostrar o caminho e escudo para lhe proteger dos perigos.[16] Por outro lado, como sol, Deus revela quem eu sou, mas, como escudo, mostra quem Ele é. O sol desnuda o meu ser, ao passo que o escudo o protege; o sol revela a minha insignificância, enquanto o escudo revela a suficiência divina; o sol evidencia meus pecados, já o escudo os esconde. Então, pelo fato de Deus ser sol, ninguém pode esconder-se dele; por Ele ser escudo, podemos esconder-nos nele.

2. Deus é digno de ser exaltado pelo que faz. Deus dá graça e glória, e tem bênçãos terrenas e celestiais, bênçãos temporais e eternas. Ele nos dá sua graça aqui e sua glória além. A graça é o sorriso de Deus; a glória é o fulgor da sua face; a graça é a glória da alma e o céu, a glória da graça; a graça é a glória em sua infância, ao passo que a glória é a graça em seu estado final. Graça é glória militante, e glória é graça triunfante; graça é glória iniciada, já a glória é graça consumada; por fim, graça é o grau inferior da glória, e glória é o grau mais alto da graça.[17] Nas palavras de Warren Wiersbe, "tudo o que começa com graça termina com glória".[18]

Concluímos a exposição desse salmo dizendo que a felicidade está diretamente ligada à confiança em Deus (84:12): "Ó Senhor dos Exércitos, feliz o homem que em ti confia". Esse é o ponto fundamental do salmo, pois o que faz o homem feliz não é o dinheiro, a saúde, os prazeres e o sucesso, mas confiar em Deus! Pois os que confiam em Deus são felizes por todas as coisas, em todos os tempos e em todas as circunstâncias. Isso porque temos sua misericórdia para nos perdoar, seu poder para nos proteger, sua sabedoria para nos guiar, sua fidelidade para nos restaurar e sua suficiência para nos suprir.

Oh! Que Deus reavive nosso amor por Ele e por sua Casa. Que Deus encha nosso peito da doçura e santa alegria no louvor e na adoração, de modo que jamais nos apartemos da Casa de Deus, e que Ele nos dê graça para encontrarmos nosso maior deleite nele e na comunhão do seu povo.

Notas

[1] Casimiro, Arival Dias. O livro dos Louvores 2. 2019, p. 8.
[2] Spurgeon, Charles H. *Os tesouros de Davi*, vol. 2. Rio de Janeiro: CPAD, 2017, p. 543.
[3] Spurgeon, Charles H. *Os tesouros de Davi*, vol. 2, p. 543.
[4] Wiersbe, Warren W. *Comentário bíblico expositivo*, vol. 3. São Paulo: Geográfica, 2006, p. 230.
[5] MacDonald, William. Believer's Bible Commentary. Westmont: IVP Academic, 1995, p. 677.
[6] Kidner, Derek. *Salmos 73—150: introdução e comentário*. São Paulo: Vida Nova, 2006, p. 329-332.
[7] Kidner, Derek. *Salmos 73—150: introdução e comentário*, p. 329.
[8] Casimiro, Arival Dias. O Livro dos Louvores 02. 2019, p. 9.
[9] Spurgeon, Charles H. *Os tesouros de Davi*, vol. 2, p. 562.
[10] Kidner, Derek. *Salmos 73—150: introdução e comentário*, p. 331.
[11] Wiersbe, Warren W. *Comentário bíblico expositivo*, vol. 3, p. 231.
[12] Kidner, Derek. *Salmos 73—150: introdução e comentário*, p. 331.
[13] Purkiser, W. T. "O livro de Salmos". In: *Comentário bíblico Beacon*, vol. 3. Rio de Janeiro: CPAD, 2015, p. 242.
[14] Spurgeon, Charles H. *Os tesouros de Davi*, vol. 2, p. 547.
[15] Purkiser, W. T. "O livro de Salmos", p. 243.
[16] Spurgeon, Charles H. *Os tesouros de Davi*, vol. 2, p. 547.
[17] Casemiro, Arival Dias. O livro dos Louvores, p. 12.
[18] Wiersbe, Warren W. *Comentário bíblico expositivo*, vol. 3, p. 231.

Capítulo 84

Um clamor por avivamento

(Sl 85:1-13)

ESSE SALMO NÃO TEM nenhuma indicação precisa de sua ocasião, mas é bem provável que seja um salmo pós cativeiro, como o salmo 126, em virtude da ausência de referências ao rei e ao templo.[1] Derek Kidner diz que a primeira metade do salmo é, na sua maior parte, uma oração de arrependimento (85:4-7), nutrida pela relembrança (85:1-3); a segunda metade é, principalmente, promessa, ou visão (85:10-13), o resultado de uma resolução no sentido de escutar (85:8,9). O clímax é uma das descrições mais agradáveis da concórdia espiritual, moral e material que se pode achar em qualquer trecho das Escrituras.[2] O salmista olha para o passado e recorda as misericórdias de Deus, olha para o presente e clama por avivamento, e olha para o futuro para se apropriar das promessas divinas.

Olhando para o passado para recordar as misericórdias divinas (85:1-3)

Todos os verbos dos versículos de 1 a 3 estão no passado e falam do que já aconteceu. Trata-se de uma visão do retrovisor, uma retrospectiva do que Deus já fez. Vejamos.

Em primeiro lugar, *o abundante favor de Deus com seu povo* (85:1). "Favoreceste, SENHOR, a tua terra; restauraste a prosperidade de Jacó". O salmista se dirige ao Senhor, o mesmo que se revelou a Moisés, quando o povo estava na escravidão do Egito. Agora, ele está afirmando que a terra é a terra de Deus e Jacó é o povo de Deus, pois o Senhor favoreceu sua terra e restaurou a prosperidade do seu povo. Nas palavras de Spurgeon, "muitas vezes os inimigos foram exterminados, a peste foi detida, a fome foi evitada e o livramento foi concedido por causa da bênção do Senhor. Os antigos feitos de Deus são profecias do que Ele fará".[3] Portanto, quando olhamos para o passado, vemos quão maravilhosamente Deus nos abençoou com o seu favor. Ele nos escolheu e nos abençoou com toda sorte de bênção espiritual em Cristo.

Em segundo lugar, *o copioso perdão de Deus ao seu povo* (85:2). "Perdoaste a iniquidade de teu povo, encobriste os seus pecados todos". Por causa do sangue de Cristo, Deus perdoou nossas iniquidades, e por causa do sacrifício expiatório de Jesus, nossos pecados foram cobertos. Não pesa sobre nós mais nenhuma condenação. Spurgeon tem razão em escrever: "Cobrir o sol seria fácil comparado a cobrir o pecado, contudo, o pecado não foi removido sem a expiação que cobre, pois, por intermédio do grande sacrifício de nosso Senhor Jesus Cristo, o pecado foi removido eficientemente em um ato único e eterno. Que cobertura é o sangue de Jesus!".[4]

Em terceiro lugar, *a suspensão da ira sobre seu povo* (85:3). "A tua indignação, reprimiste-a toda, do furor da tua ira te desviaste". Deus desviou sua ira de nós quando a aplicou em seu Filho, que foi ferido de Deus. Agradou ao Pai moê-lo, e Ele morreu pelos nossos pecados; e tendo, portanto, removido o pecado, a ira também é removida, de tal modo que nós fomos, então, poupados da ira e abraçados pela graça. Allan Harman diz que Deus ouviu e respondeu as orações urgentes do povo no exílio, tipificado pelas súplicas entrecortadas de Daniel: "Ó Senhor, ouve! Ó Senhor, perdoa! Ó Senhor, atende e age! Por amor de ti, ó meu Deus, não te delongues, porque a tua cidade e o teu povo trazem o teu nome" (Dn 9:19).[5] Concordo com William MacDonald quando escreve: "Quando Deus restaura o seu povo, primeiro Ele o conduz ao arrependimento, depois perdoa seus pecados e, então, remove a punição que resultou de sua indignação".[6]

Olhando para o presente para pedir a Deus restauração e avivamento (85:4-7)

Depois que o salmista olha para o passado a fim de narrar o que Deus já havia feito, agora, ao contemplar o presente de crise, roga fervorosamente a restauração e o avivamento, como veremos a seguir.

Em primeiro lugar, *um veemente pedido por restauração* (85:4). "Restabelece-nos, ó Deus da nossa salvação, e retira de sobre nós a tua ira". O povo de Deus está debilitado, mas ainda é o povo de Deus. O pecado do povo atraiu a ira de Deus, mas o salmista, como um intercessor fervoroso, roga a Deus para restaurá-lo, pois só o Senhor é o Deus salvador. Spurgeon escreve: "A conversão é a alvorada da salvação. Virar o coração para Deus é tão difícil quanto fazer o universo girar no seu eixo, mas, quando o homem aprende a orar pela conversão, há esperança para ele".[7] Na verdade, Deus é quem toma a iniciativa de nos reconciliar com Ele por meio de Cristo (2Co 5:18,19).

Em segundo lugar, *um veemente pedido para Deus suspender a ira* (85:5). "Estarás para sempre irado contra nós? Prolongarás a tua ira por todas as gerações?". Súplicas semelhantes são encontradas em outros salmos (79:5; 80:4; 89:46). A ira de Deus sobre o povo da aliança é o maior peso que ele pode sofrer, de modo que, se essa ira perdurar, o povo geme; se se prolongar, o povo é esmagado; e se a ira se perpetuar pelas gerações, a esperança fenece no coração.

Em terceiro lugar, *um veemente pedido por avivamento* (85:6). "Porventura, não tornarás a vivificar-nos para que em ti se regozije o teu povo?". O avivamento é obra exclusiva de Deus, pois só Ele pode vivificar o seu povo, e, sem avivamento, não há genuína alegria. Porém, onde o pecado não é confessado, não pode existir alegria, uma vez que a verdadeira alegria é a alegria de Deus e a alegria em Deus. Concordo com William MacDonald quando diz que todo grande avivamento tem sido acompanhado de louvor e alegria.[8] Cinco verdades devem ser aqui destacadas.

Primeira, *o avivamento é uma obra de Deus em seu povo*. Avivamento é uma nova vivificação; é voltar ao primeiro amor, é retornar ao caminho que havia sido abandonado; é deleitar-se na Palavra novamente; é voltar a ter prazer na oração; é desfrutar, como outrora, da intimidade de Deus; e é também ficar entusiasmado com o privilégio de reunir-se com o povo de Deus para adorar aquele que é digno. Avivamento não é inovação, é volta; não é buscar novidades no mercado da fé, mas retornar à essência do evangelho puro e simples; não é sede de bênçãos, mas sede do abençoador; não é um evento produzido pelo homem, mas uma mudança de Deus operada no homem; e, por fim, é dar vida ao que estava amortecido, dar vitalidade ao que estava enfraquecido e remover as cinzas, assoprar as brasas e reacender a chama do fervor espiritual.

Segunda, *o avivamento é uma obra exclusiva de Deus*. O salmista não se lança num ativismo religioso buscando agradar a Deus com seu esforço; na verdade, é Deus quem vivifica o seu povo, pois avivamento é obra exclusiva de Deus. Em outras palavras, avivamento não emerge da terra, procede do céu; não é obra humana, mas ação divina. Além disso, só Deus pode soprar sobre seu povo o alento de vida e só ele pode restaurar a sorte do seu povo como as torrentes do Neguebe. Avivamento fabricado na terra traz fogo estranho ao altar; avivamento agendado pelo homem não passa de arremedo, de uma grotesca falsificação da ação genuína do Espírito Santo. Porque avivamento não é obra da igreja, mas uma intervenção exclusiva de Deus na igreja para tirar o seu povo do marasmo e levá-lo a uma exuberante vida de poder e testemunho.

Terceira, *o avivamento é uma obra extraordinária de Deus*. O avivamento não é apenas uma obra divina, mas também uma obra extraordinária. Deus transforma um vale de ossos secos num exército poderoso, arranca seu povo dos vales da morte para as alturas excelsas de uma vida plena e vivifica o seu povo para que este conheça sua intimidade e seu poder. E quando Deus vivifica o seu povo, um novo amor às Escrituras é experimentado, um novo compromisso com a oração é firmado e uma nova dinâmica missionária é estabelecida pela igreja. Uma igreja vivificada por Deus, cheia do Espírito Santo, tem um novo relacionamento com Deus e com os homens. O avivamento traz um novo frescor à igreja e promove uma alegria indizível e cheia de glória, pois Jesus se torna mel para sua boca, música para seus ouvidos e alegria para o seu coração. Além disso, o avivamento reveste a igreja da suprema grandeza do poder de Deus, de modo que, onde o Espírito Santo desperta a igreja, há comunhão, adoração, gratidão e espírito de serviço.

Quarta, *o avivamento é uma obra repetida de Deus*. O avivamento é uma obra exclusiva de Deus que pode ser experimentada várias vezes. O salmista está orando para Deus vivificar novamente o seu povo, está pedindo para Deus fazer de novo o que já havia feito no passado. Sendo assim, se não podemos agendar o avivamento, podemos preparar o caminho do Senhor para que Ele se manifeste, bem como orar e nos humilhar debaixo da mão onipotente de Deus, rogando a Ele para que o melhor daquilo que já temos experimentado seja o mínimo daquilo que Ele pode fazer em nós e por intermédio de nós daqui para a frente. Oh, que Deus nos visite com o seu poder e vivifique novamente a sua igreja!

Quinta, *o avivamento é uma renovação de nossa alegria em Deus*. O próprio Deus é a fonte da nossa alegria e melhor do que suas dádivas. Avivamento é o renovo de nossa alegria em Deus, e o Senhor é o banquete de nossa alma, de modo que, na presença dele, temos plenitude de alegria e delícias perpetuamente.

Em quarto lugar, *um veemente pedido por misericórdia e salvação* (85:7). "Mostra-nos, Senhor, a tua misericórdia e concede-nos a tua salvação". A restauração da igreja é uma manifestação da misericórdia divina, portanto, quando Deus restaura a sorte do seu povo, então este vê a misericórdia divina e recebe sua salvação. Concordo com Allan Harman quando escreve que "O que o salmista deseja é uma nova exibição do amor pactual, o que aqui equivale à salvação".[9] Nas palavras de Spurgeon, "o alcance vai das profundezas da desgraça pecadora às alturas do amor divino. A salvação de Deus é de espécie perfeita, de abrangência inclusiva e de qualidade eminente".[10] A salvação é obra de Deus, porque o plano é dele, a provisão é dele, a condição é dele, a aplicação é dele e a consumação é dele.[11] Concordo com William MacDonald quando diz que o salmista não está falando aqui da salvação da alma, mas da libertação de todas as consequências da infidelidade — dispersão, cativeiro, aflição, fraqueza e infelicidade.[12]

O olhando para o futuro para apropriar-se das promessas divinas (85:8-13)

Agora, o salmista olha para o futuro, na expectativa do que Deus vai fazer. Ele quer ter a visão do farol alto, quer subir no cume dos montes e ficar na ponta dos pés para receber tudo quanto Deus tem para falar e fazer. Vejamos.

Em primeiro lugar, *atento para ouvir a voz de Deus* (85:8). "Escutarei o que Deus, o Senhor, disser, pois falará de paz ao seu povo e aos seus santos; e que jamais caiam em insensatez". Assim como Habacuque preparou sua torre de vigia para ouvir o que o Senhor tinha a dizer (Hc 2:1), o poeta faz uma pausa para ouvir.[13] Seus ouvidos estão abertos e seu coração, sedento, pois sabe que Deus trará uma mensagem de paz e espera que essa mensagem seja acolhida, para que o povo não caia novamente na insensatez. Warren Wiersbe alerta para a insensatez recorrente de Israel:

> Infelizmente, Israel tinha um longo histórico de cair em insensatez. De acordo com o livro de Juízes, Deus enviou sete nações para disciplinar Israel; cada vez, o povo se arrependia, mas sempre recaía na idolatria. Depois da morte de Salomão, seu filho Roboão mostrou-se imprudente ao se recusar a ouvir os sábios da terra e, com isso, provocou a divisão do reino. Jeroboão, governante do reino do Norte, criou a própria religião e levou a nação a se desviar dos caminhos do Senhor. Quanta insensatez![14]

Em segundo lugar, *anseio pela glória de Deus* (85:9). "Próxima está a sua salvação dos que o temem, para que a glória assista em nossa terra". O salmista está antevendo a chegada da salvação, que está próxima e virá sobre aqueles que temem a Deus. Ele anseia pela glória de Deus na terra. Derek Kidner diz que a palavra "assistir" é a raiz do termo *Shekinah* que, no judaísmo posterior, veio a ser uma expressão para a glória de Deus habitando entre seu povo, e, portanto, um nome do próprio Deus.[15]

Em terceiro lugar, *a plena salvação de Deus* (85:10,11). "Encontraram-se a graça e a verdade, a justiça e a paz se beijaram. Da terra brota a verdade, dos céus a justiça baixa o seu olhar". A resposta à oração por avivamento é dada nestes versículos finais do salmo. Oh, esta é uma das passagens mais lindas e profundas da Bíblia, e ela aponta para o Messias, o qual se manifestou cheio de graça e de verdade. Aponta também para a cruz, pois nela a justiça e a paz se beijaram. A verdade brota da terra, e a justiça baixa seu olhar desde os céus. Allan Harman diz que essas quatro bênçãos são aspectos essenciais do reino de Deus (Rm 14:17).[16] Aqui, o céu e a terra se estendem um para o outro em sociedade perfeita, já não com conflito de propósitos.[17]

Spurgeon tem razão em escrever:

> O sentido interno deste texto é Cristo Jesus, a Palavra reconciliadora. Nele, os atributos de Deus se unem em concordância feliz para a salvação dos homens culpados e reúnem-se e abraçam-se de maneira inconcebível aos nossos justos temores ou iluminadas esperanças. Deus é tão verdadeiro quanto se tivesse cumprido cada letra das ameaças do juízo e tão justo quanto se nunca tivesse falado de paz com a consciência do pecador. O seu amor, em não pequeno esplendor, brilha, mas nem por isso as outras características santas ficam obscurecidas.[18]

Adam Clarke, citado por Spurgeon, esclarece esta magna verdade da seguinte maneira:

> A misericórdia e a paz estão de um lado, e a verdade e a justiça estão do outro. A verdade exige justiça, e a misericórdia pede paz. Encontram-se pelo caminho. Uma faz o inquérito relacionado ao pecado, e a outra defende a reconciliação. Tendo se encontrado, as diferenças em certos aspectos não mencionados particularmente são acertadas. As reivindicações mútuas são combinadas em um interesse comum, o qual a paz e a justiça imediatamente abraçam. Desta forma, a verdade recebe a justiça e a misericórdia recebe a paz. Mas onde elas se encontram? Em Cristo Jesus. Quando foram reconciliadas? Quanto Ele entregou sua vida no Calvário.[19]

Em quarto lugar, *o futuro glorioso prometido por Deus* (85:12,13). "Também o SENHOR dará o que é bom, e a nossa terra produzirá o seu fruto. A justiça irá adiante dele, cujas pegadas ela transforma em caminhos". A promessa divina é alvissareira, e o Senhor dará o que é bom ao seu povo. A terra será deleitosa, pois dará o seu fruto, de modo que a presente miséria será esquecida no alvorecer do futuro glorioso. A oração foi pronunciada; a tempestade da alma se aquietou.[20]

A marcha da justiça de Deus deixará um rasto para o povo seguir com alegria. Nas palavras da Allan Harman, "a justiça é considerada uma pessoa que segue adiante do Senhor e prepara sua intervenção em prol do seu povo".[21]

NOTAS

[1] HARMAN, Allan. *Salmos*. São Paulo: Cultura Cristã, 2011, p. 310.
[2] KIDNER, Derek. *Salmos 73—150: introdução e comentário*. São Paulo: Vida Nova, 2006, p. 333.
[3] SPURGEON, Charles H. *Os tesouros de Davi*, vol. 2. Rio de Janeiro: CPAD, 2018, p. 565.
[4] SPURGEON, Charles H. *Os tesouros de Davi*, vol. 2, p. 566.
[5] HARMAN, Allan. *Salmos*. 2011, p. 310.
[6] MACDONALD, William. Believer's Bible Commentary. Westmont: IVP Academic, 1995, p. 679.
[7] SPURGEON, Charles H. *Os tesouros de Davi*, vol. 2, p. 566.
[8] MACDONALD, William. Believer's Bible Commentary, p. 679.
[9] HARMAN, Allan. *Salmos*, p. 311.
[10] SPURGEON, Charles H. *Os tesouros de Davi*, vol. 2, p. 567.
[11] Ibidem, p. 579.
[12] MACDONALD, William. Believer's Bible Commentary, p. 679,680.
[13] PURKISER, W. T. "O livro de Salmos". In: *Comentário bíblico Beacon*, vol. 3. Rio de Janeiro: CPAD, 2015, p. 244.
[14] WIERSBE, Warren W. *Comentário bíblico expositivo*, vol. 3. São Paulo: Geográfica, 2006, p. 233.
[15] KIDNER, Derek. *Salmos 73—150: introdução e comentário*, p. 335.
[16] HARMAN, Allan. *Salmos*, p. 312.
[17] KIDNER, Derek. *Salmos 73—150: introdução e comentário*, p. 335.
[18] SPURGEON, Charles H. *Os tesouros de Davi*, vol. 2, p. 569.
[19] Ibidem, p. 576.
[20] PURKISER, W. T. "O livro de Salmos", p. 244.
[21] HARMAN, Allan. *Salmos*, p. 312.

Capítulo 85

O dia da angústia

(Sl 86:1-17)

Esse é o único salmo de Davi no terceiro livro do Saltério (73—89). Trata-se de um salmo de lamento, e, neste poema pessoal, Davi fala acerca do dia de sua angústia (86:7). O salmo não deixa claro a natureza da angústia que jaz por trás dessa súplica. Poderia ser a trama daqueles de dentro do seu reino ou outras nações que circundavam Israel e buscavam sua ruína.[1]

Allan Harman destaca que cada versículo desse salmo constitui um eco de outras passagens do Antigo Testamento. A Escritura bem conhecida tem sido moldada num novo cântico, e as passagens bíblicas memorizadas devem ter sempre por base a oração privada e corporativa.[2] Nesse salmo, Davi usa três nomes principais de Deus: *Yahweh* (86:1,6,11,17), *Adonai* (86:3,4,5,8,9,12,15) e *Elohim* (86:2,10,12,14), tomando por base as promessas de Deus na aliança.[3] Purkiser divide esse salmo em quatro seções, cada uma delas terminando com uma afirmação acerca de Deus: "Tu [...] és bom e pronto em perdoar (86:5); "Tu és grande [...] só tu és Deus" (86:10); "Tu és compassivo e cheio de graça (86:15); e, "Tu, SENHOR, me ajudas e me consolas" (86:17).[4]

Conforme sugere Derek Kidner, esse salmo pode ser dividido em três partes bem distintas: o suplicante (86:1-7); o soberano (86:8-13); os zombadores (86:14-17).[5] Vejamos.

O suplicante (86:1-7)

Davi está enfrentando inimigos terríveis, que não respeitam a Deus e se juntam como um bando para atacar sua vida, como veremos a seguir.

Em primeiro lugar, *a necessidade urgente* (86:1). Davi pede para Deus ouvi-lo, pois está aflito e necessitado, e também desassistido e com alma atordoada. O salmista então coloca diante de Deus a sua miserável condição. Concordo com Spurgeon quando diz que a miséria sempre é o argumento principal para com a misericórdia,[6] pois é quando o homem está encharcado de dor e aflição que Ele ora com mais intensidade. Neste versículo, vemos um pedido comovente, um argumento convincente e uma graça suficiente.

Em segundo lugar, *a justificativa plausível* (86:2). Davi não hesita em afirmar que é um homem piedoso, que confia em Deus, e isso não é fanfarronice farisaica, mas a linguagem da simplicidade honesta e franca.[7] Nas palavras de Spurgeon, "declarar-se culpado de pecados nunca cometidos é mentira tão grande quanto a negação dos erros verdadeiros".[8] Warren Wiersbe escreve: "Davi era um filho da aliança e pertencia inteiramente ao Senhor".[9] Se os inimigos não consideram Deus (86:14), Davi tem sua confiança no Senhor. Allan Harman diz que o termo "servo", usando tanto neste versículo como no versículo 16, aponta para a posição régia de Davi, que foi chamado por Deus de "meu servo" (2Sm 7:5).[10]

Em terceiro lugar, *a súplica constante* (86:3). Davi pleiteia não direitos, mas roga compaixão a Deus. Seu clamor é constante, sem pausa e sem trégua. Onde há importunidade na oração, as promessas são recebidas. Warren Wiersbe diz que ao começar sua oração, Davi pede socorro com base em sua relação de aliança com o Senhor, da mesma forma que os cristãos podem orar em nome de Jesus com base na aliança da graça (Lc 22:20; 1Co 11:25; Hb 10:14-25).[11]

Em quarto lugar, *o desejo ardente* (86:4). Davi está aflito e triste; ele precisa de alegria e sabe que somente Deus pode alegrar sua alma. A alegria do crente vem de Deus e está em Deus, e não se trata de um sentimento ou de uma emoção, mas de uma pessoa. Em outras palavras, nossa alegria não é apenas ausência de coisas ruins ou presença de coisas boas: ela é o Senhor (Fp 4:4).

Em quinto lugar, *a razão eloquente* (86:5). A razão da confiança de Davi em ter suas orações respondidas não está ancorada em quem ele é, mas em quem o Senhor é, e ele destaca os atributos de Deus: sua bondade, compaixão e benignidade. Spurgeon diz, com razão, que Deus não distribui misericórdias servindo-se de uma despensa modestamente abastecida, cuja provisão pode escassear ou acabar de vez, mas do celeiro celestial repleto Ele derrama as riquezas infinitas da sua misericórdia.[12]

Em sexto lugar, *a certeza inabalável* (86:6,7). Davi reitera suas súplicas a Deus. Ele clama ao Senhor no dia de sua angústia, certo de que será ouvido, pois a oração é um meio prático e eficaz de obter a ajuda de Deus na hora da necessidade. Portanto, não há razão para orar se não há expectativa da resposta do Senhor, pois Deus vê, Deus ouve, Deus atende!

O Soberano (86:8-13)

Cinco verdades são aqui destacadas.

Em primeiro lugar, *Ele é incomparável* (86:8). Deus e suas obras são incomparáveis. Os deuses dos povos são ídolos vãos que nada sabem e nada podem fazer. Concordo com Purkiser quando diz que a referência aos deuses não deve ser entendida como uma indicação de politeísmo.[13] Allan Harman tem razão em dizer que o Antigo Testamento reiteradamente apresenta reivindicações exclusivas em relação a Deus, e este versículo é um eco de passagens tais como Êxodo 15:11 e Deuteronômio 3:24. O Deus vivo é infinitamente distinto dos ídolos mortos que as nações adjacentes adoravam (115:5-7), e o Novo Testamento reafirma que o povo deve converter-se das "coisas sem valor para o Deus vivo, que fez o céu, a terra, o mar e tudo quanto neles existe" (At 14:15).[14]

Em segundo lugar, *Ele é soberano* (86:9). Foi Deus quem fez as nações e é Ele quem determina suas fronteiras e seu destino (At 17:22-28; Is 2:1-4; 9:6,7; 11:1-16). As nações foram criadas por Deus, e elas virão e se prostrarão diante de Deus e glorificarão seu nome, pois Ele é soberano. O paralelo mais estreito a isso nas Escrituras é Apocalipse 15:4: "Quem não temerá e não glorificará o teu nome, ó

Senhor? Pois só tu és santo; por isso, todas as nações virão e adorarão diante de ti, porque os teus atos de justiça se fizeram manifestos".

Em terceiro lugar, *Ele é onipotente* (86:10). Deus é incomparavelmente grande, e só Ele é Deus e só Ele opera maravilhas. Para Ele, não há impossíveis, pois pode fazer tudo quanto quer.

Em quarto lugar, *Ele é acessível* (86:11). Sendo Deus soberano e onipotente, importa-se com cada um que se achega a Ele. Ele ensina o seu caminho aos seus filhos e dispõe o coração daqueles que andam na verdade para só temerem o seu nome. Vemos aqui a santidade ensinada, a verdade praticada, o Senhor adorado e a vida aperfeiçoada.[15]

Em quinto lugar, *Ele é digno de glória* (86:12,13). Davi se dispõe a dar graças ao Senhor, seu Deus, de todo o seu coração e a glorificá-lo para sempre. Reconhece a grandeza da misericórdia divina com ele, pois Deus livrou sua alma do mais profundo poder da morte.

Os zombadores (86:14-17)

Destacamos aqui três fatos acerca dos zombadores.

Em primeiro lugar, *eles são violentos* (86:14). Davi apela para Deus, dizendo que os soberbos, que fazem pouco caso de Deus, se levantaram contra ele como um bando de violentos para atentarem contra sua vida.

Em segundo lugar, *Deus traz livramento ao seu servo* (86:15,16). Davi refugia-se em Deus, em seus excelentes atributos de compaixão, graça, paciência, misericórdia e verdade, e roga a Deus por força e salvação. Depois que Davi enaltece os atributos de Deus, roga ao mestre para se voltar a ele. Um olhar do rosto de Deus transforma vales em mananciais, trevas em luz, aflição em cânticos de júbilo. Por fim, Davi se apresenta ao Senhor como "teu servo, filho da tua serva". Spurgeon diz que Davi quis dizer que era servo na casa de Deus, e, como os filhos dos escravos eram propriedade dos seus senhores pelo nascimento, assim ele se gloriava em ser filho de uma mulher que pertencia ao Senhor.[16]

Em terceiro lugar, *Deus envergonha os zombadores e consola o seu servo* (86:17). Davi pede para Deus lhe dar um sinal do seu favor, a fim de que os inimigos ficassem envergonhados ao verem a ajuda de Deus e o consolo de Deus ao seu servo. Purkiser destaca que o tipo de apoio de que precisa é expresso de forma simples: ele precisa de compaixão, força, livramento e uma intervenção sobrenatural do alto. Esse tipo de demonstração não serviria apenas para saturá-lo de confiança, mas também para humilhar aqueles que o odeiam, porque veriam em seu livramento a ajuda firme do Senhor.[17]

NOTAS

[1] HARMAN, Allan. *Salmos*. São Paulo: Cultura Cristã, 2011, p. 312.
[2] HARMAN, Allan. *Salmos*, p. 313.
[3] WIERSBE, Warren W. *Comentário bíblico expositivo*, vol. 3. São Paulo: Geográfica, 2006, p. 234.
[4] PURKISER, W. T. "O livro de Salmos". In: *Comentário bíblico Beacon*, vol. 3. Rio de Janeiro: CPAD, 2015, p. 245.
[5] KIDNER, Derek. *Salmos 73—150: introdução e comentário*. São Paulo: Vida Nova, 2006, p. 336-338.
[6] SPURGEON, Charles H. *Os tesouros de Davi*, vol. 2. Rio de Janeiro: CPAD, 2017, p. 582.
[7] PURKISER, W. T. "O livro de Salmos", p. 245.

[8] SPURGEON, Charles H. *Os tesouros de Davi*, vol. 2, p. 582.
[9] WIERSBE, Warren W. *Comentário bíblico expositivo*, vol. 3, p. 233.
[10] HARMAN, Allan. *Salmos*, p. 312.
[11] WIERSBE, Warren W. *Comentário bíblico expositivo*, vol. 3, p. 233.
[12] SPURGEON, Charles H. *Os tesouros de Davi*, vol. 2, p. 583.
[13] PURKISER, W. T. "O livro de Salmos", p. 245.
[14] HARMAN, Allan. *Salmos*, p. 314.
[15] SPURGEON, Charles H. *Os tesouros de Davi*, vol. 2, p. 596.
[16] Ibidem, p. 587.
[17] PURKISER, W. T. "O livro de Salmos", p. 246.

Capítulo 86

Jerusalém, a cidade de Deus

(Sl 87:1-7)

ESSE SALMO, EMBORA TENHA muito em comum com outros cânticos relativos a Sião (46; 48; 76), vai além deles ao retratar os habitantes das nações gentílicas como estando incorporadas entre os cidadãos de Sião. Isso poderia ser entendido como uma conversão mundial de pessoas dentre as nações mencionadas no salmo, que eram representantes daquelas nações há tanto tempo hostis a Israel.[1] Outras passagens do Antigo Testamento falam da oferta da salvação aos gentios (Is 2:2-4; 19:22-25; Mq 4:1-5; Zc 8:23; 14:16-20), mas esse salmo se encontra sozinho entre os escritos do Antigo Testamento ao representar essa união das nações como um novo nascimento na cidade de Deus, o que faz dele um salmo eminentemente messiânico.[2]

Derek Kidner diz que esse salmo fala de Jerusalém como sendo igualmente a metrópole de judeus e gentios. Resta, portanto, afirmar que o salmista está falando da conversão vindoura de inimigos de Israel e da plena incorporação deles na cidade de Deus. É como diz o apóstolo Paulo: "A Jerusalém lá de cima [...] é nossa mãe" (Gl 4:26).[3]

Purkiser destaca que esta é uma das passagens impressionantes do Antigo Testamento em que a particularidade do judeu é transcendida e a universalidade do propósito divino é vislumbrada. Nações estrangeiras são descritas aqui não como cativas ou tributárias, nem mesmo como fazendo homenagens voluntárias à grandeza e glória de Sião, mas como sendo incorporadas, por meio de um novo nascimento, aos filhos dela. Nem mesmo os piores inimigos de sua raça, os tiranos e opressores dos judeus, Egito e Babilônia, são ameaçados com maldição; nenhum grito de alegria é levantado como expectativa da sua derrota, mas os privilégios da cidadania são estendidos a eles, e eles são saudados como irmãos.[4]

A cidade escolhida por Deus (87:1-3)

O salmista descreve com cores vivas a cidade de Jerusalém, símbolo da igreja de Cristo e também uma cidade singular. Ela não possui aspectos físicos que favoreçam seu avanço e prosperidade como outras importantes cidades do mundo, não foi edificada na cabeceira de um grande rio e também não possui porto ou estradas famosas nem está situada nas principais rotas comerciais do mundo. Além disso, ela não tem farta provisão de água, fator decisivo para os grandes centros urbanos, não possui riquezas minerais e também não está situada em lugar estratégico para conquistar novas terras e alcançar novas fronteiras. Apesar de tudo isso, é a cidade mais importante da história, símbolo da igreja peregrina e da igreja triunfante. Sobre esse ponto, três verdades são aqui destacadas.

Em primeiro lugar, *a cidade fundada por Deus* (87:1). "Fundada por Ele sobre os montes santos". Davi escolheu Jerusalém para ser a capital de Israel (2Sm 5:6-10), e Deus chamou Jerusalém de "minha cidade" (Is 45:13) e "santa cidade" (48:2). Jerusalém "é a alegria de toda a terra, a cidade do grande Rei" (48:2). A escolha de Jerusalém (Sião) é uma verdade incontestável nas Escrituras (Sl 132:13; Is 14:32). Entre tantos lugares, Deus escolheu Sião, o monte santo, causando inveja frustrada às suas rivais (Sl 68:15,16). Mas esse salmo deixa claro que Sião dá nome a uma comunidade, e não somente a um lugar, por isso há uma alusão direta à igreja. Deus é o fundador de Jerusalém no sentido de que ela é um símbolo da igreja, e o Senhor é o dono, fundador, fundamento, edificador e protetor desta (Mt 16:18). Spurgeon destaca que Roma foi fundada em sete colinas e nunca lhe faltou a língua poética para lhe cantar a glória, mas Sião é muito mais gloriosa entre os montes eternos de Deus. Enquanto a pena puder escrever ou a boca falar, os seus louvores nunca serão enterrados no silêncio inglório.[5] Spurgeon ainda diz que Deus não fundou a igreja na areia da política carnal nem no pântano dos reinos humanos, mas no seu poder e em sua divindade, os quais estão empenhados em estabelecer a igreja amada, que é para Ele a principal de todas as suas obras.[6]

Em segundo lugar, *a cidade amada por Deus* (87:2). "O Senhor ama as portas de Sião mais do que as habitações todas de Jacó". A escolha amorosa de Jerusalém foi uma expressão do amor incondicional de Deus. O Senhor nos amou com amor eterno e nos atraiu com benignidade, e nos escolheu não por causa dos nossos méritos, mas apesar dos nossos deméritos, e nos amou quando éramos fracos, ímpios, pecadores e inimigos. E mais: Ele nos amou e nos deu seu Filho.

Em terceiro lugar, *a cidade afamada por causa de Deus* (87:3). "Gloriosas coisas se têm dito de ti, ó cidade de Deus!". As coisas grandiosas que se têm dito de Jerusalém são os atos soberanos de Deus nela, por ela e por meio dela. Concordo com Derek Kidner quando diz que o esplendor de Sião será seu Rei e seu rol de cidadãos.[7] Corrobora esse pensamento Purkiser quando diz: "As gloriosas coisas aqui não se referem a glórias terrenas, mas à reunião das nações dentro do aprisco espiritual do Senhor, como podemos ver nos versículos seguintes. A glória de Sião é sua preocupação com as "outras ovelhas que não são deste aprisco (Jo 10:16)".[8]

A cidade habitada pelos filhos de Deus (87:4-6)

A cidade de Jerusalém, símbolo da igreja, é habitada pelos filhos de Deus, procedentes de toda tribo, língua, povo e nação (Ap 5:9). Vejamos.

Em primeiro lugar, *Deus tem um povo entre todos os povos* (87:4). "Dentre os que me conhecem, farei menção de Raabe e da Babilônia; eis aí Filístia e Tiro com Etiópia; lá nasceram". Uma parte representativa do mundo gentio está sendo arrolada na cidade de Deus, pois Deus tem seu próprio povo entre todas as nações gentílicas adjacentes a Israel, com as nações mencionadas como representantes do mundo gentílico mais amplo. O povo de Deus entre essas nações é considerado como se nascesse em Sião.[9] Derek Kidner destaca que os nomes estão bem escolhidos: *Raabe*, isto é, o Egito, o monstro jactancioso (89:10; Is 30:7) ao sul e a *Babilônia* ao norte, as duas grandes potências e perseguidoras de Israel; mais perto de casa, *Filístia*, a inimiga que Israel nunca deslocou; e *Tiro*, o negociante afluente ao oeste; por fim, a *Etiópia*, ou Cuxe (68:31), símbolo das nações mais remotas.[10] Purkiser destaca que assim é o Evangelho: todos os gentios que o conhecem estão sendo divinamente inscritos como nativos do Reino de Deus.[11]

Em segundo lugar, *os crentes verdadeiros são arrolados como cidadãos de Sião* (87:5,6). "E com respeito a Sião se dirá: Este e aquele nasceram nela; e o próprio Altíssimo a estabelecerá. O Senhor, ao registar os povos, dirá: Este nasceu lá". A expressão "este e aquele" significa duas coisas, como ramos da honra: uma é a qualidade das pessoas e a outra, a quantidade delas. A qualidade está no termo "este" e a quantidade, no termo "aquele". Ter essas pessoas nascidas em Sião, ou seja, pessoas de destaque e eminência, e uma multidão e pluralidade delas é parte da dignidade e do renome a ele pertencente.[12]

Derek Kidner diz que Sião será chamada uma mãe onde nascem homens de todas as raças (Gl 4:26).[13] Resta, portanto, afirmar que, aqueles que têm a Deus por Pai, devem ter também a igreja por mãe. Não importa onde os crentes verdadeiros vivam, eles estão arrolados entre os cidadãos de Sião, a cidade que é sustentada por Deus (48:8). Allan Harman diz que a ideia de um registro ou livro é simplesmente um modo de dizer que Deus conhece os que são seus (2Tm 2:19) e que nenhum deles perecerá (Jo 10:27-29).[14] É impressionante que a figura de um novo nascimento seja usada para expressar a admissão das diferentes nações como cidadãos de Sião (Jo 3:1-15). Todo aquele cujo nome está inscrito no livro da vida do Cordeiro é considerado nascido em Sião.[15] Aqui temos, portanto, a menção do livro da vida (Ap 21:24-27).

A cidade da alegria dos filhos de Deus (87:7)

Onde Deus está, tem de haver alegria, ou seja, na presença de Deus que há plenitude de alegria (16:11), pois Ele é a nossa alegria. Destacamos aqui, duas verdades.

Em primeiro lugar, *a natureza do júbilo* (87:7a). "Todos os cantores, saltando de júbilo...". Há aqui uma descrição dessa grande multidão de cidadãos arrolados em Sião se regozijando com intenso júbilo. Nas palavras de Derek Kidner, "esse irrompimento de júbilo demonstra que Sião não é apenas um lugar de estabilidade e glória, mas também de alegria e frescor".[16] Toda a comunidade de crentes é contemplada como um único grupo (Is 12:3). A inclusão dos gentios na igreja é prefigurada nesse salmo, ou seja, em Cristo não há mais judeus ou gentios, pois o muro da separação foi derrubado, de modo que somos todos um só rebanho, um só corpo, uma só noiva do Cordeiro e uma só igreja celebrando com júbilo ao Senhor (Ef 2:11-22).

Em segundo lugar, *a fonte do júbilo* (87:7b). "[...] entoarão: Todas as minhas fontes são em ti". O regozijo da multidão de cantores encontra sua fonte de alegria em Sião, e especialmente no Deus de Sião, ou seja, a fonte máxima de alegria e bênção está no Senhor e na cidade espiritual que Ele edifica. Warren Wiersbe diz que a ideia de fonte aqui aponta para o rio da vida, que é o próprio Cristo (Jo 7:37-39; Ap 22:1,2).[17] Então, seja qual for o canal usado, Jesus é a fonte de cada gota de consolo, de modo que as fontes prateadas da graça e as fontes douradas da glória estão em Jesus. Spurgeon corrobora dizendo que o Senhor que fundou a igreja é a fonte eterna de todas as suas provisões. As fontes de nossa fé e todas as nossas graças, a fonte da nossa vida e todos os nossos prazeres, as fontes das nossas atividades, esperança e antevisões celestiais estão no Senhor. Sem o seu Espírito, seríamos um poço seco, uma cisterna rachada, destituídos de poder para abençoar a nós mesmos e aos outros.[18]

Concluo com as palavras de Spurgeon: "Todas as fontes que estão em mim e todas as fontes que jorram para mim estão em meu Deus. Há "as fontes superiores e as fontes inferiores" (Js 15:19), o "manancial fechado" (Ct 4:12), as "nascentes dos vales" (Sl 104:10), a "água da rocha" (Is 48:21) e outras, mas todas estas fontes fluem do Senhor.[19]

NOTAS

[1] HARMAN, Allan. *Salmos*. São Paulo: Cultura Cristã, 2011, p. 315,316.
[2] PURKISER, W. T. "O livro de Salmos". In: *Comentário bíblico Beacon*, vol. 3. Rio de Janeiro: CPAD, 2015, p. 246-247.
[3] KIDNER, Derek. *Salmos 73—150: introdução e comentário*. São Paulo: Vida Nova, 2006, p. 339.
[4] PURKISER, W. T. "O livro de Salmos", p. 246.
[5] SPURGEON, Charles H. *Os tesouros de Davi*, vol. 2. Rio de Janeiro: CPAD, 2017, p. 598.
[6] SPURGEON, Charles H. *Os tesouros de Davi*, vol. 2, p. 598.
[7] KIDNER, Derek. *Salmos 73—150: introdução e comentário*, p. 340.
[8] PURKISER, W. T. "O livro de Salmos", p. 247.
[9] HARMAN, Allan. *Salmos*, p. 316.
[10] KIDNER, Derek. *Salmos 73—150: introdução e comentário*, p. 340.
[11] PURKISER, W. T. "O livro de Salmos", p. 247.
[12] SPURGEON, Charles H. *Os tesouros de Davi*, vol. 2, p. 606.
[13] KIDNER, Derek. *Salmos 73—150: introdução e comentário*, p. 340.

[14] HARMAN, Allan. *Salmos*, p. 316.
[15] PURKISER, W. T. "O livro de Salmos", p. 247.
[16] KIDNER, Derek. *Salmos 73—150: introdução e comentário*, p. 341.
[17] WIERSBE, Warren W. *Comentário bíblico expositivo*, vol. 3. São Paulo: Geográfica, 2006, p. 236.
[18] SPURGEON, Charles H. *Os tesouros de Davi*, vol. 2, p. 600-601.
[19] Ibidem, p. 612.

Capítulo 87

A noite escura da alma

(Sl 88:1-18)

ESSE SALMO FOI ESCRITO por Hemã. Mas qual deles? Será o mencionado em 1Reis 4:31: "Era mais sábio [Salomão] do que todos os homens, mais sábio que Etã, ezraíta, e do que Hemã..."; também descendente da tribo de Judá, mencionado em 1Crônicas 2:6: "Os filhos de Zera: Zinri, Etã, Hemã, Calcol e Dara, cinco ao todo"? Se este é o caso, tratava-se de um homem famoso por sua sabedoria. Ou será que se trata do Hemã dos tempos de Davi, um dos componentes do grande trio de músicos: "Hemã, Asafe e Etã (1Cr 15:29)? Seja qual for a opção, trata-se de um homem de Deus que passou pelas águas profundas das provações.

Salmos — O livro das canções e orações do povo de Deus

Derek Kidner diz que não há oração mais triste no Saltério.[1] De todos os salmos, este é o salmo mais dramático e, também, o último salmo dos filhos de Coré. Os demais salmos de lamento sempre terminam com uma nota de esperança, mas este termina com a palavra "trevas". Esse salmo tem um tom de melancolia sem alívio, de tristeza sem esperança, e é, de fato, o único salmo de lamento que não termina com um final feliz. Os outros salmos de lamento costumam começar tristes, mas sempre há uma virada no final, e o tom sempre muda do desespero para a esperança, da tristeza para a alegria. Nesse salmo, por outro lado, existe uma dor constante no salmista. É como se Deus estivesse ausente ou surdo ao seu clamor. Nas palavras de Purkiser, "este salmo é um grito desesperado de sofrimento, não aliviado por um único raio de conforto ou esperança".[2]

À primeira vista, parece que o salmista tem uma doença devastadora que o aflige desde a mocidade, e isso lhe custou seus amigos. Não há aqui nenhuma menção de inimigos a lhe atacar nem mesmo de pecados a confessar, mas, mesmo assim, considera seu demorado sofrimento uma consequência da ira de Deus, por isso, dirige sua súplica ao Senhor.[3]

Uma das razões pelas quais esse salmo foi incluído no Canon é para sabermos que, o que aconteceu com este homem de Deus, vai acontecer conosco também. Há muitos servos de Deus que sofrem na vida de forma contínua: lidam com filhos problemáticos, doenças graves e dificuldades financeiras. Porém, observar como Hemã lidou com o sofrimento nos ajuda a lidar com o sofrimento quando ele chegar, pois, como diz Calvino: "enquanto o salmista luta contra o sofrimento, declara a invencível firmeza de sua fé".[4]

Vale a pena destacar que Hemã era um homem sábio e que causava respeito nos demais, mas isso não impediu que ele passasse por sofrimentos atrozes desde a mocidade e fosse esmagado sob um pesado fardo de aflições. O sofrimento foi seu companheiro de jornada quase todos os dias de sua vida e era algo que fazia com que ele sentisse que o fim dele estava próximo. Ele esperava morrer a qualquer momento e fala do abandono dos amigos e da exclusão social. Ele diz que a única companhia que ele tinha era as trevas, e diz também que está sofrendo como quem tem dor nos ossos. Por fim, ele fala de seu sofrimento como algo que lhe dá a perspectiva de morrer em breve. Hemã, porém, no fragor da tempestade não se insurge contra Deus como a mulher de Jó, mas volta-se para Deus em oração. Vejamos.

Um clamor insistente (88:1,2)

Destacamos aqui dois pontos importantes.

Em primeiro lugar, *um clamor ao Deus da salvação* (88:1a). Hemã não clama a um ídolo morto, mas ao Deus da sua salvação, e sua fé transcende às circunstâncias carrancudas. Ele sabe que, inobstante o sofrimento atroz e contínuo, Deus é o seu Salvador. Como Jó, ele podia dizer: "Ainda que Deus me mate, nele confiarei" (Jó 13:15). Calvino diz que, ao aplicar a designação "o Deus da minha salvação", Hemã pôs um freio em sua boca e restringiu o excesso de sua dor, fechando, assim, a porta do desespero e se fortalecendo e se preparando para suportar a cruz.[5] Concordo com Spurgeon quando escreve: "Enquanto um indivíduo puder considerar Deus como seu Salvador, não haverá escuridão completa para ele".[6]

Em segundo lugar, *um clamor insistente* (88,1b,2). Hemã não desiste de orar porque o sofrimento é contínuo. Ele ora dia e noite, e noite e dia, ora sem pausa, sem trégua, sem descanso. A aflição não apagou a chama de sua oração, e o sol da provação não endureceu seu coração como barro, mas o derreteu como cera. O melhor professor de oração é o sofrimento, e, quando a dor pulsa em nosso peito, nossos joelhos se dobram em oração. É evidente que o sofrimento teve em Hemã o efeito contrário do que tem em muitas pessoas, e, em vez de fazê-lo parar de orar, leva-o a orar mais, pois ele quer que a oração dele chegue à presença de Deus. Parece que o sofrimento maior dele estava na ausência da presença de Deus. Os puritanos falavam disso como "a noite escura da alma", em que o silêncio de Deus durante o sofrimento torna o sofrimento pior ainda.

Um sofrimento avassalador (88:3-5)

Destacamos três fatos solenes aqui.

Em primeiro lugar, *um homem fraco, farto de males* (88:3). A alma do salmista está farta de males. A palavra "farta", usada por Hemã, traz a ideia de farto de comida, como alguém que comeu tanto que não consegue mais nem olhar para a comida para não explodir, e transmite a ideia de que ele não aguenta mais sofrer. Ele está enfastiado de tanto sofrer, chegou ao seu limite e se sente como um soldado ferido que era lançado junto dos mortos na batalha, pois iria perecer em pouco tempo. Nas palavras de Spurgeon, "ele já se sentia meio morto. Toda a sua vida estava se esgotando, a sua vida espiritual em declínio, a sua vida mental decaindo, a vida do seu corpo esmorecendo; ele estava mais morto do que vivo".[7]

Esse versículo pode muito bem ser aplicado ao nosso bendito Redentor, tendo em vista que o Senhor Jesus se esvaziou de glória para que pudesse ser cheio de angústias. A sua alma, que estava livre do pecado humano, estava cheia de angústias humanas para que nós, que estamos cheios de pecado, pudéssemos estar livres de angústias; a sua vida se aproximou dos terrores do mundo invisível para que não fôssemos os seus despojos e presas.[8]

Em segundo lugar, *um soldado ferido de morte entre os mortos* (88:4,5). Hemã se vê como um soldado no campo de guerra, ferido de morte, entre os mortos, como se morto já estivesse. Ninguém vem para lhe socorrer. Já é contado entre os mortos. Concordo com Spurgeon, quando escreve: "É uma situação triste quando a nossa única esperança está na direção da morte".[9]

Em terceiro lugar, *um anônimo desamparado por Deus* (88:5b). Hemã se vê como alguém sem importância, completamente desamparado pelas mãos de Deus, de quem Deus não se lembra mais; e ser esquecido por Deus é seu maior drama. Spurgeon diz que o pobre Hemã se sentia como se o próprio Deus o tivesse descartado, ferido e o tivesse colocado entre os corpos dos executados pela justiça divina.[10]

Uma queixa amarga contra Deus (88:6-9)

Destacamos quatro realidades enfrentadas por Hemã.

Em primeiro lugar, *quando Deus é o agente do nosso sofrimento* (88:6). No meio do sofrimento, Hemã se volta para Deus e diz: "eu sei que foi o SENHOR que fez isso". Para um judeu crente, o Deus de Israel era o Deus que tinha governo sobre todas as coisas, pois um judeu não teria problema nenhum em dizer que seu sofrimento vem da parte do próprio Deus. Hemã comparou a sua condição infeliz com a prisão em um calabouço subterrâneo, ao confinamento nos domínios da morte e a um mergulho no abismo. A alma pode descer muito mais baixo que o corpo, pois existem abismos mais profundos, e a carne consegue suportar somente determinada quantidade de feridas, e não mais do que isso, mas a alma pode sangrar de dez mil maneiras, morrendo novamente a cada hora.[11] Inobstante essa amarga realidade, essa é uma passagem importante, porque nos dá o conforto de saber que é Deus quem nos dá o sofrimento. Que conforto há em achar que é o Diabo quem nos causa os males? O sofrimento nos é causado por aquele que é o bom Pai sobre nossa vida, e saber que Deus está por trás de tudo o que nos toca, em vez de nos abater, nos dá conforto, pois, e é Ele quem nos faz entrar, é Ele quem nos faz sair. Nas palavras de Spurgeon, "Deus jamais colocou um José em uma cova sem tirá-lo de lá novamente para colocá-lo em um trono. Deus jamais fez que um horror de grande escuridão caísse sobre um Abraão sem revelar o seu concerto com ele. E Deus jamais lançou um Jonas às profundezas sem preparar os meios para colocá-lo novamente em segurança, em terra firme".[12]

Em segundo lugar, *quando a ira de Deus pesa sobre nossa cabeça* (88:7). Hemã tem a sensação de que a pesada ira de Deus o esmaga. De todas as tormentas da alma, esta é a mais avassaladora, pois ele se sente como um náufrago que tenta colocar o nariz para fora da água e, nesse exato momento, todas as ondas da ira de Deus o abatem. Nas palavras de Allan Harman, "essas ondas eram como um dilúvio de tribulações".[13] Spurgeon chegou a escrever que "A ira de Deus é o inferno dos infernos".[14]

Em terceiro lugar, *quando Deus afasta de nós nossos conhecidos* (88:8). Hemã não sente apenas a ausência de Deus, mas também a ausência de seus amigos, e essa tempestade de aflições é ainda mais agravada pelo fato de seus conhecidos terem sido apartados dele pelo próprio Deus. Hemã é feito objeto de abominação aos olhos de seus amigos, como se leproso, contagioso e repulsivo estivesse. Na verdade, ele se sente preso num cipoal, e quanto mais tenta sair, mas amarrado fica. Ele se vê aprisionado com correntes de ferro, então, não tinha nenhuma esperança de libertação nem qualquer lampejo de alegria. Hemã lamenta como Jó: "Pôs longe de mim a meus irmãos, e os que me conhecem, como estranhos, se apartaram de mim. Os meus parentes me desampararam, e os meus conhecidos se esqueceram de mim" (Jó 19:13,14).

Em quarto lugar, *quando a oração não é respondida* (88:9). Hemã é contínuo em seu clamor ao Senhor e fervoroso em sua súplica, e levanta as mãos ao Senhor, porém, na mesma medida que permanece em oração, seus olhos se desfalecem de aflição dia após dia, pois nenhuma resposta beija seus ouvidos para lhe acalmar a alma. Em suma, não há refresco nem pausa em seu sofrimento.

Uma argumentação veemente com Deus (88:10-12)

Allan Harman diz que os problemas pessoais do salmista se lhe tornaram ainda mais agudos por causa de sua confiança no amor pactual do Senhor (88:11).[15] Derek Kidner, ao interpretar o texto em apreço, diz que a morte não é expoente da glória de Deus. A natureza inteira da morte é negativa, e esta é a última palavra da inatividade e do silêncio (88:10), do rompimento dos laços, da corrupção (88:11), das trevas, do esquecimento (88:12). O Novo Testamento concorda ao chamá-la de última inimiga (1Co 15:26). Mas o alvo de Deus não é a morte, e sim a ressurreição, portanto, as perguntas indignadas do salmista não permitem qualquer resposta menor do que esta.[16]

Hemã argumenta com Deus e começa a questionar os motivos de o Senhor fazer tudo aquilo com ele. Warren Wiersbe diz que o argumento de Hemã é simplesmente de que sua morte privará Deus de grande oportunidade de demonstrar seu poder e glória. Que serventia Hemã teria para Deus no *Sheol*?[17] Hemã diz que, se morrer, como ele louvaria a Deus nesta terra? Como ele seria pregador da bondade aqui na terra? Se ele morresse, Deus perderia uma testemunha dele nesta terra. Você teria um argumento deste tipo com Deus?

Uma busca sem pausas do socorro de Deus (88:13-18)

Destacamos cinco verdades solenes nesta passagem.

Em primeiro lugar, *um clamor urgente* (88:13). Hemã busca socorro em Deus por meio da oração com senso de urgência (88:1,9:13). Ele volta a clamar a Deus em oração, pedindo socorro, e quanto mais ele sofre, mais ele ora. Sua oração desperta a alva, e, mesmo antes de o dia clarear, já está ele desferindo golpes de súplicas às portas da misericórdia.

Em segundo lugar, *uma consciência da ausência de Deus* (88:14). Hemã fala novamente da terrível percepção que tem da ausência de Deus, pois é o fato de Deus ocultar o rosto dele que mais lhe dói. A pergunta é desnorteadora: "Por que rejeitas […] por que ocultas de mim o teu rosto?" Ao olhar pelas lentes do retrovisor, ele não consegue ver nada mais que enfermidade e aflição a lhe castigar desde os albores da vida.

Em terceiro lugar, *uma nova descrição do sofrimento* (88:15). Hemã novamente faz uma descrição do seu sofrimento. Ele nem sabia direito o que fazer, pois sentia que Deus o havia abandonado, e seu sofrimento não é apenas agudo, mas também crônico. Ele anda aflito, nos portais da morte desde moço, vive arquejado sob o peso dos terrores divinos — em suma, está completamente desorientado.

Em quarto lugar, *uma percepção da pluralidade da ira divina* (88:16,17). Hemã sente-se completamente abatido pelos solavancos dos tsunamis da ira de Deus que passam sobre ele. Ele se vê circundado pelas ondas gigantescas da ira de Deus que o mergulham num afogamento desesperador. As águas turbulentas das múltiplas formas da ira de Deus o cercavam por todos os lados, de modo que ele possuía a ira de Deus acima, abaixo, de um lado e do outro — e sem possuir um único ombro para chorar.

Em quinto lugar, *uma dura solidão sem perspectiva de consolo* (88:18). Hemã sente que Deus afastou dele, e de forma definitiva, amigo e companheiro, então, além de sofrer, sofre só. Não há nenhum ombro amigo, ninguém com quem repartir de sua dor ou dividir sua carga. Seus únicos conhecidos são as trevas que o cercam por todos os lados. Nas palavras de Allan Harman, "o único amigo que lhe resta são as trevas".[18]

O próprio ritmo desta última linha mostra que a obra não está completa. O ouvido permanece em suspenso até que o majestoso salmo 89 irrompa como uma bela manhã de ressurreição: "Cantarei para sempre as tuas misericórdias, ó SENHOR..." (89:1).

Resta, portanto, afirmar que este não foi um momento pontual na vida de Hemã, mas parece que isso reflete toda a vida dele. De igual modo, há muitos crentes verdadeiros que não conseguem encontrar um momento de alívio porque a dor está presente na vida deles todos os momentos. Mas o fato de você ser crente não quer dizer que vai viver sempre feliz, incólume dos problemas. Nesse sentido, Derek Kidner diz que, tendo trevas como sua palavra final, qual é o papel desse salmo nas Escrituras? Primeiro, testificar a possibilidade de sofrimento ininterrupto como a sorte do crente na terra; segundo, proibir-nos de aceitar a ordem presente como definitiva, uma vez que aguardamos a adoção de filhos, a redenção do nosso corpo" (Rm 8:22,23); terceiro, mostrar a necessidade de não nos entregarmos. Hemã completa a sua oração ainda no escuro e totalmente sem recompensa; quarto, mostrar que essa rejeição percebida pelo salmista era apenas aparência. Sua existência não foi um erro, pois havia um plano divino maior do que ele sabia e um lugar reservado neste para ele, de modo bem cuidadoso.[19]

Podemos afirmar, por fim, que existe uma grande semelhança entre o sofrimento de Hemã com o sofrimento do Messias na cruz, onde Jesus gritou algo parecido com o que o salmista gritou:"Deus meu, Deus meu, por que me desamparaste?" (Mt 27:46). Portanto, não fique amargurado com Deus por causa do sofrimento, pois somos discípulos do crucificado e, portanto, precisamos aprender a sofrer.

NOTAS

[1] KIDNER, Derek. *Salmos 73—150: introdução e comentário*. São Paulo: Vida Nova, 2006, p. 341.

[2] Purkiser, W. T. "O livro de Salmos". In: *Comentário bíblico Beacon*, vol. 3. Rio de Janeiro: CPAD, 2015, p. 248.
[3] Purkiser, W. T. "O livro de Salmos", p. 248.
[4] Calvino, João. *Salmos*, vol. 3. São José dos Campos: Fiel, 2012, p. 386.
[5] Calvino, João. *Salmos*, vol. 3, p. 388.
[6] Spurgeon, Charles H. *Os tesouros de Davi*, vol. 2. Rio de Janeiro: CPAD, 2018, p. 614.
[7] Spurgeon, Charles H. *Os tesouros de Davi*, vol. 2, p. 615.
[8] Ibidem, p. 624.
[9] Ibidem, p. 616.
[10] Ibidem.
[11] Ibidem.
[12] Ibidem, p. 616-617.
[13] Harman, Allan. *Salmos*. São Paulo: Cultura Cristã, 2011, p. 319.
[14] Spurgeon, Charles H. *Os tesouros de Davi*, vol. 2, p. 617.
[15] Harman, Allan. *Salmos*, p. 318.
[16] Kidner, Derek. *Salmos 73—150: introdução e comentário*, p. 343.
[17] Wiersbe, Warren W. *Comentário bíblico expositivo*, vol. 3. São Paulo: Geográfica, 2006, p. 237.
[18] Harman, Allan. *Salmos*, p. 320.
[19] Kidner, Derek. *Salmos 73—150: introdução e comentário*, p. 343.

Capítulo 88

A soberania de Deus na história

(Sl 89:1-52)

Esse salmo, o último salmo do terceiro livro do Saltério (73-89), muito provavelmente foi escrito por Etã, um sábio da família de Judá, irmão do autor do salmo anterior. Esse salmo é um contraste surpreendente com o salmo precedente, e seu uso no Novo Testamento com relação a Cristo justifica sua inclusão entre os salmos messiânicos.[1]

O salmo trata da escolha soberana de Deus, ungindo Davi para ser rei de Israel e fazendo uma aliança com ele, de que seu trono jamais teria fim. Derek Kidner diz que o fundamento desse salmo é a grande profecia de 2Samuel 7:4-17, no coração da qual há a promessa de um trono para a dinastia davídica para sempre e de honrarias sem igual para o ocupante do trono.[2]

O trono permanente prometido a Davi (89:1-4)

Derek Kidner diz que o poema inteiro é um comentário sobre a profecia de Natã, dirigida a Davi em 2Samuel 7:4-17, resumida aqui nestes versículos.[3] Vejamos.

Em primeiro lugar, *o louvor à misericórdia e à fidelidade do Senhor* (89:1,2). O poeta canta as misericórdias, a fidelidade e a benignidade eternas do Senhor, expressões da graça que estão confirmadas nos céus. Spurgeon diz que a razão canta apenas de vez em quando, mas a fé é um eterno cantor. Portanto, quer os outros cantem, quer não, os crentes jamais devem desistir de cantar. O que Etã cantava é agora um manual para os cristãos, e o será enquanto durar esta dispensação. Nós devemos visar à posteridade em tudo o que escrevemos, pois somos os professores das gerações futuras.[4]

Em segundo lugar, *a aliança e o juramento do Senhor* (89:3,4). Os versículos 3 e 4 são aplicados a Cristo em Atos 2:30 e, juntamente com o versículo 20, dão um caráter messiânico ao salmo. Essa promessa foi cumprida no Filho maior de Davi (Mt 1:1),[5] que é o grande progenitor, o segundo Adão, o Pai da eternidade. Jesus, o grande Rei dos judeus, morreu com esse título acima de sua cabeça nos três idiomas correntes do mundo então conhecido, e hoje ele é conhecido como Rei por homens de todos os idiomas. Concordo com Spurgeon quando diz que, embora a coroa temporal não mais seja usada, o juramento feito a Davi não foi quebrado, pois no próprio concerto o seu reino foi descrito como eterno. Em Cristo Jesus, há um concerto estabelecido com todos os escolhidos do Senhor, e pela graça eles estão levados a serem os servos do Senhor, e então são ordenados reis e sacerdotes por Cristo Jesus.[6]

O trono acima dos tronos da terra (89:5-18)

Oito verdades são aqui destacadas.

Em primeiro lugar, *os céus celebram as maravilhas divinas* (89:5). Os céus, como o lugar da habitação de Deus, dos seus santos anjos e de todos os remidos, são conclamados a celebrar as maravilhas divinas, ou seja, a assembleia dos santos, nas alturas excelsas, deve erguer a voz altissonante para proclamar a fidelidade de Deus.

Em segundo lugar, *a incomparabilidade divina* (89:6,7). O Senhor é incomparável em seus atributos e em suas obras, uma vez que só Ele é divino, autoexistente, imenso, infinito, eterno, imutável, onipresente, onisciente, onipotente, transcendente e soberano. É impossível ficar altivo em sua presença, pois Ele é temível sobre todos os que o rodeiam.

Em terceiro lugar, *a onipotência e a fidelidade do Senhor na assembleia dos santos* (89:8). O poeta descreve-o como o Senhor, Deus dos Exércitos, incomparável em poder e fidelidade. Os deuses dos povos são impotentes, pois são ídolos forjados pela imaginação do homem, mas Deus é Todo-poderoso.

Em quarto lugar, *o domínio de Deus sobre a natureza* (89:9). Deus criou todas as coisas e tem sobre elas pleno domínio. Ele criou o mar e domina a fúria de suas ondas. Nas palavras de Allan Harman, "todos os poderes da criação estão sob o controle de Deus, e Ele ordena os oceanos em concordância com sua vontade. Como guerreiros mortos, as águas são subjugadas diante dele",[7] e foi exatamente isso que Jesus fez no mar da Galileia: "E Ele, despertando, repreendeu o vento e disse ao mar: Acalma-te, emudece! O vento se aquietou, e fez-se grande bonança" (Mc 4:39).

Em quinto lugar, *o poder de Deus sobre os inimigos* (89:10). Os inimigos que se levantaram contra o seu povo foram subjugados, e Deus os dispersou com o seu forte braço. O poderoso Egito teve seus deuses desbancados do panteão e a autoridade de Faraó foi quebrada pelo forte braço do Senhor. Spurgeon diz que o Egito foi esmagado como um cadáver sob as rodas dos carros dos destruidores; a sua pompa e glória foram quebradas como os membros dos mortos em batalha. O Egito era o antigo adversário de Israel, e a sua derrota era um tema ao qual as mentes devotas constantemente retornavam, como um assunto apropriado para os seus cânticos mais exultantes.[8] A razão pela qual o Egito é expresso nas Escrituras sob esta palavra "Raabe" origina-se dos dois significados da palavra: em primeiro lugar, ela significa "força", pois o Egito era uma nação muito forte, e por isso os israelitas foram reprovados ao procurar a sua ajuda e confiar na sua força, que, embora grande, para eles seria apenas uma cana quebrada; em segundo lugar, significa "orgulho", ou os orgulhosos; os homens normalmente se orgulham da sua força, e o Egito, sendo uma nação forte, também era uma nação muito orgulhosa.[9]

Em sexto lugar, *o poder de Deus na criação* (89:11,12). Deus não apenas fundou o mundo, os céus e a terra, mas Ele é o dono de toda a obra criada, de modo que não há um centímetro do universo que não pertença a Deus.

Em sétimo lugar, *o poder do trono de Deus* (89:13,14). O onipotente Deus criador é o mesmo que estabeleceu o seu trono fundamentado na justiça e no direito. Ele se manifesta cheio de graça e de verdade (Jo 1:14).

Em oitavo lugar, *o poder do povo de Deus* (89:15-18). O povo que conhece a Deus e anda na luz de sua presença é um povo forte e feliz, pois a fortaleza e a felicidade do povo de Deus não estão principalmente nas bênçãos de Deus, mas, sobretudo, no Deus das bênçãos.

A promessa divina a Davi e à sua descendência (89:19-37)

Purkiser diz que esta longa passagem é dedicada à promessa de Deus a Davi e à sua descendência. Como Pedro colocou os versículos 3 e 4 em um cenário messiânico (At 2:30), assim Paulo usou o versículo 20 em seu discurso à sinagoga de Antioquia da Pisídia (At 13:22,23). Sua aplicação suprema é para Jesus, o Messias.[10] Vejamos.

Em primeiro lugar, *a escolha de Davi* (89:19-21). Aqui, temos a essência daquilo que Deus revelou a Samuel registrado na declaração famosa: "O Senhor buscou para si um homem que lhe agrade" (1Sm 13:14). Deus tirou Davi do meio do povo, de trás das manadas das ovelhas, para ser um herói nacional. Davi, cognominado de "o servo do Senhor", não foi descoberto pelo povo, mas por Deus, pois o próprio Deus o encontrou e o ungiu com o seu óleo, e também adestrou suas mãos para a batalha e firmou o seu trono. O braço de Deus o fortaleceu, e o Senhor fez cair diante de Davi todos os seus inimigos, de modo que nenhuma arma forjada contra ele prosperou. Concordo com Spurgeon quando diz que esta passagem deve ser relativa, sobretudo, ao Príncipe Emanuel, o qual se tornou "o servo do Senhor" por nós, tendo o Pai encontrado para nós, na sua pessoa, um poderoso libertador.[11]

Em segundo lugar, *as vitórias de Davi* (89:22,23). Deus fez cair diante de Davi todos os seus inimigos. As armas forjadas contra ele não prosperaram, pois o próprio Deus esmagou diante dele os seus adversários e feriu os que o odiavam.

Em terceiro lugar, *as bênçãos prometidas a Davi* (89:24-28). Deus prometeu a Davi que a sua fidelidade e a sua bondade o acompanhariam e em seu nome cresceria o seu poder. Davi alargou as fronteiras do seu reino. Ele reinaria desde o Mediterrâneo até o Eufrates, expresso figuradamente pela sua mão esquerda estendida ao mar e a sua mão direita aos rios.[12] Davi faria de Deus o seu pai e a rocha de sua salvação, e Deus faria dele o seu primogênito, o mais elevado entre os reis da terra. Deus prometeu a Davi conservar para sempre com ele a sua graça e manter sempre firme a sua aliança. É digno de nota que, quando Davi chamou Deus de seu pai, essa declaração não é encontrada em nenhum outro personagem do Antigo Testamento. Spurgeon escreve:

> É assombroso que nós não encontremos, em nenhuma parte do Antigo Testamento, que os patriarcas ou profetas chamassem Deus de seu Pai. Você não os vê dirigindo-se a Ele como Pai: eles não o conheciam como tal. Este versículo 26 é incompreensível com relação a Davi; mas, com relação ao Verdadeiro Davi, é exatamente o que ele disse: "Meu Pai e vosso Pai, meu Deus e vosso Deus" (Jo 20:17). Nunca até que Cristo proferisse estas palavras, nunca até que Ele aparecesse na terra, em humanidade como o Filho de Deus, algum homem ou algum filho da humanidade se dirigiu a Deus desta maneira afetuosa.

Foi somente depois que Cristo disse: "Eu subo para meu Pai e vosso Pai", que os crentes foram capazes de olhar para Deus e dizer: "Abba, Pai". Aqui, portanto, você vê claramente que o texto se aplica a Cristo.[13]

Em quarto lugar, *a perenidade do trono de Davi* (89:29). Deus prometeu a Davi que sua descendência e seu trono durariam para sempre como os dias do céu. Certamente, essa profecia cumpriu-se não em Davi e nos seus filhos imediatos, mas no Filho de Davi, o Messias, o Rei dos reis e o Senhor dos senhores. Nas palavras de Spurgeon, "a semente de Davi continua viva na pessoa do Senhor Jesus, e a semente de Jesus continua viva na pessoa de cada crente, de modo que os santos são uma raça que nem a morte nem o inferno podem matar. Enquanto Deus viver, o seu povo viverá".[14]

Em quinto lugar, *a correção à descendência de Davi* (89:30-32). Deus alerta também que, se a descendência de Davi desprezar sua lei e não andar nos seus juízos, violando os seus preceitos e não guardando os seus mandamentos, suas transgressões seriam punidas com vara e sua iniquidade com açoites.

Em sexto lugar, *a fidelidade de Deus a Davi* (89:33-37). Deus repreende e disciplina aqueles a quem ama (Ap 3:19), porque disciplina não é um rompimento da aliança, mas um chamado aos filhos rebeldes à fidelidade da aliança. Deus promete jamais retirar de Davi a sua bondade nem desmentir sua fidelidade, pois é fiel à sua aliança. E mesmo que sejamos infiéis, Deus permanece fiel, pois não pode negar a si mesmo (2Tm 2:13). Deus reafirma sua promessa de que a posteridade de Davi vai durar para sempre e o seu trono vai durar como o sol na presença de Deus, isto é, o trono de Davi será estabelecido para sempre como a lua e fiel como a testemunha no espaço. Fica evidente que o poeta está olhando para o futuro e vendo o cumprimento dessa promessa no Messias, o Filho de Davi. Spurgeon escreve: "A linhagem de Davi, na pessoa de Jesus, é uma linhagem infindável, e a raça de Jesus, representada pelas sucessivas gerações de crentes, não mostra sinais de interrupção, pois nenhum poder humano ou satânico pode romper a sucessão cristã".[15]

A disciplina de Deus à descendência de Davi (89:38-45)

Há, aqui, um contraste trágico entre a promessa e a perspectiva imediata da disciplina do povo de Deus. Vejamos.

Em primeiro lugar, *a indignação de Deus com o povo da aliança* (89:38,39). Etã faz uma transição da perpetuidade do trono de Davi para a disciplina dos descendentes deste. Reis ímpios e idólatras subiram ao trono, homens maus ostentaram o cetro, e então Deus trouxe às dez tribos do reino do Norte a Assíria e sobre as duas tribos do reino do Sul a Babilônia. A monarquia entrou em colapso. A coroa caiu e o povo da aliança foi subjugado.

Em segundo lugar, *uma invasão avassaladora* (89:40). A cidade de Jerusalém foi sitiada, tomada, arrasada, queimada, destruída; o seu povo foi passado ao fio da espada, e multidões, com a cara rubra de vergonha, foram levadas para um amargo cativeiro.

Em terceiro lugar, *uma pilhagem humilhante* (89:41). Jerusalém não foi apenas arrasada pelos caldeus, mas também saqueada e pilhada pelos edomitas, que covardemente, aproveitaram a desdita dos descendentes de Davi para espoliarem o povo já massacrado pela guerra. Concordo com

Allan Harman quando diz que a linguagem nos versículos 40 e 41 fornece um quadro da destruição de Judá pelos babilônios, de modo que as defesas foram rompidas e os países vizinhos puderam lançar mão de tudo quanto queriam. O povo de Deus tornou-se objeto de zombaria em virtude de ser abandonado por seu Deus.[16]

Em quarto lugar, *uma derrota acachapante* (89:42-45). Etã entende que os inimigos não prevaleceram apenas porque eram superiores aos israelitas, ou seja, não se tratava apenas do engenho militar dos invasores. Na verdade, foi Deus que entregou o seu povo nas mãos de seus inimigos, isto é, Deus os entregou à espada, fez cessar o seu esplendor, derrubou o trono e cobriu seu povo de ignomínia; nisso tudo, os inimigos eram apenas a vara da ira de Deus para disciplinar o seu povo.

O clamor dos descendentes de Davi (89:46-51)

Warren Wiersbe diz que Etã olha para o futuro (89:46-48) e pergunta até quando Senhor? Olha para o passado (89:49) e pergunta o que havia sido feito das benignidades de outrora juradas a Davi? Por fim, olha ao redor (89:50,51) e pede para Deus se lembrar dos seus servos.[17] Destacamos, aqui, seis fatos solenes.

Em primeiro lugar, *a demora de Deus atordoa seu povo* (89:46a). A pergunta pungente, diante da calamidade é: "Até quando, SENHOR?". A demora de Deus parecia atormentar mais o salmista do que a própria calamidade que se abateu sobre o povo.

Em segundo lugar, *a ausência de Deus é perturbadora* (89:46b). O maior problema do salmista não era a presença dos inimigos, mas a ausência de Deus, pois nada fere mais o povo de Deus do que Deus esconder o seu rosto.

Em terceiro lugar, *a ira de Deus é ardente* (89:46c). A ira de Deus contra o seu povo ardia como fogo, mas ela é santa, pois é sua santa repulsa ao mal, visto que Deus não pode deleitar-se com o que afronta sua santidade.

Em quarto lugar, *a brevidade da vida e a inevitabilidade da morte* (89:47,48). Em face do rigor da disciplina divina, o salmista destaca a brevidade da vida humana. Ele não quer morrer antes de ser restaurado e de voltar a deleitar-se em Deus, e não apenas destaca a vulnerabilidade e efemeridade da vida, mas também ressalta a inevitabilidade da morte, ou seja, se a vida é breve, a morte é certa. Nas palavras de Purkiser, "a urgência da petição está baseada na brevidade da vida e na certeza da morte".[18]

Em quinto lugar, *a lembrança nostálgica* (89:49). Etã rememora os tempos áureos da nação e nostalgicamente traz à tona as benignidades do passado, prometidas com juramento a Davi, e anseia pela volta desse tempo balsâmico para sua alma.

Em sexto lugar, *o clamor veemente* (89:50,51). O salmista clama ao Senhor para se lembrar da condição dolorosa em que estavam vivendo. O próprio Etã confessa que estava trazendo no peito a injúria de muitos povos e lembra ao Senhor que os inimigos estavam vilipendiando não apenas o povo, mas também o seu ungido. Allan Harman diz que é possível que os versículos 50 e 51 reflitam o grito da multidão quando Joaquim e os demais foram levados para o cativeiro. É possível que a terra se enchesse de estrangeiros de "todas as nações". Um rei derrotado e cativo não escapava às troças dos inimigos ao ser conduzido à Babilônia.[19]

A doxologia (89:52)

O salmo termina com uma nota de esperança, com um grito de triunfo, com uma doxologia de exaltação ao Senhor: "Bendito seja o SENHOR para sempre! Amém e amém!" (89:52). Assim, encerra-se esse salmo e o terceiro livro do Saltério, como encerraram os dois outros livros (41:13; 72:18,19) e também se encerrarão os dois últimos livros (106:48; 150:1-6).

Derek Kidner diz que a bênção e o duplo amém terminam este terceiro livro do Saltério, no qual o sofrimento nacional desempenhou um papel considerável, numa nota firme de louvor.[20]

Notas

[1] PURKISER, W. T. "O livro de Salmos". In: *Comentário bíblico Beacon*, vol. 3. Rio de Janeiro: CPAD, 2015, p. 249.
[2] KIDNER, Derek. *Salmos 73—150: introdução e comentário*. São Paulo: Vida Nova, 2006, p. 344.
[3] KIDNER, Derek. *Salmos 73—150: introdução e comentário*, p. 344.
[4] SPURGEON, Charles H. *Os tesouros de Davi*, vol. 2. Rio de Janeiro: CPAD, 2018, p. 640.
[5] PURKISER, W. T. "O livro de Salmos", p. 250.
[6] SPURGEON, Charles H. *Os tesouros de Davi*, vol. 2, p. 641.
[7] HARMAN, Allan. *Salmos*. São Paulo: Cultura Cristã, 2011, p. 322.
[8] SPURGEON, Charles H. *Os tesouros de Davi*, vol. 2, p. 644.
[9] Ibidem, p. 663.
[10] PURKISER, W. T. "O livro de Salmos", p. 251.
[11] SPURGEON, Charles H. *Os tesouros de Davi*, vol. 2, p. 647.
[12] Ibidem, p. 667.
[13] Ibidem, p. 667.
[14] Ibidem, p. 649.
[15] Ibidem, p. 651.
[16] HARMAN, Allan. *Salmos*, p. 325.

[17] WIERSBE, Warren W. *Comentário bíblico expositivo*, vol. 3. São Paulo: Geográfica, 2006, p. 240.
[18] PURKISER, W. T. "O livro de Salmos", p. 252.
[19] HARMAN, Allan. *Salmos*, p. 326.
[20] KIDNER, Derek. *Salmos 73—150: introdução e comentário*, p. 349.

LIVRO 4
(Salmos 90—106)

Capítulo 89

A eternidade de Deus e a efemeridade do homem

(Sl 90:1-17)

O SALMO 90 ABRE o quarto livro do Saltério, sendo este também o mais antigo dos salmos. O Livro 4 é o mais breve dos cinco livros identificados nos salmos. Dos seus 17 salmos, apenas sete trazem algum tipo de título. O livro contém um grupo conhecido como "Os salmos acerca do Sábado" (Sl 90-99) em virtude do seu uso na sinagoga, e "um para um dia comum" (Sl 100). Os salmos 105 e 106 são importantes salmos históricos. A maior parte dos diferentes tipos de salmos está incluída nesse livro, com uma forte inclinação para os salmos de culto e adoração.[1]

O salmo 90 foi o único atribuído a Moisés, homem de Deus e poderoso em palavras e obras. Ele era um profeta escolhido por Deus, inspirado por Deus, fiel a Deus e honrado por Deus. Allan Harman diz que, em linguagem, esse salmo tem muitas semelhanças com o Pentateuco, os livros escritos por Moisés, especialmente o livro de Deuteronômio.[2]

Esse salmo é uma das pérolas mais preciosas do Saltério, tanto que alguns estudiosos o consideram a mais sublime das composições humanas, o mais profundo com relação aos sentimentos, o mais imponente na concepção teológica e o mais magnificente na descrição de imagens.[3]

Derek Kidner diz que, no Livro 4, Deus é chamado predominantemente de *Yahweh* (o Senhor). A maioria destes salmos é anônima, porém, o salmo 90 é atribuído a Moisés e os salmos 101 e 103 são atribuídos a Davi.[4]

Esse salmo, de forma magistral, fala-nos sobre a eternidade de Deus e a transitoriedade do homem. Warren Wiersbe aborda esse salmo dizendo que somos viajantes e Deus é nosso lar (90:1,2); somos aprendizes e a vida é nossa escola (90:3-12); somos cristãos e o futuro é nosso aliado (90:13-17).[5] Cinco verdades emanam desse salmo.

A eternidade de Deus e a mortalidade do homem (90:1-4)

Destacamos quatro verdades preciosas aqui.

Em primeiro lugar, *Deus, o refúgio eterno do seu povo* (90:1). "Senhor, tu tens sido o nosso refúgio, de geração em geração". Moisés diz que Deus foi, é e será nosso refúgio. Ele tem sido refúgio do seu povo de geração em geração. Os homens surgem, vivem, morrem e passam, mas Deus continua sendo refúgio para aquela, para esta e para as futuras gerações, pois é o mesmo no passado, no presente e no futuro.

Deus não é apenas o amparo do seu povo, mas também sua habitação. O peregrinos encontram nele o seu verdadeiro lar, e nele encontramos abrigo, conforto e proteção. Se as raposas têm o seu covil, e as aves do céu, ninhos, temos Deus como nossa morada. Concordo com Spurgeon quando diz que nós não mudamos nossa residência. Os palácios dos reis desapareceram debaixo da esmagadora mão do tempo, foram queimados com fogo e enterrados debaixo de montes de ruínas, mas a raça imperial do céu jamais perdeu a sua régia habitação. Onde habitaram nossos pais, há cem gerações, também nós habitamos.[6] A morada da igreja é a mesma em todos os tempos, e nossa alma só se sente em casa, quando está em Deus. O próprio Moisés, autor desse salmo, escreveu: "O Deus eterno é a tua habitação e, por baixo de ti, estende os braços eternos..." (Dt 33:27). Allan Harman diz que Deus é o nosso lar, lar que nos oferece todo conforto e segurança, que faltariam a um mero refúgio.[7]

Em segundo lugar, *Deus, aquele que preexiste à criação* (90:2). "Antes que os montes nascessem e se formassem a terra e o mundo, de eternidade a eternidade, tu és Deus". Deus já existia quando nada ainda existia. Deus preexiste à criação do universo. Só Ele é eterno. Antes que os montes nascessem e se formassem a terra e o mundo, de eternidade a eternidade, Ele é Deus. Nas palavras de Spurgeon, "os montes para Ele, ainda que grisalhos pela neve dos séculos, são apenas bebês recém-nascidos, coisinhas jovens cujo nascimento foi apenas ontem, novidades de uma hora atrás".[8] A vida dos homens está em suas mãos, pois Ele é quem a todos dá a vida e só Ele tem o direito de tirar a vida. Como

Deus é eterno, para Ele mil anos é como o dia de ontem que se foi e como a vigília da noite que se passou.

Em terceiro lugar, *o homem, este mortal* (90:3). "Tu reduzes o homem ao pó e dizes: Tornai, filhos dos homens". Derek Kidner diz que a ideia de "tornar" se refere à maldição pronunciada contra Adão (Gn 3:19). [9]O homem foi feito do pó, é pó e voltará ao pó. O homem não é o que é, mas o que foi e o que há de ser. Só Deus pode dizer, "EU SOU O QUE SOU". Porque o homem foi pó e voltará ao pó, e hoje também é pó. É Deus quem reduz o homem ao pó e ordena que volte ao pó. Deus soprou nas narinas do homem e ele se tornou pó levantado, mas, agora, Deus determina ao homem que volte ao pó, e então o homem que é pó levantado morre e se torna pó caído.

Em quarto lugar, *Deus, este atemporal* (90:4). "Pois mil anos, aos teus olhos, são como o dia de ontem que se foi e como a vigília da noite". O tempo não é uma limitação para Deus.[10] Um milênio é um longo tempo para o homem, tempo suficiente para impérios se levantarem e caírem, para dinastias surgirem e desaparecerem, para sistemas de filosofias humanas surgirem no horizonte e desaparecerem nas brumas do tempo. Porém, para Deus, mil anos é como o dia de ontem que se foi ou mesmo como uma quarta parte da noite, uma vigília (a noite era dividida em quatro vigílias). Nas palavras de Spurgeon, "para Deus mil anos não forma sequer uma noite inteira, mas somente um breve parte dela".[11]

A transitoriedade da vida humana (90:5,6)

A cena desse salmo é o deserto do Sinai. Já fazia anos que os espias haviam dado o seu relatório negativo, e, assim, o povo perambulava no deserto, mas sem progresso, num exercício fútil. A cada manhã, Moisés recebia informações de mortes e mais mortes — obituários eram os itens mais comuns das notícias que chegavam a ele. O deserto era um grande cemitério, e, sempre que se deslocavam de um lugar para outro, deixavam para trás sepulturas.[12] Saíram do Egito 600 mil homens, além de mulheres e crianças — estima-se uma multidão de dois milhões de pessoas. Nesses quarenta anos de perambulação pelo deserto, todos morreram, exceto Josué e Calebe. Destacamos aqui duas verdades solenes.

Em primeiro lugar, *a fragilidade da vida humana* (90:5a). "Tu os arrastas na torrente...". O homem é como uma casa velha, arrancada pela fúria das águas que se arremessam contra ela, como um tsunami. O homem é arrastado na torrente das adversidades, pois não tem raiz nem um fundamento sólido que o segure. Em suma, é totalmente vulnerável, absolutamente frágil e inegavelmente incapaz. O Senhor remove pela morte as sucessivas gerações dos homens; em outras palavras, como um furacão varre as nuvens do céu, Deus remove os filhos dos homens.

Em segundo lugar, *a brevidade da vida* (90:5b,6). "[...] são como um sono, como a relva que floresce de madrugada; de madrugada, viceja e floresce; à tarde, murcha e seca". O homem é comparado ao sono e à relva. O sono é passageiro, pois sua duração é breve, assim como a vida humana. Já os estágios da relva são fugazes, e, assim como a erva é verde pela manhã e feno à noite, também os homens passam da saúde à corrupção em poucas horas. Nós não somos cedros nem carvalhos, mas erva. Se Deus é eterno, o homem é mortal. O homem é totalmente dependente de Deus: depende dele para nascer, para viver e para morrer.

O Senhor o leva como um frágil objeto arrastado numa torrente; seus dias são breves como um sono e seu vigor, passageiro como uma flor que de madrugada viceja e floresce, mas à tarde murcha e seca.

A pecaminosidade do homem (90:7,8)

Moisés assim declara: "Pois somos consumidos pela tua ira e pelo teu furor, conturbados. Diante de ti puseste as nossas iniquidades e sob a luz do teu rosto os nossos pecados ocultos" (90:7,8). Como já destacamos, toda aquela geração que saiu do Egito morreu no deserto, exceto dois homens, Josué e Calebe. Porque o salário do pecado é a morte, aquela multidão morreu no deserto por causa de sua rebeldia contra Deus — eles provocaram a ira de Deus. Os sinos da morte tocavam dia após dia, anunciando a ira de Deus contra um povo rebelde, de dura cerviz.

Houve muitas manifestações da ira de Deus contra seu povo nos dias de Moisés, e contra o próprio Moisés (Dt 1:37; 4:21). É indubitável que o homem não é apenas vulnerável e mortal; é, também, pecador. Porque o pecado é maligníssimo e uma afronta a Deus, o homem é consumido e perturbado pela ira de Deus.

Purkiser tem razão em dizer que a brevidade da vida é acentuada pelo fato de que o pecado a trouxe para debaixo da nuvem da ira de Deus.[13] Spurgeon diz que nenhum fogo consome como a ira de Deus e nenhuma angústia perturba tanto o coração como o seu furor.[14] As iniquidades dos homens são expostas diante de Deus e até seus pecados ocultos são manifestos aos seus olhos. Não há segredos para Deus, ou seja, aquilo que é feito às escondidas na terra é um escândalo público no céu.

A vulnerabilidade do homem (90:9-12)

Destacamos aqui quatro verdades solenes.

Em primeiro lugar, *a turbulenta e breve vida humana* (90:9). "Pois todos os nossos dias se passam na tua ira; acabam-se os nossos anos como um breve pensamento". Os dias do homem são turbulentos e seus anos acabam-se como um breve pensamento. Spurgeon, falando da saga do povo israelita perambulando no deserto, diz que a justiça divina encurtou os dias do Israel rebelde; cada lugar onde paravam se tornava um cemitério; eles marcaram a sua marcha pelos túmulos que deixavam para trás, e, por causa da sentença penal, seus dias se secaram e seus anos foram abreviados.[15]

Em segundo lugar, *a expectativa humana* (90:10). "Os dias da nossa vida sobem a setenta anos ou, em havendo vigor, a oitenta; neste caso, o melhor deles é canseira e enfado, porque tudo passa rapidamente, e nós voamos". A velhice chega rápido e, nesses anos, chegam também a canseira e o enfado. Nem bem o homem pousa seus pés na terra e já voa para a eternidade. Hoje, não encaramos a morte como uma tragédia, mas Cristo arrancou o aguilhão da morte, matou a morte e inaugurou a imortalidade, de modo que, para o cristão, morrer é lucro (Fp 1:21). Morrer é partir para estar com Cristo, o que é incomparavelmente melhor (Fp 1:23), e é também deixar o corpo e habitar com o Senhor (2Co 5:8). Resumindo, morrer é uma bem-aventurança (Ap 14:13).

Em terceiro lugar, *o incognoscível poder da ira divina* (90:11). "Quem conhece o poder da tua ira? E a tua cólera, segundo o temor que te é devido?". A ira de Deus é um assunto ausente dos púlpitos, pois os pregadores modernos evitam falar desse tema constrangedor; porém, a Palavra de Deus não o esconde. Nesses corredios dias de sua vida, o homem peca contra Deus e suscita a sua ira. Nos seus dias, Moisés lidou com a manifestação da ira de Deus e suas consequências: ele via homens morrendo à sua volta; vivia entre funerais e assombrado com os terríveis resultados do descontentamento divino. Warren Wiersbe alerta: "Ninguém gosta de pensar na ira de Deus, mas cada registro de óbito no jornal é uma lembrança de que "o salário do pecado é a morte".[16]

Em quarto lugar, *a pedagogia da vida humana* (90:12). "Ensina-nos a contar os nossos dias, para que alcancemos coração sábio". O homem sabe contar as estrelas, mas precisa de sabedoria para contar os seus dias, pois a vida é muito curta para vivermos sem um coração sábio. Contar os nossos dias é mensurá-los, comparando-os com o trabalho a ser realizado, com a provisão a ser armazenada para a eternidade, com a preparação a ser feita para a morte e com a precaução a ser tomada para o juízo. É estimar a vida humana pelos propósitos aos quais ela deve ser aplicada, pela eternidade à qual ela deve conduzir e na qual ela será, por fim, absorvida.[17] Warren Wiersbe diz que somos aprendizes e a vida é nossa escola. A escola da vida é uma preparação para a eternidade com Deus e, sem Ele, não podemos aprender nossas lições, passar nas provas e progredir do jardim da infância para a pós-graduação.[18] Concordo com Allan Harman quando diz que, aqui, "contar" significa algo muito mais que mera matemática: é um acesso espiritual para nossa vida humana, e especialmente para nossa efêmera existência terrena. O resultado final de tal contagem é que sejamos capazes de levar a Deus, como nossa oferenda, um coração de sabedoria.[19]

A súplica do homem (90:13-17)

Moisés foi um intercessor e muitas vezes se colocou na brecha da intercessão em favor do povo. Agora, está ele, mais uma vez, intercedendo em favor da nação, como veremos a seguir.

Em primeiro lugar, *uma súplica por compaixão* (90:13). "Volta-te, Senhor! Até quando? Tem compaixão dos teus servos". Moisés, cônscio de sua mortalidade, pecaminosidade e transitoriedade, clama pela misericórdia divina. No versículo 3, Deus deu uma ordem ao homem: "Tornai, filhos dos homens". Agora, no versículo 13 é o homem que está rogando a Deus: "Volta-te, Senhor! Até quando?". O salmista não reivindica direitos, mas suplica por compaixão.

Em segundo lugar, *uma súplica por satisfação* (90:14). "Sacia-nos de manhã com a tua benignidade, para que cantemos de júbilo e nos alegremos todos os nossos dias". O mais profundo anseio do homem é por satisfação, porém, Deus colocou a eternidade no coração do homem, e nada daquilo que é temporal pode satisfazê-lo, ou seja, o homem criado à imagem e semelhança de Deus só encontra satisfação em Deus, e o único alimento satisfatório para o povo de Deus é a benevolência de Deus. O salmista sente necessidade de ser saciado a cada manhã com a benignidade de Deus, a fim de cantar de júbilo ao Senhor e alegrar-se durante seus breves dias sobre a terra, consciente de que a alegria não está nos banquetes requintados do mundo, mas na presença de Deus (16:11).

Em terceiro lugar, *uma súplica por troca radical* (90:15). "Alegra-nos por tantos dias quanto nos tens afligido, por tantos anos quantos suportamos a adversidade". O poeta roga a Deus para alegrá-lo na mesma proporção e pelo mesmo tempo que foi afligido por Ele. Anseia pela alegria na mesma medida que suportou a adversidade. Nas palavras de Spurgeon:

> ninguém consegue alegrar o coração como Tu, ó Senhor! Por isso, assim como nos deixaste tristes, deleita-te em deixar-nos alegres. Enche o outro prato da balança. Distribui proporcionalmente as tuas dispensações. Dá-nos o Cordeiro, uma vez que nos deste as ervas amargas. Torna nossos dias tão longos como nossas noites".[20]

Concordo com Derek Kidner quando diz que o Novo Testamento ultrapassará a modesta oração deste versículo para alegrias que contrabalançam as tristezas ao prometer "eterno peso de glória, acima de toda comparação" (2Co 4:17).[21]

Em quarto lugar, *uma súplica pela manifestação da glória de Deus* (90:16). "Aos teus servos apareçam as tuas obras, e a seus filhos, a tua glória". Moisés clama para que as obras de Deus apareçam a seus servos e a glória de Deus apareça aos seus filhos, e anseia ardentemente pela manifestação da glória de Deus.

Em quinto lugar, *uma súplica pela bênção de Deus* (90:17). "Seja sobre nós a graça do Senhor, nosso Deus; confirma sobre nós as obras das nossas mãos, sim, confirma a obra das nossas mãos". Clama, por fim, que as obras de Deus apareçam a seus servos e a glória de Deus apareça aos seus filhos. Ele anseia ardentemente pela manifestação da graça de Deus e suplica ao Senhor para confirmar as obras de suas mãos. Moisés está convencido acerca da onipotência de Deus contrastada com a fragilidade humana, da eternidade de Deus contrastada com a transitoriedade humana.

Ele inicia esse salmo com uma declaração e o conclui com uma súplica, mostrando que só o Deus que tem sido refúgio de geração em geração pode valer-nos e atender nosso clamor, e também que nele está a nossa esperança e que Ele é o nosso refúgio desde agora e para sempre.

William MacDonald diz que, tradicionalmente, o salmo 90 tem sido o texto favorito usado nos funerais cristãos, e isso faz sentido, porque o texto destaca a vulnerabilidade e a efemeridade da vida humana. Porém, esse salmo não traz o bálsamo do conforto assegurado na era do Novo Testamento, uma vez que, para o cristão, o viver é Cristo e o morrer é lucro (Fp 1:21). Morrer é partir para estar com Cristo, o que é incomparavelmente melhor (Fp 1:23). É deixar o corpo e habitar com o Senhor (2Co 5:8). Assim, a sombria perspectiva desse salmo pode ser substituída pela alegria da esperança cristã (1Ts 4:13-18). O aguilhão da morte foi arrancado, e a morte foi vencida e tragada pela vitória. Jesus matou a morte e inaugurou a imortalidade, de modo que o cristão pode cantar, porque a morte não tem a última palavra (1Co 15:1-58).[22]

Notas

[1] Purkiser, W. T. "O livro de Salmos". In: *Comentário bíblico Beacon*, vol. 3. Rio de Janeiro: CPAD, 2015, p. 253.
[2] Harman, Allan. *Salmos*. São Paulo: Cultura Cristã, 2011, p. 327.
[3] Purkiser, W. T. "O livro de Salmos", p. 253.
[4] Kidner, Derek. *Salmos 73—150: introdução e comentário*. São Paulo: Vida Nova, 2006, p. 350.
[5] Wiersbe, Warren W. *Comentário bíblico expositivo*, vol. 3. São Paulo: Geográfica, 2006, p. 241-243.
[6] Spurgeon, Charles H. *Os tesouros de Davi*, vol. 2. Rio de Janeiro:

CPAD, 2018, p. 683.
[7] HARMAN, Allan. *Salmos*, p. 327.
[8] SPURGEON, Charles H. *Os tesouros de Davi*, vol. 2, p. 683.
[9] KIDNER, Derek. *Salmos 73—150: introdução e comentário*, p. 351.
[10] PURKISER, W. T. "O livro de Salmos", p. 254.
[11] SPURGEON, Charles H. *Os tesouros de Davi*, vol. 2, p. 684.
[12] MACDONALD, William. Believer's Bible Commentary. Westmont: IVP Academic, 1995, p. 688.
[13] PURKISER, W. T. "O livro de Salmos", p. 254.
[14] SPURGEON, Charles H. *Os tesouros de Davi*, vol. 2, p. 686.
[15] Ibidem, p. 686.
[16] WIERSBE, Warren W. *Comentário bíblico expositivo*, vol. 3, p. 242.
[17] SPURGEON, Charles H. *Os tesouros de Davi*, vol. 2, p. 708.
[18] WIERSBE, Warren W. *Comentário bíblico expositivo*, vol. 3, p. 242.
[19] HARMAN, Allan. *Salmos*, p. 329.
[20] SPURGEON, Charles H. *Os tesouros de Davi*, vol. 2, p. 689.
[21] KIDNER, Derek. *Salmos 73—150: introdução e comentário*, p. 354.
[22] MACDONALD, William. Believer's Bible Commentary, p. 689.

Capítulo 90

O poderoso livramento de Deus

(Sl 91:1-16)

O SALMO 90 FALOU do homem pecador secando debaixo da ira de Deus. O salmo 91, porém, nos fala de um homem que é capaz de pisar o leão e a áspide. As imagens desse salmo parecem, em parte, obtidas daquela noite de Páscoa, quando o Anjo destruidor passou pelo Egito; nesse mesmo momento, os israelitas fiéis e obedientes foram protegidos por Deus.[1]

O salmo 91 não tem título nem sabemos ao certo o seu autor ou a data em que foi escrito, mas é o texto clássico do livramento divino. Nas palavras de Derek Kidner, "este é um salmo para tempos de perigo, para quando estamos expostos ou cercados, ou quando desafiamos a potência do mal".[2] Charles Swindoll diz que este é um salmo de guerra. Descreve um campo de batalha, porque transmite uma atmosfera do ataque inimigo diário e opressivo.[3] Muitos usam esse salmo de forma mística, sem qualquer proveito espiritual, colocando-o aberto na sala de estar, como se esse ato afugentasse os espíritos malignos e protegesse a família dos males que nos espreitam. Longe de lançar mãos desses expedientes sincréditos, devemos nos deter nas promessas de Deus aqui exaradas. Não há um salmo mais alegre no Saltério. Myer Pearlman diz que o salmo 91 é a versão antiga da convicção triunfante: "Se Deus é por nós, quem será contra nós?" (Rm 8:31).[4] Mas quais são os privilégios que temos em Deus?

Deus, a nossa morada segura (91:1-4)

Quatro verdades preciosas são destacadas aqui.

Em primeiro lugar, *temos uma habitação plenamente segura* (91:1,2). "O que habita no esconderijo do Altíssimo e descansa à sombra do Onipotente diz ao Senhor: Meu refúgio e meu baluarte, Deus meu, em quem confio". Rico ou pobre, doutor ou analfabeto, aristocrata ou plebeu, jovem ou velho, enfim, todos os que habitam no esconderijo do Altíssimo e descansam à sombra do Onipotente estão seguros. Habitamos no esconderijo do Altíssimo e descansamos sob a sua sombra. A palavra "habitar" é a tradução da palavra hebraica *yashav,* que quer dizer "permanecer; já a palavra "esconderijo", *sathar,* significa "abrigo, esconderijo secreto". Um grupo de soldados, surpreendidos atrás das linhas do inimigo, precisa encontrar um lugar para descansar, um lugar que esteja escondido e, portanto, a salvo do

O poderoso livramento de Deus

inimigo. Nesse sentido, o Senhor é descrito como o nosso refúgio, onde podemos encontrar segurança e descanso.[5] Charles Swindoll esclarece que "refúgio" é um lugar de descanso, mas "fortaleza" é um lugar de defesa.[6]

Warren Wiersbe diz que o lugar mais seguro da terra é uma sombra, se essa sombra for a do Deus Onipotente.[7] O próprio Deus é o nosso refúgio, o nosso baluarte, a nossa torre de proteção, e estamos nele, guardados por Ele, portanto, Ele nos cobre por todos os lados. O esconderijo é um lugar seguro para onde fugimos para nos proteger dos perigos.

Spurgeon diz que nenhum refúgio pode ser imaginado como comparável à proteção da própria sombra do Senhor, pois, se o pássaro foge para o bosque e a raposa corre para a sua toca, cada criatura usa o seu refúgio na hora do perigo; do mesmo modo, em todo perigo devemos correr para o Senhor, o Eterno protetor do seus. Deus não é apenas esconderijo (lugar secreto), mas é também refúgio e baluarte, uma torre de proteção, e Ele está para nós no lugar de muralhas e baluartes. As nossas defesas desafiam os exércitos do inferno coligados, e muros não podem manter a pestilência do lado de fora; mas o Senhor pode.[8]

Charles Swindoll destaca que o salmo 91 foi escrito para "os que habitam", isto é, permanecem. Ele não promete salvação e proteção a todos, mas aos que permanecem — aqueles que obtêm diariamente a sua força do seu Senhor, conservando uma intimidade de comunhão e proximidade com Ele.[9]

Em segundo lugar, *temos livramento das armadilhas escondidas do caminho* (91:3a). "Pois te livrará do laço do passarinheiro...". Charles Swindoll diz que os dois primeiros versículos do salmo 91 retratam o caráter fiel de Deus, ao passo que os versículos 3 e 4 descrevem o que Deus faz.[10] O laço do passarinheiro é uma armadilha para laçar os pés, é algo em que nos enredamos, algo enganosamente atraente. Trata-se de uma metáfora para os enredos que poderiam complicar nossos negócios (Sl 140:1-5) ou comprometer a nossa lealdade (Sl 119:110).

Nessa armadilha, há uma isca aparentemente vantajosa que atrai o pássaro, mas, quando ele voa para ela em busca de algo que lhe ofereça vantagem e prazer, descobre que foi aprisionado. Deus é quem livra os nossos pés da queda e nos afasta dessas armadilhas de morte. Spurgeon está correto em dizer que nós somos tolos e fracos, como pobres pássaros, e somos muito propensos a ser atraídos à nossa destruição por adversários ardilosos; mas, se habitarmos em Deus, Ele garantirá que o mais talentoso enganador não nos enganará.[11]

Nessa mesma toada, Myer Pearlman diz que, como passarinhos estultos e fracos, deixamos que Satanás nos atraia para as suas armadilhas. Paulo declarou: "… não ignoramos os seus desígnios" (2Co 2:11). Deus é Espírito e pode nos proteger de espíritos maus; Deus, cujos caminhos são misteriosos, pode nos proteger de perigos misteriosos; Deus, que é imortal, pode nos livrar de doenças mortais. Em outras palavras, não há limites para o poder protetor da fé, mas a promessa é dirigida àqueles que habitam no esconderijo do Altíssimo, e não àqueles que fazem raras visitas a Ele.[12]

Em terceiro lugar, *temos livramento da peste perniciosa* (91:3b). "[…] e da peste perniciosa". A peste perniciosa é uma personificação poética que aponta para uma doença endêmica que assola e mata, uma pandemia devastadora que vem como uma onda poderosa, como um tsunami. Nenhum castelo, por mais seguro, a mantém do lado de fora; ou seja, somente Deus pode nos livrar dessa onda de morte, somente Ele pode nos proteger dos perigos invisíveis que nos rodeiam. No ano de 2020, o mundo foi assolado pela pandemia do coronavírus; milhões de pessoas foram infectadas e mais de dois milhões de pessoas morreram. Com isso, os pilares de sustentação da sociedade ficaram abalados; os poderes econômico, científico e tecnológico ficaram impotentes diante do avanço insopitável da doença; e os recursos humanos tornaram-se ineficazes para debelar de pronto o mal que assolou as nações. Spurgeon alerta para o fato de que existe, também, uma pestilência mortal do erro, e nós estaremos a salvo se habitarmos em comunhão com o Deus da verdade; existe uma pestilência fatal de pecado, e nós não seremos infectados por ela se habitarmos com aquele que é três vezes santo.[13]

Em quarto lugar, *temos uma proteção amorosa e eficaz* (91:4). "Cobrir-te-á com suas penas, e, sob suas asas, estarás seguro; a sua verdade é pavês e escudo". Tanto Salmos 36:7 como Salmos 57:1 mencionam a proteção que temos sob as asas do nosso Senhor. Quando uma galinha percebe a chegada de uma tempestade, chama seus pintinhos e os protege debaixo de suas asas. Deus, sendo Onipotente, ao ver as rajadas de vento e os perigos tenebrosos nos encurralando, nos atrai para debaixo de suas asas, onde encontramos proteção e segurança, de modo que, quando andamos na sua verdade, temos um escudo suficientemente poderoso para nos livrar de todos os dardos inflamados do maligno. Derek Kidner diz que "pavês" e "escudo" representam, respectivamente, a proteção que era grande e estática e a que era pequena e móvel.[14] Charles Swindoll diz que a palavra hebraica para "escudo" indica uma barreira de proteção que é suficientemente grande para proteger o soldado de uma chuva de flechas.[15]

Deus, o nosso protetor incomparável (91:5-13)

Destacamos aqui cinco verdades preciosas.

Em primeiro lugar, *temos livramento dos terrores que assaltam nossa alma* (91:5). "Não te assustarás do terror noturno; nem da seta que voa de dia". O medo é um inimigo terrível. É mais do que um sentimento, é um espírito atormentador (2Tm 1:7). O terror noturno fala daqueles medos que nos assaltam a alma. São os medos que brotam do coração atormentado e sobem da alma angustiada. Nessas horas de escuridão, é Deus quem nos livra de atentarmos contra a nossa própria vida e nos livra não apenas dos perigos invisíveis nas caladas da noite, mas também nos livra das ameaças reais que tentam nos atingir, como setas cheias de veneno, na correria da vida diurna. Somos frágeis e vulneráveis, e noite e dia estamos em perigo. Porém, não há seta que possa destruir os justos, pois o Senhor disse: "Toda arma forjada contra ti não prosperará" (Is 54:17).

Em segundo lugar, *temos livramento dos perigos visíveis e invisíveis* (91:6). "Nem da peste que se propaga nas trevas, nem da mortandade que assola ao meio-dia". Há pestes que se propagam nas trevas e há mortandades que assolam ao meio-dia. Somos impotentes para enfrentar ambos os perigos, portanto, nenhuma posição social pode nos blindar e nenhum conhecimento, por mais robusto, pode nos proteger. Somente Deus pode nos guardar desses perigos reais, mas tantas vezes invisíveis. Fomes, guerras e pestilências podem matar, terremotos podem destruir. Nas palavras de Allan Harman, "as pragas repentinas de enfermidade não devem causar terror, mesmo quando atingem proporções epidêmicas".[16] O crente, embora frágil, agasalha-se sob as asas do Onipotente e ali encontra segurança. Às vezes somos libertos da morte; outras vezes na morte, porém, se vivemos para o Senhor, vivemos; se morremos para o Senhor, morremos (Rm 14:8). Quer vivendo ou morrendo, estamos no Senhor, somos do Senhor e reinaremos com o Senhor.

Em terceiro lugar, *temos um livramento singular* (91:7,8). "Caiam mil ao teu lado, e dez mil à tua direita; tu não serás atingido. Somente com os teus olhos contemplarás e verás o castigo dos ímpios". Allan Harman diz que o uso de um mil e dez mil, em frases paralelas, é típico da poesia hebraica (Jz 20:10; 1Sm 18:7; Sl 144:13). Não importa quantos caiam ante os ataques dos inimigos ou das enfermidades, o salmista assegura a seus leitores que Deus os guardará em segurança. Serão expectadores dos juízos divinos contra os perversos, e não eles próprios como participantes.[17] Na verdade, ninguém tem autoridade para tocar no servo de Deus sem a licença dele. Aqueles que buscam abrigo em Deus veem a morte assolando ao seu lado, mas são preservados milagrosamente por Ele da foice da morte. Nas palavras de Spurgeon, "o nosso Deus salva os seus escolhidos mesmo entre os mortos, entre as sepulturas [...] o poder de Deus pode nos levar para perto do perigo e, ainda assim, nos manter longe dos danos".[18] A nossa vitória não decorre das nossas forças nem das nossas estratégias; vem de Deus!

Em quarto lugar, *temos nossa casa protegida de toda praga* (91:9,10). "Pois disseste: O Senhor é o meu refúgio. Fizeste do Altíssimo a tua morada. Nenhum mal te sucederá, praga nenhuma chegará à tua tenda". Quando fazemos de Deus a nossa morada, Deus vem morar em nossa casa, protegendo-nos de todo mal e de toda praga. Os homens maus podem até urdir contra nós e lançar sobre nós suas maldições, mas essas imprecações venenosas não chegam à nossa tenda, porque Deus nos livra de todas elas. Concordo com Spurgeon quando diz que não importa se a nossa morada é a barraca de um cigano ou o palácio de um monarca, pois, se a nossa alma fizer do Altíssimo a sua habitação, praga nenhuma nos atingirá,[19] pois Deus é poderoso para nos livrar dos perigos (90:9,10), nos perigos (Jó 5:19,20) e pelos perigos (Jn 1:17;2:10). Nas palavras de Spurgeon, "não há veneno para o qual a Providência não saiba como fabricar um antídoto".[20]

Em quinto lugar, *temos a escolta dos anjos em nosso favor* (91:11-13). "Porque aos seus anjos dará ordens a teu respeito, para que te guardem em todos os teus caminhos. Eles te sustentarão nas suas mãos, para não tropeçares nalguma pedra. Pisarás o leão e a áspide, calcarás aos pés o leãozinho e a serpente". Deus prometeu enviar auxílio angelical, pois precisamos de ajuda sobrenatural quando lidamos com inimigos sobrenaturais; sendo assim, como sentinelas silenciosas, os anjos montam guarda sobre os que buscam refúgio no Senhor. O texto, porém, não está falando de anjo da guarda, como alguns imaginam; a referência aqui diz respeito a todos os anjos, que são ministros de Deus e trabalham em nosso favor. São guarda-costas dos príncipes do sangue imperial do céu, e, sob as ordens divinas, eles nos guardam e nos livram; eles são incumbidos pelo próprio Deus para garantir que os eleitos estejam protegidos. Os anjos são fortes, sábios, diligentes e amorosos, e um anjo armado com o poder e a glória de Deus é mais forte que um exército. Quando andamos em todos os caminhos de Deus, os anjos nos sustentam e nos livram de tropeços.

Concordo com Spurgeon quando diz que não é o caminho do crente sair do seu caminho; em vez disso, ele se conserva no caminho e, então, os anjos o guardam.[21] Esta passagem foi usada por Satanás para tentar Jesus no deserto, mas, como o adversário é um falso intérprete das Escrituras, ele [22]subtraiu esta parte do versículo "em todos os teus caminhos" (91:11). Subtrair ou acrescentar algo à Palavra de Deus é usá-la para tentar, e não para edificar. Warren Wiersbe escreve: "Se o Pai tivesse ordenado que Jesus saltasse do alto do templo, os anjos teriam guardado Jesus, mas saltar sem ordem do Pai teria sido arrogância, e não fé, e isso seria o mesmo que tentar o Pai".

Se andarmos em todos os caminhos de Deus, mesmo que as víboras mais sutis e venenosas como a áspide nos ataquem ou mesmo que os leões ferozes, com seus rugidos apavorantes nos ameacem, seremos guardados pelos anjos de Deus e prevaleceremos, e os inimigos mais fortes e os mais astutos serão vencidos (Lc 10:19). Myer Pearlman destaca que o leão simboliza aqui todos os inimigos conhecidos, abertos e violentos; a serpente simboliza todos os inimigos secretos e traiçoeiros. O inimigo mais poderoso e mais peçonhento nas suas tramas será vencido pelo homem de Deus.[23]

É digno de nota que tanto o leão como a serpente são símbolos de Satanás, mas a Escritura diz: "E o Deus da paz, em breve, esmagará debaixo dos vossos pés a Satanás" (Rm 16:20). O texto, portanto, nos fala não apenas de proteção, mas de triunfo, ou seja, saímos desse campo de batalha não apenas protegidos, mas vitoriosos. Nas palavras de Derek

Kidner, "os servos de Deus não saem dessa batalha meramente como sobreviventes, mas, sobretudo, como vencedores, que calcam aos pés os inimigos mortíferos".[24]

Deus, o nosso abençoador amado (91:14-16)

Purkiser diz que o próprio Deus fala nos três últimos versículos e acrescenta sua garantia à promessa do poeta.[25] Vejamos.

Em primeiro lugar, *livramento* (91:14). "Porque a mim se apegou com amor, eu o livrarei; pô-lo-ei a salvo, porque conhece o meu nome". O salmista deixa de falar acerca de Deus, e agora o próprio Deus é quem toma a palavra para falar acerca do salmista. Este apegou-se a Deus com amor, o conheceu na intimidade (91:14) e o invocou (91:15). O amor por Deus é a marca que distingue aqueles aos quais o Senhor protege do mal. Aqueles que conhecem a Deus na intimidade são os que desfrutam do livramento divino. Allan Harman destaca que o verbo "amar", usado aqui (heb *chashaq*), não é o verbo hebraico mais comum para "amar". Ele denota profunda afeição e é usado para a atitude divina para com Israel (Dt 7:7; 10:15). Se alguém nutre um genuíno amor por Deus, então este promete guardá-lo e protegê-lo.[26]

Em segundo lugar, *resposta às orações* (91:15a). "Ele me invocará, e eu lhe responderei…". Aqueles que invocam a Deus são ouvidos e atendidos por Ele. Spurgeon diz, corretamente, que a bênção não virá aos mais favorecidos sem oração; mas por meio da oração eles receberão todas as boas coisas.[27]

Em terceiro lugar, *consolo na angústia* (91:15b). "[…] na sua angústia eu estarei com ele…". Os herdeiros do céu são conscientes de uma presença divina especial em períodos de severas provações,[28] pois o consolo divino nunca falta àqueles que amam a Deus, deleitam-se nele e invocam o seu nome.

Em quarto lugar, *maior honra depois das dificuldades* (91:15c). "[...] livrá-lo-ei e o glorificarei". Aqueles que honram a Deus são honrados por Ele (1Sm 2:30). Os servos de Deus saem das provas não humilhados, mas exaltados, pois Deus não apenas os livra, mas também os glorifica.

Em quinto lugar, *longevidade* (91:16a). "Saciá-lo-ei com longevidade...". Essa promessa não significa apenas vida longa sobre a terra, mas vida de completude. Muitos completam sua carreira independentemente de morrerem jovens ou velhos, pois longevidade não é apenas quantidade, mas, sobretudo, qualidade de vida.

Em sexto lugar, *salvação plena* (91:16b). "[...] e lhe mostrarei a minha salvação". Aquele que ama a Deus, apega-se a Ele e o invoca, entrará no descanso de Deus e desfrutará da plenitude da salvação, entrando no reino da glória pelas portas.

Notas

[1] SPURGEON, Charles H. *Os tesouros de Davi*, vol. 2. Rio de Janeiro: CPAD, 2018, p. 725.
[2] KIDNER, Derek. *Salmos 73—150: introdução e comentário*. São Paulo: Vida Nova, 2006, p. 354.
[3] SWINDOLL, Charles R. Vivendo Salmos. Rio de Janeiro: CPAD, 2018, p. 179.
[4] PEARLMAN, Myer. *Salmos*. Rio de Janeiro: CPAD, 1977, p. 99.
[5] SWINDOLL, Charles R. Vivendo Salmos, p. 181.
[6] Ibidem, p. 182.
[7] WIERSBE, Warren W. *Comentário bíblico expositivo*, vol. 3. São Paulo: Geográfica, 2006, p. 244.

8 Spurgeon, Charles H. *Os tesouros de Davi*, vol. 2, p. 717,718.
9 Swindoll, Charles R. Vivendo Salmos, p. 181.
10 Ibidem, p. 183.
11 Spurgeon, Charles H. *Os tesouros de Davi*, vol. 2, p. 718.
12 Pearlman, Myer. *Salmos*, p. 100.
13 Spurgeon, Charles H. *Os tesouros de Davi*, vol. 2, p. 719.
14 Kidner, Derek. *Salmos 73—150: introdução e comentário*, p. 355.
15 Swindoll, Charles R. Vivendo Salmos, p. 184.
16 Harman, Allan. *Salmos*. São Paulo: Cultura Cristã, 2011, p. 331.
17 Harman, Allan. *Salmos*, p. 331.
18 Spurgeon, Charles H. *Os tesouros de Davi*, vol. 2, p. 721,7311
19 Ibidem, p. 722.
20 Ibidem, p. 735.
21 Spurgeon, Charles H. *Os tesouros de Davi*, vol. 2, p 723.
22 Wiersbe, Warren W. *Comentário bíblico expositivo*, vol. 3, p. 245.
23 Pearlman, Myer. *Salmos*, p. 101.
24 Kidner, Derek. *Salmos 73—150: introdução e comentário*, p. 355.
25 Purkiser, W. T. "O livro de Salmos", p. 256.
26 Harman, Allan. *Salmos*, p. 332.
27 Spurgeon, Charles H. *Os tesouros de Davi*, vol. 2, p. 724.
28 Ibidem, p. 724.

Capítulo 91

Deus, o motivo do louvor do seu povo

(Sl 92:1-15)

O SALMO 92 É um hino de gratidão. Seu autor e o tempo de sua composição não são declarados, mas esse salmo foi usado, como nenhum outro, na adoração pública, nas festividades do sábado. O sábado do Antigo Testamento era um dia não somente para o descanso, mas também para o culto público (Lv 23:3), que visava a ser um deleite, em vez de um fardo. Era um teste da fé e da lealdade em contradistinção com a atração dos próprios interesses (Am 8:5; Is 58:13,14).[1]

O tema principal desse salmo é o governo soberano de Deus, de acordo com o versículo 8. A designação *Yahweh*

(Javé/Senhor), o nome de Deus na aliança, é usada sete vezes; *Eliom* (Altíssimo) aparece no versículo 1 e *Elohim*, no versículo 13.[2] Purkiser diz que este é um salmo sapiencial que trata em termos amplos do problema levantado no livro de Jó e nos salmos 37, 49 e 73. Aqui, no entanto, o salmista não tem dúvidas quanto à solução, pois o triunfo seguro da justiça final é motivo de louvor contínuo.[3]

Seguirei a sugestão homilética de Wiersbe nos três argumentos principais: um povo que adora (92:1-5), um povo que conquista (92:6-11) e um povo que floresce (92:12-15).[4]

Um povo que adora (92:1-5)

Cinco verdades preciosas são destacadas aqui.

Em primeiro lugar, *a natureza do louvor ao Senhor* (92:1). "Bom é render graças ao SENHOR e cantar louvores ao teu nome, ó Altíssimo". A gratidão é a música que emana da alma contente e satisfeita em Deus. O Altíssimo é digno de receber os louvores que sobem do nosso coração e brotam dos nossos lábios. Spurgeon diz que dar graças a Deus e cantar louvores ao seu nome é bom eticamente, pois é o direito do Senhor; é bom emocionalmente, pois é agradável ao coração; é bom praticamente, pois faz com que os outros prestem a Deus a mesma homenagem.[5] Louvar por si só é mais nobre e perfeito do que uma petição, porque, na petição, frequentemente o nosso próprio bem é considerado, mas, no louvor, apenas a honra de Deus.[6] O canto é a música da natureza: os montes cantam (Is 44:23), os vales cantam (Sl 65:13), as árvores do bosque cantam (1Cr 16:33). Também os santos de Deus que estão na terra cantam (92:1), os anjos do céu cantam (Ap 5:11,12) e o santos que já estão na glória cantam (Ap 15:3).

Em segundo lugar, *o tempo do louvor ao Senhor* (92:2). "Anunciar de manhã a tua misericórdia e, durante as noites, a tua fidelidade". Nunca é cedo demais para recordarmos as misericórdias divinas, e nunca é tarde demais para contabilizarmos sua fidelidade. Concordo com Spurgeon quando diz que noites nubladas ou sem nuvens, com luar ou escuras, calmas ou tempestuosas são igualmente adequadas para um cântico sobre a fidelidade de Deus, uma vez que em todas as épocas, e sob todas as circunstâncias, ela permanece a mesma e é o sustentáculo da consolação do crente.[7]

Em terceiro lugar, *a forma do louvor ao Senhor* (92:3). "Com instrumentos de dez cordas, com Saltério e com a solenidade da harpa". O salmista agrega à sua voz os instrumentos de cordas na solenidade dessa música de louvor a Deus, ou seja, instrumentos e vozes se unem no louvor a Deus.

Em quarto lugar, *o motivo do louvor ao Senhor* (92:4). "Pois me alegraste, Senhor, com os teus feitos; exultarei nas obras das tuas mãos". Os feitos de Deus na criação, na providência e na redenção devem encher nossa alma de alegria, pois temos sobejos motivos para exultar nas portentosas obras das mãos divinas

Em quinto lugar, *a admiração que produz o louvor ao Senhor* (92:5). "Quão grandes, Senhor, são as tuas obras! Os teus pensamentos, que profundos!". O salmista está extasiado com a grandeza das obras de Deus e com a profundidade de seus pensamentos. Ele está completamente perplexo com a inescrutabilidade dos pensamentos divinos, que são mais altos do que os nossos. Como escreve Spurgeon: "O homem é superficial, Deus é inescrutável; o homem é raso, Deus é profundo. Por mais que mergulhemos, jamais compreenderemos, a fundo, o plano misterioso ou esgotaremos a sabedoria sem limites da mente abrangente do Senhor (Is 40:13,14; Rm 11:33-26)".[8]

Um povo que conquista (92:6-11)

Destacamos, aqui, quatro fatos solenes.

Em primeiro lugar, *a incapacidade do ímpio* (92:6). "O inepto não compreende, e o estulto não percebe isto". O salmista não está tratando aqui de incapacidade intelectual, mas de depravação moral. O Diabo cegou o entendimento dos incrédulos (2Co 4:4), que têm olhos, mas não veem; tem ouvidos, mas não ouvem; têm coração, mas não percebem a grandeza de Deus e suas obras — em resumo, o homem natural não discerne as coisas espirituais.

Em segundo lugar, *a aparente prosperidade do ímpio e sua eterna destruição* (92:7). "Ainda que os ímpios brotam como a erva, e florescem todos os que praticam a iniquidade, nada obstante, serão destruídos para sempre". Os ímpios são muito numerosos; eles florescerem como erva, crescem como cogumelo e proliferam-se rapidamente. Nas palavras de Spurgeon, "a grandeza e a glória são, para eles, apenas o prelúdio da sua destruição".[9] Aqueles que praticam a iniquidade parecem em franca vantagem em relação aos justos, uma vez que, quando estão no seu pleno vigor, são ceifados pela foice do juízo e destruídos para sempre.

Em terceiro lugar, *a majestade eterna de Deus* (92:8). "Tu, porém, Senhor, és o Altíssimo eternamente". O ímpio tem uma glória efêmera e transitória, mas a majestade de Deus jamais será abalada, pois Ele é o Altíssimo eternamente e ninguém pode destroná-lo. Assim escreve Spurgeon:

Este é o versículo do meio do salmo, e o grande fato que este cântico de sábado pretende ilustrar. Deus é, ao mesmo tempo, o mais supremo e o mais permanente de todos os seres. Outros ascendem para cair, mas Ele é o Altíssimo por toda a eternidade. Glória ao seu nome! Que Deus grande nós adoramos! Quem não temeria, ó Deus Altíssimo e Eterno! Os profanos são destruídos para sempre, e Deus é o Altíssimo para sempre; o mal é destruído, e o Santo reina, supremo, eternamente.[10]

Em quarto lugar, *o contraste entre o ímpio e o justo* (92:9-11). "Eis que os teus inimigos, SENHOR, eis que os teus inimigos perecerão; serão dispersos todos os que praticam a iniquidade. Porém tu exaltas o meu poder como o do boi selvagem; derramas sobre mim o óleo fresco. Os meus olhos veem com alegria os inimigos que me espreitam e os meus ouvidos se satisfazem em ouvir dos malfeitores que contra mim se levantam". Na mesma medida que os inimigos de Deus perecem e são dispersos todos os que praticam a iniquidade, Deus exalta o poder do seu povo, com fortalecimento, vigor e honra, ungindo-o com o óleo fresco. Os inimigos de Deus levantam-se também contra o povo de Deus, mas, em vez de estes serem derrotados, são eles que contemplam a derrocada daqueles.

Um povo que floresce (92:12-15)

Allan Harman diz que a distinção entre os perversos e os justos está bem clara. Enquanto os perversos caminham para a destruição ou para a dispersão, os justos terão um futuro seguro plantados pelo Senhor em sua própria casa e, assim, estarão seguros para sempre (92:12,13). A palmeira e o cedro são usados aqui como símbolos dos justos.[11] Vejamos.

Em primeiro lugar, *o justo floresce como a palmeira* (92:12a). "O justo florescerá como a palmeira". É bem provável que o escritor esteja falando da tamareira, pois é a árvore mais conhecida na região e uma das primeiras fontes de renda na agricultura. Mas que lições podemos aprender?

Primeira, *o justo cresce verticalmente*. A tamareira cresce para cima, para o alto, para o céu. Assim é o justo, pois sua vida é reta e cresce verticalmente, e isso fala de sua retidão e integridade. O justo não tem em seu caráter sinuosidades, pois sua vida é reta, sua conduta é ilibada, seu testemunho é irrepreensível e seu crescimento é para o alto!

Segunda, *o justo tem uma vida útil*. Tudo na tamareira é útil. Suas raízes, seu caule, suas folhas e seus frutos. Assim é o justo, tendo em vista que sua vida é uma bênção para a família e para a sociedade, sua presença no mundo é abençoadora, suas palavras são terapêuticas e suas obras são marcadas pela bondade, e também seus frutos são doces e nutritivos.

Terceira, *o justo tem uma vida bela aos olhos de Deus e dos homens*. A palmeira ou a tamareira enfeita o ambiente hostil onde cresce. No meio do deserto, ela desfralda suas folhas robustas; no meio da seca severa, ela mantem seu verdor, pois sua folhagem não murcha nem perde a sua beleza. Assim é o justo: é belo aos olhos de Deus e seu testemunho é reconhecido na terra.

Quarta, *o justo mantém-se firme mesmo em tempos de duras provas*. A tamareira cresce no deserto, floresce em lugares áridos, frutifica em ambientes hostis. Suas raízes são castigadas pelo tropel de camelos e feras, seu caule e suas folhas são surradas por rajadas dos ventos quentes do deserto, e seus frutos suculentos são amadurecidos sob o calor implacável, imposto pelo sol causticante. Assim é o justo, que, mesmo sendo duramente provado, permanece firme, pois está plantado em Deus, é sustentado por Deus e frutifica para a glória de Deus.

Quinta, *o justo produz frutos que exaltam a Deus e abençoam o próximo*. As tâmaras são apreciadas no mundo inteiro, pois se trata de um fruto doce, nutritivo e nobre. É um dos mais importantes produtos da agricultura de Israel e um importante fator da economia da região árida do deserto da Judeia. O justo produz, também, frutos dignos de arrependimento — o fruto do Espírito pode ser encontrado em sua vida; em outras palavras, não tem apenas folhas, mas frutos, muitos frutos que glorificam a Deus e abençoam o próximo.

Sexta, *o justo aponta para a verdadeira fonte da vida*. Onde o viajante, cansado por causa dos desertos áridos, vislumbra uma tamareira, sabe que ali existe um oásis, lugar de abrigo e refrigério; ou seja, a tamareira é um ponto de referência no meio do deserto inóspito. Assim é o justo: ele é plantado junto à fonte, e sua vida aponta para Deus, o verdadeiro manancial da vida, de modo que aqueles que andam errantes pelos desertos da vida olham para ele e podem encontrar a fonte da vida, um lugar de abrigo sob as asas do Onipotente Deus.

Sétima, *o justo é vitorioso em sua jornada*. A folha da palmeira ou da tamareira é um símbolo de vitória. Quando erguida e acionada, como uma bandeira no mastro, ela proclama a vitória daqueles que a ostentam. Assim é a vida do justo, que é mais do que vencedor em Cristo; porém, sua vitória não decorre de sua beleza intrínseca nem de sua força pessoal, mas vem de Deus. Apesar de sua fraqueza, ele triunfa; apesar de seu pecado, é justificado pela fé; e, apesar de habitar numa tenda rota, será revestido com um corpo de glória! O justo florescerá como a palmeira!

Em segundo lugar, *o justo cresce como o cedro do Líbano* (92:12b). "[...] e crescerá como o cedro no Líbano". Se a palmeira era útil pelos seus frutos, o cedro do Líbano era útil pela sua madeira nobre. Ele tinha raízes profundas, caule robusto e galhos abundantes, por isso é um símbolo do justo pela sua firmeza, beleza e utilidade.

Em terceiro lugar, *o justo está plantado e floresce na casa de Deus* (92:13). "Plantados na Casa do SENHOR, florescerão nos átrios do nosso Deus". O justo não está plantado nos lugares lodacentos, mas na Casa do Senhor, por isso não floresce nos antros do pecado, mas nos átrios do nosso Deus.

Em quarto lugar, *o justo terá uma velhice frutífera* (92:14). "Na velhice darão ainda frutos, serão cheios de seiva e de verdor". A velhice não é a idade de ouro, como alguns a descrevem (Sl 90:10). Concordo com Derek Kidner quando diz que o "verdor" aqui não é o verdor da perpétua juventude; pelo contrário, é o frescor da velhice sem esterilidade, como a de Moisés: "não se lhe escureceram os olhos, nem se lhe abateu o vigor" (Dt 34:7); sua sabedoria era madura e sua memória, rica além de todo o cálculo. É um quadro que as doenças físicas e mentais muitas vezes podem limitar severamente, mas que oferece um padrão de perseverança espiritual, para o nosso encorajamento e, possivelmente, para a nossa repreensão.[12]

O apóstolo Paulo, em sua velhice (Fm 9), não deixou herança material; apenas cicatrizes. Não ajuntou riquezas na terra, mas acumulou rico tesouro no céu. Não pautou sua vida pela busca de conforto pessoal, mas doou-se, sem reservas, para que o evangelho chegasse a todos os gentios, e, mesmo suportando solidão, abandono, traição, privação e ingratidão no final da vida, não fechou as cortinas de sua história com amargura na alma, e sim com um cântico de exaltação a Cristo em seus lábios.

A velhice, conforme a avaliação do grande evangelista Billy Graham, não é para os fracos. Chegar à velhice é um privilégio, mas as rugas nem sempre são um sinal de vitória, pois muitos acumulam apenas anos e chegam diante de Deus de mãos vazias, com o coração cheio de remorso pelas oportunidades perdidas. Muitos investem apenas em si mesmos e não fazem qualquer semeadura para abençoar outras pessoas. Outros chegam não com as cicatrizes do sofrimento pelo evangelho, mas com os troféus de palha que conquistaram para a sua própria promoção. A velhice de Paulo não o livrou da prisão, mas suas cãs inspiram ainda hoje multidões a andarem com Deus; suas cicatrizes custaram-lhe gemidos e lágrimas, mas motivam milhares ainda hoje a dar sua vida por Cristo; e seu legado não matricula os homens na escola do enriquecimento, mas estimula uma vasta multidão a não considerar a vida preciosa para si mesma, e sim a completar a carreira que recebeu do Senhor Jesus para testemunhar o evangelho da graça de Deus. Que Deus nos ajude a semear na vida com exultação ou mesmo com lágrimas, para que, na velhice, possamos nos apresentar diante de Deus, trazendo em nossas mãos farturosos feixes!

Em quinto lugar, *o justo é uma testemunha do Senhor* (92:15). "Para anunciar que o Senhor é reto. Ele é a minha rocha, e nele não há injustiça". Termino citando Warren Wiersbe, o qual destaca que podemos mudar à medida que envelhecemos, mas o Senhor nunca muda. Ele é a nossa rocha, e sua vontade é perfeita, de modo que não devemos nos queixar.[13] O salmista, até o final de sua vida, tem como propósito anunciar a retidão do Senhor, pois Ele é sua rocha e nele não há qualquer vestígio de injustiça.

NOTAS

[1] KIDNER, Derek. *Salmos 73—150: introdução e comentário*. São Paulo: Vida Nova, 2006, p. 356.
[2] WIERSBE, Warren W. *Comentário bíblico expositivo*, vol. 3. São Paulo: Geográfica, 2006, p. 245.
[3] PURKISER, W. T. "O livro de Salmos". In: *Comentário bíblico Beacon*, vol. 3. Rio de Janeiro: CPAD, 2015, p. 257.
[4] WIERSBE, Warren W. *Comentário bíblico expositivo*, vol. 3, p. 245,246.
[5] SPURGEON, Charles H. *Os tesouros de Davi*, vol. 2. Rio de Janeiro: CPAD, 2018, p. 751.
[6] SPURGEON, Charles H. *Os tesouros de Davi*, vol. 2, p. 756.
[7] Ibidem, p. 751.
[8] Ibidem, p. 752,753.
[9] Ibidem, p. 753.
[10] SPURGEON, Charles H. *Os tesouros de Davi*, vol. 2, p. 753.
[11] HARMAN, Allan. *Salmos*. São Paulo: Cultura Cristã, 2011, p. 334.
[12] KIDNER, Derek. *Salmos 73—150: introdução e comentário*, p. 359.
[13] WIERSBE, Warren W. *Comentário bíblico expositivo*, vol. 3, p. 246.

Capítulo 92

O majestoso reinado do Senhor

(Sl 93:1-5)

Esse salmo, que não tem título nem autor definido, começa uma série na salmodia sobre o reinado do Senhor (93—100). Esse é o salmo da soberania onipotente.[1] Allan Harman diz que este é o primeiro de um grupo de salmos que tratam do Rei celestial que é muitíssimo superior a qualquer monarca terreno e que governa soberanamente sobre o mundo inteiro. Não há poder na natureza ou nos homens que possa desafiá-lo.[2] Concordo com Derek Kidner quando diz que a expressão "Reina o Senhor" tem a forma de uma proclamação, mais do que uma declaração desvinculada do tempo, como a de Salmos 95:3.[3]

Warren Wiersbe diz que é possível que o salmo 93 tenha sido escrito por um dos levitas que voltaram a Judá com o remanescente judeu depois do exílio na Babilônia. Os medos e os persas derrotaram os babilônios em 539 a.C., e, no ano seguinte, Ciro, o novo rei, deu permissão aos judeus para voltar à sua terra, reconstruir o templo e restaurar a nação.[4] Embora Israel estivesse sem rei no trono da terra, tinha a convicção do seu Rei supremo, no trono do céu. Como o céu governa a terra, o povo está seguro do cuidado divino.

Nesta mesma toada, Purkiser diz que, na época em que homens e nações olhavam para a causa do Deus de Israel como definhando na derrota do exílio, o Senhor afirmava seu poder de novamente trazer de volta um remanescente para a sua Terra Prometida.[5]

O reinado majestoso (93:1a)

Destacamos, aqui, duas preciosas verdades.

Em primeiro lugar, *o rei entronizado absoluto* (93:1a). "Reina o SENHOR...". O Rei celestial não foi entronizado por uma corte humana nem recebeu seu poder delegado pelos súditos. Seu reinado é inerente, autoimposto, independente, absoluto. Ele está assentado num alto e sublime trono e é o soberano do universo; é Ele quem levanta reinos e abate reinos, que entroniza reis e os faz descer do trono. Foi Ele quem entregou Judá nas mãos dos caldeus e quem entregou os caldeus nas mãos dos medo-persas, e foi Ele quem entregou seu povo nas mãos dos povos estrangeiros para o disciplinar, e é Ele quem restaura o seu povo à sua terra e também quem faz todas as coisas conforme o conselho de sua vontade (Ef 1:11). Concordo com Warren

Wiersbe quando diz que "não importa o que venha a acontecer aos governantes da terra, o trono do céu é inabalável".[6] Spurgeon escreveu o seguinte:

> Qualquer oposição que possa surgir, o seu trono não se abala; ELE REINOU, Ele reina, e reinará para todo o sempre. Qualquer que seja a agitação e rebelião que possa haver sob as nuvens, o Rei eterno se assenta sobre tudo, em suprema serenidade; e em todas as partes. Todas as coisas são ordenadas de acordo com seus propósitos eternos.[7]

Em segundo lugar, *o rei revestido de majestade* (93:1b). "[...] revestiu-se de majestade...". Assim como os reis terrenos ostentavam vestes reais, o Rei celestial é revestido de majestade. Ele não usa emblemas de majestade como os reis terrenos, mas é revestido da própria majestade. Nas palavras de Spurgeon, "nele não há semelhança, mas a realidade da soberania".[8]

O reinado poderoso (93:1b)

Duas verdades benditas são aqui destacadas.

Em primeiro lugar, *o rei revestido de poder* (93:1c). "[...] de poder se revestiu o SENHOR e se cingiu". Os reis da terra, por mais poderosos, são limitados quanto ao tempo, quanto ao caráter e quanto ao poder. Eles ascendem ao poder e apeam do poder; sobem ao trono cheios de vigor e são despejados pela morte; e também são monarcas falíveis e sujeitos a falhas, por isso o poder que ostentam é limitado. Porém, o Senhor é onipotente e faz todas as coisas conforme o conselho de sua vontade. Os seus planos não podem ser frustrados, pois Ele não tem apenas poder, mas todo o poder.

Em segundo lugar, *o rei criador e sustentador do universo* (93:1d). "[...] firmou o mundo, que não vacila". Os reis da terra desfrutam da criação, mas o Rei celestial é o criador, sustentador, provedor e protetor de sua criação, e nele tudo subsiste, pois Ele sustenta todas as coisas pela palavra do seu poder. Derek Kidner destaca que a estabilidade que aqui se contempla não é inerente; o mundo físico é estabelecido ou firmado somente porque "está firme o teu trono" (93:2), e o mundo dos homens apenas tem firmeza à medida em que aquele trono é reconhecido. A humanidade, de si mesma, sempre está em tumulto, conforme o retrato dado (93:3).[9]

O reinado eterno (93:2)

Destacamos, aqui, duas verdades preciosas.

Em primeiro lugar, *a estabilidade do trono* (93:2a). "Desde a antiguidade, está firme o teu trono..." (93:2a). O reinado de Deus vem de um tempo anterior a qualquer data, e seu reino jamais é abalado pela rebelião dos poderosos deste mundo. Em outras palavras, Ele jamais é ameaçado pelos motins da terra, e jamais houve um tempo em que o Rei celestial tenha ficado em apuros; aliás, o Senhor se ri dos que se levantam contra Ele e conspiram contra o seu Ungido (2:4). Nas palavras de Allan Harman, "Deus não carece de assumir o senhorio como um governante terreno, pois seu trono foi estabelecido por toda a eternidade".[10] O próprio Rei é eterno, portanto, inúteis são as rebeliões dos mortais, pois o reino de Deus jamais se abala.

Em segundo lugar, *a eternidade do rei* (93:2b). "[...] tu és desde a eternidade". Não apenas o reino do Senhor é inabalável, mas também o Rei é eterno. Antes que houvesse mundo, Ele já reinava absoluto, e antes que o universo viesse a existir, de eternidade a eternidade Ele é Deus.

O reinado vitorioso (93:3,4)

Destacamos, aqui dois fatos solenes.

Em primeiro lugar, *o levante contra o rei* (93:3). "Levantam os rios, ó Senhor, levantam os rios o seu fragor". Embora este versículo possa ser usado adequadamente para falar sobre a fúria da criação, como os rios levantando o seu fragor, entendo que o contexto se refere não apenas ao controle divino sobre as obras criadas, mas, sobretudo, sobre o levante das nações contra o Rei celestial. Warren Wiersbe tem razão em dizer que as águas tempestuosas e as ondas fragorosas são usadas com frequência como símbolos da ascensão e queda das nações e do alarde dos governantes em suas tentativas de impressionar as pessoas (Sl 46:1-3,6; 60:5; 65:6,7; 74:13,14; Is 17:12,13; 51:15; 60:5; Jr 31:4; 51:42; Dn 7:1-3; Lc 21:25; Ap 13:1; 17:15). Deus usou o rio Eufrates para ilustrar os assírios (Is 8:7,8) e relacionou o Egito ao rio Nilo (Jr 47:7,8).[11] Nessa mesma linha de pensamento, Purkiser diz que "os rios" ou "as águas" representam todas as forças entrincheiradas contra o governo justo do Senhor — nações como o Egito, a Assíria, a Babilônia e as hostes invisíveis do mal que compõem o reino das trevas, os "principados e potestades" dos quais fala o Novo Testamento (Rm 8:38; Ef 1:21; 6:12; Cl 2:15). O salmista vê a ameaça deles mais como barulho do que poder.[12]

Em segundo lugar, *a vitória retumbante do rei* (93:4). "Mas o Senhor nas alturas é mais poderoso do que o bramido das grandes águas, do que os poderosos vagalhões do mar". Não importa quão tempestuosas as nações da terra se tornem, Deus continua impávido, assentado em seu trono, e seus propósitos não são frustrados pelas palavras arrogantes e tolas dos grandes líderes, que, na verdade, não passam de homens feitos de barro. Warren Wiersbe tem razão em afirmar que "não devemos nos concentrar nas ameaças ao nosso redor, mas sim no trono acima de nós" (Sl 29:10; Is 6:1-3; Ap 4—5).[13]

O reinado santo (93:5)

Derek Kidner diz que aqui está a verdadeira glória de Deus, não da mera força, e sim do caráter: dá segurança sem limites e tem exigências totais.[14] Vejamos.

Em primeiro lugar, *a fiel palavra do rei* (93:5a). "Fidelíssimos são os teus testemunhos…". Tendo falado do reino de Deus, agora o salmista mostra que as leis do reino são justas, fiéis e santas.[15] A Palavra de Deus é fiel, atual e poderosa. Ele escreve a história antes de ela acontecer e é mais atual do que os jornais e periódicos publicados toda semana. As promessas de Deus jamais caducam e nunca caem por terra e seus testemunhos são fidelíssimos, pois Ele não faz rascunho de seus planos nem precisa atualizar sua Palavra: ela é verdadeira e fiel.

Em segundo lugar, *a santidade que convém à casa do rei* (93:5b). "[…] à tua casa convém a santidade, SENHOR, para todo o sempre". O templo de Jerusalém foi destruído porque o povo de Judá abandonou a santidade. Agora, o novo templo está sendo erigido e o alerta divino é solene. Convém à Casa de Deus a santidade, e isso para sempre, pois a beleza da santidade (29:2) é o adorno mais esplendoroso de qualquer edifício sagrado, diz corretamente Warren Wiersbe.[16] Purkiser diz que a expressão deste versículo sugere separar a Casa de Deus do que é secular e profano, e caracterizar o povo que adora nela — esse é o moto de muitas igrejas que se propõem a pregar o evangelho maior do que as necessidades mais profundas do coração humano.[17]

Concluímos esse salmo com as palavras de Spurgeon: "Deus reina. Seu poder é sentido. Seu reino é estabelecido. A oposição é vencida. A Palavra é valorizada e a santidade é cultivada".[18]

NOTAS

[1] SPURGEON, Charles H. *Os tesouros de Davi*, vol. 2. Rio de Janeiro: CPAD, 2018, p. 771.
[2] HARMAN, Allan. *Salmos*. São Paulo: Cultura Cristã, 2011, p. 335.
[3] KIDNER, Derek. *Salmos 73—150: introdução e comentário*. São Paulo: Vida Nova, 2006, p. 359.
[4] WIERSBE, Warren W. *Comentário bíblico expositivo*, vol. 3. São Paulo: Geográfica, 2006, p. 247.
[5] PURKISER, W. T. "O livro de Salmos". In: *Comentário bíblico Beacon*, vol. 3. Rio de Janeiro: CPAD, 2015, p. 258.
[6] WIERSBE, Warren W. *Comentário bíblico expositivo*, vol. 3, p. 247.
[7] SPURGEON, Charles H. *Os tesouros de Davi*, vol. 2, p. 771.
[8] Ibidem, p. 772.
[9] KIDNER, Derek. *Salmos 73—150: introdução e comentário*, p. 260.
[10] HARMAN, Allan. *Salmos*, p. 335.
[11] WIERSBE, Warren W. *Comentário bíblico expositivo*, vol. 3, p. 247.
[12] PURKISER, W. T. "O livro de Salmos", p. 258.
[13] WIERSBE, Warren W. *Comentário bíblico expositivo*, vol. 3, p. 247.
[14] KIDNER, Derek. *Salmos 73—150: introdução e comentário*, p. 361.
[15] SPURGEON, Charles H. *Os tesouros de Davi*, vol. 2, p. 778.
[16] WIERSBE, Warren W. *Comentário bíblico expositivo*, vol. 3, p. 247.
[17] PURKISER, W. T. "O livro de Salmos", p. 258.
[18] SPURGEON, Charles H. *Os tesouros de Davi*, vol. 2, p. 779.

Capítulo 93

Um clamor por justiça
(Sl 94:1-23)

O SALMO 94 é anônimo e não sabemos exatamente a data nem as circunstâncias de sua composição. Trata-se de um salmo sapiencial que procura reconciliar as injustiças da vida com a bondade e o poder de Deus.[1] A mensagem desse salmo é um veemente apelo à aplicação da justiça divina em face da clamorosa injustiça dos tribunais terrenos. Os perversos estão oprimindo e até matando os indefesos, como as viúvas, os órfãos e os estrangeiros, e, ainda, escapando dos tribunais terrenos. Eles também escarnecem de Deus, dizendo que Ele não vê suas atrocidades (Sl 94:3-7). Esse salmo é um lembrete da anomalia que constitui a diabrura do homem dentro da ordem moral estabelecida por Deus.[2] Em virtude do exposto, Warren Wiersbe chega a pensar que esse salmo seja o resultado do sofrimento do povo piedoso durante o reinado do perverso rei Manassés (2Rs 21:1-9).[3]

Allan Harman diz que, dentro do grupo de salmos da realeza (93-100), esse salmo é singular, pois constituiu um apelo ao "Juiz da terra" (94:2) para que trate os perversos em conformidade com suas más ações.[4] Purkiser diz que os versículos 1-15 tratam principalmente da nação apelando a Deus por ajuda, enquanto os versículos 16-23 tratam do apelo individual por ajuda.[5] Destacamos algumas verdades solenes na exposição deste poema.

Uma queixa ao justo Juiz (94:1-3)

Três verdades são aqui destacadas.

Em primeiro lugar, *um pedido para Deus se manifestar* (94:1). "Ó SENHOR, Deus das vinganças, ó Deus das vinganças, resplandece". O salmista está alarmado com a escalada da violência que campeia em sua nação, e sua perplexidade é porque a violência procede não dos povos estrangeiros, mas dos perversos da própria nação, que oprimem e matam sem piedade os justos e indefesos, contando com a proteção de cortes engajadas em acobertar seus crimes. Desacreditado da justiça terrena, o salmista clama ao Deus das vinganças para se manifestar e pôr um fim na escada da injustiça. Ele tem plena consciência de que a vingança pertence a Deus, e Ele não a concede a nenhum outro.

Em segundo lugar, *um pedido urgente para o Juiz fazer justiça* (94:2). "Exalta-te, ó juiz da terra; dá o pago aos soberbos". O salmista não está pedindo vingança pessoal, mas reivindicando a glória do próprio nome de Deus, pois o mal não pode continuar sua marcha de fronte erguida.

Se o juiz da terra se levantar, os soberbos receberão a justa e merecida punição de seu erro. Os soberbos, diz Allan Harman, são aqueles que arrogantemente concretizam seus próprios planos às expensas de outros, exaltando-se acima de Deus e dos homens.[6]

Em terceiro lugar, *um pedido para o Senhor agir com pressa* (94:3). "Até quando, Senhor, os perversos, até quando exultarão os perversos?". Os perversos eram organizados na prática do crime. Eles oprimiam e matavam, zombavam de Deus e se vangloriavam de suas façanhas medonhas, e tinham certeza de que não seriam apanhados pela lei. O crime para eles compensava, pois os tribunais eram favoráveis a eles, por isso aqui o salmista está clamando a Deus para colocar um ponto final nessa marcha inglória. Spurgeon diz que muitas vezes essa amarga queixa foi ouvida nas masmorras da Inquisição, nos açoitamentos da escravidão e nas prisões da opressão.[7]

Uma descrição dos pecados dos ímpios arrogantes (94:4-7)

Quatro fatos graves são aqui apontados.

Em primeiro lugar, *o hediondo pecado da língua profana e das mãos iníquas* (94:4). "Proferem impiedades e falam coisas duras; vangloriam-se os que praticam a iniquidade". Os perversos não apenas faziam o mal, mas também falavam impiedades, fazendo jorrar suas gabolices, e sua língua era mais afiada do que a espada e mais venenosa do que a peçonha das serpentes. Eles matavam com as mãos e assassinavam a reputação com a língua, e também tinham orgulho de suas ações e palavras perversas.

Em segundo lugar, *o pecado da opressão ao povo de Deus* (94:5). "Esmagam o teu povo, Senhor, e oprimem a tua herança". Os perversos eram impiedosos com o povo de Deus. Esmagar é oprimir ao máximo. É tirar o oxigênio da esperança. É tirar o nome, a honra, os bens e a vida do próximo. Eles estavam engajados em oprimir a herança de Deus, o remanescente fiel, os servos do Altíssimo.

Em terceiro lugar, *o pecado da violência desmedida aos mais fracos* (94:6). "Matam a viúva e o estrangeiro e aos órfãos assassinam". Os perversos matavam aqueles que não podiam fazer-lhes resistência e tiravam a vida daqueles que precisavam ser assistidos e protegidos por eles — resumindo, eram cruéis e desumanos. É digno de nota que os órfãos, as viúvas e os estrangeiros da terra estavam sob o cuidado especial do Senhor (Sl 68:5,6; 146:9; Êx 22:20-24; Dt 10:18,19). Portanto, persegui-los é perseguir ao próprio Deus.

Em quarto lugar, *o pecado do insulto a Deus* (94:7). "E dizem: O Senhor não o vê; nem disso faz caso o Deus de Jacó". Além de cometer crimes bárbaros, os maus, de forma insolente, ainda zombavam de Deus e faziam a Ele duas acusações pesadas: que Deus nada vê e de que Ele não se importa. A primeira acusação atenta contra a onisciência divina e a segunda, contra o seu caráter justo. Concordo com Derek Kidner quando diz que não há lugar para a suspeita aleijante de que Deus, talvez, seja cego ou de que Ele fechou negócio com as trevas (74:20). Nada alterou o sol nem corrompeu o Juiz: trata-se apenas de uma noite longa (74:1b,2a).[8]

Uma argumentação irrefutável aos estúpidos (94:8-11)

Destacamos quatro fatos importantes.

Em primeiro lugar, *uma chamada de atenção dos perversos* (94:8). "Atendei, ó estúpidos dentre o povo; e vós, insensatos, quando sereis prudentes?". O salmista deixa de descrever os perversos para falar a eles, e sua palavra é contundente, chama a atenção deles, endereçando-lhes palavras nada elogiosas — ele os chama de estúpidos, insensatos e imprudentes.

Em segundo lugar, *uma apologia da grandeza de Deus* (94:9). "O que fez o ouvido, acaso, não ouvirá? E o que formou os olhos será que não enxerga?" O salmista corrige o equívoco deles em relação a Deus, pois zombeteiramente diziam que Deus não via nem se importava com suas ações más. Porém, o autor sagrado mostra que Deus tem seus sentidos aguçados, pois Ele ouve e vê, uma vez que foi ele quem formou os ouvidos e os olhos. Ninguém pode esconder nada do Criador, que tudo conhece e a todos sonda. Portanto, é um estupidez supor que o Criador do ouvido é surdo e aquele que fez o olho é cego.

Em terceiro lugar, *uma defesa da justiça divina* (94:10). "Porventura, quem repreende as nações não há de punir? Aquele que aos homens dá conhecimento não tem sabedoria?". Os homens recebem de Deus conhecimento, mas só Deus é absolutamente sábio. Ele repreende as nações e pune os perversos, portanto, zombar de Deus é tolice consumada, é loucura desmedida, é insensatez desastrosa. Spurgeon diz que, quando o homem se desliga de Deus, ele acaba com a sua humanidade, e desce ao nível do boi e do jumento, ou melhor, abaixo deles, pois "o boi conhece o seu possuidor, e o jumento, a manjedoura do seu dono".[9]

Em quarto lugar, *uma defesa da onisciência divina* (94:11). "O SENHOR conhece os pensamentos do homem, que são pensamentos vãos", e Ele não apenas ouve e vê, mas também sonda. Ele conhece não apenas as palavras e as obras, mas também as intenções do homem, e não apenas conhece os pensamentos do homem, mas sabe que são pensamentos vãos.

Um consolo procedente da disciplina de Deus (94:12-15)

Vejamos a seguir quatro verdades a respeito desse trecho:

Em primeiro lugar, *a disciplina divina é motivo de alegria* (94:12). "Bem-aventurado o homem, SENHOR, a quem tu repreendes, a quem ensinas a tua lei". Deus disciplina a quantos ama. A correção do Senhor é fonte de felicidade, pois abre o caminho para o aprendizado da Palavra de Deus, de modo que aqueles que vivem sem disciplina são bastardos e infelizes, e são quebrados repentinamente, sem que haja cura.

Em segundo lugar, *a disciplina divina traz descanso* (94:13). "Para lhes dares descanso dos dias maus, até que se abra a cova para o ímpio". A disciplina divina produz descanso e é preventiva, pois dá descanso dos dias maus. Derek Kidner diz que, na economia de Deus, a cova que se abre para o ímpio é, em grande medida, escavada pelo próprio ímpio (9:15); e isso não se faz num só dia, nem sem devastação geral.[10]

Em terceiro lugar, *a disciplina de Deus é restauradora* (94:14). "Pois o SENHOR não há de rejeitar o seu povo nem desamparar a sua herança". Mesmo que os servos de Deus sofram por um tempo nas mãos dos perversos, e ainda que a providência seja carrancuda, Deus jamais rejeita seu povo nem desampara a sua herança. No tempo oportuno, Ele providencia o livramento e faz justiça aos oprimidos.

O profeta Samuel deixou essa verdade estampada: "Pois o Senhor, por causa do seu grande nome, não desamparará o seu povo, porque aprouve ao Senhor fazer-vos seu povo" (1Sm 12:22).

Em quarto lugar, *a disciplina divina é aceita pelas pessoas de coração reto* (94:15). "Mas o juízo se converterá em justiça, e segui-la-ão todos os de coração reto".

Uma confiança inabalável no cuidado divino (94:16-19)

Destaquemos quatros pontos aqui.

Em primeiro lugar, *Deus, nosso companheiro* (94:16). "Quem se levantará a meu favor, contra os perversos? Quem estará comigo contra os que praticam a iniquidade?". Deus caminha conosco quando andamos em todos os seus caminhos, e, quando nos posicionamos contra os perversos e iníquos, Ele se levanta para oferecer-nos sua destra.

Em segundo lugar, *Deus, nosso auxílio* (94:17). "Se não fora o auxílio do Senhor, já a minha alma estaria na região do silêncio". O salmista reconhece que já havia passado por duras perseguições e também já tinha sido alvo da fúria dos perversos. Se não fosse o auxílio do Senhor, ele já estaria morto.

Em terceiro lugar, *Deus, o nosso restaurador* (94:18). "Quando eu digo: resvalam-me o pé, a tua benignidade, Senhor, me sustém". Quando o salmista beijou o chão e parecia que tudo estava perdido, a benignidade de Deus o susteve e o levantou.

Em quarto lugar, *Deus, o nosso consolador* (94:19). "Nos muitos cuidados que dentro de mim se multiplicam, as tuas consolações me alegram a alma". A alma do salmista era um campo disputado e seu coração era uma guerra civil ambulante, pois dentro dele concorriam muitos cuidados e muitas preocupações. Na mesma medida que os cuidados se multiplicavam, as consolações divinas alegravam sua alma.

Um julgamento justo executado por Deus (94:20-23)

Nos versículos de 20 a 23 desse salmo, o salmista aborda três verdades solenes, que passo a discorrer.

Em primeiro lugar, *Deus, o justo Juiz, é incorruptível* (94:20,21). "Pode, acaso, associar-se contigo o trono da iniquidade, o qual forja o mal, tendo uma lei por pretexto? Ajuntam-se contra a vida do justo e condenam o sangue inocente". Não pode existir aliança entre os governos corruptos e Deus,[11] pois o trono da iniquidade não tem compromisso com a verdade, não respeita a lei nem promove a justiça, ou seja, está rendido ao esquema do crime, protegendo os poderosos e condenando os fracos, uma vez que inocenta os culpados e condena os inocentes. O trono da iniquidade é um promotor do mal e não um protetor do povo. A lei é torcida para favorecer os interesses inconfessos e heterodoxos dos criminosos. Os juízes são subornados, as sentenças são vendidas, a justiça é comprada e, assim, o mal grassa e a opressão prevalece. O salmista, numa pergunta retórica, indaga: "Pode, acaso, associar-se contigo o trono da iniquidade?". A resposta é um sonoro não. O Juiz de toda a terra (94:2) é incorruptível e insubornável, pois é irrepreensível em seu caráter e justo em suas sentenças, e sua lei jamais é torcida para favorecer os injustos ou negar o direito dos inocentes. Nessa mesma linha de pensamento, Spurgeon diz que há tronos erigidos em oposição ao trono de Deus,[12] e estes violam os direitos civis, atentam contra a liberdade religiosa e obtêm lucros desonestos.

Em segundo lugar, *Deus, o justo Juiz, é o refúgio do seu povo* (94:22). "Mas o Senhor é o meu baluarte e o meu Deus, o rochedo em que me abrigo". O salmista faz parte do povo que está sendo perseguido e oprimido pelos perversos. Os maus estão esmagando o povo de Deus e oprimindo sua herança (94:5); eles matam os indefesos sem que estes lhes façam qualquer resistência (94:6), pois sabem que serão protegidos e inocentados nas cortes, mancomunadas com seus delitos (94:20,21). Agora, não encontrando o amparo justo dos tribunais terrenos, o salmista recorre a Deus, o seu Deus, que lhe serve de baluarte e rochedo, onde se abriga da avassaladora tempestade de perseguição dos perversos. Mesmo que a terra nos seja hostil, os céus nos serão obsequiosos, e mesmo que os homens nos cacem como uma fera persegue sua presa, encontraremos em Deus escape e verdadeiro refúgio.

Em terceiro lugar, *Deus, o justo Juiz, condenará os ímpios* (94:23). "Sobre eles faz recair a sua iniquidade e pela malícia deles próprios os destruirá; o Senhor, nosso Deus, os exterminará". Os injustos tribunais terrenos exigem a existência de um tribunal justo. Aqui, vemos um Herodes no trono e um João Batista na prisão; vemos um Pilatos julgando e Jesus de Nazaré sendo julgado; aqui, facínoras são tidos por beneméritos e inocentes sofrem o rigor da lei. Porém, aqueles que macularam sua toga e jeitosamente favoreceram os criminosos e aqueles que compraram os juízes por robustas somas de dinheiro para acobertar seus crimes terão que encarar o reto Juiz. Tanto os malfeitores quanto os juízes que acobertaram seus crimes sob o manto da lei serão destruídos e exterminados quando Deus fizer cair sobre sua cabeça a violência que impuseram aos inocentes. Aqueles que criaram as leis, torceram as leis e escaparam dos tribunais terrenos jamais escaparão da justiça divina, pois Deus é uma pedra que transforma a arrogância humana em pó, mas também é o castelo forte de proteção para o seu povo. Concordo com Purkiser quando escreve: "Em certo sentido, o pecado é o seu próprio castigo e os pecadores colherão o que semearam (Gl 6:7,8). A justiça de Deus garante a ação de uma lei moral que está embutida na própria natureza do universo".[13] Spurgeon diz que, enquanto o pão roubado está em sua boca, a ira os mata, enquanto o ouro obtido ilicitamente ainda está nas suas tendas, o juízo os alcança, pois o próprio Deus os visita conspicuamente e revela o seu próprio poder no seu ataque.[14]

Allan Harman destaca que o salmo começou com um apelo a Deus por vingança e termina com a certeza de que Deus vingará seu povo, e, por fim, os perversos serão destruídos — ou seja, a esperança cristã permanece a mesma. Deus vingará o sangue de seus servos, e então seu povo redimido dirá: "Aleluia! Porque nosso Senhor Deus Todo-Poderoso reina" (Ap 19:6).[15]

NOTAS

[1] PURKISER, W. T. "O livro de Salmos". In: *Comentário bíblico Beacon*, vol. 3. Rio de Janeiro: CPAD, 2015, p. 259.
[2] PURKISER, W. T. "O livro de Salmos", p. 259.
[3] WIERSBE, Warren W. *Comentário bíblico expositivo*, vol. 3. São Paulo: Geográfica, 2006, p. 248.
[4] HARMAN, Allan. *Salmos*. São Paulo: Cultura Cristã, 2011, p. 336.
[5] PURKISER, W. T. "O livro de Salmos, p. 259.
[6] HARMAN, Allan. *Salmos*, p. 336.

[7] SPURGEON, Charles H. *Os tesouros de Davi*, vol. 2. Rio de Janeiro: CPAD, 2018, p. 782.
[8] KIDNER, Derek. *Salmos 73-150: introdução e comentário*. São Paulo: Vida Nova, 2006, p. 362.
[9] SPURGEON, Charles H. *Os tesouros de Davi*, vol. 2, p. 784.
[10] KIDNER, Derek. *Salmos 73-150: introdução e comentário*, p. 363.
[11] HARMAN, Allan. *Salmos*, p. 338.
[12] SPURGEON, Charles H. *Os tesouros de Davi*, vol. 2, p. 806.
[13] PURKISER, W. T. "O livro de Salmos", p. 260.
[14] SPURGEON, Charles H. *Os tesouros de Davi*, vol. 2, p. 788.
[15] HARMAN, Allan. *Salmos*, p. 338-339.

Capítulo 94

Deus é digno de ser adorado

(Sl 95:1-11)

ESSE É UM SALMO anônimo: nem seu autor nem as circunstâncias em que ele foi escrito são mencionados. Porém, ele é citado na carta aos Hebreus 3:7-19 como uma mensagem do próprio Espírito Santo. A mesma carta aos Hebreus atribui esse salmo a Davi (Hb 4:7). Muito embora o salmo descreva o povo de Israel no deserto, é aplicado à igreja.

O salmo 95 afirma a divindade do Senhor, o seu poder sobre toda a natureza, ao mesmo tempo que faz uma exortação ao povo do Senhor para louvá-lo, adorá-lo e obedecê-lo.

Este poema é um chamado à adoração, bem como uma convocação solene ao povo da aliança para cantar e adorar a Deus, dando-lhe sobejos motivos para fazê-lo, ao mesmo tempo que lhe faz solenes advertências para não se rebelar contra Deus como fez o povo de Israel nos quarenta anos de peregrinação no deserto. A igreja deve prestar atenção ao que aconteceu a Israel (1Co 10:1-13), pois tudo foi escrito para o nosso ensino (Rm 15:4).

Derek Kidner aponta três verdades centrais nesse salmo: regozijo, reverência e resposta.[1] Vamos à exposição.

Regozijo: um convite para louvor ao Senhor (95:1-5)

Destacamos aqui três verdades preciosas.

Em primeiro lugar, *quem deve louvar ao Senhor* (95:1a). "Vinde, cantemos ao S<small>ENHOR</small>...". Esse é um chamado à adoração coletiva; isto é, cada um deve adorar a Deus na intimidade do seu quarto, mas todos devem se reunir, de forma pública, para cantar louvores ao Senhor. O culto pessoal não é um substituto do culto público, pois somos um rebanho, uma família, um corpo. Spurgeon escreve: "Nós o amamos, nós o admiramos, nós o reverenciamos, portanto, expressemos os nossos sentimentos com os sons mais bem escolhidos, usando nossa mais nobre faculdade para este nobre fim".[2]

Em segundo lugar, *como se deve louvar ao Senhor* (95:1b,2). "[...] com júbilo [...]. Saiamos ao seu encontro com ações de graças, vitoriemo-lo com salmos". O culto público precisa ser alegre, vivo, vibrante, cheio de entusiasmo. Devemos saudar a Deus com um entusiasmo desacanhado, dando a Ele uma aclamação apropriada para um rei, pois Ele é o Salvador do seu povo. Devemos nos comportar à altura da ocasião, sem irmos entrando ao léu nos seus átrios, preocupados com outras coisas e apáticos.[3] Nossa alegria em Deus decorre de quem Ele é e do que Ele tem feito. Spurgeon entende que, aqui, provavelmente há uma referência à presença peculiar de Deus no Santo dos Santos, acima do propiciatório, e também da glória que resplandecia na nuvem, que ficava sobre o tabernáculo. Deus está presente em todos os lugares, mas há uma presença peculiar de graça e glória que os homens jamais contemplam sem a mais profunda reverência.[4] Não podemos oferecer um culto morto ao Deus vivo!

Em terceiro lugar, *porque devemos louvar ao Senhor* (95:1c,3-5). "[...] celebremos o Rochedo da nossa salvação [...]. Porque o SENHOR é o Deus supremo e o grande Rei acima de todos os deuses. Nas suas mãos estão as profundezas da terra, e as alturas dos montes lhe pertencem. Dele é o mar, pois Ele o fez; obra de suas mãos, os continentes". Concordo com Purkiser quando diz que o fato de o salmista usar a palavra "deuses" não é uma admissão de politeísmo, mas um reconhecimento de que Deus é supremo sobre todos os poderes e sobre todas as pessoas do universo.[5] Corrobora com essa ideia Allan Harman ao escrever: "A menção de tais deuses não presume sua existência. Não passam de ficções da imaginação humana".[6]

O salmista elenca vários motivos pelos quais devemos louvar ao Senhor.

Primeiro, *Deus é nossa fonte de provisão e proteção* (95:1). Ele é o Rochedo da nossa salvação; é a Rocha permanente, imutável e poderosa; é a Rocha de onde brota a água para nosso sustento e o Rochedo que nos protege do ataque dos inimigos; nele temos provisão e proteção. Nas palavras de

Spurgeon, "o Senhor é a Rocha que acompanha a igreja no deserto, derramando água da vida para uso e consolação da igreja; a Rocha que é a nossa fortaleza contra cada inimigo, sombreando e refrescando uma terra esgotada".[7]

Segundo, *Deus tem majestade incomparável* (95:3). Ele é o Deus supremo e o grande Rei acima de todos os deuses. Os deuses dos povos não passam de ídolos. São obras do laboratório enganoso do coração humano. Mas o nosso Deus é supremo, absoluto, incomparável. Só Ele é Deus e só Ele reina supremo sobre todos.

Terceiro, *Deus é o sustentador da sua criação* (95:4). Ele tem nas suas mãos as profundezas da terra e as alturas dos montes. Ele tudo criou, tudo sustenta e tudo governa. Spurgeon diz que:

> Ele é Deus dos vales e dos montes, das cavernas e dos cumes. Muito abaixo, onde os mineiros afundam seus instrumentos, ainda mais abaixo, onde estão os oceanos secretos que alimentam as fontes, e ainda mais abaixo, nos abismos desconhecidos onde ardem as imensas chamas do centro da terra, ali se sente o poder do Senhor e todas as coisas estão sob o domínio de sua mão [...]. Quando o Sinai estava completamente envolto em fumaça, as tribos souberam que [Yahweh] era Deus dos montes, assim como dos vales. Em todas as partes, e em todos os tempos, isso é verdade; o Senhor governa sobre os lugares altos da terra em solitária majestade.[8]

Quarto, *Deus é o dono das nações* (95:5). O mar foi feito por Ele e é dele. Os continentes que estabelecem limites às nações são obras de suas mãos. Ele criou, controla e governa a natureza e os continentes. Spurgeon diz que:

os mares não foram formados por acaso, nem suas costas marcadas pelo dedo imaginário do destino; Deus criou o homem, e cada riacho, e cada baía, e cada correnteza, e cada maré, reconhecem a mão do grande Criador. Todos saúdam o Criador e o Controlador do mar [...]. Como o oleiro modela o seu barro, também [Yahweh], com suas mãos, modelou os continentes, as partes habitáveis da terra.[9]

Reverência: um convite à adoração ao Senhor (95:6,7a)

Louvar é olhar para o alto, mas adorar significa prostrar-se. Derek Kidner diz, com razão, que a reverência é a nota profunda e básica do culto, sem a qual o som de júbilo da abertura ficará estridente e autocomplacente. Cada um dos três verbos principais do versículo 6 se ocupa em abaixar-se diante de Deus, sendo que a palavra-padrão para "adorar" nas Escrituras significa "prostrar-se".[10] Destacamos aqui, três fatos importantes.

Em primeiro lugar, *quem deve adorar ao Senhor* (95:6a). "Vinde, adoremos...". O povo de Deus é convocado novamente ao culto público, mas agora para adorar ao Senhor. Adoramos ao Senhor por quem Ele é, e seus atributos comunicáveis e incomunicáveis deixam claro que Ele é digno de adoração.

Em segundo lugar, *como se deve adorar ao Senhor* (95:6b). "[...] e prostremo-nos; ajoelhemos diante do SENHOR, que nos criou". A alegria da celebração não está em oposição à postura de reverência. Diante da Majestade, devemos nos prostrar; diante do Rei dos reis devemos nos ajoelhar. Concordo com Spurgeon quando diz que, como suplicantes, devemos vir alegres, mas não presunçosos; familiares, como crianças diante do pai, mas reverentes; como criaturas diante do seu Criador. A postura não é tudo, mas é importante; a oração é ouvida quando os joelhos não se podem curvar, mas parece que um coração que adora deve mostrar sua reverência prostrando o corpo e dobrando os joelhos.[11] Encontramos um clássico exemplo desse ensino bíblico na postura dos magos ao encontrarem Jesus: eles se alegraram com intenso júbilo e imediatamente se prostraram e o adoraram (Mt 2:10,11).

Em terceiro lugar, *porque devemos adorar ao Senhor* (95:6b,7a). "[...] que nos criou. Ele é o nosso Deus, e nós, povo do seu pasto e ovelhas de sua mão...". Deus nos criou, nos salvou e cuida de nós. O autor nos oferece três motivos para adorarmos ao Senhor.

Primeiro, *porque Ele nos criou* (95:6). Não viemos dos símios, por intermédio de uma evolução, mas viemos de Deus, pois Ele nos criou à sua imagem e semelhança.

Segundo, *porque Ele nos salvou* (95:7a). Ele nos amou e nos escolheu antes da eternidade para sermos o seu povo e ovelhas do seu pasto; ou seja, não fomos nós que escolhemos a Deus, foi Ele quem nos escolheu.

Terceiro, *porque Ele cuida de nós* (95:7b). Somos o povo de seu pasto e ovelhas de sua mão. Como ovelhas, somos frágeis, indefesos, dependentes, míopes, rebeldes, mas, assim como um pastor cuida de suas ovelhas, Deus cuida de nós para nos alimentar, nos proteger e nos abençoar.

Resposta: uma exortação a ouvir e obedecer à voz do Senhor (95:7b-11)

Estou de acordo com Derek Kidner quando diz que "escutar" a sua santíssima palavra aqui se apresenta como um dos atos primários da adoração, mas também tem o significado de "obedecer". Assim, o adorador que canta esse salmo recebe a lembrança de que deve perguntar-se como escutará, e será com obediência![12] Warren Wiersbe destaca que Jesus nos admoesta a ouvir (Mt 13:9), a atentar para aquilo que ouvimos (Mc 4:24) e para como ouvimos (Lc 8:18).[13] Concordo com este alerta: "Nunca pense que é cedo demais para você se arrepender, porque você não sabe quando será tarde demais".[14] Vejamos.

Em primeiro lugar, *uma exortação no presente* (95:7b). "[...] hoje, se ouvirdes a sua voz". Deus tem uma voz e ela é poderosa, tanto que faz tremer o deserto e despede chamas de fogo. Deus fala pela sua Palavra, e nós devemos ouvi-la; além disso, hoje é o tempo oportuno de Deus, pois amanhã pode ser tarde demais.

Em segundo lugar, *uma lição do passado* (95:8-11). "Não endureçais o coração, como em Meribá, como no dia de Massá, no deserto, quando vossos pais me tentaram, pondo-me à prova, não obstante terem visto as minhas obras. Durante quarenta anos, estive desgostoso com essa geração e disse: é povo de coração trasviado, não conhece os meus caminhos. Por isso, jurei na minha ira: não entrarão no meu descanso". Derek Kidner diz que *Meribá* e *Massá*, "disputa" e "provação", são dois nomes de localidades que resumem o espírito azedo e cético de Israel na sua viagem pelo deserto e vinculam a crise inicial em Refidim (Êx 17:1-7) com a crise final em Cades, que causou a Moisés a perda da Terra Prometida (Nm 20:1-13). Enquanto, porém, poderíamos ter esperado que a ênfase recaísse sobre *Meribá* e o pecado de disputar com Deus, o versículo 9 retoma o pensamento de *Massá* (provação), com seu padrão de recusar a acreditar na palavra de Deus. Este é o perigo básico:

o "coração mau e descrente", contra o qual Hebreus 3 e 4 ainda acham necessário advertir.[15]

Warren Wiersbe comenta que Israel, depois da murmuração em Refidim (Êx 17:1-7), passou um ano e dois meses no Sinai (Nm 10:11) e, então, partiu para Cades-Barneia, a porta de entrada para Canaã (Nm 13—14). Lá se recusaram a confiar em Deus, a obedecer suas ordens, a entrar na terra e a tomar posse de sua herança. Apesar de todas as maravilhas que haviam visto Deus operar, os israelitas endureceram o coração e se recusaram a fazer a vontade de Deus. O Senhor julgou o povo em Cades-Barneia e determinou que passariam 38 anos no deserto, tempo durante o qual a geração mais velha pereceu — essa foi a mais longa marcha fúnebre do mundo.[16] Deus jurou na sua ira que os israelitas não entrariam na Terra Prometida, e toda aquela geração morreu no deserto, exceto Josué e Calebe.

Nessa mesma linha de pensamento, Allan Harman escreve:

> Toda a desobediência de Israel atingiu seu clímax quando o povo incredulamente se recusou a avançar à conquista de Canaã e quis regressar ao Egito (Nm 14:1-4). Só depois que Moisés implorou a Deus em seu favor foi que o povo pôde ser perdoado (Nm 14:13-20), porém, foi condenado a permanecer no deserto por quarenta anos (Nm 14:34). O juramento (95:11) é feito em Números 14:28-35, onde lemos que o povo jamais entraria na terra. O escritor de Hebreus realça que Josué foi incapaz de dar descanso ao povo. Somente mediante Jesus é que os crentes entram na posse do descanso e podem vislumbrar o último Sábado de repouso no céu (Hb 4:8-10).[17]

Deus é digno de ser adorado

Ao olharmos para a história do povo de Israel no deserto, aprendemos algumas lições solenes.

Primeiro, *cuidado com o coração endurecido* (95:8). Aqueles que tapam os ouvidos à voz de Deus acabam criando uma crosta impermeável no coração, e na mesma medida que deixamos de ouvir a voz de Deus, temos o coração endurecido. Purkiser alerta para o fato de que meros atos externos de adoração sem a sinceridade de coração acabam se tornando um escárnio. Além disso, o verdadeiro descanso em Deus só pode ser o destino daqueles que o adoram "em espírito e em verdade".[18]

Segundo, *cuidado para não colocar Deus à prova* (95:8,9). O povo de Israel, tendo visto tantos milagres na libertação do Egito, ainda fez mais exigências, duvidando, assim, da generosa providência divina. Tentar a Deus é ceder a um obstinado e injustificado desejo de provas de seu poder. Como diz Calvino, "eles insistiam em novas provas mesmo depois que o seu poder já tinha sido amplamente testemunhado por evidências inegáveis".[19]

Terceiro, *cuidado para não provocar a ira de Deus* (95:10a). O povo tentou a Deus e pôs Deus à prova durante quarenta anos. Foram contumazes no erro e perseveraram na desobediência. Em Êxodo 17:1-7, encontramos o primeiro *Meribá* na saída do Egito; em Números 20:10-13, encontramos o segundo *Meribá* na entrada da Terra Prometida. Os dois eventos, um no começo da jornada no deserto e o outro próximo do fim dela, evidenciam a falta de fidelidade do povo durante todo o tempo.[20]

Quarto, *cuidado para não ter um coração trasviado* (95:10b). O povo de Israel não conhecia seu Deus e, por isso, seu coração se desviava a ponto de descrer de Deus.

Spurgeon tem razão em dizer que o coração é a mola principal do homem, então, se ele não estiver em ordem, tudo o mais sai dos eixos.[21]

Quinto, *cuidado para não ultrapassar a linha da paciência de Deus* (95:11). Deus jurou na sua ira que aquele povo incrédulo e rebelde não entraria no seu descanso. Nas palavras de Purkiser, "existem algumas escolhas que não podem ser revertidas. Aqueles que fizeram sua decisão de permanecer no deserto gastaram o restante de sua vida lá, mesmo que mais tarde tenham se arrependido dessa decisão".[22] O descanso no salmo tinha uma aplicação imediata para a terra de Canaã, onde o povo descansaria de suas peregrinações, mas, conforme a aplicação do Novo Testamento, o descanso vai além de qualquer coisa que Josué conquistou. O verdadeiro descanso é a participação do descanso sabático do próprio Deus, desfrutando de sua obra completa, não meramente da criação como também da redenção.[23]

Em terceiro lugar, *uma aplicação para o futuro* (Hb 3 e 4). O autor aos Hebreus usa o juízo que Deus trouxe aos israelitas no deserto para aplicar aos cristãos que estavam claudicando na fé. Purkiser diz que o cerne do salmo é uma advertência contra a infidelidade com base na rebelião dos antepassados no deserto. Ela é largamente citada em Hebreus 3:7-11,15; 4:7, em que é aplicada a cristãos que falham em entrar no "repouso da fé" proporcionado a eles dentro do propósito santificador de Deus. As advertências do fracasso de Israel de entrar na terra de Canaã imediatamente após o Êxodo são aplicadas diversas vezes no Novo Testamento a cristãos em relação ao chamado de Deus para a santidade (Hb 3-4; Jd 5).[24] Nessa mesma toada, Derek Kidner diz que Hebreus 3:7—4:13, fazendo uma exposição desse salmo, nos proíbe de confinar a Israel o seu impacto.

O "Hoje" do qual ele fala é este mesmíssimo momento; O "vós" não se refere a ninguém mais senão a nós mesmos, e o "descanso" prometido não é Canaã, e sim a salvação.[25]

Notas

[1] KIDNER, Derek. *Salmos 73-150: introdução e comentário*. São Paulo: Vida Nova, 2006, p. 365,366.
[2] SPURGEON, Charles H. *Os tesouros de Davi*, vol. 2. Rio de Janeiro: CPAD, 2018, p. 808.
[3] KIDNER, Derek. *Salmos 73-150: introdução e comentário*, p. 365.
[4] SPURGEON, Charles H. *Os tesouros de Davi*, vol. 2, p. 808.
[5] PURKISER, W. T. "O livro de Salmos". In: *Comentário bíblico Beacon*, vol. 3. Rio de Janeiro: CPAD, 2015, p. 261.
[6] HARMAN, Allan. *Salmos*. São Paulo: Cultura Cristã, 2011, p. 339.
[7] SPURGEON, Charles H. *Os tesouros de Davi*, vol. 2, p. 814.
[8] Ibidem, p. 809.
[9] Ibidem, p. 809,810.
[10] KIDNER, Derek. *Salmos 73-150: introdução e comentário*, p. 366.
[11] SPURGEON, Charles H. *Os tesouros de Davi*, vol. 2, p. 810.
[12] KIDNER, Derek. *Salmos 73-150: introdução e comentário*, p. 366.
[13] WIERSBE, Warren W. *Comentário bíblico expositivo*, vol. 3, p. 250.
[14] SPURGEON, Charles H. *Os tesouros de Davi*, vol. 2, p. 819.
[15] KIDNER, Derek. *Salmos 73-150: introdução e comentário*, p. 365.
[16] WIERSBE, Warren W. *Comentário bíblico expositivo*, vol. 3, p. 251.
[17] HARMAN, Allan. *Salmos*, p. 340,341.
[18] PURKISER, W. T. "O livro de Salmos", 2015, p. 260.
[19] CALVINO, João. *Salmos*, vol. 3. São José dos Campos: Fiel, 2012, p. 530,531.
[20] McDONALD, William. *Believer's Bible Commentary*. Westmont: IVP Academic, 1995, p. 695.
[21] SPURGEON, Charles H. *Os tesouros de Davi*, vol. 2, p. 812.
[22] PURKISER, W. T. "O livro de Salmos", p. 261.
[23] KIDNER, Derek. *Salmos 73-150: introdução e comentário*, p. 367.
[24] PURKISER, W. T. "O livro de Salmos", p. 261.
[25] KIDNER, Derek. *Salmos 73-150: introdução e comentário*, p. 365.

Capítulo 95

O Senhor é digno de receber adoração

(Sl 96:1-13)

O SALMO 96 É um grande hino missionário, bem como uma convocação a todas as nações a fim de que louvem ao Senhor Deus — ou seja, o mundo inteiro deve cantar ao Senhor, aquele que é digno de receber adoração. Spurgeon o considerava um cântico indivisível como uma túnica de louvor sem costura, tecida toda de alto a baixo.[1] Esse salmo é repetido praticamente em sua íntegra em 1Crônicas 16:23-33: Concordo com Allan Harman quando diz que todo o teor do salmo aponta para o reinado final do Senhor como Rei e Juiz, quando um louvor universal é prestado a Ele.[2]

O cântico missionário ao grande Deus (96:1-6)

Destacamos quatro verdades sublimes aqui.

Em primeiro lugar, *uma tríplice ordem* (96:1,2). "Cantai ao SENHOR um cântico novo, cantai ao SENHOR, todas as terras. Cantai ao SENHOR, bendizei o seu nome; proclamai a sua salvação, dia após dia". Vemos, nesses dois versículos, uma ordem tríplice para se cantar ao Senhor um novo cântico. Ele é digno de receber o novo cântico, pois é a origem dessa música e é Ele quem coloca em nossos lábios esse novo cântico (Sl 40:3). Como diz William MacDonald, essa música não é apenas nova, mas também, universal, por isso pessoas de todas as terras se unem nessa canção.[3] A terra inteira é convocada a cantar com alegria ao Senhor ao mesmo tempo que o povo de Deus é ordenado a proclamar sua salvação sem interrupção. Warren Wiersbe diz que esse convite à adoração não se estende apenas a Israel, mas a todas as nações gentias (96:3,7,9,11,13).[4] Spurgeon diz que, à luz desse salmo, os zelos nacionais estão mortos; um judeu convida os gentios a adorar e se une a eles, de modo que toda a terra possa levantar um salmo comum como um único coração e uma única voz ao Senhor, que a visitou com a sua salvação. Nenhuma raça de pagãos ficará muda.[5] Derek Kidner alerta para o fato de que nada de desanimado, nada de introvertido, nada de abatido é apropriado para o louvor a Deus. Há um crescendo natural no "cantai" tríplice, e a visão de "todas as terras" como coro apropriado de Deus que será sustentada em todos os versículos. O cântico novo é uma resposta que será à altura do frescor das misericórdias, que são "novas cada manhã".[6]

Em segundo lugar, *uma proclamação missionária* (96:3). "Anunciai entre as nações a sua glória, entre todos os povos, as suas maravilhas". No versículo 1 já existe uma convocação para todas as terras celebrarem ao Senhor, mas, agora, a glória de Deus, a sua salvação, deve ser anunciada entre todas as nações. Até as nações mais remotas da terra precisam conhecer a glória de Deus, ouvindo o evangelho, e até as nações hostis a Israel devem ouvir as boas-novas da salvação. Em suma, todos os povos devem ser destinatárias das maravilhas divinas, por isso nem a adoração estática nem a pregação superficial combinam com essa orientação do salmista, uma vez que esse salmo antevê o caráter universal do evangelho (Mt 28:18-20; Mc 16:15; At 1:8). Allan Harman diz que os atos salvíficos do Senhor em favor de seu povo têm de ser conhecidos tanto dos judeus quanto dos gentios, e isso antecipa a proclamação neotestamentária de que "a salvação não se encontra em nenhum outro nome, debaixo do céu, pelo qual devamos ser salvos" (At 4:12).[7] Concordo com Spurgeon quando diz que ninguém é degradado demais, bem instruído demais, selvagem demais ou refinado demais para estar fora do alcance do evangelho.[8]

Em terceiro lugar, *um contraste profundo* (96:4,5). "Porque grande é o Senhor e mui digno de ser louvado, temível mais do que todos os deuses. Porque todos os deuses dos povos não passam de ídolos; o Senhor, porém, fez os céus". A grandeza do Senhor é aqui colocada em contraste com todos os deuses dos povos. Os deuses falsos, feitos de madeira ou pedra, são impotentes, mas o Senhor fez os céus — a evidência da grandeza do Senhor é que Ele fez os céus. Os deuses dos povos foram inventados pela imaginação do homem e forjados por suas mãos, mas o Senhor é o criador do vasto e insondável universo. Spurgeon diz que outros deuses foram adorados, com grande custo e com muito fervor, por seus cegos devotos, mas o Senhor deve ser adorado com reverência muito maior. O temor a outros deuses é mera superstição; o respeito ao Senhor é pura religião. Os deuses-ídolos não têm existência, mas o nosso Deus é o autor de todas as existências.[9] Nessa mesma toada, Warren Wiersbe diz que os deuses das nações eram "não deuses", pois o termo traduzido por "ídolos" no versículo 5 significa "aquilo que não é coisa alguma, aquilo que é fraco e imprestável".[10] O apóstolo Paulo diz: "Sabemos que o ídolo, de si mesmo, nada é no mundo" (1Co 8:4).

Em quarto lugar, *uma majestade incomparável* (96:6). "Glória e majestade estão diante dele, força e formosura, no seu santuário". Os reis terrenos ostentam símbolos de glória e majestade, mas glória e majestade são inerentes ao Senhor; estão com Ele e somente com Ele. O seu santuário, o celestial e o terrestre, proclamam sua força e sua formosura. Concordo com Allan Harman quando diz que é difícil decidir se "santuário" se refere à habitação celestial de Deus ou ao Templo. O pensamento global do salmo pressupõe o primeiro, ainda que no contexto de um cântico sobre o Templo dificilmente se pode excluir o segundo.[11] O santuário terrestre era figura e sombra do celestial (Hb 8:5). Resta, portanto, ainda afirmar que força sem formosura é ameaçadora; formosura sem força é ineficaz, mas a união das duas estão presentes no santuário de Deus.

O tributo reverente ao santo Deus (96:7-9)

Três verdades preciosas são aqui destacadas.

Em primeiro lugar, *um tributo universal* (96:7). "Tributai ao Senhor, ó família dos povos, tributai ao Senhor glória e força". A glória e a força devem ser tributados ao Senhor por todas as famílias dos povos, ou seja, o reconhecimento de sua glória deve ser universal, pois só Deus é glorioso e só Ele é forte. Concordo com Spurgeon quando diz que glória e força não se encontram em nenhum outro lugar, exceto com o Senhor, por isso todo o resto possui apenas a sua aparência.[12]

Em segundo lugar, *um tributo merecido* (96:8). "Tributai ao Senhor a glória devida ao seu nome; trazei oferendas e entrai nos seus átrios". Toda glória dada ao homem é glória vazia, é vanglória, é idolatria, mas, quando o Senhor recebe a glória, isso é devido a Ele, pois Ele é glorioso em si mesmo e não reparte sua glória com ninguém. Não devemos comparecer diante dele de mãos vazias; em vez disso, devemos entrar nos seus átrios com nossas mãos cheias de oferendas. Allan Harman tem razão em dizer que hoje Deus requer a oferenda de nosso corpo como sacrifício vivo, santo e agradável a Ele (Rm 12:1).[13] Estou de pleno acordo com o que escreve Spurgeon: "Toda a honra concebível é devida ao nosso Criador, Preservador, Benfeitor e Redentor, e, por mais homenagem zelosa que possamos oferecer a Ele, não poderemos dar-lhe mais do que lhe é devido".[14]

Em terceiro lugar, *uma adoração reverente* (96:9). "Adorai o Senhor na beleza da sua santidade; tremei diante dele, todas as terras". Quando louvava ao Senhor, o povo levantava as mãos e a voz, e olhava para o alto, mas, quando adorava, se prostrava em sinal de reverência.[15] A adoração ao Senhor precisa ser consistente com a beleza de sua santidade, por isso a exultação dos cânticos alegres deve ser contraposta com o tremor diante de sua santidade (Is 6:1-3; Ap 1:17,18). Spurgeon interpreta corretamente quando escreve:

Esta é a única beleza que o Senhor deseja nos nossos cultos públicos, e nenhuma outra pode compensá-la. A beleza da arquitetura e das vestes não lhe importa; a beleza moral e espiritual é aquela com que se alegra a alma. A adoração não deve ser feita a Deus de uma maneira negligente, pecaminosa ou superficial; nós devemos ser reverentes, sinceros, fervorosos e puros de coração, tanto em nosso louvor quanto em nossas orações. A pureza é o linho branco dos membros do corpo de Cristo, a justiça é a bela veste dos seus sacerdotes e a santidade é a veste santa dos seus servidores.[16]

O reinado poderoso do Deus Criador e Juiz de toda terra (96:10-13)

Três verdades sublimes são postas em destaque aqui.

Em primeiro lugar, *um reinado inabalável* (96:10). "Dizei entre as nações: Reina o Senhor. Ele firmou o mundo para que não se abale e julga os povos com equidade". Os reinos deste mundo ficam abalados. Reinos se levantam e caem, reis ascendem ao poder e são apeados do poder, mas o Senhor reina supremo e sobranceiro, por isso seu reino jamais será abalado por guerras, conspiração, pobreza, injustiças, catástrofes ou quaisquer outras crises — essa é a melhor notícia que o mundo pode ouvir. O reino da graça chegou e o reino da glória virá. Ele trouxe em suas asas salvação e nele há copiosa redenção. Que as nações saibam que o trono de Deus é inabalável e que seu julgamento é justo, pois no seu trono não há injustiça nem corrupção. Nas palavras de Spurgeon, "a sociedade está segura onde Deus é rei, nenhuma revolução poderá perturbar o seu império, nenhuma invasão poderá agitar o seu reino".[17]

Em segundo lugar, *um reinado pleno de alegria* (96:11,12). "Alegrem-se os céus, e a terra exulte; ruja o mar e a sua plenitude. Folgue o campo e tudo o que nele há; regozijem-se todas as árvores do bosque". Toda a criação está exultando de alegria na presença do Senhor. Há alegria em cima no céu e alegria embaixo na terra. O mar está levantando seus vagalhões, exultando no seu Criador, e todas as árvores do bosque estão tomadas de alegria numa celebração cósmica ao Criador e Redentor. Nas palavras de William MacDonald, "toda a criação é convidada a juntar-se à essa festa de alegria com a vinda do Senhor. Os céus estão felizes e a terra está celebrando. O mar está rugindo em altos louvores. Nenhuma floresta está em silêncio. Todas as árvores estão aplaudindo Aquele que veio para governar com justiça".[18] O apóstolo Paulo escreve: "A ardente expectativa da criação aguarda a revelação dos filhos de Deus" (Rm 8:19). Essa mesma realidade nos é apresentada em Apocalipse 5:13: "Então, ouvi que toda criatura que há no céu e sobre a terra, debaixo da terra e sobre o mar, e tudo o que neles há, estava dizendo: Àquele que está sentado no trono e ao Cordeiro, seja o louvor, e a honra, e a glória, e o domínio pelos séculos dos séculos".

Em terceiro lugar, *um reinado cujo rei vem para julgar com justiça* (96:13). "Na presença do Senhor, porque vem, vem julgar a terra; julgará o mundo com justiça e os povos, consoante a sua fidelidade". O salmista proclama a segunda vinda de Cristo. Deus julgará o mundo por meio do Senhor Jesus (At 17:31), e Ele virá pessoalmente, visivelmente, audivelmente, repentinamente, inesperadamente, inescapavelmente, triunfantemente e se assentará no trono de sua glória para julgar as nações (Mt 25:31-46) — essa doutrina é a acrópole da fé cristã e o pináculo da esperança do povo de Deus. O Senhor é rei criador, sustentador, redentor e juiz, e virá em majestade e glória e se assentará no trono de sua glória para julgar as nações. Seu julgamento é pautado pela justiça, e Ele reinará em perfeita justiça e absoluta honestidade.

Notas

[1] SPURGEON, Charles H. *Os tesouros de Davi*, vol. 2. Rio de Janeiro: CPAD, 2018, p. 826.
[2] HARMAN, Allan. *Salmos*. São Paulo: Cultura Cristã, 2011, p. 341.
[3] MACDONALD, William. *Believer's Bible Commentary*. Westmont: IVP Academic, 1995, p. 695.
[4] WIERSBE, Warren W. *Comentário bíblico expositivo*, vol. 3. São Paulo: Geográfica, 2006, p. 252.
[5] SPURGEON, Charles H. *Os tesouros de Davi*, vol. 2, p. 827.
[6] KIDNER, Derek. *Salmos 73-150: introdução e comentário*. São Paulo: Vida Nova, 2006, p. 368.
[7] HARMAN, Allan. *Salmos*, p. 341,342.
[8] SPURGEON, Charles H. *Os tesouros de Davi*, vol. 2, p. 828.
[9] Ibidem, p. 829.
[10] WIERSBE, Warren W. *Comentário bíblico expositivo*, vol. 3, p. 252.
[11] HARMAN, Allan. *Salmos*, p. 342.
[12] SPURGEON, Charles H. *Os tesouros de Davi*, vol. 2, p. 830:
[13] HARMAN, Allan. *Salmos*, p. 343.
[14] SPURGEON, Charles H. *Os tesouros de Davi*, vol. 2, p. 830.
[15] WIERSBE, Warren W. *Comentário bíblico expositivo*, vol. 3, p. 252.
[16] SPURGEON, Charles H. *Os tesouros de Davi*, vol. 2, p. 830.
[17] SPURGEON, Charles H. *Os tesouros de Davi*, vol. 2, p. 830.
[18] MACDONALD, William. *Believer's Bible Commentary*, p. 696.

Capítulo 96

A majestade incomparável do Senhor

(Sl 97:1-12)

ESSE É MAIS UM salmo que trata da realeza do Senhor todo-poderoso e do seu reino eterno e inabalável. Cada salmo desse grupo (93—100) trata do império universal do Altíssimo. Yahweh, o grande Deus, não é uma divindade tribal, mas é o Senhor de toda a terra, e seu trono é eterno, e seu reinado estende-se a toda a terra, abrangendo as ilhas mais distantes. Para os cristãos, Jesus Cristo é o Rei exaltado de Deus (At 2:32,33; 5:31; Ef 1:17-23; Fp 2:9-11; Hb 1:1-3; 1Pe 3:22; Ap 3:21). Derek Kidner diz que esse salmo mostra a aproximação temível de um vencedor.[1]

Vamos seguir o esboço sugerido por Warren Wiersbe.[2]

O Senhor é exaltado em seu trono (97:1,2)

O reinado dos homens traz opressão e medo, mas o reinado de Deus é motivo de alegria e exultação. Seu trono está comprometido com a justiça, e o Rei é insubornável, suas leis são justas e todos os seus atos são pautados pela verdade. Destacamos aqui algumas verdades preciosas.

Em primeiro lugar, *o reinado do Senhor é um fato proclamado* (97:1a). "Reina o SENHOR...". O Senhor jamais abdicou de seu trono e nunca houve um dia em que Ele não reinasse. Ele está assentado no trono e faz todas as coisas conforme o conselho de sua vontade: levanta reinos e abate reinos; coloca reis no trono e os tira de lá; tem as rédeas da história em suas mãos; e tem todo poder nos céus e na terra (Mt 28:18). Mas haverá um dia em que Ele colocará todos os seus inimigos debaixo de seus pés, e todos os reinos do mundo serão do Senhor e do seu Cristo.

Em segundo lugar, *o reinado do Senhor traz alegria universal* (97:1b). "[...] regozije-se a terra, alegrem-se as muitas ilhas". Se o reinado dos homens traz opressão e injustiça, derramamento de sangue e terror, o reinado do Senhor espalha plena alegria até os mais distantes litorais. Onde Deus reina, ali habita alegria, pois seu trono é trono de justiça.

Em terceiro lugar, *o reinado do Senhor é cheio de majestade* (97:2). "[...] nuvens e escuridão o rodeiam, justiça e juízo são a base do seu trono". As nuvens e a escuridão falam da majestosa manifestação de Yahweh no monte Sinai, e essa manifestação do Todo-poderoso produz temor e reverência nos homens, de modo que ninguém pode desafiar aquele que tem as forças da própria natureza em suas mãos. Derek Kidner tem razão em dizer que "nuvens e escuridão" advertem que Ele não pode ser aproximado por causa da sua santidade e que permanece oculto ao homem presunçoso".[3] Nessa mesma toada, Allan Harman diz que sua glória é tal que está velada da vista humana para que não ofusque seus olhos. Quando a sua glória é vista, ela se assemelha a relâmpagos riscando o céu, o que serve como fonte tanto de luz quanto de terror. Seus inimigos perecem diante de sua presença (68:1,2).[4] Spurgeon diz, com razão, que o trono de Deus está firmado na rocha da santidade eterna, porém, a soberania de Deus nunca é tirânica, mas o poder absoluto está nas mãos dele, de modo que Ele não pode errar nem agir com injustiça.[5]

O Senhor é exaltado sobre seus inimigos (97:3-6)

Vejamos a seguir quatro verdades importantes acerca desse trecho:

Em primeiro lugar, *o Rei poderoso é irresistível em sua manifestação* (97:3). "Adiante dele vai um fogo que lhe consome os inimigos em redor". O fogo revela uma santidade que é devoradora e irresistível, de modo que nenhum inimigo pode resistir a esse fogo que vai na vanguarda do Rei. A sua onipotência é uma chama devoradora, e esse Rei é onipotente e irresistível, de modo que ninguém pode lutar contra Ele e prevalecer, pois Ele é fogo consumidor. Wiersbe destaca que o salmista apresenta uma tempestade varrendo a terra e devastando tudo em seu caminho. A imagem da tempestade remete ao Êxodo de Israel (68:7,8; 77:15-20), bem como ao encontro de Israel com Deus no Sinai (Êx 19:9,16-19). A tempestade também se refere ao dia vindouro do Senhor, quando Deus julgará as nações do mundo (Is 2:10-21; 8:22; Jl 2:2; Am 5:16-20; Zc 1:7-18).[6]

Salmos — O livro das canções e orações do povo de Deus

Em segundo lugar, *O Rei poderoso é esplendoroso em sua manifestação* (97:4). "Os seus relâmpagos alumiam o mundo; a terra os vê e estremece". Os relâmpagos estão a seu serviço: acendem um faixo de luz nas alturas excelsas e alumiam o mundo inteiro. A terra, ao ver os relâmpagos nas alturas abrindo clareiras de luz na escuridão da noite, treme diante do fulgor teofânico do Todo-poderoso. Spurgeon viu nesses relâmpagos a luz do evangelho iluminando a terra com o fulgor da graça e da verdade.[7]

Em terceiro lugar, *o Rei poderoso é devastador em sua manifestação* (97:5). "Derretem-se como cera os montes, na presença do SENHOR, na presença do SENHOR de toda a terra". Os montes são as estruturas mais sólidas da terra, mas mesmo esses montes altaneiros, que simbolizam tudo o que é estável e duradouro, não podem permanecer diante do Senhor. Quando o Senhor se manifesta, aquilo que é inabalável aos olhos dos homens se derrete como cera. Em outras palavras, os poderosos deste mundo não podem jamais resistir à manifestação daquele que faz derreter as estruturas graníticas dos alpes. Concordo com Derek Kidner quando escreve: "Falar em montanhas que se derretem é ver desaparecer os monumentos mais imemoriais e dissolver os mais sólidos refúgios".[8]

Em quarto lugar, *O Rei poderoso é glorioso em sua manifestação* (97:6). "Os céus anunciam a sua justiça, e todos os povos veem a sua glória". Os céus são o megafone do Senhor a proclamarem sua justiça. Os povos mais remotos e as ilhas mais distantes contemplam a sua glória, e o universo inteiro proclama a glória de Deus. Em todo o universo tudo diz Glória! Spurgeon diz que o Evangelho glorioso tornou-se tão bem conhecido e amplamente divulgado que parecia ser proclamado por todas as estrelas e publicado pelos próprios céus; portanto, todas as raças de homens se familiarizaram com ele, enxergando a enorme glória da graça de Deus que nele resplandece.[9] O Novo Testamento diz que, quando Jesus voltar em sua majestade e glória, os povos da terra se lamentarão (Mt 24:30; Ap 1:7), mas o povo de Deus de regozijará.

O Senhor é exaltado sobre os falsos deuses (97:7-9)

Vejamos a seguir três fatos relacionados a essa passagem.

Em primeiro lugar, *os idólatras são confundidos* (97:7a). "Sejam confundidos todos os que servem a imagens de escultura, os que se gloriam de ídolos". Allan Harman diz que este versículo forma um pivô; todo o salmo gira em seu redor. A mensagem consiste em que os adoradores de ídolos, e mesmo os próprios ídolos, terão que se curvar diante da soberania do Senhor.[10] Os adoradores de ídolos devem renunciar a aliança com seus "deuses" e confessar o verdadeiro Deus como o seu Senhor, porque a adoração de ídolos é uma tosca cegueira espiritual (Is 44:17). Os ídolos feitos de pedra e madeira são obra das mãos dos homens e nada são neste mundo, portanto, quem confia naquilo que não é nada não pode colher outro resultado senão a confusão. Spurgeon corrobora com esse pensamento ao escrever:

> Quando um homem adora seriamente o que foi esculpido pela mão de um homem e deposita sua confiança em um mero nada, em uma nulidade, ele é realmente embrutecido e, quando se convence de tal absurdo, pode se envergonhar. Um homem que venera uma imagem é apenas a imagem de um homem; seu senso deve tê-lo abandonado. Aquele que se gloria de um ídolo se gloria em algo inútil.[11]

Em segundo lugar, *os falsos deuses se prostram diante do Senhor* (97:7b). "[...] prostrem-se diante dele todos os deuses". Os falsos deuses e todos aqueles que os adoram hão de reconhecer a singularidade do Senhor. Todo joelho vai ter que se dobrar e confessar que Jesus Cristo é o Senhor, para a glória de Deus, o Pai (Fp 2:9-11). O salmista enfatiza, de forma eloquente, a divindade exclusiva do Senhor em contraste com os deuses fictícios do paganismo.

Em terceiro lugar, *o povo de Deus se alegra no prevalecimento de Deus sobre os falsos deuses* (97:8,9). "Sião ouve e se alegra, as filhas de Judá se regozijam por causa da tua justiça, ó Senhor. Pois tu, Senhor, és o Altíssimo sobre toda a terra; tu és sobremodo elevado acima de todos os deuses". Os idólatras são confundidos, os falsos deuses se dobram e o povo de Deus celebra, porque o Senhor é sobremodo elevado acima de todos os deuses. Os ídolos são desbancados de seu panteão, mas o Senhor reina supremo, absoluto.

O Senhor é exaltado em seu povo (97:10-12)

Derek Kidner diz que o encorajamento para ficar firme até ao raiar do dia e à chegada da vitória é a nota final do salmo.[12]

Em primeiro lugar, *o povo de Deus tem valores espirituais absolutos* (97:10a). "Vós que amais ao Senhor, detestai o mal...". O povo de Deus é convocado a demonstrar amor a Deus e ódio ao mal, pois ninguém pode amar a Deus e ao mesmo tempo amar aquilo que Deus detesta; porque não basta apenas amar ao Senhor, precisamos, também, detestar o mal. Como diz Warren Wiersbe, "se amamos Aquele que é santo, odiaremos tudo o que não é santo" (Sl 34:14; 36:4; 37:27; 119:104; Pv 8:13; Rm 12:9).[13] Como diz Spurgeon, devemos amar a Deus recíproca, pessoal, habitual e progressivamente, e devemos odiar o mal, não agir mal, não escrever mal, não falar mal, não pensar mal, renunciar o mal.[14]

Em segundo lugar, *o povo de Deus tem proteção absoluta* (97:10b). "[...] Ele guarda a alma dos seus santos, livra-os da mão dos ímpios". O povo de Deus não é poupado dos problemas, mas nos problemas. Os ímpios podem matar o corpo dos santos, mas jamais podem fazer perecer a sua alma. Nossa vida está oculta com Cristo em Deus, e, como ovelhas de Cristo, estamos seguros em suas mãos, de modo que, desse refúgio seguro, ninguém pode nos arrebatar.

Em terceiro lugar, *o povo de Deus tem promessas singulares* (97:11). "A luz difunde-se para o justo e a alegria, para os retos de coração". A luz é uma semente plantada para o justo, cujo caminho não é uma abismo de escuridão, mas uma vereda que vai se iluminando mais e mais até ser dia perfeito (Pv 4:18). O justo é filho da luz, vive na luz e, nesse caminho luminoso, ele se alimenta das finas iguarias da alegria. Concordo com Derek Kidner quando diz que o pensamento deste versículo forma um paralelo com a parelha clássica em Salmos 30:5: "O choro pode durar uma noite, mas a alegria vem pela manhã". Trata-se de fatos, não de desejos, pois é o alvo da totalidade da história.[15] Spurgeon diz que nos sulcos da integridade encontram-se as sementes da alegria, que crescerão até se tornarem uma colheita de bem-aventurança. Deus tem o relâmpago para os pecadores e a luz para os santos. O evangelho de Jesus, aonde quer que vá, semeia alegria em toda a terra para os crentes, pois são estes os homens que são retos perante o Senhor.[16]

Em quarto lugar, *o povo de Deus tem seu maior deleite no próprio Deus*. (97:12). "Alegrai-vos no SENHOR, ó justos, e dai louvores ao seu santo nome". A nossa maior alegria não está nas bênçãos do Senhor, mas nele mesmo, que é melhor do que suas mais excelentes dádivas. Fomos criados para o louvor de sua glória, e é na presença dele que existe plenitude de alegria (16:11).

Concluo com as palavras de Spurgeon:

> Através do mar, até regiões marítimas, uma voz clama por júbilo pelo reino de Jesus (97:1), o fogo santo desce (97:3), o evangelho resplandece como relâmpago (97:4), dificuldades desaparecem (97:5) e todas as nações veem a glória de Deus (97:8), o Senhor é exaltado (97:9). O salmo se encerra com uma exortação à santa perseverança em meio à perseguição que se seguiria e pede aos santos que se rejubilem por ser brilhante o seu caminho e gloriosa e certa a sua recompensa.[17]

NOTAS

[1] KIDNER, Derek. *Salmos 73-150: introdução e comentário*. São Paulo: Vida Nova, 2006, p. 370.
[2] WIERSBE, Warren W. *Comentário bíblico expositivo*, vol. 3. São Paulo: Geográfica, 2006, p. 253-254.
[3] KIDNER, Derek. *Salmos 73-150: introdução e comentário*, p. 370.
[4] HARMAN, Allan. *Salmos*. São Paulo: Cultura Cristã, 2011, p. 344.
[5] SPURGEON, Charles H. *Os tesouros de Davi*, vol. 2. Rio de Janeiro: CPAD, 2018, p. 843.
[6] WIERSBE, Warren W. *Comentário bíblico expositivo*, vol. 3, p. 253.
[7] SPURGEON, Charles H. *Os tesouros de Davi*, vol. 2, p. 844.
[8] KIDNER, Derek. *Salmos 73-150: introdução e comentário*, p. 370.
[9] SPURGEON, Charles H. *Os tesouros de Davi*, vol. 2, p. 845.
[10] HARMAN, Allan. *Salmos*, p. 343-344.

[11] SPURGEON, Charles H. *Os tesouros de Davi*, vol. 2, p. 845.
[12] KIDNER, Derek. *Salmos 73-150: introdução e comentário*, p. 371.
[13] WIERSBE, Warren W. *Comentário bíblico expositivo*, vol. 3, p. 254.
[14] SPURGEON, Charles H. *Os tesouros de Davi*, vol. 2, p. 859.
[15] KIDNER, Derek. *Salmos 73-150: introdução e comentário*, p. 372.
[16] SPURGEON, Charles H. *Os tesouros de Davi*, vol. 2, p. 846.
[17] IBIDEM, p. 842.

Capítulo 97

Celebrem o Rei!

(Sl 98:1-9)

O SALMO 97 ENFATIZOU os juízos justos do Senhor, já o salmo 98 ressalta suas misericórdias e sua salvação. Mais uma vez, os elementos da natureza são convocados para glorificarem ao Senhor. O salmo pode ser dividido em três partes distintas: Israel (98:1-3), toda a terra (98:4-6) e toda a natureza (98:7-9).[1] Allan Harman, nessa mesma linha de pensamento, diz que o salmo tem um marcante progresso no tema principal. Primeiro, o povo congregado é convocado a cantar ao Senhor; então, todos os povos da terra; e, por fim, toda a criação. A razão para esse louvor universal é a salvação que Deus tem dado a conhecer. Há um claro foco também na vinda final do Senhor, quando o Senhor Jesus regressar para congregar seu povo e julgar o mundo inteiro (Mt 25:31-46).[2] Spurgeon ainda se expressa: "O tema do louvor (98:1-3), a maneira do louvor (98:4-6) e a extensão universal do louvor (98:7-9).[3]

Israel — cante a vitória do Senhor (98:1-3)

Destacamos três verdades sublimes aqui.

Em primeiro lugar, *o Senhor é digno de receber um novo cântico porque Ele é o vencedor invicto em todas as batalhas* (98:1). "Cantai ao SENHOR um cântico novo, porque Ele tem feito maravilhas; a sua destra e o seu braço santo lhe alcançaram a vitória". O Senhor é o rei vitorioso em todas as batalhas. Ele jamais sofreu derrota e jamais saiu do campo de luta vencido pelo inimigo. Ele fez, faz e fará maravilhas, e suas vitórias não são incompatíveis com sua santidade, pois é o seu braço santo que alcança a vitória, por isso Ele é digno de receber um novo cântico; portanto, não sonegue a Ele o que é devido somente ao seu nome. Spurgeon diz que as maravilhas de Deus são eloquentes: Ele criou o universo maravilhoso; estabeleceu um governo maravilhoso; concedeu um dom maravilhoso; ofereceu uma redenção maravilhosa; inspirou um livro maravilhoso; e efetuou uma transformação maravilhosa.[4]

Derek Kidner é oportuno quando escreve:

> Esta salvação/vitória é totalmente sobrenatural, uma proeza realizada exclusivamente pelo Senhor. O aspecto sobrenatural se expressa no termo "maravilhas", que é mais do que um superlativo, um termo-padrão para as intervenções milagrosas de Deus, tais como aquelas no Êxodo (106:7), para salvar seu povo. O aspecto de a luta ter sido vencida por um só

se apresenta de modo comovente em Isaías 63:1-3: o Novo Testamento nos mostrará com definição mais precisa tanto o Salvador como a salvação, tanto a vitória inicial (Hb 10:14) quanto sua consumação (Ap 19:11-21).[5]

O Senhor venceu o pecado, a morte e o inferno, e desbancou os principados e potestades; ídolos caíram, superstições murcharam e sistemas ruíram.

Em segundo lugar, *o Senhor é digno de receber um novo cântico, porque Ele o único que pode salvar as nações* (98:2). "O Senhor fez notória a sua salvação; manifestou a sua justiça perante os olhos das nações". Os exércitos humanos conquistam vitórias esmagando os adversários e derramando sangue inocente. Seus exércitos encontram jardins engrinaldados de flores pela frente e deixam desertos semeados de mortos para trás. As vitórias de Deus, porém, são conquistas que levam vida, cura, perdão e salvação aos inimigos. Deus manifestou sua justiça aos olhos das nações não em símbolos como nas gerações pretéritas, mas de forma concreta na cruz do calvário, quando entregou seu próprio Filho para morrer pelos nossos pecados. O Senhor planejou, executou e consumou nossa salvação e a fez conhecida.

Em terceiro lugar, *o Senhor é digno de receber um novo cântico, porque Ele é fiel à sua aliança com o seu povo* (98:3). "Lembrou-se da sua misericórdia e da sua fidelidade para com a casa de Israel; todos os confins da terra viram a salvação do nosso Deus". Warren Wiersbe diz que aquilo que Deus fez por Israel foi um testemunho às nações gentias e uma vívida demonstração de sua fidelidade à sua aliança e de seu amor pelo povo escolhido.[6] Deus é fiel a si mesmo e à sua palavra, e sua aliança é eterna. Quando ele fica irado com seu povo, se lembra de sua misericórdia, e, por meio da casa de Israel, veio a nós as Escrituras e o Messias. A salvação do nosso Deus é, assim, vista em todos os confins da terra, pois o evangelho é anunciado a todos os povos. Spurgeon tem razão em dizer que a graça foi dada não para a semente de Abraão, segundo a carne, mas para os eleitos entre todas as nações; portanto, que toda a igreja de Deus cante a Ele um cântico novo.[7]

Concordo com Purkiser quando diz que aqui o salmista usa o chamado "passado profético". O evangelho ainda há de ser pregado até às extremidades da terra; no entanto, o propósito de Deus é tão certo que é apropriado dizer que todas as extremidades da terra viram a salvação do nosso Deus.[8]

As nações — cantem com alegria ao Senhor (98:4-6)

Devemos não apenas celebrar as vitórias do Senhor, mas também, cantá-las de um modo apropriado. Aqui, o salmista mostra que a alegria deve ser o diapasão dessa música, e fica claro que não apenas Israel, mas também as nações gentílicas são convocadas a se regozijarem no Senhor. Vejamos.

Em primeiro lugar, *o cântico alegre ao Senhor deve proceder de todos os confins da terra* (98:4). "Celebrai com júbilo ao SENHOR, todos os confins da terra; aclamai, regozijai-vos e cantai louvores". A celebração jubilosa ao Senhor deve espraiar-se entre todos os povos, até mesmo àqueles mais remotos, uma vez que todos são convocados a aclamar e cantar louvores com sons de alegria ao único Deus vivo e verdadeiro.

Em segundo lugar, *o cântico alegre ao Senhor deve ser acompanhado de instrumentos musicais* (98:5,6). "Cantai com harpa louvores ao SENHOR, com harpa e voz de canto; com trombetas e ao som de buzinas, exultai perante o SENHOR, que é rei". O Rei de toda a terra deve ser aclamado com instrumentos e com vozes. O melhor som deve ser a Ele endereçado, e a melhor homenagem deve ser a Ele prestada.

O coro da natureza — cante ao Senhor (98:7-9)

O estágio final do salmo introduz o mundo inteiro no cântico de louvor. Toda a criação deve fazer parte deste coro, bem como todos os habitantes do mundo. A natureza é personificada e se regozija na vinda do Senhor como Juiz da terra (Ap 15:3,4).[9] O mar, a terra, os rios e as montanhas engrossam as fileiras desse grande coro musical. Destacamos quatro pontos importantes.

Em primeiro lugar, *o mar, com sua vasta extensão, ergue o seu bramido para exaltar ao Senhor* (98:7a). "Ruja o mar e a sua plenitude...". A natureza entra nesse coro de aclamação ao Rei. As ondas que se encrespam e beijam as brancas areias da praia fazem ouvir o seu rugido, e esse rugido é entoado como música solene ao Criador.

Em segundo lugar, *todos os seres vivos do mundo unem sua voz para celebrar ao Senhor* (98:7b). "[...] o mundo e os que nele habitam". Fazem parte dessa grande orquestra de celebração ao Rei o mundo inteiro e todos os que nele habitam. A exaltação ao Rei é de mar a mar, incluindo todas as ilhas, abrangendo todos os continentes, reunindo todos os povos. Ninguém pode ficar de fora desse reconhecimento e dessa exaltação ao Rei dos reis.

Em terceiro lugar, *os rios e os montes estão cantando com alegria ao Senhor* (98:8). "Os rios batam palmas, e juntos cantem de júbilo os montes". Uma celebração alegre e festiva é entoada pelos rios e pelos montes. A natureza inteira está celebrando efusivamente o Rei: os rios que levam vida por onde passam está prestando sua homenagem ao Criador e os montes alcantilados, que beijam as nuvens nas altura excelsas, celebram aquele que é o Altíssimo.

Em quarto lugar, *o universo está exultando com a vinda gloriosa do Senhor* (98:9). "Na presença do Senhor, porque Ele vem julgar a terra; julgará o mundo com justiça e os povos, com equidade". Todo o universo está na presença do Senhor, exaltando o Criador, Rei e Juiz. A criatura está cantando ao Criador; os súditos estão exaltando o Rei e a terra está reverenciando aquele que vem para julgar o mundo inteiro com justiça e equidade. Quando Jesus veio ao mundo, em sua humilhação, ao nascer em Belém, os céus foram tomados de uma hoste de anjos que cantaram acerca da glória de Deus no céu e da paz de Deus entre os homens na terra. Na sua segunda vinda, em glória, o universo inteiro se unirá à igreja e às hostes angelicais para celebrar o Rei dos reis e o Senhor dos senhores (Ap 5:13,14).

Notas

[1] Purkiser, W. T. "O livro de Salmos". In: *Comentário bíblico Beacon,* vol. 3. Rio de Janeiro: CPAD, 2015, p. 263.
[2] Harman, Allan. *Salmos.* São Paulo: Cultura Cristã, 2011, p. 346.
[3] Spurgeon, Charles H. *Os tesouros de Davi,* vol. 2. Rio de Janeiro: CPAD, 2018, p. 861.
[4] Spurgeon, Charles H. *Os tesouros de Davi*, vol. 2, p. 874.
[5] Kidner, Derek. *Salmos 73-150: introdução e comentário.* São Paulo: Vida Nova, 2006, p. 372,373.

[6] WIERSBE, Warren W. *Comentário bíblico expositivo,* vol. 3. São Paulo: Geográfica, 2006, p. 254.
[7] SPURGEON, Charles H. *Os tesouros de Davi,* vol. 2, p. 863.
[8] PURKISER, W. T. "O livro de Salmos". In: *Comentário bíblico Beacon,* vol. 3. Rio de Janeiro: CPAD, 2015, p. 263.
[9] HARMAN, Allan. *Salmos,* p. 346.

Capítulo 98

A santidade do Senhor

(Sl 99:1-9)

ESSE É O TERCEIRO e último salmo que começa com as palavras "o SENHOR reina". Esse é o salmo que destaca, de forma singular, a santidade de Deus. A palavra "santo" é a conclusão e o refrão de suas três divisões principais (99:3,5,9), portanto, é notável que, aqui, as palavras "Ele é santo" sejam repetidas três vezes (99:3,5,9). É digno de nota, também, que a palavra "SENHOR" aparece no salmo sete vezes (apontando simbolicamente para a completude).

Esse salmo é um dos elos na corrente que liga a primeira revelação de Deus no Gênesis, a manifestação plena da doutrina da santíssima Trindade, que é revelada na tarefa que o Salvador ressuscitado deu aos seus apóstolos: "Ide, fazei discípulos de todas as nações, batizando-os em nome do Pai, e do Filho, e do Espírito Santo", e que prepara os fiéis a se juntarem ao louvor celestial da igreja glorificada: "Santo, Santo, Santo é o Senhor Deus Todo-poderoso, que foi, que é, e que será".[1]

Spurgeon diz que este é um salmo próprio para os santos que habitam em Sião, a cidade santa, e especialmente dignos de serem cantados com reverência por todos os que, como Davi, seu rei, Moisés, o legislador, Arão, o sacerdote, ou Samuel, o profeta, têm a honra de conduzir a igreja de Deus e de interceder por ela junto ao Senhor.[2]

Esse salmo tem três partes, nas quais o Senhor é celebrado como aquele que foi, aquele que é e aquele que virá. Purkiser entende que aqui podemos ver o Pai entronizado, o Filho administrando o seu Reino e o Espírito Santo interpretando sua vontade por meio de líderes e circunstâncias pela compaixão e pelo castigo.[3]

Santo em poder (99:1-3)

Destacamos três pontos acerca desse trecho.

Em primeiro lugar, *o Rei está no trono, que os povos tremam* (99:1). "Reina o SENHOR; tremam os povos. Ele está entronizado acima dos querubins; abale-se a terra". A expressão "entronizado acima dos querubins" é uma referência à crença de que o trono de Deus na terra estava acima do "propiciatório" da Arca da Aliança entre as duas criaturas aladas conhecidas como querubins (Êx 25:18-22; 37:7-9).[4] O reino do Senhor é um refúgio para os santos e uma ameaça irremediável para os perversos, e seu trono é um trono de graça, pois Ele está entronizado acima dos querubins. Nenhum poder humano pode desafiá-lo, pois seu reino é eterno e seu trono jamais será abalado. Ao mesmo tempo que é adorado pelo seu povo, os povos tremem diante da sua majestade.

Em segundo lugar, *o Rei é grande entre o seu povo, que os povos se curvem* (99:2). "O Senhor é grande em Sião e sobremodo elevado acima de todos os povos". Sião é a cidade santa, símbolo da igreja de Deus, e o Senhor é grande em Sião, porque na igreja o Senhor é amado, adorado e servido. Nas palavras de Spurgeon, "sua igreja agora é o seu palácio favorito, onde sua grandeza é exibida, reconhecida e adorada".[5] Derek Kidner tem razão em dizer que "Sião" significava, inicialmente, a cidade terrestre, mas, em última análise, a assembleia total daqueles que amam ao Senhor (Hb 12:22,23). A grandeza do Senhor, portanto, não é solitária, visto que, embora seja grande e tremendo, Ele é sobretudo grande em Sião, no meio do seu povo da aliança, a partir do qual seu reino se estende para o mundo inteiro.[6] O Senhor não é apenas grande entre seus escolhidos e na estima deles, mas também grande em si: grande em misericórdia, poder, sabedoria, justiça e glória.

Em terceiro lugar, *o Rei é grande e tremendo, que os povos o celebrem* (99:3). "Celebrem eles o teu nome grande e tremendo, porque é santo". A santidade daquele que está no trono deve inspirar em todos os povos uma celebração cheia de reverência. Louvor e temor não são mutuamente exclusivos. Nas palavras de Allan Harman, "as nações devem não só tremer, mas também louvar, e devem também reconhecer a grandeza de Deus e curvar-se diante dele com reverência.[7] Spurgeon está correto em dizer que nele não há mácula ou imperfeição, excesso ou deficiência, erro ou iniquidade. Ele é inteiramente excelente, portanto, é chamado santo. Nas suas palavras, em seus pensamentos, em seus atos e em suas revelações, assim como em si mesmo, Ele é a própria perfeição.[8] É notório nas Escrituras que nenhum atributo divino é proclamado com tanta grandiosidade. Somente a santidade de Deus é reafirmada de forma tríplice: "Santo, santo, santo é o SENHOR dos Exércitos" (Is 6:3); "Santo, santo, santo é o Senhor Deus, o Todo-Poderoso" (Ap 4:8).[9]

Derek Kidner destaca que o termo "santo" ressalta a distância entre Deus e o homem não apenas moralmente, mas também a distância entre o puro e o poluído, e, no âmbito da existência, entre o eterno e o mortal.[10] Resta, portanto, afirmar que a natureza de Deus é inteiramente distinta da natureza do homem, no entanto, Ele está disposto a habitar no meio de seu povo para salvá-lo e suprir suas necessidades.

Santo em justiça (99:4,5)

Duas verdades importantes são apresentadas aqui.

Em primeiro lugar, *o Rei poderoso é justo* (99:4). "És rei poderoso que ama a justiça; tu firmas e equidade, executas o juízo e a justiça em Jacó". A ideia central é que o poder de Deus está comprometido com a vindicação de sua justiça, como Rei do universo. O trono dos homens é marcado de injustiça e violência e nele as leis são opressoras e distorcidas. No trono dos homens, os maus governam e os inocentes são esmagados. No trono dos homens vemos um Herodes no poder e um João Batista sendo preso; um Pilatos julgando e Jesus de Nazaré sendo condenado. Porém, o trono do Senhor é o trono de justiça, e suas leis são justas, seus decretos são justos e seus atos são atos de justiça. Nas palavras de Spurgeon, "seu poder nunca é exercido com tirania, mas se deleita naquilo que é correto; a sua força só é usada para fins justos [...]. No reino de Deus, a verdade brilha em cada linha, a bondade em toda sílaba e a justiça em toda letra".[11]

Em segundo lugar, *o Rei poderoso é santo* (99:5). "Exaltai ao SENHOR, nosso Deus, e prostrai-vos ante o escabelo de seus pés, porque Ele é santo". Warren Wiersbe destaca que o santuário no monte Sião era o lugar onde Deus havia escolhido habitar, a Arca da Aliança no santuário era seu trono, de modo que os peregrinos israelitas dirigiam-se a Jerusalém, a fim de adorar junto ao escabelo de seus pés.[12]

A santidade é a harmonia de todas as virtudes divinas. Seu amor é santo, sua ira é santa e sua justiça é santa. O Senhor não tem apenas um atributo glorioso, mas todas as glórias estão nele como um todo; esta é a coroa de sua honra e a honra de sua coroa. O seu poder e a sua soberania não são as suas joias mais preciosas, mas a sua santidade, e, nessa excelência moral que tudo abrange, Ele quer que as suas criaturas se comprazam.[13]

Santo em misericórdia (99:6-9)

Warren Wiersbe ressalta que ninguém poderia aproximar-se do trono do rei da Pérsia a menos que ele erguesse seu cetro e desse permissão (Et 4:10,11), mas todos os filhos de Deus têm livre acesso ao seu trono por meio de Jesus Cristo (Hb 10:19-25). Cristo é o Mediador (1Tm 2:5) que intercede por nós em todo tempo (Rm 8:34; Hb 7:25). Para o pecador, o trono de Deus é um trono de julgamento, mas, para aquele que crê, é um trono de graça (Hb 4:14-16), e podemos nos aproximar dele não só com adoração e louvor, mas também com nossos fardos e necessidades.[14] Destacamos três verdades sublimes aqui.

Em primeiro lugar, *o Rei responde as orações de seus servos* (99:6,7). "Moisés e Arão, entre os seus sacerdotes, e Samuel, entre os que lhe invocam o nome, clamavam ao SENHOR, e Ele os ouvia. Falava-lhes na coluna de nuvem, eles guardavam os seus mandamentos e a Lei que lhes tinha dado". A coluna de nuvem aplica-se particularmente a Moisés e Arão e refere-se aos meios usados para a aparição de Deus e sua condução no deserto (Êx 14:19,20; Nm 12:5). Moisés e Samuel são citados pelo profeta Jeremias como homens de intercessão poderosa (Jr 15:1).[15] Spurgeon escreve:

> Os três santos aqui mencionados estiveram todos em suas cortes e viram a sua santidade, cada um segundo a sua própria ordem. Moisés viu o Senhor na sarça ardente revelando a sua lei perfeita; Arão muitas vezes viu o fogo sagrado devorar o sacrifício; e Samuel testemunhou o juízo do Senhor na casa de Eli, por causa do erro que cometeu em seu caminho. Cada um desses homens esteve presente no espaço em que a ira de Deus irrompeu por ter sido insultada a sua santidade; e, agindo como intercessores, eles protegeram a nação do Deus grande e terrível, que, do contrário, teria executado o julgamento em Jacó da maneira mais horrível. Que esses homens, ou outros como eles, nos conduzam na adoração e que nos aproximemos do Senhor no trono de misericórdia como eles fizeram, pois Ele é tão acessível a nós como a eles.[16]

Em segundo lugar, *o Rei perdoa e disciplina os seus servos* (99:8). "Tu lhes respondeste, ó SENHOR, nosso Deus; foste para eles Deus perdoador, ainda que tomando vingança dos seus feitos". Deus ouviu Moisés, Arão e Samuel quando estes intercederam pelo povo. Esses três homens não eram perfeitos, todos eles pecaram contra Deus. Moisés feriu em

A santidade do Senhor

rocha em vez de falar a ela; Arão fez um bezerro de ouro e desviou o povo de buscar ao Senhor; Samuel nomeou seus filhos como juízes em seu lugar, sendo eles homens avarentos. Embora homens amados de Deus, usados por Deus, não ficaram sem a vingança disciplinadora do Senhor. Concordo com Purkiser quando diz que, embora Deus perdoe, Ele precisa vindicar sua santidade por meio da correção, para que os homens não pensem que Ele trata o pecado de maneira leviana.[17]

Em terceiro lugar, *o Rei é digno de adoração* (99:9). "Exaltai ao SENHOR, nosso Deus, e prostrai-vos ante o seu santo monte, porque santo é o SENHOR, nosso Deus". O Senhor é digno de receber louvor e adoração. Ele é o Deus da aliança, o nosso Deus, e é santo em seu ser e em suas obras. Allan Harman destaca que o salmo termina com uma versão expandida do versículo 5: em vez de culto no "estrado de seus pés", o povo é chamado ao "santo monte de Deus", isto é, Sião, o que nos mostra que desde a vinda de Jesus, o verdadeiro culto é oferecido onde quer que os crentes "adorem o Pai em espírito e em verdade" (Jo 4:23).[18]

Notas

[1] SPURGEON, Charles H. *Os tesouros de Davi*, vol. 2. Rio de Janeiro: CPAD, 2018, p. 881.

[2] SPURGEON, Charles H. *Os tesouros de Davi*, vol. 2, p. 876.

[3] PURKISER, W. T. "O livro de Salmos". In: *Comentário bíblico Beacon*, vol. 3. Rio de Janeiro: CPAD, 2015, p. 264.

[4] PURKISER, W. T. "O livro de Salmos"., p. 264.

[5] SPURGEON, Charles H. *Os tesouros de Davi*, vol. 2, p. 877.

[6] KIDNER, Derek. *Salmos 73-150: introdução e comentário*. São Paulo: Vida Nova, 2006, p. 374.

[7] HARMAN, Allan. *Salmos*. São Paulo: Cultura Cristã, 2011, p. 348.

[8] Spurgeon, Charles H. *Os tesouros de Davi*, vol. 2, p. 877.
[9] Ibidem, p. 883.
[10] Kidner, Derek. *Salmos 73-150: introdução e comentário*, p. 374.
[11] Spurgeon, Charles H. *Os tesouros de Davi*, vol. 2, p. 878.
[12] Wiersbe, Warren W. *Comentário bíblico expositivo,* vol. 3. São Paulo: Geográfica, 2006, p. 256.
[13] Spurgeon, Charles H. *Os tesouros de Davi*, vol. 2, p. 878.
[14] Wiersbe, Warren W. *Comentário bíblico expositivo*, vol. 3, p. 256.
[15] Purkiser, W. T. "O livro de Salmos", p. 264.
[16] Spurgeon, Charles H. *Os tesouros de Davi*, vol. 2, p. 879.
[17] Purkiser, W. T. "O livro de Salmos", p. 264.
[18] Harman, Allan. *Salmos*, p. 349.

Capítulo 99

Como devemos adorar a Deus

(Sl 100:1-5)

Esse salmo alcança as alturas excelsas e chega aos píncaros, além das nuvens, e tem sido cantado pelo povo de Deus ao longo dos séculos. Traduz a expressão maiúscula e superlativa da alegria do povo de Deus, especialmente na adoração. Nas palavras de Purkiser, "entre os salmos de triunfo e ações de graça, este se sobressai como que se eleva até o ponto mais alto de alegria e majestade".[1]

Como o último salmo desta seção (93—100) este é, sem dúvida, um cântico triunfante de louvor ao Senhor. Spurgeon chegou a dizer que nada pode ser mais sublime deste lado do céu do que este nobre salmo cantado por uma grande congregação.[2]

Muito se tem debatido, em nossos dias, sobre a questão do culto a Deus. Que fomos criados por Deus para adorá-lo, isso é um fato inconteste e acima de qualquer discussão, porém, quando se trata da forma de adorar a Deus, as divergências aparecem. Há aqueles que defendem um culto tradicional e solene; outros preferem um culto contemporâneo e informal. Uns querem um estilo de adoração endereçado apenas à cabeça, sem qualquer emoção; outros tendem para um culto mais emotivo, sem o concurso da razão. Para nós, o que importa é o que a Palavra de Deus diz. Mas o que a Bíblia nos ensina sobre esse momentoso assunto? Devemos adorar a Deus com todo o nosso entendimento e de todo o nosso coração! Fomos criados por Deus com razão, emoção e volição, portanto, todo o nosso ser precisa estar envolvido na adoração, e o salmo 100 nos ajuda a entender essa verdade:

Precisamos adorar a Deus com a plenitude das nossas emoções (100:1,2)

Três verdades importantes são destacadas aqui.

Em primeiro lugar, *o culto ao Senhor é um ato festivo, e não um funeral* (100:1). "Celebrai com júbilo ao Senhor...". O culto não é um ato melancólico, mas uma celebração jubilosa ao Senhor; é um ato festivo, e não um funeral. A alegria é a tônica de muitos salmos, e a alegria do Senhor é a nossa força. A vinda do Messias foi marcada por música no céu e mensagem de grande alegria na terra, e sua segunda vinda acontecerá de forma apoteótica com o soar da trombeta de Deus — aquele dia será dia de luz para o povo redimido.

O Cristianismo é a religião de cânticos, de música, de alegria, a alegria da salvação. Myer Pearlman diz que o júbilo se refere a um grito de alegria tal como a aclamação que o povo leal oferece ao Rei quando aparece no meio dos seus súditos.[3]

Em segundo lugar, *o culto ao Senhor deve ter um alcance mundial* (100:1b). "[...] todas as terrras". Como diz Derek Kidner, este versículo reivindica o mundo inteiro para Deus.[4] A obrigação de louvar é universal. Nas palavras de Allan Harman, "este salmo constitui um convite missionário, pois o salmista deseja que todos, judeus e gentios, se regozijem diante do Rei".[5] Myer Pearlman tem razão em dizer que, com a vinda de Cristo, o Messias prometido ao povo judeu é o Salvador de todos os que creem, e nisso não há mais distinção entre judeu ou grego, bárbaro ou civilizado, homem ou mulher.[6] Concordo com Charles Swindoll quando diz que o salmo 100 é para todos — todas as nações, todas as culturas, todas as épocas, todos os cenários —, e sua mensagem é universal, para que todos o ouçam e o apliquem.[7]

Em terceiro lugar, *o culto é um serviço alegre ao Senhor* (100:2). "Servi ao Senhor com alegria, apresentai-vos diante dele com cântico". O ato de adoração muito corretamente se chama um "serviço". A palavra inglesa para culto é *service*. Derek Kidner diz que, em hebraico, como noutras línguas, o serviço é indivisível; é uma palavra que não deixa vão nem escolha entre a adoração e o trabalho.[8] O culto é um serviço que prestamos a Deus, e a forma de fazê-lo é com alegria. Precisamos nos apresentar a Deus com cântico, ou seja, com hinos de louvores. O culto precisa ser vivo, entusiasmado e alegre, porém, a emoção aqui não é epidérmica e carnal; ao contrário, decorre do entendimento de quem Deus é, do que Ele fez e faz por nós e de quem nós somos para Ele. Aqueles que meditam sobre a grandeza de Deus não podem comparecer diante dele sisudos e gelados, e aqueles que compreendem o amor de Deus estampado na cruz de Cristo não podem comparecer para a adoração secos e áridos. A mente iluminada pela verdade desemboca em emoções santas, portanto, luz na mente produz fogo no coração. Um culto onde os adoradores não compreendem a verdade gloriosa da majestade de Deus nem se emocionam com o privilégio de sermos amados, comprados e chamados para sermos ovelhas do seu pastoreio não tem a marca do culto bíblico. Jesus nos ensinou a adorar a Deus em espírito e em verdade, ou seja, o culto precisa ser bíblico, mas também de todo o coração, de modo que conteúdo e forma precisam estar lado a lado. Por isso, precisamos ter a mente iluminada pela verdade das Escrituras e a coração aquecido pela graça de Deus.

Precisamos adorar a Deus com a plenitude de nossa mente (100:3,5)

Destacamos três verdades preciosas.

Em primeiro lugar, *o culto decorre do entendimento de quem Deus é* (100:3a). "Sabei que o SENHOR é Deus...". A nossa adoração deve ser inteligente. Spurgeon diz que o conhecimento é a mãe da devoção e de toda obediência; sacrifícios cegos jamais agradarão ao Deus que vê todas as coisas e criou a visão.[9] Sendo assim, devemos saber a quem adoramos e por que o adoramos. Concordo com Derek Kidner quando diz que "saber" é ter terra firme debaixo dos pés, a condição prévia do louvor, e esse conhecimento é nosso por dádiva, e até é nosso por mandamento também.[10]

Warren Wiersbe diz que o verbo *saber* significa "ter conhecimento adquirido pela experiência".[11] Corrobora esse pensamento Charles Swindoll quando diz que o conhecimento que temos de Deus deve ser pessoal e proveniente de nossa experiência, e não apenas teológico.[12] Allan Harman diz, ainda, que "conhecer" a Deus equivale a confessá-lo, reconhecendo publicamente que Ele é o único Deus.[13]

William MacDonald sintetiza bem o salmo quando diz que devemos adorar a Deus por quem Ele é: Senhor (100:1), Deus (100:3a), Criador (100:3b), Dono (100:3c), Pastor (100:3d). Devemos adorar a Deus, também, pelos seus atributos: Ele é bom (100:5a), misericordioso (100:5b) e fiel (100:5c).[14]

Não podemos abandonar nossa mente no culto. Muitos hoje buscam apenas um culto sensório, no qual supervalorizam as emoções em detrimento da razão. Mas a Palavra de Deus nos ensina a orar e cantar com a mente e também com o espírito (1Co 14:15). Precisamos entender que o ser divino a quem adoramos é o Senhor, o governador do universo, revestido de glória e majestade, entronizado acima dos querubins.

Em segundo lugar, *o culto decorre do entendimento do que Deus fez* (100:3b). "[...] foi Ele quem nos fez e dele somos; somos o seu povo e rebanho do seu pastoreio...". Destacamos aqui alguns pontos.

Primeiro, *Deus é o nosso criador*. É muito justo que a criatura reverencie ao criador, pois Deus é o autor da vida. Em resumo, não viemos ao mundo por acaso, não somos fruto de uma evolução de milhões e milhões de anos nem viemos dos símios. Procedemos de Deus. Nas palavras de Purkiser, "não existem homens feitos por si próprios".[15] O apóstolo Paulo diz que "de um só fez toda a raça humana" (At 17:26) e diz ainda, "Ele mesmo é quem a todos dá vida, respiração e tudo mais [...]. Pois nele vivemos, e nos movemos, e existimos..." (At 17:25,28).

Segundo, *Deus é o nosso dono*. Precisamos saber que somos propriedade exclusiva de Deus, portanto, Ele tem direito de posse sobre nossa vida, pois somos dele.

Terceiro, *Deus é o nosso redentor*. Deus não apenas nos criou, mas também nos remiu; e Ele tem duplo direito sobre nossa vida: o direito de criação e o direito de redenção.

Quarto, *Deus é o nosso pastor*. Precisamos saber, por fim, que dentre todos os povos da terra fomos escolhidos para sermos o seu povo, o rebanho do seu pastoreio. Deus nos criou, remiu, preserva, sustenta, protege e fortalece. Ele é o bom, o grande e o supremo pastor, e vivemos debaixo de cajado. Esse conceito se desenvolve ainda mais no Novo Testamento com o ensino concernente a Jesus como o Bom Pastor (Jo 10:11), o Grande Pastor (Hb 13:20) e o Supremo Pastor (1Pe 5:4). A imagem do povo de Deus como um rebanho de ovelhas é fartamente mencionada nas Escrituras (Sl 74:1; 77:20; 78:52; 79:13; 80:1; 95:7; Gn 48:15; 49:24; Nm 27:17; Is 40:11; Jo 10:1-30; 21:15-17; Hb 13:20,21; 1Pe 2:25; 5:1-4).

Em terceiro lugar, *o culto decorre do entendimento de como Deus age com seu povo* (100:5). "Porque o SENHOR é bom, a sua misericórdia dura para sempre, e, de geração em geração a sua fidelidade". No texto em epígrafe, o salmista destaca a centralidade de Deus no culto ao enaltecer seus atributos excelentes, como bondade, misericórdia e fidelidade. Vejamos.

Primeiro, *Deus é bom*. Concordo com Myer Pearlman quando diz que tudo quanto é bom, certo, virtuoso, belo e digno tem em Deus a sua origem.[16] A palavra hebraica *tov*, traduzida aqui por "bom", quer dizer "agradável, deleitável, bom". Nas palavras de Charles Swindoll, "Deus não é um tirano irritado, que anda pelos céus procurando razões para esmagar nossa vida ou extinguir nossa felicidade como se fosse um valentão celestial com um taco em sua mão. Não! Ele é bom, e seus mandamentos são para o nosso bem. O amor motiva todas as suas palavras e obras".[17]

Segundo, *Deus é misericordioso*. Deus não nos trata segundo os nossos pecados, mas lança seu coração em nossa miséria, e, em vez de aplicar-nos juízo, o que merecemos, oferece-nos seu perdão e sua graça, o que não merecemos — isso é misericórdia. Charles Swindoll destaca que a palavra hebraica *chesed*, traduzida aqui por "misericórdia" é, talvez, a palavra mais importante de todo o Antigo Testamento, porque resume, de maneira eficaz, o caráter de Deus. Essa palavra descreve o amor do concerto de Deus pelo seu povo — uma bondade apaixonada, misericordiosa, incansável, que ignora a incapacidade de seu povo de retribuir ou até mesmo de corresponder ao seu amor.[18]

Terceiro, *Deus é fiel*. Deus não é volúvel e instável como o ser humano, que promete algo e depois quebra sua aliança. Não há sombra nem variação em seu caráter, ou seja, Ele é imutável em seu ser, fiel a si mesmo, à sua palavra e às suas promessas, e sua fidelidade dura de geração em geração. Charles Swindoll mais uma vez é oportuno quando escreve:

> O Senhor não é parcial. O Deus que ordena é justo e fiel a todas as gerações. Ele não fez uma oferta por um tempo limitado a uma única geração somente para rescindi-la em relação

à geração seguinte. Ele não tem favoritismo. A suas instruções e promessas aplicam-se a todas as pessoas, de todos os tempos, porque Deus jamais muda. Ele continua sendo consistentemente fiel.[19]

Precisamos adorar a Deus com a plenitude de nossa vontade (100:4)

O texto diz: "Entrai por suas portas com ações de graças e nos seus átrios, com hinos de louvor; rendei-lhe graças e bendizei-lhe o nome" (100:4). No momento que compreendemos quem Deus é e quem nós somos nele, não podemos deixar de reconhecê-lo como Deus e nem deixar de adorá-lo com gratidão. Spurgeon tem razão em dizer que os sacrifícios expiatórios terminaram, mas os de gratidão jamais terminarão, e, enquanto formos receptores da misericórdia, deveremos dar graças.[20]

Adorar a Deus deixa de ser um compromisso pesado para ser um prazer deleitoso, e entrar em seus átrios deixa de ser um compromisso denso para ser uma alegria indizível. Estar na Casa de Deus deixa de ser um peso para ser uma bendita oportunidade para render graças, cantar hinos de louvor e bendizer o seu nome. Quando nossa mente é iluminada e quando nossas emoções são despertadas, então a nossa vontade é acionada para obedecermos a Deus e adorá-lo com tudo o que somos e temos. Oh, que tenhamos em Deus todo o nosso prazer na adoração, pois, quanto mais nos deleitamos nele, mais Ele é glorificado em nós!

Notas

[1] Purkiser, W. T. "O livro de Salmos". In: *Comentário bíblico Beacon*, vol.

3. Rio de Janeiro: CPAD, 2015, p. 265.
[2] SPURGEON, Charles H. *Os tesouros de Davi,* vol. 2. Rio de Janeiro: CPAD, 2018, p. 888.
[3] PEARLMAN, Myer. *Salmos.* Rio de Janeiro: CPAD, 1977, p. 112.
[4] KIDNER, Derek. *Salmos 73-150: introdução e comentário.* São Paulo: Vida Nova, 2006, p. 376.
[5] HARMAN, Allan. *Salmos.* São Paulo: Cultura Cristã, 2011, p. 350:
[6] PEARLMAN, Myer. *Salmos,* p. 113.
[7] SWINDOLL, Charles R. *Vivendo Salmos.* Rio de Janeiro: CPAD, 2018, p. 190.
[8] KIDNER, Derek. *Salmos 73-150: introdução e comentário.* 2006, p. 376.
[9] SPURGEON, Charles H. *Os tesouros de Davi,* vol. 2, p. 893.
[10] KIDNER, Derek. *Salmos 73-150: introdução e comentário,* p. 376.
[11] WIERSBE, Warren W. *Comentário bíblico expositivo,* vol. 3. São Paulo: Geográfica, 2006, p. 257.
[12] SWINDOLL, Charles R. *Vivendo Salmos.* 2018, p. 193.
[13] HARMAN, Allan. *Salmos,* p. 350:
[14] MACDONALD, William. *Believer's Bible Commentary.* Westmont: IVP Academic, 1995, p. 700.
[15] PURKISER, W. T. "O livro de Salmos", p. 265.
[16] PEARLMAN, Myer. *Salmos,* p. 115.
[17] SWINDOLL, Charles R. *Vivendo Salmos,* p. 197.
[18] Ibidem, p. 197.
[19] Ibidem, p. 197.
[20] SPURGEON, Charles H. *Os tesouros de Davi,* vol. 2, p. 890.

Capítulo 100

O código de conduta de um líder

(Sl 101:1-8)

A VIDA PRECISA TER propósitos. Precisamos saber de onde viemos, quem somos, por que estamos aqui e para onde vamos. Não podemos apenas viver, precisamos viver com propósitos. Davi foi um homem que viveu com propósitos, e esse salmo revela seu código de conduta, sua filosofia de vida, sua declaração de fé, pois aqui ele declara seu credo e os valores que regeram sua vida e seu reino.

Nesse poema, o grande rei Davi faz conhecidas suas resoluções pessoais e coletivas, privadas e públicas. Purkiser diz que esse salmo trata dos princípios sobre os quais Davi pretendia agir durante seu reinado em Sião, a cidade do Senhor.[1] Nas palavras de Derek Kidner, o salmo trata da "preocupação de um rei no sentido de ter uma administração limpa e honesta de cima para baixo".[2] Spurgeon chama o salmo 101 de "o salmo das resoluções piedosas".[3]

Warren Wiersbe diz que, quando Davi subiu ao trono, primeiro em Hebrom e depois em Jerusalém, herdou uma terra dividida e um povo desanimado, cuja vida espiritual encontrava-se extremamente decaída. Asafe descreve essa situação (Sl 78:56-72) e afirma que Davi foi a solução de Deus para o problema de Israel.[4]

Seguindo a sugestão de Charles Swindoll, vamos tratar aqui de dois assuntos: as qualidades pessoais e os compromissos públicos do líder.[5]

As qualidades pessoais do líder (101:1-4)

Esta primeira parte do salmo (101:1-4) trata de forma mais direta da vida e conduta pessoal do rei.[6] Davi não era um homem satisfeito com um conjunto de verdades teológicas flutuando ao redor de sua cabeça. Ele estava comprometido com as verdades que subscrevia e tinha convicções graníticas, as quais foram o vetor de sua conduta, como veremos a seguir.

Em primeiro lugar, *ele honra a Deus* (101:1). "Cantarei a bondade e a justiça; a ti, SENHOR, cantarei". Davi canta a bondade e a justiça de Deus. O que isso significa? A bondade, *chesed,* é a misericórdia compassiva, e a justiça, *mishpat,* indica uma administração ordeira e imparcial de governo; a palavra descreve aquela qualidade de governo civil que permite que todos vivam de maneira pacífica e ordeira.[7] A misericórdia e a justiça norteariam a administração de Davi porque ele as tinha percebido nas próprias dispensações do seu Deus.[8] Derek Kidner diz que *chesed* trata do relacionamento vertical entre Deus e o homem e *mishpat*, do relacionamento horizontal entre um homem e seu próximo.[9]

Em segundo lugar, *ele tem integridade pessoal* (101:2). "Atentarei sabiamente ao caminho da perfeição. Oh! Quando virás ter comigo? Portas a dentro, em minha casa, terei coração sincero". Esse versículo está dividido em duas partes. A primeira parte está relacionada com a integridade pública, pois o rei sabia que sua vida perante o povo tinha que ser genuína e honesta, para que o reino continuasse forte; já a segunda parte do versículo está relacionada com a integridade privada, uma vez que menciona ser sincero em sua casa e no seu coração.[10]

Spurgeon diz que a expressão "quando virás ter comigo?" mostra a necessidade que Davi tinha não apenas da ajuda divina, mas também da presença divina. Ele ansiava por uma visitação mais especial e eficaz do Senhor antes de começar o seu reinado, ensinando-nos que, se Deus estiver conosco, não erramos em juízo nem transgrediremos em caráter, pois sua presença nos traz sabedoria e santidade.[11]

Quando Davi diz que andaria em sua casa com coração sincero, estava dizendo que a piedade deve começar em casa, ou seja, nossos primeiros deveres são aqueles dentro da nossa própria morada; em outras palavras, devemos ter um coração perfeito em casa ou não poderemos seguir um caminho perfeito fora de casa. É como diz Spurgeon: "você não pode ser um santo fora de casa e um demônio em casa".[12]

Derek Kidner chama a atenção para o fato de que a expressão "portas a dentro, em minha casa" é tragicamente irônica. É aqui que começa a piedade, conforme bem percebeu Davi; aqui, porém, estava para haver a pior traição, o que envenenaria seu reino inteiro.[13] Não foi no aceso campo da batalha que Davi caiu, mas no recôndito de seu palácio, quando viu uma mulher se banhando, cobiçou-a e possuiu-a. Nessa mesma linha de pensamento, Warren Wiersbe diz que Davi falhou com a própria família, pois seu pecado com Bate-Seba foi um péssimo exemplo para seus filhos e filhas (2Sm 11—12); mas ele também errou ao não disciplinar Amnom e Absalão por seus pecados (2Sm 13—15). Além disso, também teve problemas com seus generais, Joabe e Abisai, e foi traído por Aitofel, seu conselheiro de confiança. Resumindo, somente Jesus foi capaz de manter um procedimento irrepreensível.[14]

Em terceiro lugar, *ele tem honestidade inegociável* (101:3). "Não porei coisa injusta diante dos meus olhos; aborreço o proceder dos que se desviam; nada disto se me pegará". Davi não agiu como Saul, seu sogro e predecessor, que foi um rei injusto e cujo reino estava a serviço do ódio, e que usou a máquina de seu governo para perseguir Davi. As ambições de Davi eram justas: ele aborrecia o procedimento injusto e estava determinado a escolher o caminho do Senhor e rejeitar as ações das pessoas ímpias, aquelas que se desviavam de Deus.[15] Davi tomou a decisão de não se deliciar em coisas más, nem as desejar, nem mesmo as tolerar. Por isso, Warren Wiersbe diz que a expressão "não porei coisa injusta diante dos meus olhos" vai além da contemplação de coisas indignas ou da concupiscência dos olhos. Trata-se de ter alvos santos e de procurar alcançá-los, pois o líder não define apenas os melhores alvos, mas também usa os melhores métodos para alcançá-los.[16] Spurgeon está correto quando diz que o ódio ao pecado é uma boa sentinela para a porta da virtude.[17]

Em quarto lugar, *ele tem pureza de coração* (101:4). "Longe de mim o coração perverso; não quero conhecer o mal". Davi decide ser um homem de pureza, pois já sabia o que Salomão veio a escrever mais tarde, a saber, que "os puros de coração são o deleite de Deus" (Pv 11:19-21). Allan Harman destaca o fato de que o Antigo Testamento, amiúde, associa coração com olhos em relação à conduta (Ec 2:10; Jr 22:17). As influências do interior (coração) e do exterior (olhos) determinam as ações (Mt 5:27-29). O salmista se compromete a não ter nenhuma ligação com aqueles cujas mentes são sede do mal.[18] Warren Wiersbe enfatiza que o coração e os olhos funcionam juntos, pois os olhos buscam e encontram aquilo que o coração deseja.[19]

Os compromissos públicos do líder (101:5-8)

Davi deixa de olhar para dentro e passa a olhar ao seu redor. O propósito do rei em relação àqueles com quem ele se associa é descrito neste segunda metade do salmo (101:5-8).[20] Nas palavras de Derek Kidner, "agora o rei fala como chefe da máquina política e como guardião da justiça".[21] Ele considera as pessoas do seu reino e declara a sua reação predeterminada a sete tipos de indivíduos. Vejamos.

Em primeiro lugar, *o caluniador* (101:5a). "Ao que às ocultas calunia o próximo, a esse destruirei...". O caluniar é um servo do Diabo, e este é o patrono dos caluniadores. O caluniador é um assassino de reputação, um espalhador de contendas entre os irmãos; ele joga lama nos seus rivais e espalha boatarias para macular a honra das pessoas. A alma de Deus abomina esse pecado mais do que quaisquer outros

(Pv 6:16-19), e Davi está determinado a não tolerar aqueles que lançavam mãos dessa prática em seu reino. Concordo com Purkiser quando diz que o fofoqueiro rapidamente devasta qualquer organização.[22] Davi tinha sofrido na pele a campanha de difamação dos asseclas de Saul. A cidade de Nobe foi dizimada pelas calúnias de Doegue, o fofoqueiro (1Sm 22:6-19).

Em segundo lugar, *o soberbo* (101:5b). "[...] o que tem olhar altivo e coração soberbo, não o suportarei". O olhar altivo é a expressão externa do coração soberbo. A soberba foi a causa da queda dos anjos e dos homens, e Deus resiste aos soberbos e declara guerra contra eles (Pv 13:10; 21:4; 1Pe 5:5). Davi não quer ao seu lado, na administração do seu governo, homens soberbos.

Em terceiro lugar, *o fiel* (101:6a). "Os meus olhos procurarão os fiéis da terra, para que habitem comigo...". O livro de Provérbios diz que o homem fiel (Pv 20:6) é tão raro como a mulher virtuosa (Pv 31:10). A fidelidade é a base de todo relacionamento saudável, ou seja, não há casamentos sólidos nem famílias fortes sem fidelidade, do mesmo modo que não há igrejas saudáveis sem fidelidade; e sem fidelidade os governos se corrompem e os reinos entram em colapso.

Em quarto lugar, *o irrepreensível* (101:6b). "[...] o que anda em reto caminho, esse me servirá". Charles Swindoll diz que quando a integridade decompõe-se ou mesmo a aparência dela, a pessoa perde a capacidade de liderar com prestígio.[23] Há um ditado popular que diz: "Dize-me com quem andas, e dir-te-ei quem és". Davi quer estar cercado de pessoas irrepreensíveis, porque, se a máquina administrativa estiver eivada de indivíduos corruptos nos diversos escalões de poder, toda a administração é comprometida. Em outras palavras, não basta o líder de uma nação não roubar: ele não pode deixar roubar.

Em quinto lugar, *o enganador* (101:7a). "Não há de ficar em minha casa o que usa de fraude...". Davi decidiu que um hipócrita ou enganador não teria autoridade nem responsabilidade em sua administração, pois a hipocrisia é o ato de fazer, deliberadamente, com que alguém seja mal orientado ou desviado.[24]

Em sexto lugar, *o mentiroso* (101:7b). "[...] o que profere mentiras não permanecerá ante os meus olhos". Na cartilha administrativa de Davi, qualquer pessoa flagrada em uma mentira estava fora do seu governo e, portanto, não podia conservar sua posição de autoridade, pois liderança é influência, e influência depende de confiança.

Em sétimo lugar, *o ímpio* (101:8). "Manhã após manhã, destruirei todos os ímpios da terra, para limpar a cidade do Senhor dos que praticam a iniquidade". O quadro final mostra o rei distribuindo a justiça. Esse é o contexto de "manhã após manhã": não será um juiz que demora, cujos cidadãos se desesperam de receber uma audiência. Mesmo assim, fica irônico mais uma vez, pois Absalão, filho de Davi, furtava o coração do povo ao interceptá-los manhã após manhã, dizendo às pessoas que o rei não lhes tratava com justiça (2Sm 15:1-5).

Concordo com Derek Kidner quando diz que o salmo é duplamente comovedor, tanto pelos ideais que revela como pela sombra de fracasso que a história lança sobre ele. Felizmente, a última palavra não fica com Davi, nem com seus historiadores sinceros, mas sim com Jesus, conhecido como o Filho de Davi, em quem não há sombra.[25]

Allan Harman corrobora esse pensamento quando escreve: "O rei ideal retratado aqui só encontrou seu cumprimento no Filho maior de Davi, o Senhor Jesus Cristo".[26] Calvino também acrescenta, dizendo: "Como o reino de Davi era apenas uma pálida imagem do reino de Cristo, nós devemos colocar Cristo diante de nossos olhos; pois Ele será o juiz do mundo e, no final, chamará a todos para um ajuste de contas, quando irá separar as ovelhas dos bodes.[27]

Depois de mencionar vários tipos de pessoas, Davi fecha a lista com os ímpios. Charles Swindoll diz que essa palavra hebraica é um termo judicial que se refere a alguém que cometeu um crime, portanto, considerado culpado diante do tribunal. Não é apenas uma pessoa de mau-caráter, mas um criminoso. Assim, Davi está determinado a livrar Jerusalém, a cidade do Senhor, dos criminosos. Ele está comprometido com uma administração honesta, adota um elevado grau de conduta pessoal e decide impor a todos os participantes de seu governo o mesmo padrão.[28] William MacDonald diz que o verbo "destruir", no versículo 8, significa punir ou expelir de Jerusalém, a cidade do Senhor; em outras palavras, impiedade de toda sorte deve ser arrancada da terra e os malfeitores, cortados da cidade do Senhor.[29]

Esta disposição de limpar Jerusalém de toda impiedade é uma esperança que encontra seu cumprimento na visão apocalíptica, naquela nova Jerusalém, como está escrito: "Nela, nunca jamais penetrará coisa alguma contaminada, nem o que pratica abominação e mentira, mas somente os inscritos no livro da vida do Cordeiro" (Ap 21:27). Nessa mesma linha de pensamento, Allan Harman escreve: "O ideal de uma terra purificada por fim se cumprirá na Nova Jerusalém".[30]

NOTAS

1. PURKISER, W. T. "O livro de Salmos". In: *Comentário bíblico Beacon*, vol. 3. Rio de Janeiro: CPAD, 2015, p. 265.
2. KIDNER, Derek. *Salmos 73-150: introdução e comentário*. São Paulo: Vida Nova, 2006, p. 377.
3. SPURGEON, Charles H. *Os tesouros de Davi*, vol. 2. Rio de Janeiro: CPAD, 2018, p. 895.
4. WIERSBE, Warren W. *Comentário bíblico expositivo*, vol. 3. São Paulo: Geográfica, 2006, p. 257.
5. SWINDOLL, Charles R. *Vivendo Salmos*. Rio de Janeiro: CPAD, 2018, p. 202-209.
6. PURKISER, W. T. "O livro de Salmos", p. 265.
7. SWINDOLL, Charles R. *Vivendo Salmos*, p. 202.
8. SPURGEON, Charles H. *Os tesouros de Davi*, vol. 2, p. 896.
9. KIDNER, Derek. *Salmos 73-150: introdução e comentário*, p. 378.
10. SWINDOLL, Charles R. *Vivendo Salmos*, p. 203.
11. SPURGEON, Charles H. *Os tesouros de Davi*, vol. 2, p. 896.
12. Ibidem, p. 896.
13. KIDNER, Derek. *Salmos 73-150: introdução e comentário*, p. 378.
14. WIERSBE, Warren W. *Comentário bíblico expositivo*, vol. 3, p. 259.
15. SWINDOLL, Charles R. *Vivendo Salmos*, p. 204.
16. WIERSBE, Warren W. *Comentário bíblico expositivo*, vol. 3, p. 258.
17. SPURGEON, Charles H. *Os tesouros de Davi*, vol. 2, p. 897.
18. HARMAN, Allan. *Salmos*. São Paulo: Cultura Cristã, 2011, p. 352.
19. WIERSBE, Warren W. *Comentário bíblico expositivo*, vol. 3, p. 258.
20. PURKISER, W. T. "O livro de Salmos", p. 266.
21. KIDNER, Derek. *Salmos 73-150: introdução e comentário*, p. 378.
22. PURKISER, W. T. "O livro de Salmos", p. 266.
23. SWINDOLL, Charles R. *Vivendo Salmos*, p. 208.
24. Ibidem, p. 208.
25. KIDNER, Derek. *Salmos 73-150: introdução e comentário*, p. 379.
26. HARMAN, Allan. *Salmos*, p. 352.
27. CALVINO, João. *Salmos*, p. 586.
28. SWINDOLL, Charles R. *Vivendo Salmos*, p. 209.
29. MACDONALD, William. *Believer's Bible Commentary*. Westmont: IVP Academic, 1995, p. 701.
30. HARMAN, Allan. *Salmos*, p. 353.

Capítulo 101

O clamor do aflito
(Sl 102:1-28)

O SALMO 102 É notável e é conhecido como o salmo do aflito. Não tem autoria definida, porém, com toda probabilidade tem sua origem no tempo do exílio babilônico. Alguns estudiosos o atribuem a Daniel, a Jeremias, a Neemias ou a alguns dos profetas que floresceram durante o período do cativeiro.[1]

Esse salmo é o lamento de um patriota pela aflição de sua nação, porém, não um lamento sem esperança. Concordo com Spurgeon quando diz que esse salmo não é como alguns consideram um salmo penitencial, pois o lamento é de alguém que sofre, e não de alguém que peca.[2] O lamento não é pelo pecado pessoal, mas pelas reverberações da calamidade que se abateu sobre Jerusalém por causa do cativeiro babilônico (102:8,14,16). Está claro no texto que o salmista gemia de aflição (102:2,5) e chorava pelas ruínas de Jerusalém (102:9). Nessa mesma linha de pensamento, Purkiser diz: "Embora o salmo 102 seja um dos salmos de penitência (os demais são 6; 32; 38; 41; 120; 143), não encontramos nele o elemento de penitência, pois o salmista não associa suas misérias ao seu pecado, mas às circunstâncias do exílio e à sua fraqueza física".[3]

Certamente o salmo é messiânico, uma vez que os versículos 25-27 são citados em Hebreus 1:10-12 com referência ao Messias. Derek Kidner é oportuno quando escreve:

> O salmo todo é messiânico, mostrando, em primeiro lugar, os sofrimentos e o abandono do Messias (102:1-11), depois, a sua antecipação animada do reino na sua glória de alcance mundial (102:12-22); finalmente, Deus responde que, por enquanto, esta é apenas metade da história, somente uns poucos dias da sua obra, que deve alcançar sua duração total, medida pelos anos eternos do próprio Messias (102:12-22). Este curso completo incluirá o próprio universo que envelhecerá e será ultrapassado; o Filho, no entanto, bem como as gerações dos seus servos, ficará para sempre.[4]

A súplica do aflito (102:1,2)

Warren Wiersbe diz que a oração de abertura do salmista nos versículos 1 e 2 recorre a vários outros salmos, oferecendo-nos um exemplo do que significa orar de acordo com a Palavra de Deus (18:16; 27:9; 31:2; 37:20; 59:16; 69:17; 88:2).[5] O salmista ora: 1) Por audiência: "ouve, SENHOR, a minha súplica..."; 2) Acesso: "[...] e cheguem a ti os meus clamores"; 3) Exposição: "Não me ocultes o rosto..."; 4)

Um ouvido atento: "[...] inclina os teus ouvidos..."; 5) Resposta: "[...] dá-te pressa em acudir-me".[6]

Destacamos dois pontos aqui.

Em primeiro lugar, *um pedido veemente* (102:1). "Ouve, Senhor, a minha súplica, e cheguem a ti os meus clamores". O salmista tem necessidade de ser ouvido por Deus e tem pedidos veementes a fazer; além disso, seus clamores não podem ser preteridos nem postergados. Muito embora nos dias do profetas Jeremias alguns não acreditassem que Jerusalém e o Templo pudessem ser destruídos (Jr 7:1-15), foi exatamente o que aconteceu quando o exército caldeu arrasou a cidade, destruiu o Templo, levou o povo como prisioneiro para a Babilônia e deixou para trás apenas os mais pobres. Agora, o salmista está clamando por restauração da cidade, e seu pedido é assaz veemente.

Em segundo lugar, *um pedido urgente* (102:2). "Não me ocultes o rosto no dia da minha angústia; inclina-me os ouvidos; no dia em que eu clamar, dá-te pressa em acudir-me". O salmista está angustiado, rogando a Deus para inclinar sua grandeza à sua fraqueza, pois a calamidade chegou, a dor pulsa em seu peito, e seu maior temor é que o Senhor se afaste dele e lhe prive de contemplar sua face; além disso, ele tem pressa em ser ouvido e socorrido. Warren Wiesrbe destaca que, em decorrência da rebelião do povo contra a lei de Deus, Israel ficou sem rei, sem sacerdócio, sem templo e sem sacrifícios, e em vez de ver a face do Senhor resplandecendo sobre eles (Nm 6:25), viram-na voltando para o outro lado em julgamento.[7]

O diagnóstico da sua aflição (102:3-11)

Destacamos, aqui, seis pontos importantes.

Em primeiro lugar, *a vida desvanescente* (102:3a). "Porque os meus dias, como fumaça, se desvanecessem...". O salmista sente sua vida se esvaindo como fumaça, fugindo entre seus dedos; em outras palavras, a vida está se distanciando e a morte está mostrando sua carranca. Spurgeon diz que a tristeza do salmista tornou-se vida sem substância para ele, que parecia apenas um jato de vapor.[8]

Em segundo lugar, *a saúde abalada* (102:3b-5). "[...] e os meus ossos ardem como em fornalha. Ferido como a erva, secou-se o meu coração; até me esqueço de comer o meu pão. Os meus ossos já se apegam à pele, por causa do meu dolorido gemer". As aflições da alma refletem no corpo, e as circunstâncias medonhas da queda de Jerusalém e as barbáries nela praticadas reverberaram na saúde do salmista, um patriota dedicado. Há febre em seus ossos, e há um estiolamento emocional, de modo que ele só consegue gemer. Spurgeon diz que o coração do salmista era como uma flor murcha e seca, uma massa queimada, daquilo que antes era verde. A sua energia, beleza, frescor e alegria, tudo isso tinha se acabado em virtude da devastadora influência de sua angústia. Além disso, a tristeza destruiu seu apetite e causou-lhe um desânimo profundo.[9]

Em terceiro lugar, *a solidão doída* (102:6,7). "Sou como pelicano no deserto, como a coruja das ruínas. Não durmo e sou como o passarinho solitário dos telhados". O salmista se considera como aves imundas e como aves solitárias, e se compara a duas aves que eram normalmente usadas como emblema de melancolia e infelicidade. A desdita de Jerusalém tirou o brilho de seus olhos, a alegria de sua face, o sono de seus olhos, nocateou-o e deixou-o sem chão, sem relacionamentos, a ponto de viver mergulhado em profunda solidão.

Em quarto lugar, *a perseguição constante* (102:8). "Os meus inimigos me insultam a toda hora; furiosos contra mim, praguejam com o meu próprio nome". O salmista não se sente apenas doente, mas também, perseguido, sendo vítima do abuso verbal. Os seus inimigos atacam sua reputação e o açoitam com língua venenosa. Nas palavras de Spurgeon, "o salmista está lidando com angústias internas e perseguições externas".[10]

Em quinto lugar, *a tristeza amarga* (102:9). "Por pão tenho comido cinza e misturado com lágrimas a minha bebida". O salmista come cinza e bebe lágrimas. Ele se alimenta de tristeza, pois o alimento perdeu o sabor, e suas refeições são feitas em meio ao choro. A sua bebida tornou-se tão repugnante quanto sua comida, pois copiosas lágrimas tornaram-na salobra, e sua tristeza saturou tudo e fez tudo amargar.

Em sexto lugar, *a ira disciplinadora de Deus* (102:10,11). "Por causa da tua indignação e da tua ira, porque me elevaste e depois me abateste. Como a sombra que declina, assim os meus dias, e eu me vou secando como a relva". A ira de Deus era a causa da queda de Jerusalém, e ela se acendeu contra o povo rebelde que tapou os ouvidos à voz do Todo-poderoso. A invasão babilônia sob Nabucodonosor foi a expressão da ira de Deus. Jerusalém não foi tomada; ela foi entregue por Deus nas mãos de seus inimigos! Spurgeon descreve essa situação da seguinte maneira: "Uma percepção da ira divina que tinha sido manifestada na destruição da nação escolhida e no seu triste cativeiro levou o salmista à maior aflição. Ele se sentia como uma folha seca, levada por um furacão, ou como um vapor do mar que é lançado para cima, para que possa ser espalhado e dissolvido".[11]

Salmos — O livro das canções e orações do povo de Deus

A esperança do aflito: a aliança de Deus não muda (102:12-22)

Spurgeon, corretamente, diz que agora o pensamento do autor se afasta dos seus problemas pessoais e relativos e se volta para a verdadeira fonte de toda consolação, especialmente o próprio Senhor e seus graciosos propósitos a respeito do seu próprio povo.[12]

As palavras "Tu, porém, SENHOR" marcam um ponto crucial e uma transição na perspectiva do salmista, na qual ele deixa de olhar para si mesmo e para seus problemas e passa a contemplar, pela fé, o Senhor entronizado no céu. O trono de Davi não existia mais e só seria reivindicado quando viesse ao mundo o Filho de Davi (Lc 1:30-33), mas o trono celeste de Deus permanecia inabalável.[13] Nas palavras de Purkiser, "a disposição de ânimo muda, pois em contraste com a miséria do salmista está o propósito eterno de Deus".[14] Allan Harman corrobora dizendo que contra a fragilidade e brevidade da vida humana está o reino eterno de Deus.[15] Destacamos quatro verdades sublimes aqui.

Em primeiro lugar, *a eternidade do Senhor* (102:12). "Tu, porém, SENHOR, permaneces para sempre, e a memória do teu nome, de geração em geração". Jerusalém pode cair. Os reis de Judá podem apear do poder. O povo de Judá pode ser levado cativo. Porém, Deus permanece o mesmo. Ele é imutavelmente consistente. Nele não tem sombra de variação. Sua aliança não é desfeita (Lv 25-26; Dt 28-30), pois seja pela bênção ou pela disciplina Deus sempre mostra seu amor e sua fidelidade.

Em segundo lugar, *a compaixão do Senhor* (102:13,14). "Levantar-te-ás e terás piedade de Sião; é tempo de te compadeceres dela, e já é vinda a sua hora; porque os teus servos amam até as pedras de Sião e se condoem do seu pó". Sião tinha sido devastada e, mesmo depois de findo o cativeiro, a cidade ainda estava debaixo de escombros. A cidade seria reconstruída porque Deus não se esquecera dela. Ele mesmo restauraria Jerusalém. Ele mesmo levantaria seus instrumentos para reconstruí-la. O tempo da restauração, depois do setenta anos de cativeiro, havia chegado, e Deus não adiaria mais essa obra (Jr 25:11,12; 29:10; Dn 9:2). O amor de Deus por Sião é maior do que o amor dos patriotas que amam até as pedras e o pó da cidade. Allan Harman diz que o argumento do versículo 14 consiste em que, se o povo preza tanto Sião, quanto mais Deus se preocupa com a cidade que traz o seu nome (Dn 9:18,19).[16] Spurgeon é oportuno quando escreve:

> Sião tinha sido escolhida há muito tempo, altamente favorecida, gloriosamente habitada e maravilhosamente preservada, e por isso, pela lembrança de suas misericórdias passadas, ela estava certa de que a misericórdia novamente lhe seria mostrada; Deus não deixará para sempre a sua igreja em uma condição humilde; ele pode, durante algum tempo, se esconder dela, para discipliná-la, para fazer com que ela veja a sua nudez e a sua pobreza separada dele, mas deverá retornar a ela em amor e levantar-se em sua defesa, a cuidar do seu bem-estar. O decreto divino indicou uma época para abençoar a igreja e, quando esse período chegar, ela será abençoada. Houve um tempo indicado para os judeus na Babilônia, e quando as semanas se cumpriram, nem ferrolhos nem barras de ferro puderam aprisionar por mais tempo os resgatados do Senhor. Quando chegou o momento para que os muros subissem, pedra por pedra, nem Tobias nem Sambalate puderam paralisar a obra, pois o próprio Senhor a tinha erigido, e quem poderá deter a

mão do Todo-poderoso? Quando chegar o tempo de Deus, nem Roma, nem o Diabo, nem os perseguidores, nem os ateus poderão evitar que o reino de Cristo amplie seus limites. É trabalho de Deus fazê-lo.[17]

Em terceiro lugar, *a restauração do Senhor* (102:15-17). "Todas as nações temerão o nome do Senhor, e todos os reis da terra, a sua glória; porque o Senhor edificou a Sião, apareceu na sua glória, atendeu à oração do desamparado e não lhe desdenhou as preces". As ações salvíficas de Deus resultarão em reconhecimento universal (102:15). Concordo com Spurgeon quando diz que a misericórdia dentro da igreja logo é percebida pelos que são de fora. Quando uma luz é acesa dentro da casa, ela brilha através da janela; do mesmo modo, quando Sião se alegra no seu Deus, as nações começam a reverenciar o seu nome, pois eles ouvem sobre as maravilhas do seu poder e se impressionam.[18]

A restauração de Jerusalém trouxe alegria não apenas ao povo da aliança, mas também impactou as nações, deixando claro que Deus é soberano e seu braço forte age em favor do seu povo em resposta às suas orações. Essa é a mesma visão descrita em Salmos 126:1-3: entre as nações as pessoas diziam acerca das grandes coisas que Deus fizera na restauração de Sião. Certamente a restauração de Sião redunda em glória para o Senhor (Sl 102:15,17,21,22) e envolve a salvação das nações gentias. Concordo com Allan Harman quando diz que o maior ato de salvação da parte do Senhor é Jesus Cristo, e é por meio de sua vida, de sua morte expiatória e de sua ressurreição que se dará o reconhecimento mais extensivo, pois todo olho o verá e todo joelho se dobrará diante dele (Ap 1:7; Fp 2:9-11).[19]

Em quarto lugar, *as promessas infalíveis do Senhor* (102:18-22). "Ficará isto registado para a geração futura, e um povo, que há de ser criado, louvará ao SENHOR; que o SENHOR, do alto do seu santuário, desde os céus, baixou vistas à terra, para ouvir o gemido dos cativos e libertar os condenados à morte, a fim de que seja anunciado em Sião o nome do SENHOR e o seu louvor, em Jerusalém, quando se reunirem os povos e os reinos, para servirem ao SENHOR". As garantias que o salmista acabara de pronunciar teriam de ser registradas para o benefício de gerações vindouras (102:18). Como no período do Êxodo, quando Deus ouviu o clamor do seu povo no Egito (Êx 2:23-25), no cativeiro babilônico Deus baixou novamente os olhos desde os céus para ouvir os gemidos do seu povo e libertá-lo dos tentáculos da morte — Ele estava cumprindo sua promessa de libertar seu povo depois dos setenta anos de cativeiro (Jr 29:10; Ez 37:1-14). Concordo com Purkiser quando diz que um dos grandes incentivos à fé é o registro da profecia cumprida.[20]

Nos versículos 21 e 22, o quadro é de uma reunião na Jerusalém restaurada, quando os que se converterem dentre os gentios tomarão parte no louvor do nome do Senhor (Is 2:2-4; Mq 4:1-3). Allan Harman diz que a reunião que começou no dia de Pentecostes (At 2:1-41) conduzirá eventualmente a uma assembleia diante do trono de Deus daqueles "de toda nação, tribo, povo e língua" (Ap 7:9).[21]

A confissão do aflito (102:23-28)

Derek Kidner diz que os versículos 23 e 24 renovam a dolorosa lamentação dos versículos 1-11, tirando o mesmo contraste entre a fragilidade do homem e a eternidade de Deus.[22] Destacamos aqui quatro fatos solenes.

Em primeiro lugar, *o abatimento* (102:23). "Ele me abateu a força no caminho e me abreviou os dias". O salmista volta aos seus lamentos para dizer que Deus foi o protagonista de seu abatimento e do encurtamento de sua vida.

Em segundo lugar, *o desejo de viver* (102:24). "Dizia eu: Deus meu, não leves na metade da minha vida; tu, cujos anos se estendem por todas as gerações". Embora não devamos ter medo da morte, é salutar ter grande apreço pela vida. O salmista não quer morrer cedo, na meia-idade, sem ver a restauração de Judá, de Jerusalém e do Templo (Is 38:10). Pede a Deus para que seus dias sejam longos, uma vez que Deus vive de geração em geração. É fato incontroverso que o Deus eterno permanece para sempre, mas nós somos frágeis e nossos dias são breves sobre a terra (Sl 90:1-12), por isso o salmista clama para que o Senhor o deixe viver. Nas palavras de Spurgeon, "é como se ele dissesse: Há uma plenitude de existência contigo, deixa-me participar dela".[23]

Em terceiro lugar, *a transitoriedade da criação e a perpétua imutabilidade do Criador* (102:25-27). "Em tempos remotos, lançaste os fundamentos da terra; e os céus são obra das tuas mãos. Eles perecerão, mas tu permaneces; todos eles envelhecerão como uma veste, como roupa os mudarás, e serão mudados. Tu, porém, és sempre o mesmo, e os teus anos jamais terão fim". O Criador é imutavelmente o mesmo de eternidade a eternidade, mas a criação envelhece como uma roupa. Não estamos num processo de evolução, mas de deterioração, porém, aguardamos novos céus e nova terra (2Pe 3:7-14). Se a terra e os céus envelhecem como as vestes visíveis do Deus invisível e precisarão ser mudados como uma roupa, o Criador é sempre o mesmo, e seus anos jamais têm fim, porque Ele, e só Ele é eterno. Os líderes passam, as cidades aparecem e desaparecem, mas o Senhor permanece o mesmo. A eternidade de Deus está posta em contraste com nossa efemeridade. Os versículos 25 a 27 são citados em Hebreus 1:10-12 e são aplicados a Cristo, que "é o mesmo ontem, e hoje, e eternamente" (Hb 13:8).

Em quarto lugar, *a segurança perpétua do povo do Senhor* (102:28). "Os filhos dos teus servos habitarão seguros, e diante de ti se estabelecerá a sua descendência". Jerusalém será restaurada, o povo da aliança e sua descendência habitarão seguros e a igreja jamais será destruída. Esse texto nos dá base para implorarmos pela benevolência do Senhor para a nossa semente, e podemos esperar que a causa de Deus e a verdade reviverão em gerações futuras. Sendo assim, devemos esperar que os nossos filhos, que nos sucederão, sejam melhores do que nós, mais cheios do Espírito Santo do que nós e que alcancem vitórias mais expressivas do que nós.

Notas

[1] SPURGEON, Charles H. *Os tesouros de Davi*, vol. 2. Rio de Janeiro: CPAD, 2018, p. 919.
[2] SPURGEON, Charles H. *Os tesouros de Davi*, vol. 2, p. 908.
[3] PURKISER, W. T. "O livro de Salmos". In: *Comentário bíblico Beacon*, vol. 3. Rio de Janeiro: CPAD, 2015, p. 266.
[4] KIDNER, Derek. *Salmos 73-150: introdução e comentário*. São Paulo: Vida Nova, 2006, p. 382.
[5] WIERSBE, Warren W. *Comentário bíblico expositivo*, vol. 3. São Paulo: Geográfica, 2006, p. 259.
[6] SPURGEON, Charles H. *Os tesouros de Davi*, vol. 2, p. 936.
[7] WIERSBE, Warren W. *Comentário bíblico expositivo*, vol. 3, p. 260.

[8] SPURGEON, Charles H. *Os tesouros de Davi*, vol. 2, p. 910.
[9] Ibidem, p. 911.
[10] Ibidem, p. 912.
[11] Ibidem, p. 912.
[12] Ibidem, p. 913.
[13] WIERSBE, Warren W. *Comentário bíblico expositivo*, vol. 3, p. 260.
[14] PURKISER, W. T. "O livro de Salmos", p. 267.
[15] HARMAN, Allan. *Salmos*. São Paulo: Cultura Cristã, 2011, p. 354.
[16] HARMAN, Allan. *Salmos*, p. 355
[17] SPURGEON, Charles H. *Os tesouros de Davi*, vol. 2, p. 914.
[18] Ibidem, p. 914.
[19] HARMAN, Allan. *Salmos*, p. 355.
[20] PURKISER, W. T. "O livro de Salmos", p. 267.
[21] HARMAN, Allan. *Salmos*, p. 355,356.
[22] KIDNER, Derek. *Salmos 73-150: introdução e comentário*, p. 381.
[23] SPURGEON, Charles H. *Os tesouros de Davi*, vol. 2, p. 917.

Capítulo 102

Um tributo de louvor ao Senhor

(Sl 103:1-22)

Esse é um salmo de Davi e também uma das pérolas mais belas do Saltério. Uma mina de tesouros, onde o povo de Deus tem escavado e sempre encontrado novas gemas belas e preciosas. Nesse poema, Davi destaca as misericórdias de Deus e conclama sua alma para agradecer. Ele começa com um louvor pessoal, passa pelo louvor nacional e conclui com um louvor cósmico àquele cujo reino é eterno e cuja misericórdia é de eternidade a eternidade. Destacaremos três aspectos desse louvor: pessoal, nacional e universal. Allan Harman diz que o cerne do salmo constitui um recital de benefícios pessoais recebidos (103:3-5) e a compaixão do Senhor em prol do seu povo Israel (103:6-19).[1] Nessa mesma linha de pensamento, Purkiser diz que não há nesse salmo nenhuma nota dissonante. Provê uma linguagem de gratidão pelas bênçãos de uma libertação ainda mais gloriosa do que a libertação de Israel da Babilônia.[2]

Derek Kidner diz que a gratidão admiradora brilha em cada linha deste hino, dirigido ao Deus de toda a graça. Parece que o salmo seguinte, 104, foi escrito para ser companheiro deste. Juntos, os dois salmos louvam a Deus como Salvador e Criador, Pai e Sustentador, Misericordioso e Poderoso. Na galáxia do Saltério, estas são estrelas gêmeas da primeira grandeza.[3]

Spurgeon diz que, assim como nos elevados Alpes alguns picos estão acima dos outros, também entre os salmos inspirados há picos de cânticos que se destacam sobre os demais, e esse é o caso do salmo 103[4]

Louvor pessoal (103:1-5)

Os salmos não apenas falam a nós, mas também falam por nós, tendo em vista que descrevem aqueles sentimentos que habitam em nós, mas nem sempre conseguimos as palavras certas para expressá-las. Nesse salmo, temos um vívido exemplo dessa verdade. O salmista expressa por nós a gratidão que temos a Deus por seus benditos feitos por nós, em nós e por meio de nós. Vejamos.

Em primeiro lugar, *louvor integral* (103:1). "Bendize, ó minha alma, ao Senhor, e tudo o que há em mim bendiga ao seu santo nome". Davi está conclamando a si mesmo a bendizer a Deus. Está despertando sua própria alma para sacudir para longe a apatia e o desânimo e bendizer ao Senhor. É como diz Spurgeon, "a música da alma é a alma da música".[5] Trata-se de um solilóquio, uma exortação à sua própria alma, para bendizer a Deus de forma integral, de modo que todo o seu ser deve estar envolvido na adoração. Devemos adorar a Deus com a força da nossa razão, como o vigor das nossas emoções e com toda a disposição da nossa vontade, bem como com o nosso corpo e também com a nossa alma.

Em segundo lugar, *louvor motivado pela gratidão* (103:2). "Bendize, ó minha alma, ao SENHOR e não te esqueças de nem um só de seus benefícios". Nós precisamos ser lembrados, porque somos tendentes ao esquecimento: esquecemos de agradecer pela vida, pela saúde, pelo alimento, pela família, pela igreja, pelos amigos, pela salvação em Cristo. Nesse sentido, o louvor é fruto da gratidão, e um coração grato é um coração adorador. Mais uma vez, Davi conversa com sua própria alma e ordena-a a bendizer ao Senhor, não deixando de reconhecer todos os benefícios divinos. A Escritura menciona o perigo de nos esquecermos dos benefícios de Deus: o rei Ezequiel, depois de curado de sua enfermidade mortal e liberto do poder da Assíria, "não correspondeu aos benefícios que lhe foram feitos; pois o seu coração se exaltou" (2Cr 32:25). Uma lição semelhante é ensinada em Deuteronômio 8:12-14. Oh, quantos benefícios temos recebido de Deus. Dele procede toda boa dádiva. Nele vivemos, nos movemos e existimos. Dele recebemos a vida, a respiração e tudo o mais.

Em terceiro lugar, *louvor motivado pelo perdão* (103:3a). "Ele é quem perdoa todas as tuas iniquidades...". O perdão é uma prerrogativa exclusiva de Deus, pois só Ele pode perdoar pecados, e não é uma questão de mérito, mas de graça; ou seja, não somos perdoados por causa de nossos méritos, mas apesar de nossos deméritos. Nas palavras de William MacDonald, "o perdão é um milagre indizível da graça divina o ponto de nos purificar e tornar nossos pecados vermelhos como o carmesim mais alvos que a neve".[6] Devemos bendizer a Deus por causa do seu rico, completo e eterno perdão, pois Ele não apenas perdoa, mas perdoa todas as iniquidades, ou seja, o sangue de Jesus nos purifica de todo pecado. Spurgeon destaca que não são "algumas" nem "muitas" das nossas iniquidades, pois isso não adiantaria. Se a menor iniquidade, em pensamentos, palavras ou atos, fosse deixada sem perdão, nós estaríamos tão terrivelmente distantes de Deus, tão inadequados para o céu e tão expostos ao inferno que seria como se todo o peso dos nossos pecados ainda estivesse sobre nós.[7] Allan Harman destaca o fato de que a palavra traduzida por "perdoa" nunca é usada para uma pessoa perdoando outra, mas usada exclusivamente em referência a Deus no Antigo Testamento, pois descreve sua ação graciosa em perdoar pecadores.[8]

Em quarto lugar, *louvor motivado pela cura* (103:3b). "[...] quem sara todas as tuas enfermidades". Deus é o doador da vida e o operador da cura, pois toda cura é divina, muito embora nem toda cura seja miraculosa, porque é Deus quem cura sempre — às vezes com os meios, outras vezes sem os meios, e outras, ainda, até mesmo apesar dos meios, pois Ele é o Yahweh-Rafá. Purkiser diz que essa cura pode estar associada a todas as enfermidades espirituais, mas também está incluída a cura do corpo.[9] Mesmo quando o pecado é perdoado, o corpo ainda continua sujeito à enfermidade e à morte, uma vez que esta ainda não foi lançada no lago de fogo. Porém, para o Médico onipotente não há doença incurável, pois Ele criou o corpo e tem poder para curá-lo de quaisquer enfermidades — resumindo, a última palavra não é da medicina, mas do Médico dos médicos. William MacDonald destaca que toda cura genuína vem de Deus, pois o Senhor é poderoso para curar toda sorte de doenças e enfermidades, e pode fazê-lo pelos meios naturais ou instantaneamente. Os evangelhos registram que o Senhor curou todos os enfermos que foram trazidos a ele (Mt 8:16).[10]

Em quinto lugar, *louvor motivado pela restauração* (103:4). "Quem da cova redime a tua vida e te coroa de graça e misericórdia". Lidamos, não raro, com circunstâncias medonhas. Há circunstâncias carrancudas, quando a morte nos mostra sua carranca e parece nos arrastar para a cova, porém, nessas horas que a morte parece prevalecer, Deus redime nossa vida da cova, nos coroa de graça e misericórdia, e nos dá força para continuar. Davi muitas vezes foi redimido do poder da morte: Deus o livrou da mandíbula do leão, das garras do urso, da espada de Golias, da lança de Saul, da fúria dos filisteus, dos homens de Queila e da rebelião de Absalão. Derek Kidner diz que "redimir da cova" é uma expressão para o livramento de um falecimento prematuro;[11] já Purkiser é oportuno quando escreve: "O amor de Deus não somente liberta do pecado, enfermidade e morte. Ele torna seus filhos reis e tece suas coroas dos seus próprios atributos de bondade e misericórdia".[12]

Em sexto lugar, *louvor motivado pela renovação* (103:5). "Quem farta de bens a tua velhice, de sorte que a tua mocidade se renova como a da águia". Deus não apenas nos perdoa, nos cura, nos restaura, mas também nos renova. Nas palavras de William MacDonald, "o resultado do perdão, cura, preservação, coroação e satisfação é que nossa mocidade é renovada como a da águia".[13] O peso dos anos da velhice não nos priva de nos fartarmos com os abundantes bens provindos das mãos de Deus. A velhice não precisa ser o ocaso da vida, um cenário de cansaço, gemidos e dores, pois, assim como Deus renova a mocidade da águia, renova também a nossa vida na velhice. Os olhos da águia têm capacidade de se fixarem no sol e suas asas têm a capacidade de voar sobre a tempestade. Como Deus renova a mocidade da águia? Quando essa rainha do espaço percebe que está com as penas enferrujadas, com as garras impotentes e com o bico fraco, ela fecha sua agenda, voa para o alto de um penhasco e, ali, num retiro solitário, troca suas penas, afia suas garras e amola o seu bico; dali ela sai remoçada. Assim, Deus renova também o nosso vigor. Nas palavras de Spurgeon, "aquele que se assentou triste como a coruja, no último salmo, aqui voa no alto, como a águia. Ele deixou o deserto do pelicano para voar acima das estrelas".[14]

Allan Harman resume bem as intervenções de Deus na vida de seu povo quando escreve: "A vida na aliança divina deve ser uma experiência com Deus que "perdoa", "sara", "redime", "coroa" e "satisfaz" — esse feixe de termos realça a graça de Deus.[15]

Louvor nacional (103:6-18)

Destacam-se nessa passagem seis verdades preciosas.

Em primeiro lugar, *o Senhor deve ser louvado pelas suas obras* (103:6,7). "O SENHOR faz justiça e julga a todos os oprimidos. Manifestou os seus caminhos a Moisés e os seus feitos aos filhos de Israel". Davi deixa de falar de si mesmo para voltar sua atenção com o cuidado de Deus pelo seu povo na libertação do Egito e na peregrinação pelo deserto, mostrando que Deus não está distante nem é indiferente; pelo contrário, Ele faz justiça e julga a todos os oprimidos. A misericórdia para com os seus santos exige a vingança aos seus perseguidores, de modo que todas as injustiças serão corrigidas e todos os oprimidos serão vingados. Ele se revelou a Moisés, chamando-o, capacitando-o, usando-o com grande poder, mas também fez maravilhas aos filhos de Israel, os quais foram libertados do jugo da escravidão, passaram a pé enxuto o mar Vermelho, foram guiados pela coluna de fogo e pela coluna de nuvem. Além disso, comeram o maná do céu e beberam água da rocha, e também receberam a santa lei de Deus e viram seus inimigos sucumbirem diante deles.

Em segundo lugar, *o Senhor deve ser louvado pelo seus atributos* (103:8). "O SENHOR é misericordioso e compassivo; longânimo e assaz benigno". Davi destaca esses quatro atributos da benevolência de Deus: a misericórdia, a compaixão, a longanimidade e a benignidade. Todos esses atributos tratam da paciência de Deus com o seu povo, que, embora rebelde e de dura cerviz, foi abençoado por Ele. Nas palavras de Derek Kidner, "este versículo lembra da ingratidão mal-humorada que Deus recebe como resposta ao perdão, à cura e à redenção cantados nos versículos anteriores".[16]

Em terceiro lugar, *o Senhor deve ser louvado pela sua misericórdia com seu povo* (103:9-11). "Não repreende perpetuamente, nem conserva para sempre a sua ira. Não nos trata segundo os nossos pecados, nem nos retribui consoante as nossas iniquidades. Pois quanto o céu se alteia acima da terra, assim é grande a sua misericórdia para com os que o temem". Oh, a paciência de Deus com seu povo é digna de destaque, pois sua ira é passageira, mas sua misericórdia dura para sempre. Se Ele fosse tratar conosco segundo os nossos pecados, pereceríamos irremediavelmente; todavia, Ele nos perdoa e volta a nos perdoar; restaura-nos e volta a nos restaurar. Allan Harman diz que as distâncias incomensuráveis entre céu e terra e entre oriente e ocidente são usadas com o fim de chamar a atenção para a natureza infinita do amor de Deus pelo seu povo.[17] Os cientistas afirmam que o universo tem mais de 92 bilhões de anos-luz de diâmetro. Se voássemos à velocidade da luz, 300 mil quilômetros por segundo, nessa colossal velocidade demoraríamos mais de 93 bilhões de anos para ir de uma extremidade à outra do universo — essa é uma ilustração de como Deus afasta de nós as nossas transgressões.

Em quarto lugar, *o Senhor deve ser louvado pelo seu completo perdão* (103:12). "Quanto dista o Oriente do Ocidente, assim afasta de nós as nossas transgressões". O perdão de Deus é completo e definitivo, isto é, Ele nunca mais joga em nosso rosto um pecado que nos perdoou, tampouco cobra uma dívida que Ele já nos perdoou. Assim como o Ocidente está completamente afastado do Oriente, assim também Ele afasta de nós as nossas transgressões. Deus desfaz nossos pecados como a névoa, lança para trás de suas costas os nossos pecados, lança as nossas transgressões nas profundezas do mar e perdoa os nossos pecados e deles não mais se lembra. Spurgeon escreve: "Os nossos pecados se foram, Jesus os levou embora. Até o ponto onde o lugar do nascer do sol é afastado do ocidente, onde o sol afunda quando termina a sua jornada diária, até lá os nossos pecados foram levados pelo nosso bode expiatório há dois mil anos e, agora, se forem procurados, não serão encontrados, não mais existirão".[18]

Em quinto lugar, *o Senhor deve ser louvado pela sua compaixão* (103:13,14). "Como um pai se compadece de seus filhos, assim o Senhor se compadece dos que o temem. Pois Ele conhece a nossa estrutura e sabe que somos pó". Um pai humano nem sempre se compadece de seus filhos, mas o Senhor sempre se compadece de nós. Um pai humano algumas vezes esmaga seus filhos por causa de suas fraquezas, mas o Senhor, embora nos conhecendo e sabendo que somos pó, sempre se compadece de nós. Derek Kidner diz que se distâncias incomensuráveis são uma maneira de expressar o amor e a misericórdia infinitos (Ef 3:18,19; Is 55:6-9), a intimidade de uma família é outra. A primeira nos leva para fora, para andarmos em liberdade num "lugar espaçoso"; a segunda nos traz para casa.[19]

Em sexto lugar, *o Senhor deve ser louvado por aqueles que, embora efêmeros, ousam temer e obedecer ao Senhor* (103:15-18). "Quanto ao homem, os seus dias são como a relva; como a flor do campo, assim ele floresce; pois, soprando nela o vento, desaparece; e não conhecerá, daí em diante o seu lugar. Mas a misericórdia do Senhor é de eternidade a eternidade, sobre os que o temem, e a sua justiça, sobre os filhos dos filhos; para com os que guardam a sua aliança e para com os que se lembram dos seus preceitos e os cumprem". O salmista faz um contraste entre a flor que seca e o Deus eterno, entre a efemeridade do homem e a eterna misericórdia divina. Se o homem é tão vulnerável e perecível como a relva e a flor do campo, a ponto de nascer, crescer e desaparecer rapidamente, a misericórdia do Senhor é de eternidade a eternidade sobre nós e nossos filhos, nós que tememos ao Senhor e guardamos os seus preceitos. É digno de nota que o texto não fala de uma flor do jardim, mas de uma flor do campo, a qual está mais sujeita à decadência do que a primeira, porque está mais exposta ao ar que a belisca, a ventos violentos, à boca dos animais que a pastam, e tem mais probabilidade de ser pisoteada. Na verdade, ela decai de todas as maneiras.[20]

Louvor universal (103:19-22)

O âmbito de Deus é a totalidade das coisas, e de seu trono celestial o Senhor exerce seu governo sobre toda a criação. Davi contempla, aqui, o exército dos céus, o próprio universo, engajado no louvor a Deus. Destacamos quatro verdades importantes.

Em primeiro lugar, *a dignidade daquele que é louvado* (103:19). "Nos céus, estabeleceu o Senhor o seu trono, e o seu reino domina sobre tudo". Aquele que recebe todos os encômios, louvores e adoração do seu povo é digno, pois Ele é o Senhor, seu trono está estabelecido no céu e seu reino é eterno e abrange tudo e todos. Não há um centímetro do universo fora de seu controle, não há uma nação sobre a terra fora do alcance de seu governo. Spurgeon esclarece esse ponto assim:

> No seu governo não há alarme, nem desordem, nem perturbação, nem busca de recursos de um lado a outro, nem surpresas a encontrar, nem catástrofes inesperadas a impedir; tudo já está preparado e concluído, e Ele mesmo preparou e estabeleceu. Ele não é um soberano delegado para quem um trono é estabelecido por outra pessoa; Ele é um autocrata, e o seu domínio se origina de si mesmo e é sustentado pelo seu próprio poder. Essa soberania inigualável é a garantia a nossa segurança, a coluna sobre a qual a nossa confiança pode, com segurança, se apoiar.[21]

Em segundo lugar, *o louvor dos anjos* (103:20,21). "Bendizei ao Senhor, todos os seus anjos, valorosos em poder, que executais as suas ordens e lhe obedeceis à palavra. Bendizei ao Senhor, todos os seus exércitos, vós, ministros seus, que fazeis a sua vontade". Os anjos foram criados por Deus e estão a serviço dele. Eles são valorosos em poder. Têm como missão cumprir as ordens de Deus e obedecer à sua palavra. Eles são um exército numeroso e existem para fazer a vontade de Deus. Eles são diáconos de Deus a serviço dos que herdam a salvação (Hb 1:14).

Em terceiro lugar, *o louvor cósmico* (103:22a). "Bendizei ao Senhor, vós, todas as suas obras, em todos os lugares do seu domínio...". À semelhança de Apocalipse 5:12-14, o universo inteiro é convocado a entrar nesse grande coro de adoração para bendizer e exaltar ao Senhor. Nas alturas dos céus, nas profundezas dos mares e na extensão das galáxias, tudo é conclamado a bendizer ao Senhor, pois só Ele é Deus e só Ele deve receber adoração de tudo e de todos. Seus gloriosos feitos e suas portentosas obras dão-lhe o direito de receber toda honra, glória e louvor.

Em quarto lugar, *o louvor individual* (103:22b). "[...] Bendize, ó minha, ao Senhor". O salmo termina como começou, com o louvor pessoal. Essa adoração que emana de todo o cosmos, precisa começar e encerrar com o adorador que está tomado de respeito e admiração pelo Senhor, por isso Davi enfeixa todo o salmo com a repetição de suas palavras iniciais.

Notas

[1] Harman, Allan. *Salmos*. São Paulo: Cultura Cristã, 2011, p. 356.
[2] Purkiser, W. T. "O livro de Salmos". In: *Comentário bíblico Beacon,* vol. 3. Rio de Janeiro: CPAD, 2015, p. 268.
[3] Kidner, Derek. *Salmos 73-150: introdução e comentário*. São Paulo: Vida Nova, 2006, p. 383.
[4] Spurgeon, Charles H. *Os tesouros de Davi,* vol. 2. Rio de Janeiro: CPAD, 2018, p. 940.
[5] Spurgeon, Charles H. *Os tesouros de Davi*, vol. 2, p. 941.
[6] MacDonald, William. *Believer's Bible Commentary.* Westmont: IVP Academic, 1995, p. 703.

Salmos — O livro das canções e orações do povo de Deus

[7] SPURGEON, Charles H. *Os tesouros de Davi*, vol. 2, p. 955.
[8] HARMAN, Allan. *Salmos*, p. 357.
[9] PURKISER, W. T. "O livro de Salmos", p. 268.
[10] MACDONALD, William. *Believer's Bible Commentary*, p. 704.
[11] KIDNER, Derek. *Salmos 73-150: introdução e comentário*, p. 384.
[12] PURKISER, W. T. "O livro de Salmos"., p. 268.
[13] MACDONALD, William. *Believer's Bible Commentary*, p. 704.
[14] SPURGEON, Charles H. *Os tesouros de Davi*, vol. 3, p. 943.
[15] HARMAN, Allan. *Salmos*, p. 357.
[16] KIDNER, Derek. *Salmos 73-150: introdução e comentário*, p. 384.
[17] HARMAN, Allan. *Salmos*, p. 358.
[18] SPURGEON, Charles H. *Os tesouros de Davi*, vol. 2, p 947.
[19] KIDNER, Derek. *Salmos 73-150: introdução e comentário*, p. 385.
[20] SPURGEON, Charles H. *Os tesouros de Davi*, vol. 2, p. 964.
[21] Ibidem, p. 949.

Capítulo 103

O oratório da criação
(Sl 104:1-35)

O SALMO 104 ESTÁ atrelado ao salmo 103, como Apocalipse 4 está conectado com Apocalipse 5: o salmo 104 e Apocalipse 4 falam do oratório da criação, enquanto o salmo 103 e Apocalipse 5 falam do oratório da redenção. Muito embora este seja um salmo anônimo, a Septuaginta o atribui a Davi, e não há nenhuma razão para discordarmos desse pensamento.

Ao lado dos salmos 8, 33 e 145, esse salmo trata da majestade de Deus revelada na obra da criação. Vemos aqui um paralelo com Gênesis 1:1-31, quando Moisés faz uma descrição dos seis dias da criação. Vejamos: o primeiro dia da criação (104:2a); o segundo dia da criação (104:2b-4); o terceiro dia da criação (104:5-9); o quarto dia da criação (104:14-16); o quinto dia da criação (104:17,25,26); o sexto dia da criação (104:18,23). Allan Harman destaca que em nenhuma outra parte do Saltério existe um hino tão longo de louvor ao Criador e à criação.[1] Purkiser chega a dizer que o salmo pode ser considerado um comentário poético de Gênesis 1;[2] Derek Kidner diz que a variedade e a largura, a nitidez de detalhes e o vigor de pensamento até ao fim colocam esse salmo de louvor entre os gigantes.[3] Spurgeon diz que aqui temos um dos voos mais longos e de maior altura da inspiração. O salmo dá uma interpretação das muitas vozes da natureza e canta docemente tanto sobre a criação quanto sobre a providência. O poema contém um completo cosmos: mar e terra, nuvem e luz do sol, plantas e animais, luz e trevas, vida e morte.[4]

Deus não só criou, mas também sustenta a obra criada. Ele supre suas criaturas com água, fazendo brotar fontes nos vales, e também traz chuvas benfazejas que regam a terra bem como orvalho que asperge a cumeeira dos montes. Também provê comida para homens, animais, aves e peixes, pois é o criador e sustentador deste vasto universo.

William MacDonald pergunta: "Como descrever o Deus invisível ou capturar sua infinita grandeza com palavras finitas?".[5] É isso que esse salmo nos convida a fazer.

A majestade do Criador (104:1,2)

Esse salmo inicia e termina com o mesmo chamado de louvor que abre e fecha o salmo 103: Destacamos dois pontos importantes aqui:

Em primeiro lugar, *um tributo de honra ao Criador* (104:1). "Bendize, ó minha alma, ao SENHOR! SENHOR,

Deus meu, como tu és magnificente...". O salmista está tomado por um profundo senso de admiração acerca da majestade do Criador e a grandeza insondável da criação, por isso convoca a si mesmo e exorta sua própria alma a bendizer ao Senhor por sua magnificência.

Em segundo lugar, *a glória majestática do Criador* (104:1b,2). "[...] sobrevestido de glória e majestade, coberto de luz como de um manto. Tu estendes o céu como uma cortina". Deus veste a si mesmo com roupagens de indescritível esplendor e majestade, e seu manto de luz é um símbolo de sua absoluta pureza e justiça.[6] A glória e a majestade dos reis terrenos é apenas aparente, mas o Senhor é a própria majestade gloriosa; aliás, glória e majestade são seus próprios vestidos, e a luz é sua própria roupagem. Nas palavras de Spurgeon, "se a própria luz é apenas a sua veste e o seu véu, o que deve ser o brilhante esplendor da sua própria existência?".[7] O salmista diz que Ele estende os céus como uma cortina, ou seja, o céu, com sua vastidão colossal de mais de 93 bilhões de anos-luz é medido por Ele a palmos e estendido por Ele como uma cortina.

A exuberância da criação (104:3-18)

Esta passagem majestosa refuta o ateísmo ao acentuar a existência de Deus; refuta o panteísmo, mostrando que Deus é distinto da sua criação; e refuta o deísmo, provando que Deus cuida de sua criação. Destacamos, aqui, cinco verdades solenes.

Em primeiro lugar, *a morada do Criador* (104:3). "Põe nas águas o vigamento da tua morada, tomas as nuvens por teu carro e voas nas asas do vento". Há aqui três imagens esplêndidas acerca do Criador: O vigamento de sua morada é edificado sobre as águas; as nuvens são sua carruagem e Ele mesmo voa nas asas do vento.

Em segundo lugar, *os ministros do Criador* (104:4). "Faz a teus anjos ventos e a teus ministros, labaredas de fogo". Os anjos foram criados por Deus e estão a serviço de Deus para cumprir suas ordens de graça e juízo. Ao mesmo tempo que são céleres como o vento, são devastadores como o fogo. Este texto é citado pelo autor aos Hebreus, na defesa de sua tese de que Jesus é superior aos anjos (Hb 1:7).

Em terceiro lugar, *a obra do Criador* (104:5). "Lançaste os fundamentos da terra, para que ela não vacile em tempo nenhum". Usando uma linguagem da engenharia civil, o poeta sagrado mostra Deus lançando os fundamentos da terra, que, suspensa no ar, em momentos precisos, não sai de sua rotação nem se abala com os rigores dos tempos adversos (Jó 38:4). A terra está colocada no espaço de tal maneira que permanece tão estável como se estivesse fixa em pilares inabaláveis. Suas leis precisas e seus movimentos harmônicos são uma evidência eloquente da magnificência do Criador.

Em quarto lugar, *o juízo do Criador* (104:6-9). O salmista passa a falar do tempo do dilúvio da seguinte maneira:

> Tomaste o abismo por vestuário e a cobriste; as águas ficaram acima das montanhas; à tua repreensão, fugiram, à voz do teu trovão, bateram em retirada. Elevaram-se os montes, desceram os vales, até ao lugar que lhes havias preparado. Puseste às águas divisa que não ultrapassarão, para que não tornem a cobrir a terra (Sl 104:6-9)

O Criador tem controle sobre a criação. Ele não só criou o mundo, mas também o julgou, abrindo as comportas dos céus e abrindo os reservatórios de baixo, fazendo com que o mundo fosse engolido pelas águas. Apenas Noé e sua família foram salvos. Mas, o mesmo Deus que enviou o dilúvio prometeu que as águas não mais inundarão a terra. Ele sempre continua no controle. O apóstolo Pedro escreve: "[...] de longo tempo, houve céus bem como terra, a qual surgiu da água e através da água pela palavra de Deus, pela qual veio a perecer o mundo daquele tempo, afogado em água" (2Pe 3:5b,6).

Em quinto lugar, *a providência do Criador* (104:10-18). O salmista, depois de falar da intervenção de Deus no dilúvio, trazendo juízo sobre a terra, bem como colocando limites nas águas que não poderão ser ultrapassados, demonstrando, assim, a sua graça, passa a falar da rica providência divina na criação. Vejamos.

> Tu fazes rebentar fontes no vale, cujas águas correm entre os montes; dão de beber a todos os animais do campo; os jumentos selvagens matam a sua sede. Juntos delas têm as aves do céu o seu pouso e, por entre a ramagem, desferem o seu canto. Do alto de tua morada, regas os montes; a terra farta-se do fruto de tuas obras. Fazes crescer a relva para os animais e as plantas, para o serviço do homem, de sorte que da terra tire o seu pão, o vinho, que alegra o coração do homem, o azeite, que lhe dá brilho ao rosto, e o alimento, que lhe sustém as forças. Avigoram-se as árvores do Senhor e os cedros do Líbano que Ele plantou, em que as aves fazem seus ninhos; quanto à cegonha, a sua casa é nos ciprestes. Os altos montes são das cabras montesinas, e as rochas, o refúgio dos arganazes (Sl 104:10-18)

Destacamos, aqui, algumas verdades preciosas acerca da providência de Deus.

Primeiro, *o Senhor traz vida para a natureza provendo fontes de água nos vales* (104:10). Sem as fontes de água, a terra seca seria o cemitério das aves, dos animais e dos homens, mas, onde há água, há vida e farta provisão.

Segundo, *o Senhor dá as fontes para abastecer todos os animais* (104:11). A rica providência divina está atenta aos animais selváticos e domésticos, pois todos eles precisam beber para sobreviverem e é Deus quem cuida deles, dando-lhes de beber.

Terceiro, *o Senhor dá as fontes para abastecer todas as aves* (104:12). As fontes dessedentam as aves dos céus, e elas, satisfeitas com a boa provisão divina, erguem seu canto num preito de gratidão ao Criador.

Quarto, *o Senhor dá rica provisão para os animais e para os homens* (104:13-15). As fontes e os rios não chegam nos picos dos montes, mas o Senhor mesmo rega a cumeeira dos montes, derramando ali abundante orvalho (Jó 36:27,28). A terra, aspergida pelo orvalho e regada pelas chuvas, com exuberância produz o fruto das obras divinas. O próprio Deus faz crescer a relva para saciar os animais e as plantas frutíferas e toda sorte de cereais, legumes e vegetais para dar alimento ao homem. Deus dá não apenas o básico, mas até mesmo o supérfluo, como o vinho para alegrar o coração e o azeite para fazer brilhar o rosto. Oh, a providência divina faz com que a terra produza alimento com abundância para o sustento do homem, e tudo Deus faz para o aprazimento do homem.

Quinto, *o Senhor dá árvores frondosas para abrigo de aves e animais* (104:16-18). As árvores do bosque não foram plantadas pelo homem, ou seja, o próprio Deus as plantou, portanto, elas são as árvores do Senhor, e ali na copa das árvores frondosas as aves fazem seus ninhos em segurança. Os ciprestes mais baixos são hospitaleiros às cegonhas, ao passo que os altos montes são o território das cabras montesinas, e as rochas escarpadas são o refúgio dos arganazes.

O governo do Criador (104:19-29)

Em primeiro lugar, *o governo de Deus sobre o tempo* (104:19-23). "Fez a lua para marcar o tempo; o sol conhece a hora do seu ocaso. Dispões as trevas, e vem a noite, na qual vagueiam os animais da selva. Os leõezinhos rugem pela presa e buscam de Deus o sustento; em vindo o sol, eles se recolhem e se acomodam nos seus covis. Sai o homem para o seu trabalho e para o seu encargo até à tarde". A lua é mencionada em primeiro lugar, porque no dia dos judeus a noite antecede o dia.[8] Os dois grande luminares, o sol e a lua, marcam o tempo, onde o dia é feito para o homem trabalhar e, enquanto o homem descansa à noite, os animais, que estavam em seus covis durante o dia, saem para sua caçada em busca de alimento. Resta, portanto, afirmar "que a regular alternância entre o dia e a noite é providencial tanto para os animais quanto para os homens".[9] Warren Wiersbe chega a afirmar que, sem o ciclo do dia e da noite e a sequência das estações, a vida cessaria.[10]

Em segundo lugar, *a exuberante variedade da obra criada* (104:24-26). "Que variedade, SENHOR, nas tuas obras! Todas com sabedoria as fizeste; cheia está a terra das tuas riquezas. Eis que o mar vasto, imenso, no qual se movem seres sem conta, animais pequenos e grandes. Por ele transitam os navios e o monstro marinho que formaste para nele folgar". O salmista destaca a sabedoria de Deus em criar um mundo tão vasto, tão multiforme em beleza, tão ricos em víveres. Spurgeon destaca que o minerais, vegetais e animais formam a variedade desta obra criada. Não há dois da mesma classe que sejam exatamente iguais, e as classes são mais numerosas do que a ciência pode catalogar. Obras nos céus no alto, na terra em baixo e nas águas abaixo da terra; obras que permanecem pelos séculos, obras que chegam à perfeição e que desaparecem em um ano; obras que, com toda a sua beleza, não vivem um dia; obras dentro de obras, e obras dentro delas. Deus é o trabalhador e o ordenador da variedade.[11] Dentre as variadas obras, o poeta destaca o mar prenhe de cardumes abundantes, tanto de animais pequenos como grandes. O autor sagrado destaca, ainda, o mar como a estrada das nações, levando e trazendo riquezas. Assim, o mar, em vez de dividir, une as nações. O texto bíblico diz que a terra está cheia das riquezas de Deus, ou seja, o Criador não colocou suas criaturas em uma morada onde a mesa é escassa e o bufê está vazio. Nas entranhas da terra há minas escondidas de riqueza, e na sua superfície há colheitas abundantes.[12]

Em terceiro lugar, *a dependência dos seres criados do Criador* (104:27-30). "Todos esperam de ti que lhes dês de comer a seu tempo. Se lhes dás, eles o recolhem; se abres a mão, eles se fartam de bens. Se ocultas o rosto, eles se perturbam; se lhes cortas a respiração, morrem e voltam ao seu pó. Envias o teu Espírito, eles são criados, e, assim, renovas a face da terra". Purkiser diz que um dos aspectos impressionantes desse salmo é a ênfase que ele dá à atividade contínua de Deus na natureza, uma vez que todas as criaturas dependem da generosidade diária de Deus (104:28). Elas vivem de acordo com o seu favor e morrem quando Ele lhes tira a respiração (104:29), pois cada vida é produto do Espírito criativo e renovador de Deus (104:30).[13] Spurgeon diz que estes belos versículos proclamam cinco verdades solenes.[14] Primeiro, o começo da vida vem de Deus (104:24); segundo, a continuidade da vida vem de Deus (104:27,28); terceiro, o declínio da vida vem de Deus (104:29a); quarto, a cessação da vida vem de Deus (104:29b); quinto, a ressurreição da vida vem de Deus (104:30). Nesse versículo, o salmista chega ao clímax fazendo referência ao constante poder criativo do Espírito de Deus, demonstrando que toda vida procede do Espírito de Deus e que é Ele quem dá vida a cada semente. Nas palavras de Derek Kidner, "a respiração de cada ser vivo depende do Espírito de Deus".[15] Spurgeon diz que este versículo fala da providência, e a providência é a criação continuada; ou seja, o Espírito de Deus que criou no princípio e cria até hoje.[16]

A glória do Criador (104:31-35)

Destacamos cinco verdades aqui.

Em primeiro lugar, *a glória do Deus feliz em sua própria criação* (104:31). "A glória do SENHOR seja para sempre! Exulte o SENHOR por suas obras!". A glória das criaturas é desvanecente, mas a glória do Criador é eterna. A glória da criatura é glorificar ao Criador e deleitar-se nele, ao passo que a glória do Criador é glorificar a si mesmo e deleitar-se na perfeição de seu ser e na sábia variedade de suas obras.

Em segundo lugar, *a glória do Deus soberano sobre a criação* (104:32). "Com só olhar para a terra, Ele a faz tremer; toca as montanhas, e elas fumegam". A criatura está sujeita ao Criador, e tanto os seres racionais como os irracionais se curvam diante de sua majestade. Até mesmo a terra e as montanhas são impactadas pela sua manifestação. Quando

Moisés subiu o monte Sinai para receber as tábuas da lei, toda a montanha tremeu e fumegou.

Em terceiro lugar, *a glória atribuída ao Senhor pelo adorador* (104:33,34). "Cantarei ao SENHOR enquanto eu viver; cantarei louvores ao meu Deus durante a minha vida. Seja-lhe agradável a minha meditação; eu me alegrarei no SENHOR". Que outros indivíduos não cantem ao Senhor; que outros cessem de cantar ao Senhor; o salmista está determinado a cantar louvores ao Senhor durante toda a sua vida, e diante da majestade de Deus e da sabedoria de suas obras ele se sente compelido a ser um adorador.

Em quarto lugar, *a imprecação sobre os que não reconhecem Deus e sua obra* (104:35a). "Desapareçam da terra os pecadores e já não subsistam os perversos...". Purkiser tem razão em dizer que em toda a sinfonia da natureza existe apenas uma nota destoante, e o salmista anseia pela remoção da desarmonia.[17] Nas palavras de Derek Kidner, "a criação não é tanto um coro como um campo de batalha".[18] Spurgeon diz que apenas o homem, entre as criaturas, entristece a Deus, o criador.[19] É uma afronta ao Criador o homem não reconhecê-lo nem glorificá-lo, pois aqueles que recebem a vida e o sustento de Deus e não lhe agradecem são mais insensíveis que as pedras, mais rudes que as feras e mais brutos que os animais. O autor sente-se afrontado com aqueles que, mesmo tendo visto os atributos invisíveis de Deus, o seu eterno poder, bem como a sua divindade, tendo conhecimento de Deus não o glorificam como Deus nem lhe dão graças (Rm 1:20,21). Allan Harman diz que a presença do pecado desfigura a criação divina, por isso o salmista ora pela remoção dos pecadores, pois eles não têm nenhum direito de permanecer no seio da criação divina bela e pura. Até mesmo a criação anela por sua própria libertação (Rm 8:19-22), e nos novos céus e na nova terra não haverá mais pecado (Ap 21:27).[20] Concordo com Spurgeon quando diz que a maneira cristã de expressar isso será pedir que a graça possa converter os pecadores em santos e conquistar os ímpios para o caminho da verdade.[21]

Em quinto lugar, *a decisão pessoal de glorificar ao Criador* (104:35b). "[...] bendize, ó minha alma, ao Senhor! Aleluia!". À semelhança do salmo 103, este também começa e termina da mesma forma, ou seja, o salmista exorta sua própria alma a bendizer ao Senhor. Aqui, porém, ele acrescenta a palavra "Aleluia" para concluir essa obra prima da poesia sacra.

Notas

[1] Harman, Allan. *Salmos*. São Paulo: Cultura Cristã, 2011, p. 360:
[2] Purkiser, W. T. "O livro de Salmos". In: *Comentário bíblico Beacon*, vol. 3. Rio de Janeiro: CPAD, 2015, p. 270.
[3] Kidner, Derek. *Salmos 73-150: introdução e comentário*. São Paulo: Vida Nova, 2006, p. 386.
[4] Spurgeon, Charles H. *Os tesouros de Davi*, vol. 2. Rio de Janeiro: CPAD, 2018, p. 973.
[5] MacDonald, *Believer's Bible Commentary*. Westmont: IVP Academic, 1995, p. 706.
[6] MacDonald, William. *Believer's Bible Commentary*, p. 707.
[7] Spurgeon, Charles H. *Os tesouros de Davi*, vol. 2, p. 975.
[8] Spurgeon, Charles H. *Os tesouros de Davi*, vol. 2, p. 980.
[9] MacDonald, William. *Believers's Bible Commentary*, p. 708.
[10] Wiersbe, Warren W. *Comentário bíblico expositivo*, vol. 3. São Paulo: Geográfica, 2006, p. 264.
[11] Spurgeon, Charles H. *Os tesouros de Davi*, vol. 2, p. 983.
[12] Ibidem, p. 983.
[13] Purkiser, W. T. "O livro de Salmos", p. 271.
[14] Spurgeon, Charles H. *Os tesouros de Davi*, vol. 2, p. 1014.

[15] KIDNER, Derek. *Salmos 73-150: introdução e comentário*, p. 390.
[16] SPURGEON, Charles H. *Os tesouros de Davi*, vol. 2, p. 1007.
[17] PURKISER, W. T. "O livro de Salmos", p. 271.
[18] KIDNER, Derek. *Salmos 73-150: introdução e comentário*, p. 391.
[19] SPURGEON, Charles H. *Os tesouros de Davi*, vol. 2, p. 1007.
[20] HARMAN, Allan. *Salmos*, p. 364.
[21] SPURGEON, Charles H. *Os tesouros de Davi*, vol. 2, p. 986.

Capítulo 104

Uma revisão da história do povo de Deus

(Sl 105:1-45)

O LIVRO 4 DOS salmos (90—106) conclui com dois salmos históricos nos quais as lições do passado são usadas para corrigir e encorajar o povo de Deus.[1] Na verdade, os salmos 105 e 106 são os dois maiores salmos históricos do Saltério e traçam a história de Israel desde a aliança divina com Abraão até chegar ao período posterior a Canaã. Se o salmo 105 trata da fidelidade de Deus, o salmo 106 fala da infidelidade do povo. Nas palavras de Warren Wiersbe, "o salmo concentra-se no Deus da Aliança, que realiza seus propósitos divinos na história humana".[2]

Chareles Haddon Spurgeon diz que esse salmo foi escrito pelo rei Davi, pois os seus quinze primeiros versículos foram usados como um hino quando a arca foi trazida da casa de Obede-Edom (leia 1Crônicas 16:7-36).[3]

Os milagres do passado (105:1-7)

A estrofe de abertura é um chamado à adoração que convoca o povo a louvar e orar com base na memória das obras maravilhosas de Deus.[4] Vejamos.

Em primeiro lugar, *uma convocação à adoração* (105:1,2). "Rendei graças ao SENHOR, invocai o seu nome, fazei conhecidos, entre os povos, os seus feitos. Cantai-lhe, cantai-lhe salmos; narrai todas as suas maravilhas". O salmista conclama o povo a dar graças e a cantar ao Senhor, anunciando, entre os povos, os seus grandes feitos e suas maravilhas.

Em segundo lugar, *uma convocação à oração* (105:3,4). "Gloriai-vos no seu santo nome; alegre-se o coração dos que buscam o SENHOR. Buscai o SENHOR e o seu poder; buscai perpetuamente a sua presença". Buscar a Deus é termo correspondente à oração, e a tônica principal da oração não é pedir, mas se gloriar no santo nome de Deus, é refugiar-se no seu poder e deleitar-se perpetuamente nele. Spurgeon diz que buscar a face do Senhor significa desejar a sua presença, o seu sorriso, a sua benevolência, desfrutando dela conscientemente.[5] Como diz Allan Harman, "o foco do culto é o próprio Senhor e seu onipotente poder".[6]

Em terceiro lugar, *uma convocação à lembrança dos grandes feitos de Deus* (105:5,6). "Lembrai-vos das maravilhas que fez, dos seus prodígios e dos juízos de seus lábios, vós, descendentes de Abraão, seu servo, vós, filhos de Jacó, seus escolhidos". Nós, povo de Deus, temos uma tendência ao esquecimento — somos lerdos para lembrar e remissos para agradecer.

Em quarto lugar, *uma convocação ao reconhecimento de quem é Deus* (105:7). "Ele é o Senhor, nosso Deus; os seus juízos permeiam toda a terra". Devemos sempre recordar que o nosso Deus, o Senhor pactual, é o Senhor autoexistente, incriado, onipotente, o Deus da aliança. Ele não é uma divindade tribal, mas seus juízos estão presentes em toda a terra, de modo que o que aconteceu no Egito era bem conhecido de todas as nações vizinhas.

A promessa de uma terra aos patriarcas (105:8-11)

O salmista registra, com cores vivas, a promessa divina de dar aos patriarcas e à sua descendência uma terra: "Lembra-se perpetuamente da sua aliança, da palavra que empenhou para mil gerações; da aliança que fez com Abraão e do juramento que fez a Isaque; o qual confirmou a Jacó por decreto e a Israel por aliança perpétua, dizendo: Dar-te-ei a terra de Canaã como quinhão da vossa herança" (105:8-11).

Nós somos alertados a lembrar, mas Deus nunca se esquece. Ele se lembra perpetuamente de sua aliança, se lembra da palavra empenhada a Abraão, Isaque e Jacó; para Ele, promessa de Deus e realidade são a mesma coisa, pois vela pela sua palavra em cumpri-la. Ele prometeu dar aos patriarcas e à sua descendência a terra de Canaã. Allan Harman diz que aqui Abraão e Jacó foram mencionados (105:6), e o vínculo pactual fundamental com eles é reafirmado neste cântico histórico (105:8,9). O povo tem de ser encorajado a rememorar os grandes feitos de Deus (105:5), mas Deus mantém sua garantia pactual sem a necessidade de auxílio para sua recordação.[7]

Os patriarcas e seus descendentes como forasteiros (105:12-15)

Os patriarcas e seus descendentes não foram escolhidos por Deus por causa de seus predicados, mas apesar de suas limitações. Sobre isso, destacamos algumas lições preciosas.

Em primeiro lugar, *eles eram pequenos quanto ao número* (105:12). "Então, eram eles em pequeno número, pouquíssimos e forasteiros nela". No primeiro estágio de sua história, o povo de Deus era um pequeno número de nômades.

Em segundo lugar, *eles eram fracos quanto à estabilidade* (105:13). "Andavam de nação e nação, dum reino para outro reino". Os patriarcas foram peregrinos e forasteiros, e, embora tivessem a promessa da terra, não tomaram posse dela; antes, andavam de nação em nação, de um reino para outro reino.

Em terceiro lugar, *eles eram protegidos por Deus* (105:14). "A ninguém permitiu que os oprimisse; antes, por amor deles, repreendeu a reis". Inobstante serem poucos, fracos e peregrinos, Deus os protegeu e não permitiu que ninguém os oprimisse — Deus repreendeu Faraó no Egito e Abimeleque em Gerar.

Em quarto lugar, *eles eram os escolhidos de Deus* (105:15). "Dizendo: não toqueis nos meus ungidos, nem maltrateis os meus profetas". Os patriarcas eram os escolhidos de Deus e também chamados de profetas. Spurgeon diz que Abraão e sua semente eram, no meio do mundo, uma geração de sacerdotes ungidos para apresentar sacrifício ao Deus Altíssimo; uma vez que os oráculos estavam comprometidos com eles, eles também eram profetas da humanidade; e eram também reis — um sacerdócio real; consequentemente, eles tinham recebido uma unção tripla.[8]

José, o precursor (105:16-22)

Os versículos 16-22 proveem um sumário de Gênesis 37, 39—41, mostrando como Deus preparou o caminho para seu povo, fazendo José descer ao Egito e designando-o para uma posição proeminente na terra dos faraós.

Em primeiro lugar, *uma providência carrancuda* (105:16). "Fez vir fome sobre a terra e cortou os meios de se obter pão". A maneira de Deus cumprir o seu plano e de levar os patriarcas para o Egito foi trazendo uma grande fome no mundo. Concordo com Purkiser quando diz que a fome em Canaã não foi por acaso, ou seja, isso foi obra do Senhor. A posição de José no Egito não foi mero acaso; Deus o havia enviado para lá, e ele próprio reconhece nisso a mão de Deus (Gn 45:5; 50:20).[9] Com diz Warren Wiersbe, "dentro do sistema de Deus, o sofrimento precede a glória (1Pe 5:10), e servir vem antes de governar (Mt 25:21)".[10]

Em segundo lugar, *uma estratégia amarga* (105:17). "Adiante deles enviou um homem, José, vendido como escravo". A saga de José não aconteceu por acaso, tampouco seus irmãos agiram à revelia do propósito divino. A estratégia foi levar José para o Egito por um meio amargo. Ele foi vendido como escravo pelos seus irmãos, e, no Egito, foi revendido para Potifar. Na palavras de Spurgeon, "os seus irmãos o venderam, mas Deus o enviou, porque, onde a mão dos ímpios é visível, a mão de Deus pode estar atuando de modo invisível, anulando a maldade deles".[11]

Em terceiro lugar, *uma prova dolorosa* (105:18). "Cujos pés apertaram com grilhões e a quem puseram em ferros". José, sendo inocente, foi acusado pela mulher de Potifar de assédio sexual. O jovem hebreu foi lançado no cárcere, onde foi oprimido e castigado, e também onde passou os dias áureos de sua juventude.

Em quarto lugar, *uma profecia cumprida* (105:19). "Até cumprir-se a profecia a respeito dele, e tê-lo provado a palavra do SENHOR". O plano de Deus não pode ser frustrado. Os sonhos de José não foram presságios, isto é, uma intuição ou um pressentimento, mas profecias. Antes de Deus exaltar José, levou-o ao nível mais profundo da prova, e tudo aconteceu dentro da agenda estabelecida por Deus. A profecia a respeito dele se cumpriu, e ele tornou-se o centro de sua família.

Em quinto lugar, *uma exaltação destacada* (105:20-22). "O rei mandou soltá-lo; o potentado dos povos o pôs em liberdade. Constituiu-o senhor de sua casa e mordomo de tudo o que possuía, para, a seu talante, sujeitar os seus príncipes e aos seus anciãos ensinar a sabedoria". José foi tirado da prisão para o palácio, da masmorra para o trono, da mais baixa humilhação para a mais destacada promoção: foi honrado como governador do Egito, o provedor do mundo. Spurgeon escreve: "A maré tinha mudado, de forma que o arrogante governante do Egito o chamou da prisão ao palácio. Ele tinha interpretado os sonhos dos cativos, sendo ele mesmo um cativo; agora, ele devia interpretar para um governante e tornar-se, ele próprio, um governante. Quando Deus deseja libertar os seus prisioneiros, os reis se tornam seus carcereiros".[12] Os líderes dos vários povos, os anciãos das nações, aprenderam com ele a ciência do governo, a arte de prover para o povo. José foi um grande instrutor em administração política. A autoridade de Faraó tornou-o absoluto na corte executiva e na legislativa, mas o Senhor o instruiu para usar o seu poder e sabedoria.[13]

Israel no Egito
(105:23-25)

Três fatos são aqui mencionados.

Em primeiro lugar, *a entrada no Egito* (105:23). "Então, Israel entrou no Egito, e Jacó peregrinou na terra de Cam". O povo de Israel desce ao Egito com setenta pessoas, ou seja, Jacó e seus filhos, noras e netos. Jacó chegou no Egito, a terra de Cam, com 130 anos e lá viveu os últimos 17 anos de sua vida.

Em segundo lugar, *o crescimento no Egito* (105:24). "Deus fez sobremodo fecundo o seu povo e o tornou mais forte do que os seus opressores". O povo de Israel foi bem recebido no Egito por Faraó e foi galardoado com muitos privilégios por amor de José. O crescimento do povo hebreu foi exponencial, de modo que se multiplicaram na terra do Egito e se transformaram numa nação tão grande que o poderoso império egípcio sentiu-se ameaçado.

Em terceiro lugar, *uma opressão no Egito* (105:25). "Mudou-lhes o coração para que odiassem o seu povo e usassem de astúcia para com os seus servos". Depois da morte de José, os novos reis que se despontaram mudaram de postura e, então, passaram a odiar os hebreus e usaram toda sorte de astúcia para oprimi-los com trabalhos forçados e com a matança de seus filhos.

Moisés, o libertador
(105:26-36)

Spurgeon afirma que, quando a opressão se tornou a pior possível, veio Moisés. Pela segunda vez, temos aqui a expressão "enviou". Aquele que enviou José também enviou

Moisés e seu eloquente irmão Arão. O Senhor tinha os homens em prontidão, e tudo o que Ele teve que fazer foi dar-lhes a comissão e enviá-los.[14] Destacamos dois pontos importantes aqui.

Em primeiro lugar, *os libertadores* (105:26,27). "E lhes enviou Moisés, seu servo, e Arão, a quem escolhera, por meio dos quais fez, entre eles, os seus sinais e maravilhas na terra de Cam". Moisés e Arão eram filhos de Anrão e Joquebede. Moisés foi o libertador, legislador e intercessor e Arão, o sumo sacerdote. Deus usou esses dois homens para realizar grandes sinais e maravilhas no Egito — os milagres operados por Moisés eram milagres do Senhor, e não do próprio Moisés. As dez pragas foram juízos divinos às divindades do Egito, de modo que, a cada praga que Deus enviou, uma divindade do panteão egípcio estava sendo desbancada.

Em segundo lugar, *as pragas* (105:28-36). Nos versículos 28 a 36 há um apanhado das pragas que Deus enviou sobre o Egito. Vejamos.

> Enviou trevas, e tudo escureceu; e Moisés e Arão não foram rebeldes à sua palavra. Transformou-lhes as águas em sangue e assim lhes fez morrer os peixes. Sua terra produziu rãs em abundância, até nos aposentos dos reis. Ele falou, e vieram nuvens de moscas e piolhos em todo o seu país. Por chuva deu-lhe saraiva e fogo chamejante, na sua terra. Devastou-lhes os vinhedos e os figueirais e lhes quebrou as árvores dos seus termos. Ele falou, e vieram gafanhotos e saltões sem conta, os quais devoraram toda a erva do país e comeram o fruto dos seus campos. Também feriu de morte a todos os primogênitos da sua terra, as primícias do seu vigor (105:28-36).

Estou de pleno acordo com o que diz Derek Kidner quando diz que "O papel das pragas era convencer e advertir, e não somente castigar, isto é, elas se apresentam não para traçar o progresso do endurecimento de Faraó, mas para louvar o poder decisivo e versátil de Deus".[15] Como no salmo 78, as pragas não são mencionadas em ordem cronológica. Antes, o poeta realça as duas pragas finais (trevas e morte dos primogênitos), colocando as outras pragas entre elas. Além disso, duas delas (a praga sobre o gado e a praga dos tumores) são omitidas — esses versículos constituem um sumário de Êxodo 7:14—11:10:[16] Com a manifestação das pragas, diz Purkiser, "a rebelião dos egípcios foi quebrada, e o efeito cumulativo de todas as pragas foi demonstrar a superioridade do Deus de Israel sobre os deuses do Egito".[17]

O êxodo (105:37-41)

Quatro fatos são aqui destacados.

Em primeiro lugar, *uma saída com riqueza e saúde* (105:37). "Então, fez sair o seu povo, com prata e ouro, e entre as suas tribos não havia um só inválido". Os hebreus eram escravos, mas saíram ricos; estavam debaixo do chicote dos carrascos, submetidos a trabalhos forçados, mas não havia entre eles nenhum inválido. Nas palavras de Spurgeon, "[Yahweh]-Rafá os tinha curado; eles não levavam consigo nenhuma das doenças do Egito e não sentiam nada da exaustação que a escravidão amarga produz".[18] Warren Wiersbe diz que Israel deixou o Egito em triunfo, como um exército vitorioso, carregando os espólios da batalha (Êx 3:21,22; 11:1-3; 12:36,37; Gn 15:14).[19]

Em segundo lugar, *uma saída com respeito* (105:38). "Alegrou-se o Egito quando eles saíram, porquanto lhe tinham infundido terror". As pragas que Deus enviou à terra do Egito foram dez e demonstraram a majestade de Deus e a impotência dos deuses do Egito. Portanto, quando os hebreus saíram, a princípio eles ficaram aliviados.

Em terceiro lugar, *uma saída com proteção* (105:39). "Ele estendeu uma nuvem que lhes servisse de toldo e um fogo para os alumiar de noite". A coluna da nuvem durante o dia e a coluna de fogo durante a noite, guiando o povo pelo deserto, era não apenas uma manifestação do cuidado divino, mas também uma teofania revelando sua presença.

Em quarto lugar, *uma saída com provisão* (105:40,41). "Pediram, e Ele fez vir codornizes e os saciou com pão do céu. Fendeu a rocha, e dela brotaram águas, que correram, qual torrente, pelo deserto". Deus deu ao povo carne, pão do céu e água da rocha — ou seja, a provisão foi abundante.

A conquista da terra (105:42-45)

O salmo conclui com reiterada referência à aliança com Abraão. O êxodo foi o cumprimento do que Deus lhe havia prometido muito antes (Gn 15:13,14). O salmista passa do êxodo imediatamente para a conquista de Canaã. Não escreve coisa alguma sobre as faltas de Israel no Sinai (bezerro de ouro), no deserto (frequente murmuração) e em Cades-Barneia (recusa em entrar na Terra Prometida); afinal, o propósito do salmo é engrandecer as obras magníficas de Deus, não expor os grandes fracassos humanos.[20]

Destacamos aqui quatro pontos importantes.

Em primeiro lugar, *uma saída conforme prometida* (105:42). "Porque estava lembrado da sua santa palavra e de Abraão, seu servo". Deus tem compromisso com sua palavra e é fiel à sua aliança. "Nenhuma promessa falhou de todas as boas palavras que o SENHOR falara à casa de Israel; tudo se cumpriu" (Js 21:45).

Em segundo lugar, *uma conquista jubilosa* (105:43). "E conduziu com alegria o seu povo e, com jubiloso canto, os seus escolhidos". Israel tomou posse de uma terra completa, com casas, poços e vinhas que outros haviam trabalhado para conseguir (Dt 6:10-12.

Em terceiro lugar, *uma conquista dadivosa* (105:44). "Deu-lhes as terras das nações, e eles se apossaram do trabalho dos povos". O povo hebreu não apenas apossou-se da terra de Canaã, mas também de todas as benfeitorias da terra. Israel tomou posse de uma terra completa, com casas, poços e vinhas, que outros haviam trabalhado para conseguir (Dt 6:10-12). Nas palavras de Spurgeon, "eles habitaram em casas que não tinham edificado e colheram fruto de vinhas e oliveiras que não plantaram. Eles não se instalaram em um deserto que precisava ser recuperado, mas em uma terra fértil e cultivada cuidadosamente por seus habitantes. Como Adão, eles foram instalados em um jardim".[21]

Em quarto lugar, *uma conquista proposital* (105:45). "Para que lhe guardassem os preceitos e lhes observassem as leis. Aleluia!". O povo hebreu foi escolhido para ser obediente aos preceitos e às leis de Deus (Dt 6:24,25). A aliança exigia responsabilidades que o povo esperava honrar quando conformavam sua vida aos mandamentos de Deus e, assim, aprenderiam a santidade de seus caminhos.

O salmo que começou uma convocação ao louvor termina com um "Aleluia"!

Derek Kidner tem razão em dizer que o salmo termina com a nota positiva que manteve desde o início, detendo-se completamente no assunto da graça de Deus nesses eventos e passando por cima dos pecados dos redimidos que a desafiavam a cada passo — esses pecados serão o tema do salmo seguinte. No ínterim, o versículo final mostra por que a graça abundava: não a fim de que o pecado também abundasse, mas "a fim de que o preceito da lei se cumprisse em nós que não andamos segundo a carne, mas segundo o Espírito" (Rm 8:4).[22]

Notas

[1] Purkiser, W. T. "O livro de Salmos". In: *Comentário bíblico Beacon*, vol. 3. Rio de Janeiro: CPAD, 2015, p. 272.
[2] Wiersbe, Warren W. *Comentário bíblico expositivo*. São Paulo: Geográfica, Vol. 3. 2006, p. 265.
[3] Spurgeon, Charles H. *Os tesouros de Davi,* vol. 2. Rio de Janeiro: CPAD, 2018, p. 1015.
[4] Purkiser, W. T. "O livro de Salmos", p. 272.
[5] Spurgeon, Charles H. *Os tesouros de Davi*, vol. 2, p. 1017.
[6] Harman, Allan. *Salmos.* São Paulo: Cultura Cristã, 2011, p. 365.
[7] Harman, Allan. *Salmos*, p. 365.
[8] Spurgeon, Charles H. *Os tesouros de Davi*, vol. 2, p. 1020.
[9] Purkiser, W. T. "O livro de Salmos", p. 273.
[10] Wiersbe, Warren W. *Comentário bíblico expositivo*, vol. 3, p. 266.
[11] Spurgeon, Charles H. *Os tesouros de Davi*, vol. 2, p. 1021.
[12] Ibidem, p. 1022.
[13] Ibidem, p. 1022.
[14] Ibidem, p. 1024.
[15] Kidner, Derek. *Salmos 73-150: introdução e comentário.* São Paulo: Vida Nova, 2006, p. 394.

[16] HARMAN, Allan. *Salmos*, p. 367.
[17] PURKISER, W. T. "O livro de Salmos", p. 273.
[18] SPURGEON, Charles H. *Os tesouros de Davi*, vol. 2, p. 1026.
[19] WIERSBE, Warren W. *Comentário bíblico expositivo*, vol. 3, p. 267.
[20] Ibidem, p. 267.
[21] SPURGEON, Charles H. *Os tesouros de Davi*, vol. 2. 2017, p. 1028.
[22] KIDNER, Derek. *Salmos 73-150: introdução e comentário*. 2006, p. 395.

Capítulo 105

A rebeldia de Israel

(Sl 106:1-48)

ESSE É O ÚLTIMO salmo do Livro 4 do Saltério e o mais longo deles. Se o salmo 105 tratou da fidelidade do Senhor, este enfatiza a infidelidade de Israel. A jornada do Egito a Canaã foi uma saga de desobediência do povo que recebeu o favor divino. A maior parte do salmo é dedicada ao detalhamento dos pecados do povo de Israel no deserto. Concordo, porém, com Warren Wiersbe quando diz que o propósito do salmo não é condenar Israel, e sim exaltar ao Senhor por sua longanimidade e misericórdia para com seu povo.[1]

Derek Kidner diz que, apesar de desmascarar a ingratidão do homem, este salmo é de louvor, pois é a extraordinária longanimidade de Deus que emerge como o tema verdadeiro. Essa é a base da oração final (106:47) e dá realidade à doxologia que encerra não somente esse salmo, como também o quarto livro do Saltério (90-106).[2]

Muito provavelmente Davi foi o autor desse salmo, uma vez que parte dele (106:47,48) está mencionado em 1Crônicas 16:35,36. Destacaremos algumas verdades solenes no texto.

Um tributo de louvor vigoroso (106:1-3)

Esse salmo começa e termina com a palavra "Aleluia". Antes de tratar da infidelidade do povo da aliança, o autor exalta a Deus por sua fidelidade. Destacamos aqui três verdades preciosas.

Em primeiro lugar, *o Senhor deve ser adorado por quem Ele é* (106:1). "Aleluia! Rendei graças ao SENHOR, porque é bom; porque a sua misericórdia dura para sempre". A bondade e a misericórdia são duas irmãs gêmeas e caminham conosco como nossas guarda-costas (23:6). Porque Deus é bom, Ele nos dá o que não merecemos; porque é misericordioso, Ele não nos dá o que merecemos. Spurgeon diz que, para nós, criaturas necessitadas, a bondade de Deus é o primeiro atributo que incita o louvor, e esse louvor assume a forma de gratidão. A bondade para com os pecadores assume, outrossim, a forma de misericórdia; a misericórdia, portanto, deve ser uma nota dominante em nosso cântico.[3]

Em segundo lugar, *o Senhor deve ser louvado pelo que Ele faz* (106:2). "Quem saberá contar os poderosos feitos do SENHOR ou anunciar os seus louvores?". Os feitos de Deus são tão numerosos que não poderíamos contabilizá-los, pois transcendem nossa capacidade de enumerá-los

(139:17,18). Spurgeon pergunta: "Que língua de homem ou anjo pode descrever devidamente as grandes exibições do poder divino? Elas são impronunciáveis".[4]

Em terceiro lugar, *a felicidade da obediência* (106:3). "Bem-aventurados os que guardam a retidão e o que pratica a justiça em todo tempo". A desobediência é a genetriz do sofrimento, enquanto a obediência é a fonte da felicidade; sendo assim, os que guardam a retidão e praticam a justiça são bem-aventurados.

Uma oração fervorosa (106:4,5)

Destacamos dois pontos importantes.

Em primeiro lugar, *um clamor por salvação pessoal* (106:4). "Lembra-te de mim, SENHOR, segundo a tua bondade para com o teu povo; visita-me com a tua salvação". O salmista clama a Deus para se lembrar dele com bondade e visitá-lo com sua salvação, pois, de todas as dádivas, essa é a maior, e de todas as necessidades, essa é a mais urgente.

Em segundo lugar, *um anseio por restauração do povo* (106:5). "Para que eu veja a prosperidade dos teus escolhidos, e me alegre com a alegria do teu povo, e me regozije com a tua herança". Davi não anseia apenas por salvação pessoal; deseja, também, a prosperidade dos escolhidos de Deus, pois quer alegrar-se com a alegria do povo de Deus.

Uma confissão dolorosa (106:6)

Davi abre o cenário dos sete pecados de Israel no deserto, fazendo uma confissão pessoal e coletiva: "Pecamos, como nossos pais; cometemos iniquidade, procedemos mal". Ele não se exime de culpa nem desculpa os pecados dos pais.

Inclui-se em sua confissão e admite que, junto com seus antepassados, todos cometeram iniquidade e procederam mal. Derek Kidner diz que o versículo 6 faz essa confissão crucial, ligando o sempre recorrente "eles" de 7-39 com seu próprio "nós", transformando uma acusação em confissão. O homem moderno que canta esse salmo terá que fazer o mesmo, uma vez que os israelitas são os nossos antepassados eclesiásticos e os pecados deles são os nossos visivelmente demonstrados.[5]

Os sete pecados de Israel no deserto (106:7-33)

Vamos enfileirar aqui os pecados cometidos pelo povo de Israel.

Em primeiro lugar, *murmuração no Mar Vermelho* (106:7-12). Quatro fatos devem ser mencionados:

Primeiro, *uma ingratidão acintosa* (106:7). "Nossos pais, no Egito, não atentaram às tuas maravilhas; não se lembraram da multidão das tuas misericórdias e foram rebeldes junto ao mar, o mar Vermelho". Deus ouviu o clamor do povo, viu as suas lágrimas e desceu para os libertar; então, os tirou com mão forte e poderosa do jugo da escravidão e desbancou o panteão de deuses egípcios. Mas, quando o povo enfrentou o primeiro problema e se sentiu encurralado, tendo atrás o exército de Faraó e o mar Vermelho à frente (Ex 14:10-31), murmurou contra Deus — ou seja, logo eles se esqueceram dos grandes feitos de Deus. Nesse momento, nas palavras de Warren Wiersbe, "eles preferiram a segurança da escravidão aos desafios da liberdade".[6]

Segundo, *uma salvação providente* (106:8-10). "Mas Ele os salvou por amor do seu nome, para lhes fazer notório o seu poder. Repreendeu o mar Vermelho, e ele secou; e fê-los passar pelos abismos, como por um deserto. Salvou-os das mãos de quem os odiava e os remiu do poder do inimigo". Assim como o rio Nilo não foi a sepultura de Moisés, mas o caminho do seu livramento, o mar Vermelho não seria a muralha da prisão dos hebreus, impedindo-os de avançar, mas o caminho seco para eles passarem rumo à Terra Prometida. A salvação do povo não foi em virtude de seu mérito, mas apesar de seu demérito, visto que Deus os salvou por amor do seu próprio nome. Os inimigos altivos não prevaleceram, e onde a derrota parecia inevitável, o povo viu a derrota consumada de seus opressores.

Terceiro, *um juízo iminente* (106:11). "As águas cobriram os seus opressores; nenhum deles escapou". O mar Vermelho tornou-se a porta de escape dos hebreus e a sepultura dos egípcios.

Quarto, *um louvor vibrante* (106:12). "Então, creram nas suas palavras e lhe cantaram louvor". Em face do grande livramento de Deus, a murmuração foi transformada em adoração e o desespero em louvor.

Em segundo lugar, *impaciência infiel* (106:13-15). "Cedo, porém, se esqueceram das suas obras e não lhes guardaram os desígnios; entregaram-se à cobiça, no deserto; e tentaram a Deus na solidão. Concedeu-lhes o que pediram, mas lhe fez definhar a alma". A semente da incredulidade enterrada no coração do povo de Israel criou raízes e deu frutos amargos nos anos vindouros.[7] O povo tinha memória curta para agradecer as bênçãos e mente veloz para desobedecer aos preceitos divinos. A cobiça foi a marca registrada do povo. Eles tentaram a Deus até mesmo no anonimato da solidão, no interior de suas tendas. Insatisfeitos com o maná, pediram carne. Deus lhes deu o que pediram, mas lhes fez definhar a alma. Purkiser registra que o coração do homem, quando inclinado somente à satisfação dos seus desejos e apetites terrenos, sempre murcha e seca.[8] Spurgeon diz que a oração pode ser respondida com ira e negada com amor, pois o fato de Deus satisfazer o desejo de um homem não é prova de que o tal seja o objeto de favorecimento divino.[9]

Em terceiro lugar, *ciúme da autoridade de Moisés e Arão* (106:16-18). "Tiveram inveja de Moisés, no acampamento, e de Arão, o santo do SENHOR. Abriu-se a terra, e tragou a Datã, e cobriu o grupo de Abirão. Ateou-os um fogo contra o seu grupo; a chama abrasou os inimigos". O povo insurgiu-se não apenas contra Deus, mas também contra a liderança levantada por Ele. Tiveram inveja do profeta Moisés com seu cetro e do sacerdote Arão com sua mitra, e se autointitularam profetas e sacerdotes. Corá, Datã e Abirão conduziram outros 250 líderes proeminentes a desafiarem as funções exclusivas para as quais Moisés e Arão foram chamados por Deus (Nm 16:1-50).[10] O juízo divino foi imediato e consumado. Os rebeldes Corá, Datã e Abirão foram engolidos pela terra e os 250 homens foram consumidos pelo fogo enviado pelo Senhor. Deus tem mais de uma flecha na aljava; o fogo pode consumir aquele que o terremoto poupa. A insurreição liderada por Corá, Datã e Abirão contra os líderes apontados por Deus foi motivada pela inveja. Spurgeon diz que Corá não é mencionado porque a misericórdia se estendeu à sua casa, apesar dele mesmo perecer.[11] Derek Kidner destaca que há um paralelo estreito noutro resumo breve "por inveja" (Mt 27:18).[12] Concordo com Warren Wiersbe quando diz que "um elemento importante para o sucesso da obra do Senhor é o respeito pelos líderes escolhidos por Deus (Hb 13:7,17)".[13]

Em quarto lugar, *adoração do bezero de ouro em Horebe* (106:19-23). O salmista registra:

> Em Horebe, fizeram um bezerro e adoraram o ídolo fundido. E, assim, trocaram a glória de Deus pelo simulacro de um novilho que come erva. Esqueceram-se de Deus, seu Salvador, que, no Egito, fizera coisas portentosas, maravilhas na terra de Cam, tremendos feitos no mar Vermelho. Tê-los-ia exterminado, como dissera, se Moisés, seu escolhido, não se houvesse interposto, impedindo que sua cólera os destruísse (106:19-23).

Nos quarenta dias que Moisés esteve no monte Horebe, onde recebeu as tábuas da lei, o povo, impaciente pediu a Arão para fazer um deus para eles. Arão, usando os adereços de ouro do povo, fez um bezerro de ouro, e o povo passou a adorar aquele bezerro com danças sensuais. A ira de Deus se acendeu contra o povo, e o Senhor resolveu destruir aquela geração rebelde e começar um novo povo por meio de Moisés, mas este se colocou na brecha em favor do povo, e o Senhor ouviu sua oração. Somente a oração de Moisés salvou a nação da destruição.

Em quinto lugar, *incredulidade em Cades* (106:24-27). "Também desprezaram a terra aprazível e não deram crédito à sua palavra; antes, murmuraram em suas tendas e não acudiram à voz do Senhor. Então, lhes jurou, de mão erguida, que os havia de arrasar no deserto; e também derribaria entre as nações a sua descendência e os dispersaria por outras terras". Doze espias, príncipes representantes das doze tribos, foram enviados à Terra Prometida. De lá trouxeram as evidências de que a terra era boa e manava leite e mel. Porém, dez dos doze espias infamaram a terra, dizendo que lá havia cidades fortificadas e gigantes e que eles, aos olhos daqueles gigantes, eram como gafanhotos e aos seus próprios olhos se viam como gafanhotos. Esse relatório, eivado de incredulidade, alarmou o povo, e Deus jurou que toda aquela geração incrédula perambularia por quarenta anos, morreria no deserto e não entraria na terra. Somente Josué e Calebe, os dois espias que ousaram crer nas promessas de Deus atravessam o Jordão para conquistar a terra. A incredulidade fez toda aquela geração perecer no deserto, e a mesma incredulidade fez o povo perambular entre as nações (Lv 26:33-35; Dt 28:64-68). Nas palavras de Warren Wiersbe, "aquilo que deveria ter sido uma grande marcha de vitória triunfante, transformou-se numa trágica marcha fúnebre".[14] Spurgeon diz que, da incredulidade à murmuração a passagem é breve e natural; eles chegaram a chorar quando tinham o melhor fundamento para se alegrar. Murmurar é um grande pecado, não mera fraqueza; ele contém em si a descrença, o orgulho, a rebeldia e toda uma hoste de pecados.[15] Certamente foi a descrença o maior obstáculo para a entrada do povo na Terra Prometida (Hb 3:7-19).

Em sexto lugar, *idolatria em Baal-Peor* (106:28-31). "Também se juntaram a Baal-Peor e comeram os sacrifícios dos ídolos mortos. Assim, com tais ações, o provocaram à ira; e grassou peste entre eles. Então, se levantou Fineias e executou o juízo; e cessou a peste. Isso lhe foi imputado por justiça, de geração em geração, para sempre". Em Sitim o povo de Israel começou a prostituir-se com as filhas dos moabitas. Israel juntou-se às orgias com as quais os adoradores de Baal celebravam a sua detestável adoração. O povo cometeu não apenas adultério, mas também idolatria, pois sacrificaram aos deuses pagãos, então, a ira de Deus mais uma vez ardeu como fogo, e uma praga vinda da parte de Deus matou 24 mil hebreus (Nm 25:9). A licenciosidade aberta e a idolatria confessa eram muito gritantes para serem ignoradas. As ofensas clamavam por julgamento, e o julgamento veio imediatamente. Fineias, neto de Arão, tomado pelo zelo do Senhor, atravessou com uma lança Zinri, da tribo de Simeão, e Cosbi, uma mulher midianita, que se prostituíam, e, assim, cessou a ira de Deus sobre o povo. Justamente como a fé de Abraão lhe fora creditada como justiça (Gn 15:6), assim este ano foi creditado a Fineias. Deus entrou em aliança de paz com ele, pela qual a ele e a seus descendentes foi dado um sacerdócio perene (Nm 25:10-13; Ml 2:4-6).[16] Concordo com Spurgeon quando diz que nenhuma ambição pessoal, vingança privada, paixão egoísta ou mesmo fanatismo inspiraram o homem de Deus, mas sim o zelo por Deus, a indignação diante da imundícia aberta e o verdadeiro patriotismo.[17]

Purkiser destaca que *Baal* é um nome genérico de qualquer deus cananeu de fertilidade. *Peor* pode ter sido o nome de um monte onde estava localizado um dos santuários moabitas de fertilidade. A adoração do baal cananeu incluía o culto à prostituição, ou seja, a união com a prostituta do santuário supostamente constituía a união com o deus do santuário.[18]

Em sétimo lugar, *incredulidade em Meribá* (106:32,33). "Depois, o indignaram nas águas de Meribá, e, por causa deles, sucedeu mal a Moisés, pois foram rebeldes ao Espírito de Deus, e Moisés falou irrefletidamente". O pecado de Meribá é colocado por último aqui porque envolvia Moisés. Em Meribá, o povo vai a Moisés murmurando contra ele e pedindo água. Moisés e Arão se prostram diante de Deus, na porta da tenda da congregação. Deus disse a Moisés para pegar a vara e falar à rocha e dela brotaria água para o povo e para seus animais. Moisés, porém, em vez de obedecer ao Senhor e falar à rocha, a feriu. Deus não se agradou da incredulidade de Moisés e Arão, e afirmou que eles não fariam introduzir o povo na Terra Prometida (Nm 20:2-13).

A desobediência em Canaã (106:34-39)

Assim registra o salmista:

> Não exterminaram os povos, como o Senhor lhes ordenara. Antes, se mesclaram com as nações e lhes aprenderam as obras; deram culto aos seus ídolos, os quais se lhes converteram em laço; pois imolaram seus filhos e suas filhas aos demônios e derramaram sangue inocente, o sangue de seus filhos e filhas, que sacrificaram aos ídolos de Canaã; e a terra foi contaminada com sangue. Assim se contaminaram com as suas obras e se prostituíram no seus feitos (106:34-39).

A segunda geração, que nasceu no deserto, entrou na Terra Prometida, mas não mudou a sua conduta. Eles deixaram de atender à orientação divina e, em vez de expulsar os cananitas, como Deus havia ordenado, passaram a conviver com eles e adorar os seus deuses, chegando ao extremo de sacrificar seus filhos e suas filhas a esses ídolos pagãos — em outras palavras, mancharam a terra de sangue inocente, o sangue de seus próprios filhos. Purkiser diz que a idolatria foi a maldição e o laço dos israelitas desde o êxodo até o exílio. Eles foram curados somente pelo rigoroso fogo do cativeiro babilônico.[19]

Os repetidos juízos de Deus (106:40-42)

O salmista registra os juízos de Deus sobre o povo da seguinte maneira: "Acendeu-se, por isso, a ira do SENHOR contra o seu povo, e ele abominou a sua própria herança e os entregou ao poder das nações; sobre eles dominaram os que os odiavam. Também os oprimiram os seus inimigos, sob cujo poder foram subjugados". Israel não caiu nas mãos de seus vários inimigos no período dos juízes e também da monarquia porque esses inimigos eram poderosos. Foi o próprio Deus que entregou seu povo nas mãos de seus inimigos, os quais foram a vara da ira de Deus para disciplinar o seu povo. Mais tarde, as dez tribos do norte caíram nas mãos da Assíria e as duas tribos do sul caíram nas mãos da Babilônia, mostrando que Deus é fiel tanto na aplicação de suas bênçãos como no exercício de sua disciplina.

As repetidas misericórdias de Deus (106:43-46)

O salmista, registra de igual modo, as reiteradas misericórdias divinas:

> Muitas vezes os libertou, mas eles o provocaram com os seus conselhos e, por sua iniquidade, foram abatidos. Olhou-os, contudo, quando estavam angustiados e lhes ouviu o clamor; lembrou-se, a favor deles, de sua aliança e se compadeceu, segundo a multidão de suas misericórdias. Fez também que lograssem compaixão de todos os que os levaram cativos (106:43-46).

No longo período dos juízes, por mais de três séculos, Deus trouxe vez após vez livramento ao povo. Sempre que o inimigo prevalecia e o povo se voltava para Deus, quebrantado, suplicando misericórdia, o Senhor estendia sua mão para libertá-lo. O povo, porém, ao se ver livre, voltava à prática do pecado e era submetido novamente ao domínio estrangeiro, e esse círculo vicioso durou mais de 300 anos. Deus, lembrando-se de sua aliança, compadeceu-se do povo, e, por causa da multidão de suas misericórdias, não os deixou perecer nas mãos de seus inimigos.

A oração final e a doxologia (106:47,48)

Destacamos três verdades preciosas aqui.

Em primeiro lugar, *um pedido veemente* (106:47a). "Salva-nos, SENHOR, nosso Deus, e congrega-nos de entre as nações...". O último pedido do salmista é por livramento das mãos dos inimigos opressores que subjugaram Israel, e esse pedido parece sugerir que este é um salmo pós-cativeiro babilônico. Deus dispersou o seu povo e também o trouxe de volta à sua terra, pois o mesmo Deus que disciplina, também restaura.

Em segundo lugar, *uma razão eloquente* (106:47b). "[...] para que demos graças ao teu santo nome e nos gloriemos no teu louvor". A motivação do autor em pedir libertação é para que o povo exalte a Deus e exulte-se em Deus, o libertador. Deus é melhor do que as dádivas de Deus, e a presença dele é mais importante do que as melhores bênçãos. Além disso, a identidade do povo de Deus é a adoração a Ele.

Em terceiro lugar, *uma doxologia exultante* (106:48). "Bendito seja o SENHOR, Deus de Israel, de eternidade a eternidade; e todo o povo diga: Amém! Aleluia!". Como esse salmo encerra o Livro 4 do Saltério, segue-se o mesmo padrão dos outros salmos que encerraram os três primeiros livros (41, 72, 89), ou seja, o poema fecha com uma doxologia. O salmo que começou com a palavra "Aleluia" conclui com a mesma expressão de exaltação ao nome do Senhor. O versículo 48 forma uma coroa apropriada, cujo tema tem sido a fidelidade de Deus de geração em geração, por isso o Senhor deve ser exaltado de eternidade a eternidade. Sendo assim, que o nosso coração irrompa num sonoro Amém, Aleluia!

Notas

[1] WIERSBE, Warren W. *Comentário bíblico expositivo,* vol. 3. São Paulo: Geográfica, 2006, p. 268.
[2] KIDNER, Derek. *Salmos 73-150: introdução e comentário.* 2006, p. 395.
[3] SPURGEON, Charles H. *Os tesouros de Davi,* vol. 2. São Paulo: Vida Nova, 2017, p. 1048.
[4] SPURGEON, Charles H. *Os tesouros de Davi,* vol. 2, p. 1048.
[5] KIDNER, Derek. *Salmos 73-150: introdução e comentário,* p. 396.
[6] WIERSBE, Warren W. *Comentário bíblico expositivo,* vol. 3, p. 268.
[7] WIERSBE, Warren W. *Comentário bíblico expositivo,* vol. 3, p. 269.
[8] PURKISER, W. T. "O livro de Salmos". In: *Comentário bíblico Beacon,* vol. 3. Rio de Janeiro: CPAD, 2015, p. 275.
[9] SPURGEON, Charles H. *Os tesouros de Davi,* vol. 2. Rio de Janeiro: CPAD, 2018, p. 1052.
[10] HARMAN, Allan. *Salmos.* São Paulo: Cultura Cristã, 2011, p. 370.
[11] SPURGEON, Charles H. *Os tesouros de Davi,* vol. 2. 2017, p. 1053.
[12] KIDNER, Derek. *Salmos 73-150: introdução e comentário,* p. 397.
[13] WIERSBE, Warren W. *Comentário bíblico expositivo,* vol. 3, p. 269.
[14] WIERSBE, Warren W. *Comentário bíblico expositivo,* vol. 3. 2006, p. 270.
[15] SPURGEON, Charles H. *Os tesouros de Davi,* vol. 2. 2017, p. 1055.
[16] HARMAN, Allan. *Salmos.* 2011, p. 371.
[17] SPURGEON, Charles H. *Os tesouros de Davi,* vol. 2. 2017, p. 1057.
[18] PURKISER, W. T. "O livro de Salmos". In: *Comentário bíblico Beacon, vol. 3. Rio de Janeiro: CPAD,* 2015, p. 275.
[19] PURKISER, W. T. "O livro de Salmos". In: *Comentário bíblico Beacon, vol. 3. Rio de Janeiro: CPAD,* 2015, p. 276.

LIVRO 5
(Salmos 107—150)

Esse é o quinto e o último livro do Saltério. É, também, o mais extenso em termos de conteúdo, bem como em número de salmos. A maioria dos salmos do Livro 5 é dedicado à adoração pública. Poucos apresentam título, e a maioria dos títulos refere-se somente à autoria ou dedicação. Temos treze salmos de Davi, um de Salomão e catorze Salmos de Degraus.

Purkiser destaca que temos no Livro 5 quatro coleções menores. A primeira é chamada "O Hillel egípcio", salmos 113—118. A segunda é a coleção dos "Cânticos dos Degraus ou Cânticos de Romagem, salmos 120—134. A terceira é chamada "uma pequena coleção de Davi", salmos 138—145. A última é conhecida como "O Grande Hillel", salmos 146—150.[1]

NOTAS

[1] KAISER, W. T. "O livro de Salmos". In: *Comentário bíblico Beacon*, vol. 3. Rio de Janeiro: CPAD, 2015, p. 277.

Capítulo 106

O clamor dos angustiados

(Sl 107:1-43)

Esse salmo anônimo tem uma estreita conexão com os dois salmos precedentes (105,106). Se o salmo 105 fala da fidelidade de Deus na libertação de Israel do cativeiro egípcio e o salmo 106 trata da infidelidade de Israel desde sua peregrinação no deserto até sua instalação da Terra Prometida, o salmo 107 fala das diversas situações que o povo viveu no cativeiro babilônico e como Deus o livrou em resposta ao seu clamor. Nas palavras de Purkiser, "este salmo nos ensina não somente que a providência de Deus está sobre os homens, mas que seu ouvido está aberto às suas orações".[1]

Há dois refrões nesse salmo dignos de destaque. Primeiro, a expressão: "Então, na sua angústia clamaram ao Senhor..."

(107:6,13,19,28). Segundo, a expressão: "Rendam graças por sua bondade..." (107:8,15,21,31). Spurgeon diz que o salmista compara a história do povo à dos viajantes perdidos no deserto, à dos prisioneiros acorrentados na odiosa masmorra, à dos enfermos moribundos e à dos marinheiros sacudidos pela tempestade.[2] Myer Pearlman divide o salmo de forma semelhante: o viajante aflito (107:1-9); o prisioneiro oprimido (107:10-16); o enfermo angustiado (107:17-21); o marinheiro aterrorizado (107:23:31).[3]

Nessa mesma toada, Derek Kidner diz que a peça central desse salmo marcante é o grupo de quatro retratos em palavras de más situações humanas e de intervenções divinas. O fato de que esta composição celebra a volta dos exilados sugere a possibilidade de que tais episódios são quatro meios diferentes de descrever a triste situação da qual a nação foi libertada.[4]

Livramento das mãos dos inimigos (107:1-3)

Três verdades preciosas são destacadas aqui.

Em primeiro lugar, *louvor pela excelência dos atributos divinos* (107:1). "Rendei graças ao SENHOR, porque é bom e a sua misericórdia dura para sempre". O salmista conclama o povo a render graças ao Senhor pela sua bondade e misericórdia, dois atributos que caminham juntos. Porque Deus é bom, ele nos dá o que não merecemos, ou seja, a sua graça; porque Deus é misericordioso, ele não nos dá o que merecemos, ou seja o seu juízo.

Em segundo lugar, *louvor pela grandeza da libertação divina* (107:2). "Digam-no os remidos do SENHOR, os que ele resgatou da mão do inimigo". Se de fato este é um salmo pós-cativeiro, os remidos do Senhor foram tirados da fornalha da escravidão para a liberdade dos filhos de Deus. Eles retornaram à sua terra como uma geração de adoradores. Spurgeon diz, com razão, que os remidos têm razões decisivas para declarar a bondade do Senhor. A sua redenção é uma redenção peculiar, pois o Redentor é tão glorioso, o preço do resgate é tão imenso e a redenção é tão completa que eles estão sob múltiplas obrigações de dar graças ao Senhor e de exortar outros para que façam o mesmo.[5]

Em terceiro lugar, *louvor pela plena restauração divina* (107:3). "E congregou de entre as terras, do Oriente e do Ocidente, do Norte e do mar". O povo foi disperso entre as nações, mas de lá Deus o trouxe de volta. A palavra "congregou" responde precisamente à oração de Salmos 106:47: "Salva-nos, Senhor, nosso Deus, e congrega-nos de entre as nações, para que demos graças ao teu santo nome e nos gloriemos no teu louvor". Em outras palavras, Deus disciplina e restaura; dispersa e congrega.

Livramento das tribulações do deserto (107:4-9)

Os versículos 4 e 5 falam do desconforto dos exilados, mas essas condições físicas, porém, não eram insuportáveis na Babilônia, pois muitos ficaram tão satisfeitos com sua vida lá que nunca retornaram para a Palestina. Entretanto, para os verdadeiros devotos, o exílio era como uma peregrinação sem lar no deserto.[6] Vejamos:

Em primeiro lugar, *a caminhada sem rumo* (107:4). "Andaram errantes pelo deserto, por ermos caminhos, sem achar cidade em que habitassem". O deserto não é lugar de estradas nem de cidades, e quem caminha pelo deserto não tem rumo nem pouso. Warren Wiersbe diz que a viagem da Babilônia a Judá era longa e não faltavam perigos pelo caminho, mas o Senhor levou seu povo de volta para casa em segurança (Ed 1—2; Is 41:14-20; 43:1-21).[7]

Em segundo lugar, *a caminhada sem provisão* (107:5). "Famintos e sedentos, desfalecia neles a alma". A caminhada no deserto era marcada não apenas pela falta de rumo e de destino, mas, também, pela falta de provisão, uma vez que ninguém caminha seguro pelo deserto sem comida e sem água. Resumindo, o bornal sem pão e o cantil sem água lavram uma sentença de morte aos errantes do deserto.

Em terceiro lugar, *o clamor atendido* (107:6). "Então, na sua angústia, clamaram ao SENHOR, e Ele os livrou das suas tribulações". Aqui está o primeiro estribilho desse salmo (107:6,13,19,28). No aperto e na angústia, o povo voltava-se para o Senhor e clamava por socorro, e, imediatamente, o Senhor providenciava o livramento. Spurgeon destaca que, se a fome nos puser de joelhos, ela será mais útil para nós do que os banquetes; se a sede nos levar à fonte, ela será melhor do que os mais profundos goles da alegria terrena; e se a fraqueza levar ao clamor, ela será melhor do que a força dos poderosos.[8]

Em quarto lugar, *a direção concedida* (107:7). "Conduziu-os pelo caminho direito, para que fossem à cidade em que habitassem". Aos errantes o Senhor dá direção e pouso seguro. Spurgeon destaca que há muitos caminhos errados, mas um único correto, e neste ninguém pode nos liderar, exceto o próprio Deus. Ele conduziu os perdidos para fora dos labirintos intransitáveis do deserto; ele encontrou o caminho, fez o caminho e os capacitou a andar por ele, mesmo estando frágeis e famintos.[9] Na verdade, o Senhor abre caminhos no deserto, na jornada supre seu povo com água e comida, conduzindo-o a cidades fortificadas.

Em quinto lugar, *o motivo para o louvor* (107:8,9). "Rendam graças ao Senhor por sua bondade e por suas maravilhas para com os filhos dos homens! Pois dessedentou a alma sequiosa e fartou de bens a alma faminta". O povo deve bendizer ao Senhor por sua bondosa providência de farta provisão. Mesmo que a nossa despensa esteja vazia, os celeiros de Deus continuam cheios; mesmo que a nossa fonte tenha secado, os mananciais de Deus continuam jorrando.

Livramento das prisões do cativeiro (107:10-16)

Destacamos quatro fatos solenes aqui.

Em primeiro lugar, *a descrição da prisão* (107:10). "Os que se assentam nas trevas e nas sombras da morte, presos de aflição e em ferros". O povo de Israel, por desobedecer ao Senhor, foi levado para o cativeiro, oprimido e subjugado pelos caldeus. A prisão não foi apenas física, em ferros, mas também emocional, pois eram presos de aflição (2Cr 36:15-23) e estavam engaiolados num mundo estreito demais, em verdadeiras masmorras emocionais.

Em segundo lugar, *o motivo da prisão* (107:11,12). "Por terem rebelado contra a Palavra de Deus e haverem desprezado o conselho do Altíssimo, de modo que lhes abateu com trabalhos o coração — caíram, e não houve quem os socorresse". O motivo do cativeiro foi a rebelião contra Deus e sua palavra. As prisões orientais eram lugar de trabalhos forçados, onde os prisioneiros precisavam trabalhar como animais de carga e, portanto, não tinham liberdade nem descanso. Com ferros e submetidos a trabalhos forçados, caíam sob o peso da carga, e não havia ninguém para lhes estender a mão; em resumo, além de opressão, viviam também em total desprezo.

Em terceiro lugar, *o clamor atendido* (107:13,14). "Então, na sua angústia, clamaram ao SENHOR, e Ele os livrou das suas tribulações. Tirou-os das trevas e das sombras da morte e lhes despedaçou as cadeias". Ao se verem presos e oprimidos, clamaram ao Senhor, que os ouviu e tirou-os das trevas, das sombras da morte e despedaçou suas cadeias. Deus usou Ciro, um rei pagão, para libertar seu povo (Is 45:1-7). Allan Harman destaca que Deus enviou seu povo ao cativeiro, porém, em concordância com sua promessa (Lv 26:40-45), quando se humilhassem e lhe clamassem, Deus mesmo responderia com misericórdia.[10]

Em quarto lugar, *o motivo para o louvor* (107:15,16). "Rendas graças ao SENHOR por sua bondade e por suas maravilhas para com os filhos dos homens! Pois arrombou as portas de bronze e quebrou as trancas de ferro". O povo é conclamado a render graças ao Senhor por sua bondosa libertação. As portas de bronze foram arrombadas e as trancas de ferro, quebradas, e o povo ficou livre, cumprindo a promessa de Isaías 45:2. Nas palavras de Purkiser, "nenhum poder do homem pode levantar-se contra o poder de Deus quando ele se levanta para libertar o seu povo".[11]

Livramento das enfermidades (107:17-22)

Destacamos cinco fatos no texto em apreço.

Em primeiro lugar, *os motivos das enfermidades* (107:17). "Os estultos, por causa do seu caminho de transgressão e por causa das suas iniquidades, serão afligidos". Nem toda enfermidade tem como origem pecado pessoal (Jo 9:1-3;

2Co 12:7-10), porém, há enfermidades que são uma decorrência da desobediência aos preceitos divinos. Nas palavras de Allan Harman, "outras maldições pactuais constituíam a ameaça de doenças divinamente impostas (Lv 26:16,25; Dt 28:20-22,35,58-61)".[12] O povo estava sendo afligido por enfermidades *hamartiagênicas,* ou seja, enfermidades geradas pelo pecado. Nas palavras de Derek Kidner, "a triste situação descrita aqui é certamente a doença, mas não o tipo de doença que fica isento de culpa".[13]

Em segundo lugar, *os sintomas das enfermidades* (107:18a). "A sua alma aborreceu toda sorte de comida...". A inapetência é um sintoma da enfermidade. O alimento delicioso e nutritivo produz náusea. O apetite se afasta dos homens quando estes estão enfermos. O melhor dos alimentos lhes é abominável, e o seu estômago se revolta contra ele.

Em terceiro lugar, *a gravidade das enfermidades* (107:18b). "[...] e chegaram às portas da morte". A falta de apetite debilitou o corpo surrado pela doença, e o resultado foi que o povo chegou à beira da sepultura. Spurgeon diz que, da falta de comida e do poder destruidor da sua enfermidade, eles deslizam gradualmente, descendo até que estejam à porta da sepultura; o talento do médico não é suficiente para deter o seu declínio. Assim, é com as almas afligidas, elas sentem tal sensação de pecado, que não conseguem encontrar consolação nas melhores promessas, mas se afastam, com repugnância, do evangelho, de modo que gradualmente declinam ao sepulcro do desespero.[14]

Em quarto lugar, *o clamor atendido* (107:19,20). "Então, na sua angústia, clamaram ao SENHOR, e Ele os livrou das suas tribulações. Enviou-lhes a sua palavra, e os sarou, e os livrou do que lhes era mortal". O povo clama e Deus atende; o povo pede livramento das tribulações e Deus envia-lhe sua palavra curadora; o povo pede livramento e Deus o liberta do que lhes era mortal. Concordo com Spurgeon quando diz que a oração é tão eficaz em um leito de doença como no deserto ou na prisão; ela pode ser feita em todos os lugares e circunstâncias, com resultado assegurado.[15] É digno de nota que o homem é curado não apenas pelos remédios, mas, também, pela palavra de Deus, pois as promessas de Deus são medicina para a alma aflita e para o corpo enfermo.

Em quinto lugar, *o motivo para o louvor* (107:21,22). "Rendam graças ao SENHOR por sua bondade e por suas maravilhas para com os filhos dos homens! Ofereçam sacrifícios de ações de graças e proclamem com júbilo as suas obras!". A bondade Deus é a fonte de suas múltiplas maravilhas manifestadas a nós em seus atos de direção, provisão, cura e livramento.

Livramento dos perigos do mar (107:23-32)

Destacamos aqui quatro fatos importantes.

Em primeiro lugar, *os perigos da navegação* (107:23-26a). "Os que, tomando navios, descem aos mares, os que fazem tráfico na imensidade das águas, esses veem as obras do SENHOR e as suas maravilhas nas profundezas do abismo. Pois ele falou e fez levantar o vento impetuoso, que elevou as ondas do mar. Subiram até aos céus, desceram até aos abismos...". Os israelitas não eram peritos em navegação como os fenícios, e a navegação naquele tempo era uma atividade muito arriscada. O mar, como um deserto líquido, cheio de perigos e mistérios, era um desafio para eles, uma vez que as procelas do mar, a fúria do vento e as ondas revoltas faziam da navegação uma aventura assaz perigosa.

Em segundo lugar, *os dramas dos navegadores* (107:26b, 27). "[...] no meio destas angústias, desfalecia-lhes a alma. Andaram, e cambalearam como ébrios, e perderam todo o tino". Os navegadores eram encurralados por perigos medonhos e mortais, e, nas angústias das tempestades em alto-mar, chegavam a ponto de desfalecer a alma e ficar avariados como bêbados, sem qualquer controle do navio. No bramido das ondas viam a carranca da morte, e esta lhes parecia inevitável.

Em terceiro lugar, *o clamor atendido* (107:28-30). "Então, na sua angústia clamaram ao SENHOR, e Ele os livrou das suas tribulações. Fez cessar a tormenta, e as ondas se acalmaram. Então, se alegraram com a bonança; e, assim, os levou ao desejado porto". No epicentro da tempestade, clamaram e foram imediatamente atendidos. O mar se aquietou. O vento cessou. A bonança chegou e o navio foi conduzido, em segurança, ao porto desejado.

Em quarto lugar, *o motivo para o louvor* (107:31,32). "Rendam graças ao SENHOR por sua bondade e por suas maravilhas para com os filhos dos homens! Exaltem-no também na assembleia do povo e o glorifiquem no conselho dos anciãos". A bondade de Deus mais uma vez se destaca como a fonte generosa do livramento divino, mostrando que o socorro não é fundamentado no merecimento de quem suplica, mas na bondade de quem atende ao clamor.

Livramento da terra (107:33-38)

Warren Wiersbe diz que a abordagem muda nesta passagem, e a atenção volta-se para o Senhor, não mais para aqueles que estão em dificuldades. O Senhor pode transformar o jardim num deserto e o deserto num jardim (Is 41:18). Deus pode julgar a terra em função da transgressão do seu povo, mas também pode sará-la e abençoá-la em função da fé e da obediência de seu povo. Trata-se de uma parte de sua relação de aliança com Israel (Dt 18:25,22-24,58,59,62,63).[16]

Derek Kidner diz que, nesta seção final do salmo, o autor desenvolve o tema das grandes reviravoltas que Deus se deleita em levar a efeito nos negócios humanos.[17] O mesmo autor diz que o salmo agora deixa de lado o padrão de calamidade–grito–salvamento–ações de graças para tirar uma conclusão que ressalta a lição da soberania de Deus.[18] Vejamos.

Em primeiro lugar, *quando Deus age com juízo* (107:33, 34). "Ele converte rios em deserto e mananciais, em terra seca; terra frutífera, em deserto salgado, por causa da maldade dos seus habitantes". Assim como pelo pecado de Adão a terra produziu espinhos, cardos e abrolhos, do mesmo modo hoje Deus traz seu juízo sobre a natureza por causa da maldade dos homens, transformando pomares frutuosos em desertos esbraseantes.

Em segundo lugar, *quando Deus age com benevolência* (107:35-38). "Converteu o deserto em lençóis de água e a terra seca, em mananciais. Estabeleceu aí os famintos, os quais edificaram uma cidade em que habitassem. Semearam campos, e plantaram vinhas, e tiveram fartas colheitas. Ele os abençoou, de sorte que se multiplicaram muito; e o gado deles não diminuiu". Deus é fiel tanto na disciplina como na restauração, e Ele não somente faz o jardim transformar-se num deserto, mas também faz um deserto transformar-se em jardins engrinaldados de flores e em campos farturosos (Is 35:6,7). O Senhor converte os lugares mais secos da terra em lençóis freáticos e os desertos em mananciais, e faz não apenas o seu povo se multiplicar, mas também lhes multiplica os rebanhos e as abundantes colheitas.

Livramento das adversidades (107:39-42)

Allan Harman diz que a seção final da recordação histórica trata da devastação causada pela invasão. Parte do castigo de Deus contra os pecados de seu povo consiste em permitir a invasão de sua terra. Tinham de enfrentar ataques dos poderosos exércitos tais como os dos sírios (2Rs 6:24,25), assírios (2Rs 17:3-5; 18:13-15) e babilônios (2Rs 25:1-26). Tais ataques trouxeram grande devastação à terra e eram particularmente humilhantes aos líderes da nação.[19] Vejamos:

Em primeiro lugar, *quando Deus disciplina seu povo* (107:39,40). "Mas tornaram a reduzir-se e foram humilhados pela opressão, pela adversidade e pelo sofrimento. Lança ele o desprezo sobre os príncipes e os faz andar errantes, onde não há caminho". O Senhor convoca exércitos estrangeiros como a Babilônia para invadir a terra, usando-os para disciplinar os líderes (Jó 12:21,24).[20]

Em segundo lugar, *quando Deus restaura seu povo* (107:41,42). "Mas levanta da opressão o necessitado, para um alto retiro, e lhe prospera famílias como rebanho. Os retos veem isso e se alegram, mas o ímpio por toda a parte fecha a boca". O propósito de Deus em disciplinar seu povo não é destruí-lo, mas purificá-lo e, a seu tempo, restaurá-lo. Em face da restauração de Deus, os perversos são silenciados. Warren Wiersbe destaca que o último parágrafo (107:39-42) traz à memória o cântico de Maria em Lucas 1:46-55.[21]

Conclusão (107:43)

O salmo conclui assim: "Quem é sábio atente para essas coisas e considere as misericórdias do SENHOR" (107:43). Allan Harman destaca que o poeta termina sua composição de uma maneira que lembra o fim da profecia de Oseias (Os 14:9), uma vez que ambos terminam com a indagação: "Quem é sábio?", dirigindo a atenção para a função de ministrar o ensino do que precede imediatamente.[22] Precisamos aprender com os erros dos outros para não incorrermos nas mesmas transgressões e sofrermos as mesmas sanções.

Derek Kidner diz que, neste quadro quádruplo da triste situação da qual houve livramento, o leitor deve se reconhecer a si mesmo, e é a fidelidade de Deus que agora deve louvar com nova compreensão.[23] Resta, portanto, afirmar que ser sábio é dar ouvidos à Palavra de Deus, pois a obediência produz frutos deliciosos, mas a rebeldia é amarga e aciona o braço da disciplina.

NOTAS

[1] PURKISER, W. T. "O livro de Salmos". In: *Comentário bíblico Beacon*, vol. 3. Rio de Janeiro: CPAD, 2015, p. 277.
[2] SPURGEON, Charles H. *Os tesouros de Davi*, vol. 2. Rio de Janeiro: CPAD, 2018, p. 1088.
[3] PEARLMAN, Myer. *Salmos*. Rio de Janeiro: CPAD, 1977, p. 122-126.
[4] KIDNER, Derek. *Salmos 73—150: introdução e comentário*. São Paulo: Vida Nova, 2006, p. 400.

[5] SPURGEON, Charles H. *Os tesouros de Davi*, vol. 2, p. 1089.
[6] PURKISER, W. T. "O livro de Salmos", p. 278.
[7] WIERSBE, Warren W. *Comentário bíblico expositivo*, vol. 3. São Paulo: Geográfica, 2006, p. 272.
[8] SPURGEON, Charles H. *Os tesouros de Davi*, vol. 2, p. 1090.
[9] Ibidem, p. 1091.
[10] HARMAN, Allan. *Salmos*. São Paulo: Cultura Cristã, 2011, p. 374.
[11] PURKISER, W. T. "O livro de Salmos", p. 278.
[12] HARMAN, Allan. *Salmos*, p. 375.
[13] KIDNER, Derek. *Salmos 73—150: introdução e comentário*, p. 402.
[14] SPURGEON, Charles H. *Os tesouros de Davi*, vol. 2, p. 1094.
[15] Ibidem, p. 1094.
[16] WIERSBE, Warren W. *Comentário bíblico expositivo*, vol. 3, p. 273.
[17] KIDNER, Derek. *Salmos 73—150: introdução e comentário*, p. 400.
[18] Ibidem, p. 403.
[19] HARMAN, Allan. *Salmos*, p. 376.
[20] WIERSBE, Warren W. *Comentário bíblico expositivo*, vol. 3. 2006, p. 273.
[21] WIERSBE, Warren W. *Comentário bíblico expositivo*, vol. 3. 2006, p. 273.
[22] HARMAN, Allan. *Salmos*, p. 377.
[23] KIDNER, Derek. *Salmos 73—150: introdução e comentário*, p. 403.

Capítulo 107

Um coração firme

(Sl 108:1-13)

Esse salmo de Davi é uma compilação de Salmos 57:7-11 (108:1-5) e de Salmos 60:5-12 (108:6-13). Warren Wiersbe diz que a verdade de Deus pode ser adaptada a situações novas, e cânticos mais antigos podem se tornar um "cântico novo" quando novos desafios são superados com uma teologia imutável.[1]

Como já expusemos Salmos 57:7-11 e 60:5-12 no primeiro volume desta obra, vamos apresentar aqui apenas um resumo do que lá foi exposto.

Um louvor transcendente (108:1-5)

Davi destaca, no texto em apreço, algumas verdades importantes.

Em primeiro lugar, *o coração firme* (108:1a). "Firme está o meu coração, ó Deus!...". O coração de Davi, mesmo sob circunstâncias medonhas, está firme para louvar a Deus. Esse é o louvor ultracircunstancial. É o louvor que brota de olhos molhados de lágrimas. É o louvor daqueles que, com os pés no tronco, exaltam a Deus nas noites escuras, como Paulo e Silas em Filipos. Um coração firme é aquele que se apega às promessas do Senhor e não vacila entre a dúvida e a fé. Spurgeon registra o seguinte: "As rodas de um carro giram, mas o eixo não; as asas de um moinho se movem com o vento, mas o moinho propriamente dito não se move; a terra é levada ao redor da sua órbita, mas o seu centro é fixo. Assim, o cristão deve ser capaz de dizer entre cenários variáveis e a sorte mutável: Firme está o meu coração, ó Deus".[2]

Em segundo lugar, *os lábios abertos* (108:1b). "[...] cantarei e entoarei louvores de toda a minha alma". Davi quer sua alma viva, acesa, vibrante, pronta para a adoração e o louvor. Jó adorou a Deus depois do luto. Paulo e Silas cantaram louvores à meia noite, na prisão. Spurgeon diz que esse salmo deve ser cantado de modo jubiloso, como um hino nacional, ou de um modo solene, como um salmo sagrado. Assim, temos diante de nós o cântico matinal do guerreiro, com que ele adora o seu Deus e fortalece o seu coração antes de entrar nos conflitos do dia.[3]

Em terceiro lugar, *os instrumentos preparados* (108:2). "Despertai, Saltério e harpa! Quero acordar a alva". Davi quer usar os melhores instrumentos para adorar a Deus. Ele não quer ser despertado pela alva, ele mesmo quer acordar a alva. Quer antecipar o raiar do dia para louvar a Deus com toda a sua alma e com os melhores de seus instrumentos.

Em quarto lugar, *o louvor universal* (108:3). "Render-te-ei graças entre os povos, ó SENHOR! Cantar-te-ei louvores entre as nações". Davi é um poeta movido pelo sentimento missionário. Ele reivindica a bênção de Abraão e não vê os povos e as nações como um território a ser desprezado, mas como um campo missionário a ser alcançado com seu testemunho.

Em quinto lugar, *a motivação certa do louvor* (108:4). "Porque acima dos céus se eleva a tua misericórdia, e a tua fidelidade, para além das nuvens". Davi quer que sua alma, seus lábios e seus instrumentos exaltem a Deus. Ele quer agradecer a Deus pelos seus feitos entre os povos, e a motivação de tudo isso é a misericórdia de Deus que se eleva até os céus e a fidelidade de Deus que se alteia até às nuvens.

Em sexto lugar, *o objeto certo do louvor* (108:5). "Sê exaltado, ó Deus, acima dos céus; e em toda a terra esplenda a tua glória". O louvor a Deus deve ser transcendente em todos os seus limites, pois Deus deve ser exaltado acima dos céus. Não existe limites para a exaltação daquele que é o Altíssimo, mas a exaltação a Deus deve ser vista também em toda a terra. Davi anseia que em toda a terra esplenda a glória de Deus, para que todos os povos o conheçam e o adorem.

Uma súplica pelo povo (108:6)

Davi faz uma transição do louvor para a oração: "Para que os teus amados sejam livres; salva com a tua destra e responde-nos". A despeito de todas as tribulações, o salmista ainda vê a nação como o povo de Deus. Os inimigos não prevalecem permanentemente sobre o povo de Deus, e, diante do estandarte dado por Deus, os amados de Deus ficam livres. Davi mais uma vez ora, portanto, reivindicando salvamento e resposta às suas orações, e a questão era tão urgente que ele pede a Deus para salvar primeiro e ouvir depois.

Uma promessa segura (108:7-9)

Estes versículos são um oráculo divino, proclamando o propósito de Deus para as nações envolvidas no conflito. Em resposta às orações de Davi, o Senhor demonstra sua soberania na preservação do território prometido desde as priscas eras e na conquista de novos territórios, de inimigos que devem ser vencidos. Dois fatos são aqui destacados.

Em primeiro lugar, *as fronteiras preservadas na consolidação interna* (108:7,8). "Falou Deus na sua santidade: Exultarei; dividirei Siquém e medirei o vale de Sucote. Meu é Gileade, meu é Manassés; Efraim é a defesa de minha cabeça; Judá é o meu cetro". Em poucas palavras, Davi relembra a história primitiva e as áreas distintivas de Israel. Deus domina a cena de modo colossal; já não se trata de rivais lutando pelas terras, mas sim do senhorio que divide as terras e as tarefas exatamente como lhe apraz, e a ocupação dessas áreas é pela soberana determinação de Deus. Siquém era a principal cidade de Efraim, localizada a oeste do Jordão e do vale de Sucote, no lado ocidental do Jordão. Era uma região importante do país que ainda não havia se rendido ao governo de Davi. Gileade e Manassés ficavam na margem do lado oriental do mesmo rio. Efraim era uma tribo forte chamada para defender Israel e Judá era a tribo real, que carregava o cetro.

Em segundo lugar, *as fronteiras ampliadas nas conquistas externas* (108:9). "Moabe, porém, é a minha bacia de lavar; sobre Edom atirarei a minha sandália; sobre a Filistia jubilarei". A soberania de Deus inclui todo o território ocupado por Israel, mas também aquele das nações adjacentes: Moabe, Edom e Filístia. Quando o texto diz que "Moabe é a minha bacia de lavar", está indicando que Moabe será reduzida à escravidão, pois era trabalho de escravo apresentar a bacia de lavar ao seu senhor. Quando o texto diz que "sobre Edom atirarei a minha sandália", está indicando que essa era posição de um escravo de mais baixa qualidade. Quanto aos filisteus, eternos inimigos de Israel, sobre eles Deus se "jubilará", ou seja, Deus daria seu grito de vitória. Assim, Moabe a leste, Edom ao sul e Filistia a oeste são derrotados pelo braço onipotente do Senhor.

Uma oração confiante (108:10,11)

Depois da batalha contra os sírios, era hora de Davi enfrentar os inimigos adjacentes: os moabitas e edomitas, bem como os filisteus. Vejamos três fatos importantes:

Em primeiro lugar, *uma cidade inexpugnável* (108:10). "Quem me conduzirá à cidade fortificada? Quem me guiará até Edom?". A cidade fortificada está além dos recursos de Davi, a não ser que Deus vá com ele e adiante dele. Essa é uma referência à cidade de Petra, capital de Edom, cuja entrada é feita por uma passagem estreita entre penhascos altos, formada pelo canal de um regato. Esse desfiladeiro mede três quilômetros de extensão, e, em alguns pontos, as pedras salientes aproximam-se tanto umas das outras que só dois cavaleiros podem passar lado a lado. A cidade de Petra era considerada quase inacessível e inexpugnável, e seus edifícios eram esculpidos nas pedras. Davi deseja avançar suas conquistas até Petra, mesmo que ela tivesse nas alturas, entre as estrelas (Ob 3,4).

Em segundo lugar, *uma constatação inegável* (108:11). "Não nos rejeitaste, ó Deus? Tu não sais, ó Deus, com os nossos exércitos?". O Deus castigador é a nossa única esperança e Ele ainda nos ama. Por um breve momento Ele nos deixa, mas com grande misericórdia Ele recolhe o seu povo (Is 54:7). O Senhor é forte para ferir, mas também forte para salvar.

Em terceiro lugar, *um clamor indispensável* (108:12). "Presta-nos auxílio na angústia, pois vão é o socorro do homem". Davi enfrenta problemas internos e externos, e esse terremoto que abala a nação produz angústia.

Uma fé vitoriosa (108:13)

Davi inicia esse salmo com oração, e ao longo do salmo permanece em oração, porém, conclui-o com uma fé vigorosa, manifestando uma convicção inabalável. A força para a batalha vem do Senhor, e Ele é capaz de subjugar seus inimigos, os quais são igualmente inimigos de seu povo. Dois fatos são aqui expostos.

Em primeiro lugar, *a soberania de Deus não isenta o esforço humano* (108:13a). "Em Deus faremos proezas...". Embora só Deus pode fazer proezas, nele somos parte dessas proezas. Todavia, o fato de Deus fazer proezas não nos isenta de entrar no campo de batalha, assim como o fato de a vitória vir das mãos de Deus não nos isenta da luta. Quem faz é Deus, mas somos os seus instrumentos. A operação divina não é argumento para a inação humana, mas, antes, é o melhor incentivo para o esforço corajoso.

Em segundo lugar, *a vitória sobre os inimigos é uma ação monocrática de Deus* (108:13b). "[...] porque ele mesmo calca aos pés os nossos adversários". Precisamos ter plena consciência do que a ausência de Deus nos torna vulneráveis no campo de batalha, mas a derrota de nossos inimigos é uma ação monocrática de Deus. Dele procede o poder e a ele é dada a glória.

NOTAS

[1] WIERSBE, Warren W. *Comentário bíblico expositivo*, vol. 3. São Paulo: Geográfica, 2006, p. 273.
[2] SPURGEON, Charles H. *Os tesouros de Davi*, vol. 2. Rio de Janeiro: CPAD, 2018, p. 1127.
[3] SPURGEON, Charles H. *Os tesouros de Davi*, vol. 2, p. 1120.

Capítulo 108

Assassinato de reputações

(Sl 109:1-31)

ESSE SALMO É O último e o mais longo salmo imprecatório do Saltério. Trata-se de um salmo de Davi, pois é citado pelo apóstolo Pedro como de autoria davídica (At 1:16-21). Não há consenso sobre a identidade da pessoa ou grupo que é alvo das imprecações de Davi, mas certamente ele via seus inimigos como sendo principalmente inimigos de Deus.

Alguns pensam que Davi está se referindo a Doegue; outros que ele esteja se referindo a Aitofel ou mesmo a Saul. O que de fato importa é que o salmista não deixa vazar aqui uma ira pecaminosa nem uma sede de vingança pessoal. Ele roga ao Senhor que os homens maus bebam o refluxo de seu próprio fluxo e colham a safra maldita de sua própria semeadura insensata.

Antes de entrarmos na exposição desse salmo, é oportuno tratar da questão dos salmos imprecatórios, uma vez que esse salmo é um dos mais destacados. William MacDonald traz à lume várias razões usadas para justificar os salmos imprecatórios, tais como: 1) Eles não tratam especificamente de um pedido de vingança pessoal, mas são uma predição do que irá acontecer aos inimigos de Deus; 2) o autor está falando como um ungido de Deus, ou seja, como um representante de Deus, por isso tem autoridade para proferir o severo julgamento divino; 3) os salmos imprecatórios relembram-nos de que Israel era a nação escolhida de Deus, portanto, seus inimigos eram inimigos do próprio Deus. Muito embora haja verdades nesses argumentos mencionados, o melhor entendimento é que os salmos imprecatórios expressam um espírito que era próprio para um judeu vivendo sob a lei, mas não próprio para um cristão vivendo sob a graça (Mt 5:38-48; Rm 12:17-21). Ficamos perplexos com esses salmos porque tentamos interpretá-los à luz do Novo Testamento, porém, a dispensação da lei era inferior à dispensação da graça. Embora a lei não seja contrária ao evangelho, ela não é igual a ele, e embora Jesus tenha vindo para cumprir a lei, ele veio também para transcendê-la. Por outro lado, os salmos imprecatórios preparam nosso coração para apreciar aquele que carregou toda a maldição do nosso pecado sobre o seu corpo no madeiro. Nenhuma punição descrita nos salmos imprecatórios pode se comparar com a avalanche do julgamento que Jesus suportou na cruz como nosso substituto.[1] Destacamos cinco pontos importantes na exposição desse salmo. Vejamos.

Um clamor urgente (109:1-5)

Davi considera a si mesmo como "servo do Senhor" (109:28), mas está sob o ataque cerrado de seus acusadores. Destacamos aqui dois pontos importantes.

Em primeiro lugar, *súplica veemente* (109:1). "Ó Deus do meu louvor, não te cales!". Davi começa sua oração com uma queixa. Ele pede para Deus, o guardião de seu caráter, para romper o solene silêncio e silenciar aqueles que o caluniavam.[2] O barulho dos inimigos e o silêncio de Deus o perturbam, porém, mesmo quando Deus se cala, ainda assim Ele é o louvor do salmista. O louvor do salmista é ultracircunstancial. Concordo com Derek Kidner quando diz: "As palavras "Ó Deus do meu louvor", ao abrirem o salmo, são uma tomada firme de posição antes de os pensamentos perturbados virem entrando. O salmo irá tateando caminho até voltar a este ponto de vista superior, realçando-o apenas nos dois últimos versículos".[3]

Em segundo lugar, *motivos eloquentes* (109:2-5). Davi elenca três pecados praticados contra ele.

Primeiro, *campanha de difamação* (109:2). "Pois contra mim se desataram lábios maldosos e fraudulentos; com mentirosa língua falam contra mim". Os inimigos de Davi estão numa campanha cerrada para destruir seu nome, sua honra e sua reputação, e a arma que usam é a língua. Os lábios dos inimigos são maldosos, fraudulentos e mentirosos, e proferem acusações contra Davi de crimes que ele jamais praticou. Nas palavras de Purkiser, "Davi tinha sido objeto de uma difamação totalmente injustificada".[4] Spurgeon descreve essa cena assim: "O ar está cheio de boatos, e sombras impalpáveis flutuam ao nosso redor; a mente está confusa, com o medo de adversários e flechas invisíveis. Que mal pode ser pior do que o ataque de uma calúnia".[5]

Segundo, *hostilidade gratuita* (109:3). "Cercam-me com palavras odiosas e sem causa me fazem guerra". A hostilidade dos inimigos é sem causa e sem pausa. Empunham todas as suas armas contra Davi, declarando-lhe guerra, sendo este inocente. Concordo com Warren Wiersbe quando diz que Satanás é o acusador (Ap 12:10) e o adversário dos cristãos (1Pe 5:8), e usa pessoas para cumprir seus propósitos. Assim como Jesus Cristo, que foi falsamente acusado, Davi era inocente dessas acusações (109:3).[6]

Terceiro, *crueldade injustificada* (109:4,5). "Em paga do meu amor, me hostilizam; eu, porém, oro. Pagaram-me o bem com o mal; o amor, com ódio". Os inimigos perseguem Davi não pelos seus pecados, mas pela sua virtude. Eles pagam o bem com o mal e odeiam Davi porque este os ama. Derek Kidner destaca que a profundidade da chaga de Davi se revela na frase repetida "em paga do meu amor". Foi uma traição quase do tipo da traição de Judas Iscariotes a Jesus.[7] Spurgeon escreve: "Que terrível é isto para a alma, ser odiada em proporção à gratidão que ela merece, odiada por aqueles a quem ela amou, e odiada por causa do seu amor".[8] É digno de destaque que Davi, mesmo sendo alvo de uma injustiça tão clamorosa, ainda ora pelos seus inimigos, como também o fez Jesus, o Filho de Davi (Lc 23:34).

Uma imprecação veemente (109:6-15)

A mudança repentina do plural para o singular, até que o plural volte no versículo 20, tem dado ensejo a várias interpretações, diz Derek Kidner.[9] Provavelmente, Davi passa a lidar com o líder da corja que tentava destruir sua vida. Warren Wiersbe diz que esse homem possuía aparência religiosa (109:7), mas odiava a Davi (109:3,5), fez acusações falsas contra ele (109:1,2,4) e o amaldiçoou (109:17-19). As tentativas de Davi de pagar o mal com o bem não foram bem-sucedidas (109:4,5), e o homem não demonstrou misericórdia nenhuma para com ele (109:16). É possível que esse adversário fosse o próprio rei Saul, cuja vida Davi poupou em duas ocasiões.[10]

Os versículos 6 a 20 são o conteúdo de uma oração imprecatória. Muitos ficam chocados com esse tipo de oração de Davi, porém, anos depois, o profeta Jeremias fez uma oração semelhante contra os inimigos que desejavam matá-lo (Jr 18:18-23), e o Senhor não o repreendeu. Concordo, entretanto, com Derek Kidner quando diz que, dentro do evangelho, essa função não é nossa, pois devemos "abençoar, e não amaldiçoar".[11] Quatro fatos nos chamam a atenção.

Em primeiro lugar, *condenação no tribunal* (109:6,7). "Suscita contra ele um ímpio, e à sua direita esteja um acusador. Quando o julgarem, seja condenado; e tida como pecado a sua oração". Davi está orando para que o inimigo seja levado à barra do tribunal divino e, ali, suas maldades sejam julgadas retamente e ele receba a sentença que merece. Nas palavras de Warren Wiersbe, "Davi pede que Deus indique um juiz ou procurador tão perverso quanto o próprio réu. Afinal, seremos julgados de acordo com o modo que julgamos os outros (Mt 7:1,2)".[12] Davi deseja para os inimigos uma dose da xaropada que eles mesmos receitaram.[13] A palavra hebraica traduzida por "acusador" (109:6) é *Satan*, e o inimigo é um ímpio que tem Satanás parado à sua direita. Spurgeon escreve: "Aqueles que servem a Satanás podem esperar ter a sua companhia, a sua ajuda, as suas tentações e, por fim, a sua perdição".[14]

Em segundo lugar, *substituição de seu encargo* (109:8). "Os seus dias sejam poucos, e tome outro o seu encargo". Davi ora que o inimigo perca sua posição e outro ocupe o seu lugar. Este versículo, bem como Salmos 69:25, foram usados pelo apóstolo Pedro para promover a escolha de Matias para o lugar de Judas Iscariotes (At 1:20).

Em terceiro lugar, *família arruinada* (109:9-13). Os pecados de um homem sempre atingem sua família, uma vez que ninguém peca isoladamente. O salmista, em sua imprecação, pede a Deus que inclua a família de seu inimigo no julgamento, isto é, ele pede que a família de seu inimigo sofra as reverberações das maldades que seu inimigo impôs a ele. Vejamos.

Primeiro, *pede a morte de seu inimigo* (109:9). "Fiquem órfãos os seus filhos, e viúva, a sua esposa". Davi pede que a mulher do inimigo fique viúva e seus filhos, órfãos. A triste situação dos filhos e da viúva do homem é desejada principalmente, segundo parece, por causa da vergonha que isso trará à sua memória. Derek Kidner destaca que tanto a Lei quanto os Profetas e os Evangelhos dão advertências, embora não com prazer, quanto àquilo que os pecados dos pais podem trazer sobre os filhos (Êx 20:5; 1Sm 2:31-36; Lc 19:41-44).[15] Allan Harman diz que toda a família do inimigo é considerada como estando envolta em seus pecados e, portanto, devem participar de seu castigo (109:14,15).[16]

Segundo, *pede a perda dos bens acumulados injustamente* (109:10,11). "Andem errantes os seus filhos e mendiguem; e sejam expulsos das ruínas de suas casas. De tudo que tem, lance mão o usurário; do fruto do seu trabalho, esbulhem-no os estranhos". Davi pede a Deus que a descendência do homem mal sofra as consequências de suas loucuras e perca os bens que espoliou dos pobres e aflitos. Spurgeon diz que uma raça de tiranos se tornou uma geração de mendigos, pois o poder mal utilizado e a riqueza mal-empregada trouxeram ao nome da família um ódio universal e asseguraram à ela uma herança de infâmia.[17]

Terceiro, *pede que sua descendência seja tratada como ele tratou os outros* (109:12). "Ninguém tenha misericórdia dele, nem haja quem se compadeça dos seus órfãos". Davi pede a Deus que os filhos do homem mau sejam tratados como o homem mau tratou as pessoas.

Quarto, *pede que sua descendência seja varrida da história* (109:13). "Desapareça a sua posteridade, e na seguinte geração se extinga o seu nome". Essa é a maior tragédia que podia acontecer a uma pessoa: ter sua descendência varrida da história.

Em quarto lugar, *pecados não perdoados* (109:14,15). "Na lembrança do SENHOR, viva a iniquidade de seus pais, e não se apague o pecado de sua mãe. Permaneçam ante os olhos do SENHOR, para que faça desaparecer da terra a memória deles". Davi ora para que aqueles que deliberadamente viveram no pecado e morreram na impiedade tenham seus pecados lembrados.

Uma conduta delinquente (109:16-20)

Destacam-se aqui duas verdades:

Em primeiro lugar, *falta de compaixão* (109:16). "Porquanto não se lembrou de suas de misericórdia, mas perseguiu o aflito e o necessitado, como também o quebrantado de coração, para os entregar à morte". A razão eloquente das imprecações de Davi é porque esse homem mau agiu com crueldade. Jamais lembrou-se da misericórdia, perseguiu sem pausa o aflito e planejou e executou a morte daquele cujo coração estava quebrantado pedindo misericórdia. Allan Harman corrobora dizendo que o inimigo tem sido notório por maltratar o destituído e também provocar a morte dos que deveriam ser protegidos e nutridos.[18] Spurgeon diz que, para o inimigo, os gemidos do aflito eram como música, e as lágrimas eram como vinho, e as gotas de sangue eram preciosos rubis.[19]

Em segundo lugar, *amor à maldição* (109:17-20). Está escrito:

> Amou a maldição; ela o apanhe; não quis a bênção; aparte-se dele. Vestiu-se de maldição como de uma túnica; penetre, como água, no seu interior e nos seus ossos como azeite. Seja-lhe como a roupa que o cobre e como o cinto com que sempre se cinge. Tal seja, da parte do Senhor, o galardão dos meus adversários e dos que falam mal contra a minha alma (109:17-20).

Os perversos amam a maldição e recebem em dupla medida o que amam. Eles fazem troça e escarnecem da bênção, e esta foge deles. Os perversos alimentam-se daquilo que desejam e colhem os frutos amargos de sua semeadura maldita, de modo que o maior juízo sobre eles é receberem o que buscam. Concordo com Spurgeon quando diz que o homem perverso não pode se queixar se for julgado pelas suas próprias regras e se tiver seu grão medido com seu próprio alqueire. Que ele tenha o que amava; ele fez a cama, que se deite nela; e ele também deve beber a bebida que preparou.[20] Ele, como Hamã, deve morrer na forca que preparou para Mardoqueu (Et 7:10).

Um clamor por socorro (109:21-29)

Purkiser diz que o poeta desvia seu olhar da maldade de seus inimigos e olha para a bondade de Deus. Ele roga pela intervenção do Senhor em sua defesa.[21] Allan Harman corrobora dizendo que as palavras iniciais da oração: "Tu, porém" são muito enfáticas, contrastando o mau caráter do acusador com o caráter gracioso do Deus que ouve a oração.[22] Vejamos.

Em primeiro lugar, *um pedido de livramento* (109:21). "Mas tu, SENHOR Deus, age por mim, por amor do teu nome; livra-me, porque é grande a tua misericórdia". O salmista está consciente da perversidade dos inimigos e da misericórdia divina, e sabe que Deus age por ele não porque é merecedor, mas porque Deus ama o seu próprio nome.

Em segundo lugar, *uma justificativa comovente* (109:22). "Porque estou aflito e necessitado e, dentro de mim, sinto ferido o coração". O salmista pede livramento a Deus porque está exaurido física e emocionalmente. Sente-se esmagado pelas circunstâncias adversas e ferido pelos sentimentos turbulentos.

Em terceiro lugar, *um sentimento de desvalorização deprimente* (109:23). "Vou passando, como a sombra que declina; sou atirado para longe, como um gafanhoto". O salmista sente-se menos do que realidade, como uma mera sombra que se vai. Sente-se sem valor, como um gafanhoto que é sacudido para longe. Nas palavras de Derek Kidner, "Davi se sente duplamente humilhado: uma criatura fraca e repulsiva – tão desmoralizador é o efeito do desprezo".[23]

Em quarto lugar, *um desfalecimento crescente* (109:24). "De tanto jejuar, os joelhos me vacilam, e de magreza vai mirrando a minha carne". O salmista não especifica o motivo do jejum. Talvez ele jejuasse porque a tristeza levava para longe o apetite ou talvez jejuasse buscando poder para enfrentar a carranca dos inimigos. Seja qual for o motivo, ele estava abatido fisicamente, tomado pela magreza.

Em quinto lugar, *um desprezo inclemente* (109:25). "Tornei-me para eles objeto de opróbrio; quando me veem, meneiam a cabeça". O salmista não se sentia fraco apenas aos seus próprios olhos, mas também aos olhos de seus inimigos. Era um espectro humano, a maquete do infortúnio.

Em sexto lugar, *um clamor urgente* (109:26). "Socorre, SENHOR, Deus meu! Salva-me segundo a tua misericórdia". Ao sentir-se no fundo do poço, o salmista grita por socorro e recorre à misericórdia divina.

Em sétimo lugar, *uma razão convincente* (109:27). "Para que saibam vir isso das tuas mãos; que tu, SENHOR, o fizeste". Quando o homem está no fundo do poço, no fim da linha, sem qualquer força, compreende que o livramento das mãos do inimigo é obra de Deus, e os inimigos teriam que reconhecer isso necessariamente.

Em oitavo lugar, *uma honra evidente* (109:28,29). "Amaldiçoem eles, mas tu, abençoa; sejam confundidos os que contra mim se levantam; alegre-se, porém, o teu servo. Cubram-se de ignomínia os meus adversários, e a sua própria confusão os envolva como uma túnica". O salmista está pedindo uma virada de mesa, uma reversão da situação, de modo que os inimigos sofrerão acachapante derrota e ele sairá dessa peleja sobranceiro, impávido e vitorioso. Nas palavras de Derek Kidner, "quando o inimigo invoca as piores coisas contra Davi, Deus derrama o melhor sobre este".[24] Spurgeon destaca que, quando o pecado é a roupa de baixo, a vergonha logo se torna a roupa exterior, ou seja, aquele que vestir os homens bons com desprezo, se vestirá com desonra.[25]

Um voto de louvor (109:30,31)

Purkiser diz que, como é costume nos salmos de lamentação, o poema fecha com uma promessa.[26] Vejamos.

Em primeiro lugar, *um louvor particular* (109:30a). "Muitas graças darei ao SENHOR com os meus lábios...". Como resultado do livramento, o salmista se compromete em dar ao Senhor muitas graças.

Em segundo lugar, *um louvor público* (109:30b). "[...] louvá-lo-ei no meio da multidão". Ele está disposto não apenas a honrar ao Senhor com os seus lábios no recesso de sua casa, mas também publicamente, no meio da multidão. Spurgeon diz que esse louvor deve ser pessoal, resoluto, inteligente, abundante, sincero, e também deve atrair outros, acompanhar outros e estimular outros.[27]

Em terceiro lugar, *um motivo declarado* (109:31). "Porque ele se põe à direita do pobre, para o livrar dos que lhe julgam a alma". Davi promete a Deus que o louvará (109:30) e promete a si mesmo que terá motivos para louvar a Deus (109:31). O salmista reconhece que o Senhor é justo e o onipotente defensor do pobre. No tempo oportuno, Ele vem para livrar os seus das mãos dos opressores.

NOTAS

[1] MACDONALD, William. Believer's Bible Commentary. Westmont: IVP Academic, 1995, p. 722,723.

2. SPURGEON, Charles H. *Os tesouros de Davi*, vol. 2. Rio de Janeiro: CPAD, 2018, p. 1134.
3. KIDNER, Derek. *Salmos 73—150: introdução e comentário*. São Paulo: Vida Nova, 2006, p. 404.
4. PURKISER, W. T. "O livro de Salmos". In: *Comentário bíblico Beacon*, vol. 3. Rio de Janeiro: CPAD, 2015, p. 280.
5. SPURGEON, Charles H. *Os tesouros de Davi*, vol. 2, p. 1135.
6. WIERSBE, Warren W. *Comentário bíblico expositivo*, vol. 3. São Paulo: Geográfica, 2006, p. 274.
7. KIDNER, Derek. *Salmos 73—150: introdução e comentário*, p. 404,405.
8. SPURGEON, Charles H. *Os tesouros de Davi*, vol. 2, p. 1135.
9. KIDNER, Derek. *Salmos 73—150: introdução e comentário*, p. 405.
10. WIERSBE, Warren W. *Comentário bíblico expositivo*, vol. 3, p. 274.
11. KIDNER, Derek. *Salmos 73—150: introdução e comentário*, p. 405.
12. WIERSBE, Warren W. *Comentário bíblico expositivo*, vol. 3, p. 274.
13. KIDNER, Derek. *Salmos 73—150: introdução e comentário*, p. 406.
14. SPURGEON, Charles H. *Os tesouros de Davi*, vol. 2, p. 1137.
15. KIDNER, Derek. *Salmos 73—150: introdução e comentário*, p. 406.
16. HARMAN, Allan. *Salmos*. São Paulo: Cultura Cristã, 2011, p. 378,379.
17. SPURGEON, Charles H. *Os tesouros de Davi*, vol. 2, p. 1138.
18. HARMAN, Allan. *Salmos*, p. 379.
19. SPURGEON, Charles H. *Os tesouros de Davi*, vol. 2, p. 1140.
20. Ibidem, p. 1140.
21. PURKISER, W. T. "O livro de Salmos", p. 281.
22. HARMAN, Allan. *Salmos*, p. 379.
23. KIDNER, Derek. *Salmos 73—150: introdução e comentário*, p. 407.
24. Ibidem, p. 407.
25. SPURGEON, Charles H. *Os tesouros de Davi*, vol. 2, p. 1143.
26. PURKISER, W. T. "O livro de Salmos", p. 282.
27. SPURGEON, Charles H. *Os tesouros de Davi*, vol. 2, p. 1160.

Capítulo 109

O retrato do Messias

(Sl 110:1-7)

ESSE SALMO É UMA pérola de inestimável valor e é merecidamente conhecido como a coroa de todos os salmos.[1] Trata-se de uma das principais passagens messiânicas no Antigo Testamento. Esse salmo de Davi é mais citado no Novo Testamento do que qualquer outra passagem do Antigo Testamento — é citado 21 vezes no Novo Testamento com relação a Cristo e seu reino, e também pelo Senhor Jesus, pelo apóstolo Pedro e pelo autor aos Hebreus. Apenas no livro de Hebreus há dez alusões ao salmo. Tanto Jesus como Pedro atribuem esse salmo a Davi (Mt 22:43; At 2:33-35).

Esse é, eminentemente, um salmo messiânico. Jesus o usou para provar sua divindade e silenciar seus críticos (Mt

22:41-46), e também para responder ao sumo sacerdote durante seu julgamento (Mt 26:64). O salmo fala tanto da exaltação do Messias como de sua segunda vinda, e trata de sua entronização e de seu governo. Mostra como o Messias, ocupa ao mesmo tempo a função de Rei e de Sacerdote, e deixa claro que o Messias é Sacerdote para sempre, não mediante a ordem levítica, mas mediante uma ordem superior, a ordem de Melquisedeque.

O Rei (110:1-3)

O versículo 1 é citado em Mateus 22:44; 26:64; Marcos 12:36; 14:62; 16:19; Lucas 20:42,43; 22:69; Atos 2:34; 1Coríntios 15:25; Efésios 1:20; Colossenses 3:1; Hebreus 1:3,13; 10:12,13; 12:2. O versículo 1 revela, de forma singular, a autoridade e o poder que são conferidos ao Messias, o Rei-Sacerdote. Derek Kidner diz que somente o Novo Testamento revelará seu pleno significado. Cinco fatos devem ser enfatizados: 1) Ele não é somente maior do que Davi (At 2:34), "porque Davi não subiu aos céus", como também maior do que os anjos (Hb 1:3), pois está escrito: a qual dos anjos jamais disse: "Assenta-te à minha direita..."; 2) Deus exaltou tão enfaticamente quanto o homem o rejeitou (At 5:30,31). "Deus, porém, com a sua destra, exaltou-o à sua destra"; 3) É como Salvador e Intercessor que ele reina (At 5:31; Rm 8:34). "O que está à direita de Deus e também intercede por nós"; 4) "Assenta-te". Em sinal de uma tarefa completada, ele está assentado (Hb 10:11,12); 5) "Até". Ele aguarda a última entrega (Hb 10:13). "Aguardando daí em diante, até que os seus inimigos sejam postos por estrado dos seus pés" (1Co 15:25,26).[2] Destacamos quatro verdades preciosas.

Em primeiro lugar, *a entronização do Rei* (110:1a). "Disse o SENHOR ao meu Senhor: Assenta-te à minha direita...". A palavra "Senhor" aparece duas vezes neste versículo. De quem se trata? O SENHOR (Yahweh/Javé), Deus, o Pai, dirige-se ao Senhor (Adon), Deus, o Filho. A palavra "Adon" significa Mestre ou Rei, e é usada tanto para Deus como para os homens. O contexto deixa claro que o Senhor de Davi (Adon) é igual a Deus, e Jesus deixa isso claro:

> Reunidos os fariseus, interrogou-os Jesus: Que pensais vós do Cristo? De quem é filho? Responderam-lhe eles: De Davi. Replicou-lhes Jesus: Como, pois Davi, pelo Espírito Santo, chama-lhe Senhor, dizendo: Disse o Senhor ao meu Senhor: Assenta-te à minha direita, até que eu ponha os teus inimigos debaixo dos teus pés? Se Davi, pois, lhe chama Senhor, como é ele seu filho? E ninguém lhe podia responder palavra, nem ousou alguém, a partir daquele dia, fazer-lhe perguntas (Mt 22:41-46).

Como o Messias poderia ser o Senhor de Davi e o Filho de Davi ao mesmo tempo? E como poderia Davi, o rei, ter alguém como seu senhor sobre a terra? A resposta é óbvia. O Messias era tanto Deus como homem. Como Deus, era o Senhor de Davi; como homem, era o filho de Davi. Jesus combina em si mesmo a divindade e a humanidade, e ao mesmo tempo ele era o Senhor e o filho de Davi.[3]

Concordo com William MacDonald quando diz que não há qualquer dúvida acerca daquele que está assentado à destra de Deus. Este é Jesus, o Nazareno (Mt 26:64; Mc 14:62; 16:19; Lc 22:69; At 2:34,35; 5:31; 7:55,56; Rm 8:34; 1Co 15:24,25; Ef 1:20; Cl 3:1; Hb 1:3,13; 8:1; 10:12,13; 12:2; 1Pe 3:22; Ap 3:21).[4] Spurgeon diz que Yahweh chama

Adonai, nosso Senhor, para o repouso e às honras do seu assento celestial. A sua obra está concluída. Jesus é colocado no assento de poder, domínio e dignidade, e deve assentar-se ali por indicação divina, enquanto Yahweh luta por ele e deixa cada rebelde debaixo dos seus pés. O reinado da mediação perdurará até que o último inimigo seja destruído e, então, de acordo com a Palavra inspirada, "virá o fim, quando tiver entregado o Reino ao Deus e Pai" (1Co 15:24,25).[5]

Em segundo lugar, *o triunfo do Rei sobre seus inimigos* (110:1b). "... até que eu ponha os teus inimigos debaixo dos teus pés". Quando o Filho foi exaltado e entronizado em sua ascensão, o Pai lhe fez três promessas: que derrotaria seus inimigos (110:1), que ampliaria seu reino (110:2) e que lhe daria um exército vitorioso (110:3).

Em terceiro lugar, *o poder do Rei sobre seus inimigos* (110:2). "O Senhor enviará de Sião o cetro do seu poder, dizendo: Domina entre os teus inimigos". O cetro é um símbolo de autoridade real. O Sumo Sacerdote da nossa confissão é o Rei dos reis, o Senhor dos senhores, e Ele governa sobre os inimigos. Os povos podem até se insurgir temporariamente contra ele, mas terão que se sujeitarem a ele. Diante dele, todo joelho vai se dobrar e toda língua vai confessar que ele é Senhor, para a glória de Deus, o Pai. Allan Harman diz que o seu governo se destina a estender-se para além de Sião, que era não só a cidade de Davi, mas também a habitação do Senhor (132:13). Ainda que os seus inimigos tomem posição contra ele, todavia exercerá seu governo régio sobre eles.[6]

Em quarto lugar, *os súditos do Rei* (110:3). "Apresentar-se-á voluntariamente o teu povo, no dia do teu poder; com santos ornamentos, como o orvalho emergindo da aurora, serão os teus jovens". Seu povo, o povo pactual, se mostrará disposto a servi-lo. O exército do Messias é composto de voluntários, ou seja, um povo disposto. Eles estão vestidos em trajes sagrados, como sacerdotes, e constituem uma multidão, como o orvalho que cai no início da manhã. Purkiser tem razão em escrever: "A consagração sempre é um ato de entrega voluntária da vontade. Um serviço relutante, embora seja melhor do que nenhum serviço, nunca satisfará completamente as exigências da santidade divina".[7] Spurgeon esclarece este versículo assim:

> Em consequência do envio do centro da fortaleza, ou seja, do poder do Evangelho, os convertidos virão em grandes números para se alistar sob a bandeira do Sacerdote-Rei. Dados a Ele desde a eternidade, eles são o seu povo, e quando o seu poder é revelado, eles se apressam, com alegria, para reconhecer o seu domínio, respondendo ao chamado do Evangelho com espontaneidade, como o orvalho aparece pela manhã [...]. Basta que o Evangelho seja pregado com unção divina, e os eleitos do Senhor respondem a ele, como exércitos no dia da inspeção; eles vêm, enfileirados pela graça, em uniformes brilhantes de santidade; e, em número, frescor, beleza e pureza são como as gotas de orvalho que urgem misteriosamente do útero da manhã.[8]

O Sacerdote (110:4)

Spurgeon diz, com razão, que chegamos agora ao coração do salmo, que também é o centro e a alma da nossa fé. O nosso Senhor Jesus é um Sacerdote-Rei, pelo antigo juramento do Senhor. Ele não glorificou a si mesmo, para se fazer Sumo Sacerdote, mas foi ordenado para isso, desde a eternidade. A sua comissão é selada pelo juramento imutável do imutável Senhor, a rocha sólida que é a base da nossa segurança. Ele fez o juramento, um juramento não tem arrependimento e é válido agora, e assim será por todas as gerações.[9]

As funções de rei e sacerdote estão combinadas no Messias. O profeta Zacarias assim profetizou: "Ele mesmo edificará o templo do Senhor e será revestido de glória; assentar-se-á no seu trono, e dominará, e será sacerdote no seu trono; e reinará perfeita união entre ambos os ofícios" (Zc 6:13). Allan Harman tem razão em dizer que isso jamais poderia ser dito de qualquer sacerdote ou rei humano.[10]

Purkiser destaca que Salmos 110:4 é citado seis vezes em Hebreus (5:6,10; 6:20; 7:11,15,21), onde o autor ressalta que o sacerdócio de Cristo é de uma ordem diferente e superior à de Arão, a saber, um sacerdócio segundo a ordem de Melquisedeque. Como tal, ele não depende de linhagem humana (Hb 7:3). Ele era anterior e melhor do que o sacerdócio dos filhos de Levi (Hb 7:4-10). Esse sacerdócio indica uma mudança de lei (Hb 7:11,12). Ele explica como Jesus, sendo da tribo de Judá, e não da de Levi, podia ser Sacerdote (Hb 7:13,14), pois esse sacerdócio era assegurado e fundamentado pelo juramento do Senhor (Hb 7:20-22). E, visto que é eterno, não sujeito a uma sucessão humana de sumos sacerdotes, sendo, assim, a base da nossa salvação completa e eterna (Hb 7:23-28).[11]

O Messias, diferentemente dos reis e sacerdotes da velha aliança, acumula a função de Rei e Sacerdote. Na terra, Jesus não poderia ter exercido a função de sacerdote, porque não procedia da tribo de Levi. Mas, por ser da tribo de Judá, ele é constituído Rei e Sacerdote pela ordem de Melquisedeque, rei de Salém e sacerdote do Altíssimo (Gn 14:18-24). Nenhum rei foi sacerdote e nenhum sacerdote foi rei, mas Jesus é Rei e Sacerdote (Zc 6:12; Hb 5:1-11; 7:8). Nenhum sacerdote da tribo de Levi foi sacerdote para sempre, mas o Messias, da ordem de Melquisedeque, é sacerdote para sempre.

O erudito Derek Kidner, nessa mesma linha de pensamento, diz que tanto o nome Melquisedeque (rei de justiça) e sua esfera como rei de Salém (paz) fazem dele um indicador apropriado daquele que estava para vir (Hb 7:2). Melquisedeque era maior do que o próprio Abraão, tanto na bênção como nos presentes que deu, como também nos dízimos que recebeu, comprovando sua prioridade sobre a totalidade do povo abraâmico, e sobre o sacerdócio levítico em particular (Hb 7:4-19).[12] Destacamos, aqui, quatro verdades preciosas.

Em primeiro lugar, *Jesus é sacerdote por juramento divino* (110:4a). "O SENHOR jurou...". Deus não encontrando ninguém superior a si mesmo para jurar, jurou por si mesmo que Jesus é sacerdote para sempre. Ele não foi constituído sacerdote por uma lei, pois esta pode ser anulada, mas por um juramento que jamais pode mudar. Nas palavras de Allan Harman, "há uma garantia divina à guisa de juramento. O Senhor se obriga em termos absolutos quando fala ao Sacerdote-Rei".[13] O sacerdócio de Cristo não vem por um mandamento legal nem por uma esteira hereditária, mas por um irrevogável juramento divino. Deus é o avalista de seu próprio juramento.

Em segundo lugar, *Jesus é sacerdote por juramento irrevogável* (110:4b). "[...] e não se arrependerá". O juramento divino é irrevogável. Jamais pode ser mudado ou alterado, pois Ele não se arrepende. Deus não é homem para mentir nem filho de homem para se arrepender, e também não é pego de surpresa nem fica em apuros. Sua Palavra é eterna e jamais pode falhar.

Em terceiro lugar, *Jesus é sacerdote perpétuo* (110:4c). "[...] tu és sacerdote para sempre". O sacerdócio araônico era interrompido pela morte, mas o sacerdócio de Cristo é para sempre, pois Jesus venceu a morte e inaugurou a imortalidade. Ele não tem sucessor e jamais passa o cetro de rei e a mitra de sacerdote para outras mãos. Spurgeon, "o príncipe dos pregadores" destaca que a declaração é feita no tempo presente do verbo, como sendo o único tempo com o Senhor, e abrangendo todos os outros tempos. "Tu és, tu eras e tu serás em todos os tempos, um Rei Sacerdotal.[14] Não há possibilidade do sacerdócio de Cristo ser substituído por outra ordem sacerdotal.

Em quarto lugar, *Jesus é sacerdote pela ordem de Melquisedeque* (110:4d). "[...] segundo a ordem de Melquisedeque". A ordem levítica constituía homens mortais ao sacerdócio, mas o sacerdócio de Cristo é exercido pela ordem de *Melquisedeque*, nome que significa "rei de justiça". Melquisedeque foi identificado em Gênesis 14:18-20 como "rei de Salém", que significa "rei de paz" e era reconhecido como "o sacerdote do Deus Altíssimo" quinhentos anos antes de ser instituído o sacerdócio levítico. No sacerdote régio de justiça e paz temos um tipo de Cristo que unifica nele mesmo as funções de profeta, sacerdote e rei do Antigo Testamento.[15]

Melquisedeque é uma personagem enigmática. Não é uma figura alegórica, mas tipológica, e aparece sem falar de onde veio e vai embora sem deixar rastro. Ele não tem predecessor nem sucessor, e não temos registro de seu nascimento nem de sua morte. Porém, a realidade é Cristo; Melquisedeque é simplesmente figura do Filho de Deus que não herdou seu sacerdócio nem possui sucessor. Melquisedeque é antítipo de Cristo, pois só Cristo não tem começo nem fim, só ele é eterno. Melquisedeque era apenas uma figura, mas Cristo é a realidade.

O Conquistador (110:5-7)

Estou de acordo com Warren Wiersbe quando afirma que todos os "salmos reais" apresentam previsões de batalhas e vitórias do Messias (Sl 2:7-9,12; 18:16-19,31-34,37-42; 10:1,2,7,8; 21:8-12; 45:3-5; 61:3; 72:8,9; 89:22,23; 132:18). O Cordeiro virá como Leão da tribo de Judá (Ap 5:5,6), e o mundo será julgado (Sl 2:5,9; 110:1; 2Ts 2:1-8; Ap 14:17-20; 19:11-19).[16] Derek Kidner corrobora dizendo que o salmo termina na nota de uma guerra feroz com uma perseguição vigorosa, sendo que a entronização do Sacerdote-Rei não é a cena final, mas o prelúdio da conquista do mundo. Agora, o Senhor e o seu Rei agem como um só. Assim, avançamos de Hebreus para o Apocalipse, onde o quadro de juízo e vitória não é menos terrível do que aquele do versículo 6, retratado de igual modo em Apocalipse 19:11-21.[17] Destacamos três verdades solenes.

Em primeiro lugar, *vencerá toda resistência* (110:5). "O Senhor, à tua direita, no dia da sua ira, esmagará os reis". Aqui, o salmo volta ao tom militar do versículo 2 e adota o caráter de um hino dirigido claramente ao Senhor.[18] No dia do juízo, o dia da ira do Senhor, ele esmagará os reis e todos quantos se rebelaram contra ele. Spurgeon diz que, nos últimos dias, todos os reinos da terra serão dominados pelo reino do céu, e aqueles que ousarem se opor se depararão com a destruição rápida e esmagadora.[19] O profeta Daniel, descrevendo esse reino eterno do Messias, escreve: "Mas, nos dias destes reis, o Deus do céu suscitará um reino que não será jamais destruído; este reino não passará a outro povo; esmiuçará e consumirá todos estes reinos, mas ele mesmo subsistirá para sempre" (Dn 2:44).

Em segundo lugar, *triunfará no juízo* (110:6). "Ele julga entre as nações; enche-as de cadáveres; esmagará cabeças por toda a terra". O Sacerdote-Rei se tornará Juiz. O líder vitorioso, que realizou uma matança tão terrível a ponto de deixar o campo de batalha coberto de cadáveres, é visto agora perseguindo seus inimigos. Ele será vitorioso sobre os seus inimigos no dia em que a ira de Deus se abater contra as nações rebeldes (Sl 2:5).

Em terceiro lugar, *exaltação pública* (110:7). "De caminho, bebe na torrente e passa de cabeça erguida". Fatigado da batalha e perseguição, ele para por um momento para se refrescar e tomar das águas impetuosas do ribeiro, depois "ergue a sua cabeça" e recebe novo vigor para continuar a perseguição.[20] Nas palavras de Allan Harman, "ele terá uma confiança tal de que a vitória é infalível que se deterá para se refrescar no ribeiro antes de atravessá-lo para a vitória final".[21]

Harman, com razão, destaca que o escritor aos Hebreus esboça as implicações práticas deste ensino concernente ao sacerdócio de Jesus, dizendo que Ele é capaz de dar salvação eterna a todos quantos lhe obedecem (Hb 5:9) e salvar completamente tantos quantos vierem a Deus por meio dele (Hb 7:25).[22]

Notas

1. SPURGEON, Charles H. *Os tesouros de Davi*, vol. 2. Rio de Janeiro: CPAD, 2018, p. 1167.
2. KIDNER, Derek. *Salmos 73—150: introdução e comentário*. São Paulo: Vida Nova, 2006, p. 409.
3. MACDONALD, William. Believer's Bible Commentary. Westmont: IVP Academic, 1995, p. 724.
4. MACDONALD, William. Believer's Bible Commentary, p. 724.
5. SPURGEON, Charles H. *Os tesouros de Davi*, vol. 2, p. 1163.
6. HARMAN, Allan. *Salmos*. São Paulo: Cultura Cristã, 2011, p. 381.
7. PURKISER, W. T. "O livro de Salmos", p. 283.
8. SPURGEON, Charles H. *Os tesouros de Davi*, vol. 2, p. 1164,1165.
9. Ibidem, p. 1165.
10. HARMAN, Allan. *Salmos*, p. 382.
11. PURKISER, W. T. "O livro de Salmos", p. 283.
12. KIDNER, Derek. *Salmos 73—150: introdução e comentário*, p. 411.
13. HARMAN, Allan. *Salmos*, p. 382.
14. SPURGEON, Charles H. *Os tesouros de Davi*, vol. 2, p. 1165.
15. PURKISER, W. T. "O Livro de salmos", p. 283.
16. WIERSBE, WARREN W. *Comentário bíblico expositivo*, vol. 3. São Paulo: Geográfica, 2006, p. 277.
17. KIDNER, Derek. *Salmos 73—150: introdução e comentário*, p. 411.
18. PURKISER, W. T. "O livro de Salmos", p. 283.
19. SPURGEON, Charles H. *Os tesouros de Davi*, vol. 2, p. 1166.
20. PURKISER, W. T. "O livro de Salmos", p. 283.
21. HARMAN, Allan. *Salmos*, p. 382.
22. Ibidem, p. 382.

Capítulo 110

Deus e suas obras

(Sl 111:1-10)

Os salmos 111 e 112 são acrósticos e formam um conjunto. Cada salmo contém dez versículos e é composto de 225 linhas ou frases em que cada linha inicia com uma letra sucessiva do alfabeto hebraico. No original, a maioria das frases contém exatamente três palavras e os temas são paralelos. O salmo 111 descreve o caráter do Senhor Deus, ao passo que o salmo 112 descreve o caráter do homem piedoso. O acróstico alfabético identifica-os como salmos sapienciais.[1] O salmo 111 tem como tema principal as obras do Senhor na criação, providência e redenção.

Allan Harman ainda acrescenta que os salmos 111 e 112 formam um par para dar início ao grupo de salmos de Aleluia. São semelhantes em estrutura, em que o principal corpo do cântico expande a ideia inicial, e então o versículo final leva o foco central a uma conclusão apropriada.²

Renda graças ao Senhor (111:1)

Três verdades básicas são ensinadas aqui.

Em primeiro lugar, *uma promessa feita* (111:1a). "Aleluia! [...] renderei graças ao SENHOR". Uma exclamação de louvor espontâneo forma o início e o fim desse salmo (110:1,10). Devemos deixar de lado toda dúvida, queixa ou rebelião e nos entregarmos ao Senhor, o único digno de receber toda adoração por quem é e todas as ações de graças pelo que ele tem feito.

Em segundo lugar, *uma forma adequada* (111:1b). "[...] de todo o coração". Os lábios rendem graças em vão se o coração não acompanhar esse louvor. Não pode existir um descompasso entre os lábios e o coração. O coração é o reservatório do louvor e os lábios são as suas comportas.

Em terceiro lugar, *uma companhia abençoada* (111:1c). "[...] na companhia dos justos e na assembleia". O salmista demonstra sua devoção tanto num grupo menor como na assembleia geral do povo. Derek Kidner destaca que a palavra "companhia" é aquela palavra íntima que tem a conotação de um círculo de amigos ou conselheiros; já a palavra "assembleia" exclui qualquer ideia de um grupo exclusivo e estreito.³ Warren Wiersbe destaca que o escritor não fica em casa, adorando em particular, por mais importante que isso seja também; antes, vai ao santuário e se reúne com outros, pois encorajamos uns aos outros quando louvamos a Deus juntos.⁴

Considere as obras do Senhor (111:2-6)

O tema principal do salmo 111 é o louvor dedicado às obras do Senhor por aqueles que o temem, e o salmista nos oferece várias razões para louvarmos a Deus pelas suas portentosas obras.

Em primeiro lugar, *pela grandeza de suas obras* (111:2). "Grandes são as obras do SENHOR, consideradas por todos os que nelas se comprazem". Concordo com Spurgeon quando diz que as obras do Senhor são grandes em projeto, tamanho, quantidade e excelência. Mesmo as pequenas obras de Deus são grandiosas, e cada uma das produções do seu poder é grandiosa para aquele que é sábio de coração, de modo que os que se comprazem nas obras de Deus encontram nelas uma fonte de meditação, prazer e deleite.[5]

Em segundo lugar, *pelo esplendor e justiça de suas obras* (111:3). "Em suas obras há glória e majestade, e a sua justiça permanece para sempre". Spurgeon tem razão em dizer que a sua obra especial, a salvação do seu povo, é aqui destacada. Na obra da graça, a justiça é satisfeita, pois, quando nosso Redentor, como nosso substituto e fiador, assumiu o nosso lugar, cumpriu por nós a lei e satisfez todas as demandas da justiça divina, morrendo pelos nossos pecados e ressuscitando para a nossa justificação.

A sua concepção, as suas bases seguras, o seu gracioso propósito, os seus sábios arranjos, o seu presente ao enviar Jesus como Redentor, a sua aplicação de redenção pelo Espírito Santo em regeneração e santificação, o tudo o mais que constitui o conjunto glorioso, tudo resulta na infinita honra daquele que planejou e realizou um método tão assombroso de salvação.[6]

Salmos — O livro das canções e orações do povo de Deus

Em terceiro lugar, *pelas suas maravilhas memoráveis* (111:4). "Ele fez memoráveis as suas maravilhas; benigno e misericordioso é o SENHOR". As maravilhas divinas são seus atos salvíficos, e Deus providenciou para que o seu povo pudesse recordar sempre esses atos salvíficos. Dia após dia, ano após ano, voltamos os olhos para o que Deus planejou e executou para a nossa redenção.

Em quarto lugar, *pela sua aliança* (111:5). "Dá sustento aos que o temem; lembrar-se-á sempre da sua aliança". Há aqui uma plena harmonia entre o que Deus faz e o que Deus diz, entre suas obras e seus preceitos.[7] Deus sustentou o seu povo com maná no deserto e ao longo da história supre as necessidades de seus amados. Nenhuma de suas promessas é esquecida, pois Ele vela pela sua palavra para a cumprir, e em todas as suas promessas temos o sim e o amém.

Em quinto lugar, *pela sua obra vitoriosa* (111:6). "Manifesta ao seu povo o poder das suas obras, dando-lhe a herança das nações". O Senhor tem manifestado o poder de suas obras em nossa vida e exibe esse poder ao conquistar corações pelo poder do evangelho. Pelo avanço missionário da igreja, o Senhor dá a ela as nações por herança. Porque o Senhor morreu para comprar com o sangue os que procedem de toda tribo, raça, língua e nação, podemos reivindicar, pela proclamação do evangelho, os povos como herança.

Confie na Palavra do Senhor (111:7-9)

O salmista faz uma transição das obras do Senhor para a Palavra do Senhor. Vejamos.

Em primeiro lugar, *a conformidade entre as obras e a palavra* (111:7). "As obras de suas mãos são verdade e justiça; fiéis, todos os seus preceitos". As obras de Deus e seus preceitos andam de mãos dadas, de modo que, enquanto as obras são dirigidas aos nossos olhos, os preceitos são dirigidos aos nossos ouvidos. Há uma conformidade entre o que Deus faz e o que Deus diz.

Em segundo lugar, *a palavra é eternamente inabalável* (111:8). "Estáveis são eles para todo o sempre, instituídos em fidelidade e retidão". Os preceitos divinos são inspirados, inerrantes, infalíveis, eternos. Eles não caducam nem precisam ser atualizados nem mesmo ressignificados. Eles foram instituídos em fidelidade e retidão. Não têm erro nem engano. A Palavra de Deus é eterna!

Em terceiro lugar, *a redenção enviada* (111:9). "Enviou ao seu povo a redenção; estabeleceu para sempre a sua aliança; santo e tremendo é o seu nome". Quatro fatos são destacadas aqui.

Primeiro, *o autor da redenção*. "Enviou..." (111:9a). Deus é o autor da salvação. Ele a planejou, a executou e a consumará. O Pai planejou, o Filho a executou e o Espírito Santo a aplica. A salvação é uma obra monocrática de Deus. É uma obra monergística e não sinérgica. Deus enviou-nos sua salvação.

Segundo, *o destinatário da redenção*. "[...] ao seu povo a redenção..." (111:9b). Deus tem um povo, um rebanho, uma família, e nos escolheu antes da fundação do mundo e nos chamou com santa vocação. Fomos eleitos antes da fundação do mundo e fomos amados com amor eterno e atraídos com cordas de amor. Deus nos escolheu não por causa dos nossos méritos, mas apesar dos nossos deméritos.

Terceiro, *a garantia da salvação*. "[...] estabeleceu para sempre a sua aliança...". A aliança de Deus é eterna, imutável e irrevogável. A garantia da nossa salvação está ancorada em Deus, e não em nós, e está baseada no que Deus fez por nós, e não no que nós fazemos para ele.

Quarto, *a reverência ao Deus da salvação*. "[...] santo e tremendo é o seu nome". O nome ou caráter de Deus é merecedor do mais profundo respeito, porque o seu nome é tremendo e é pura sabedoria temê-lo!

Obedeça a Palavra do Senhor (111:10)

O último versículo desse salmo retoma o tema da reverência do fim do versículo 9, onde a palavra "tremendo" faz parte do verbo hebraico "temer".[8] Vejamos.

Em primeiro lugar, *o princípio da sabedoria* (111:10a). "O temor do SENHOR é o princípio da sabedoria...". Allan Harman diz, com razão, que a conclusão extraída de todas as maravilhas do Senhor é que a reverência para com Ele é fundamental para o viver sábio.[9] Esse conhecido ditado é o lema dos escritos de sabedoria (Jó 28:28; Pv 1:7; 9:10; Ec 12:13). Concordo com Warren Wiersbe quando diz que "o temor do Senhor" não é um medo opressor, como o de um criminoso diante de um juiz, mas sim um temor amoroso e reverente, como o de um filho para com seu pai.[10] O temor do Senhor não é apenas o princípio da sabedoria, mas também o meio e o fim. É realmente o Alfa e o Ômega, a essência, o corpo e a alma, o teor e a substância da sabedoria.[11]

Em segundo lugar, *a evidência da sabedoria* (111:10b). "[...] revelam prudência todos os que o praticam...". Spurgeon diz, com razão, que a obediência a Deus prova que o nosso julgamento é sadio e sólido, e a santidade é o teste da sabedoria. Os homens podem conhecer e ser muito ortodoxos; podem falar e ser muito eloquentes; podem especular e ser muito profundos; mas a melhor prova da sua inteligência deve ser encontrada no fato de que eles realmente fazem a vontade do Senhor.[12]

Em terceiro lugar, *o propósito da sabedoria* (111:10c). "[...] o seu louvor permanece para sempre". O louvor ao Senhor jamais irá cessar, porque suas obras sempre despertarão admiração e adoração.

Notas

1. PURKISER, W. T. "O livro de Salmos". In: *Comentário bíblico Beacon*, vol. 3. Rio de Janeiro: CPAD, p. 284.
2. HARMAN, Allan. *Salmos*. São Paulo: Cultura Cristã, 2011, p. 382.
3. KIDNER, Derek. *Salmos 73—150: introdução e comentário*. São Paulo: Vida Nova, 2006, p. 412.
4. WIERSBE, Warren W. *Comentário bíblico expositivo*, vol. 3. São Paulo: Geográfica, 2006, p. 278.
5. SPURGEON, Charles H. *Os tesouros de Davi*, vol. 3. Rio de Janeiro: CPAD, 2017, p. 10.
6. SPURGEON, Charles H. *Os tesouros de Davi*, vol. 3, p. 11.
7. KIDNER, Derek. *Salmos 73—150: introdução e comentário*, p. 413.
8. KIDNER, Derek. *Salmos 73—150: introdução e comentário*, p. 413.
9. HARMAN, Allan. *Salmos*, p. 384.
10. WIERSBE, Warren W. *Comentário bíblico expositivo*, vol. 3, p. 279.
11. SPURGEON, Charles H. *Os tesouros de Davi*, vol. 3, p. 22.
12. Ibidem, p. 14.

Capítulo 111

O justo e suas bênçãos

(Sl 112:1-10)

ESSE SALMO É UM banquete de sabedoria celestial.¹ Trata-se de um salmo acróstico ou alfabético, que enfatiza a vida piedosa do justo, da mesma forma que o salmo 111 destacou as justas obras do Deus todo-poderoso. O salmo 111 encerrou com o temor do Senhor, e este desenvolve as bênçãos daqueles que temem ao Senhor.

O comentarista Allan Harman diz que o conteúdo desse salmo mostra grande similaridade com o do salmo 1, ainda que o contraste com os perversos não se desenvolva tanto.²

A felicidade do homem temente a Deus (112:1)

Duas verdades são destacadas aqui:

Em primeiro lugar, *a causa da felicidade* (112:1a). "Aleluia! Bem-aventurado o homem que teme ao SENHOR...". Nunca excederemos no dever de louvarmos a Deus, pois essa é uma dívida impagável e Ele merece receber toda adoração por toda a eternidade. Mas louvar a Deus não deve ser um peso obrigatório, e sim uma felicidade espontânea. Resta, portanto, afirmar que aquele que teme ao Senhor é muito feliz. Obviamente, não se trata aqui de ter medo de Deus, mas sim daquela reverência do amor filial.

Em segundo lugar, *a evidência da felicidade* (112:1b). "... e se compraz nos seus mandamentos". Qual é o resultado de temer ao Senhor? É deleitar-se nos seus mandamentos! A palavra de Deus é tão fascinante como suas obras.[3] Fica evidente que a obediência aos mandamentos divinos é o caminho mais seguro da felicidade. Allan Harman corrobora dizendo que reverência para com Deus e alegria nele fluem da obediência voluntária.[4] Concordo com Spurgeon quando diz que a obediência com alegria é a única obediência aceitável; aquele que obedece com relutância é descontente no coração, mas aquele que sente prazer nos mandamentos é verdadeiramente leal e feliz.[5]

As bênçãos especiais do homem temente a Deus (112:2-9)

Destacamos sete bênçãos especiais concedidas aos que temem a Deus.

Em primeiro lugar, *descendência abençoada* (112:2). "A sua descendência será poderosa na terra; será abençoada a geração dos justos". A vida piedosa deve reverberar para toda a família (Sl 34:8-14; 37:25; 127:3-5; 128:3). Aqueles que temem a Deus têm uma descendência santa, influente no tempo e abençoadora na história. Warren Wiersbe tem razão em escrever: "Se nossa vida não causar impacto em nosso lar, entre aqueles que conhecemos e amamos, não fará muita diferença no mundo em geral".⁶

Um país precisa dos seus homens poderosos, e é afortunado se eles são de descendência deste tipo e se as riquezas nacionais estão em tais mãos.⁷ Allan Harman diz que o termo "poderoso" significa "nobreza", os que tinham o direito de carregar as armas do rei.⁸ Oh, que privilégio deixar como legado uma descendência poderosa na terra!

Em segundo lugar, *prosperidade material* (112:3a). "Na sua casa há prosperidade e riqueza...". Os servos de Deus são prósperos não só financeiramente, mas, sobretudo, espiritualmente. Somos o povo mais feliz do mundo (Dt 33:29). Somos o povo mais rico do mundo (Ef 1:3). Somos o povo mais consolado do mundo (2Co 1:3). Somos o povo mais cheio de esperança do mundo (1Pe 1:3).

Em terceiro lugar, *prosperidade espiritual* (112:3b). "... e a sua justiça permanece para sempre". A prosperidade do justo vai além de coisas materiais, pois ele tem uma riqueza eterna, riqueza não auferida pelo braço da carne, mas atribuída pela graça divina. Além disso, somos justificados pela fé, e, quando cremos em Jesus, a justiça divina é atribuída a nós, e isso por toda a eternidade.

Em quarto lugar, *consolo nas aflições* (112:4). "Ao justo, nasce luz nas trevas; ele é benigno, misericordioso e justo". Luz nas trevas fala de discernimento em meio à confusão e consolo em meio à aflição. Allan Harman corrobora dizendo: "Significa que, em momentos de tribulação ("em trevas"), Deus envia sua salvação, denominada aqui pela figura de linguagem "luz".⁹ Spurgeon oferece preciosa contribuição na interpretação deste texto:

> O justo terá os seus dias de trevas, ele poderá estar doente e triste, pobre e desfalecendo, bem como os outros; as suas antigas riquezas podem fazer para si asas e voar para longe, ao passo que até mesmo a sua justiça pode ser alvo de cruel suspeita; assim, as nuvens podem estar mais baixas, ao seu redor, mas a sua tristeza não durará para sempre; o Senhor o aliviará no devido tempo, pois tão certamente como o sol de um bom homem se põe, ele nascerá novamente. Se as trevas forem causadas por depressão de espírito, o Espírito Santo irá consolá-lo; se, por perda monetária ou luto pessoal, a presença de Cristo será seu consolo; e se pela crueldade e perversidade dos homens, a simpatia do seu Senhor será o seu sustento. É tão normal que o justo seja consolado quanto é normal que o dia amanheça. Espere pela luz, e ela certamente virá; pois mesmo que o nosso Pai Celestial, nas nossas últimas horas nos faça dormir na escuridão, nós veremos que é manhã quando despertamos.[10]

Em quinto lugar, *felicidade em socorrer os necessitados* (112:5,9). "Ditoso o homem que se compadece e empresta; ele defenderá a sua causa em juízo [...] Distribui, dá aos pobres; a sua justiça permanece para sempre, e o seu poder se exaltará em glória". A bondade desse homem transborda para outras pessoas. Nas palavras de Spurgeon, "ele é um reservatório de Deus, e da sua abundância fluem correntezas de generosidade para suprir os necessitados".[11]

O Senhor diz que mais bem-aventurado é dar que receber (At 20:35). Não é feliz aquele que retém com usura, mas aquele que reparte com generosidade. O justo tem o coração aberto, as mãos abertas e a casa aberta; ele não tem o dinheiro como patrão, mas como servo, e não é possuído pelo dinheiro, mas possui o dinheiro para fazer dele um instrumento para emprestar, distribuir e dar. Porque ele distribui suas riquezas temporárias com generosidade, recebe bênçãos espirituais eternas. Vemos aqui uma ceifa abundante e uma alegria generalizada (2Co 9:9-12). O comentarista Warren Wiersbe destaca que, ao citar o versículo 9 em 2Coríntios 9:9, o apóstolo Paulo usa essa pessoa mencionada no salmo como exemplo a ser seguido pelos cristãos de hoje (Pv 11:24).[12]

Em sexto lugar, *estabilidade no tempo e na eternidade* (112:6). "Não será jamais abalado; será tido em memória eterna". O justo tem estabilidade diante das adversidades da vida e, mesmo depois que é chamado aos tabernáculos eternos, deixa uma memória eterna para as gerações pósteras (Pv 10:7).

Em sétimo lugar, *confiança inabalável* (112:7,8). "Não se atemoriza de más notícias; o seu coração é firme, confiante no SENHOR. O seu coração, bem firmado, não teme, até ver cumprido, nos seus adversários, o seu desejo". O justo sabe que sua vida está segura nas mãos de Deus, pois vê tudo pela ótica da soberania de Deus.[13] Seu passado está debaixo do sangue do Cordeiro, seu presente está sob o olhar cuidadoso do Pai e seu futuro está garantido pelas promessas que não podem falhar. O justo não teme más notícias porque sabe que todas as coisas cooperam para o bem daqueles que amam a Deus (Rm 8:28). São verdadeiras e conhecidas as palavras do poeta William Cowper: "a providência pode ser carrancuda, mas a face de Deus é sorridente".

A infelicidade do perverso (112:10)

Depois de destacar as bênçãos do justo, o escritor mostra com cores fortes o amargo e fútil tipo de vida que existe como alternativa.[14] Nas palavras de Allan Harman, "o versículo final oferece o quadro reverso. A pessoa perversa é o exato oposto da justa. Ela não conhece o que é ser gracioso nem compassivo. Ela é colérica e iracunda.[15] Vejamos.

Em primeiro lugar, *seus sentimentos são cheios de veneno* (112:8a). "O perverso vê isso e se enraivece; range os dentes e se consome...". O perverso nutre maus desejos em relação ao justo, de modo que, se pudesse, o destruiria, mas, como não consegue, se enraivece e range os dentes. Spurgeon diz que o ímpio verá primeiramente o exemplo dos santos como sendo a sua própria condenação e, por fim, contemplará a felicidade dos crentes para aumento da sua eterna desgraça. O filho da ira será forçado a testemunhar a bem-aventurança do justo, embora essa visão faça atormentar seu próprio coração [...]. O calor da sua paixão o derreterá como a cera, e o sol da providência de Deus o dissolverá como a neve, e, por fim, o fogo da vingança divina o consumirá.[16]

Em segundo lugar, *seus desejos são frustrados* (112:8b). "[...] o desejo dos perversos perecerá". O desejo dos perversos é uma miragem falaciosa, um engano fatal, e certamente seu desejo perecerá e ele morrerá desapontado.

Notas

[1] SPURGEON, Charles H. *Os tesouros de Davi*, vol. 3. Rio de Janeiro: CPAD, 2017, p. 31.
[2] HARMAN, Allan. *Salmos*. São Paulo: Cultura Cristã, 2011, p. 384.
[3] KIDNER, Derek. *Salmos 73—150: introdução e comentário*. São Paulo: Vida Nova, 2006, p. 414.
[4] HARMAN, Allan. *Salmos*, p. 385.
[5] SPURGEON, Charles H. *Os tesouros de Davi*, vol. 3, p. 27.
[6] WIERSBE, Warren W. *Comentário bíblico expositivo*, vol. 3. São Paulo: Geográfica, 2006, p. 280.

[7] KIDNER, Derek. *Salmos 73—150: introdução e comentário*. 2006, p. 414.
[8] HARMAN, Allan. *Salmos*, p. 385.
[9] Ibidem, p. 385.
[10] SPURGEON, Charles H. *Os tesouros de Davi*, vol. 3, p. 28.
[11] SPURGEON, Charles H. *Os tesouros de Davi*, vol. 3, p. 30.
[12] WIERSBE, Warren W. *Comentário bíblico expositivo*, vol. 3, p. 280.
[13] PURKISER, W. T. "O livro de **Salmos**", p. 285.
[14] KIDNER, Derek. *Salmos 73—150: introdução e comentário*, p. 415.
[15] HARMAN, Allan. *Salmos*, p. 386.
[16] SPURGEON, Charles H. *Os tesouros de Davi*, vol. 3, p. 31.

Capítulo 112

A grandeza do nosso Deus

(Sl 113:1-9)

ESSE SALMO DÁ INÍCIO ao Hallel, ou o Aleluia dos judeus. Os salmos 113—118 formam o "Hallel Egípcio" ou "Louvor Egípcio", que era entoado pelos judeus nas ocasiões das principais festas religiosas (Páscoa, Festa das Semanas, Tabernáculos). Os salmos 113 e 114 eram cantados antes da refeição da Páscoa e os salmos 115 a 118, depois da refeição. A referência a "egípcio" deve-se ao fato de a primeira Páscoa ter sido celebrada no Egito (Êx 12:21-30).[1]

Derek Kidner diz que somente o salmo 114 fala diretamente do Êxodo, mas o tema de levantar os pisoteados (113) e a nota de louvor em conjunto (115), de ações de graças pessoais (116), da visão do mundo (117) e da procissão festiva (118) fazem com que seja uma série apropriada para marcar a salvação que começou no Egito e que se espalhará entre as nações.[2] Purkiser diz que muito provavelmente esses salmos compõem o hino cantado por Jesus e seus discípulos antes de sair para o jardim do Getsêmani (Mt 26:30).[3]

Convocação solene (113:1-3)

Encontramos nesse trecho a convocação ao culto universal. Vejamos.

Em primeiro lugar, *quem deve adorar* (113:1a). "Aleluia! Louvai, servos do SENHOR". Esse salmo começa e termina com "Aleluia". Há uma ordem peremptória para os servos do Senhor louvarem ao Senhor, pois toda a devoção da alma deve ser dada apenas ao Senhor. Spurgeon diz que o louvor é uma oferta essencial em todas as festas solenes do povo de Deus, ou seja, é a mirra e o incenso do louvor.[4] Já o termo "servos do SENHOR" veio a ser uma descrição-padrão de toda a comunidade adoradora no período pós-cativeiro babilônico (Ed 5:11; Ne 1:10). Concordo com Spurgeon quando diz: "Louvam melhor a Deus aqueles que o servem melhor, verdadeiramente, o serviço é louvor".[5]

Em segundo lugar, *a quem adorar* (113:1b). "[…] louvai o nome do SENHOR". O nome do Senhor, e não de qualquer rei terreno ou líder religioso, deve ser louvado, e só a Deus devemos prestar culto, pois nenhum outro nome é merecedor de nosso louvor e adoração.

Em terceiro lugar, *quando adorar* (113:2,3). "Bendito seja o nome do SENHOR, agora e para sempre. Do nascimento do sol até ao ocaso, louvado seja o nome do SENHOR". O louvor deve ser perpétuo e universal. Warren Wiersbe diz que esse louvor vai além do tempo ("agora e para sempre") e do espaço ("do nascimento ao ocaso" – de Leste a Oeste).[6] Os adoradores são parte de uma vasta companhia que se estende além da imaginação no tempo (113:2) e no espaço (113:3), conforme convém à sua soberania na terra e no céu (113:4).[7] Concordo com Allan Harman quando diz que a compreensão mais completa dessa visão só veio com o ministério de Jesus e a proclamação do evangelho por todo o mundo.[8]

Trono glorioso (113:4-6)

O motivo do louvor dos versículos anteriores é a exaltação, glória e grandeza do nosso Deus. Vejamos.

Em primeiro lugar, *o mais elevado na terra* (113:4a). "Excelso é o SENHOR, acima de todas as nações…". O Senhor é mais elevado que os mais elevados homens, e é elevado não apenas entre algumas nações, mas acima de todas as nações; é excelso não apenas entre as nações, mas, sobretudo, acima de todas as nações.

Em segundo lugar, *o mais exaltado no céu* (113:4b). "[…] e a sua glória, acima dos céus". Os próprios céus quase se perdem de vista abaixo do Senhor. Sua entronização é tão elevada que Ele precisa de se abaixar para ver o céu e a terra.[9] Spurgeon tem razão em dizer que a glória do Senhor não pode ser exibida por todo o universo visível, nem mesmo pela pompa solene de exércitos angelicais; a sua glória está acima de toda concepção e imaginação.[10]

Em terceiro lugar, *o Senhor incomparável* (113:5). "Quem há semelhante ao SENHOR, nosso Deus, cujo trono está nas alturas". Ele é incomparável em seus atributos e em suas obras. Só Ele é autoexistente, infinito, imenso, eterno, imutável, onisciente, onipresente, onipotente, transcendente e soberano. Só Ele é o criador, o provedor e o redentor. O profeta Isaías pergunta: "Com quem comparareis a Deus? Ou que coisa semelhante confrontareis com ele?" (Is 40:19). O próprio Deus pergunta: "A quem, pois, me comparareis para que eu lhe seja igual? – Diz o Santo" (Is 40:25). Hoje, Jesus Cristo, o Rei dos reis (Ap 19:16) está exaltado "acima de todos os céus" (Ef 4:10; Fp 2:9-11).

Em quarto lugar, *o observador universal* (113:6). "Que se inclina para ver o que se passa no céu e sobre a terra". Warren Wiersbe diz, com razão, que não é a transcendência de nosso Senhor que cativa o salmista, mas sim sua disposição de se inclinar e de prestar atenção nos simples mortais, que nem sempre o reverenciam.[11] Resta afirmar, portanto, que o trono de Deus não é apenas o trono de glória, mas também o trono de graça, conforme se pode ver nos versículos que seguem.

Ações poderosas (113:7-9)

Estes versículos olham para trás, para o cântico de Ana (1Sm 2:8). Vejamos.

Em primeiro lugar, *o Senhor exalta o humilde* (113:7,8). "Ele ergue do pó o desvalido e do monturo, o necessitado, para o assentar ao lado dos príncipes, sim, com os príncipes do seu povo". O Altíssimo cuida dos mais humildes e humilhados. O monturo era um monte de cinzas onde ficavam os párias da cidade, os pobres indesejados e os doentes (Jó 2:8). O Senhor visita os rejeitados, os transforma, os levanta e os honra. Spurgeon diz que o Senhor não faz nada pela metade: quando Ele ergue os homens do pó, não fica satisfeito até que os coloca entre os nobres do seu reino. Nós somos feitos reis e sacerdotes de Deus, e reinaremos para todo o sempre. Em lugar de pobreza, ele nos dá a riqueza de príncipes; e em lugar de desonra, ele nos dá uma posição mais elevada do que a dos grandes da terra.[12]

Warren Wiersbe, fazendo uma aplicação desta passagem, escreve:

> O amor e a graça de Deus o levaram a curvar-se até nosso nível, especialmente quando enviou Jesus Cristo para se tornar um de nós e morrer por nós na cruz (Fp 2:5-8). Em João 8:6,8, Jesus inclinou-se para perdoar uma mulher pecadora, e em João 13:1-11 Jesus inclinou-se para levar os pés de seus discípulos. Porém, sua maior demonstração de graça foi quando morreu por nós na cruz. Jesus pode erguer os pecadores do monturo e colocá-los no trono (Ef 2:4-7).[13]

Em segundo lugar, *O Senhor faz fértil a mulher estéril* (113:9). "Faz que a mulher estéril viva em família e seja alegre mãe de filhos. Aleluia!". Este versículo traz à baila a história de Ana, uma mulher estéril, a quem Deus deu um filho, o profeta, sacerdote e juiz Samuel, além de outros filhos. Deus curou outras mulheres estéreis como Sara, Rebeca, Raquel, a mulher de Manoá e Isabel. Ter filhos era uma questão de honra para os orientais; por outro lado, não tê-los era um emblema de grande maldição. Sendo assim, transformar um útero estéril como um deserto num canteiro de vida, como um pomar frutuoso, era uma expressão eloquente da bondade de Deus.

Allan Harman diz que o "Aleluia' final provê uma conclusão adequada a um hino triunfal no louvor do Deus majestoso e gracioso.[14] Spurgeon tem razão em dizer que a música conclui no seu tom principal. O salmo é um círculo, terminando onde começou, isto é, louvando o Senhor desde a sua primeira sílaba até a última. Que o salmo da nossa vida tenha a mesma característica e que jamais conheça uma pausa ou uma conclusão.[15] Na verdade, não há momento para deixar de louvar.

Notas

[1] HARMAN, Allan. Salmos. São Paulo: Cultura Cristã, 2011, p. 386.
[2] KIDNER, Derek. *Salmos 73—150: introdução e comentário*. . São Paulo: Vida Nova, 2006, p 416.
[3] PURKISER, W. T. "O livro de Salmos". In: *Comentário bíblico Beacon*, vol. 3. Rio de Janeiro: CPAD, 2015, p. 285.
[4] SPURGEON, Charles H. *Os tesouros de Davi*, vol. 3. Rio de Janeiro: CPAD, 2017, p. 42.
[5] SPURGEON, Charles H. *Os tesouros de Davi*, vol. 3, p. 42.
[6] WIERSBE, Warren W. *Comentário bíblico expositivo*, vol. 3. São Paulo: Geográfica, 2006, p. 281.
[7] KIDNER, Derek. *Salmos 73—150: introdução e comentário*, p. 416.
[8] HARMAN, Allan. *Salmos*, p. 387.
[9] KIDNER, Derek. *Salmos 73—150: introdução e comentário*, p. 417.
[10] SPURGEON, Charles H. *Os tesouros de Davi*, vol. 3, p. 44.
[11] WIERSBE, Warren W. *Comentário bíblico expositivo*, vol. 3, p. 281.
[12] SPURGEON, Charles H. *Os tesouros de Davi*, vol. 3, p. 45.
[13] WIERSBE, Warren W. *Comentário bíblico expositivo*, vol. 3, p. 282.
[14] HARMAN, Allan. *Salmos*, p. 388.
[15] SPURGEON, Charles H. *Os tesouros de Davi*, vol. 3, p. 46.

Capítulo 113

A história do êxodo

(Sl 114:1-8)

Esse salmo dá o título ao grupo dos salmos Hillel egípcio, pois registra os atos portentosos de Deus, na libertação de Israel. Allan Harman diz que o salmo anterior enalteceu a majestade de Deus, e agora isso é ilustrado no controle que Ele exerce sobre sua criação no tempo do êxodo[1]

O teólogo, conferencista e comentarista bíblico Warren Wiersbe enfatiza que esse salmo descreve o êxodo de Israel do Egito, a provisão do Senhor na jornada do povo pelo deserto, sua entrada na Terra Prometida e a conquista de seus inimigos. Na verdade, o salmo é sobre Deus e revela seu relacionamento cheio de graça para com seu povo escolhido.[2] Nas palavras de Spurgeon:

> Deus é descrito como conduzindo o seu povo, do Egito a Canaã, e fazendo com que toda a terra se emocione com a sua vinda. As coisas inanimadas são representadas como imitando os atos das criaturas vivas, quando o Senhor passa. O Deus de Jacó é exaltado como tendo domínio sobre rios, mar e montes, e fazendo com que toda a natureza preste respeitos à sua gloriosa majestade.[3]

O êxodo foi um evento assaz importante na história da redenção e aponta para a libertação que Jesus realizou para o seu povo na cruz do calvário. O Egito é um símbolo do mundo, Faraó é um símbolo do Diabo, e a saída do Egito é um símbolo da redenção. A jornada rumo à Terra Prometida é um símbolo da caminhada da igreja rumo à Canaã celestial.

A família de Jacó desceu ao Egito com apenas setenta pessoas e de lá saiu como uma numerosa nação. Eles não saíram da escravidão por iniciativa própria nem pela força do seu braço, mas pela ação poderosa do braço de Deus. De igual modo, somos salvos não pelo nosso esforço, mas pela obra monergística de Deus.

A definição do êxodo (114:1)

O escritor registra o que foi êxodo: "Quando saiu Israel do Egito, e a casa de Jacó, do meio de um povo de língua estranha". Israel desceu ao Egito debaixo dos favores de Faraó, mas, com o tempo, a memória de José do Egito foi esquecida, e o povo passou a ser oprimido, opressão esta que foi além de trabalhos forçados, uma vez que os filhos dos hebreus deviam ser assassinados logo depois de nascer. Os hebreus oprimidos clamaram a Deus, e o Senhor viu sua aflição, ouviu o seu clamor e desceu para libertá-los. Com mão forte e poderosa, o Senhor tirou o seu povo da terra da servidão. Seus opressores e capatazes cruéis tinham uma língua estranha e ininteligível para eles, e tiveram que aprender essa língua para cumprir suas ordens injustas e desumanas. Nas palavras de Spurgeon, "a língua de capatazes estrangeiros jamais é como música para os ouvidos de um exilado".[4] É óbvio que Israel não podia se sentir em casa no Egito, pois este representa o mundo e a escravidão dos pecadores sob o jugo das forças do mal (Ef 2:1-3); mas foi desse ambiente estranho e doloroso que Deus os libertou.

O êxodo é mencionado com frequência nos salmos (74:13; 77:17-20; 78:12-16,52,53; 106:9-12; 136:10-15), pois o livramento de Israel do Egito marcava seu "nascimento" como nação. O povo estava livre para servir ao Senhor.

Purkiser diz que em todo o Antigo Testamento o êxodo é entendido como a base da fé do povo de Israel no poder redentor de Deus. Ele é o tema que unifica todo o Antigo Testamento e é retomado no conceito neotestamentário da ressurreição de Cristo, dando unidade à Bíblia inteira.[5]

O propósito do êxodo (114:2)

Vejamos dois pontos importantes nesse passagem.

Em primeiro lugar, *para formar uma comunidade de adoradores* (114:2a). "Judá se tornou o seu santuário...". Judá não apenas tornou-se a tribo de cetro, para governar, como também a tribo que sediou o santuário para adorar. Judá foi também a tribo que liderou o povo na marcha pelo deserto. Nas palavras de Warren Wiersbe, o Senhor não apenas separou o povo de Israel do Egito, como também os separou para si, pois eram seu povo, seu tesouro e sua herança.[6]

Em segundo lugar, *para formar uma comunidade de servos* (114:2b). "... e Israel, o seu domínio". Israel teve profetas, sacerdotes e reis, mas o próprio Deus governou Judá e Israel. As designações "Judá" e "Israel" referem-se à nação como um todo, e náos aos dois reinos que se formaram depois da morte de Salomão. Warren Wiersbe esclarece:

> Judá era o lugar onde ficava não apenas o santuário de Deus, mas também seu trono (Êx 19:6). Davi e seus descendentes eram os governantes escolhidos por Deus. Eram, portanto, representantes de Deus e deveriam obedecer à sua lei. Deus fez uma aliança com Davi, na qual lhe prometeu um trono eterno e um herdeiro que ocuparia esse trono para sempre (2Sm 7). O trono de Davi não existe mais (Os 3:4,5), mas essa aliança cumpriu-se em Jesus Cristo (Lc 1:30-33,68-73). Um dia, ele assentará no trono de Davi e o governo estará sobre seus ombros (Is 9:6).[7]

A jornada do êxodo (114:3-6)

Destacam-se aqui duas verdades solenes.

Em primeiro lugar, *o milagre da saída do Egito e da chegada à Terra Prometida* (114:3). "O mar viu isso e fugiu; o Jordão tornou atrás". O milagre de Deus sobre a natureza abriu e fechou a história do êxodo. Deus abriu o mar Vermelho para o povo passar quando saíram do Egito e abriu o rio Jordão para o povo entrar na Terra Prometida, depois da longa caminhada pelo deserto. Purkiser diz, com razão, que esses dois acontecimentos da libertação realizada por Deus, a passagem pelo mar Vermelho e a travessia posterior do rio Jordão durante a entrada na Terra Prometida, formam a base desse salmo.[8] A criatura fugiu e tornou atrás diante do Criador, provando que o Deus de Jacó domina sobre a natureza que ele mesmo trouxe à existência. O mar se encolhe diante de sua presença e o rio dá marcha ré diante da marcha do Todo-poderoso. Toda a natureza ouve sua voz, obedece ao seu comando e presta reverência à suprema majestade.

Em segundo lugar, *a exultação da natureza* (114:4-6). A natureza está sujeita aos comandos de Deus e se alegra em suas obras maravilhosas. Vejamos.

Primeiro, *a natureza celebra a libertação do povo de Deus* (114:4,6). "Os montes saltaram como carneiros, e as colinas, como cordeiros do rebanho [...] Montes, por que saltais como carneiros? E vós, colinas, como cordeiros do rebanho?". Numa linguagem poética de refinada beleza e exuberância singular, o escritor descreve os montes altaneiros e os montes menores, as colinas, saltando de alegria diante de Deus, na medida que o seu povo passa rumo a Canaã. Por que os montes estão saltando como carneiros e as colinas pulando como cordeiros do rebanho? Porque o Deus todo-poderoso, criador, libertador e redentor marcha à frente do seu povo.

Segundo, *a natureza abre caminhos para o povo de Deus passar* (114:5). "Que tens, ó mar, que assim foges? E tu, Jordão, para tornares atrás?". Em linguagem de rara beleza poética, o escritor vê o mar recuando e formando paredões para que o povo passasse em segurança a pé enxuto logo que saíram do Egito; e vê, de igual modo, o Jordão tornando atrás, quando o povo entrou na terra da promessa. O mar dividido, pelo qual Israel caminha, como se fosse terra seca, o Jordão aprisionado no seu curso, os penhascos de granito do Sinai tremendo na sua base revelam o poder de Deus em relação à natureza e sua graça em relação ao seu povo. As convulsões da natureza, que acompanharam o êxodo, fora como as convulsões do parto do povo israelita. Nascia uma nação de uma só vez.⁹

A ordem à terra (114:7,8)

A ideia central desse salmo é a de que Deus foi adiante de seu povo e tudo na natureza estremeceu com sua presença e obedeceu à sua vontade. A terra tremeu no parto de nascimento da nação de Israel e a terra e o céu vão fugir da presença do Senhor quando este se assentar no trono para julgar as nações e a igreja for glorificada (Ap 20:11). Destacamos dois pontos.

Em primeiro lugar, *a terra toda estremece na presença do Deus de Jacó* (114:7). "Estremece, ó terra, na presença do Senhor, na presença do Deus de Jacó". Uma ordem procede das alturas: A terra, obra de suas mãos, deve estremecer na presença do Senhor, pois Ele é o Deus de Jacó, o Deus da salvação.

Em segundo lugar, *a terra toda estremece diante do Deus que opera maravilhas* (114:8). "O qual converteu a rocha (Êx 17:1-7) em lençol de água e o seixo (Nm 20:1-13), em manancial". O Deus de Jacó fez brotar água da rocha e transformou o seixo em verdadeiros mananciais. A água que jorra do seixo é uma prova prática da ilimitada onipotência e da graça que converte a morte em vida. Que a terra, então, trema diante do Senhor, o Deus de Jacó. Ela sempre tremeu diante dele, e diante dele que ela trema, pois o que Ele era, Ele ainda é e sempre será, e assim como Ele veio uma vez, virá outra vez.¹⁰

Notas

[1] HARMAN, Allan. Salmos. São Paulo: Cultura Cristã, 2011, p. 388.
[2] WIERSBE, Warren W. *Comentário bíblico expositivo*, vol. 3. São Paulo: Geográfica, 2006, p. 282.
[3] SPURGEON, Charles H. *Os tesouros de Davi*, vol. 3. Rio de Janeiro: CPAD, 2017, p. 57.
[4] SPURGEON, Charles H. *Os tesouros de Davi*, vol. 3, p. 58.
[5] PURKISER, W. T. "O livro de Salmos". In: *Comentário bíblico Beacon*, vol. 3. Rio de Janeiro: CPAD, 2015, p. 287.
[6] WIERSBE, Warren W. *Comentário bíblico expositivo*, vol. 3, p. 283.
[7] Ibidem, p. 283.
[8] PURKISER, W. T. "O livro de Salmos", p. 286.
[9] SPURGEON, Charles H. *Os tesouros de Davi*, vol. 3, p. 66.
[10] Ibidem, p. 67.

Capítulo 114

Glória ao Deus soberano

(Sl 115:1-18)

ESSE SALMO DESCREVE TANTO a libertação do êxodo quanto a libertação do cativeiro babilônico. Em ambas as circunstâncias, o povo de Deus estava sendo oprimido por povos politeístas, que julgavam seus deuses superiores ao Deus de Israel. O escritor, porém, vira a mesa da história e mostra como o Deus de Israel é soberano, digno de glória, e que considera os ídolos dos povos como coisa vã, que nada sabem, nada podem e nada ajudam aqueles que os fabricam e os adoram. Nas palavras de Allan Harman, "o salmo enaltece a pessoa e o caráter do Deus de Israel em contraste com os ídolos inúteis das nações gentílicas".[1] Derek Kidner diz que, nesse salmo, cantamos a glória de Deus que não pode ser desafiada.[2]

Purkiser destaca que, num tempo em que estamos correndo o risco de colocar o bem-estar do homem acima da glória de Deus, esse salmo é sobremaneira relevante, oportuno e urgente.[3]

Cinco verdades devem ser destacadas na exposição desse majestoso poema. Vejamos.

O Deus soberano é digno de receber toda glória (115:1-3)

Esses três versículos destacam estas três verdades:

Em primeiro lugar, *a quem não deve ser dada a glória* (115:1a). "Não a nós, SENHOR, não a nós...". Os reis, os príncipes, os governantes, os comandantes e os grandes deste mundo gostam de receber glória, mas toda glória dada ao homem é vanglória, é glória vazia, é idolatria, é abominação. Deus não divide a sua glória com ninguém. Este versículo coloca, outrossim, o machado afiado da verdade na tendência arrogante do nosso coração de autoglorificação e autoidolatria. Nas palavras de Spurgeon, "se é angelical recusar uma glória indevida, roubada do trono de Deus (Ap 22:8,9); é diabólico aceitá-la e valorizá-la".[4]

Em segundo lugar, *a quem deve ser dada a glória* (115:1b). "[...] mas ao teu nome dá glória...". Só ao Deus glorioso deve ser dada a glória. Só o seu nome é excelso e exaltado acima dos céus. Só ele faz maravilhas para libertar o seu povo, não por causa das virtudes inerentes do povo, mas por causa de sua própria misericórdia e fidelidade (Ez 36:21,22).

Em terceiro lugar, *por que se deve dar a ele a glória* (115:1c,2,3). "[...] por amor da tua misericórdia e da tua fidelidade. Por que diriam as nações: onde está o Deus deles?

No céu está o nosso Deus e tudo faz como lhe agrada". Deus deve ser glorificado por causa de sua misericórdia e de sua fidelidade para com seu povo. Se as nações idólatras, que oprimiram o povo de Deus, perguntavam zombeteiramente, onde está o nosso Deus, respondemos: O nosso Deus está no céu. Ele está assentado no trono. Ele levanta reinos e abate reinos. Ele tem as rédeas da história em suas mãos e tudo faz conforme lhe agrada. Ninguém pode deter sua mão nem frustrar seus planos. Nas palavras de Spurgeon:

> O nosso Deus está acima dos zombeteiros mortais, ouvindo todos os vãos ruídos dos homens, mas olhando para baixo com silencioso desprezo para os criadores de confusão. Supremo, acima de todas as forças de oposição, o Senhor reina sobre um alto e sublime trono. Incompreensível em essência, ele se ergue acima do mais elevado pensamento dos sábios; absoluto em vontade, e infinito em poder, ele é superior às limitações que pertencem à terra e ao tempo.[5]

O Deus soberano considera os ídolos dos povos inúteis (115:4-8)

O profeta Isaías, de uma maneira plena, zomba da loucura dos que creem que podem criar seus próprios deuses (Is 44:9-20). O povo que cria e cultua tais ídolos de ouro e prata será justamente tão ineficaz quanto esses mesmos deuses (115:8).[6] Os deuses dos povos não carregam seu povo, mas precisam ser carregados (Is 46:1-13), e não aliviam o fardo, mas são um fardo!

Spurgeon diz que há aqui um belo contraste entre o Deus de Israel e os ídolos pagãos. Ele criou tudo, ao passo que eles foram feitos pelo homem; Ele está no céu e eles, na terra; Ele faz tudo o que lhe apraz, ao passo que eles não podem fazer nada; ele vê a angústia, ouve e responde as orações, aceita as ofertas, vem em auxílio e realiza a salvação de seus servos; eles são cegos, surdos e mudos, estúpidos, imóveis e impotentes.[7] O mesmo autor ainda diz: "Sejam os nossos deuses objetos naturais, ou riquezas, ou prazeres terrenos, eles não têm olhos para se apiedar, não têm ouvidos para ouvir súplicas, não têm língua para aconselhar, não têm mãos para ajudar. Mas o Deus verdadeiro é todo olhos, todo ouvidos, todo língua, todo mãos, todo pés, todo mente, todo coração".[8] Vejamos.

Em primeiro lugar, *os ídolos dos povos são fabricados de material inanimado* (115:4a). "Prata e ouro são os ídolos dos povos...". Os ídolos dos povos são fabricados de materiais inanimados como prata, ouro, madeira e barro. Por mais duráveis que sejam esses materiais, são perecíveis.

Em segundo lugar, *os ídolos dos povos são fabricados pelas mãos dos homens* (115:4b). "[...] obra das mãos dos homens". Os ídolos dos povos são menores que os homens, porque são obra de suas mãos. A criatura nunca é maior do que o criador, então, se os homens são impotentes, imagine os ídolos por eles fabricados! Concordo com Spurgeon quando diz que é irracional que os homens adorem aquilo que é menos do que eles mesmos.[9]

Em terceiro lugar, *os ídolos dos povos são totalmente impotentes* (115:5-7). "Têm boca e não falam; têm olhos e não veem; têm ouvidos e não ouvem; têm nariz e não cheiram. Suas mãos não apalpam; seus pés não andam; som nenhum lhes sai da garganta". Os ídolos dos povos não falam, não veem, não ouvem, não cheiram, não apalpam, não andam, não falam. São inúteis, imprestáveis, impotentes.

Em quarto lugar, *os ídolos dos povos promovem engano e decepção* (115:8). "Tornam-se semelhantes a eles os que os fazem e quantos neles confiam". Muito embora os ídolos sejam nada, o que está por trás deles são os demônios, por isso, aqueles que fabricam os ídolos e os adoram se tornam inúteis e mortos como a própria obra de suas mãos. Nas palavras de Spurgeon, "aqueles que fazem essas coisas para adoração são tão estúpidos e irracionais quanto as figuras que eles criam".[10] Warren Wiersbe, nessa mesma linha de pensamento, diz: "tornamo-nos semelhantes ao Deus que adoramos".[11]

O Deus soberano é digno de inteira confiança (115:9-11)

O Senhor auxilia e protege todos aqueles que o adoram em temor filial, a despeito da nação à qual possam pertencer. Sem dúvida, essas exortações repetidas eram consideradas necessárias pela tentadora condição em que os filhos de Israel se encontravam: as zombarias do adversário atacariam o povo, elas seriam amargamente sentidas pelos sacerdotes e ministros, e aqueles que eram prosélitos gemeriam em segredo, sob o desprezo dirigido à sua religião e ao seu Deus. Tudo isso seria muito desconcertante para a fé, por isso os repetidos pedidos para que se confiem no Senhor.[12] Vejamos.

Em primeiro lugar, *aqueles que confiam no Senhor* (115:9-11). "Israel confia no SENHOR [...]. A casa de Arão confia no SENHOR [...] Confiam no SENHOR os que temem ao SENHOR...". A comunidade de Israel, seus sacerdotes e os prosélitos confiam no Senhor. Não importa a função que ocupam ou o sangue que corre nas veias, quem conhece o Senhor, confia nele. Derek Kidner diz que temos um relance de como a congregação encarava a si mesma, como sendo composta de israelitas leigos, sacerdotes e os tementes a Deus em geral, ou seja, convertidos não israelitas (Gn 15:2; Êx 12:48,49; Rt 1:16).[13] Corrobora com essa ideia Allan Harman quando diz que os que temem ao Senhor poderia ser uma referência a toda a comunidade adoradora ou, ainda, poderia referir-se aos prosélitos que vieram a confiar no Deus de Israel (At 10:2; 16:14; 17:4,17).[14]

Em segundo lugar, *as dádivas concedidas aos que nele confiam* (115:9-11). "[...] Ele é o seu amparo e o seu escudo [...]. Ele é o seu amparo e o seu escudo [...]. Ele é o seu amparo e o seu escudo". Para todos aqueles que confiam no Senhor, o Senhor é amparo e escudo e não desampara aqueles que nele esperam.

O Deus soberano é generosamente abençoador (115:12-15)

O verbo "abençoar" é usado cinco vezes nos versículos 12 a 15, mostrando que não podemos viver sem a bênção de Deus. Nas palavras de Derek Kidner, "isso marca o ponto crucial entre os tempos magros e coisas melhores".[15] Vejamos.

Em primeiro lugar, *Deus se lembra e abençoa* (115:12,13). "De nós se tem lembrado o Senhor; ele nos abençoará; abençoará a casa de Israel, abençoará a casa de Arão. Ele abençoa os que temem o Senhor, tanto pequenos como grandes". As misericórdias passadas são garantia de que Deus tem se lembrado de nós e voltará a nos abençoar. A benção está destinada à casa de Israel, à casa de Arão e aos que temem ao Senhor, quer sejam grandes ou pequenos.

Em segundo lugar, *Deus abençoa com bênçãos maiores e mais amplas* (115:14,15). "Senhor vos aumente bênçãos mais e mais, sobre vós e sobre vossos filhos. Sede benditos do Senhor, que fez os céus e a terra". Deus mesmo é a fonte de suas bênçãos; fonte inesgotável. Ele tem sempre mais. Quanto mais se extrai bênçãos dessa fonte, mais bênção ele tem para repartir. Essas bênçãos são maiores e mais amplas, porque não alcançam apenas a nós, mas também aos nossos filhos. Allan Harman diz que é bem possível que as palavras usadas aqui sejam um eco da oração que Moisés pronunciara justamente antes de Israel atravessar o Jordão rumo à terra de Canaã: "O Senhor, Deus de seus pais, vos faça mil vezes mais numerosos do que sois e vos abençoe, como vos prometeu" (Dt 1:11).[16] Na verdade, somos os benditos do Senhor, criador dos céus e da terra.

O Deus soberano é digno de toda nossa consagração (115:16-18)

Algumas verdades importantes podem ser vistas aqui.

Em primeiro lugar, *o lugar de nossa consagração* (115:16). "Os céus são os céus do Senhor, mas a terra, deu-a ele aos filhos dos homens". O Senhor está entronizado no céu, e ali Ele reina e manifesta a sua grandeza e sua glória. Ao homem foi dada responsabilidade especial na terra, sobre a qual governa como vice-regente de Deus (Gn 1:28-30). A terra nos foi dada, também, para que levemos o evangelho a todas as nações, pregando o evangelho a cada criatura e testemunhando até aos confins da terra, a fim de que todo joelho se dobre diante de Jesus e toda língua confesse que

Ele é Senhor, para a glória de Deus Pai. O Senhor Deus deu a Jesus as nações por herança e os confins da terra por sua possessão.

Em segundo lugar, *o tempo de nossa consagração* (115:17). "Os mortos não louvam ao SENHOR, nem os que descem à região do silêncio". Devemos louvar a Deus entre o berço e a sepultura. Os mortos têm seus lábios silenciados, e na sepultura reina um silêncio total. Concordo com Allan Harman quando diz que o Novo Testamento ministra ensino mais completo sobre o estado pós-morte e anterior à ressurreição final. Os crentes, na morte, estão imediatamente presentes com o Senhor (2Co 5:8; Fp 1:23; Ap 14:13).[17] Nessa mesma linha de pensamento, Purkiser destaca: "Precisamos nos lembrar que vida e imortalidade[18] foram trazidos à luz somente por meio de Cristo e do evangelho (2Tm 1:10)".

Em terceiro lugar, *o compromisso da nossa consagração* (115:18). "Nós, porém, bendiremos o SENHOR, desde agora e para sempre. Aleluia!". Nosso compromisso é bendizer ao Senhor, no tempo e na eternidade, desde agora e para sempre. Mesmo que os ímpios permaneçam em silêncio, nós ergueremos nossas vozes em louvor ao Senhor. Nas palavras de Spurgeon, "embora os mortos não possam louvar a Deus e os ímpios não desejem fazê-lo, e os descuidados não louvem a Deus, ainda assim nós gritaremos: "Aleluia" para todo o sempre!".[19]

NOTAS

[1] HARMAN, Allan. Salmos. São Paulo: Cultura Cristã, 2011, p. 389.
[2] KIDNER, Derek. *Salmos 73—150: introdução e comentário*. São Paulo: Vida Nova, 2006, p. 418.

[3] Purkiser, W. T. "O livro de Salmos". In: *Comentário bíblico Beacon*, vol. 3. Rio de Janeiro: CPAD, 2015, p. 287.
[4] Spurgeon, Charles H. *Os tesouros de Davi*, vol. 3. Rio de Janeiro: CPAD, 2017, p. 77.
[5] Spurgeon, Charles H. *Os tesouros de Davi*, vol. 3, p. 71.
[6] Harman, Allan. *Salmos*, p. 390.
[7] Spurgeon, Charles H. *Os tesouros de Davi*, vol. 3, p. 80.
[8] Ibidem, p. 85.
[9] Ibidem, p. 72.
[10] Ibidem, p. 73.
[11] Wiersbe, Warren W. *Comentário bíblico expositivo*, vol. 3. São Paulo: Geográfica, 2006, p. 285.
[12] Spurgeon, Charles H. *Os tesouros de Davi*, vol. 3, p. 74,75.
[13] Kidner, Derek. *Salmos 73—150: introdução e comentário*, p. 420.
[14] Harman, Allan. *Salmos*, p. 391.
[15] Kidner, Derek. *Salmos 73—150: introdução e comentário*, p. 420.
[16] Harman, Allan. *Salmos*, p. 391.
[17] Ibidem, p. 392.
[18] Purkiser, W. T. "O livro de Salmos", p. 289.
[19] Spurgeon, Charles H. *Os tesouros de Davi*, vol. 3, p. 77.

Capítulo 115

Um testemunho de libertação

(Sl 116:1-19)

ESSE SALMO É UMA gema de grande quilate entre os tesouros do Saltério. Sua autoria e a data de sua composição não são definidas. Alguns estudiosos atribuem este poema ao rei Ezequias, entendendo que o salmo é um testemunho de gratidão do rei acerca do duplo livramento que Deus lhe deu, ou seja, a libertação do cerco militar do Império Assírio e a cura de uma enfermidade mortal. Allan Harman corrobora essa ideia quando diz que há muitas formas pelas quais esse salmo é reminiscente da ação de graças do rei Ezequias depois de sua recuperação de séria enfermidade (Is 37 e 38). O salmo parece provir de um período posterior à monarquia, quando usa frases que conhecemos em outros salmos como 18, 27, 31, 56.[1]

Derek Kidner diz que esse salmo revela um deleite contagiante e uma gratidão tocante, o tributo pessoal de um homem cuja oração recebeu uma resposta cumulativa Agora, veio para o Templo, para contar à assembleia inteira o que lhe aconteceu e para oferecer a Deus aquilo que lhe havia votado na sua necessidade.[2]

A declaração de amor (116:1,2)

O texto apresenta três dimensões.

Em primeiro lugar, *o presente* (116:1). "Amo o SENHOR, porque Ele ouve a minha voz e as minhas súplicas". Porque foi alvo do amor do Senhor, o salmista declara o seu amor ao Senhor. Ele ama o Senhor porque o Senhor o amou primeiro, ou seja, o amor do salmista é um refluxo do fluxo do amor de Deus por ele, pois sabe não apenas que ama a Deus, mas também por que o ama. Concordo com Spurgeon quando diz que o amor é a mais doce de todas as graças e a mais óbvia de todas as evidências da salvação.[3]

Em segundo lugar, *o passado* (116:2a). "Porque inclinou para mim os seus ouvidos...". O salmista tira seus olhos do presente para colocá-los no passado, a fim de justificar seu amor pelo Senhor. O amor contínuo flui das respostas diárias à oração. Como um médico compassivo debruça-se sobre seu paciente enfermo e moribundo para ouvir seus sussurros, Deus inclina seus ouvidos para ouvir nossa oração.

Em terceiro lugar, *o futuro* (116:2b). "[...] invocá-lo-ei enquanto eu viver". O salmista assume o compromisso de invocar o nome do Senhor perseverante, incessante e exclusivamente.

O drama pessoal (116:3)

Dois fatos são aqui destacados.

Em primeiro lugar, *um problema externo* (116:3a). "Laços de morte me cercaram...". Laço é um perigo real, porém, invisível. Um laço é uma armadilha, uma rede colocada no caminho para derrubar e destruir. Os laços não eram inofensivos; eram laços de morte. A morte espreitava o salmista, pois esses laços não estavam aqui ou acolá, mas o cercavam. Ele estava encurralado por situações adversas, e a cada passo que dava rumo ao futuro estava entrincheirado por perigos mortais. Ele se sentia capturado numa rede, onde a morte parecia inevitável.

Em segundo lugar, *um problema interno* (116:3b). "[...] e angústias do inferno se apoderaram de mim; caí em tribulação e tristeza". O salmista estava preso num círculo de angústias mortais. A angústia é um sentimento democrático, isto é, alcança pessoas de todos os estratos sociais, de todos os credos religiosos e de todas as faixas etárias. Todos nós sabemos o que é angústia, aquele aperto no peito, aquele nó na garganta, mas nem todos sabem o que é angústias do inferno. Esse homem está dizendo que o inferno estava instalado em seu peito, de modo que uma dor emocional apertava seu coração, sufocava sua alma. Essas angústias não lhe davam descanso, pois haviam enfiado suas garras nele. A triste situação do cantor poderia ter sido uma doença desesperadora ou uma experiência que fere e desilude, ou, como no caso de Jó, pode ter sido ambas juntamente.[4] Como resultado dessa angústia infernal, ele caiu em tribulação e tristeza. A alegria fugiu da sua face e a tristeza tornou-se seu cálice.

O clamor a Deus (116:4-6)

Destacamos três fatos no texto em apreço.

Em primeiro lugar, *um tempo oportuno* (116:4a). "Então, invoquei o nome do SENHOR...". A palavra "então" é libertadora. O salmista estava encurralado e atormentado; estava no último furo da correia, na última volta do ponteiro, no fundo do poço. Quando todos os seus esforços estavam baldados e todas as suas esperanças estavam mortas, então ele invocou o nome do Senhor.

Em segundo lugar, *um pedido específico* (116:4b). "[...] ó SENHOR, livra-me a alma". Como alguém capturado na rede da tribulação e da tristeza, o salmista grita por socorro. Em resposta ao seu clamor, Deus irrompeu em sua vida, trazendo luz nas suas trevas, alívio na sua dor, livramento para seus apertos.

Em terceiro lugar, *uma constatação preciosa* (116:5,6). "Compassivo e justo é o SENHOR; o nosso Deus é misericordioso. O Senhor vela pelos símplices; achava-me prostrado, e ele me salvou". A primeira experiência do salmista não foi experimentar o livramento, mas conhecer o caráter de Deus, e a primeira coisa que Deus fez não foi aliviar seu fardo, mas se revelar ao salmista como o Deus compassivo, justo e misericordioso. Três verdades são aqui destacadas.

Primeira, *Deus se importa conosco em nossa dor* (116:5). O Senhor é compassivo. Ele padece conosco e caminha conosco nos vales da vida. Ele desce conosco às depressões mais escuras, jamais nos desampara quando nos sentimos sozinhos e nunca nos deixa quando nos sentimos fracos. Ele é cheio de ternura e misericórdia; não somente vê a nossa dor, mas a sente como se fosse sua.

Segunda, *Deus não permite que sejamos provados além das nossas forças* (116:5). O Senhor é justo. Ele não desperdiça sofrimento na vida de seus filhos, mas nos assiste em nossa fraqueza e nos refrigera a alma quando somos encurralados pelas provas. O caráter de Deus é o nosso maior refúgio, por isso não precisamos temer o futuro, pois o nosso Deus é o nosso refúgio, e Ele é compassivo e justo.

Terceira, *Deus nos levanta quando estamos nocauteados* (116:6). Warren Wiersbe diz que "os símplices" mencionados neste versículo não são pessoas ignorantes ou supersticiosas, mas sim aqueles que têm fé semelhante à de uma criança, sinceros e íntegros, que têm a coragem de levar a sério o que Deus diz.[5] Este homem simples estava encurralado por laços de morte e esmagado por angústias do inferno. Ele estava no chão, esmagado pelas circunstâncias, difamado no caráter, deprimido em espírito e doente fisicamente. Sua situação agravou-se, a tal ponto que ele ficou prostrado, na lona, nocauteado. Todos os seus recursos se esvaíram. Todas as suas forças acabaram, todas as suas estratégias caíram por terra, e nenhum poder humano poderia lhe dar a vitória. Nesse momento, Deus reverteu a situação e virou a mesa de sua história: Deus o levantou, o restaurou e o salvou.

O solilóquio (116:7)

Um solilóquio é uma conversa no espelho, uma trombeta embocada não para fora, mas para dentro — é uma conversa consigo mesmo. Destacamos aqui dois pontos.

Em primeiro lugar, *uma ordem expressa* (116:7a). "Volta, minha alma, ao teu sossego...". Depois de tantas coisas que Deus havia feito por ele, ainda estava com sua alma desassossegada; em outras palavras, as circunstâncias já tinham mudado, mas seus sentimentos não. Precisamos não apenas ter vitória, mas tomar posse da vitória, e precisamos não apenas receber a vida eterna, mas tomar posse da vida eterna. Spurgeon escreve o seguinte: "Assim como um pássaro voa para o seu ninho, também a sua alma voa para o seu Deus. Sempre que um filho de Deus, mesmo que por um momento, perde a sua paz de espírito, deve se preocupar em encontrá-la novamente, não a buscando no mundo ou na sua própria experiência, mas somente no Senhor".[6] Como a pomba que não encontrou repouso, devemos retornar para a arca, pois no Senhor está nosso pleno e seguro repouso.

Em segundo lugar, *uma razão convincente* (116:7b). "[...] pois o SENHOR tem sido generoso para contigo". O que o Senhor fez no passado é garantia do que Ele faz no presente e fará no futuro, pois a fidelidade de Deus é a âncora da nossa esperança.

A tríplice libertação (116:8)

Spurgeon diz que o Deus trino nos deu uma trindade de libertações.[7] Vejamos.

Em primeiro lugar, *libertação espiritual* (116:8a). "Pois livraste da morte a minha alma...". O salmista não estava enfrentando problemas comuns. A morte estava mostrando a ele sua carranca, e sua alma estava atormentada por ameaças mortíferas. Mas Deus oferece a ele um livramento espiritual, ou seja, Deus o livra espiritualmente e perdoa seus pecados, e assim também Deus faz conosco, ou seja, Ele nos justifica pelo sangue do seu Filho, escreve nosso nome no livro da vida, nos sela com o Espírito Santo da promessa e nos faz herdeiros da sua glória.

Em segundo lugar, *libertação emocional* (116:8b). "[...] das lágrimas, os meus olhos...". Como o salmista, muitas vezes inundamos nossa vida com muitas lágrimas, mas Deus nos livra emocionalmente não apenas enxugando nossas lágrimas, mas também estacando as causas que nos fazem chorar. A vida é um vale de lágrimas, ou seja, nascemos chorando, cruzamos os vales da vida chorando, e muitas vezes fechamos as cortinas da vida chorando; mas Deus livra os nossos olhos das lágrimas.

Em terceiro lugar, *libertação moral* (116:8c). "[...] da queda, os meus pés". À semelhança do salmista, Deus livra os nossos pés da queda. A estrada rumo à glória não é reta; tem muitas curvas. Ela tem muitos lugares pantanosos e escorregadios. A não ser que Deus firme nossos passos, caímos em abismos tenebrosos. Mas o salmista diz que Deus livra os nossos pés da queda.

A perturbação íntima (116:10,11)

O autor tira uma lição que os demais salmistas frequentemente ilustram: sentir-se esmagado (116:10) ou desiludido (116:11), e dizer isso, mesmo nos tons irrestritos do pânico, não é prova nenhuma de que a fé está morta; pode até comprovar sua sobrevivência, assim como a dor é um sinal de vida. Na realidade, assim como a dor clama para a cura, a perturbação enfrentada com franqueza clama por Deus.[8] Vejamos.

Em primeiro lugar, *uma grande aflição* (116:10). "Eu cria, ainda que disse: estive sobremodo aflito". O salmista estava sobremodo aflito, fuzilado pela dor, atordoado por circunstâncias medonhas, atacado por línguas mentirosas e acuado por perigos mortais.

Em segundo lugar, *uma grande perturbação* (11611). "Eu disse na minha perturbação: todo homem é mentiroso". Por causa de sua perturbação, Ele fez um julgamento temerário. Spurgeon diz, corretamente, que falar precipitadamente, em geral, é seguido de amargo arrependimento. É muito mais fácil dizer do que retirar o que foi dito".[9] Quem fala com a cabeça quente, vai ter que pedir perdão com a cabeça fria.

A pergunta da gratidão (116:12)

O salmo se movimenta em direção ao clímax das ações de graça. O salmista escreve: "Que darei ao SENHOR por todos os seus benefícios para comigo?" (116:12). A gratidão é a rainha das virtudes, a pedra mais reluzente na coroa dos predicados morais. Se contabilizarmos as bênçãos, ficaremos surpresos sobre o quanto Deus já fez por nós, em nós e através de nós.

A confiança inabalável (116:15,16)

Duas verdades preciosas devem ser destacadas nessa passagem revelante.

Em primeiro lugar, *nosso futuro está garantido* (116:15). "Preciosa é aos olhos do SENHOR a morte dos seus santos". A ideia do texto não é que o Senhor veja a morte dos seus santos com prazer, no sentido de que a vida deles é irrelevante. Ainda que os perversos zombem dos santos e busquem a morte deles, aos olhos do Senhor a morte dos seus santos é valorosa e altamente estimada. A morte dos devotos custa caro ao Senhor, por isso preparou-lhes um lugar, vai recebê-los no paraíso e vai enxugar de seus olhos toda lágrima. Nas palavras do apóstolo Paulo, "A nossa leve e momentânea tribulação produz para nós eterno peso de glória, acima de toda comparação" (2Co 4:17).

Allan Harman, em apoio a essa ideia, diz que dificilmente a expressão "preciosa é aos olhos do Senhor a morte dos seus santos" pode significar que Deus fica contente quando seu povo morre. No contexto, significa mais que Deus jamais se descuidará quando seu povo enfrenta a morte, pois seu sangue é precioso aos olhos do Senhor (72:14).[10] Purkiser corrobora essa ideia dizendo: "No contexto, o versículo não significa que a morte dos santos do Senhor é aprazível e agradável a Ele. Ele não a consente facilmente. A Nova Versão Interacional (NVI) traduz assim: "O Senhor vê com pesar a morte de seus fiéis".[11] Warren Wiersbe escreve: "Os servos de Deus são imortais até que tenham concluído seu trabalho aqui na Terra. Podem ser insensatos e encurtar seus dias, mas não podem estender a vida além de seu tempo determinado, e esse dia final encontra-se nas mãos de Deus (Sl 48:14; Jó 14:5; Lc 2:26).[12]

Em segundo lugar, *nosso passado está resolvido* (116:16). "Senhor, deveras sou teu servo, teu servo, filho da tua serva; quebraste as minhas cadeias". O salmista permanece fiel à fé de sua mãe. Ela era serva, ele é servo, filho da serva, portanto, duplamente pertencente ao Senhor — ele é um filho da aliança. Por isso, o salmista relembra como Deus, no passado, quebrou suas cadeias e o deixou livre.

As resoluções para a vida (116:9,13-19)

O salmista toma cinco resoluções em resposta ao livramento divino.

Em primeiro lugar, *andar na presença do Senhor* (116:9). "Andarei na presença do Senhor, na terra dos viventes". O salmista resolve andar na presença do Senhor na terra dos viventes, e isso significa andar na luz. Não andar apenas na presença dos homens, mas na presença daquele que tudo vê, tudo conhece e a todos sonda. O poeta está pronto a andar com Deus na terra dos viventes, onde as pessoas podem criticá-lo, e até mesmo escarnecer da sua fé.

Em segundo lugar, *tomar o cálice da salvação* (116:13a). "Tomarei o cálice da salvação...". Em resposta à pergunta: "Que darei ao Senhor?", O salmista diz: "Tomarei o cálice da salvação". Não podemos dar nada a Deus, a não ser receber de suas próprias mãos a salvação; não podemos dar nada ao Senhor, a não ser entregar nossa própria vida a Ele; não podemos dar nada ao Senhor, a não ser tomar o cálice da salvação. E esse cálice é doce para nós, mas foi amargo para ele; é de graça para nós, mas custou tudo para Ele: custou o sangue do seu próprio Filho. Derek Kidner, nessa mesma toada, diz: "O cálice da salvação sugere a dádiva de Deus ao homem mais do que uma oferta a Deus da parte do homem. O homem é o suplicante e o recipiente, antes de ter qualquer coisa para dar, e suas únicas ofertas são as dívidas de gratidão".[13]

Em terceiro lugar, *invocar o nome do Senhor* (116:13b). "[...] e invocarei o nome do Senhor". No versículo 2, o escritor já havia afirmado que invocaria o Senhor durante toda a sua vida. Agora, compromete-se a invocar o nome do Senhor. Seu coração não estará dividido e sua devoção será exclusiva. Ele volta ao mesmo assunto no versículo 17.

Em quarto lugar, *oferecer sacrifícios de ações de graças* (116:17). "Oferecer-te-ei sacrifícios de ações de graças e invocarei o nome do Senhor". Spurgeon diz que os sacrifícios de ações de graças podem ser traduzidos em amor secreto, em conduta santa, em cânticos sagrados, em testemunhos públicos, em dádivas e obras especiais.[14] Charles Swindoll diz que, embora o louvor do salmista assinale o pináculo de sua subida, também parece ser o seu meio para chegar ali; além disso, ele não esperou até que se sentisse melhor para louvar ao Senhor.[15]

Em quinto lugar, *cumprir os seus votos* (116:14,18,19). "Cumprirei os meus votos ao Senhor, na presença de todo o seu povo, nos átrios da casa do Senhor, no meio de ti, ó Jerusalém. Aleluia!". Sobre o cumprimento de votos que fazemos a Deus, a Escritura diz: "Quando a Deus fizeres algum voto, não tardes em cumpri-lo; porque não se agrada de tolos. Cumpre o voto que fazes. Melhor é que não votes do que votes e não cumpras" (Ec 5:4,5). Um voto pode ser um acordo verbal, um contrato escrito, um compromisso assumido ou até mesmo o dever que acompanha uma função ou posição.[16]

Derek Kidner diz que podemos notar, por fim, que a fé e o amor intensamente pessoais que marcam esse salmo não estão em competição com as expressões públicas, formais e localizadas de piedade. Esta chama não é afastada para queimar sozinha; em vez disso, colocada no meio, acenderá outras e resplandecerá tanto melhor e por mais tempo por causa disso.[17]

Como os votos podem ser pagos em público? Indo à adoração pública, na casa de Deus, na companhia do povo de Deus, com a alma em festa e com o coração desfraldado de gratidão. Charles Swindoll diz que o autor vai do abismo ao pináculo, da agonia ao êxtase. A mesma pessoa que começa o cântico no escuro vale do aperto e tristeza (116:1-3) termina-o na mais magnífica declaração de louvor que um judeu poderia proferir: "Aleluia" (116:19), que é traduzida como "Louvai ao SENHOR".[18]

Quaisquer que sejam as circunstâncias que deram origem a esse cântico, é evidente que todo seu rico significado foi cumprido quando, no meio daquele pequeno grupo de almas perplexas e as sombras da morte já pairando sobre ele, Jesus cantou esse cântico de triunfo profético sobre a escuridão da hora da paixão pela qual estava passando. A sua vitória sobre a morte se tornou o cântico triunfante sobre a morte de todos aqueles que lhe pertencem.[19]

Notas

[1] HARMAN, Allan. *Salmos*. São Paulo: Cultura Cristã, 2011, p. 392.
[2] KIDNER, Derek. *Salmos 73—150: introdução e comentário*. São Paulo: Vida Nova, 2006, p. 421.
[3] SPURGEON, Charles H. *Os tesouros de Davi*, vol. 3. Rio de Janeiro: CPAD, 2017, p. 89.
[4] KIDNER, Derek. *Salmos 73—150: introdução e comentário*, p. 422.
[5] WIERSBE, Warren W. *Comentário bíblico expositivo*, vol. 3. São Paulo: Geográfica, 2006, p. 286.
[6] SPURGEON, Charles H. *Os tesouros de Davi*, vol. 3, p. 91.
[7] Ibidem, p. 92.
[8] KIDNER, Derek. *Salmos 73—150: introdução e comentário*, p. 424.
[9] SPURGEON, Charles H. *Os tesouros de Davi*, vol. 3, p. 93.
[10] HARMAN, Allan. *Salmos*, p. 394.
[11] PURKISER, W. T. "O livro de Salmos". In: *Comentário bíblico Beacon*, vol. 3. Rio de Janeiro: CPAD, p. 290.

[12] WIERSBE, Warren W. *Comentário bíblico expositivo*, vol. 3, p. 287.
[13] KIDNER, Derek. *Salmos 73—150: introdução e comentário*, p. 424.
[14] SPURGEON, Charles H. *Os tesouros de Davi*, vol. 3, p. 124.
[15] SWINDOLL, Charles R. Vivendo Salmos. 2018, Rio de Janeiro: CPAD, p. 219.
[16] SWINDOLL, Charles R. *Vivendo Salmos*, p. 218.
[17] KIDNER, Derek. *Salmos 73—150: introdução e comentário*, p. 425.
[18] SWINDOLL, Charles R. *Vivendo Salmos*, p. 213.
[19] PURKISER, W. T. "O livro de Salmos". In: *Comentário bíblico Beacon*, vol. 3. Rio de Janeiro: CPAD, 2015, p. 290.

Capítulo 116

Um grande apelo missionário

(Sl 117:1,2)

Esse é o menor salmo do Saltério e também o menor capítulo da Bíblia, mas, ao mesmo tempo, aborda o ponto central de toda ela. Nas palavras de Derek Kidner, "mesmo sendo o salmo mais curto, revela-se como um dos mais possantes e germinais".[1] Spurgeon diz que o salmo é muito curto em palavras, mas é extremamente grande em seu espírito, pois, indo além de todos os limites de raça ou nacionalidade, convoca toda a humanidade para louvar o nome do Senhor.[2] Nessa mesma toada, Purkiser diz que esse salmo de pura doxologia é messiânico, pois prediz a extensão da misericórdia de Deus aos gentios em Cristo.[3]

Allan Harman ainda assevera que este mais breve de todos os salmos é um apelo missionário, pois o salmista visualiza as nações gentílicas e as convoca a virem e a se regozijarem em Deus com Israel.[4]

Derek Kidner, por fim, diz que esse salmo minúsculo é grande na sua fé, e seu alcance é enorme. O apóstolo Paulo citou esse salmo, quando escreveu aos romanos, para falar do alcance universal do evangelho (Rm 15:11). Essa visão da abrangência universal do povo de Deus é proclamado, de igual modo, em Apocalipse 7:9: "Depois destas coisas, vi, e eis grande multidão que ninguém podia enumerar, de todas as nações, tribos, povos e línguas, em pé diante do trono e diante do Cordeiro, vestidos de vestiduras brancas, com palmas nas mãos".[5]

Não sabemos o autor do salmo nem as circunstâncias sob as quais ele foi escrito, mas, podemos desfrutar de sua bendita mensagem. Vejamos.

Uma ordem expressa (117:1a)

A ordem expressa é: "Louvai ao SENHOR..." (117:1a). Os teólogos puritanos, reunidos na Abadia de Westminster, no século 17, perguntaram: "Qual é o fim principal do homem?". Eles responderam: "O fim principal do homem é glorificar a Deus e gozá-lo para sempre". Adorar a Deus é a razão da nossa própria existência, e glorificar a Deus deve ser nossa maior alegria, nosso maior deleite, o motivo mais excelente da nossa própria vida. Warren Wiersbe corrobora dizendo: "A adoração e o louvor são as ocupações mais elevadas às quais podemos dedicar nossa voz e as atividades que nos ocuparão por toda a eternidade".[6]

Uma abrangência ampla (117:1b)

A abrangência ampla é: "[...] vós todos os gentios, louvai-o todos os povos". O salmista emite um apelo às nações gentílicas a que se unam no louvor dedicado ao Senhor. Portanto, a visão do salmista difere daqueles fariseus fanáticos da época de nosso Senhor Jesus Cristo que excluíam os gentios. Por meio de Abraão, a bênção de Deus deveria estender-se para todas as famílias da terra. O propósito de Deus é que o evangelho chegue a toda nações e que todos os povos ouçam as boas-novas de salvação, conheçam a Deus e louvem o seu nome.

Esse salmo, portanto, tem uma ampla visão missionária, uma vez que combina com a verdade central das Escrituras que o Cordeiro de Deus foi morto e com o seu sangue comprou para Deus os que procedem de toda tribo, língua, povo e nação (Ap 5:9).

Concordo com Spurgeon quando diz que esse salmo é uma intimação para Israel de que a graça e a misericórdia do seu Deus não deviam ficar limitadas a uma única nação, mas deveriam se estender a toda a raça humana. Deus chamaria de povo os que não eram seu povo e de amados os que não eram amados.[7] Como já afirmamos, o apóstolo Paulo usa este versículo juntamente com outras citações veterotestamentárias para mostrar que era a intenção divina que o evangelho resultasse na glorificação a Deus por parte dos gentios (Rm 15:8-12).

Uma razão poderosas (117:2)

A razão poderosa é: "Porque mui grande é a sua misericórdia para conosco, e a fidelidade do Senhor subsiste para sempre". Temos dois motivos eloquentes para louvarmos ao Senhor: misericórdia e fidelidade. Concordo com Derek Kidner quando diz que estes dois atributos divinos não estão em contraste, pois são aspectos da mesma graça.[8] Vejamos.

Em primeiro lugar, *sua misericórdia é imensa* (117:2). A palavra hebraica *chesed*, traduzida por "misericórdia", é um dos mais ricos vocábulos hebraicos que aponta para o amor pactual de Deus e fala desse atributo que orna o caráter divino. A misericórdia divina não pode ser medida, pois não tem fim, de modo que fomos perdoados e salvos por causa da misericórdia divina. Merecíamos o inferno, mas recebemos o céu; merecíamos condenação, mas fomos justificados. A expressão "mui grande" é a tradução da palavra hebraica *gabar*, a qual evidencia que a misericórdia de Deus não é apenas grande em volume ou quantidade, mas é, também, poderosa e prevalece sobre o pecado, Satanás, a morte e o inferno.[9]

Em segundo lugar, *sua fidelidade é eterna* (117:2). A palavra hebraica *emeth*, traduzida por "fidelidade", aponta para a fidelidade, a confiabilidade e a verdade de Deus que dura para sempre. O caráter de Deus não muda, sua palavra não muda e sua verdade é eterna. Ele cumpre suas promessas, e nenhuma delas cai por terra, pois vela pela sua palavra em cumpri-la. Deus é sempre fiel em sua revelação, em suas palavras e seus atos.

Uma doxologia fervorosa (117:2)

O salmista que exorta os gentios a louvar ao Senhor pratica o que ensina. Ele mesmo encerra o salmo proclamando: "Aleluia!". Allan Harman corrobora dizendo: "O salmista pratica o que prega, ou seja, tendo convocado os gentios a "louvar ao SENHOR", ele mesmo faz isso. Esse apelo inicial é agora expresso em discurso direto, uma atribuição de louvor àquele que é digno de toda honra. O coro de "Aleluia" soará plenamente no céu: "Aleluia! A salvação, e a glória, e o poder são do nosso Deus" (Ap 19:1).[10]

Notas

[1] KIDNER, Derek. *Salmos 73-150: introdução e comentário*. São Paulo: Vida Nova, 2006, p. 426.
[2] SPURGEON, Charles H. *Os tesouros de Davi*, vol. 3. Rio de Janeiro: CPAD, 2017, p. 126.
[3] PURKISER, W. T. "O livro de Salmos". In: *Comentário bíblico Beacon*, vol. 3. Rio de Janeiro: CPAD, 2015, p. 290.
[4] HARMAN, Allan. *Salmos*. São Paulo: Cultura Cristã, 2011, p. 395.
[5] KIDNER, Derek. *Salmos 73—150: introdução e comentário*, p. 425
[6] WIERSBE, Warren W. *Comentário bíblico expositivo*, vol. 3. São Paulo: Geográfica, 2006, p. 287.
[7] SPURGEON, Charles H. *Os tesouros de Davi*, vol. 3, p. 126,127.
[8] KIDNER, Derek. *Salmos 73—150: introdução e comentário*, p. 426.
[9] SPURGEON, Charles H. *Os tesouros de Davi*, vol. 3, p. 129.
[10] HARMAN, Allan. *Salmos*, p. 396.

Capítulo 117

Um cântico de triunfo

(Sl 118:1-29)

O SALMO 118 ESTÁ entre o mais curto (117) e o mais longo salmo do Saltério (119), e também está situado exatamente no meio da Bíblia. Com esse salmo, encerra-se o cântico do Hallel egípcio (113-118), que os judeus entoavam na festa da Páscoa. Esse salmo é uma litania de ações de graça, bem como um cântico de triunfo, recitado e encenado, pois mostra que a cruz é sucedida por coroa.

Alguns estudiosos pensam que ele retrata o período do êxodo; outros, que descreve o período da reconstrução de Jerusalém, no tempo pós-cativeiro; e ainda outros, que retrata as sagas do próprio rei Davi. Spurgeon, que defende a autoria davídica, diz que este campeão escolhido se viu rejeitado por seus amigos e compatriotas, e, ao mesmo tempo, violentamente antagonizado por seus inimigos. Com fé em Deus, ele batalha pela sua função indicada, e no devido tempo a obtém, de tal maneira a exibir enormemente o poder e a bondade do Senhor.[1]

Esse salmo, que era o predileto de Martinho Lutero, é uma das pérolas mais preciosas do Saltério. Trata-se de um salmo messiânico, pois revela com cores vivas o Messias, a pedra de esquina da igreja. Vemos, nesse salmo, algumas preciosas lições.

Exalte a eterna misericórdia do Senhor (118:1-4)

Vemos, nesta passagem, três pontos importantes.

Em primeiro lugar, *o tema* (118:1). "Rendei graças ao SENHOR, porque Ele é bom...". Nossos lábios não devem se entregar aos queixumes nem mesmo fazer louvação a nós mesmos. Devemos, sim, tributar ao Senhor nossas ações de graças por sua bondade. Inerentemente, só Deus é bom e toda bondade procede dele. Deus é sempre bom, mesmo que sua providência seja carrancuda. Deus é bom o tempo todo, o tempo todo Deus é bom.

Em segundo lugar, *o refrão* (118:1b). "[...] porque a sua misericórdia dura para sempre". A razão das ações de graça é aqui apresentada. A palavra hebraica *chesed*, traduzida aqui por "misericórdias", fala do amor imutável da aliança.[2] Warren Wiersbe diz, acertadamente, que as circunstâncias da vida humana podem mudar uma porção de vezes, mas a bondade misericordiosa de Deus dura para sempre.[3] As misericórdias divinas devem ser o motivo eloquente de nossa constante gratidão. Concordo com Spurgeon quando diz que os anjos podem dizer que Deus é bom, mas não precisam da sua misericórdia e não podem, portanto, ter igual deleite com ela; a criação inanimada declara que ele é bom, mas não pode sentir a sua misericórdia, pois jamais transgrediu; mas o homem, profundamente culpado e piedosamente perdoado, contempla a misericórdia como o próprio foco e centro da bondade do Senhor.[4]

Em terceiro lugar, *o coro* (118:2-4). "Diga, pois, Israel: Sim, a sua misericórdia dura para sempre. Diga, pois, a casa de Arão: Sim, a sua misericórdia dura para sempre. Digam, pois, os que temem ao Senhor: Sim, a sua misericórdia dura para sempre". Israel foi resgatado com mão forte e poderosa da amarga escravidão no Egito. Reiteradamente pecou contra o seu Deus no Egito, no deserto, em Canaã, mas vez após vez Deus perdoou o seu pecado, provando que sua misericórdia para com Israel dura para sempre. Os filhos de Arão foram especialmente escolhidos e consagrados para o exercício do sacerdócio e viram como ninguém a manifestação da misericórdia divina traduzida no perdão divino sempre que os sacrifícios eram queimados no altar. Sendo assim, os que temem ao Senhor, seja entre os judeus ou entre os gentios, devem fazer parte deste coro que proclama a eterna misericórdia divina. Nas três exortações, a Israel, à casa de Arão e àqueles que temem ao Senhor, há uma repetição a ser proclamada: "a sua misericórdia dura para sempre".

Confie no Senhor em todas as batalhas (118:5-14)

Cinco verdades são aqui enfatizadas.

Em primeiro lugar, *invoque ao Senhor no aperto* (118:5). "Em meio à tribulação, invoquei o Senhor, e o Senhor me ouviu e me deu folga". Mesmo que a agonia seja grande e o inimigo nos emparede, o Senhor ouve a oração e nos tira do aperto para um lugar espaçoso. Nas palavras de Spurgeon, "o salmista deixou o desfiladeiro da aflição e passou para a planície bem regada do deleite. Que lugar largo é este que o Senhor nos colocou? Temos a terra onde nos alojar, o céu onde habitar — que lugar mais largo poderia ser imaginado?".[5]

Em segundo lugar, *assegure-se de sua presença* (118:6,7). "O Senhor está comigo; não temerei. Que me poderá fazer o homem? O Senhor está comigo entre os que me ajudam; por isso verei cumprido o meu desejo nos que me odeiam". O salmista tem consciência de que existe uma conspiração contra ele para lhe tirar a vida, mas a presença de Deus com ele, e no meio dos fiéis que lhe ajudam, afasta todo temor do seu coração. Spurgeon ilustra essa verdade na própria vida de Jesus. Os escribas e fariseus, os sacerdotes e os herodianos se uniram em oposição a Ele, mas Ele é exaltado nos mais altos céus, apesar da inimizade deles. O homem mais poderoso é insignificante quando comparado com Deus; ele se encolhe até o nada, até um nada absoluto.[6]

Em terceiro lugar, *confie no Senhor e não nos homens* (118:8,9). "Melhor é buscar refúgio no Senhor do que confiar no homem. Melhor é buscar refúgio no Senhor do que confiar em príncipes". O homem comum ou mesmo os príncipes não podem oferecer socorro em todos os momentos, por isso confiar no Senhor é melhor sob todos os aspectos, pois Deus é infinitamente mais capaz de ajudar. É nesse contexto que a Escritura diz que maldito é o homem que confia no homem e faz da carne mortal o seu braço e aparta o seu coração do Senhor (Jr 17:5). Os homens mais poderosos e os príncipes mais nobres não podem oferecer ajuda na doença ou na morte; tampouco podem dar a mínima ajuda com relação à nossa condição eterna.

Em quarto lugar, *veja o amparo do Senhor para livrar-nos do cerco dos inimigos* (118:10-13).

> Todas as nações me cercaram, mas em nome do Senhor as destruí. Cercaram-me, cercaram-me de todos os lados; mas em nome do Senhor as destruí. Como abelhas me cercaram, porém como fogo em espinhos foram queimadas; em nome do Senhor as destruí. Empurraram-me violentamente para me fazer cair, porém o Senhor me amparou.

O cerco veio de todas as fronteiras, ou seja, de todas as nações, e foi um cerco completo, ou seja, de todos os lados, mas o salmista triunfou sobre todos, não em seu nome, não pela força de seu braço ou pela bravura de seus soldados, mas em nome do Senhor. Seus inimigos se levantaram contra ele como um enxame de abelhas, com seu ferrão venenoso e dolorido. Purkiser diz que a expressão "como abelhas" sugere que os inimigos estava incitados e furiosos,[7] mas o Senhor prevaleceu e destruiu os inimigos como se devora um espinheiro no crepitar do fogo. Os inimigos se levantaram para jogar o salmista no chão, empurrando com violência, mas o Senhor o amparou e deu ele a firmeza de uma rocha. Concordo com Spurgeon quando diz que outros socorros não conseguiram expulsar as iradas nações, muito menos destruir todos os enxames venenosos; mas quando o Senhor veio para o resgate, o braço do herói foi suficientemente forte para aniquilar todos os seus adversários.[8]

Em quinto lugar, *reconheça que a vitória vem do Senhor* (118:14). "O Senhor é a minha força e o meu cântico, porque ele me salvou". O salmista pode dizer que o Senhor foi sua força enquanto ele estava no conflito, e seu cântico agora que o conflito está terminado; sua força contra os fortes e seu cântico pela sua derrota. O salmista mais do que atribui sua salvação a Deus; para ele, o próprio Deus é sua salvação. Concordo com Spurgeon quando escreve: "Não podemos tolerar nenhuma doutrina que coloque a coroa sobre a cabeça errada e prive o glorioso Rei da sua fonte de louvor".[9]

Entoe ao Senhor os cânticos de vitória (118:15-18)

Destacamos três verdades preciosas.

Em primeiro lugar, *a alegria na casa dos justos* (118:15,16). "Nas tendas dos justos há voz de júbilo e de salvação; a destra do SENHOR faz proezas. A destra do SENHOR se eleva, a destra do SENHOR faz proezas". A alegria é a manifestação festiva dos salvos. É o cálice transbordante daqueles que foram socorridos e perdoados. É oportuna a exortação: "Que nenhum de nós fique em silêncio em nossas casas; se temos a salvação, devemos ter alegria, e se temos alegria, devemos dar a ela uma língua com a qual ela possa exaltar ao Senhor".[10] Nossa alegria decorre, também, do fato de sermos testemunhas das proezas que o braço direito de Deus tem feito pelo seu povo. É o Senhor quem tem desbaratado nossos inimigos e nos dado a vitória.

Em segundo lugar, *a vida do justo está nas mãos de Deus* (118:17). "Não morrerei; antes, viverei e contarei as obras do SENHOR". O salmista tem alegre certeza de que nenhuma flecha poderá fazer com que a morte passe pelas malhas da sua armadura, e nenhuma arma, de nenhum tipo, poderá encerrar a sua carreira. A sua hora ainda não era chegada; ele sentia a imortalidade batendo no seu peito. Na verdade, os profetas de Deus sobreviverão em meio à fome, à guerra, à praga e à perseguição, até que tenham pronunciado todas as palavras proféticas que lhes foram confiadas; os seus sacerdotes permanecerão no altar, incólumes, até que o seu último sacrifício tenha sido apresentado diante dele. Nenhuma bala encontrará seu alojamento em nosso coração até que tenhamos concluído o nosso período de atividade.[11] O homem mortal tem consciência de que é imortal até que os propósitos de Deus se cumpram em sua vida. Ele não morrerá de acordo com a vontade de seus inimigos, mas no tempo de Deus, da forma de Deus, para a glória de Deus.

Em terceiro lugar, *a disciplina do Senhor é para o bem do justo* (118:18). "O Senhor me castigou severamente, mas não me entregou à morte". Deus disciplina seu povo não para reprová-lo, mas para aprová-lo; não para destruí-lo, mas para restaurá-lo; não para levá-lo à morte, mas para prepará-lo para a vida. A disciplina não é a ausência do amor, mas sua evidência, de modo que a providência da disciplina pode ser carrancuda, mas a face de Deus é sorridente.

Entre pelas portas da justiça (118:19-21)

Quatro verdades são enfatizadas aqui.

Em primeiro lugar, *o acesso a Deus é humildemente solicitado* (118:19a). "Abri-me as portas da justiça…". O salmista não arromba as portas nem entra por elas atabalhoadamente, mas pede para que elas se abram, pois as portas da justiça são as portas da salvação.

Em segundo lugar, *o acesso a Deus é ousadamente aceito* (118:19b). "[…] entrarei por elas…". O poeta está determinado a entrar pelas portas da justiça, pois adorar ao Senhor é o seu prazer, a casa de Deus é seu puro deleite e o culto a Deus, a razão maior de sua própria vida.

Em terceiro lugar, *o acesso a Deus é agradecidamente aproveitado* (118:19c). "[...] e renderei graças ao Senhor". Ele não entra na casa de Deus para estadear sua justiça própria nem mesmo para rogar benefícios que não tem. Ele entra para render graças ao Senhor pelo que já recebeu.

Em quarto lugar, *a porta do Senhor é a porta da salvação* (118:20,21). "Esta é a porta do Senhor; por ela entrarão os justos. Render-te-ei graças porque me acudiste e foste a minha salvação". Pela porta do Senhor entram os justos, aqueles que foram justificados pela fé. Essa porta é o próprio Senhor. O Senhor Jesus afirmou: "Eu sou a porta. Se alguém entrar por mim, será salvo; entrará, e sairá, e achará pastagem" (Jo 10:9).

Reconheça o Senhor na história da redenção (118:22-27)

Seis verdades são aqui enfatizadas.

Em primeiro lugar, *o Cristo rejeitado* (118:22a). "A pedra que os construtores rejeitaram...". Essa é uma passagem messiânica, pois aponta para o Messias (Is 8:14; 28:16; Dn 2:34,35; Mt 21:42-44; At 4:11; Rm 9:32,33; 1Co 10:4; Ef 2:20; 1Pe 2:6-8). Concordo com Spurgeon quando diz que Ele é a pedra viva, a pedra já provada, eleita, preciosa, que o próprio Deus estabeleceu desde a eternidade. Os judeus, edificadores, escribas e sacerdotes, fariseus e herodianos o rejeitaram com desdém. Eles não puderam enxergar nele a devida excelência para que edificassem sobre Ele; Ele não se encaixou no seu ideal de uma igreja nacional; ele era uma pedra de outra pedreira, e não de acordo com sua vontade ou gosto; por isso, eles o lançaram fora e derramaram desprezo sobre Ele, com disse Pedro: "Este Jesus é pedra rejeitada por vós, os construtores, a qual se tornou a pedra angular" (At 4:11).¹² Um dia Jesus voltará como pedra de julgamento e esmagará todos os reinos arrogantes deste mundo (Dn 2:34,44,45).

Em segundo lugar, *o Cristo exaltado* (118:22b). "[...] essa veio a ser a principal pedra, angular". Jesus é o Verbo eterno e divino que se fez carne; Ele se esvaziou, assumiu a forma de servo e humilhou-se até à morte, e morte de cruz, pelo que o Pai o exaltou sobremaneira e lhe deu o nome que está acima de todo nome. Diante dele todo joelho se dobra e toda língua confessa que ele é o Senhor para a glória de Deus Pai. Ao ressuscitá-lo, o Senhor o exaltou como cabeça da igreja. Ele é o fundamento, o dono, o edificador e o protetor da igreja (Mt 16:18). Ninguém pode lançar outro fundamento (1Co 3:11). Ele é a pedra principal de toda a casa e Deus. É correto afirmar que Jesus é uma pedra, portanto, não há firmeza senão nele; uma pedra fundamental, portanto, não há edificação senão nele; uma pedra de esquina, portanto, não há reconciliação senão nele.

Em terceiro lugar, *a exaltação de Cristo é obra de Deus* (118:23). "Isto procede do Senhor e é maravilhoso aos nossos olhos". Cristo Jesus esvaziou-se e assumiu a forma de servo. Ele se humilhou até a morte e morte de cruz, mas ele não exaltou a si mesmo. Sua exaltação não procede de homens, mas procede do Deus, o Pai. Nas palavras de Spurgeon, "o próprio Deus o colocou onde Ele está e escondeu nele todas as coisas preciosas do concerto eterno; e ali ele permanecerá para sempre, a fundação de todas as nossas esperanças, a glória de todas as nossas alegrias, o elo de toda a nossa comunhão".¹³ Concordo com Purkiser quando diz que somente Deus, por meio da maravilhosa operação de sua providência, pode produzir vitória a partir da derrota, vida a partir da morte, ressurreição a partir da cruz e transformar a ira do homem em sua glória.[14]

Em quarto lugar, *o dia da exaltação de Cristo é motivo da maior alegria* (118:24). "Este é o dia que o SENHOR fez; regozijemo-nos e alegremo-nos nele". O dia de entronização de Jesus é o marco de um novo tempo. Este dia estava no calendário divino desde a eternidade. Porque o nosso Rei está exaltado acima dos céus, devemos nos regozijar e alegrar nele.

Em quinto lugar, *o Cristo de Deus veio trazer salvação* (118:25,26). "Oh! Salva-nos, SENHOR, nós te pedimos; oh! SENHOR, concede-nos prosperidade! Bendito o que vem em nome do Senhor. A vós outros da Casa do SENHOR, nós vos abençoamos". A expressão "Oh! Salva-nos, SENHOR" é a tradução do termo hebraico *Hosana,* e foi com essa saudação que Jesus entrou em Jerusalém montado num jumentinho (Mt 21:1-11). Devemos ainda orar para que o nosso Rei glorioso possa operar salvação no meio da terra e que a igreja seja edificada pela salvação dos pecadores e pela preservação dos santos.

Em sexto lugar, *o Cristo de Deus veio trazer luz* (118:27). "O SENHOR é Deus, ele á nossa luz; adornai a festa com ramos até às pontas do altar". Spurgeon tem razão em dizer que recebemos a luz pela qual soubemos que a pedra rejeitada é a pedra de esquina, e esta luz nos levou a nos alistar sob a bandeira daquele Nazareno, antes desprezado, que agora é o Príncipe dos reis da terra. Com a luz do conhecimento, veio a luz da alegria; pois nós fomos libertados da potestade das trevas e transportados para o reino do Filho do amor de Deus. O nosso conhecimento da glória de Deus, na face de Jesus Cristo, não veio pela luz da natureza, nem pela razão, nem surgiu das faíscas que nós mesmos tínhamos acendido, nem o recebemos dos homens; mas somente o Deus Todo-poderoso a mostrou para nós.[15]

Renove sua confissão ao Senhor (118:28,29)

Na conclusão deste magnífico poema, duas verdades são apresentadas.

Em primeiro lugar, *uma confissão pessoal* (118:28). "Tu és o meu Deus, render-te-ei graças; tu és o meu Deus, quero exaltar-te". O salmista quer derramar aos pés do Senhor todo o seu louvor. Vemos em Jesus o melhor exemplo dessa prática piedosa, pois Ele é exaltado e exalta o Pai, de acordo com a sua oração: "Pai, é chegada a hora; glorifica a teu Filho, para que o Filho te glorifique a ti" (Jo 17:1). Deus nos deu graça e nos prometeu glória, e nós somos compelidos a atribuir a ele toda a graça e toda a glória.[16]

Em segundo lugar, *uma doxologia pessoal* (118:29). "Renderei graças ao Senhor, porque é bom, porque a sua misericórdia dura para sempre". O salmo é concluído como começou. O escritor faz um ciclo completo de alegre adoração. Nas palavras de Purkiser, "com essas palavras somos trazidos de volta ao ponto inicial, e o círculo de louvor volta a se repetir".[17] Allan Harman diz que as palavras finais do salmo são idênticas às palavras iniciais, de modo que toda a resposta do rei e do povo é formada por esta declaração da natureza perene da bondade e do amor de Deus.[18]

Concluo com as palavras de Warren Wiersbe: "Podemos ver Jesus Cristo nesse salmo — sua entrada triunfal (118:25,26), sua rejeição (118:27), sua morte e ressurreição (118:17) e sua exaltação como pedra escolhida de Deus (118:22,23)".[19]

Salmos — O livro das canções e orações do povo de Deus

Notas

[1] SPURGEON, Charles H. *Os tesouros de Davi*, vol. 3. Rio de Janeiro: CPAD, 2017, p. 130,131.
[2] PURKISER, W. T. "O livro de Salmos". In: *Comentário bíblico Beacon*, vol. 3. Rio de Janeiro: CPAD, 2015, p. 291.
[3] WIERSBE, Warren W.[3], vol. 3. São Paulo: Geográfica, 2006, p. 289.
[4] SPURGEON, Charles H. *Os tesouros de Davi*, vol. 3, p. 132.
[5] Ibidem, p. 134.
[6] Ibidem, p. 135.
[7] PURKISER, W. T. "O livro de Salmos", p. 292.
[8] SPURGEON, Charles H. *Os tesouros de Davi*, vol. 3, p. 138.
[9] Ibidem, p. 139.
[10] Ibidem, p. 139.
[11] Ibidem, p. 140.
[12] Ibidem, p. 142.
[13] Ibidem, p. 143.
[14] PURKISER, W. T. "O livro de Salmos", p. 292.
[15] SPURGEON, Charles H. *Os tesouros de Davi*, vol. 3, p. 145.
[16] Ibidem, p. 146.
[17] PURKISER, W. T. "O livro de Salmos, p. 293.
[18] HARMAN, Allan. *Salmos*, p. 400.
[19] WIERSBE, Warren W. *Comentário bíblico expositivo*, vol. 3, p. 290.

Capítulo 118

A excelência singular da Palavra de Deus

(Sl 119:1-176)

Esse é o salmo mais extenso do Saltério e também o maior capítulo da Bíblia. Trata-se de uma coletânea de poemas que enaltecem a Palavra de Deus. Com exceção dos versículos 3, 37, 84, 90, 121, 122 e 132, cada versículo contém uma menção direta à Palavra de Deus. O salmo é uma prolongada meditação sobre a excelência singular da Palavra de Deus. Warren Wiersbe diz que, com exceção de quatorze versículos, as palavras do salmo são dirigidas todas ao Senhor, de modo que, basicamente, esse salmo é uma combinação de adoração, oração, louvor e admoestação.[1]

Derek Kidner considera o salmo 119 um gigante entre os salmos,[2] enquanto

Spurgeon o vê como uma estrela de primeira magnitude no firmamento dos salmos.[3]

Spurgeon destaca que não temos no salmo nenhuma informação sobre Davi, ou Salomão, sobre Moisés ou Arão, sobre o Egito ou sobre a peregrinação pelo deserto, nada sobre Jerusalém ou o monte Sião, ou Efrata, sobre o Templo, ou o altar, sobre os sacerdotes ou o povo. Ele consiste das santas efusões de uma alma devota, em comunhão com o seu Deus [...] cantando sobre o santo ciclo de seus atributos revelados em sua Palavra.[4]

Esse é o mais extenso e bem elaborado dos salmos sapienciais acrósticos ou alfabéticos. O salmo segue a ordem do alfabeto hebraico, que tem vinte e duas letras. Assim, o salmo 119 tem vinte e duas estrofes, com oito versículos cada uma, sendo que cada versículo de cada estrofe começa com a letra hebraica que a encabeça. Concordo com Charles Swindoll quando diz que essa estrutura poética, chamada "acróstico", fazia com que o cântico fosse mais fácil de memorizar.[5] William MacDonald diz que o salmo 119 tem sido chamado o alfabeto de ouro da Bíblia.[6]

Embora o nome do escritor não seja mencionado, a maioria dos estudiosos atribuem-no a Davi. Spurgeon chega a dizer que o salmo 119 é o espólio de Davi. O autor não escreve este poema numa torre de marfim, mas cercado de muitos e aleivosos inimigos. Os perversos o desprezavam (v. 141), perseguiam (v. 84, 85, 98, 107, 109, 115, 121, 122) e desejavam destruí-lo (v. 95). O salmista refere-se a eles como "os malditos" ou "soberbos" (v. 21, 51, 69, 78, 85, 122). O escritor é insultado por eles (v. 22, 23, 39, 42) e sofre terrivelmente com suas falsas acusações (v. 50, 51, 61, 67, 69-71, 75, 78).[7]

O salmo desenvolve plenamente e conclui o que o salmo 1 inicia e o salmo 19 continua. O salmo 1 fala do prazer que devemos ter na lei de Deus e o 19 aborda as excelências da Palavra de Deus e seus poderosos efeitos. O salmo 119, por sua vez, usando oito expressões diferentes para a Palavra de Deus (lei, testemunhos, preceitos, decretos, mandamentos, juízos, palavra e promessa), é composto de três coisas: orações, louvores e declarações. Orações a Deus, louvores a Deus e declarações sobre Deus. Spurgeon diz que cada versículo contém um louvor à Palavra de Deus, por alguma qualidade superior dela, ou uma declaração de Davi de seu afeto inabalável por ela, ou uma oração pedindo misericórdia e graça, para se colocar em conformidade com ela.[8]

Warren Wiersbe, garimpando esse nobilíssimo salmo, diz que a Palavra de Deus realiza vários ministérios maravilhosos na vida do cristão dedicado. Ela nos mantém puros (v. 9), nos dá alegria (v 14,111,162), nos guia (v. 24,33-35, 105) e estabelece nossos valores (v. 11,37,72,103,127,148,162). A Palavra nos ajuda a orar com eficácia (v. 58) e nos dá esperança (v. 49), paz (v. 165) e liberdade (v. 45, 133). O amor à Palavra fará com que tenhamos os melhores amigos (v. 63,74,79), nos ajudará a descobrir e cumprir os propósitos de Deus (v. 73) e nos fortalecerá para testemunhar (v. 41-43). Quando acreditamos "estar no fim da linha", a Palavra nos reanima (v. 25,37,40,88,107,149,154,156,159). Se tivermos prazer na Palavra, se aprendermos com ela, se a guardarmos no coração como um tesouro e se lhe obedecermos, o Senhor trabalhará em nós e por nosso intermédio, a fim de realizar grandes coisas para sua glória.[9] Vamos, agora, examinar as vinte e duas estrofes deste magnífico salmo.

A alegria da obediência à Palavra de Deus (119:1-8)

Nesta estrofe, cada versículo começa com a letra hebraica *Aleph*. Purkiser diz que esses oito versículos introdutórios ditam o tom de todo o poema.[10] O mesmo autor diz que o cerne da estrofe é a oração, o louvor e promessa endereçadas diretamente a Deus.[11] Spurgeon vê neste versículo: os peregrinos espirituais: o seu caráter é irrepreensível; o seu caminho é a lei do Senhor; o seu progresso é que eles andam; e a sua felicidade é que eles são bem-aventurados. Destacamos aqui sete lições.

Em primeiro lugar, *andar na lei de Deus é ser protegido do pecado* (1119:1). Spurgeon diz que este primeiro versículo não apenas é um prefácio para todo o salmo, mas também pode ser considerado o texto do qual trata todo o resto.[12] Só podemos ser irrepreensíveis no caminho de Deus se andarmos na lei do Senhor. Warren Wiersbe destaca, porém, que ser irrepreensível não significa ser impecável, mas sim cultivar sinceridade, integridade e uma devoção verdadeira ao Senhor.[13] A felicidade não está nos banquetes do mundo, mas na obediência à Palavra de Deus. Spurgeon vê neste versículo os peregrinos espirituais: o seu caráter é irrepreensível; o seu caminho é a lei do Senhor; o seu progresso é que eles andam; e a sua felicidade é que eles são bem-aventurados.[14]

Em segundo lugar, *guardar as prescrições divinas é fonte de felicidade* (119:2,3). Não são felizes os que praticam a iniquidade, mas aqueles que guardam as prescrições divinas, pois, quando as guardamos, somos guardados por elas. Derek Kidner destaca que as Escrituras são reverenciadas por serem declarações de Deus; assim, procuramos Deus e não apenas ao livro por si só.[15] Vejamos aqui o que buscam: o próprio Deus; onde buscam: nas suas prescrições; como buscam: de todo o coração. Vemos aqui a dupla bênção: em guardar as suas prescrições e em buscar ao Senhor.[16]

Em terceiro lugar, *cumprir os mandamentos é ordenança divina* (119:4). O texto não nos ordena a criar preceitos nem os impor aos outros, mas em guardar os preceitos divinos. É rebeldia insurgir-se contra os mandamentos de Deus; é tolice conformar-se com obediência parcial. Deus requer obediência total, pois esse é o caminho para a vida (Dt 30:15,16). Concordo com Spurgeon quando diz: "Os preceitos divinos exigem cuidadosa obediência: não há como segui-los por acidente".[17]

Em quarto lugar, *observar os preceitos divinos deve ser motivo de oração* (119:5). Precisamos da ajuda divina para firmarmos nossos passos, pois só assim poderemos observar os seus preceitos. Nenhum de nós consegue ficar de pé escorado no bordão da autoconfiança. O salmista está aqui ansioso para obedecer, pois se trata de uma nobre aspiração. Não há nada mais sublime do que o desejo de fazer isso, exceto realmente fazê-lo.[18]

Em quinto lugar, *a coragem é fruto da observação dos mandamentos* (119:6). A desobediência produz vergonha e derrota, mas a observância dos mandamentos de Deus é fonte de coragem. Nossos primeiros pais jamais conheceram a vergonha até que caíram em pecado, e a vergonha jamais os deixou até que Deus os cobriu com túnicas de peles. Nós sempre teremos motivos de vergonha até que nossos pecados sejam cobertos pelo sangue de Cristo.

Em sexto lugar, *o aprendizado produz gratidão* (119:7). O aprendizado dos retos juízos divinos é motivo de sincera e profunda gratidão. A jornada da oração ao louvor é uma jornada segura. Nas palavras de Spurgeon, "quem ora pedindo santidade, um dia irá louvar pela felicidade".[19]

Em sétimo lugar, *o aprendizado leva à solene resolução* (119:8). Quem aprende, nunca se acomoda, ou seja, quer aprender sempre mais, por isso vive na dependência do amparo divino. Allan Harman diz, com razão, que este versículo é realmente um apelo por auxílio. É uma confissão de que sem a presença de Deus e de seu auxílio, seus decretos não podem ser guardados.[20]

Purificação pela Palavra (119:9-16)

O salmista começa a segunda estrofe do salmo, composto de oito versículos, todos começando com a letra hebraica *Bêt*. Nesta seção, o escritor aponta a Palavra como instrumento para nossa santificação. Mas o que precisamos fazer para termos uma vida pura?

Em primeiro lugar, *observar a Palavra* (119:9). Diante das muitas e variadas tentações pelas quais um jovem passa, a única maneira de ele guardar puro o seu caminho é observando-o segundo a Palavra de Deus.

Em segundo lugar, *não fugir dos mandamentos divinos* (119:10). O autor busca a Deus em oração, rogando-o, fervorosamente, para que Deus não o deixe fugir dos mandamentos divinos, uma vez que se desviar da Palavra é entrar no caminho escorregadio do pecado.

Em terceiro lugar, *guardar a Palavra de Deus* (119:11). Este versículo nos ensina a guardar a melhor coisa, "as palavras de Deus", no melhor lugar, "no coração", como o melhor propósito, "não pecar contra Deus".

Em quarto lugar, *aprender os preceitos divinos* (119:12). A adoração prepara o caminho para o aprendizado dos preceitos divinos, de modo que, quanto mais crescemos no conhecimento, mais crescemos na graça!

Em quinto lugar, *proclamar os juízos da boca de Deus* (119:13). O salmista não apenas observa, guarda e aprende mais e mais, mas também proclama essas mesmas verdades. A Palavra de Deus não pode ser retida por nós, portanto, o que recebemos precisamos também ensinar.

Em sexto lugar, *regozijar-se nos testemunhos divinos* (119:14). Davi já havia declarado que a Palavra é melhor do que muito ouro depurado (19:10). Agora, diz que sua alegria na Palavra é maior do que a alegria de suas muitas riquezas. As riquezas podem ser boas para muitas coisas, mas os testemunhos divinos são ainda melhores. As riquezas são desejáveis, mas os testemunhos de Deus são ainda mais desejáveis. Com as riquezas, podemos fazer o bem, mas os testemunhos de Deus operam o maior bem.

Em sétimo lugar, *meditar nos preceitos divinos* (119:15). Quando mais meditação, mais reverência, e quanto mais mergulhamos na Palavra, mais respeito teremos por ela.

Em oitavo lugar, *ter prazer nos decretos de Deus* (119:16). O deleite ativa a memória, e quando temos prazer nos decretos de Deus, trazemo-los à lembrança para os cumprir.

O discernimento pela Palavra (119:17-24)

Purkiser diz que a Palavra de Deus é uma fonte de vida (v. 17), visão (v. 18), orientação (v. 19) e aspiração (v. 20), e esse tipo de amor pela vontade de Deus é uma marca da piedade mais profunda.[21] Vejamos.

Em primeiro lugar, *uma súplica piedosa* (119:17). Nós devemos a nossa vida à misericórdia de Deus, pois é a generosidade dele que nos mantém vivos para observarmos sua Palavra. Assim, nossa obediência a Deus é um reflexo da generosidade dele por nós.

Em segundo lugar, *os olhos desvendados* (119:18). Nossos olhos espirituais precisam ser abertos pela iluminação, a fim de contemplarmos as maravilhas da lei de Deus. A compreensão das Escrituras vai muito além da mera capacidade intelectual, pois as coisas de Deus se discernem espiritualmente. Spurgeon diz que encontramos aqui: 1) A tristeza do cego: "Desvenda os meus olhos"; 2) a convicção do cego: "para que eu contemple"; 3) a sabedoria do cego: "para que eu contemple as maravilhas da tua lei". O salmista admite que o erro está nos seus olhos, e não na Palavra de Deus; 4) a oração do cego: "desvenda [tu] os meus olhos". Ele reconhece que não consegue abri-los; 5) a expectativa do cego: "para que eu contemple". Esta é a feliz expectativa de Jó: "Vê-lo-ei por mim mesmo, e os meus olhos, e não outros, o verão" (Jó 19:27).[22]

Em terceiro lugar, *o pedido do peregrino* (119:19). O salmista se vê como um forasteiro que peregrina pela terra, sem pouso certo; por isso, suplica a Deus para não esconder dele os seus juízos. Allan Harman diz que confessar que ele é um "estrangeiro na terra" faz duas coisas: primeiro, identifica o salmista com seu povo, que experimentou o que significa ser estrangeiros e exilados no Egito ou em Babilônia; segundo, pressupõe que ele tem um lar real aqui na terra, mas não é um cidadão que sente pertencer aos reinos deste mundo. O Novo Testamento desenvolve isso ainda mais com a lembrança de que somos estrangeiros e peregrinos nesta terra (1Pe 2:11), cuja cidadania real é no céu (Fp 3:20).²³ O versículo apresentado revela que os filhos de Deus não nascem na terra, não são conhecidos na terra, a sua porção não é da terra, e logo deixarão a terra. Eles são peregrinos e forasteiros, portanto, não estão em casa, mas a caminho de casa.

Em quarto lugar, *a alma anelante* (119:20). Eis aqui a súplica de uma alma que suspira pela Palavra de Deus, que anseia ardente e incessantemente pelos juízos divinos. O salmista desejava intensamente conhecer o conteúdo da Palavra, alimentar-se da Palavra e sentir a força da Palavra.

Em quinto lugar, *a oposição dos soberbos* (119:21-23). Allan Harman diz que pela primeira vez nesse salmo há referência a tribulações que têm atingido o salmista por causa de sua atitude para com a Palavra de Deus.²⁴ O alma anelante do salmista pela Palavra de Deus se contrapõe aos soberbos e malditos, que se desviam dela, contra os quais o Senhor lança seu juízo. O escritor, mesmo sendo alvo da maledicência dos príncipes, reafirma seu testemunho de ter guardado os mandamentos e ter pautado sua vida pelos decretos divinos.

Em sexto lugar, *a fonte do excelso prazer* (119:24). O poeta encerra esta estrofe afirmando que os testemunhos do Senhor são o seu prazer e também seus conselheiros. Oh, quão feliz é o homem que atende à orientação das Escrituras e nelas têm todo o seu prazer.

A vivificação pela Palavra (119:25-32)

A Reforma do século 16 foi uma volta às Escrituras, e essa volta à palavra de Deus produziu mudanças profundas na vida da igreja e trouxe um poderoso reavivamento. O salmo 119, sendo o maior capítulo da Bíblia, trata da excelência da Palavra de Deus e de seus benditos efeitos em nossa vida. Destacaremos, aqui, a relação entre a palavra de Deus e o reavivamento.

Reavivamento e restauração (119:25). "A minha alma está apegada ao pó; vivifica-me segundo a tua palavra". Davi está prostrado até ao pó e sua alma, humilhada ao extremo. Nessa prostração total, clama pela vivificação que vem por meio da Palavra de Deus, pois é ela que restaura a alma!

Reavivamento e proteção (119:37). "Desvia os meus olhos, para que não vejam a vaidade, e vivifica-me no teu caminho". Nossos olhos podem nos atrair para armadilhas perigosas. Podem ser um laço para os nossos pés, por isso o salmista roga a Deus proteção da queda e ao mesmo tempo vivificação no caminho de Deus, o caminho da santidade.

Reavivamento e aspiração (119:40). "Eis que tenho suspirado pelos teus preceitos; vivifica-me por tua justiça". Quanto mais suspiramos pela Palavra de Deus, mais somos cheios dela e mais vivificados seremos pela justiça divina. Quanto mais cheios da presença de Deus, mais desejamos Deus em nossa vida.

Reavivamento e consolo (119:50). "O que me consola na minha angústia é isto: que a tua Palavra me vivifica". A vida com Deus é uma jornada por onde a angústia sempre nos espreita, porém, nas noites mais escuras da alma, a Palavra de Deus nos vivifica, nos consola e nos enche de verdor e frutos benditos.

Reavivamento e obediência (119:88). "Vivifica-me, segundo a tua misericórdia, e guardarei os teus testemunhos oriundos de tua boca". Quando descemos aos vales escuros da vida ou tropeçamos em virtude de nossa fraqueza, precisamos da misericórdia de Deus, e, quando ele nos vivifica, então renovamos o nosso compromisso de obediência à sua Palavra.

Reavivamento e aflição (119:107). "Estou aflitíssimo; vivifica-me, Senhor, segundo a tua palavra". A aflição é o cálice em que bebemos enquanto caminhamos na estrada juncada de espinhos, entre o berço e a sepultura. Porém, nas horas que sorvemos esse cálice amargo, Deus nos vivifica segundo a sua Palavra, apruma nossos joelhos trôpegos, fortalece as nossas mãos descaídas e nos restaura o vigor.

Reavivamento e oração (119:149). "Ouve, Senhor, a minha voz, segundo a tua bondade; vivifica-me, segundo os teus juízos". Oração e Palavra são os dois grandes instrumentos que nos levam à vivificação espiritual. Sendo assim, quando Deus ouve nosso clamor, então sua Palavra nos restaura. Pela oração falamos com Deus; pela Palavra Deus fala conosco!

Reavivamento e libertação (119:154). "Defende a minha causa e liberta-me; vivifica-me, segundo a tua palavra". Quando somos apanhados na rede da perseguição externa ou da aflição interna, precisamos de livramento, e quando este chega, Deus nos vivifica pela sua Palavra. Oh, bendito livramento! Deus não nos deixa expostos ao opróbrio dos nossos inimigos.

Reavivamento e misericórdia (Sl 119:156). "Muitas, Senhor, são as tuas misericórdias; vivifica-me segundo os teus juízos". Por causa das muitas misericórdias de Deus não somos consumidos. Por elas, Deus não nos dá o juízo que merecemos. Por isso, ele nos ergue de nossa fraqueza e nos vivifica segundo os seus juízos.

Reavivamento e amor à Palavra (119:159). "Considera em como amo os teus preceitos; vivifica-me, ó Senhor, segundo a tua bondade". O amor à Palavra de Deus descortina diante de nós o caminho da bondade divina, e nesse caminho está a gloriosa realidade do reavivamento e da vivificação espiritual. É tempo de buscarmos ao Senhor e a sua palavra até que Ele venha sobre nós trazendo em suas asas poderoso reavivamento espiritual!

Feita essa digressão, vamos, agora, nos concentrar no versículo 25. Oito verdades podem ser aqui identificadas nesta estrofe. Vejamos.

Em primeiro lugar, *a Palavra, fonte de reavivamento* (119:25). O salmista está com a sua alma prostrada, rendida ao pó. Nas palavras de Allan Harman, "sua situação era desesperadora, quase levando-o à sepultura".[25] Sentia-se abatido, mortificado, por isso clama por vivificação segundo a Palavra de Deus, que é fonte de restauração e instrumento para os grandes avivamentos. Nas palavras de Purkiser, "em angústia de espírito, o poeta clama por avivamento".[26] Warren Wiersbe diz que seus inimigos estavam difamando seu nome (v. 23), cercando-o com armadilhas (v. 61), mentindo a seu respeito (v. 69), fazendo-o sofrer e ser desprezado (v. 83,141), e até mesmo ameaçando sua vida (v. 109), portanto, não é de se admirar que ele se sentisse como um inseto no pó.[27]

Em segundo lugar, *o socorro em tempo oportuno* (119:26). O salmista abriu seu coração para Deus, expondo a Ele os seus caminhos. Em resposta, Deus o socorreu, e, como resultado, ele aprendeu os decretos divinos. O aprendizado da Palavra não se dá apenas por meio do estudo pessoal ou nas reuniões públicas, mas também mediante as providências divinas. Concordo com Warren Wiersbe quando escreve: "Nos momentos de crise, precisamos da sabedoria de Deus, a fim de não desperdiçarmos nosso sofrimento (Tg 1:2-4). O salmista sabia que ainda havia lições a aprender na escola da vida e não queria perdê-las".[28]

Em terceiro lugar, *a mente cativa da Palavra* (119:27). O salmista faz uma oração e também uma promessa. Ele suplica ao Senhor para o fazer atinar com o caminho de seus preceitos e promete meditar nos preceitos divinos. Quanto mais compreendemos a verdade, mais devemos processá-la em nosso interior. Vemos aqui a oração de um estudante que anseia conhecer mais profundamente as coisas de Deus.

Em quarto lugar, *o consolo pela Palavra* (119:28). O salmista tinha sido atacado por profunda tristeza, de modo que de seus olhos brotavam torrentes de lágrimas. Ele se sente fraco e debilitado, precisa ser fortalecido e consolado pela Palavra. Warren Wiersbe esclarece que o salmista admite que seu sofrimento era decorrente de seu compromisso com Deus e sua Palavra (v. 28,50,67,71,75,83,92,107, 143,153). Na verdade, ele arriscava a vida ao obedecer ao Senhor (v. 109).[29]

Em quinto lugar, *a necessidade da Palavra* (119:29). O salmista faz dois pedidos: um negativo e outro positivo. O negativo é para que Deus afaste dele o caminho da falsidade; o segundo é para que Deus o favoreça com sua lei.

Em sexto lugar, *a decisão pela Palavra* (119:30). A vida é feita de decisões, e o salmista fez sua escolha, escolhendo o caminho da fidelidade e decidindo pelos juízos divinos.

Em sétimo lugar, *o apego à Palavra* (119:31). O escritor faz uma declaração e uma súplica: declara estar apegado aos testemunhos divinos e roga para não ser envergonhado.

É exatamente o apego à Palavra de Deus que nos livra da vergonha.

Em oitavo lugar, *o compromisso com a Palavra* (119:32). O salmista precisa de alegria e promete que, ao recebê-la, irá percorrer o caminho dos mandamentos divinos. Quando o coração for liberto do confinamento repressor das dificuldades e da ansiedade, o salmista usará a sua liberdade para um serviço mais ativo, isto é, ele vai correr, não apenas caminhar.[30] Nessa mesma linha de pensamento, Warren Wiersbe escreve: "A fé nos livra do confinamento das tramas do inimigo e nos liberta para desfrutarmos de um lugar mais amplo. O salmista saiu do pó em que estava caído (v. 25) e passou a correr livremente pelo caminho do Senhor".[31]

O poder da Palavra (119:33-40)

Esta estrofe é composta de uma série de petições centradas no desejo do salmista por instrução e entendimento e na ajuda de Deus em preencher as exigências da sua lei.[32] Vejamos.

Em primeiro lugar, *o aprendizado da Palavra* (119:33,34). Davi anseia ser ensinado pelo Senhor e quer aprender os decretos divinos. O propósito é segui-los, e segui-los até o fim. Carece de entendimento, e o objetivo é guardar a lei de Deus de todo o coração. Warren Wiersbe, com razão, diz que um bom começo deveria resultar num bom final, mas nem sempre esse é o caso. Ló, Salomão, o rei Saul, Aitofel e Demas começaram bem, mas terminaram a vida de maneira trágica. O salmista desejava terminar bem, mas isso era consequência de viver bem.[33]

Em segundo lugar, *a direção pela Palavra* (119:35). Os mandamentos de Deus têm uma vereda, e é nesse caminho que Davi quer andar, pois é nessa vereda que o seu coração se compraz. Nossa obediência ao Senhor não pode ser como de um escravo, mas como de um filho, ou seja, devemos obedecer a Deus não por causa do medo do castigo, mas para alegrar seu coração.

Em terceiro lugar, *a vivificação pela Palavra* (119:36,37). O coração do homem é uma guerra civil ambulante, em que forças antagônicas disputam sua devoção. A carne milita contra o espírito. Então, o salmista pede a Deus para inclinar seu coração à Palavra e não à cobiça, e para desviar seus olhos da vaidade e vivificá-lo no seu caminho. Allan Harman escreve:

> O coração é considerado a diretriz total que controla a vida, enquanto a menção dos olhos pressupõe as influências externas que afetam o comportamento. O salmista quer uma coração motivado pela devoção aos estatutos de Deus, não pelo pensamento de receber recompensas materiais. Ele sabe que a visualização de tais coisas pode constituir uma tentação, porém, pede que a Palavra de Deus se cumpra com relação à sua pessoa.[34]

Em quarto lugar, *o temor segundo a Palavra* (119:38,39). Há quatro tipos de temor: 1) O temor do homem, pelo qual somos levados a fazer o mal em lugar de sofrê-lo; 2) o temor servil, pelo qual somos levados a evitar o pecado somente pelo temor do inferno; 3) o temor inicial, em que evitamos o pecado, parcialmente pelo temor do inferno, mas também parcialmente pelo amor a Deus, que é o amor dos cristãos comuns; 4) o temor filial, em que temos medo de desobedecer a Deus unicamente pelo amor que temos por

Ele (Jr 32:40).[35] Deus tem promessas àqueles que o temem, e Davi anseia por essas promessas. Ele pede ao Senhor para afastar dele o opróbrio, pois cair nesse laço é fazer más escolhas, tendo consciência que os juízos de Deus são bons.

Em quinto lugar, *o anseio pela Palavra* (119:40). Davi conclui esta estrofe rogando mais uma vez que o Senhor o vivifique por sua justiça, uma vez que tem suspirado pelos seus preceitos. A Palavra de Deus é mais preciosa do que ouro e mais saborosa do que mel. Ela é leite para os infantes e alimento sólido para os adultos.

Vitória pela Palavra (119:41-48)

Esta sexta estrofe continua com expressões de anseio e desejo por auxílio e orientação que vêm por intermédio da Palavra de Deus. O salmista está sendo insultado, mas aprofunda-se ainda mais em sua devoção à Palavra, confia que pela Palavra terá vitória sobre seus inimigos e andará com largueza. Ele não se envergonha da Palavra, mas se compromete em testemunhá-la na presença dos reis. Destacamos seis verdades sobre isso.

Em primeiro lugar, *a Palavra apropriada* (119:41). O poeta não vive pelas circunstâncias nem pelos seus sentimentos, mas pelas promessas, por isso se apropria das misericórdias divinas e de sua salvação. As Escrituras são a promessa de Deus para seu povo (1Rs 8:56), e todas as suas promessas se cumprem em Cristo (2Co 1:20). As Escrituras são também a palavra da salvação (At 13:26), pois a Palavra declara que Jesus é o único Salvador (At 4:12).[36]

Em segundo lugar, *a Palavra confiada* (119:42b,43b). Diante do insulto dos perversos, o autor reafirma sua confiança na Palavra, a palavra da verdade, e essa Palavra é a espada do Espírito. Com ela triunfamos sobre todas as artimanhas do inimigo.

Em terceiro lugar, *a Palavra obedecida* (119:44). Ele assume um compromisso de obedecer toda a Palavra, e isso para todo o sempre. Não podemos omitir nada das Escrituras nem transigir em nossa obediência a ela tempo algum.

Em quarto lugar, *a Palavra procurada* (119:45). O salmista busca mais os preceitos de Deus do que riquezas. Para encontrá-los, conhecê-los, obedecê-los e anunciá-los ele se empenha. O resultado dessa procura é viver de forma maiúscula e superlativa.

Em quinto lugar, *a Palavra proclamada* (119:46). Longe de ter vergonha da Palavra, o salmista se compromete em proclamá-la na presença dos reis. A Palavra não pode ser diminuída, acrescentada nem retida, e ela precisa ser proclamada aos pequenos e grandes, pobres e ricos, governados e governantes.

Em sexto lugar, *a Palavra amada* (119:47,48). O salmista conclui essa estrofe declarando seu acendrado amor à Palavra. A demonstração desse amor pela Palavra é ter nela o seu prazer e nela meditar. Mãos, coração e cabeça estão juntos e engajados para amar a Palavra: mãos levantadas, coração leal e mente estudiosa.[37]

As lembranças produzidas pela Palavra (119:49-56)

Em meio às dificuldades e aflições, o salmista encontra esperança em Deus e em sua Palavra. Vejamos.

Em primeiro lugar, *Deus se lembra do seu povo* (119:49-51). O salmista vive pelas promessas que Deus lhe fez e roga ao Senhor para se lembrar delas. Warren Wiersbe diz que, quando se aplica ao Senhor, o verbo "lembrar" significa "prestar atenção em, operar em favor de". Uma vez que é onisciente, Deus não se esquece de nada, mas pode decidir não "se lembrar de algo contra nós" (Is 43:25; Jr 31:34; Hb 8:12; 10:17). Entretanto, Ele "se lembra de nos fazer o bem e de nos conceder sua bênção. Lembrou-se de Noé e o livrou (Gn 8:1); lembrou-se de Abraão e livrou Ló (Gn 19:29); lembrou-se de Raquel e Ana, e permitiu que concebessem (Gn 30:22; 1Sm 1:19). Lembrar não é o mesmo que trazer à memória, pois Deus nunca se esquece; antes, é se relacionar com o seu povo de modo especial.[38] Enquanto o salmista espera pelo cumprimento delas, não vive numa estufa espiritual, mas é assolado pela angústia. Deus não o poupa dos problemas, mas vivifica-o pela sua Palavra, de modo que, mesmo debaixo das mais acintosas zombarias dos soberbos, não arreda o pé de andar segundo a Palavra de Deus.

Em segundo lugar, *o povo de Deus se lembra da Palavra de Deus* (119:52-54). Agora, o escritor não pede para Deus lembrar, mas ele mesmo afirma que se lembra dos juízos de outrora e encontra neles conforto. O seu zelo por Deus e seu amor à Palavra produz nele um grande desconforto e uma grande indignação ao ver os pecadores abandonando os preceitos divinos. Mesmo que os pecadores virem as costas para a Palavra de Deus, ela é a música mais suave na casa de sua peregrinação. Concordo com Warren Wiersbe quando escreve: "A menos que a Palavra de Deus seja honrada, ensinada e obedecida na igreja, essa congregação está a apenas uma geração da extinção".[39]

Em terceiro lugar, *o povo de Deus se lembra do nome de Deus* (119:55,56). O salmista agora lembra-se não apenas da Palavra de Deus, mas também do nome do Deus da Palavra. Seu compromisso está bem firmado em observar e guardar a Palavra de Deus. Warren Wiersbe tem razão em dizer que o nome Yahweh não se refere apenas à existência e ao caráter eterno de Deus, mas também à sua soberania, seu poder e ao cumprimento dinâmico da sua vontade neste mundo. Só no livro de salmos há mais de cem referências ao nome do Senhor, por isso devemos amar seu nome (5:11), cantar louvores a seu nome (7:17; 9:2; 18:49) e glorificar seu nome (29:2), pois é por meio desse glorioso nome que triunfamos sobre os inimigos (44:5; 54:1; 118:10-12).[40]

Perseverando na Palavra (119:57-64)

Purkiser diz que Deus e a sua Palavra são o principal tesouro do salmista, e o trouxeram para uma comunhão com os tementes a Deus entre o seu povo.[41] Destacamos alguns pontos.

Em primeiro lugar, *a herança* (119:57). O salmista tem no Senhor a sua herança, a sua porção, o seu maior tesouro. Allan Harman diz que a palavra "porção" poderia subentender que o próprio salmista era levita, pois essa é uma palavra usada para a participação que as várias tribos tinham na terra de Canaã. À tribo de Levi não tocou nenhum território, e fez-se provisão especial para sua manutenção destinada pelo Senhor como sua porção (Nm 18:20; Dt 10:9). Não obstante, a palavra assumia um significado mais amplo quando usada para descrever a relação entre Deus e o seu povo (16:5; 73:26), e este provavelmente seja seu sentido aqui.[42]

Por deleitar-se no Senhor, ele se compromete em guardar a Palavra do Senhor. Nós temos, em Cristo, uma mui linda herança. Nossas riquezas em Cristo nunca podem ser depreciadas.

Em segundo lugar, *a graça* (119:58). O escritor sente-se carente da graça e implora por ela de todo o seu coração e com todas as forças de sua alma. Não estadeia direitos, mas clama por misericórdia, segundo a Palavra do Senhor.

Em terceiro lugar, *a pressa* (119:59,60). Depois de uma introspecção e um autoexame, o salmista, apressadamente e sem detença, se dispõe em guardar os mandamentos divinos. Warren Wiersbe destaca que, na antiguidade, nenhum servo poderia demorar a obedecer a seu senhor nem dar desculpas ou dizer que havia se esquecido, ou seja, as responsabilidades do servo é ouvir as ordens do Senhor, lembrar-se delas e lhes obedecer imediatamente.[43]

Em quarto lugar, *os laços dos perversos* (119:61). Os perversos estão ao seu redor, como um cipoal que tenta prendê-lo, mas, enquanto é atingido por esses laços de morte, ele traz à sua memória a lei do Senhor.

Em quinto lugar, *a gratidão* (119:62). O salmista é um homem de oração, e seu coração transborda de gratidão. Por isso, nem sequer esperar o amanhecer para dar a graças a Deus pelos seus retos juízos, mas à meia-noite já pula de sua cama com a alma em festa e com os lábios cheios de gratidão.

Em sexto lugar, *a companhia* (119:63). Aqueles que pautam sua vida pela Palavra de Deus afastam-se dos perversos: de seus conselhos, de seus caminhos e de sua roda, e têm prazer em andar na companhia daqueles que temem ao Senhor.

Em sétimo lugar, *a bondade de Deus* (119:64). Oh, o salmista constata que a terra é um palco iluminado onde a bondade de Deus pode ser vista com diáfana clareza! Que os nossos olhos sejam abertos para vermos as maravilhas da revelação natural e da revelação especial.

A preciosidade da Palavra e o valor da aflição (119:65-72)

O autor aprendeu o valor disciplinador e pedagógico da aflição. A disciplina produz fruto pacífico de justiça (Hb 12:11). Destacamos alguns pontos.

Em primeiro lugar, *a bondade do Mestre* (119:65,66). O autor reconhece que o Senhor, o Mestre, aquele que o ensina, tem feito bem a ele, por isso deseja ser ensinado no bom juízo e no conhecimento, pois não apenas sabe o que aprende, mas também de quem aprende. Warren Wiersbe diz que o termo hebraico *tob* é usado seis vezes nesta estrofe e pode ser traduzido por bom, agradável, benéfico, precioso, aprazível e correto. Deus faz o que é bom porque Ele é bom e porque aquilo que Ele faz é "segundo a sua Palavra", e sua Palavra é boa (v. 39). Nem seu caráter nem sua Palavra jamais mudarão, de modo que Deus é sempre bom.[44]

Em segundo lugar, *a pedagogia da aflição* (119:67,68). A bondade de Deus é aqui expressa como aflição. Antes de ser afligido, o salmista andava errado, e a aflição lhe foi ministrada não para destruí-lo, mas para colocá-lo no caminho da santidade, pois o Senhor disciplina a quantos ama (Ap 3:19). Na verdade, Deus prevalece sobre o mal e o faz redundar em bem (Gn 50:20; Rm 8:28). Warren Wiersbe diz que o ato de maior perversidade praticado na face da terra foi a crucificação do Senhor da Glória e, no entanto, foi isso o que Deus usou para trazer ao mundo sua salvação.[45]

Em terceiro lugar, *a trama de mentiras* (119:69,70). Os soberbos não se cansam de fazer o mal e são uma fábrica de mentiras contra os servos de Deus. Eles atacam os servos de Deus não porque estes vivem desregradamente, mas porque guardam de todo o coração os preceitos divinos. Porque são impenitentes, Deus endurece ainda mais o coração endurecidos deles como endureceu o coração de Faraó.

Em quarto lugar, *o propósito da aflição* (119:71). O salmista confessa que o tempo da aflição não é um descuido da providência, mas uma agenda divina para o nosso bem, ou seja, um recurso pedagógico que nos ajuda a aprendermos os decretos divinos.

Em quinto lugar, *o alto valor da lei de Deus* (119:72). O salmista mais uma vez considera a Palavra de Deus melhor do que milhares de ouro ou de prata (19:10). A lei de Deus é melhor do que riquezas. Nas palavras de Allan Harman, "os valores espirituais suplantam as riquezas mundanas".[46] A Palavra de Deus dá o que nem o ouro nem a prata podem comprar. Sem o que ela dá, o ouro e a prata podem ser uma maldição. Sem o ouro e a prata, ela pode nos dar o seu tesouro mais livremente e mais plenamente do que com eles. A Palavra de Deus e o que ela dá alegrarão o coração, quando o ouro e a prata forem inúteis aos seus desapontados adoradores.[47]

As instruções da Palavra (119:73-80)

Na seção anterior, o autor mostrou a importância da Palavra em tempos de aflição, e agora ele menciona vários ministérios da Palavra necessários à vida dos filhos de Deus, no seu relacionamento consigo, com o próximo e com Deus. Purkiser diz que os caminhos do Senhor com o seu povo são encorajamento para os justos e confusão para os ímpios.[48]

Três pontos aqui merecem destaque.

Em primeiro lugar, *aprendemos sobre nós mesmos* (119:73). O autor reconhece que Deus é o seu criador e vê a si mesmo como obra de suas mãos (139:13-18), por isso anseia ser ensinado por Ele e aprender com Ele. O salmista sabe que é beneficiário da providência bondosa de Deus.

Em segundo lugar, *aprendemos a ser uma bênção para os outros* (119:74,79). O salmista entende que somos abençoados para sermos uma bênção, de modo que, quando andamos em obediência à Palavra de Deus, nossa vida se torna uma fonte de inspiração para aqueles que temem ao Senhor, e eles passam a seguir nossos passos e imitar nosso exemplo. A ordem de Deus a Abraão: "Sê tu uma bênção" é um imperativo também para todos os filhos de Abraão, ensinando-nos que devemos levar as cargas uns dos outros, orar uns pelos outros, encorajar uns aos outros.

Em terceiro lugar, *aprendemos que, em nossas aflições, recebemos o melhor de Deus* (119:75-78,80). O autor foi afligido por Deus (v. 75), oprimido injustamente pelos soberbos (v. 78), por isso precisou do consolo (v. 76) e das misericórdias de Deus (v. 77), para não ser envergonhado (v. 80).

Sustentado pela Palavra na aflição (119:81-88)

Warren Wiersbe diz que esta seção concentra-se nas respostas do salmista enquanto esperava que o Senhor julgasse seus inimigos e o livrasse da perseguição e do perigo.[49] Nas palavras de Purkiser, "o salmista está em profunda dificuldade, possivelmente em virtude de uma doença e por causa da perseguição ativa daqueles que são inimigos da retidão".[50] Allan Harman destaca que a primeira metade do salmo termina com esta estrofe, a qual é mais uma oração por auxílio do que apenas uma descrição de necessidade. Em tonalidade, com indagações como "Quando me consolarás?" e "Até quando?", se assemelha aos apelos por auxílio, tais como os do salmo 13.[51] Destacamos quatro pontos.

Em primeiro lugar, *desfalecendo, mas esperando* (119:81-83). O autor confessa que sua alma está desfalecida e seus olhos, esmorecidos de tanto esperar o cumprimento da promessa divina, trazendo-lhe salvação e consolo. Ele se compara a um odre esfumaçado, seco, jogado fora por não prestar mais para coisa alguma. Inobstante esse abatimento, espera na Palavra e não se esquece dela, lembrando que é sempre cedo demais para desistir, pois o futuro é sempre nosso aliado quando Jesus é o nosso Senhor.

Em segundo lugar, *questionando, mas aguardando* (119:84). O autor vê seus dias se findando, como que nos portais da morte, em virtude da perseguição sem pausa. Ele não se dispõe a fazer justiça com as próprias mãos, mas espera que Deus julgue sua causa e faça justiça àqueles que lhe perseguem.

Em terceiro lugar, *sendo perseguido, mas confiando* (119:85-87). Os soberbos, que não andam segundo os preceitos da Palavra de Deus, abriram covas para seus pés, perseguiram-no injustamente e quase deram cabo de sua vida. Entrementes, o salmista continuou acreditando na veracidade dos mandamentos divinos e permaneceu firme em observá-los. Definitivamente, não era guiado por suas emoções nem pelas circunstâncias, mas pela Palavra de Deus.

Em quarto lugar, *orando, mas prometendo* (119:88). O autor faz uma petição: "Vivifica-me"; estabelece uma condição: "segundo a tua misericórdia"; e, faz uma promessa: "e guardarei os testemunhos oriundos de tua boca". O salmista tem convicção que seu Pai no céu o ama demais para lhe fazer algum mal e é sábio demais para cometer algum erro.

A eternidade da Palavra (119:89-96)

Esta estrofe se concentra na natureza perene da Palavra de Deus.[52] As circunstâncias mudam, os homens passam, mas a Palavra de Deus permanece para sempre e está para sempre firmada no céu. Os montes alcantilados podem se desfazer e ser lançados no seio dos mares, mas a Palavra de Deus é inabalável e sua grandeza, ilimitada. Derek Kidner diz que um aspecto marcante desses versículos é a associação entre a Palavra de Deus que criou e sustenta o mundo com sua Lei para o homem, uma vez que ambas são o produto da mesma mente que coloca tudo em ordem.[53] Vejamos.

Em primeiro lugar, *a Palavra eterna* (119:89). Os céus e a terra podem passar, mas a Palavra de Deus permanece para sempre, pois não é nova nem velha, é eterna. Ela é inspirada, inerrante, infalível e suficiente, e não precisa ser atualizada nem ressignificada. Seu fundamento não está na terra, ou seja, ela está firmada para sempre no céu. A Palavra de Deus é a bigorna que tem quebrado todos os martelos dos críticos e tem saído vitoriosa e sobranceira de todas as fornalhas da intolerância e de todas as fogueiras dos críticos. Warren Wiersbe diz que ateus, agnósticos, filósofos, cientistas e pecadores de todos os tipos desprezam a Bíblia, zombam de suas palavras e tentam se livrar do que ela diz, mas a Palavra continua inabalável.[54]

Em segundo lugar, *o Deus fiel* (119:90). A fidelidade de Deus percorre os séculos e alcança todas as gerações. Ele é o Deus de Abraão, Isaque e Jacó, o Deus dos nossos pais, da nossa vida e dos nossos filhos. Ele é Deus de geração em geração. Deus é fiel em seu ser e em suas obras, e Ele fundou a terra e cuida dela, por isso ela permanece.

Em terceiro lugar, *o Deus sustentador* (119:91). O Deus criador é também o Deus sustentador, e, embora ele seja transcendente, é também imanente. Ele sustenta todas as coisas pela palavra do seu poder, e nele tudo subsiste. Todas as coisas estão ao seu dispor e é quem nos dá vida, respiração e tudo o mais, pois nele vivemos, e nos movemos, e existimos (At 17:25,28).

Em quarto lugar, *a Palavra restauradora* (119:92-95). Os servos de Deus não são poupados das angústias, mas são consolados pela Palavra, a qual nos dá alívio na dor, refrigério na tormenta e escape de vida no cerco da morte. Os ímpios nos encurralam para nos matar, mas Deus nos dá livramento e paz porque temos nossos olhos fixos na Palavra. Concordo com Warren Wiersbe quando diz que não abrimos a Bíblia a fim de fugir da realidade da vida, mas sim para ser fortalecidos e para poder enfrentar a vida e servir a Deus com eficácia.[55]

Em quinto lugar, *a Palavra ilimitada* (119:96). Todas as obras humanas, por mais excelentes, têm seus limites e são imperfeitas, mas a Palavra de Deus é perfeita e ilimitada. Derek Kidner, com razão, diz que este versículo serviria muito bem como um resumo de Eclesiastes, onde todo o empreendimento humano tem seu dia e depois vem a ser nada, e onde é somente em Deus e nos seus mandamentos que passamos para além destes limites frustradores.[56]

Sabedoria por meio da Palavra (119:97-104)

O valor da Lei do Senhor em conceder sabedoria e entendimento ao obediente é o tema dessa estrofe.[57] Ao meditar nos ensinos da Palavra de Deus, o salmista havia recebido sabedoria maior que a dos seus inimigos, maior do que dos seus mestres e maior do que dos idosos. Allan Harman esclarece esse fato da seguinte maneira:

> Estes versículos fazem comparações com outras fontes de sabedoria. Os inimigos, ainda que revelem grande habilidade em engendrar tramas, lhes falta acesso à Palavra perene de Deus. Os mestres podem possuir considerável sabedoria mundana, porém não foram instruídos pela meditação nos estatutos de Deus. Os membros mais idosos da comunidade podem possuir ricas experiências em seus antecedentes, porém ainda não possuem tanta intuição espiritual como já recebeu aquele que obedece aos preceitos de Deus.[58]

Vejamos.

Em primeiro lugar, *a Palavra nos torna mais sábios do que os nossos inimigos* (119:97,98). A meditação na Palavra é resultado do amor à Palavra, e, quando amamos a Palavra e nela meditamos, tornamo-nos mais sábios que os nossos inimigos. Charles Swindoll diz que a sabedoria divina nos ajudará a ficar acima dos efeitos negativos das pessoas que nos oprimem.[59] Sabedoria é olhar para a vida com os olhos de Deus.

Em segundo lugar, *a Palavra nos dá um conhecimento maior do que o de todos nossos mestres* (119:99). Aquele que conhece e medita na Palavra possui mais compreensão e discernimento que os seus educadores. De que serve uma educação refinada, de altíssimo nível nas diversas áreas da ciência se você não souber como viver sabiamente? Que adianta ter uma certificação acadêmica se a tolice moral faz com que você se perca nos labirintos da vida? Concordo com Charles Swindoll quando diz que discernimento é a capacidade de enxergar através da vida e das suas dificuldades, a partir do ponto de vista de Deus. Sendo assim, os professores podem transmitir conhecimento, mas somente a Palavra de Deus pode dar-nos discernimento.

Em terceiro lugar, *a Palavra faz com que tenhamos mais entendimento do que os idosos* (119:100-104). A velhice não é, necessariamente, sinônimo de prudência e entendimento. Há velhos tolos e jovens sábios, porém aquele que obedece a Palavra de Deus recebe mais entendimento do que aquele que ignora as Escrituras. Charles Swindoll diz que entendimento é a capacidade de responder às situações e às dificuldades da vida a partir da compreensão do próprio Deus. O prudente desvia seus pés do mau caminho e detesta o caminho da falsidade, mas, ao mesmo tempo, não se aparta dos caminhos de Deus por considerar a Palavra mais doce do que o mel.

A poderosa influência da Palavra (119:105-112)

Warren Wiersbe diz que o salmista descreve as diversas áreas nas quais a Palavra exerce influência em nossa vida.[60]

Em primeiro lugar, *os pés* (119:105). Este versículo combina duas imagens bíblicas conhecidas: a vida é um caminho

(v. 32,35) e a Palavra de Deus é a luz que nos ajuda a seguir no caminho certo (v. 130).[61] O mundo está em trevas, é governado pelo príncipe das trevas, e os homens vivem no império das trevas. A Palavra de Deus é uma lâmpada que norteia nossos pés e uma luz que alumia o nosso caminho. Purkiser diz, com razão, que a Palavra de Deus oferece luz para o caminho, passo a passo, ao longo desse caminho. Neste versículo, temos uma orientação específica — "lâmpada para os meus pés" — e uma orientação geral para todo curso da vida — "luz para o meu caminho".[62]

Em segundo lugar, *os lábios* (119:106-108). A Palavra não é apenas lâmpada e luz, mas também é a base de nosso compromisso com Deus, pois vivifica nossa alma aflita e pauta os limites da oferenda de nossos lábios. É oportuna a pergunta: somos sinceros em tudo o que oramos, cantamos e prometemos a Deus e ao próximo? Que brote dos nossos lábios palavras que honram a Deus no céu e abençoem os homens na terra!

Em terceiro lugar, *a memória* (119:109,110). Emparedado de contínuo pelos inimigos que lhe espreitavam a vida, o salmista traz à memória a Palavra, e nessa Palavra permanece. O Novo Testamento nos informa que um dos ministérios do Espírito Santo é trazer à nossa memória a Palavra de Deus quando precisamos dela (Jo 14:25,26; 16:12-15), mas não podemos nos lembrar daquilo que nunca ouvimos ou aprendemos (v. 11).[63]

Em quarto lugar, *o coração* (119:111,112). A Palavra que guia os pés, que é oferenda nos lábios e refúgio da memória agora é, também, o prazer do coração. Allan Harman diz que tribulações externas não destroem sua alegria íntima quando confirma sua resolução em observar as diretrizes para a vida que ele recebeu de Deus.[64] A Palavra é uma mina de inestimáveis tesouros, por isso o salmista induz e constrange seu coração a guardar os decretos divinos enquanto viver.

O ímpio e a Palavra (119:113-120)

O salmista estava rodeado de inimigos. Ele vivia nesse terreno minado. Era nesse cenário cinzento da muitas tribulações que precisa firmar-se na Palavra. Vejamos:

Em primeiro lugar, *Deus protege o seu povo* (119:113-115). O autor, por amar a Lei de Deus, não suportava a vida dupla, a hipocrisia, a falsa piedade, a frouxa indecisão. Derek Kidner diz que a palavra "duplicidade" é semelhante à palavra que Elias empregou ao se desfazer daqueles que "coxeavam entre dois pensamentos" (1Rs 18:21).[65] Por esperar na Palavra de Deus, tinha Deus como seu refúgio e escudo.

Em segundo lugar, *Deus ampara o seu povo* (119:116,117). O salmista sentia-se ameaçado, e ameaçado de morte; então, ele clama a Deus para que sua esperança no Deus da Palavra e na Palavra de Deus não o deixasse envergonhado, pois anseia ser sustentado e salvo para continuar observando os decretos divinos. Warren Wiersbe diz que "amparar" traz à mente a imagem do justo se escorando no Senhor, buscando apoio e descanso, enquanto "sustentar" tem esse mesmo sentido, mas também inclui a ideia de refrigério.[66]

Em terceiro lugar, *Deus rejeita os ímpios* (119:118,119). Ao mesmo tempo que Deus protege e ampara o seu povo, despreza os que se desviam da sua Lei e rejeita, como escória, todos os ímpios da terra. Nas palavras de Allan Harman, "os pecadores rebeldes se destinam a ser lançados fora como a escória é removida durante o processo de refinação. O logro não lhes traz segurança, portanto, o único modo de assegurar progresso espiritual e ausência do juízo é amando o Senhor e se devotando aos seus mandamentos".[67]

Em quarto lugar, *Deus é temido pelos fiéis* (119:120). O salmista não temia homens, nem mesmo os mais poderosos inimigos, mas sim a Deus e aos seus juízos. Quem teme a Deus não tem medo dos homens, pois o temor do Senhor supera todos os medos.

Segurança bendita na Palavra (119:121-128)

No meio da opressão e tribulação que o cercavam, o salmista testifica da sua lealdade à lei de Deus e ora por um suporte contínuo. Vejamos.

Em primeiro lugar, *o Senhor é nosso defensor* (119:121). Quando cuidamos da nossa piedade, Deus cuida da nossa reputação. Porque o salmista praticava juízo e justiça, Deus não o entregava nas mãos de seus opressores.

Em segundo lugar, *o Senhor é nosso fiador* (119:122). Nossa dívida foi completamente quitada e fomos declarados justos diante do seu tribunal. Estamos quites com sua lei e com sua justiça, de modo que não pesa sobre nós, que estamos em Cristo, nenhuma condenação; ou seja, nenhuma acusação prospera contra os eleitos de Deus. Warren Wiersbe destaca que uma pessoa se torna fiadora quando se compromete a pagar a dívida ou a cumprir a promessa de outro, e Jesus tornou-se fiador de todos aqueles que creem nele (Hb 7:22). Em sua morte na cruz, Jesus pagou nossa dívida e, em seu ministério de intercessão no trono celestial, Ele é nosso Fiador. Enquanto Ele viver, nossa salvação está garantida, e Ele vive "segundo o poder de vida indissolúvel" (Hb 7:16). Assim, não importa o que as pessoas nos fazem ou como nos sentimos, nosso Fiador é confiável, e continuamos na família de Deus, uma vez que Jesus tomou sobre si a responsabilidade de nossa salvação e jamais nos faltará.[68]

Em terceiro lugar, *o Senhor é nosso dono* (119:123-125). O salmista se considera um servo de Deus. Ele é propriedade exclusiva de Deus, e o Senhor é o seu nome. Mesmo que seus olhos estejam desfalecidos de esperar a salvação divina e a execução de sua justiça contra seus opressores, clama para ser tratado segundo a misericórdia de Deus, a fim de conhecer os seus testemunhos.

Em quarto lugar, *o Senhor é supremo Juiz* (119:126). Em face do prolongado descaso e desobediência à lei de Deus, o salmista pede ao Senhor para intervir na história. Os homens têm virado as costas para Deus, têm zombado de sua Palavra e escarnecido de seus preceitos. A sociedade está se corrompendo a olhos vistos e de forma galopante. Das altas rodas sociais até às classes mais carentes, a Palavra de Deus tem sido violada, por isso o autor recorre ao supremo Juiz.

Em quinto lugar, *a Palavra nosso Senhor, nosso maior tesouro* (119:127,128). O homem natural ama o ouro mais do que todas as coisas, mas o homem de Deus ama a Palavra de Deus mais do que o ouro mais puro e mais nobre. O ouro não pode dar ao homem segurança nem felicidade, tampouco pode torná-lo sábio para a vida nem preparado para a eternidade, mas a Palavra de Deus, merecedora de nosso mais acendrado amor, é fonte de vida e paz.

Uma reação em cadeia produzida pela Palavra (119:129-136)

Warren Wiersbe diz que esta seção começa com o caráter admirável da Palavra de Deus e termina com as lágrimas do salmista pela desobediência dos arrogantes à Palavra. Assim como o amor e a aversão (v. 127,128), também a reverência e a angústia podem estar presentes simultaneamente.[69] Vejamos.

Em primeiro lugar, *a admiração conduz à obediência* (119:129). A admiração à Palavra desemboca em obediência à Palavra, por isso precisamos valorizar as Escrituras se quisermos pautar nossa vida por elas.

Em segundo lugar, *a obediência conduz ao entendimento* (119:130). A Palavra lida, entendida e obedecida traz entendimento e compreensão, pois é fonte de sabedoria.

Em terceiro lugar, *o entendimento conduz a um desejo mais profundo* (119:131). O entendimento da Palavra provoca um desejo ainda mais profundo de se aprender ainda mais. O salmista anela os mandamentos, pois é uma fonte inesgotável.

Em quarto lugar, *o desejo conduz ao amor por Deus* (119: 132). Aqueles que amam o nome do Senhor são tratados por Ele com misericórdia, são socorridos no tempo de sua necessidade.

Em quinto lugar, *o amor de Deus conduz à liberdade* (119:133,134). O salmista quer se ver livre da iniquidade e da opressão do homem, e, para isso, precisa ter seus passos firmados na Palavra, uma vez que o amor a Deus e à sua Palavra conduz à liberdade.

Em sexto lugar, *a liberdade traz as bênçãos de Deus* (119: 135,136). O salmista anseia pela luz da face de Deus, deseja aprender os decretos do Senhor e chora copiosamente porque os homens não guardam a lei de Deus. Warren Wiersbe diz que, quando Deus esconde sua face do seu povo, significa que os está disciplinando (Sl 13:1; 80:3-7), mas, quando faz resplandecer sua face sobre eles, mostra que os está abençoando (Sl 4:6; 67:1; Nm 6:25).[70]

A confiabilidade da Palavra de Deus (119:137-144)

A mensagem desta seção do salmo é que podemos depender da Palavra de Deus. Vejamos.

Em primeiro lugar, *não importa o que as pessoas fazem, a Palavra de Deus é confiável* (119:137-139). O caráter de Deus é refletido nas leis que ele dá. Inobstante o Senhor e seus testemunhos serem justos, e embora seus testemunhos terem sido impostos com retidão e suma fidelidade, os adversários do salmista não se importavam com a Palavra de Deus. Porém, não importa o que as pessoas fazem, a Palavra de Deus permanece confiável. Ela não depende de crermos nela para validá-la. O conceito neo-ortodoxo de que a Bíblia não é, mas só se torna Palavra de Deus quando ela fala conosco é um ledo engano. A verdade incontroversa foi reafirmada por Jesus: "Santifica-os na verdade, a tua palavra é a verdade" (Jo 17:17). Warren Wiersbe está certo quando diz que, ainda que grandes intelectuais desfiram ataques contra a Palavra de Deus e até mesmo a ridicularizem, ela permanece e ainda estará aqui muito tempo depois que esses homens tiverem morrido e ninguém mais se lembrar de seus livros. As pessoas pecam e morrem, mas a justiça de Deus e sua Palavra justa permanecem.[71]

Em segundo lugar, *não importa o que as pessoas dizem, a Palavra de Deus é confiável* (119:140,141). A Palavra de

Deus suportou o fogo das provas ao longo dos séculos, mas, quanto mais os críticos falam contra ela, mais ela se demonstra puríssima. Os adversários negam a Palavra, a torcem e esquecem-se dela, mas o salmista a estima cada vez mais e dela não se esquece.

Em terceiro lugar, *não importa como nos sentimos, a Palavra de Deus é confiável* (119:142,143). O salmista não vivia numa colônia de férias, mas enfrentava tribulação e angústia, todavia, mesmo nessas circunstâncias carrancudas ele encontrava prazer na Palavra de Deus, provando que nossos sentimentos podem mudar, mas a Palavra de Deus é imutável.

Em quarto lugar, *não importa quanto tempo vivemos, a Palavra de Deus é confiável* (119:144). A vida humana é passageira como um corredor veloz e vulnerável como uma flor que viceja, floresce e seca. O homem nasce, vive e morre, mas a Palavra de Deus continua sendo a mesma, pois é eterna e, por isso, plenamente confiável.

A oração e a Palavra de Deus (119:145-152)

Profundamente angustiado, o poeta promete obediência à Palavra de Deus e clama por ajuda. Vejamos.

Em primeiro lugar, *devemos orar com sinceridade* (119: 145,146). A oração e a Palavra de Deus andam juntas. O mesmo homem que invoca a Deus de todo o coração, também observa os seus decretos. Warren Wiersbe, citando as palavras de John Bunyan, escreve: "Na oração, é melhor ter um coração sem palavras do que ter palavras sem coração".[72]

Em segundo lugar, *devemos orar sem cessar* (119:147,148). Mais uma vez, a oração e a Palavra estão de mãos dadas. O salmista antecipa o alvorecer para clamar a Deus em oração e seus olhos antecipam as vigílias noturnas para meditar na Palavra de Deus. Nas palavras de Purkiser, "cedo de manhã e durante as horas da noite, oração e meditação ocupavam a mente do salmista".[73] Os apóstolos de Jesus Cristo seguiram esse modelo quando disseram: "Quanto a nós, nos consagraremos à oração e ao ministério da Palavra" (At 6:4).

Em terceiro lugar, *devemos orar com senso de urgência* (119:149). O salmista clama com senso de urgência, pois carece da bondade de Deus e Precisa ser vivificado por Ele. Oh, quão necessitados nós somos desse sopro divino, desse alento da graça, desse reavivamento do Espírito!

Em quarto lugar, *devemos orar com discernimento* (119: 150-152). Warren Wiersbe diz que, enquanto ora, o salmista vê seus inimigos se aproximando, de modo que pede que Deus também se aproxime dele e o socorra. Devemos orar e vigiar como fez Neemias na reconstrução dos muros de Jerusalém: "Porém, nós oramos ao nosso Deus e, como proteção, pusemos guarda contra eles, de dia e de noite" (Ne 4:9). Esse é o eloquente ensinamento do Novo Testamento (Mt 26:41; Cl 4:2; 1Pe 4:7).

A Palavra e a vivificação (119:153-160)

Warren Wiersbe diz que podemos observar que, ao se aproximar do final do salmo, o escritor torna-se cada vez mais urgente. O alfabeto hebraico está prestes a terminar, mas suas provações continuam e ele precisa da ajuda do Senhor. O elemento central desta estrofe é o pedido "vivifica-me" (119:154,156,159).[74] Vejamos:

Em primeiro lugar, *vivifica-me, pois tu és o meu libertador* (119:153-155). O escritor estava aflito e carecia ser liberto. O verbo "livrar" (v. 153) refere-se ao parente resgatador, que podia resgatar um membro da família que estivesse passando por necessidades, como Boaz fez com Rute (Rt 4:1-12).[75] O salmista precisava de um defensor (1Jo 2:1,2) para libertá-lo, por isso ele pede ao seu libertador para vivificá-lo.

Em segundo lugar, *vivifica-me, pois tu és misericordioso* (119:156-158). Se os perseguidores e adversários do salmista eram muitos, mais numerosas eram as misericórdias divinas. Ele clama para ser vivificado pelo Deus misericordioso de acordo com seus juízos ao mesmo tempo que sente grande desgosto por ver os infiéis desprezando a Palavra de Deus.

Em terceiro lugar, *vivifica-me, pois a tua Palavra é a verdade* (119:159,160). O salmista ama fervorosamente os preceitos divinos, por isso ora para ser vivificado pela bondade de Deus. Ele está convencido de que a Palavra de Deus é plenamente verdadeira desde o princípio e para sempre.

A eficácia da Palavra (119:161-168)

O salmista experimenta, paradoxalmente, a paz em meio à perseguição, como veremos a seguir.

Em primeiro lugar, *quem teme a Palavra não teme a homens* (119:161). O salmista não teme os príncipes porque teme a Deus; não tem medo das ameaças dos príncipes porque teme a Palavra de Deus.

Em segundo lugar, *quem se alegra na Palavra encontra grandes riquezas* (119:162). As promessas de Deus são uma mina de inexauríveis riquezas, e quem se alegra nelas acha grandes despojos.

Em terceiro lugar, *quem ama a Palavra abomina a mentira* (119:163). Amar a verdade é abominar e detestar a mentira. Amor e aversão caminham de mãos dadas, de modo que é impossível amar a Palavra e permanecer impassivo ou neutro diante dos desvios daqueles que são governados pela mentira.

Em quarto lugar, *quem reconhece a justiça da Palavra louva o Deus da Palavra* (119:164). O salmista era um homem de espírito fervoroso. Do altar do seu coração o louvor de seus lábios subia aos céus como aroma suave sete vezes durante o dia, e o motivo do seu louvor era a justiça dos juízos divinos.

Em quinto lugar, *quem ama a Palavra tem grande paz* (119:165). A Palavra de Deus é uma fonte inesgotável de paz, e aqueles que bebem a largos sorvos dessa torrente desfrutam de grande paz, de modo que, mesmo caminhando em meio a muitos perigos, para eles não há tropeço.

Em sexto lugar, *quem obedece a Palavra caminha em santidade* (119:166-168). O salmista espera na salvação do Senhor, ama a Palavra do Senhor e tem todos os seus caminhos na presença do Senhor, isso porque ele cumpre os mandamentos, observa os testemunhos e observa os preceitos.

Oração e louvor por meio da Palavra (119:169-176)

Com exceção do versículo 174, cada um desses versículos é uma oração ao Senhor, e todas elas se concentram em sua capacidade maravilhosa de suprir nossas necessidades quando confiamos nele.[76] Allan Harman coloca esse pensamento do seguinte modo: "Assim como a primeira metade do salmo conclui com uma estrofe clamando por auxílio (81-88), assim a segunda metade do salmo termina de uma maneira semelhantes. Todos os versículos, exceto um, contém um apelo direto a Deus. A grande necessidade do salmista e sua confiança na Palavra do Senhor dominam seus pensamentos.[77] Vejamos sete áreas importantes.

Em primeiro lugar, *súplica por entendimento* (119:169). O salmista leva a Deus a sua súplica, rogando entendimento espiritual, segundo a Palavra. Concordo com Warren Wiersbe quando diz que não importa há quanto tempo caminhamos com o Senhor, nunca somos maduros demais para deixar de precisar da Palavra de Deus, ou seja, sempre temos algo novo a aprender.[78] A Palavra nos torna mais sábios que os inimigos, que os mestres e que os idosos, por isso o escritor pede entendimento de acordo com a Palavra.

Em segundo lugar, *súplica por livramento* (119:170). Depois de pedir entendimento, o salmista clama por livramento. A verdade liberta. O Filho de Deus veio para nos libertar. Há perigos visíveis e invisíveis, procedentes dos homens e de seres malignos, e só Deus pode nos dar pleno livramento.

Em terceiro lugar, *louvor pelo ensinamento* (119:171,172). Aquele que recebeu do Mestre supremo o sagrado ensinamento retribui a ele em louvor fervoroso. Seus lábios não se calam, e ele tem prazer em abrir seus lábios e louvar ao Senhor. Depois de aprender os estatutos de Deus, o salmista começa a louvar ao Senhor. Porque todos os mandamentos de Deus são justiça, o salmista coloca a sua língua a serviço da celebração da lei de Deus, que não deve ser apenas conhecida e crida, mas também celebrada.

Em quarto lugar, *súplica por socorro* (119:173). Porque o escritor escolheu os preceitos divinos, ele ousadamente clama para que a mão de Deus o socorra. Seu compromisso com Deus pavimenta o caminho para pedir que Deus se comprometa com ele.

Em quinto lugar, *anelo pela salvação* (119:174). Na vida do salmista, há suspiro e prazer. Ele anseia pela salvação e tem prazer na lei divina. Warren Wiersbe diz que o termo "salvação", nesse contexto, significa livramento dos inimigos que o estavam ameaçando, mas esse mesmo termo também pode significar a libertação das preocupações, a cura de uma enfermidade ou o livramento da opressão satânica. Nossa salvação final se dará apenas quando Jesus Cristo voltar para nos livrar da presença do pecado.[79]

Em sexto lugar, *súplica por ajuda* (119:175). O desejo maior do salmista é viver para louvar a Deus. Esse é o fim principal do homem, glorificar a Deus e gozá-lo para sempre, por isso precisa de sua ajuda.

Em sétimo lugar, *súplica por pastoreio* (119:176). A última súplica deste majestoso poema é por pastoreio. Ele se apresenta como ovelha e como servo, e, como tal, precisa de direção e cuidado. Apesar dos inimigos, dos perigos, das tribulações, das angústias e das fraquezas, o salmista não esquece dos mandamentos divinos.

O salmista, ao dizer que anda errante como uma ovelha desgarrada, está descrevendo sua circunstância exterior em vez de seu estado espiritual; o desamparo da sua condição em vez dos seus fracassos morais. Ele é alguém errante no deserto do mundo em virtude dos constantes perigos.[80]

Warren Wiersbe diz que o autor começa esse salmo com uma bem-aventurança (119:1), mas o encerra com uma advertência — duas coisas importantes que devem ser equilibradas na vida cristã. Deus nos dá promessas para que não fiquemos desesperados, mas também nos dá advertências para que não nos tornemos atrevidos.[81]

Derek Kidner diz que a nota de necessidade urgente com a qual o salmo termina é prova o bastante de que o amor para as Escrituras, que motivou os escribas de todas as eras, não precisa endurecer-se até se tornar orgulho acadêmico. Esse homem não teria tomado posição ao lado do fariseu da parábola; pelo contrário, teria ficado com o publicano que se colocou em pé a distância, mas que foi para casa justificado.[82]

NOTAS

[1] WIERSBE, Warren W. *Comentário bíblico expositivo*, vol. 3. São Paulo: Geográfica, 2006, p. 291.
[2] KIDNER, Derek. *Salmos 73—150: introdução e comentário*. São Paulo: Vida Nova, 2006, p. 430.
[3] SPURGEON, Charles H. *Os tesouros de Davi*, vol. 3. Rio de Janeiro: CPAD, 2017, p. 168.
[4] SPURGEON, Charles H. *Os tesouros de Davi*, vol. 3, p. 172.
[5] SWINDOLL, Charles R. *Vivendo Salmos*. Rio de Janeiro: CPAD, 2018, p. 223.
[6] MACDONALD, William. *Believer's Bible Commentary*. Westmont: IVP Academic, 1995, p. 736.
[7] WIERSBE, Warren W. *Comentário bíblico expositivo*, vol. 3, p. 291.
[8] SPURGEON, Charles H. *Os tesouros de Davi*, vol. 3, p. 173.
[9] WIERSBE, Warren W. *Comentário bíblico expositivo*, vol. 3, p. 293.
[10] PURKISER, W. T. "O livro de Salmos". In: *Comentário bíblico Beacon*, vol. 3. Rio de Janeiro: CPAD, 2015, p. 294.
[11] PURKISER, W. T. "O livro de Salmos", p. 294.
[12] SPURGEON, Charles H. *Os tesouros de Davi*, vol. 3, p. 178.
[13] WIERSBE, Warren W. *Comentário bíblico expositivo*, vol. 3, p. 294.
[14] SPURGEON, Charles H. *Os tesouros de Davi*, vol. 3, p. 531,532.
[15] KIDNER, Derek. *Salmos 73—150: introdução e comentário*, p. 436.
[16] SPURGEON, Charles H. *Os tesouros de Davi*, vol. 3, p. 532.

Salmos — O livro das canções e orações do povo de Deus

[17] Ibidem, p. 182.
[18] Ibidem, p. 534.
[19] Ibidem, p. 185.
[20] HARMAN, Allan. *Salmos*. São Paulo: Cultura Cristã, p. 402.
[21] PURKISER, W. T. "O livro de Salmos", p. 295.
[22] SPURGEON, Charles H. *Os tesouros de Davi*, vol. 3, p. 537,538.
[23] HARMAN, Allan. *Salmos*, p. 403,404.
[24] Ibidem, p. 404.
[25] HARMAN, Allan. *Salmos*, p. 404.
[26] PURKISER, W. T. "O livro de Salmos", p. 295.
[27] WIERSBE, Warren W. *Comentário bíblico expositivo*, vol. 3, p. 296.
[28] Ibidem, p. 296.
[29] Ibidem, p. 296.
[30] PURKISER, W. T. "O livro de Salmos", p. 295.
[31] WIERSBE, Warren W. *Comentário bíblico expositivo*, vol. 3, p. 297.
[32] PURKISER, W. T. "O livro de Salmos", p. 295.
[33] WIERSBE, Warren W. *Comentário bíblico expositivo*, vol. 3, p. 297.
[34] HARMAN, Allan. *Salmos*, p. 406.
[35] SPURGEON, Charles H. *Os tesouros de Davi*, vol. 3, p. 542.
[36] WIERSBE, Warren W. *Comentário bíblico expositivo*, vol. 3, p. 298.
[37] SPURGEON, Charles H. *Os tesouros de Davi*, vol. 3, p. 544.
[38] WIERSBE, Warren W. *Comentário bíblico expositivo*, vol. 3, p. 299.
[39] Ibidem, p. 299.
[40] Ibidem, p. 300.
[41] PURKISER, W. T. "O livro de Salmos", p. 296.
[42] HARMAN, Allan. *Salmos*, p. 408.
[43] WIERSBE, Warren W. *Comentário bíblico expositivo*, vol. 3, p. 301.
[44] Ibidem, p. 301.
[45] Ibidem, p. 302.
[46] HARMAN, Allan. *Salmos*, p. 410.
[47] SPURGEON, Charles H. *Os tesouros de Davi*, vol. 3, p. 549.
[48] PURKISER, W. T. "O livro de Salmos", p. 297.
[49] WIERSBE, Warren W. *Comentário bíblico expositivo*, vol. 3, p. 303.
[50] PURKISER, W. T. "O livro de Salmos", p. 297.
[51] HARMAN, Allan. *Salmos*, p. 411.
[52] HARMAN, Allan. *Salmos*, p. 412.
[53] KIDNER, Derek. *Salmos 73—150: introdução e comentário*, p. 439.
[54] WIERSBE, Warren W. *Comentário bíblico expositivo*, vol. 3, p. 303,304.
[55] Ibidem, p. 304.
[56] KIDNER, Derek. *Salmos 73—150: introdução e comentário*, p. 439.

[57] PURKISER, W. T. "O livro de Salmos", p. 297.
[58] HARMAN, Allan. *Salmos*, p. 413.
[59] SWINDOLL, Charles R. Vivendo Salmos, p. 226.
[60] WIERSBE, Warren W. *Comentário bíblico expositivo*, vol. 3, p. 305,306.
[61] Ibidem, p. 305.
[62] PURKISER, W. T. "O livro de Salmos, p. 298.
[63] WIERSBE, Warren W. *Comentário bíblico expositivo*, vol. 3, p. 306.
[64] HARMAN, Allan. *Salmos*, p. 414.
[65] KIDNER, Derek. *Salmos 73—150: introdução e comentário*, p. 440.
[66] WIERSBE, Warren W. *Comentário bíblico expositivo*, vol. 3, p. 307.
[67] HARMAN, Allan. *Salmos*, p. 415.
[68] WIERSBE, Warren W. *Comentário bíblico expositivo*, vol. 3, p. 308.
[69] Ibidem, p. 308.
[70] Ibidem, p. 309.
[71] Ibidem, p. 310.
[72] Ibidem, p. 310.
[73] PURKISER, W. T. "O livro de Salmos", p. 300.
[74] WIERSBE, Warren W. *Comentário bíblico expositivo*, vol. 3, p. 311.
[75] Ibidem, p. 312.
[76] Ibidem, p. 313.
[77] HARMAN, Allan. *Salmos*, p. 421.
[78] WIERSBE, Warren W. *Comentário bíblico expositivo*, vol. 3, p. 313.
[79] Ibidem, p. 313.
[80] PURKISER W. T. "O livro de Salmos", p. 301.
[81] WIERSBE, Warren W. *Comentário bíblico expositivo*, vol. 3, p. 314.
[82] KIDNER, Derek. *Salmos 73—150: introdução e comentário*, p. 441.

Capítulo 119

A aflição do forasteiro

(Sl 120:1-7)

ESSE SALMO INICIA UM novo bloco, conhecido como os cânticos de degraus ou cânticos de romagem (120-134). Eram cantados pelo povo hebreu em sua peregrinação rumo a Jerusalém para as festas religiosas da Páscoa, Pentecostes e Tabernáculos. As tribos subiam para Jerusalém (122:4), e este grupo de salmos tinha um uso especial nessas ocasiões.

Não sabemos exatamente as circunstâncias em que o salmo foi escrito, muito embora o salmista se assemelha a uma ovelha entre lobos em seu próprio país; nem mesmo quem foi o seu escritor, muito embora a maioria dos estudiosos o atribua a Davi.

Este poema aborda, com cores vivas, o drama do salmista, o qual está lidando com a mentira dos difamadores. Os mentirosos são assassinos de reputação. Seu veneno é mais peçonhento do que o veneno das víboras e sua língua, mais perigosa do que as chamas que fazem arder uma floresta.

Augustus Nicodemus diz que esse salmo pode ser considerado messiânico, pois o Senhor Jesus passou como ninguém pelas mesmas circunstâncias do escritor. Ele foi caluniado, vilipendiado e traído. Levantaram mentiras e injúrias contra ele e, por fim, o mataram. Ele falava de paz, mas, onde andava, os inimigos queriam destruí-lo. Ele veio para o que era seu, mas os seus não o receberam (Jo 1:11).[1]

O salmo em apreço pode ser dividido em cinco pontos, os quais passaremos a expor.

A angústia (120:1a)

O salmista começa este poema relatando o estado de sua alma: "Na minha angústia..." (120:1a). A angústia é um sentimento democrático, que atinge pessoas de todos os estratos sociais, de todas as faixas etárias e de todos os credos religiosos, e acompanha o ser humano do berço à sepultura. A vida com Deus não nos poupa da angústia, pois vivemos num mundo caído, entre pessoas caídas, sujeitos às mais diversas aflições (Jo 16:33). Spurgeon tem razão em dizer que a calúnia ocasiona aflição do tipo mais angustiante, e aqueles que sentiram a lâmina de uma língua cruel certamente sabem que ela é mais afiada do que a espada.[2]

A oração (120:1b,)

A angústia leva uns ao desespero e outros à blasfêmia, mas os piedosos clamam ao Senhor. O texto diz: "[...]

clamo ao SENHOR, e Ele me ouve. SENHOR, livra-me dos lábios mentirosos, da língua enganadora" (120:1b,2). O texto em tela enseja três lições.

Em primeiro lugar, *a intensidade da oração* (120:1b). "[...] clamo". Clamar é mais do que pedir: é pedir com intensidade e senso de urgência. Trata-se de um grito de socorro por alguém que se sente entrincheirado por lobos vorazes.

Em segundo lugar, *o destinatário da oração* (120:1b). "[...] clamo ao SENHOR". O salmista usa o nome Yahweh, o Deus da aliança, o Deus Todo-poderoso. O escritor sabe que não consegue escapar ileso dessa vil campanha de difamação, por isso recorre ao Senhor, o Deus do pacto.

Em terceiro lugar, *a experiência da oração* (120:1b). "[...] e Ele me ouve". Aqueles que conhecem a intimidade de Deus sabem que o Senhor ouve as orações. Allan Harman diz, com razão, que a lembrança do auxílio de outrora é o estímulo para dirigir novamente sua oração a Deus".[3] É consolador saber que Deus não ouvirá a mentira contra nós, mas ouvirá a nossa oração contra a mentira.

O pedido de livramento (120:2)

O salmista está enfrentando uma campanha de difamação, uma vez que seus inimigos estão espalhando boatarias e disseminando mentiras a seu respeito para arruinar sua reputação e destruir sua vida. Os servos de Deus, não raro, são vítimas da difamação de seus inimigos (Ed 4:12-16; Ne 4:1-3; 6:5-14). O próprio Jesus, o Filho do Altíssimo, foi chamado de glutão e beberrão (Mt 11:19). Duas armas mortíferas foram usadas pelos inimigos.

Em primeiro lugar, *a mentira* (120:2a). "SENHOR, livra-me dos lábios mentirosos...". O salmista se sente preso no cipoal das mentiras, precisando da libertação divina. Ele não consegue se defender, por isso precisa da intervenção divina. Está sendo alvo de um verdadeiro assassinato de reputação, tendo em vista que seu nome está sendo difamado, caluniado e injuriado. Boatos mentirosos eram espalhados como sacos de penas do alto das montanhas para destruir sua honra. Concordo com Purkiser quando diz: "É difícil encontrar uma angústia maior do que quando se é falsamente acusado".[4] Spurgeon diz que a língua mentirosa é como uma lâmina assassina. As cobras não são mais venenosas nem os próprios demônios mais desapiedados.[5] Tiago diz que a língua "é fogo; é mundo de iniquidade [...] contamina o corpo inteiro, e não só põe em chamas toda a carreira da existência humana, como também é posta ela mesma em chamas pelo inferno [...]. A língua é mal incontido, carregado de veneno mortífero" (Tg 3:6,8). Uma língua sem rédeas é o carro do Diabo, o veículo da morte.

Em segundo lugar, *a bajulação* (120:2b). "[...] e da língua enganadora". A bajulação, a língua enganadora, é pior do que a falsidade direta. Spurgeon diz que aqueles que bajulam e adulam, e enquanto isso sentem inimizade em seu coração, são seres horríveis; eles são a semente do demônio, e este opera neles, segundo a sua própria natureza enganadora. É melhor se deparar com feras selvagens e serpentes abrasadoras do que com enganadores: eles são um tipo de monstro que nasceu embaixo e cujo fim será muito mais abaixo.[6]

O questionamento (120:3)

O salmista adverte os difamadores com uma pergunta perturbadora: "Que te será dado ou que te será acrescentado, ó língua enganadora?" (120:3). O salmista personifica a língua como um indivíduo ou como uma entidade, e pergunta qual será a sua recompensa pelo mal que tem feito e pelas mentiras que tem espalhado?

Oh, se os homens refletissem por um momento acerca da retribuição que seus pecados merecem, tremeriam da cabeça aos pés! O pecado é maligníssimo, e o salário dele é a morte. Aquilo que o homem semeia, ele colhe, portanto, quem semeia ventos, colhe tempestade; do mesmo modo, o veneno que o homem destila sobre os outros será o seu próprio cálice, e a seta venenosa que ele atira contra o próximo cairá sobre sua própria cabeça. A maior punição que o homem pode receber na vida é o fruto de suas próprias palavras mentirosas e as consequências de suas próprias obras malignas. Nas palavras de Purkiser, "os que mentiram a respeito do salmista sofrerão mentiras de outros. Aqueles que caluniaram serão caluniados" (Mt 7:1,2; Gl 6:7).[7]

A retribuição (120:4)

A retribuição aos mentirosos e enganadores não virá do salmista, mas de Deus. O poema coloca essa vingança divina em duas imagens fortes. Derek Kidner diz que o mentiroso, por mais que as suas armas machuquem, será destruído com flechas bem mais poderosas do que as mentiras: as setas divinas da verdade e as brasas do julgamento.[8] Allan Harman corrobora dizendo: "O ato de julgamento será mais mortífero do que as próprias palavras dos caluniadores".[9] Vejamos.

Em primeiro lugar, *setas agudas do valente* (120:4a). "Setas agudas do valente...". Os mentirosos e difamadores serão atingidos pelas setas agudas do valente, as quais eram verdadeiras armas de destruição. Os valentes enchiam delas a sua aljava e com elas feriam e matavam seus inimigos. Essas setas são agudas, penetrantes, dolorosas e mortíferas, e o que eles fizeram com o servo de Deus receberão de volta em grau mais elevado. É digno de nota que não é o salmista que vai disparar essas flechas mortíferas, mas o Senhor, pois a vingança pertence a Deus (Rm 12:19).

Em segundo lugar, *brasas vivas de zimbro* (120:4b). "[...] e brasas vivas de zimbro". O zimbro é um arbusto ou árvore espinhosa popular no Oriente Médio, de cuja madeira se fazia um carvão muito quente que se mantinha aceso por longo tempo. O sofrimento dos lábios mentirosos e da língua enganadora é intenso e prolongado. Spurgeon escreve:

> O difamador sentirá angústias comparáveis a *brasas vivas de zimbro,* que são rápidas em arder, com chamas violentas e lentas em queimar. Ele sentirá flechas afiadas e fogos ainda mais ardentes. Que destino terrível! Todos os mentirosos têm a sua porção no lago que arde com fogo e enxofre. O seu mal não morre e o seu fogo não é apagado. As chamas de zimbro conservam seu calor por muito tempo, mas o inferno arde para sempre, e a língua enganadora não pode se iludir com a esperança de escapar do fogo que acendeu [...]. Os dardos da calúnia podem errar o alvo, mas as flechas de Deus, não; as brasas da perversidade irão esfriar, mas não o fogo da justiça. Evite a calúnia como você evitaria o inferno.[10]

O lamento (120:5-7)

O salmista se põe a lamentar por viver como estrangeiro e forasteiro entre seu povo; por viver entre pessoas beligerantes, sendo ele da paz; por viver longo tempo buscando a paz entre aqueles que odiavam a paz; por ser da paz, mas viver entre aqueles que só pensavam na guerra. Destacamos aqui três lições.

Em primeiro lugar, *o lamento por viver entre pessoas beligerantes* (120:5). "Ai de mim, que peregrino em Meseque e habito nas tendas de Quedar". O salmista não peregrina literalmente em Meseque nem arma suas tendas literalmente em Quedar. Não há conexão entre essas duas nações, pois uma ficava no norte e outra no sul da Palestina. A conexão é moral, ou seja, elas são mencionadas juntas porque eram bárbaras, violentas e guerreiras.[11] Meseque foi chamado em conformidade com um filho de Jafé (Gn 10:2) e se refere à Anatólia Oriental (moderna Turquia). Quedar foi um dos filhos de Ismael e pai da tribo que traz seu nome (Gn 25:13), e refere-se aos árabes beduínos que viviam a sudeste de Damasco. Derek Kidner diz que esses dois nomes resumem o mundo gentio, longe e perto, onde Israel ficou disperso.[12]

Allan Harman diz que tão aguda era a angústia do salmista que sentia como se estivesse vivendo entre bárbaros! Ele era um estrangeiro em sua própria terra.[13] Augustus Nicodemus corrobora: "O que provavelmente o salmista está dizendo é que, mesmo que estivesse entre o povo de Deus, em meio a pessoas que ele conhecia e com as quais tinham familiaridade, ele se sentia um estrangeiro, como se morasse em Meseque ou em Quedar".[14] Ele vivia entre vizinhos mentirosos como se vivesse entre selvagens e canibais. Aqueles que difamam os justos são piores do que os canibais; pois os selvagens apenas comem os homens depois de mortos, mas estes infelizes os comem vivos.[15]

Em segundo lugar, *o lamento de viver longo tempo entre pessoas belicosas* (120:6). "Já há tempo demais que habito com os que odeiam a paz". O escritor está cansado de viver num ambiente hostil, num território minado pelo ódio, numa arena de belicosidades intermináveis. Seus contemporâneos, além de não promoverem a paz, a odiavam, e isso de forma permanente. Apesar de ser um homem pacífico e pacificador, o salmista vivia entre pessoas hostis e encrenqueiras.

Em terceiro lugar, *o lamento de ser pacificador numa geração que só pensa em guerra* (120:7). "Sou pela paz; quando, porém, eu falo, eles teimam pela guerra". O salmista era pela paz, mas seus inimigos eram pela guerra. As palavras de paz do salmista eram desafiadas por suas palavras de guerra.[16] Concluo dizendo que hoje corremos o risco de vermos se repetir esses mesmos pecados descritos nesse salmo, tendo em vista que as redes sociais viraram, em grande parte, uma rede de intrigas e nelas proliferam-se as *fake news*. Abundam-se na grande mídia e na imprensa comentários mentirosos, enviesados e tendenciosos, com o fim de macular a honra, destruir a reputação e manchar a biografia das pessoas. Contudo, apesar de vivermos em um mundo totalmente contrário à nossa fé, devemos, como o salmista, ser fiéis aos nossos preceitos e ao nosso Deus, pois Ele é o nosso Juiz e Justificador.

Notas

[1] LOPES, Augustus Nicodemus. *Caminhos da fé*: uma exposição dos salmos de romagem. Goiânia: Estação da Fé, 2018, p. 16.

[2] SPURGEON, Charles H. *Os tesouros de Davi*, vol. 3. Rio de Janeiro: CPAD, 2017, p. 579.

[3] HARMAN, Allan. *Salmos*. São Paulo: Cultura Cristã, 2011, p. 423.
[4] PURKISER, W. T. "O livro de Salmos". In: *Comentário bíblico Beacon*, vol. 3. Rio de Janeiro: CPAD, 2015, p. 302.
[5] SPURGEON, Charles H. *Os tesouros de Davi*, vol. 3, p. 580.
[6] Ibidem, p. 580.
[7] PURKISER, W. T. "O livro de Salmos", p. 302.
[8] KIDNER, Derek. *Salmos 73—150: introdução e comentário*. São Paulo: Vida Nova, 2006, p. 442.
[9] HARMAN, Allan. *Salmos*, p. 424.
[10] SPURGEON, Charles H. *Os tesouros de Davi*, vol. 3, p. 581.
[11] Ibidem, p. 586.
[12] KIDNER, Derek. *Salmos 73—150: introdução e comentário*, p. 443.
[13] HARMAN, Allan. *Salmos*, p. 424.
[14] LOPES, Augustus Nicodemus. *Caminhos da fé*, p. 14.
[15] SPURGEON, Charles H. *Os tesouros de Davi*, vol. 3, p. 581.
[16] HARMAN, Allan. *Salmos*, p. 424.

Capítulo 120

A jornada do peregrino
(Sl 121:1-8)

ESSE É O SALMO do viajante, que descreve a jornada em direção à cidade amada. Aquele que estava vivendo em sua terra, mas como estivesse entre estrangeiros belicosos, agora começa sua jornada rumo ao santuário em Jerusalém. Esse é um dos salmos mais consoladores do Saltério e um dos textos mais lidos antes da jornada de um peregrino ou mesmo à beira de um leito de enfermidade. Muitos cristãos o conhecem de cor e milhões de fiéis fazem dele sua canção.

Esse salmo fala da proteção divina ao seu povo na jornada da vida. Arival Dias Casimiro diz que a proteção divina é pessoal (v. 5), física (v. 3), infalível (v. 3,4), incessante (v. 6), espiritual (v. 7) e eterna (v. 8).[1]

Warren Wiersbe diz que, enquanto percorremos a jornada da vida, podemos confiar que: 1) a criação de meu Pai está diante de mim (v. 1,2); 2) os olhos de meu Pai estão sobre mim (v. 3,4); 3) a presença de Deus Pai está junto de mim (v. 5,6); e 4) o cuidado de meu Pai está a meu redor (v. 7,8).[2]

Augustus Nicodemus, por sua vez, vê nesse salmo a proteção divina em todo lugar (v. 3,4), em todas as ocasiões (v. 5,6), de todo mal (v. 7) e na saída e na entrada (v. 8).[3]

Três perguntas devem ser feitas para a melhor compreensão desse salmo: Por quê? Que tipo? Quando? Vejamos.

Por que o Senhor pode ser o nosso socorro? (121:1,2,3,4,5)

As caravanas de romeiros que rumavam para Jerusalém enfrentavam muitos perigos ao longo da jornada: os vales escuros os montes rochosos, as víboras peçonhentas, as feras selvagens, os assaltantes que ficavam à espreita nas cavernas dos montes, o calor escaldante do dia que provoca insolação e o frio gelado das noites que trazia desconforto. Tudo era motivo de preocupação para os viajantes. Na medida que se aproximavam da cidade da paz, Jerusalém, encrustada no topo da montanhas, a oitocentos metros acima do nível do mar Mediterrâneo, os peregrinos erguiam os olhos e perguntavam: "Elevo os olhos para os montes: de onde me virá o socorro?" (121:1). O socorro não poderia vir dos homens, das armas ou do dinheiro que levavam. A resposta categórica, certeira e convicta era: "O meu socorro vem do Senhor..." (121:2a). O Deus do pacto, o Senhor da Aliança, o Deus da salvação é o nosso socorro. Mas por que Ele pode ser o nosso socorro? Vejamos.

Em primeiro lugar, *porque ele é o criador do céu e da terra* (121:2). "O meu socorro vem do Senhor, que fez o céu e a terra". Derek Kidner diz que o pensamento deste versículo pula para além dos montes, para o universo; para além do universo, para o criador deste. Aqui há ajuda viva: primária, pessoal, sábia, incomensurável.[4] Resta, portanto, afirmar que aquele que é o nosso socorro é o Criador do universo. Ele fez o céu e a terra, trouxe à existência as coisas que não existiam e criou todas as coisas pela palavra do seu poder. O mundo não surgiu espontaneamente nem é resultado de uma explosão cósmica. A matéria não é eterna nem o mundo é fruto de uma evolução de milhões e milhões de anos. O mundo foi criado, e criado por Deus; e se Ele criou este vasto e insondável universo, tem capacidade de ser o nosso socorro, uma vez que toda a natureza está debaixo de seu governo e controle. A criatura não pode desafiar o Criador. Aquele que criou e sustenta o céu e a terra é o mesmo que nos socorre na jornada da vida. Nas palavras de Warren Wiersbe, "se o Senhor criou os céus e a terra, então é o Deus de poder, sabedoria e glória, e não temos coisa nenhuma a temer".[5] Por isso, devemos olhar além dos céus e da terra, para aquele que criou. Nas palavras de Spurgeon, "é inútil confiar em criaturas; é sábio confiar no criador".[6]

Em segundo lugar, *porque ele é o guarda que vigia o seu povo* (121:3b,4). "[...] não dormitará aquele que te guarda. É certo que não dormita, nem dorme o guarda de Israel". O Senhor não é como Baal. O profeta Elias zombou de seus adoradores dizendo que ele podia estar dormindo (1Rs 18:27). Um deus que dorme é inútil, assim como um vigia que cochila, além de nada valer, é uma ameaça à segurança. O Senhor não dorme nem toscaneja: Ele vigia por nós enquanto dormimos. Ele não se cansa nem se fatiga; seus

Salmos — O livro das canções e orações do povo de Deus

olhos estão atentos para nos observar e seus braços estão prontos para nos defender, por isso o Maligno não pode nos tocar (1Jo 5:18). Estamos guardados em suas mãos, protegidos em seus braços, assentados com Cristo, nas regiões celestes, acima de todo principado e potestade. Nas palavras de Spurgeon, "o Senhor nos guarda como um homem rico guarda os seus tesouros, como um capitão guarda uma cidade com uma guarnição, como um destacamento real guarda a cabeça do seu monarca".[7]

Em terceiro lugar, *porque Ele está presente com seu povo* (121:5). "O Senhor é quem te guarda. O Senhor é a tua sombra à tua direita". Assim como a sombra está inalienavelmente perto de nós, presente conosco, assim o Senhor está presente. A sombra dá proteção do calor sufocante e da luz que ofusca; e, assim como ela traz refrigério, a presença do Senhor conosco é o nosso descanso e nós dá a sombra de que precisamos (Sl 17:8; 36:7; 57:1; 63:7; 91:1). Assim como a mão direita é o símbolo da força, a presença de Deus conosco é a nossa fortaleza, pois é o próprio Senhor todo-poderoso que nos guarda!

Que tipo de socorro o Senhor pode nos dar?

Depois de responder à pergunta "por que Deus pode ser o nosso socorro", agora o salmista pergunta que tipo de socorro o Senhor pode nos dar. Vejamos.

Em primeiro lugar, *socorro moral* (121:3a). "Ele não permitirá que os teus vacilem...". É o Senhor quem livra os nossos pés da queda (116:8), é ele quem segura firme a nossa mão, nos guia com o seu conselho eterno e nos recebe na glória (73:23,24). Não podemos ficar de pé, escorados no bordão da autoconfiança. O Senhor conhece a nossa estrutura e sabe que somos pó, que temos fraquezas físicas, emocionais, morais e espirituais. Sendo assim, só o Senhor pode nos livrar de tropeços, só Ele pode nos manter de pé.

Em segundo lugar, *socorro circunstancial* (121:6). "De dia não te molestará o sol, nem de noite, a lua". O sol e a lua foram luminares dados por Deus para governar o dia e a noite. Sendo assim, o socorro do Senhor nos protege das intempéries e dos perigos do dia e das ameaças invisíveis da noite. Em outras palavras, Deus nos socorre em todas as circunstâncias da vida.

Warren Wiersbe destaca que o povo de Israel seguia um calendário lunar (81:3), de modo que o escritor também está se referindo a dias (sol) e meses (lua). Dia após dia, mês após mês, estação após estação (Gn 1:16-18), ano após ano, nosso Pai está junto de nós, em meio aos inúmeros desafios e às inúmeras mudanças da vida.[8] O mesmo autor ainda chama a atenção para o fato de que o termo "lunático" vem do latim *luna*, "lua", e o termo "epilético" vem do termo grego que quer dizer "exposto excessivamente à lua" (Mt 4:24; 17:15).[9]

Em terceiro lugar, *socorro espiritual* (121:7). "O Senhor te guardará de todo mal; guardará a tua alma". Há muitos males que conspiram contra nós em nossa jornada rumo à Jerusalém celestial. O Diabo com sua astúcia nos espreita, o mundo com seu esquema nos odeia e o pecado com seus ardis nos seduz, mas o Senhor nos protege, nos perdoa e nos salva. Derek Kidner, porém, destaca que "ser guardado de todo mal" não dá a entender uma vida bem almofadada, e sim uma vida bem armada (23:4), que sabe que vem o vale da sombra, mas está pronto para enfrentá-lo.[10]

Quando Deus pode ser o nosso socorro?

Tendo examinado por que o Senhor pode ser o nosso socorro e que tipo de socorro Ele pode nos dar, vamos agora observar quando Deus pode ser o nosso socorro.

Em primeiro lugar, *quando nosso socorro acaba* (121:1). "Elevo os olhos para os montes: de onde me virá o socorro?". Na medida que os peregrinos engrossavam suas caravanas rumo a Jerusalém e olhavam para os montes alcantilados, arrancavam da alma a pergunta solene: "[...] de onde me virá o socorro?". Eles não podiam confiar neles mesmos nem em seus parcos recursos. Precisam depositar sua confiança no Senhor onipotente. Quando a força do braço humano falha, quando a doença chega, quando os recursos da terra se esgotam e o socorro humano entra em colapso, o Senhor pode nos valer e ser o nosso socorro.

Em segundo lugar, *quando saímos e entramos* (121:8a). "O Senhor guardará a tua saída e a tua entrada...". A expressão "saída e entrada" significa nossas atividades durante a vida inteira. Chama a atenção às aventuras e aos empreendimentos da pessoa desde a aurora até ao pôr do sol. Deus protege o peregrino desde que ele sai de casa até chegar em Jerusalém, e de Jerusalém ao retorno à sua casa. Deus protege o seu povo todos os dias quando sai de casa para o trabalho e quando retorna para o repouso.

Em terceiro lugar, *quando o tempo começa e a eternidade abre suas cortinas a* (121:8b). "[...] desde agora e para sempre". O Senhor protege o seu povo hoje, amanhã e eternamente; Ele protege no tempo e na eternidade (73:24,26).

Concluo a exposição desse salmo com as palavras de Augustus Nicodemus:

A expressão "ele é o guarda de Israel" nos leva para a doutrina da Aliança. Israel era o povo da Aliança, pois Deus havia escolhido esta nação dentre todas as demais para ser o seu Deus. O Senhor lhes deu sua lei, a sua aliança. Deus fez promessas à nação de Israel e tinha um pacto com ela. Por isso, Ele é o guarda de Israel. Ele guarda não somente a nação, mas cada filho da aliança. Nós, os que cremos em Jesus Cristo, somos os descendentes de Israel. A igreja é a continuação espiritual da nação de Israel. Deus tem com a igreja um pacto, uma aliança firmada no sangue do Cordeiro derramado na cruz. Somos o povo da aliança. O Senhor é o nosso Deus [...]. O nosso socorro vem daquele que morreu por nós na cruz, ressuscitou ao terceiro dia, está sentado à direita de Deus Pai, Todo-Poderoso, de onde virá para julgar os vivos e os mortos. Nele está a nossa confiança, de dia e de noite. Em todas as circunstâncias, Ele guarda a nossa alma.[11]

NOTAS

[1] CASIMIRO, Arival Dias. *Canções de um peregrino*: um estudo dos salmos de romanagem sobre as lutas diárias do crente. Santa Bárbara d'Oeste: Z3 Editora, 2020, p. 9,10.
[2] WIERSBE, Warren W. *Comentário bíblico expositivo*, vol. 3. São Paulo: Geográfica, 2006, p. 316,317.
[3] LOPES, Augustus Nicodemus. *Caminhos da fé*: uma exposição dos salmos de romagem. Goiânia: Estação da Fé, 2018, p. 23,24.
[4] KIDNER, Derek. *Salmos 73—150: introdução e comentário*. 2006, p. 443.
[5] WIERSBE, Warren W. *Comentário bíblico expositivo*, vol. 3. São Paulo: Vida Nova, 2006, p. 316.
[6] SPURGEON, Charles H. *Os tesouros de Davi*, vol. 3. *Os tesouros de Davi*, vol. 3. Rio de Janeiro: CPAD, 2017, p. 590.
[7] SPURGEON, Charles H. *Os tesouros de Davi*, vol. 3, p. 591.
[8] WIERSBE, Warren W. *Comentário bíblico expositivo*, vol. 3, p. 317.

9. Ibidem, p. 317.
10. KIDNER, Derek. *Salmos 73—150: introdução e comentário*, p. 444.
11. LOPES, Augustus Nicodemus. *Caminhos da fé*, p. 25,26.

Capítulo 121

A chegada do peregrino à Casa de Deus

(Sl 122:1-9)

Esse salmo de Davi encerra a primeira trilogia dos salmos de romagem. No salmo 120, o autor sentiu-se como um estrangeiro odiado entre seu próprio povo; no salmo 121, ele descreveu os perigos da viagem rumo à Jerusalém; e, nesse salmo, ele trata da alegria da chegada a Jerusalém para adorar e orar.

Esse salmo é um ode à alegria, que é a marca do cristão. O evangelho que nos alcançou é boa-nova de grande alegria, ao passo que o reino de Deus que está dentro de nós é alegria no Espírito Santo. O fruto do Espírito é alegria, e a ordem de Deus é: "Alegrai-vos". A alegria do Senhor é a nossa força. Arival Dias Casimiro, citando Agostinho, diz que o cristão deve ser uma "aleluia" da cabeça aos pés; e, ainda citando Lutero, diz que o cristão deve ser uma doxologia viva.[1]

Três lições importantes podem ser destacadas neste belíssimo poema.

A alegria do peregrino de ir à Casa do Senhor em Jerusalém (122:1,2)

Charles Spurgeon diz que os bons filhos se alegram de ir para casa, e se alegram ao ouvir seus irmãos e irmãs, que os chamam para lá. Porque amamos o nosso Senhor, amamos também a sua casa.[2] Vejamos.

Em primeiro lugar, *a alegria do convite* (122:1). "Alegrei-me quando me disseram: Vamos à Casa do SENHOR". Durante as festas de Israel, o povo deixava suas cidades, as aldeias e os campos, e subiam para Jerusalém, onde estavam o santuário e a Arca da Aliança, e também os sacerdotes e os sacrifícios. Sendo assim, o convite para subir aos festejos e ao culto era motivo de grande alegria. É incompreensível um cristão perder a alegria de estar na Casa de Deus, assim como é incongruente um cristão ficar desigrejado — ou seja, é inconcebível alguém pensar que pode ser crente sem ir à igreja. Os reformadores ensinavam que aqueles que têm a Deus por Pai devem ter sua igreja por mãe. A Escritura diz que um dia nos átrios da Casa de Deus vale mais do que mil nas tendas da perversidade (Sl 84:10). É na presença do Senhor que temos plenitude de alegria (Sl 16:11). O autor aos Hebreus é categórico: "Não deixemos de congregar-nos, como é costume de alguns; antes, façamos admoestações e tanto mais quanto vedes que o Dia se aproxima" (Hb 10:25).

Em segundo lugar, *a alegria da chegada* (122:2). "Pararam os nossos pés junto às tuas portas, ó Jerusalém!". O peregrino, depois de percorrer as estradas empoeiradas da Palestina e subir as íngremes montanhas da Judeia, em meio a muitos perigos, mas guardado pelo Senhor, enfim chega em Jerusalém. A jornada se completou e foi bem-sucedida, e a alegria da expectativa transformou-se na alegria da realização. Nas palavras de Purkiser, "a viagem foi feita, o alvo foi alcançado e a alegria da expectativa se transformou na alegria da realização".[3]

O apreço do peregrino por Jerusalém (122:3-5)

Quatro verdades são destacadas aqui.

Em primeiro lugar, *lugar firmemente estabelecido* (122:3). "Jerusalém, que estás construída como cidade compacta". A cidade de Jerusalém, encrustada no topo dos montes, outrora capital dos jebuseus, conquistada por Davi (2Sm 5:6-10), agora é a capital da Israel, a sede do culto ao Senhor. Lá estava o Tabernáculo e a Arca da Aliança. Ali, mais tarde, Salomão erigiu o templo. Jerusalém, cidade cercada de muros, cujo significado é "cidade da paz", também chamada de "cidade do grande rei", é um símbolo da igreja militante e triunfante.

Allan Harman diz que a cidade de Jerusalém passou a ocupar o lugar central no pensamento do povo de Israel. Assim, no exílio, Daniel roga a Deus: "Desvia teu furor e tua ira de Jerusalém, tua cidade, teu santo monte" (Dn 9:16).[4] Warren Wiersbe diz que, quando o salmista olha para a cidade, pensa em unidade e segurança. Assim como as pedras das paredes e casas eram ligadas firmemente umas às outras ("cidade compacta"), também o povo era unido em sua adoração ao Senhor e em seu respeito pelo trono.[5]

Em segundo lugar, *lugar de comunhão* (122:4a). "Para onde sobem as tribos, as tribos do SENHOR, como convém a Israel…". As tribos, que vinham de todos os lugares, ao subirem para Jerusalém deixavam suas diferenças e suas particularidades para serem apenas uma. Em Jerusalém, eles eram as tribos do Senhor, eram um só povo, uma só família, um só rebanho, uma só comunidade de adoradores. Derek Kidner corrobora dizendo: "Os laços eram mais do que os de sangue ou conveniência; estas eram as tribos do Senhor, e Jerusalém era onde eles deveriam encontrá-lo, não simplesmente um ao outro".[6] Esse fato aponta para a comunhão do povo de Deus. Somos uma só igreja, composta de todos os remidos, que procedem de toda tribo, língua, povo e nação (Ap 5:9). Não criamos a unidade espiritual da igreja, pois a igreja já possui esta unidade espiritual (Ef 4:1-6; Jo 17:20-23), mas devemos nos esforçar diligentemente para preservar a unidade do Espírito no vínculo da paz (Ef 4:3).

Em terceiro lugar, *lugar de adoração* (122:4b). "[…] para renderem graças ao nome do SENHOR". As tribos subiam a Jerusalém precipuamente para adorar a Deus. Toda a comunidade era adoradora, e a motivação principal não era a alegria da jornada nem o encontro das tribos irmãs, mas a alegria da adoração. Deus, e não os homens, é o centro da nossa vida e do nosso culto.

Em quarto lugar, *lugar de ordem e justiça* (122:5). "Lá estão os tronos de justiça, os tronos da casa de Davi". Em Jerusalém estava o palácio do rei, a sede do governo de Israel, e dali procedia a lei, dali o rei governava o povo e julgava suas causas. Allan Harman destaca que o sistema nem sempre funcionava perfeitamente, pois Absalão, filho de Davi, a explorou a fim de granjear seguidores para si (1Sm 15:1-6).[7] Jerusalém era o centro religioso e civil de Israel, e nela havia dois ofícios: o ofício sacerdotal e o ofício real, que são os dois ofícios de Cristo.

A oração do peregrino por Jerusalém (122:6-9)

No texto em apreço, Deus nos ensina que devemos orar pela paz, pela prosperidade e pela proteção de Jerusalém. Vejamos.

Em primeiro lugar, *ora pela paz externa de Jerusalém* (122:6a). "Orai pela paz de Jerusalém...". Jerusalém sempre foi uma cidade atacada pelos inimigos à sua volta — inimigos de longe e de perto não perdiam oportunidade de atacá-la. Paz era o seu nome, mas a cidade vivia ameaçada pela guerra. A cidade da paz vivia em constantes conflitos com seus vizinhos Edom, Amom, Moabe, filisteus e sírios.

O salmista está pedindo oração para que Deus preserve Jerusalém dos ataques externos. Concordo com Arival Dias Casimiro quando diz que a igreja ora porque ela é a Casa de Oração edificada por Deus para todos os povos (Is 56:7; Mt 21:12-17).

Em segundo lugar, *ora pela paz interna de Jerusalém* (122:7a). "Reine paz dentro de teus muros...". O salmista, agora, muda o foco e pede oração para que haja paz interna, dentro dos muros. Não basta Jerusalém ser preservada dos ataques estrangeiros: ela precisa, também, experimentar a paz entre as tribos que sobem para adorar.

Hoje, não raro, há muitas brigas internas na igreja e entre as denominações. Concordo com Spurgeon quando diz que uma igreja deve ser uma só em crença, e uma só em coração, uma só em testemunho e uma só em culto, uma só em aspiração e uma só em um relacionamento cortês entre os seus membros. Prejudicam imensamente a nossa Jerusalém os que desejam construir muros dentro dela; ela precisa de unidade, e não de divisão. Não há alegria em crescer em uma igreja que está rasgada pela dissenção interna.[8] Em uma igreja, a paz deve ser desejada, esperada, promovida e desfrutada. Se não puder dizer "paz a qualquer preço", certamente poderemos clamar "paz pelo mais alto preço". Em uma igreja, um dos principais ingredientes do sucesso é a paz interna: a contenda, a suspeita, o espírito de grupos e divisão são coisas mortais. Portanto, a paz na igreja deve ser a nossa oração diária.[9]

Em terceiro lugar, *ora pela prosperidade de Jerusalém* (122:6b,7b). "[…] sejam prósperos os que te amam […] e prosperidade nos teus palácios". A prosperidade de que fala o salmista não é apenas material. É possível ser pobre e próspero e desfrutar de riqueza material e viver no reduto da miséria. Augustus Nicodemus diz que Davi queria que a cidade tivesse paz porque somente na paz é que poderia haver prosperidade, somente quando houvesse paz em Jerusalém é que os peregrinos poderiam ir ali para cultuar a Deus. É em paz que o culto a Deus floresce; é em paz que nós ganhamos o nosso pão.[10]

Em quarto lugar, *ora pelos irmãos e amigos* (122:8). "Por amor dos meus irmãos e amigos, eu peço: haja paz em ti". Davi não só pede oração pela paz, mas pessoalmente ora pela paz, por amor a seus irmãos e amigos. Derek Kidner diz que, aquilo que Jerusalém era para o israelita, a igreja é para o cristão. Aqui estão seus laços mais fortes, seus irmãos e amigos, conhecidos e desconhecidos, atraídos juntamente com ele a um só centro, como peregrinos juntamente.[11]

Augustus Nicodemus diz que, se houver paz em Jerusalém, os irmãos e amigos poderão vir três vezes ao ano para as festas, poderão cultuar na Casa do Senhor, pois haverá prosperidade para toda a nação. O israelita vai poder ganhar o seu pão, levar avante o seu comércio, a sua produtividade, e a sua família ser sustentada, e, com ela, os seus filhos.[12]

Em quinto lugar, *ora por proteção* (122:9). "Por amor da Casa do SENHOR, nosso Deus, buscarei o teu bem". Porque Davi amava a Casa de Deus, ele toma uma decisão. Promete buscar o bem de Jerusalém, a proteção da cidade. Concordo com Augustus Nicodemus que buscar o bem da cidade no contexto significar orar por ela, protegê-la, defendê-la das guerras, contribuir financeiramente para a manutenção do culto a Deus realizado nela.[13]

Concluo dizendo que Jerusalém, as festas, o culto judaico, com seus rituais e sacrifícios, eram sombras da realidade que se cumpriu em Cristo. Hoje, não temos mais que fazer peregrinação a Jerusalém com o fim de adorar, pois Deus é Espírito, e importa que os seus adoradores o adorem em espírito e em verdade (Jo 4:23,24). Hoje somos o santuário de Deus (1Co 3:16), as pedras vivas do templo (1Pe 2:4-8). A igreja é o novo Israel de Deus (Gl 6:16). No Novo Testamento, a Casa do Senhor é a igreja (Ef 2:19; 1Tm 3:15), e nós não apenas vamos à igreja, mas somos a igreja, visto que a igreja é uma casa espiritual, cujo fundamento é Jesus (1Co 3:11; Ef 2:20-22).

Notas

[1] CASIMIRO, Arival Dias. *Canções de um peregrino*: um estudo dos salmos de romanagem sobre as lutas diárias do crente. Santa Bárbara d'Oeste: Z3 Editora, 2020, p. 11.

[2] SPURGEON, Charles H. *Os tesouros de Davi*, vol. 3. Rio de Janeiro: CPAD, 2017, p. 605.

[3] PURKISER, W. T. "O livro de Salmos". In: *Comentário bíblico Beacon*, vol. 3. Rio de Janeiro: CPAD, 2015, p. 304.

[4] HARMAN, Allan. *Salmos*. São Paulo: Cultura Cristã, 2011, p. 427.

[5] WIERSBE, Warren W. *Comentário bíblico expositivo*, vol. 3. São Paulo: Geográfica, 2006, p. 319.

[6] KIDNER, Derek. *Salmos 73—150: introdução e comentário*. São Paulo: Vida Nova, 2006, p. 445.

[7] HARMAN, Allan. *Salmos*, p. 427.

[8] SPURGEON, Charles H. *Os tesouros de Davi*, vol. 3, p. 606.

[9] Ibidem, p. 608.

[10] LOPES, Augustus Nicodemus. *Caminhos da fé*: uma exposição dos salmos de romagem. Goiânia: Estação da Fé, 2018 p 32.

[11] KIDNER, Derek. *Salmos 73—150: introdução e comentário*. São Paulo: Vida Nova, 2006, p. 446.

[12] LOPES, Augustus Nicodemus. *Caminhos da fé*, p. 32.

[13] Ibidem, p. 33.

Capítulo 122

Ponha seus olhos no Senhor

(Sl 123:1-4)

O SALMO 123 COMEÇA a segunda trilogia dos cânticos de romagem e é muito parecido com o salmo 120, que descreveu o salmista enfrentando a hostilidade dos mentirosos. Nesse salmo, o autor enfrenta o desprezo e o escárnio dos soberbos. Allan Harman corrobora essa ideia dizendo que este breve salmo contém muitas similaridades com o salmo 120, uma vez que ambos começam com referência à fonte de socorro e falam da acusação de vizinhos. O salmista olha para além das coisas terrenas, para o trono celestial, e apresenta seu apelo por misericórdia.[1]

Este brevíssimo salmo é longo o suficiente para expressar a angústia vivida pelo salmista, até porque questões vitais podem ser expressas em poucas palavras ou até mesmo num gemido silencioso. Cada oração é longa o suficiente se for fervorosa e sincera, e vier de um coração que compreende a necessidade dos santos.[2]

O salmista estava cansado de lidar com o desprezo dos homens, por isso recorre àquele que está no controle das circunstâncias, cujo trono está nos céus. O salmo mostra os olhos levantados (123:1,2) e um grito por misericórdia (123:3,4).

Spurgeon descreve a progressão dos cânticos de romagem, dizendo que estamos subindo. O primeiro passo nos viu lamentando nossas circunstâncias problemáticas (120); o passo seguinte nos viu elevando os olhos para os montes e descansando no cuidado do Senhor (121). Depois, subimos com prazer à Casa do Senhor (122); mas aqui, nós olhamos para o próprio Senhor, e essa é a maior subida de todas, por muitos degraus. Os olhos agora olham acima dos montes, para o seu trono, nos céus (123).[3]

Arival Dias Casimiro, ao expor esse salmo, ensina três lições: 1) Olhe para Deus como um rei soberano (123:1); 2) Olhe para Deus como um servo olha para o seu senhor (123:2); e 3) olhe para Deus como Pai de toda misericórdia (123:3,4).[4]

Olhe para o Senhor como o Rei soberano (123:1)

O tema do "olhar" é apresentado nos versículos 1 e 2, onde a palavra "olhos" aparece quatro vezes. Nos versículos 3 e 4, o tema da misericórdia é introduzido, e essa palavra aparece três vezes. Destacamos aqui três verdades.

Em primeiro lugar, *os olhos da fé se concentram no Senhor* (123:1). "A ti ...". O salmista estava enfrentando o desprezo dos soberbos — na verdade, estava farto de escárnio. Em vez de retaliar ou desesperar-se, ele recorre ao Senhor e olha para Ele com os olhos da esperança. Derek Kidner diz que, se o viajante do salmo 121 tinha que aprender a olhar mais alto do que os montes, este sofredor, ainda mais cercado, ganhou a mesma vitória. Suas palavras, voando bem alto acima das circunstâncias, colocaram seus problemas num contexto suficientemente grande para contê-los, a saber, Deus entronizado nos céus.[5]

Em segundo lugar, *os olhos da fé reconhecem a soberania do Senhor* (123:1). "... que habita nos céus...". O autor destaca a soberania do Senhor ao afirmar que Ele habita nos céus. Lá está o seu trono, e de lá ele governa os céus e a terra, dirige as nações e protege o seu povo. Os céus são a morada de Deus, e lá está o seu trono (Is 66:1). Do céu emana suas ordens para que sua vontade se cumpra (Sl 115:3). Spurgeon diz: "Deus está no céu como um rei em seu palácio. Ele é ali revelado, adorado e glorificado; dali, Ele olha para o mundo, que está abaixo, e envia socorro aos seus santos, conforme a sua necessidade exigir; para lá, para cima, nós devemos olhar quando as nossas angústias forem tão grandes que nada mais podemos fazer.[6]

Em terceiro lugar, *os olhos da fé veem no Senhor o seu refúgio* (123:1). "[...] elevo os meus olhos". Aquele que elevou anteriormente seus olhos para os montes, agora levanta-os para o próprio Senhor, isto é, ele sobe da terra aos céus. O salmista não recorre aos poderosos deste mundo nem confia em sua própria força para se livrar do desprezo; em vez disso, ele volta seus olhos ao Senhor que habita nos céus.

Olhar para o Senhor significa confiar nele e entregar a Ele nossos problemas (Hb 12:2). Allan Harman diz que a diferença entre o salmista e o Senhor é enfatizada pelo reconhecimento de que o Senhor está entronizado nos céus como o Criador todo-poderoso de todas as coisas, enquanto o escritor não passa de uma criatura dependente.[7] Spurgeon diz que podemos sentir a excelência desse contraste: Terra e céu, pó e divindade; os pobres filhos da mortalidade, chorosos e pecadores, e o Deus santo, bendito e eterno; quão amplo é o intervalo de separação entre eles![8] Oh, graça maravilhosa, que nos aproximou do Eterno Deus por meio do sangue de Cristo e hoje temos livre acesso à presença de Deus, como filhos amados!

Olhe para o Senhor como um servo em total dependência (123:2)

Duas verdades são enfatizadas aqui.

Em primeiro lugar, *o servo está pronto a atender às ordens do seu Senhor* (123:2). "Como os olhos dos servos estão fitos nas mãos dos seus senhores, e os olhos da serva, na mão de sua senhora, assim os nossos olhos estão fitos no Senhor, nosso Deus...". No Oriente Médio, os senhores se comunicavam com seus servos com gestos mais do que com palavras. Os servos ficavam atentos a cada gesto das mãos de seu senhor, a fim de não perderem sua benevolência, negligenciar suas ordens ou descuidar de suas obrigações. A atenção treinada do servo deve estar pronta para o menor gesto de seu amo. Assim como os servos e as servas mantinham seus olhos fitos naqueles que os compraram, de quem dependiam e a quem serviam, assim também devemos manter nossos olhos fitos no Senhor, tendo em mente que criação, providência e graça são movimentos de suas mãos.

Em segundo lugar, *o servo está atento ao tempo oportuno do seu senhor* (123:2b). "[...] até que se compadeça de nós". Os servos devem esperar no Senhor até terem suas necessidades supridas, seu pleito respondido, sua alma libertada da opressão dos arrogantes. Arival Dias Casimiro diz que a expressão "até que se compadeça" indica que há um período de espera antes da chegada da ajuda necessária. Deus tem o seu tempo certo.[9]

Olhe para o Senhor como Pai de toda misericórdia (123:3,4)

A Palavra de Deus nos apresenta o Senhor como o Pai de misericórdias e Deus de toda consolação (2Co 1:3). As misericórdias do Senhor são a causa de não sermos consumidos (Lc 3:22,23). Destacamos duas verdades aqui.

Em primeiro lugar, *o clamor urgente* (123:3a). "Tem misericórdia de nós, SENHOR, tem misericórdia...". O salmista olha para o Senhor não como um soberano carrasco, mas como um pai de misericórdia, e suplica veementemente seu socorro. O poeta não reivindica direitos, mas clama por misericórdia.

Em segundo lugar, *o motivo evidente* (123:3b,4). "[...] pois estamos sobremodo fartos de desprezo. A alma do salmista está saturada do escárnio dos que estão à sua volta e do desprezo dos soberbos". Derek Kidner diz que outras coisas podem machucar, mas o desprezo é ferro cortante e penetra mais profundamente no espírito do que qualquer outra forma de rejeição (Mt 5:22).[10] Spurgeon completa: "Nada fere mais, causa maior amargura, maior exasperação do que o desprezo. Quando os nossos companheiros fazem pouco de nós, nós somos muito capazes de fazer pouco de nós mesmos.[11]

É consolador saber, porém, que, em Cristo, o ferrão do desprezo é retirado. Agora, ser desprezado por causa do evangelho é motivo de honra (At 5:41). O próprio Senhor Jesus transformou o seu desprezo em parte da nossa redenção.

Augustus Nicodemus diz que esse salmo nos traz algumas lições: 1) Neste mundo, estamos sujeitos a sofrer escárnio e desprezo; 2) Há muitas situações em que chegamos ao nosso limite; 3) Ninguém foi mais perseguido pelo mundo do que Jesus Cristo e de forma tão injusta. Ele sofreu escárnio de sua família, de seus amigos, de sua cidade, de seu povo. Por fim, Ele foi rejeitado, entregue, traído, abandonado e crucificado. E qual foi a atitude de Cristo? Exatamente a atitude do salmista: entregou-se à misericórdia do Pai. Se somos discípulos de Jesus, é assim que devemos também enfrentar a hostilidade.[12]

Notas

[1] HARMAN, Allan. *Salmos*. São Paulo: Cultura Cristã, 2011, p. 428.
[2] SPURGEON, Charles H. *Os tesouros de Davi*, vol. 3. Rio de Janeiro: CPAD,2017, p. 624.
[3] SPURGEON, Charles H. *Os tesouros de Davi*, vol. 3, p. 620.
[4] CASIMIRO, Arival Dias. *Canções de um peregrino*: um estudo dos salmos de romanagem sobre as lutas diárias do crente. Santa Bárbara d'Oeste: Z3, 2020, p. 15-18.
[5] KIDNER, Derek. *Salmos 73—150: introdução e comentário*. São Paulo: Vida Nova, 2006, p. 446,447.
[6] SPURGEON, Charles H. *Os tesouros de Davi*, vol. 3, p. 621.
[7] HARMAN, Allan. *Salmos*, p. 428.
[8] SPURGEON, Charles H. *Os tesouros de Davi*, vol. 3, p. 624.

[9] CASIMIRO, Arival Dias. *Canções de um peregrino*, p. 17.
[10] KIDNER, Derek. *Salmos 73—150: introdução e comentário*, p. 447.
[11] SPURGEON, Charles H. *Os tesouros de Davi*, vol. 3, p. 623.
[12] LOPES, Augustus Nicodemus. *Caminhos da fé*: uma exposição dos salmos de romagem. Goiânia: Estação da Fé, 2018, p. 47.

Capítulo 123

O libertador onipotente
(Sl 124:1-8)

Este quinto cântico de romagem foi escrito por Davi. Não sabemos exatamente o contexto em que foi escrito. Há a possibilidade de que tenha sido escrito para descrever os insultos de Golias, ou a perseguição insana de Saul ou mesmo a conspiração de Absalão. De qualquer forma, Davi registra que Israel está enfrentando monstros perigosos, dilúvios inundantes, feras selvagens e arapucas mortais. O povo de Deus vive em território hostil. Não estamos em casa, somos forasteiros e peregrinos, e nossa pátria está no céu.

Libertador providente (124:1,2)

Homens de índole violenta sempre se levantaram contra o povo de Deus como monstros marinhos e animais selvagens. Davi registra: "Não fosse o SENHOR, que esteve ao nosso lado, Israel que o diga; não fosse o SENHOR que esteve ao nosso lado, quando os homens se levantaram contra nós..." (124:1,2). O povo de Deus, mesmo tendo o Senhor ao seu lado, não vive blindado numa estufa espiritual. Não vivemos numa colônia de férias, mas num campo juncado de espinhos, e não pisamos tapetes aveludados, mas andamos por desertos tórridos. O povo de Deus não é poupado dos perigos nem vive imune às ameaças. Deus não livra o seu povo do fogo, mas no fogo; não o livra da tempestade, mas na tempestade. Nossa segurança está no fato de o Senhor, o Deus da Aliança, estar ao nosso lado. Spurgeon está certo em dizer que não podemos atribuir a nossa salvação a nenhuma segunda causa. Nada menos que a onipotência divina poderia ter operado o nosso resgate.[1] O apóstolo Paulo pergunta: "Se Deus é por nós, quem será contra nós?" (Rm 8:31).

Perigos iminentes (124:3-7)

Quais são os perigos que os peregrinos enfrentam na jornada da vida?

Em primeiro lugar, *inimigos selvagens* (124:3). "[...] e nos teriam engolido vivos, quando a sua ira se acendeu contra nós". O povo de Deus sempre lidou com a ira do mundo, com a fúria dos homens e com os inimigos canibais. Essa ira é comparada a uma fornalha acesa (Dn 3:19). Spurgeon diz que a ira nunca é mais violenta do que quando o povo de Deus é o seu alvo. Fagulhas se tornam chamas, e o forno é sete vezes mais aquecido quando os eleitos de Deus devem ser jogados nas labaredas. O mundo cruel se encarregaria de dar um fim completo à semente dos piedosos, não fosse pelo Senhor, que bloqueia o caminho dos iníquos. Quando o Senhor se manifesta, a garganta cruel não consegue engolir e o fogo consumidor não pode destruir.[2]

O ataque do inimigo vem como um terremoto que faz a terra se abrir e as pessoas caírem vivas na fenda, sendo ali tragadas e engolidas. Esse ataque é, ainda, comparado a monstros marinhos. Os homens violentos, já empanturrados de ira, teriam nos engolido vivos como monstros, não fora a intervenção divina. O profeta Jeremias usou essa metáfora para falar do ataque de Nabucodonosor a Judá (Jr 51:34). Porque o Senhor está ao nossos lados, somos arrancados do poder do inimigo, como um cordeiro é arrancado das mandíbulas de um leão; somos resgatados da beira da ruína.

Em segundo lugar, *torrentes impetuosas* (124:4,5). "As águas nos teriam submergido e sobre a nossa alma teria passado a torrente; águas impetuosas teriam passado sobre a nossa alma". Davi vê os inimigos de Israel como um tsunami, como torrentes impetuosas, cujas ondas inundantes a tudo inunda e arrasta; como um dilúvio que a tudo cobre e destrói. Arival Dias Casimiro diz que a figura da enchente inesperada simboliza invasão de inimigos (Jr 47:1-4), tragédias pessoais (Jó 27:19,20) e perseguição espiritual (Ap 12:15-18).[3] Spurgeon diz que, quando a inimizade do mundo obtém vazão, ela sobe, cresce e se precipita; ela enfurece e corre, e nada poupa. Se o nosso Deus não estivesse conosco, os nossos desdenhosos inimigos teriam nos reduzido a nada.[4]

Em terceiro lugar, *feras predadoras* (124:6). "Bendito o Senhor, que não nos deu por presa aos dentes deles". Davi afirma que os inimigos são como feras selvagens predadoras, mas eles não prevalecem sobre Israel se Deus não entregar o seu povo; e eles não podem atacar Israel se Deus não o permitir. Davi exalta ao Senhor porque não deu Israel como presa aos dentes deles. Oh, como deveríamos ser mais fervorosos em bendizer a Deus por ter nos arrancado da casa do valente, do império das trevas, da potestade de Satanás, e ter nos colocado no reino da luz!

Em quarto lugar, *armadilhas invisíveis* (124:7). "Salvou-se a nossa alma, como um pássaro do laço dos passarinheiros; quebrou-se o laço, e nós nos vimos livres". Este versículo nos mostra um pássaro, um laço, uma captura e uma libertação. Os inimigos de Israel se apresentam ora como monstros, ora como uma inundação, ora como feras predadoras, ora como a sutileza de uma arapuca. Somos tolos e vulneráveis como um pardal, facilmente atraídos por iscas enganadoras, e colocamos nossos pés irrefletidamente em armadilhas mortais. O laço pode ser a falsa doutrina, a soberba, a luxúria, a ganância. Pode ser a concupiscência da carne, a concupiscência dos olhos e a soberba da vida (1Jo 2:16). Não conseguimos livrar a nós mesmos dos laços e arapucas. Nas palavras de Derek Kidner, "nossos próprios esforços somente servem para nos deixar ainda mais presos".[5] Deus nos liberta ou não escapamos; Deus quebra nossos laços ou não ficamos livres. Mas bendito seja Deus, que salva nossa alma como um pássaro é salvo do laço dos passarinheiros, que quebra nossas amarras e nos livra do Diabo, do mundo, do pecado e nos faz um povo livre.

Socorro onipotente (124:8)

Davi conclui este pequeno salmo de forma brilhante ao escrever: "O nosso socorro está em o nome do SENHOR, criador do céu e da terra" (124:8). O Senhor está ao nosso lado e Ele é nosso socorro. Ele é socorro bem presente na hora da tribulação. Ele é o onipotente Deus da Aliança. Nossos inimigos podem ser monstruosos, inundantes, selvagens e ardilosos, mas Ele é nosso socorro. Os inimigos podem ser maiores e mais numerosos do que o povo de Deus, mas, tendo o Senhor como socorro, este povo é mais do que vencedor. Derek Kidner tem razão em dizer que esta ajuda invisível revela-se mais real e mais poderosa do que o equipamento mais avançado de nossos dias.[6]

Allan Harman enfatiza que o criador do céu e da terra tem a capacidade e o poder de ser o constante ajudador de seu povo. Nossa confiança em nossa própria força ou realizações deve ser substituída pelo prazer de possuirmos o nome de nosso Deus (Sl 20:7). No passado, presente e futuro, Ele continua sendo o ajudador, de modo que podemos confiar nossa alma nas mãos do nosso fiel criador (1Pe 4:19).[7]

Augustus Nicodemus destaca três lições que podemos extrair desse salmo: 1) Enfrentamos muitos perigos e muitas situações de riscos em nossa jornada; 2) Nem sempre Deus nos liberta retirando as ameaças e os perigos físicos e temporais; 3) A maior libertação de todas que Deus pode nos dar é dos perigos espirituais e eternos.[8] Como povo da aliança, resgatado pelo sangue de Cristo, podemos afirmar que Deus é por nós. Estamos livres e somos mais que vencedores!

NOTAS

[1] SPURGEON, Charles H. *Os tesouros de Davi*, vol. 3. Rio de Janeiro: CPAD, 2017, p. 632.

[2] SPURGEON, Charles H. *Os tesouros de Davi*, vol. 3, p. 632.
[3] CASIMIRO, Arival Dias. *Canções de um peregrino*, p. 20.
[4] SPURGEON, Charles H. *Os tesouros de Davi*, vol. 3. 2017, p. 633.
[5] KIDNER, Derek. *Salmos 73—150: introdução e comentário*. 2006, p. 448.
[6] Idibem.
[7] HARMAN, Allan. *Salmos*. São Paulo: Cultura Cristã, 2011, p. 430.
[8] LOPES, Augustus Nicodemus. *Caminhos da fé*: uma exposição dos salmos de romagem. Goiânia: Estação da Fé, 2018, p. 57.

Capítulo 124

Firmeza inabalável

(Sl 125:1-5)

ESTE SEXTO SALMO É o último da segunda trilogia dos cânticos de degraus. Os peregrinos, que confiam no Senhor, que olham para os montes e para além deles para o próprio Senhor, agora são como o monte de Sião. A fé dos eleitos é aqui posta (Tt 1:1) como uma confiança inabalável. A confiança no Senhor não nos isenta da opressão dos inimigos nem do cetro dos ímpios, mas nos garante estabilidade e companhia, justiça e paz. Aos justos, bem lhes irá, mas ai dos ímpios, pois mal lhes irá (Is 3:10,11).

Não sabemos quem é o autor desse salmo nem mesmo as circunstâncias precisas em que foi escrito, porém, esse cântico era entoado pelos peregrinos nas jornadas rumo a Jerusalém. Purkiser diz que esse salmo traz o salmista novamente às alturas da segurança e confiança no monte Sião e em Jerusalém como tipificando o refúgio da sua alma. O perigo não desaparece, mas a serenidade voltou ao coração confiante.[1] Quatro verdades magnas são expostas neste sublime poema. Vejamos.

A confiança (125:1,2)

Duas metáforas são usadas para descrever aqueles que confiam no Senhor.

Em primeiro lugar, *firmeza inabalável* (125:1). "Os que confiam no SENHOR são como o monte de Sião, que não se abala, firme para sempre". Jerusalém está edificada sobre o monte de Sião. Ali foi colocado o tabernáculo e ali descansou a arca da aliança. Nesse mesmo monte, foi erigido o templo, e esse monte é um emblema de estabilidade e firmeza inabalável. Aqueles que creem no Senhor e esperam nele, assim como o monte Sião, suportam também as rajadas de ventos quentes do deserto, as nevascas do inverno, o tropel dos resfolegantes cavalos de batalha e os carros de guerra. Os que confiam no Senhor são tão estáveis como uma cordilheira de montanhas. Se os crentes são firmes como o monte Sião, há também algumas pessoas que são como areia — sempre móveis e traiçoeiras (Mt 7:26). Algumas são como o mar — inquietas e agitadas, lançando de si lama e lodo (Is 57:20). Outras são como o vento — incertas e misteriosas (Ef 4:14).[2]

Spurgeon diz que o monte Sião não pode ser movido e não se move; assim também o povo de Deus não pode ser movido, nem passivamente nem ativamente, por forças externas ou por inconstâncias internas. A fé em Deus é uma virtude que fixa e estabelece. Aquele que com a sua força firmou os montes, por este mesmo poder firma os corações daqueles que confiam nele, e essa estabilidade durará para sempre. Spurgeon, citando Lutero, diz:

> Não é suficiente que estejamos cercados por muros abrasadores, isto é, com a custódia assegurada, a vigília constante e a guarda dos anjos; mas o próprio Senhor é nosso muro; de modo que de todos os lados somos defendidos pelo Senhor, contra todos os perigos. Acima de nós está o seu céu, dos dois lados ele é como um muro, debaixo de nós Ele é como uma rocha firme sobre a qual estamos, de modo que estamos seguros e a salvos de todos os lados.[3]

Em segundo lugar, *presença protetora* (125:2a). "Como em redor de Jerusalém estão os montes, assim o SENHOR, em derredor do seu povo...". Os montes formam uma proteção natural ao redor de Jerusalém e são um emblema da presença protetora do Senhor. Arival Dias Casimiro, citando John Phillips, escreve: "Para chegar a Jerusalém, um inimigo tinha que passar pelas montanhas, mas, para chegar ao povo de Deus, um inimigo precisaria primeiro passar por Deus".[4]

Em terceiro lugar, *presença permanente* (125:2b). "[...] desde agora e para sempre". A presença do Senhor não é limitada nem temporária, ou seja, Ele está presente com seu povo agora e sempre, no tempo e na eternidade.

A promessa (125:3)

Destacamos duas verdades preciosas aqui.

Em primeiro lugar, *o poder limitado dos ímpios* (125:3a). "O cetro dos ímpios não permanecerá sobre a sorte dos justos...". Allan Harman diz que o cetro se refere ao governo que os conquistadores exercem sobre as terras que ocupam.[5] Para disciplinar o seu povo, Deus permitiu que temporariamente o cetro do ímpio permanecesse por um tempo. Derek Kidner diz que a alusão pode ser ao domínio estrangeiro, ou não, uma vez que os pagãos não detêm o monopólio do pecado.[6]

Historicamente, Israel sofreu sob o látego de Faraó. Enfrentou a invasão assíria nas tribos do Norte e o cerco da cidade de Jerusalém no Sul. Judá viu o cerco babilônico à cidade de Jerusalém, a tomada da cidade e a destruição do templo. Israel viveu sob o domínio estrangeiro dos persas, dos gregos e dos romanos. Spurgeon, portanto, alerta: "O povo de Deus não deve esperar imunidade das tentações, pelo fato de o Senhor estar em volta deles, pois podem sentir o poder e a perseguição dos ímpios".[7]

Mas o cetro do ímpio tem prazo de validade. O domínio dos maus tem prazo de vencimento. O governo dos perversos não dura para sempre. Nas palavras de Spurgeon, "Deus estabeleceu um limite para os lamentos de seus escolhidos; a vara pode pousar sobre a porção deles, mas não descansará sobre ela. Os justos têm um destino que ninguém pode tirar deles, pois Deus os nomeou como seus herdeiros. Os santos permanecem para sempre, mas não as suas angústias".[8]

Em segundo lugar, *a ameaça aos justos* (125:3b). "[...] para que o justo não estenda a mão à iniquidade". O motivo de Deus abreviar o domínio dos ímpios é para que essa opressão não leve o seu povo a pecar, seja pelo desejo de vingança, seja pela rendição à impiedade, seja pela adoração de seus ídolos. Spurgeon esclarece: "A tendência da opressão é levar os melhores homens a alguma obra precipitada de autossalvação ou vingança. Se a tortura for infringida por muito tempo, o paciente sofredor poderá, por fim, ceder; e, por isso, o Senhor estabelece um limite para a tirania dos ímpios".[9] Nessa mesma linha de pensamento, Purkiser diz que uma opressão prolongada pode induzir os israelitas ao desespero a ponto de negarem sua lealdade ao Senhor e sua obrigação com o seu país, e se aliarem aos inimigos da sua religião e nação.[10] Augustus Nicodemus destaca que, naquela época, duas coisas em particular eram tentações para o povo de Israel: a idolatria e a imoralidade.[11]

No tempo do fim, de igual modo, o Senhor vai abreviar o Dia da sua vinda para que os eleitos sejam poupados de maior sofrimento (Mt 24:21,22).

A oração (125:4)

Destacamos dois pontos.

Em primeiro lugar, *a quem ele ora* (125:4a). "Faze o bem, SENHOR...". O salmista agora se põe a orar. E a quem ele ora? Ao Senhor da aliança. E o que ele pede? Pede para que o Senhor faça o bem! Mas que bem é esse? Certamente não é prosperidade ou saúde, não é sucesso nem mesmo vitória sobre seus inimigos. Esse bem é espiritual, é levar o seu povo a confiar mais no Senhor e ser semelhante a Ele. A mesma verdade é ensinada pelo apóstolo Paulo em Romanos 8:28,29: "Sabemos que todas as coisas cooperam para o bem daqueles que amam a Deus, daqueles que são chamados segundo o seu propósito. Porquanto, aos que de antemão conheceu, também os predestinou para serem conformes à imagem de seu Filho, a fim de que ele seja o primogênito entre muitos irmãos". O grande projeto de

Deus na vida do seu povo não é apenas levá-lo à glória, mas transformá-lo à imagem do Rei da glória.

Em segundo lugar, *por quem ele ora* (125:4b). "[...] aos bons e retos de coração". O salmista ora pelos bons e retos de coração, ou seja, por aqueles que foram justificados, perdoados e salvos, ou seja, por aqueles que confiam no Senhor. Spurgeon diz que aqueles que confiam no Senhor são bons; pois a fé é a raiz da justiça e a evidência da retidão.[12]

A advertência (125:5)

Destacamos três fatos solenes.

Em primeiro lugar, *o perigo da apostasia* (125:5a). "Quanto aos que se desviam para sendas tortuosas...". Muitos israelitas, por causa das perseguições ou da sedução do pecado, viraram as costas para Deus e se desviaram do caminho para sendas tortuosas. Apostataram da fé. Negaram a fé. Por incredulidade, toda aquela geração que saiu do Egito pereceu no deserto, exceto Josué e Calebe. Ainda hoje, muitos abandonam o evangelho, deixam a companhia dos fiéis e se embrenham por caminhos tortuosos.

Em segundo lugar, *o juízo inevitável* (125:5b). "[...] levá-los-á o Senhor juntamente com os malfeitores...". Aqueles que se desviam terão o mesmo destino dos malfeitores: serão levados a julgamento. O Senhor não os terá por inocentes. Vemos, portanto, aqui os apóstatas sendo levados a juízo pelo reto juiz, para uma sentença de inexorável condenação.

Em terceiro lugar, *a bênção garantida* (125:5c). "[...] Paz sobre Israel!". Para o povo hebreu, "paz" denotava prosperidade e riqueza, o desfruto das riquezas das bênçãos divinas.[13] O salmo começa com fé e termina com paz. Aqueles que têm fé recebem a paz. Aqueles que têm paz com Deus experimentam a paz de Deus e andam com o Deus da paz.

Concluímos afirmando que esse salmo nos ensina que o povo de Deus enfrenta muitas adversidades, porém, Deus protege e livra o seu povo, mas levará a juízo aqueles que oprimem o seu povo, bem como aqueles que se desviam para caminhos tortuosos.

Notas

[1] PURKISER, W. T. "O livro de Salmos". In: *Comentário bíblico Beacon*, vol. 3. Rio de Janeiro: CPAD, 2015, p. 306.

[2] SPURGEON, Charles H *Os tesouros de Davi*, vol. 3. Rio de Janeiro: CPAD, 2017, p. 648.

[3] SPURGEON, Charles H. *Os tesouros de Davi*, vol. 3, p. 650.

[4] CASIMIRO, Arival Dias. *Canções de um peregrino*: um estudo dos salmos de romanagem sobre as lutas diárias do crente. Santa Bárbara d'Oeste: Z3, 2020, p. 24.

[5] HARMAN, Allan. *Salmos*. São Paulo: Cultura Cristã, 2011, p. 431.

[6] KIDNER, Derek. *Salmos 73—150: introdução e comentário*. São Paulo: Vida Nova, 2006, p. 449.

[7] SPURGEON, Charles H. *Os tesouros de Davi*, vol. 3, p. 646.

[8] Ibidem, p. 646.

[9] SPURGEON, Charles H. *Os tesouros de Davi*, vol. 3. 2017, p. 646.

[10] PURKISER, W. T. "O livro de Salmos". Em *Comentário bíblico Beacon*, vol. 3. 2015, p. 306.

[11] LOPES, Augustus Nicodemus. *Caminhos da fé*, p. 61.

[12] SPURGEON, Charles H. *Os tesouros de Davi*, vol. 3. 2017, p. 646.

[13] HARMAN, Allan. *Salmos*, p. 432.

Capítulo 125

Restauração, obra divina

(Sl 126:1-6)

Esse é o primeiro salmo da terceira trilogia, chamados salmos do retorno e restauração. Trata-se do sétimo degrau. Esses três salmos abordam três assuntos: o retorno do cativeiro babilônico (126), a reconstrução (127) e o repovoamento de Jerusalém (128).[1] Concordo com Spurgeon quando diz que esse salmo está no seu lugar adequado, e muito apropriadamente segue o seu antecessor, pois no salmo 125 nós lemos que o cetro da impiedade não permanecerá sobre a sorte dos justos; nós aqui o vemos removido deles, para sua grande alegria.[2]

Esse é, portanto, um salmo pós-cativeiro babilônico. É digno de nota que o intervalo do salmo 90 para este é de aproximadamente mil anos. Aquele foi escrito por Moisés, 1500 anos antes de

Cristo, e este foi escrito depois do retorno do exílio da Babilônia, cerca de 537 anos antes de Cristo. O rei Ciro publicou seu decreto em 537 a.C., fato profetizado por Isaías (44:24; 45:7). O profeta Isaías prenunciou a alegria do povo por ocasião de sua libertação (Is 48:20; 49:8-13; 51:11; 54:1; 55:10-12) e testemunhou esse acontecimento às outras nações (Is 43:10-21; 44:8,23; 52:7-10).

Esse salmo fala de restauração e descreve três períodos na história do povo de Israel: o passado, o presente e o futuro. Os verbos no passado, presente e futuro servem como guias para a divisão do poema. Vejamos: 1) O passado (126:1-3): uma história de salvação a contar — povo relembra a alegria da libertação e o reflexo que isso teve entre as nações; 2) o presente (126:4): um desafio presente a enfrentar — o povo retorna do cativeiro e enfrenta a carranca de uma grande crise: pobreza, desânimo, oposição dos vizinhos e embargos do soberano da Pérsia; 3) o futuro (126:5,6): um investimento necessário a fazer — o povo precisa investir, sair e semear, ainda que com lágrimas, tendo a promessa segura de uma volta feliz com abundantes frutos.

Derek Kidner sugere o seguinte esboço para esse salmo: 1) Os milagres do passado como medidas do futuro (126:1-3); 2) os lugares secos como rios em potencial (126:4); 3) o trabalho árduo e a boa semente como prelúdio certo da ceifa (126:5,6).[3] Vamos seguir suas pegadas!

Os milagres do passado como medidas do futuro (126:1-3)

Nos três primeiros versículos, todos os verbos estão no passado. O salmista está olhando para o passado com as lentes do retrovisor para descrever a alegria da restauração — trata-se de uma retrospectiva. Arival Dias Casimiro destaca, nesses três versículos, cinco verdades acerca da restauração: 1) o conceito da restauração; 2) o autor da restauração; 3) o objeto da restauração; 4) o resultado da restauração; 5) o testemunho da restauração. Destacamos no texto mencionado algumas lições:.

Em primeiro lugar, *a intervenção do Senhor é maior do que a expectativa humana* (126:1). "Quando o SENHOR restaurou a sorte de Sião, ficamos como quem sonha". O povo de Judá tinha perdido a liberdade, a pátria, o templo, o culto, as festas. Nabucodonosor cercou a cidade de modo que ninguém podia sair nem entrar, e dentro dos muros reinou a fome, o desespero e a espada da morte. Os que sobreviveram ao massacre foram levados cativos, e os poucos que foram deixados ficaram em grande desprezo e miséria.

A invasão de Jerusalém pelas hordas de soldados caldeus foi medonha. Com o cativeiro o povo foi entregue: 1) À crise de desinstalação: "Às margens dos rios da Babilônia..." (Sl 137:1a). Eles foram arrancados do lar e levados para onde não gostariam de estar. Seus vínculos foram quebrados e eles perderam seus bens e sua liberdade. 2) À crise da apatia coletiva: (Sl 137:1b). "[...] nós nos assentávamos...". Apatia é desânimo crônico; é morte da esperança. É apostar que a crise é imutável; é aceitar o caos. 3) À crise da melancolia: (Sl 137:1c). "[...] e chorávamos...". Juntos, eles formaram o coral do gemido, a orquestra do lamento, a sinfonia do soluço. Eles não cantavam, não sonhavam, não reagiam à crise. 4) À crise da nostalgia: (Sl 137:1d). "[...] lembrando-nos de Sião". Eles estão amargos com o presente porque não largaram o passado, e só cantam os cânticos de Sião em Sião; eles penduraram suas harpas. 5) À crise da mágoa incurável: (137:5,6). Eles olhavam para o futuro apenas para pedir um holocausto, para pedir vingança.

Mas o cativeiro tinha prazo determinado por Deus: era setenta anos e nenhum um dia a mais (Jr 25:12; 29:10-14). No tempo determinado, Deus quebrou o orgulho de Nabucodonosor, abriu o coração de Ciro, o rei medo-persa. e abriu as portas do cativeiro. A libertação não é obra humana; é intervenção sobrenatural de Deus. O grande cativeiro foi interrompido por grande libertação, realizada pelo grande Deus. Purkiser destaca que os autores sagrados não dão crédito do exílio a Nabucodonosor nem o retorno a Ciro; eles consideram que a história do seu povo estava sendo moldada debaixo da mão de Deus. Para eles, a história deles era a história de Deus.[4]

Em segundo lugar, *a intervenção do Senhor produz alegria indizível* (126:2). "Então, a nossa boca se encheu de riso, e a nossa língua, de júbilo...". Na Babilônia, os judeus tinham perdido seus cânticos e pendurado suas harpas (137:1-5), mas agora estavam gritando, rindo e cantando. O Senhor fez coisas extraordinárias, além do esperado. Allan Harman diz que Deus havia levantado Ciro para esse propósito (Ed 1:1-3; Is 44:24—45:7). Os judeus sonhavam com o regresso, estimulados por antigas profecias relativas a tal prospecto e por aquelas de seu companheiro de exílio, Ezequiel (Ez 36:24; 37:1-14). O efeito foi que a tristeza e as sombras do exílio foram substituídas por riso e cânticos.[5]

Em terceiro lugar, *a intervenção do Senhor produz impacto nos outros e torna-se poderoso testemunho entre as nações* (126:2b). "[...] então, entre as nações se dizia: Grandes coisas o SENHOR tem feito por eles". Além do efeito sobre o povo de Deus, o regresso também teve efeito sobre as nações adjacentes. Isaías havia falado do povo de Deus como suas testemunhas (Is 43:10-13; 44:8). Agora, se proclamava às nações o que acontecera. A explicação era: "O SENHOR os tem tratado magnificamente". Concordo com Allan Harman quando diz que a manifestação do poder salvífico de Deus no êxodo egípcio e regresso do exílio babilônico foi preparatória de uma exibição ainda maior na vinda e obra de Jesus.[6]

Em quarto lugar, *a intervenção do Senhor produz reconhecimento sincero* (126:3). "Com efeito, grandes coisas fez o SENHOR por nós; por isso, estamos alegres". Grandes coisas foram feitas. Foram feitas pelo Senhor. Foram feitas em favor do povo, e não contra o povo de Deus. Oh, que nosso coração se derrame em profunda gratidão e reconhecimento pela grande salvação que recebemos!

Os lugares secos como rios em potencial (126:4)

Este versículo representa o período seguinte à restauração parcial em 536 a.C., até a conclusão do novo Templo em 516 a.C., ou o período mais longo antes das reformas de Esdras e Neemias no século seguinte (448/444 a.C.).[7] As dificuldades que o povo viveu no retorno foram muitas. Os samaritanos e outros povos ao redor de Jerusalém atormentaram os judeus, criando todo tipo de obstáculo para a reconstrução de Jerusalém. Havia calúnia, armadilhas e pessoas que faziam fuxico para o rei sobre os judeus. O profeta Ageu exortou as pessoas que, em virtude da oposição dos inimigos, passaram a cuidar de sua própria casa enquanto a casa do Senhor estava abandonada. Mas, nesse cenário cinzento, Purkiser destaca que o prodígio que Deus já havia realizado instigou o desejo de que Ele continuasse a operar em favor deles.[8] Este versículo é uma oração por avivamento! Destacamos aqui cinco lições importantes.

Em primeiro lugar, *um passado de glória não é garantia de um presente glorioso* (126:4). "Restaura, SENHOR, a nossa sorte, como as torrentes no Neguebe". Eles estão alegres pelas vitórias do ontem, mas, ao olharem para o presente, a vida está como um deserto. As vitórias do ontem não são suficientes para hoje, ou seja, temos que andar com Deus hoje, ser cheios do Espírito Santo hoje, evangelizar hoje, investir na família hoje. Não podemos apenas celebrar as vitórias do passado. Antigas bênçãos não são suficientes para a vida hoje, assim como antigas mágoas não devem estragar o presente. Sansão eram um jovem cheio do Espírito Santo, mas cedeu ao pecado e terminou sua vida preso e cego. Davi era um homem segundo o coração de Deus, mas, por não vigiar, adulterou, mentiu e assassinou. Os lugares dos grandes avivamentos ontem são palcos de igrejas mortas hoje. Nós somos uma igreja histórica, mas não vivemos apenas de história. Não basta a igreja ser chamada casa do pão: é preciso ter pão na casa do pão.

Em segundo lugar, *a sequidão hoje não é motivo de desânimo, mas de clamor* (126:4). O salmista clamou: "Restaura...". É tempo da igreja clamar como Isaías: "Ah, se os céus fendessem e tu descesses!" (Is 64:1). É tempo da igreja fazer como Elias, isto é, subir à presença de Deus e meter a cabeça entre os joelhos para orar até chegar o tempo de restauração (1Rs 18:41-46). Os avivamentos nasceram no ventre da crise. No Pentecostes, os discípulos que outrora estavam trancados com medo dos judeus, agora, cheios do Espírito, foram levantados com santa ousadia. No dia 31 de dezembro de 1739, um poderoso avivamento foi derramado na Inglaterra porque os jovens estudantes de Oxford, conhecido como Clube Santo, clamaram ao Senhor por tempos de restauração. Em 1904, o jovem Evan Roberts clamou por um reavivamento no País de Gales e Deus visitou aquela terra com copiosa redenção. Em 1966, Erlo Stegen experimentou um poderoso reavivamento na Missão Kwa Sizabantu, na África do Sul, como fruto de um profundo clamor por reavivamento.

Em terceiro lugar, *a restauração é obra soberana do Senhor* (126:4). "Restaura, SENHOR...". Nós não restauramos a igreja com decretos e leis. Não produzimos avivamento, ele vem do céu. O avivamento não é agendado na terra nem é controlado pela igreja. O fogo do avivamento não é fabricado pelo homem. O vento do Espírito não é acionado pelo homem. Avivamento é obra exclusiva de Deus. É fruto da soberana vontade divina e dos métodos aplicados pela igreja. São conhecidas as palavras de E. M. Bounds: "Nós estamos à procura de melhores métodos e Deus está à procura melhores homens".

Em quarto lugar, *a restauração é fruto da oração fervorosa* (126:4). "Restaura, SENHOR...". A restauração é fruto da oração. Hoje, temos fome de livros, mas não temos fome de Deus. Lemos livros sobre oração, pregamos sobre oração, temos uma boa teologia sobre oração, mas oramos pouco. Jesus orou e o céu se abriu. A igreja orou e o Espírito Santo foi derramado. Elias subiu o monte Carmelo e orou, e a chuva desceu. Charles Spurgeon dizia que o segredo do seu ministério era a igreja em oração. A reunião de oração da igreja às segundas-feiras à noite era a usina de poder da igreja. Um dos principais fatores do expressivo crescimento da igreja evangélica na Coreia do Sul é a oração da madrugada. Arival Dias Casimiro enfatiza que a igreja evangélica precisa urgentemente de um avivamento e uma grande reforma espiritual: Menos o homem e mais Deus; menos pecado e mais santidade; menos show e mais adoração; menos prosperidade e mais sacrifício; menos debates e mais ação; menos discurso e mais Bíblia; menos estratégias e mais oração; menos soberba e mais humildade.[9]

Em quinto lugar, *a restauração é um milagre do Senhor* (126:4). "[...] como as torrentes no Neguebe". Derek Kidner diz que poucos lugares são mais áridos do que o Neguebe e poucas transformações são mais dramáticas do que a de uma ravina seca que se transforma em torrentes. Esse pode ser o efeito de uma chuvarada, que pode também transformar o deserto em derredor em lugar de relva e flores, da noite para o dia.[10] Esse fenômeno bem conhecido das enchentes súbitas no Neguebe servem de referência para o autor pedir o milagre de restauração. Vale destacar que o Neguebe é o maior deserto da Judeia. O deserto fica onze meses seco, mas, no mês das chuvas, as águas correm das montanhas e os leitos secos tornam-se correntes fluentes de águas que se precipitam dos montes e rasgam as areias do deserto, levando vida por onde passam. Deus pode fazer os rios do Espírito brotarem no deserto da nossa vida. O Deus que fez a vara seca de Arão florescer pode fazer o nosso deserto tornar-se uma fonte. Nas palavras de Spurgeon, "Da mesma maneira como o Senhor envia inundações para os leitos secos de cursos d'água no Neguebe depois de longos períodos de seca, também Ele pode encher nosso espírito cansado e esgotado com dilúvios de santo prazer."[11]

Purkiser vê nesta oração do versículo 4 um pedido a Deus pela volta dos demais exilados. Aqueles que haviam retornado eram comparados a um fio d'água que podia ser encontrado nos córregos do Neguebe. A oração é por todos os exilados, para que o seu retorno seja semelhante às inundações da temporada de chuvas.[12]

O trabalho árduo e a boa semente como prelúdio certo da ceifa (126:5,6)

Allan Harman diz que o salmista fala do tempo do exílio como a semeadura, e da restauração como a ceifa. Ele faz um retrospecto das lágrimas anteriores que foram substituídas pela alegria. O período da dolorosa semeadura passou e a colheita chegou. Assim como o salmo começou, do mesmo modo termina com a nota de alegria.[13]

Spurgeon diz que os dois últimos versículos desse salmo apontam para duas verdades básicas: o semeador angustiado e o ceifeiro alegre.[14] Vejamos.

Em primeiro lugar, *o semeador angustiado* (126:5a,6a). "Os que com lágrimas semeiam [...]. Quem sai andando e chorando, enquanto semeia...". Vemos aqui a atividade do semeador: "andando". A semeadura é dinâmica e exige sair e andar. Vemos aqui também a humildade do semeador: "chorando". O solo está duro. O tempo está seco. Ele não administra as circunstâncias, não tem poder para fazer a semente germinar e sabe que, se a chuva não chegar, perderá a semente. De igual modo, nós precisamos regar o solo com as nossas lágrimas, precisamos aprender o evangelismo das lágrimas com Jesus, com o apóstolo Paulo, com Robert Mackeyne, com William Booth e tantos outros servos de Deus. Mas, por fim, vemos aqui a fidelidade do semeador: "ele semeia". Ele leva a preciosa semente. Age com fé alimentado pela esperança, sabendo que a semente que se multiplica não é a que retemos, mas a que semeamos.

Em segundo lugar, *o ceifeiro alegre* (126:5b,6b). "[...] com júbilo ceifarão [...] voltará com júbilo, trazendo os seus feixes". A colheita é assegurada. O ceifeiro voltará, e voltará com abundância de alegria. Ele trará sua rica recompensa. Suas mãos estão prenhes de farturosos feixes. Aquele que decerto sai chorando, decerto voltará para casa com gritos de alegria. Purkiser diz que os cristãos sempre lerão o versículo 6 tendo em mente a parábola do semeador (Mt 13:1-15). A semente é a Palavra; e, embora o semeador saiba que uma parte vai cair no caminho, entre os espinhos ou sobre a pedra, ele também sabe que uma parte cairá em terra boa e produzirá fruto de salvação, a cem, a sessenta e trinta por um.[15]

NOTAS

[1] PURKISER, W. T. "O livro de Salmos". In: *Comentário bíblico Beacon*, vol. 3. Rio de Janeiro: CPAD, 2015, p. 306.
[2] SPURGEON, Charles H. *Os tesouros de Davi*, vol. 3. Rio de Janeiro: CPAD, 2017, p. 656.
[3] KIDNER, Derek. *Salmos 73—150: introdução e comentário*. São Paulo: Vida Nova, 2006, p. 451.
[4] PURKISER, W. T. "O livro de Salmos", p. 307.
[5] HARMAN, Allan. *Salmos*. São Paulo: Cultura Cristã, 2011, p. 433.
[6] HARMAN, Allan. *Salmos*, p. 433.
[7] Ibidem, p. 433.
[8] PURKISER, W. T. "O livro de Salmos", p. 307.
[9] CASIMIRO, Arival Dias. *Canções de um peregrino*: um estudo dos salmos de romanagem sobre as lutas diárias do crente. Santa Bárbara d'Oeste: Z3,2020, p. 30.
[10] KIDNER, Derek. *Salmos 73—150: introdução e comentário*, p. 450,451.
[11] SPURGEON, Charles H. *Os tesouros de Davi*, vol. 3, p. 659.
[12] PURKISER, W. T. "O livro de Salmos", p. 307.
[13] HARMAN, Allan. *Salmos*, p. 433,434.
[14] SPURGEON, Charles H. *Os tesouros de Davi*, vol. 3, p. 673.
[15] PURKISER, W. T. "O livro de Salmos", p. 307.

Capítulo 126

Deus, o edificador da família

(Sl 127:1-5)

Esse é o segundo salmo da terceira trilogia dos cânticos de romagem e seu foco principal está em Deus como origem de toda boa dádiva. De todas as dádivas divinas, a família merece especial destaque. Nesse salmo, vemos as primeiras fases da família: o casamento, o trabalho e os filhos. Deus é quem edifica a família, protege a família, provê para a família e abençoa a família com filhos.

Esse salmo é atribuído a Salomão. Os estudiosos são inclinados a pensar assim porque a palavra "amados" (127:2) é a palavra da qual se formava "Jedidias", o nome pessoal de Salomão da parte de Deus (2Sm 12:25).

Lamentavelmente, Salomão não aplicou esses mesmos princípios que ensinou em sua própria vida. Nas palavras de Allan Harman, "ele falhou nas mesmas coisas que o salmo enfatiza. Parte de seu programa de construção não foi sábia (1Rs 9:10-19), seu reino terminou em divisão (1Rs 11:11-40) e seus casamentos negaram o Deus pactual de Israel".[1] Derek Kidner corrobora dizendo que as lições desse salmo foram desperdiçadas para Salomão. Sua edificação, tanto literal como figurada, se tornou desenfreada (1Rs 9:10-19, seu reino, uma ruína (1Rs 11:11-40) e seus casamentos, uma negação desastrosa de Deus (1Rs 11:1-40).[2]

O casamento (127:1)

Edificar uma casa e guardar uma cidade sem o auxílio do Senhor é uma obra fracassada. Duas verdades são aqui enfatizadas.

Em primeiro lugar, *o Senhor é o edificador da família* (127:1a). "Se o Senhor não edificar a casa, em vão trabalham os que a edificam...". A palavra "casa" deve ser entendida como "família". Deus instituiu o casamento, estabeleceu a família e deu instruções para o seu adequado funcionamento. Nessa estrutura familiar, marido e mulher têm o seu papel, os pais têm suas responsabilidades e os filhos têm o seu dever. Esta casa, porém, só pode ficar de pé em face das tempestades que desabam sobre ela se Deus for o seu fundamento e o seu edificador. Deus é o idealizador, o fundamento, o arquiteto, construtor e o protetor da família. A maior necessidade de uma família, portanto, não é de coisas, mas de Deus, pois não se edifica uma família apenas com bens materiais e conforto, mas sobretudo com a presença divina.

O texto nos ensina que somos cooperadores com Deus na edificação da família. Cada casa é edificada por algum homem, mas aquele que edifica todas as coisas é Deus, pois a mão humana sem a mão de Deus é inútil. Então, como podemos cooperar com Deus na edificação da família? Cooperamos com Deus quando obedecemos aos seus preceitos, andamos nos seus caminhos e fazemos sua vontade. O marido deve amar a esposa como Cristo amou a igreja; a esposa deve ser submissa ao marido, como a igreja é submissa a Cristo. Os pais devem criar os filhos na disciplina e na admoestação do Senhor. Os filhos devem obedecer e honrar os pais como ao Senhor. A Escritura diz que "a mulher sábia edifica a sua casa, mas a insensata, com as próprias mãos, a derriba" (Pv 14:1).

Em segundo lugar, *o Senhor é o protetor da cidade* (127:1b). "[...] se o SENHOR não guardar a cidade, em vão vigia a sentinela". Assim como a casa é edificada por Deus, a cidade, a coletividade de casas, é protegida por Ele. Embora construamos muros, coloquemos sentinelas e protejamos nossas casas com portas, ferrolhos e trancas, só o Senhor pode guardar a cidade dos perigos que a cercam, sejam visíveis ou invisíveis, humanos ou supra-humanos.

O trabalho (127:2)

Destacamos duas lições preciosas.

Em primeiro lugar, *precisamos confiar em Deus na busca do nosso sustento* (127:2a). "Inútil vos será levantar de madrugada, repousar tarde, comer o pão que penosamente granjeastes...". O texto não favorece a preguiça ou o braço remisso nem reprova o trabalhador previdente e cuidadoso. O que o texto combate é a pessoa obcecada pelo trabalho, que não trabalha para viver, mas vive para trabalhar. O que o texto combate é fazer do trabalho uma obsessão e do dinheiro um ídolo. Há pessoas que só se preocupam com as coisas terrenas (Fp 3:19), e há indivíduos que se casam e descasam pelo dinheiro; há outros que vivem e morrem por causa do dinheiro. Há também aqueles que mentem, corrompem e matam por causa do dinheiro. O dinheiro é o seu patrão, e não seu servo; em outras palavras, o dinheiro é seu deus. Corrobora essa ideia Warren Wiersbe: "Este versículo não diz que é errado acordar cedo, trabalhar com afinco e fazer sacrifícios. Apenas nos adverte que nosso trabalho deve ser uma bênção da qual desfrutamos, não um fardo que suportamos".[3] Augustus Nicodemus diz, ainda, que o versículo apresenta o contraste entre dois trabalhadores: um vive ansioso, estressado, a sua vida é trabalho o tempo todo, não tem paz, não dorme direito, não tem alegria, não tem prazer no que faz; o outro trabalha duro, mas ele deita e dorme, porque confia na providência de Deus.[4]

Em segundo lugar, *precisamos descansar na providência divina para o nosso sustento* (127:2b). "[...] aos seus amados Ele o dá enquanto dormem". O texto não está dizendo que podemos deixar de trabalhar, confiando que Deus nos dará de mão beijada o que precisamos. Deus ordenou o trabalho antes da queda, e ele é uma bênção e vai continuar depois da glorificação. Trabalhar, porém, sem descansar no cuidado de Deus e sem confiar na providência divina é deixar de usufruir das bênçãos especiais. Enquanto dormimos, Deus rega a terra com orvalho e com chuva; enquanto dormimos, Ele faz a semente germinar, brotar e frutificar; em suma, enquanto descansamos, Deus trabalha por nós.

Os filhos (127:3-5)

Derek Kidner diz, com razão, que o quadro pintado nestes versículos não é da mesma grande escala dos eventos de Gênesis, mas os valores morais são semelhantes. Nada se diz acerca de riquezas monetárias ou de posição: uma família reta é riqueza e honra suficiente.[5] Destacamos quatro verdades aqui.

Em primeiro lugar, *os filhos são herança de Deus* (127:3a). "Herança do SENHOR são os filhos...". Os filhos são de Deus e são dados a nós, pais, como uma herança preciosa, que precisa ser protegida e cultivada. Charles Swindoll diz que a palavra "herança" é uma tradução da palavra hebraica que significa "propriedade, posses, aquilo que é compartilhado ou designado". Os filhos são propriedade do Senhor[6] e não devem ser vistos como um peso, mas serem recebidos como uma herança com que Deus nos agracia. Esse foi o entendimento de Jacó quando disse: "[...] os filhos com que Deus agraciou a teu servo" (Gn 33:5).

Em segundo lugar, *os filhos são galardão de Deus* (127:3b). "[...] o fruto do ventre, seu galardão". A palavra "galardão" transmite a ideia de prazer, algo dado como prova tangível de apreciação. Os filhos nunca devem ser considerados uma punição pelo desprazer de Deus, mas exatamente o contrário! O fruto do ventre é um sinal do amor de Deus, a sua melhor recompensa ou galardão.[7] Os filhos são uma dádiva e uma recompensa de Deus. Nas palavras de Warren Wiersbe, "cada bebê que nasce é um voto de confiança de Deus no futuro da humanidade e nossa oportunidade de contribuir com alguns recomeços".[8]

Em terceiro lugar, *os filhos são flechas nas mãos dos pais* (127:4). "Como flechas na mão do guerreiro, assim os filhos da mocidade". A metáfora das flechas na mão do guerreiro enseja-nos três lições: o guerreiro carrega as suas flechas, aponta suas flechas e lança-as no alvo certo. Assim, os pais carregam os filhos, preparam os filhos para a vida e criam os filhos para a glória de Deus. Nas palavras de Charles Swindoll, "um guerreiro, em meio à batalha, não faz uma pausa para fabricar suas flechas, nem as ignora. Ele as usa. Ele as dirige a um alvo".[9]

Em quarto lugar, *os filhos são defensores dos pais* (127:5). "Feliz o homem que enche deles a sua aljava; não será envergonhado, quando pleitear com os inimigos à porta". Uma família com muitos filhos tinha não só maior capacidade de trabalho, mas também de defesa, no caso de um ataque súbito de um inimigo. Uma aljava cheia ajudaria a defender a família quando diante de um ataque. Purkiser diz que a expressão "não será envergonhado, quando pleitear com os inimigos à porta" indica uma defesa de acusações falsas no tribunal, visto que a porta da cidade era o lugar onde os anciãos se reuniam para julgar as disputas, ou pode significar, também, defender a cidade contra inimigos que estão atacando, visto que os ataques normalmente ocorriam diante da porta de entrada da cidade.[10]

Notas

[1] HARMAN, Allan. *Salmos*. São Paulo: Cultura Cristã, 2011, p. 434.
[2] KIDNER, Derek. *Salmos 73—150: introdução e comentário*. São Paulo: Vida Nova, 2006, p. 451.
[3] WIERSBE, Warren W. *Comentário bíblico expositivo*, vol. 3. São Paulo: Geográfica, 2006, p. 326.
[4] LOPES, Augustus Nicodemus. *Caminhos da fé*: uma exposição dos salmos de romagem. Goiânia: Estação da Fé, 2018, p. 89.

5 KIDNER, Derek. *Salmos 73—150: introdução e comentário*, p. 453.
6 SWINDOLL, Charles R. *Vivendo Salmos*. Rio de Janeiro: CPAD, 2018, p. 238.
7 SWINDOLL, Charles R. *Vivendo Salmos*, p. 238,239.
8 WIERSBE, Warren W. *Comentário bíblico expositivo*, vol. 3, p. 327.
9 SWINDOLL, Charles R. *Vivendo Salmos*, p. 239.
10 PURKISER, W. T. "O livro de Salmos". In: *Comentário bíblico Beacon*, vol. 3. Rio de Janeiro: CPAD, 2015, p. 308.

Capítulo 127

Feliz, muito feliz!

(Sl 128:1-6)

Esse é o último salmo da terceira trilogia dos cânticos de romagem. Não sabemos quem foi seu autor, mas sabemos que há uma estreita conexão com o salmo anterior. No salmo 127, vemos o começo da família e a chegada dos filhos. Aqui, no salmo 128, vemos a prosperidade material, os filhos crescidos, a família unida, a chegada dos netos e prosperidade de Jerusalém. Esse salmo ensina lições assaz preciosas, que passaremos a destacar.

Vida bem-aventurada (128:1)

Esse salmo começa como o salmo 1, tratando da bem-aventurança ou plena felicidade. É o mesmo destaque que Jesus deu no seu conhecido "Sermão do

Monte". A felicidade é uma marca do homem piedoso. Duas verdades são postas aqui.

Em primeiro lugar, *a felicidade de honrar a Deus* (128:1a). "Bem-aventurado aquele que teme o SENHOR...". Temer o Senhor não é ter medo dele, mas honrá-lo, respeitá-lo e reconhecer sua autoridade. Não é temer o Senhor com medo da punição, mas honrá-lo com o propósito de glorificá-lo e cultuá-lo. Arival Dias Casimiro tem razão em dizer que, se o homem não cultua a Deus, ele cultuará ídolos como o prazer (hedonismo), o dinheiro (materialismo) ou a si mesmo (humanismo).[1] Concordo com Spurgeon quando diz que "o temor do Senhor é a pedra fundamental de toda a bem-aventurança". E mais: o temor do Senhor é a vitória sobre todos os outros temores!

Em segundo lugar, *a felicidade de obedecer a Deus* (128:1b). "[...] e anda nos seus caminhos". Ninguém exceto aqueles que temem a Deus andarão em seus caminhos. Andar nos caminhos do Senhor é obedecer à sua Palavra, observar os seus preceitos e fazer sua vontade. Nesse sentido, Spurgeon escreve o seguinte: "Os caminhos de Deus serão os nossos caminhos se nós tivermos uma sincera reverência por Ele; se o coração está unido a Deus, os pés o seguirão".[2]

Trabalho próspero (128:2)

Em Salmos 127:2, Salomão havia alertado para o perigo da obsessão pelo trabalho e da idolatria das coisas terrenas. Aqui, o salmista destaca que o homem que trabalha com afinco, mas confia em Deus com singeleza de coração, desfruta dos resultados de seu trabalho: "Do trabalho de tuas mãos comerás, feliz serás, e tudo te irá bem". A Escritura diz que é o Senhor quem dá a seu povo "força para adquirir riquezas" (Dt 8:18). Porém, sem a bênção do Senhor, todo nosso trabalho será em vão.

Há três coisas postas em relevo aqui: "comerás", "feliz serás" e "tudo te irá bem". Muitas pessoas trabalham muito, ganham muito, mas não usufruem o fruto de seu labor — exemplo disso é o que aconteceu com Salomão. Augustus Nicodemus destaca que, no livro de Eclesiastes, Salomão descreve uma época em que ele tinha tudo o que alguém poderia querer (Ec 2:1-11). Ele era um político poderoso, um governante temido, um homem extremamente rico que tinha todos os prazeres que poderia imaginar. Contudo, ele simplesmente não encontrava alegria naquelas coisas. Ele tinha muito, mas, ao mesmo tempo, não tinha nada; era uma pessoa rica, culta, que tinha servos e empregados, e era também muito próspero, porém, não tinha prazer naquelas coisas. E então ele diz que percebeu que tudo aquilo que tinha era vaidade. Ele era um homem que tinha tudo e não tinha nada.[3]

O homem feliz não come o fruto do trabalho dos outros; não come o pão da preguiça nem come o resultado do roubo; ele come do trabalho de suas mãos. É como diz Derek Kidner: "gozar dos frutos do serviço é uma dádiva da parte de Deus (Is 62:8,9)".[4] Purkiser diz que "comer do trabalho de tuas mãos" significa desfrutar de uma vida pacífica, sem a presença de saqueadores levando a colheita ou sem a seca ou a praga causando fome".[5]

Com pouco ou muito, o homem temente a Deus é feliz, pois sua felicidade não está nas coisas, mas em Deus. A Escritura diz que é grande fonte de lucro a piedade com contentamento (1Tm 6:6). Para o homem temente a Deus, o futuro não é uma ameaça. Ele descansa na providência, na certeza de que tudo lhe irá bem!

Casamento feliz (128:3a)

Um casamento feliz é melhor do que riquezas e finas joias (Pv 31:10). Quem acha uma esposa, achou o bem e encontrou a benevolência do Senhor (Pv 18:22). O salmista descreve a bênção de ter uma esposa fiel assim: "Tua esposa, no interior da tua casa, será como a videira frutífera..." (128:3a). Spurgeon está correto quando diz que, para alcançar a plenitude da felicidade terrena, o homem não deve estar sozinho. Uma companheira foi necessária no Paraíso, e certamente, ela não é menos necessária fora do Paraíso.[6] Há três coisas que passo a destacar no versículo em apreço.

Em primeiro lugar, *o preceito divino para o casamento*. "Tua esposa...". O casamento instituído por Deus é heterossexual, monogâmico e monossomático (Gn 2:24), e essas três realidades podem ser observadas na expressão "tua esposa".

Em segundo lugar, *a privacidade do casamento*. "Tua esposa, no interior de tua casa...". Essa mulher, em contraste com a meretriz (Pv 7:11), que anda errante em busca de paixões fora do lar, vive "no interior da tua casa", que é o recinto íntimo, privado e mais sagrado da família.

Em terceiro lugar, *o prazer deleitoso do casamento*. "Tua esposa, no interior de tua casa, será como a videira frutífera...". Essa mulher é fonte de prazer e provisão e seu amor é melhor do que o vinho (Ct 1:2). Derek Kidner diz que a videira era símbolo não somente da frutificação, mas também do encanto nupcial (Ct 7:8) e da festividade (Jz 9:13).[7]

A videira produz uvas e vinho excelente. Essa mulher não é uma videira que produz uvas bravas nem uma videira infrutífera, mas uma videira frutífera, cujos frutos são doces ao paladar e fonte de riquezas.

Filhos unidos (128:3b)

O casamento que foi edificado sobre Deus, edificado por Ele, tem trabalho próspero, cônjuge fiel e filhos abençoados e unidos. Vejamos: "[...] teus filhos, como rebentos da oliveira, à roda da tua mesa" (128:3b). Essa figura de linguagem fala de filhos no plural — é a aljava cheia (127:5). Esses filhos, que eram flechas na mão do guerreiro (127:4), agora estão ao redor da mesa como rebentos da oliveira (128:3b). Arival Dias Casimiro diz que os filhos não devem vir ao mundo como "produção independente", mas gerados pelos casais, em família.[8]

A mesa é símbolo de comunhão. Os filhos não estão dispersos nem são hostis uns aos outros: são amigos e companheiros, e vivem em harmonia ao redor da mesa. Os filhos são comparados como "rebentos da oliveira". Se a esposa, como uma parreira, produz vinho, os filhos, como rebentos da oliveira, produzem azeite. Vinho e azeite eram os produtos mais importantes daquela época e são símbolo de alegria, deleite e riqueza.

A oliveira é uma das árvores mais longevas do mundo, e seus troncos surrados pelas intempéries do tempo produzem novos brotos, os quais trazem renovo e nova safra. Assim são os filhos: enquanto os pais envelhecem, os filhos surgem com pleno vigor; enquanto os pais chegam ao limite de suas forças, os filhos aparecem trazendo novas esperanças. Nas palavras de Augustus Nicodemus, "o homem feliz vai viver muito e vai morrer, mas no lugar dele há os brotos já surgindo. A ideia aqui é de renovação, perpetuidade da família, continuação da linhagem; o seu nome e o seu sangue vão continuar através desses que estão chegando".[9]

Bênçãos copiosas (128:4)

O homem feliz não é aquele que apenas tem sucesso profissional e êxito na formação de uma família. Sua felicidade está estribada em Deus, assim como fundamento da bem-aventurança. A prosperidade, o casamento, os filhos e os netos vêm como decorrência da bênção divina. Spurgeon apresenta essa ideia assim:

> A bem-aventurança familiar vem do Senhor e é uma parte do seu plano para a preservação de uma raça piedosa e para a manutenção da sua adoração sobre a terra. Somente no Senhor devemos procurá-la. A possessão de riquezas não a assegura; a escolha de uma esposa saudável e bela não a assegura; o nascimento de vários filhos belos não a assegura; é preciso que haja a bênção de Deus, a influência da piedade e o resultado da vida santa.[10]

Espírito patriótico (128:5)

O verdadeiro patriotismo começa em casa, onde o amor a Deus se entrelaça com o amor à família e à pátria.[11] O salmista escreve: "O SENHOR te abençoe desde Sião, para que vejas a prosperidade de Jerusalém durante os dias de tua vida" (128:5). Sião era a sede do Templo, do culto, das festas, da presença do Senhor. A bênção que flui da presença de Deus chega no marido, na esposa, nos filhos, nos netos.

Essas bênçãos vêm de Sião, do Deus da aliança, o Deus de Abraão, de Isaque, de Jacó, o único Deus vivo e verdadeiro.

O homem bem-aventurado, como um verdadeiro patriota, tem como propósito viver longos anos para ver a prosperidade do povo de Deus. A bênção, portanto, não é apenas viver muito, mas viver para ver os filhos dos filhos andando nos caminhos do Senhor, a igreja crescendo e se multiplicando, o reino de Deus avançando e as bênçãos sendo derramadas sobre as futuras gerações.

Descendência piedosa (128:6)

O homem temente a Deus viverá para ver seus netos e a bênção da paz sobre o seu povo. Vemos aqui três gerações: "Vejas os filhos de teus filhos..." (128:6a). O homem feliz, à medida que envelhece, vê sua descendência se multiplicando na terra. Os netos, os filhos dos filhos, renovam a esperança e perpetuam o legado da família. A Palavra de Deus diz que coroa dos velhos são os filhos dos filhos" (Pv 17:6). O homem temente a Deus se alegra porque uma descendência piedosa terá continuidade; ele se alegra na crença de que outras casas, tão felizes como a sua, serão edificadas, em que altares para a glória de Deus serão erigidos. Essa promessa sugere vida longa, e essa vida será feliz, com a continuidade de sua descendência.[12]

O salmo conclui com a expressão: "Paz sobre Israel" (128:6b). Derek Kidner diz que, no Novo Testamento, há o que talvez seja um eco da exclamação final: "Paz sobre Israel" em Gálatas 6:16. Ali, não é uma frase vazia: resume a preocupação urgente de Paulo no sentido de o povo de Deus não erguer barreiras entre si, mostrando-se, pelo contrário, verdadeiros cidadãos da "Jerusalém lá de cima" (Gl

4:26), a metrópole de todos nós, e essa continua sendo uma oração digna de ser ecoada.[13]

Charles Swindoll, examinando os salmos 127 e 128 conjuntamente, diz que temos aqui uma progressão da vida familiar: 1) o nascimento do lar (127:1,2); 2) filhos nascem no lar (127:3-5); 3) liderando o lar (128:1-3); 4) bênçãos dos anos futuros, além do lar (128:4-6).[14]

Notas

[1] Casimiro, Arival Dias. *Canções de um peregrino*: um estudo dos salmos de romanagem sobre as lutas diárias do crente. Santa Bárbara d'Oeste: Z3 Editora, 2020, p. 36.

[2] Spurgeon, Charles H. *Os tesouros de Davi*, vol. 3. Rio de Janeiro: CPAD, 2017, p. 692.

[3] Lopes, Augustus Nicodemus. *Caminhos da fé*: uma exposição dos salmos de romagem. Goiânia: Estação da Fé, 2018, p. 97.

[4] Kidner, Derek. *Salmos 73—150: introdução e comentário*. São Paulo: Vida Nova, 2006, p. 454.

[5] Purkiser, W. T. "O livro de Salmos". In: *Comentário bíblico Beacon*, vol. 3. Rio de Janeiro: CPAD, 2015, p. 309.

[6] Spurgeon, Charles H. *Os tesouros de Davi*, vol. 3, p. 693.

[7] Kidner, Derek. *Salmos 73—150: introdução e comentário*, p. 454.

[8] Casimiro, Arival Dias. *Canções de um peregrino*, p. 38.

[9] Lopes, Augustus Nicodemus. *Caminhos da fé*, p. 101.

[10] Spurgeon, Charles H. *Os tesouros de Davi*, vol. 3, p. 694.

[11] Wiersbe, Warren W. *Comentário bíblico expositivo*, vol. 3. São Paulo: Geográfica, 2006, p. 328.

[12] Spurgeon, Charles H. *Os tesouros de Davi*, vol. 3, p. 695.

[13] Kidner, Derek. *Salmos 73—150: introdução e comentário*, p. 454.

[14] Swindoll, Charles R. *Vivendo Salmos*. Rio de Janeiro: CPAD, 2018, p. 235.

Capítulo 128

A perseguição ao povo de Deus

(Sl 129)

Esse é o primeiro salmo da quarta trilogia dos cânticos de romagem, a trilogia da esperança e da espera.[1] Não sabemos quem foi seu autor nem a exata circunstância em que foi escrito. Porém, ele trata de um tema recorrente na vida do povo de Deus: as frequentes perseguições. O povo de Deus é sobrevivente e resiliente neste mundo hostil, e traz as marcas de Cristo. Segue os passos daquele que foi desprezado e o mais rejeitado entre os homens (Is 53:3).

As perseguições ao povo de Deus (129:1-3)

Existem vários tipos de perseguição: espiritual, física, racial e material. A perseguição é um distintivo do cristão. O apóstolo Paulo foi categórico: "Ora, todos quantos quiserem viver piedosamente em Cristo Jesus serão perseguidos" (2Tm 3:12). Arival Dias Casimiro diz que o verdadeiro cristão é perseguido na igreja, no trabalho, na escola em qualquer lugar em que testemunhar a sua relação com Cristo.[2] Spurgeon chegou a dizer que "a perseguição é a insígnia dos eleitos".[3]

Destacamos aqui quatro fatos solenes acerca das perseguições ao povo de Deus.

Em primeiro lugar, *são grandes* (129:1,2). "Muitas vezes, me angustiaram...". Angústia é um sofrimento grande e atroz. O salmista está usando a linguagem na primeira pessoa, mas ele está falando de Israel, ou seja, ele representa sua nação. O autor se identifica com o seu povo, que tem sofrido angústias desde as priscas eras e ainda suporta variadas angústias nas mãos de seus inimigos. Spurgeon, citando Calvino, diz que a igreja visível, desde o princípio do mundo, é um só corpo e, de certa forma, um só homem, que cresce desde a infância à idade madura; assim diz a igreja aqui: "Muitas vezes me angustiaram desde a minha mocidade". Os ímpios, inimigos da igreja, também são um só corpo, um exército adversário, que desde o início do mundo está em guerra contínua contra a igreja.[4] O povo de Deus sempre foi odiado, pois a descendência da serpente nunca cessou de perseguir a semente da mulher. Jesus alertou sua igreja que no mundo teremos aflições (Jo 16:33), pois o Diabo, o mundo e a carne sempre se armaram contra os filhos de Deus.

É digno de nota, como destaca Augustus Nicodemus, que as causas dessas angústia não foram acidentes pessoais, catástrofes — como terremotos, secas, enchentes e pestes

—, mas sim pessoas. Foram pessoas que oprimiram, hostilizaram e provocaram toda sorte de abuso ao povo de Deus.[5]

Em segundo lugar, *são frequentes* (129:1). "Muitas vezes...". Quão variadas foram as angústias suportadas por Israel. No Egito, enfrentaram o trabalho pesado sob o chicote do carrasco. Na sua peregrinação pelo deserto, na conquista da Terra Prometida, no longo período dos juízes e no estabelecimento da monarquia, Israel nunca descansou de suas lutas e angústias impostas pelos seus adversários. Mais tarde, a invasão assíria às tribos do Norte e a invasão da Babilônia às tribos do Sul agravaram ainda mais estas angústias. Israel ainda sofreu nas mãos dos impérios Medo-Persa, Grego e Romano. O povo de Deus não está em casa, é peregrino e forasteiro neste mundo. Concordo com Purkiser quando diz que "a sobrevivência de Israel, não apenas nos tempos bíblicos, mas ao longo dos séculos, é um milagre da história".[6] Warren Wiersbe coloca essa verdade assim:

> O Egito tentou afogar os hebreus (Êx 1:15-22), mas o Senhor afogou o exército egípcio (Êx 14:19-31). Os assírios tentaram fazer Judá passar fome até se render, mas o Senhor exterminou o exército assírio (Is 37-38). Nabucodonosor, governante da Babilônia, tentou queimá-los, mas o Senhor os livrou (Dn 3). Belsazar blasfemou contra o Deus de Israel e profanou os utensílios sagrados do templo, mas naquela mesma noite os medos e persas o mataram. Os conselheiros persas tentaram entregar Daniel aos leões, mas o Senhor o salvou das feras e matou os conselheiros (Dn 6). Hitler matou mais de seis milhões de judeus em suas câmaras de gás, mas sofreu derrota total e, poucos anos depois, nasceu o Estado de Israel. A igreja

de Cristo passou por perseguições, mas ainda permanece e continuará a existir até que Cristo volte (Mt 16:18). O verdadeiro cristão pode identificar-se com o testemunho de Paulo em 2Coríntios 4:7-12.[7]

Em terceiro lugar, *são antigas* (129:1,2). "[...] desde a minha mocidade...". O primeiro martírio na história deu-se por motivo religioso, quando Caim matou Abel. De lá para cá, e desde então, o povo de Deus tem sofrido angústias. Israel sofreu angústias sob a mão de Faraó, dos povos beligerantes que habitavam Canaã, das nações vizinhas que cercavam o seu território e dos grandes impérios que dominaram o mundo, como Assíria, Babilônia, Pérsia, Grécia e Roma. Desde o ano 70 d.C., o povo de Israel foi disperso pelo mundo e enfrentou toda sorte de perseguição ao longo dos séculos, culminando no massacre do Holocausto, quando seis milhões de judeus foram mortos nas câmaras de gás, nos campos de concentração ou nos paredões de fuzilamento.

A igreja cristã, em sua marcha até nossos dias, tem enfrentado a fúria do sinédrio judaico, a sanha sanguinária dos imperadores romanos desde Nero (54-68 d.C.) até Diocleciano (284-305 d.C.), a crueldade da inquisição romana, as tormentosas perseguições na França, na Alemanha, na Inglaterra e em tantos outros lugares do mundo. E ainda hoje o Cristianismo é a religião mais perseguida do mundo. Estima-se que só no século 20 cerca de 45 milhões de cristãos foram mortos sob regimes totalitários.

O autor de Carta aos Hebreus resume assim essas amargas perseguições:

> Alguns foram torturados, não aceitando seu resgate, para obterem superior ressurreição; outros, por sua vez, passam pela prova de escárnios e açoites, sim, até de algemas e prisões. Foram apedrejados, provados, serrados pelo meio, mortos a fio de espada; andaram peregrinos, vestidos de peles de ovelhas e de cabras, necessitados, afligidos, maltratados (homens dos quais o mundo não era digno), errantes pelos desertos, pelos montes, pelas covas, pelos antros da terra (Hb 11:35-38).

Em quarto lugar, *são severas* (129:3). "Sobre o meu dorso lavraram os aradores; nele abriram sulcos". A linguagem agressiva do arado rasgando a carne do povo de Deus aponta para a crueldade e severidade dessas angústias que eles suportaram. Talvez isso seja um emblema das chicotadas impiedosas que sofreram debaixo da canga pesada de trabalhos forçados. Allan Harman diz que os "aradores" são os soldados que haviam atacado o povo de Israel, e suas "costas", marcadas pelos longos sulcos, equivalem a todo período da história durante o qual Israel viveu à mercê de seus agressores.[8]

Não podemos encontrar uma descrição mais precisa do que suportou o nosso bendito Salvador. Ele foi cuspido, esbordoado e torturado com crudelíssima fúria. Arrancaram sua barba. Cravaram-lhe na fronte uma coroa de espinhos. Surraram seu corpo com açoites, que rasgavam a pele, dilaceravam a carne e abriam sulcos até aos ossos. Do Messias está escrito: "Ofereci as costas aos que me feriam" (Is 50:6). E ainda: "pelas suas pisaduras fomos sarados" (Is 53:5). Oh, quão severas angústias suportou nosso Salvador por amor de nós!

O livramento do povo de Deus (129:2b,4)

Augustus Nicodemus destaca que a nação de Israel continuou a existir apesar de todo abuso e sofrimento. Apesar da perseguição, a igreja cristã, o novo Israel de Deus, cresceu e se instalou nos países comunistas, continua crescendo e se expandindo no mundo. A razão pela qual o povo de Deus não foi destruído e não tem sido destruído é exatamente a fidelidade de Deus (129:4).[9] Destacamos dois pontos aqui.

Em primeiro lugar, *o fracasso do inimigo* (129:2b). "[...] todavia, não prevaleceram contra mim". Embora os inimigos tivessem a intenção de exterminar o povo de Deus, seus intentos foram frustrados. Eles fracassaram no seu projeto e não puderam prevalecer (Os 11:1). O povo de Israel suportou agruras terríveis nas mãos de seus inimigos, mas onde estão eles? Onde estão os poderosos Faraós do Egito? Onde estão os monarcas da Assíria? Onde estão os poderosos reis da Babilônia? Onde estão os Césares de Roma? Onde está Hitler? Eles passaram, não prevaleceram; seus planos foram frustrados, e o povo de Deus ressurge das cinzas e marcha sobranceiro e vitorioso. A igreja de Deus é indestrutível, as portas do inferno não podem prevalecer contra ela (Mt 16:18). O Dragão, em sua fúria, tenta destruí-la, mas ele será lançado do lago de fogo, e a igreja, como noiva do Cordeiro, vai reinar com Cristo pelos séculos eternos (Ap 20:11-15; 21:1-8). O aviso divino ecoa nos ouvidos da história: "Aquele que tocar em vós toca na menina do seu olho" (Zc 2:8).

Em segundo lugar, *a libertação divina* (129:4). "Mas o Senhor é justo; cortou as cordas dos ímpios". A libertação do povo de Deus não procede de suas próprias mãos. Não prevalecemos sobre os inimigos porque somos fortes, mas porque o nosso Deus é justo. Ele tudo vê, tudo conhece e a todos sonda. Ele vê as lágrimas do seu povo, escuta as orações do seu povo e desce para quebrar o jugo do inimigo, cortar as cordas dos arreios que nos faziam animais de carga e nos tornar verdadeiramente livres.

A derrota dos inimigos do povo de Deus (129:5-8)

Derek Kidner diz que, se *Sião* não fosse nada mais do que uma cidade capital, esta imprecação contra seus inimigos seria mera petulância e ameaça vã. No Saltério, porém, Sião é "a cidade do nosso Deus" (Sl 48:1), "o monte que Deus escolheu para sua habitação" (Sl 68:16) e destinada a ser cidade-mãe do mundo (Sl 87:1-7). Os gentios convertidos dizem dela: "Todas as minhas fontes estão em ti" (Sl 87:7). Aqueles que a rejeitam murcham (129:6,7). Aqueles que se colocam contra ela escolhem o caminho do ódio, que destrói a alma, e ainda se colocam em luta contra Deus, o que é suicídio.[10]

Nos versículos 5 a 8, o salmista está fazendo uma oração imprecatória. Ele ora para que Deus destrua seus inimigos e dê a eles o pagamento que seus pecados merecem — esse tipo de oração é comum do livro de salmos (55:15; 58:6,7; 109:9-13). Obviamente, os pedidos do salmista não têm a ver com vingança pessoal nem mesmo com a vingança da nação de Israel contra seus opressores: o que o salmista faz é entregar seus inimigos nas mãos de Deus (2Tm 4:14,15). O alvo final é reivindicar a santidade do nome de Deus, uma vez que esses inimigos aborrecem Sião. Destacamos quatro lições aqui.

Em primeiro lugar, *que os inimigos sejam envergonhados e repelidos* (129:5). "Sejam envergonhados e repelidos todos os que aborrecem a Sião". Quando o Senhor desnuda seu braço para guerrear em favor do seu povo, os inimigos são envergonhados e precisam bater em retirada, pois a derrota deles é certa e fragorosa. Os inimigos caem e o povo de Deus prossegue. Os opressores são derrotados e os oprimidos, declarados vitoriosos. Deus vira a mesa da história e manifesta o seu poder em favor do seu povo.

Em segundo lugar, *que os inimigos sejam ceifados precocemente* (129:6). "Sejam como a erva dos telhados, que seca antes de florescer". Usando ainda a linguagem da agricultura, o salmista diz que os aradores, os inimigos do povo de Deus, são uma lavoura decepcionante. Florescem com vigor, mas secam rapidamente. São como a erva dos telhados, seca antes de florescer. Eles nem chegam à fase da ceifa, não produzem fruto. São consumidos pelo calor do juízo divino. Passam e não permanecem. Spurgeon corrobora dizendo:

> A erva no telhado cresce e morre rapidamente. Ela brota no calor, encontra nutrição suficiente para erguer uma lâmina verde, e logo morre, antes de alcançar a maturidade, porque não tem nem terra nem umidade suficiente para o seu desenvolvimento adequado. Antes de crescer, morre; ela não precisa ser arrancada, pois ela mesma se apressa a decair. Este é, e este será, o destino dos inimigos do povo de Deus. A sua prosperidade é apenas temporária; rápida é a sua destruição.[11]

Em terceiro lugar, *que os inimigos sejam uma completa decepção* (129:7). "Com a qual não enche a mão o ceifeiro, nem os braços, o que ata os feixes!". Os ímpios que oprimiram o povo de Deus produzem uma safra decepcionante. O ceifeiro procura neles frutos e volta de mãos vazias. Eles não alimentam ninguém, não servem para abastecer a despensa dos famintos, enfim, são uma completa decepção. Nas palavras de Purkiser, "eles nunca terão utilidade alguma para o ceifeiro".[12] Spurgeon ainda acrescenta:

> Os ímpios são reduzidos a nada. Pela justa indicação de Deus, eles provam ser um desapontamento. O seu fogo acaba em fumaça — a sua erva se converte em inutilidade; o seu florescer é apenas uma forma de murchar. Ninguém se beneficia com eles, e menos ainda eles são benéficos a si mesmos. A sua meta é má, a sua obra é pior, e o seu fim, o pior de todos.[13]

Em quarto lugar, *que os inimigos sejam privados da bênção do Senhor* (129:8). "E também os que passam não dizem: a bênção do Senhor seja convosco!...". Era costume dos povos orientais abençoar uns aos outros nos tempos de colheita (Rt 2:4). Porém, os que passam pelos inimigos de Deus e opressores do seu povo não os abençoam porque não oferecem nenhuma promessa de alimento. Derek Kidner diz que, "para aquilo que é efêmero, e, em última análise, irrelevante, há apenas o silêncio".[14] Os inimigos do povo de Deus só colhem as frustrações de sua semeadura maldita, só segam as tempestades de ventos que semearam e só colhem o juízo divino do mal que praticaram.

Porém, o povo de Deus prossegue vitorioso e abençoador. O povo da aliança, liberto pelo braço do Onipotente, pode dizer ao mundo: "Nós vos abençoamos em nome do Senhor!" (129:8b), pois foi por meio de Israel que o mundo veio a conhecer o verdadeiro Deus vivo, as Escrituras e o Salvador. "Porque a salvação vem dos judeus" (Jo 4:22).[15]

Os tementes a Deus serão abençoados e os ímpios perecerão. Purkiser diz com razão: "Isto não é um desejo, mas uma predição, enquanto o universo for governado pelo Deus santo e justo".[16]

Notas

[1] PURKISER, W. T. "O livro de Salmos". In: *Comentário bíblico Beacon*, vol. 3. Rio de Janeiro: CPAD, 2015, p. 309.
[2] CASIMIRO, Arival Dias. *Canções de um peregrino*: um estudo dos salmos de romanagem sobre as lutas diárias do crente. Santa Bárbara d'Oeste: Z3, 2020, p. 41.
[3] SPURGEON, Charles H. *Os tesouros de Davi*. Rio de Janeiro: CPAD, 2017, p. 705.
[4] SPURGEON, Charles H. *Os tesouros de Davi*, vol. 3, p. 710.
[5] LOPES, Augustus Nicodemus. *Caminhos da fé*: uma exposição dos salmos de romagem. Goiânia: Estação da Fé, 2018, p. 109.
[6] PURKISER, W. T. "O livro de Salmos", p. 309.
[7] WIERSBE, Warren W. *Comentário bíblico expositivo*, vol. 3, p. 329.
[8] HARMAN, Allan. *Salmos*. São Paulo: Cultura Cristã, 2011, p. 437.
[9] LOPES, Augustus Nicodemus. *Caminhos da fé*, p. 111.
[10] KIDNER, Derek. *Salmos 73—150: introdução e comentário*. São Paulo: Vida Nova, 2006, p. 455,456.
[11] SPURGEON, Charles H. *Os tesouros de Davi*, vol. 3, p. 707.
[12] PURKISER, W. T. "O livro de Salmos", p. 309.
[13] SPURGEON, Charles H. *Os tesouros de Davi*, vol. 3, p. 707,708.
[14] KIDNER, Derek. *Salmos 73—150: introdução e comentário*, p. 456.
[15] WIERSBE, Warren W. *Comentário bíblico expositivo*, vol. 3. São Paulo: Geográfica, 2006, p. 330.
[16] PURKISER, W. T. "O livro de Salmos", p. 309.

Capítulo 129

O clamor das profundezas

(Sl 130:1-8)

ESSE É O SEGUNDO salmo da quarta trilogia dos cânticos de degraus. Trata-se de um salmo de ascensão, no qual o salmista ascende rapidamente das profundezas da angústia até às alturas da segurança. Nas palavras de Derek Kidner, "há uma ascensão constante em direção à certeza, e, no fim, há encorajamento para os muitos, tirado da experiência do indivíduo".[1] Trata-se, outrossim, do sexto dos sete salmos penitenciais (6; 32; 38; 51; 102; 130; 143).

Esse é um dos salmos mais apreciados do Saltério, um dos prediletos de Agostinho, Lutero, Calvino e John Owen. Allan Harman diz que, na história da igreja cristã, ele é frequentemente conhecido por suas palavras iniciais em latim: *De profundis*.[2] Na verdade, as palavras iniciais desse salmo formam um título apropriado para ele.

Não sabemos quem o escreveu, quando foi escrito nem em que circunstâncias. Sabemos, entretanto, que o autor vive um grande drama pessoal. O problema não é angústia provocada pelos inimigos, como o salmo anterior, nem tormento por causa de tragédias naturais, como doenças ou intempéries. Derek Kidner corrobora dizendo que a natureza do problema enfrentado pelo salmista é algo diferente da depressão, da doença, das saudades do lar ou da perseguição que encontramos em alguns dos outros salmos.[3] O salmista está naufragando. Ele não está apenas tentando respirar, como alguém que está apenas com o nariz fora d'água, mas está nas profundezas, nas regiões abissais do oceano.

A causa de sua tragédia é o pecado, o pior de todos os males. O pecado é pior do que a perseguição, do que a doença, e inclusive pior que a morte, uma vez que esses males, embora terríveis, não podem nos privar da comunhão com Deus. O pecado, entrementes, é o maior mal porque nos priva do maior bem, ou seja, ele afasta o homem da presença de Deus no tempo e na eternidade.

Warren Wiersbe, expondo esse salmo, diz que Deus faz mudanças profundas em nossa vida: da morte para a vida (130:1,2); da culpa para o perdão (130:3,4); da escuridão para a luz (130:5,6); e da escravidão para a liberdade (130:7,8).[4] O texto nos ensina algumas lições importantes.

O clamor profundo (130:1,2)

Destacamos aqui dois fatos.

Em primeiro lugar, *a condição desesperadora* (130:1). "Das profundezas clamo a ti, SENHOR". O salmista era um náufrago, tragado pelas correntezas de suas iniquidades, em águas profundas, cônscio do abismo entre si e Deus que seu pecado causou. Como Jonas, nas profundezas do mar, enrolado até o pescoço pelas algas de seus pecados e de suas angústias, ele clama ao Senhor de um profundo abismo. Como José no poço profundo, ele grita por socorro. Sua alma está turbada, sua mente está atordoada e seu coração, fuzilado pela culpa. É das profundezas do mar de sua angústia que ele clama. Spurgeon diz, porém, que os lugares profundos geram profunda devoção, uma vez que os diamantes brilham mais em meio às trevas.[5] É digno de nota que o tempo do verbo "clamar" indica que o escritor havia clamado continuamente no passado e que continua clamando no presente, pois sabe que, sem a intervenção misericordiosa de Deus, sua morte é certa.[6]

Em segundo lugar, *a oração urgente* (130:2). "Escuta, SENHOR, a minha voz; estejam alertas os teus ouvidos às minhas súplicas". O salmista não pede para o Senhor responder, mas para Senhor escutar sua voz e dar ouvidos às suas súplicas. Ele deseja que o Senhor ouça, considere, se lembre e avalie o seu pedido. Por conhecer o caráter misericordioso do Senhor, ele clama por ser ouvido, e por reconhecer a hediondez de suas iniquidades, sabe que só o Senhor poderá ouvi-lo.

O perdão seguro (130:3,4)

Quatro verdades preciosas são ensinadas.

Em primeiro lugar, *a iniquidade é uma dívida impagável* (130:3). "Se observares, SENHOR, iniquidades, quem,

Senhor, subsistirá?". A ideia de "observar" é fazer um registro, tomar nota.[7] Os pecadores não têm como se colocar diante do santo Juiz e pleitear a própria causa. Nas palavras de Purkiser, "tomar nota de todas as iniquidades nos encheria de desespero. Ser redimido de todas as iniquidades nos enche de esperança".[8]

O pecado é uma dívida, um débito impagável. Na parábola do credor incompassivo (Mt 18:23-35), Jesus diz que o servo devia a fabulosa quantia de dez mil talentos, o que significa trezentos e cinquenta mil quilos de ouro. Como o salário da época era de um denário por dia, para ajuntar essa fortuna era necessário trabalhar 150 mil anos. Se o Senhor, portanto, observar cada pecado, cada transgressão, ninguém poderá ser justificado diante do seu tribunal.

Em segundo lugar, *o pecador jamais pode ser inocentado* (130:3). "Se observares, Senhor, iniquidades, quem, Senhor, subsistirá?". Sendo o Senhor santo, não pode contemplar o mal, e sendo Ele justo, não pode fazer vistas grossas ao pecado. Por ser um reto juiz, não pode inocentar o culpado. Nenhum homem pode comparecer perante o tribunal de Deus fiado em suas próprias obras. Se Deus fizer um apanhado meticuloso dos nossos pecados, listá-los um a um e colocá-los na balança da justiça, seríamos condenados irremediável e irrevogavelmente. O ensino das Escrituras é que Deus é rico em perdoar e tem prazer na misericórdia. Ele perdoa os nossos pecados e os desfaz como névoa, e afasta de nós as nossas transgressões como afastado está o oriente do ocidente e lança os nossos pecados nas profundezas do mar e apaga as nossas transgressões — em suma, o sangue de Jesus nos purifica de todo pecado. E mais: a Escritura diz que, se confessarmos os nossos pecados, Deus é fiel e justo para nos perdoar os pecados e nos purificar de toda injustiça (1Jo 1:9). "A maneira de cobrir nosso pecado é descobri-lo pela confissão".[9]

Em terceiro lugar, *o perdão é uma oferta da graça de Deus* (130:4a). "Contigo, porém, está o perdão...". O perdão não é uma conquista das obras, mas uma oferta da graça. O perdão é prerrogativa divina. Só Deus pode perdoar pecados. Profetas e apóstolos, papas e sacerdotes, pastores e missionários, igrejas e concílios não podem perdoar pecados. O perdão está nas mãos do Senhor, e Ele nos perdoa porque providenciou um sacrifício pelo pecado e com base no sacrifício substitutivo de Jesus. Com sua morte vicária, Jesus cumpriu por nós todas as demandas da Lei e satisfez por nós toda as exigências da justiça. Agora, todo aquele que vem a Ele arrependido encontra perdão. Ele restitui pureza aos impuros, sobriedade aos ébrios, integridade aos mentirosos e retidão aos pervertidos. Deus nunca mais se lembra dos nossos pecados. Isso é perdão!

Em quarto lugar, *o perdoado deve honrar ao Deus perdoador* (130:4b). "[...] para que te temam". O temor a Deus não pode significar medo de Deus, pois não faz sentido termos medo daquele nos perdoou. Nas palavras de Derek Kidner, "o medo servil teria diminuído, e não aumentado o perdão".[10] Temer a Deus é respeitá-lo, honrá-lo e obedecê-lo. Concordo com Spurgeon quando diz que "a gratidão pelo perdão produz muito mais temor e reverência por Deus do que todo o terror que é inspirado pela punição".[11] Sigo na mesma linha de Augustus Nicodemus quando diz que o perdão de Deus não leva a uma vida dissoluta. Quem é verdadeiramente perdoado vai temer a Deus, respeitá-lo e não vai querer pecar mais.[12] Nessa mesma linha de pensamento, Allan Harman diz: "Os pecadores perdoados são cônscios da reverência ao Senhor devida por sua graça e misericórdia".[13]

A espera paciente (130:5,6)

Warren Wiersbe diz que o autor se desloca do tribunal para os muros da cidade, onde os vigias encontram-se alertas, analisando a escuridão da noite, a fim de detectar a aproximação de qualquer perigo. Não podemos fazer coisa alguma para obrigar o sol a nascer mais cedo, mas, quando amanhece o dia, os guardas alegram-se, pois a cidade permaneceu em segurança por mais uma noite.[14] Destacamos dois pontos.

Em primeiro lugar, *a quem Ele aguarda* (130:5). "Aguardo o SENHOR, a minha alma o aguarda; eu espero na sua palavra". Esse texto pode significar tanto aguardar a resposta da oração por perdão como ansiar uma comunhão mais profunda com o Deus perdoador. O salmista não aguarda saúde nem prosperidade, tampouco anseia por ouro nem prata. Ele anseia por Deus, sua alma tem sede de Deus, pois o Senhor é a maior aspiração da sua vida. É pelo próprio Senhor, e não pelo escape da punição, que o escritor anseia. Purkiser diz que essa espera do salmista não é passiva, mas sim uma espera ansiosa, como a da sentinela que procura no céu a primeira luz da alvorada.[15] É, também, uma espera certa. Como diz Derek Kidner, "pode ser que a noite pareça infinda, mas a manhã é certa e seu tempo, determinado".[16]

Quando o salmista diz: "eu espero na sua palavra", está mostrando a origem, a força e a doçura da espera. A Palavra de Deus é uma palavra fiel e digna de inteira aceitação, e as promessas de Deus são fiéis e verdadeiras. Em todas as suas promessas nós temos o sim e o amém, pois Ele vela pela sua Palavra para cumpri-la.

Em segundo lugar, *como ele aguarda* (130:6). "A minha alma anseia pelo Senhor mais do que os guardas pelo romper da manhã. Mais do que os guardas pelo romper da manhã". O guarda ou sentinela, do alto de uma torre, vigia a cidade durante a escuridão da noite. Cabe a ele ficar de olhos abertos e não cochilar, pois de sua atenção depende a segurança da cidade. O guarda ansiava ardentemente pelo romper do dia, pela luz da aurora, quando então poderia descansar. Mais do que os guardas ansiavam pelo romper da manhã, o salmista aguardava a resposta de Deus e anelava ter comunhão e intimidade com Ele. Oh, que tenhamos essa mesma fome e sede de Deus!

O testemunho eloquente (130:7,8)

Havendo experimentado o perdão divino em si próprio, o salmista apela a Israel para que deposite sua confiança no Senhor, pois só nele está o amor inabalável, *chesed,* e a plena medida da graça redentora.[17] Derek Kidner diz que o cantor agora está livre de si mesmo para se voltar ao seu povo e mostrar a esperança que está longe de ser meras tentativas. A bela expressão "copiosa redenção" reluz brilhantemente contra a escuridão do começo do salmo.[18] Duas verdades são destacadas.

Em primeiro lugar, *quem deve esperar* (130:7a). "Espere Israel no SENHOR...". O salmista perdoado é agora um pregador, uma testemunha viva a exortar a nação de Israel a também esperar no Senhor. Aqueles que foram alcançados pela graça devem ser instrumentos nas mãos de Deus para proclamar a graça.

Em segundo lugar, *por que esperar no Senhor* (130:7b,8). "[...] pois no SENHOR há misericórdia; nele, copiosa redenção. É Ele quem redime a Israel de todas as suas iniquidades". Warren Wiersbe diz que nossa última parada é o mercado de escravos, e o tema é a redenção, que significa "libertação de uma pessoa mediante o pagamento de um preço. Deus deu ao seu povo copiosa redenção, que inclui a libertação da escravidão, a vitória sobre os inimigos e uma terra prometida para ser seu lar.[19] O salmista dá razões sobejas para Israel esperar no Senhor, em quem há misericórdia e copiosa redenção. Ele não nos dá o castigo que nossos pecados merecem, tendo em vista que a redenção inclui o perdão dos pecados, o rompimento do poder e domínio do pecado, além da libertação de todas as consequências do pecado.

O salmista conclui este belo poema fazendo uma gloriosa afirmação: "É Ele quem redime a Israel de todas as suas iniquidades" (130:8). Spurgeon diz, com razão, que as nossas iniquidades são nossos piores perigos; se formos salvos delas, seremos complemente salvos; mas não há como ser salvo delas senão pela redenção. A redenção é abundante, pois diz respeito a todo Israel e todas as iniquidades. Assim, o salmo chegou às alturas excelsas neste versículo; não é mais um clamor das profundezas, mas um coral nas alturas.[20]

O salmo contém uma evidente profecia do Messias, exibindo a sua abundante redenção a Israel, à igreja, de todos os seus pecados. Allan Harman diz que, em termos neotestamentários, a redenção flui da livre graça de Deus (Rm 3:23-25; Ef 1:7), e o perdão é baseado no sacrifício expiatório de Jesus pelo pecado (1Jo 2:2). Por fim, a redenção depende de se pertencer, pela fé, ao verdadeiro Israel de Deus.[21]

Notas

[1] KIDNER, Derek. *Salmos 73—150: introdução e comentário*. São Paulo: Vida Nova, 2006, p. 456.
[2] HARMAN, Allan. *Salmos*. São Paulo: Cultura Cristã, 2011, p. 437.
[3] KIDNER, Derek. *Salmos 73—150: introdução e comentário*, p. 456.
[4] WIERSBE, Warren W. *Comentário bíblico expositivo*, vol. 3. São Paulo: Geográfica, 2006, p. 330-1.
[5] SPURGEON, Charles H. *Os tesouros de Davi*, vol. 3. Rio de Janeiro: CPAD, 2017, p. 717.
[6] WIERSBE, Warren W. *Comentário bíblico expositivo*, vol. 3, p. 330.
[7] Ibidem, p. 330.
[8] PURKISER, W. T. "O livro de Salmos". In: *Comentário bíblico Beacon*, vol. 3. Rio de Janeiro: CPAD, 2015, p. 310.
[9] CASIMIRO, Arival Dias. *Canções de um peregrino*: um estudo dos salmos de romanagem sobre as lutas diárias do crente. Santa Bárbara d'Oeste: Z3, 2020, p. 44.
[10] KIDNER, Derek. *Salmos 73—150: introdução e comentário*, p. 457.
[11] SPURGEON, Charles H. *Os tesouros de Davi*, vol. 3, p. 718.
[12] LOPES, Augustus Nicodemus. *Caminhos da fé*: uma exposição dos salmos de romagem. Goiânia: Estação da Fé, 2018, p. 129.
[13] HARMAN, Allan. *Salmos*, p. 438.
[14] WIERSBE, Warren W. *Comentário bíblico expositivo*, vol. 3, p. 330,331.
[15] PURKISER, W. T. "O livro de Salmos", p. 310.
[16] KIDNER, Derek. *Salmos 73—150: introdução e comentário*, p. 457.
[17] HARMAN, Allan. *Salmos*, p. 438,439.
[18] KIDNER, Derek. *Salmos 73—150: introdução e comentário*, p. 457.
[19] WIERSBE, Warren W. *Comentário bíblico expositivo*, vol. 3, p. 331.
[20] SPURGEON, Charles H. *Os tesouros de Davi*, vol. 3, p. 720.
[21] HARMAN, Allan. *Salmos*, p. 439.

Capítulo 130

Plena satisfação em Deus

(Sl 131:1-3)

Esse é o terceiro salmo da quarta trilogia dos cânticos de romagem. Foi escrito por Davi e fala de Davi, o maravilhoso poeta e o grande rei de Israel. Spurgeon diz que, comparando todos os salmos a pedras preciosas, este seria assemelhado a uma pérola, que elegantemente adorna o pescoço da paciência. É um dos salmos mais curtos para se ler, mas é um dos mais longos para aprender.[1]

Não podemos precisar, com exatidão, o contexto em que foi escrito, mas tudo indica que Davi expressa, nesse salmo, sua trajetória rumo ao trono de Israel. Ele, sendo filho caçula entre oito irmãos, sendo um pastor de ovelhas nas toscas montanhas de Betel, foi escolhido por Deus para reinar em Israel em lugar de Saul. A cerimônia de unção realizada por Samuel, porém, não levou Davi ao trono, mas o matriculou na escola do quebrantamento. Saul, de forma insana e sem trégua, perseguiu-o com o propósito de matá-lo, como se o jovem belemita tivesse a intenção de usurpar-lhe o trono.

Davi, porém, não buscava esses grandes projetos para sua vida, pois estava contente em ter Deus como sua plena satisfação. Nesse salmo, Davi expõe para Deus o seu coração despojado de orgulho. Faz isso em secreto, sem tocar trombetas da cumeeira dos montes. O salmo em apreço enseja-nos três lições importantes, como veremos a seguir.

Renuncie toda forma de orgulho (131:1)

A soberba é um pecado horrendo, que se esconde atrás da máscara da humildade; em outras palavras, quem proclama sua própria humildade diante dos homens não passa de um fariseu arrogante (Lc 18:9-14). Davi, entrementes, não está aqui num palanque, fazendo um discurso político, estadeando sua pretensa humildade diante do povo. Isso seria hipocrisia. Ele está, ao contrário, no secreto da oração, conversando com Deus, que tudo vê, a todos sonda e tudo conhece.

Augustus Nicodemus diz que, quando Calvino metrificou os salmos para serem cantados pelo povo de Deus, muitos depois da Reforma, achavam que cantar esse salmo seria hipocrisia ou falsa humildade. Quem pode dizer de todo o coração que isso é verdade a respeito do seu coração? Uma resposta que se deu para isso é que os salmos foram escritos para nos ensinar. Nós podemos cantar um salmo como este e podemos lê-lo em conjunto, porque eles foram feitos para nos ensinar aquilo devemos ser.[2] Três afirmações de Davi são aqui destacadas.

Em primeiro lugar, *seu coração não é soberbo* (131:1a). "SENHOR, não é soberbo o meu coração...". Davi não está se vangloriando e não é motivado pelo orgulho, pela arrogância ou pela ambição. Derek Kidner diz que o pecado que se rejeita aqui é o orgulho, em que a pessoa dá valor muito pequeno às demais pessoas.[3] É digno de nota que o orgulho foi a causa da queda dos anjos e dos homens, e está na base de todos os outros pecados. O orgulho é a sala de espera da queda, e a soberba precede a ruína; isso porque Deus resiste aos soberbos (1Pe 5:5).

Em segundo lugar, *seu olhar não é altivo* (131:1b). "[...] nem altivo o meu olhar...". O olhar altivo é uma das sete coisas que o Senhor aborrece (Pv 6:16,17). O que o coração deseja, os olhos procuram, pois os olhares normalmente seguem os desejos. Charles Swindoll diz que o coração é como um poço, e os olhos e a língua são como baldes que extraem água desse mesmo poço. Se não houver humildade verdadeira no coração, os olhos mostrarão isso.[4]

O pecado que se rejeita aqui é a presunção, em que a pessoa se superestima e se sobrepuja, esquecendo-se das demais pessoas.[5] Davi não despreza as pessoas, olhando-as de cima para baixo; isto é, ele não as menospreza como se ele fosse alguém e os outros não fossem ninguém, pois não se considera maior ou acima das pessoas que estão ao seu redor.[6]

Em terceiro lugar, *seu andar não é presunçoso* (131:1c). "[...] não ando à procura de grandes coisas, nem de coisas maravilhosas demais para mim". Davi está dizendo que não está procurando aquilo que está acima de sua capacidade e para o qual não foi preparado nem destinado por Deus. Ele está contente com aquilo que Deus lhe deu e não passa sua vida procurando ser mais, ter mais, para alcançar uma posição maior e mais elevada. Infelizmente, há pessoas que acham que são as melhores, pois julgam que podem tudo, sabem tudo, são capazes de tudo, têm uma opinião acertada acerca de tudo e sempre têm que estar por cima de todos.[7]

Busque o contentamento e a maturidade (131:2)

Davi usa uma figura familiar para expressar seu contentamento em Deus e sua marcha rumo à maturidade. Não há consenso entre os estudiosos acerca do real significado deste versículo: "Pelo contrário, fiz calar e sossegar a minha alma; como a criança desmamada se aquieta nos braços de sua mãe, como essa criança é a minha alma para comigo".

A expressão "fiz calar e sossegar a minha alma" nos lembra de algumas revoltas que foram subjugadas com dificuldade por Davi. Há momentos que precisamos disciplinar nossa própria alma e fazer calar seus gritos e seu choro. Charles Swindoll diz que a expressão significa "estar estável, aplainado, nivelado". Davi está dizendo que a sua alma não está agitada e tempestuosa, mas calma e tranquila.[8]

A expressão "como criança desmamada se aquieta nos braços de sua mãe" é desafiadora. Allan Harman diz que o pensamento de uma criança desmamada é ambíguo.[9] Purkiser destaca que a maioria dos comentaristas segue a tradução da Almeida Revista e Corrigida (ARC) e aplicam o texto a uma criança recém-desmamada que, depois da luta para ser desmamada, descansa nos braços da mãe.

Taylor, por outro lado, diz que a palavra "desmamada" pode ser traduzida, também, por "alimentada". Assim, o texto está falando acerca da criança que, depois de alimentada, está satisfeita. Seguindo essa linha de raciocínio, a Nova Versão Internacional (NVI) traduz: "De fato, acalmei e tranquilizei a minha alma. Sou como uma criança recém-amamentada por sua mãe; a minha alma é como essa criança". Em ambos os casos, o quadro é o da confiança sossegada e da serenidade confiante.[10] Duas são, portanto, as interpretações.

Em primeiro lugar, *o contentamento da criança que, depois de mamar, descansa serena nos braços da mãe.* Se esse for o entendimento, então Davi está falando de três coisas.

Primeira, *total dependência*. Uma criança de peito depende completamente de sua mãe para se alimentar e sobreviver.

Segunda, *plena satisfação*. Uma criança, depois de alimentada, aquieta-se e dorme satisfeita nos braços da mãe.

Terceira, *plena segurança*. Uma criança nos braços da mãe sente-se plenamente segura, pois o colo da mãe é seu mais seguro refúgio. Quando o crente está satisfeito em Deus, ele não vive inquieto, inseguro e descontente: ele confia e descansa.

Em segundo lugar, *a crise do desmame que leva a criança às fases seguintes da maturidade.* Como a maioria dos estudiosos, estou inclinado a crer que essa é a melhor interpretação da passagem. Allan Harman, nessa mesma linha de pensamento, diz que provavelmente a referência seja a uma criança desmamada que está ainda descansando satisfeita no seio de sua mãe. De uma forma semelhante, a alma confiante é descrita como estando quieta e submissa, visto estar na presença do Senhor.[11]

No Oriente Médio, as crianças eram desmamadas aos três ou quatro anos, e o desmame era marcado por uma celebração familiar (Gn 21:8), pois se tratava de uma transição da primeira infância para as outras fases da maturidade. A palavra "desmamar" significa "amadurecer". Assim, Davi não precisa mais do leite da mãe, da atenção pública, porque é maduro o suficiente para receber a alimentação sólida, conquistada pela humildade. Sua posição como rei o coloca necessariamente diante dos olhos do público, no entanto, como um filho maduro, cortou o cordão umbilical, ou seja, não depende mais de sua "mãe".[12]

Charles Swindoll destaca que o filho aqui é o ser interior de Davi, a mãe é a sua vida pública, e ele foi desmamado da necessidade de notoriedade. Em outras palavras, ele está desmamado do desejo de proeminência e não precisa de holofotes.[13]

O amadurecimento é um processo doloroso, e a tarefa para a mãe, no processo do desmame, é difícil e angustiante. A criança, acostumada com o peito materno, chora e esperneia para sugar o leite da mãe, pois não quer lagar sua fonte de sustento e deleite. O desmame é visto por ela com uma falta de amor da mãe, de modo que, para ela, é uma crise medonha pedir à mãe o colo aconchegante e os seios benfazejos e receber um sonoro não. Mas, conforme diz Warren Wiersbe, depois da crise do nascimento, toda criança deve, mais cedo ou mais tarde, ser desmamada e aprender a primeira lição da escola da vida: o processo de crescimento envolve perdas dolorosas que podem levar a ganhos maravilhosos.[14] O desmame ensina-nos duas lições preciosas.

Em primeiro lugar, *o Senhor nos priva do que é bom para nos dar aquilo que é melhor*. Derek Kidner diz que a palavra "desmamada" ressalta a analogia entre a criança que já não anseia por aquilo que antes achava indispensável porque encontrou algo melhor. É a libertação da importunação da procura das suas próprias vantagens.[15]

Como se realiza o desmame da criança? Fazendo com o que o seio seja amargo para os seus lábios; removendo o seio, com a ausência e refúgio da mãe; com a substituição por outro alimento. Embora a criança desmamada não tenha o que deseja ter ou o que mais naturalmente deseja, o leite do seio, ainda assim ela se satisfaz com o que a sua mãe lhe dá, pois descansa no seu amor e na sua provisão. Do mesmo modo, também devemos nos satisfazer com o que a providência nos permite e precisamos aprender a viver contentes em toda e qualquer situação (Fp 4:11).[16]

Warren Wiersbe diz que as pessoas em processo de amadurecimento sabem que a vida é uma série de perdas e ganhos, e aprendem a usar suas perdas de maneira construtiva. A fim de não apenas crescer, mas também se desenvolver, as crianças devem ser capazes de atuar de modo independente da mãe, e isso implica desmamar, ir à escola, escolher uma profissão, casar e constituir um novo lar.[17]

Em segundo lugar, *o Senhor nos priva da dependência do leite materno para alcançarmos a maturidade*. Quem quer ser desmamado? A criança? Não, jamais! O ato do desmame é feito à criança. Tudo o que podemos fazer é submetermo-nos. Deus é o autor do nosso desmame e está removendo cada muleta em que nos apoiávamos para que nos apoiemos totalmente nele (Pv 3:5,6). Deus está alterando a nossa dieta para um novo tipo de alimento — do leite da imaturidade para a carne da humildade genuína.[18]

É o Senhor que remove de nós o que amamos para nos levar à maturidade espiritual. Spurgeon diz que, para a criança desmamada, a sua mãe é sua consolação, ainda que lhe tenha negado consolação. É um sinal abençoado de estar crescendo, saindo da infância espiritual, quando podemos nos abster das alegrias que antes pareciam essenciais e encontrar nosso alívio naquele que as nega a nós: então, nós nos comportamos como homens, e cada queixa infantil é silenciada.[19]

Warren Wiersbe diz que o alvo de Deus é que alcancemos maturidade emocional e espiritual (1Co 13:11; 14:20; Ef 4:13-15), e, por vezes, Deus precisa nos desmamar de coisas boas para nos dar coisas melhores. O desmame nos liberta para irmos ao encontro do futuro, portanto, quando nos debatemos para manter um presente confortável, abrimos mão de um futuro desafiador.[20]

Concordo com Spurgeon quando diz que não são todos os filhos de Deus que chegam a este desmame de maneira exitosa. Alguns ainda estão sugando quando já deveriam ser pais; outros têm dificuldade para desmamar, e choram, e lutam, e se enfurecem contra a disciplina celestial de seus pais. Quando nós pensamos que passamos pelo desmame e que estamos a salvo, tristemente descobrimos que os antigos desejos estão apenas feridos, e não mortos, e começamos a chorar novamente, pedindo os seios de que tínhamos desistido antes. Benditas são aquelas aflições que subjugam nossos interesses, que nos desmamam da autossuficiência, das riquezas, das honras e dos prazeres do mundo, e que nos educam na coragem cristã, que nos ensinam a amar a Deus não apenas quando Ele nos consola, mas até mesmo quando Ele nos prova.[21]

Leve as pessoas a colocar sua esperança no Senhor (131:3)

A esperança é o oxigênio da vida. Viktor Frankl, neurologista e psiquiatra austríaco sobrevivente do campo de concentração nazista, diz que os prisioneiros que perderam a esperança sucumbiram aos maus-tratos e à escassez de pão. Porém, muitos daqueles que conservaram a esperança sobreviveram aos horrores do Holocausto. Davi, que já havia falado de humildade e contentamento, agora encerra esse poema falando de esperança.

Spurgeon diz que este versículo é a lição da experiência: um homem de Deus, que aprendeu a renunciar ao mundo e a confiar somente no Senhor, aqui exorta todos os seus amigos e companheiros para que façam o mesmo. Que toda a nação tenha esperança e que toda a sua esperança esteja no Senhor, que imediatamente comecem a ter esperança e continuem a ter esperança. O desmame tira a criança de uma condição temporária e a conduz a um estado em que permanecerá pelo resto de sua vida.[22]

Assim como Davi aprendeu a esperar no Senhor, ele ensina a sua nação a colocar sua confiança no Senhor: "Espera, ó Israel, no SENHOR, desde agora e para sempre" (131:3). Aqui, somos despertados da nossa contemplação de Davi para seguirmos seu exemplo, e três coisas devem ser aqui destacadas.

Em primeiro lugar, *quem deve esperar* (131:3a). "Espera, ó Israel...". Justamente como Davi está esperando no Senhor e descansando nele, Israel deve fazer o mesmo. Como Israel de Deus, devemos por nossa esperança no Senhor, pois Ele mesmo é a nossa esperança.

Em segundo lugar, *em quem esperar* (131:3b). "[...] no Senhor...". Israel não deve esperar na força de seu exército nem em suas alianças estrangeiras. Não deve esperar nos ídolos dos povos nem em seus próprios recursos. Israel deve esperar no Senhor, o Deus da aliança, o Senhor onipotente.

Em terceiro lugar, *quando esperar* (131:3c). "[...] desde agora e para sempre". Esperar no Senhor não é um ato momentâneo, mas uma experiência permanente. Arival Dias Casimiro diz que o texto apresentado fala de uma esperança jubilosa, e não passiva; uma esperança na pessoa de Deus, e não nas suas bênçãos; uma esperança eterna, e não momentânea.[23]

Notas

[1] SPURGEON, Charles H. *Os tesouros de Davi*, vol. 3. Rio de Janeiro: CPAD, 2017, p. 739.
[2] LOPES, Augustus Nicodemus. *Caminhos da fé*: uma exposição dos salmos de romagem. Goiânia: Estação da Fé, 2018, p. 138.
[3] KIDNER, Derek. *Salmos 73—150: introdução e comentário*. São Paulo: Vida Nova, 2006, p. 457.
[4] SWINDOLL, Charles R. *Vivendo Salmos*. Rio de Janeiro: CPAD, 2018, p. 248,249.
[5] KIDNER, Derek. *Salmos 73—150: introdução e comentário*, p. 457.
[6] LOPES, Augustus Nicodemus. *Caminhos da fé*, p. 139.
[7] Ibidem, p. 139,140.
[8] SWINDOLL, Charles R. *Vivendo Salmos*, p. 251.
[9] HARMAN, Allan. *Salmos*. São Paulo: Cultura Cristã, 2011, p. 439.
[10] PURKISER, W. T. "O livro de Salmos". In: *Comentário bíblico Beacon*, vol. 4. Rio de Janeiro: CPAD, 2015, p. 311.
[11] HARMAN, Allan. *Salmos*, p. 439.
[12] SWINDOLL, Charles R. *Vivendo Salmos*, p. 252.

[13] Ibidem, p. 252.
[14] WIERSBE, Warren W. *Comentário bíblico expositivo,* vol. 3. São Paulo: Geográfica, 2006, p. 332.
[15] KIDNER, Derek. *Salmos 73—150: introdução e comentário,* p. 458.
[16] SPURGEON, Charles H. *Os tesouros de Davi,* vol. 3, p. 745,746.
[17] WIERSBE, Warren W. *Comentário bíblico expositivo,* vol. 3; p. 332.
[18] SWINDOLL, Charles R. *Vivendo Salmos,* p. 253.
[19] SPURGEON, Charles H. *Os tesouros de Davi,* vol. 3, p. 741.
[20] WIERSBE, Warren W. *Comentário bíblico expositivo,* vol. 3, p. 322.
[21] SPURGEON, Charles H. *Os tesouros de Davi,* vol. 3, p. 741,742.
[22] Ibidem, p. 742.
[23] CASIMIRO, Arival Dias. *Canções de um peregrino*: um estudo dos salmos de romanagem sobre as lutas diárias do crente. Santa Bárbara d'Oeste: Z3, 2020, p. 49.

Capítulo 131

A Casa do Senhor

(Sl 132:1-18)

ESSE É O PRIMEIRO salmo da quinta e última trilogia dos cânticos de romagem. É o mais longo salmo de romagem e pode ser considerado um texto paralelo do salmo 89, embora mais otimista do que aquele. Não sabemos com exatidão seu autor, porém, seu assunto está claro: o autor trata da edificação da Casa do Senhor em Jerusalém e como o Senhor escolheu Sião para o lugar de sua habitação.

Os versículos 8 e 9 são citados na oração feita por Salomão, por ocasião da dedicação do Templo de Jerusalém (2Cr 6:41,42), e o versículo 11 foi citado pelo apóstolo Pedro numa referência ao reinado de Cristo no trono de Davi (At 2:30). Três verdades essenciais são abordadas neste poema.

A determinação de edificar a Casa de Deus (132:1-5)

Destacamos aqui dois fatos importantes.

Em primeiro lugar, *a oração em favor de Davi* (132:1). "Lembra-te, SENHOR, a favor de Davi, de todas as suas provações". O Senhor imutável jamais se esquecerá de seus servos, todavia, mesmo aquilo que Ele assegura que vai fazer, deve ser ainda motivo de oração. Mesmo quando temos projetos santos no coração e andamos na luz, passamos por várias provações.

Em segundo lugar, *o voto de Davi* (132:2-5). O autor registra: "De como jurou ao SENHOR e fez votos ao Poderoso de Jacó: Não entrarei na tenda em que moro, nem subirei ao leito em que repouso, não darei sono aos meus olhos, nem repouso às minhas pálpebras, até que eu encontre lugar para o Senhor, morada para o Poderoso de Jacó". Davi expressou a sua resolução de edificar uma Casa para Deus na forma de um voto solene, selado com um juramento. Em linhagem hiperbólica, Davi afirma que encontrar um lugar para a morada do Poderoso de Jacó seria sua prioridade número um, pois ele tinha zelo pela honra de Deus. Nessa Casa, a arca da aliança, símbolo da presença de Deus, seria fixada, e ali seria lugar de adoração e comunhão.

Inobstante o texto ressaltar o zelo de Davi em construir a Casa de Deus, é sabido que o Senhor onipresente e transcendente não habita em templos feitos por mãos dos homens. Purkiser diz que a preocupação de Davi com o santuário do Senhor foi mostrada em dois estágios: ao trazer a arca da Aliança da casa de Abinadabe para o Tabernáculo especialmente preparado em Jerusalém (2Sm 6:1-19); e no seu propósito de construir um Templo permanente para a arca (2Sm 7:1-29), propósito este que ele não teve permissão para realizar.[1] Davi fez os preparativos para a construção do Templo, mas coube a seu filho Salomão esse privilégio.

A dedicação da Casa de Deus (132:6-12)

Seis verdades são aqui mencionadas.

Em primeiro lugar, *a arca encontrada* (132:6). "Ouvimos dizer que a arca estava em Efrata e a encontramos no campo de Jaar". A arca havia passado por vários lugares antes de Salomão colocá-la no templo (2Cr 5). Foi adiante dos filhos de Israel no deserto, foi à frente deles quando atravessaram o Jordão rumo à terra prometida. Passou por Betel, Mispa, Siló. Foi sequestrada pelos filisteus, perambulou por território gentílico e agora estava parada em Quiriate-Jearim. Davi, então, instituiu uma verdadeira busca pela arca, fazendo uma verdadeira missão resgate para encontrá-la.

Em segundo lugar, *o convite ao culto* (132:7). "Entremos na sua morada, adoremos ante o estrado de seus pés". Spurgeon diz, com razão, que a casa terrena mais bem arrumada não será mais do que o escabelo dos pés de um Rei tão grande. A sua arca somente pode revelar as glórias de seus pés.[2] Purkiser diz que essa adoração era feita diante da Arca, visto que o trono de Deus estava acima dela.[3]

Em terceiro lugar, *o ato de invocação* (132:8). "Levanta-te, SENHOR, entra no lugar do teu repouso, tu e a arca de tua fortaleza". A localização da arca era a "habitação de Deus" (v. 7) e "o lugar de descanso" de Deus (v. 8). O salmista, então, invoca o Senhor e convida-o a entrar no lugar do seu repouso. Nas palavras de Spurgeon, "seria inútil que a arca fosse estabelecida se o Senhor não continuasse com ela e perpetuamente brilhasse entre os querubins. A menos que o Senhor repouse conosco, não há repouso para nós; a menos que a arca da sua força habite conosco, nós mesmos não teremos forças".[4]

Em quarto lugar, *as vestes dos adoradores* (132:9). "Vistam-se de justiça os teus sacerdotes, e exultem os teus fiéis". As vestes mais resplandecentes dos salvos é um santo caráter. Spurgeon diz que a santidade e a felicidade andam juntas, portanto, onde uma é encontrada, a outra nunca estará longe.[5] Purkiser destaca que justiça no púlpito e alegria nos bancos sempre resultarão numa igreja vitoriosa.[6]

Em quinto lugar, *a oração de penitência* (132:10). "Por amor de Davi, teu servo, não desprezes o rosto do teu ungido". O rei Salomão ora para que o Senhor não despreze o seu rosto, e pede isso não em seu próprio mérito, mas com base no amor do Senhor por seu servo Davi. Warren Wiersbe diz que a aliança com Davi (2Sm 7) garantia a Israel que um dos descendentes de Davi se assentaria no trono, e, nesse momento, o rei era Salomão, o ungido de Deus. Assim, foi por amor a Davi, e não a Salomão, que Deus abençoou o rei e seu povo. O profeta Isaías chama isso de "fiéis misericórdias prometidas a Davi" (Is 55:3).[7] Spurgeon diz que, nos versículos 8 a 10, temos uma oração pelo templo, pela arca, pelos sacerdotes, pelos levitas, pelo povo e pelo rei: em cada súplica, há uma plenitude de significado que merece uma reflexão cuidadosa.[8]

Em sexto lugar, *o juramento divino* (132:11,12). "O Senhor jurou a Davi com firme juramento e dele não se apartará: Um rebento da tua carne farei subir para o teu trono. Se os teus filhos guardarem a minha aliança e o testemunho que eu lhes ensinar, também os seus filhos se assentarão para sempre no teu trono". Allan Harman diz que a primeira metade do salmo se devota ao juramento de

Davi; a atenção, na segunda metade, é posta no juramento do Senhor.[9] A segunda metade do salmo é o complemento luminoso da primeira, sendo que a promessa divina coroa as orações do seu povo.[10]

Concordo com Spurgeon quando diz que não podemos argumentar nada com Deus que se iguale à sua própria palavra e ao seu juramento. Os homens podem cometer perjúrio, mas ninguém será tão profano a ponto de imaginar isso do Deus da verdade. O Senhor jamais se desvia do seu propósito, muito menos de sua promessa, solenemente ratificada por juramento.[11] As promessas da perpetuidade do trono de Davi encontradas no Antigo Testamento são cumpridas em Cristo Jesus. Essas promessas estão condicionadas à obediência (v. 12) — a obediência pelos descendentes literais de Davi em primeira instância e pela igreja em segundo plano.[12] Jesus veio da semente de Davi (Is 11:1; Jr 23:5; Mq 5:2; Mt 2:5; Lc 2:3,11; Jo 7:42; Rm 1:3). Esta promessa ratificada com juramento cumpriu-se plena e cabalmente em Cristo Jesus (145:13; 2Pe 1:11).

As bênçãos prometidas à Casa de Deus (132:13-18)

Derek Kidner diz que o calor e a riquezas dessas promessas brotam do amor e requerem um amor correspondente para seu cumprimento.[13] Vejamos.

Em primeiro lugar, *a eleição de Sião* (132:13). "Pois o Senhor escolheu Sião, preferiu-a por sua morada". Allan Harman diz que, assim como Deus escolheu Israel para ser seu povo (Dt 7:7), Ele também escolheu Sião como o lugar onde faria habitar seu nome (Sl 2:6; Dt 12:11).[14] Spurgeon diz que Sião não era nada mais do que uma cidade cananeia, como qualquer outra, até que Deus a escolheu. Davi a capturou, Salomão a edificou e o Senhor habitou nela. Assim, a igreja foi uma mera fortaleza de jebuseus até que a graça a escolheu, conquistou, reconstruiu e habitou nela. A habitação segue a eleição e se origina nela.[15] Warren Wiersbe diz, porém, que não vemos a cidade de Sião aqui na terra, mas sim a cidade celestial (Hb 12:22-24), e nos regozijamos por sermos um "reino de sacerdotes" pela graça de Deus (Ap 1:5,6).[16]

Em segundo lugar, *Sião, a habitação do Senhor* (132:14). "Este é para sempre o lugar do meu repouso; aqui habitarei, pois o preferi". Temos aqui um descanso, um "sábado", para o Eterno e um lugar de habitação para o Infinito (Sf 3:17).[17] O Senhor tem prazer em habitar com o seu povo. Como o noivo se alegra da noiva, assim o Senhor se alegra com sua igreja (Is 62:5).

Em terceiro lugar, *a rica provisão do Senhor* (132:15). "Abençoarei com abundância o seu mantimento e de pão fartarei os seus pobres". Como o grande Rei, Ele está entronizado em Sião, e consequentemente promete provisões abundantes a seu povo. Na Casa de Deus há abundante provisão, de modo que os celeiros de Deus sempre estão cheios e suas mãos estão repletas de bênçãos. Onde Deus repousa, o seu povo fica satisfeito, pois na casa do Pai há pão com fartura. Nas palavras de Spurgeon, "nós vivemos na sua palavra, somos vestidos pela sua caridade, somos armados pelo seu poder; todos os tipos de mantimentos estão nele. Somos muito abençoados!".[18]

Em quarto lugar, *a resposta às orações* (132:16). "Vestirei de salvação os seus sacerdotes e de júbilo exultarão os seus fiéis". É prometido mais do que foi pedido em oração. No versículo 9, o salmista pede que os sacerdotes sejam vestidos de justiça, e a resposta é: "vestirei de salvação os seus sacerdotes". A justiça é apenas uma característica da bênção, a salvação é o seu todo.[19]

Em quinto lugar, *o renovo das garantias a Davi* (132:17,18). "Ali farei brotar a força de Davi; preparei uma lâmpada para o meu ungido. Cobrirei de vexame os seus inimigos; mas sobre ele florescerá a sua coroa". Aqui, temos a resposta abundante à oração do versículo 10. Os três termos, *força, lâmpada e coroa*, quase dispensam comentário, com suas implicações evidentes de fortaleza, clareza e dignidade real.[20] Allan Harman diz que a promessa a Davi foi uma sucessão contínua de reis, sendo que o trono de Davi por fim seria dado ao Senhor Jesus (Lc 1:31-33).[21]

Em Sião, a dinastia de Davi irá florescer, pois é Deus quem faz brotar a força de Davi. Jesus, o Filho de Davi, é a luz do mundo (Jo 8:12), a verdadeira luz que vinda ao mundo e que ilumina todo homem (Jo 1:9). Seus inimigos serão vestidos de confusão, serão completamente derrotados e incapazes de esconder a sua vergonha, mas a coroa de Davi brilhará. O seu reino, na pessoa de Jesus, não falhará, e as suas glórias imperiais jamais desaparecerão.

Derek Kidner diz que o salmo, que começou com provações e resoluções inflexíveis, termina com a glória que é o alvo e o resultado apropriado daquelas: a vitória e a radiância do Rei prometido.[22]

Notas

[1] Purkiser, W. T. "O livro de Salmos". In: *Comentário bíblico Beacon*, vol. 3. Rio de Janeiro: CPAD, 2015, p. 312.

[2] Spurgeon, Charles H. *Os tesouros de Davi*, vol. 3. Rio de Janeiro: CPAD, 2017, p. 755.

[3] Purkiser, W. T. "O livro de Salmos", p. 312.
[4] Spurgeon, Charles H. *Os tesouros de Davi*, vol. 3, p. 754.
[5] Ibidem, p. 755.
[6] Purkiser, W. T. "O livro de Salmos", p. 312.
[7] Wiersbe, Warren W. *Comentário bíblico expositivo*, vol. 3. São Paulo: Geográfica, 2006, p. 334.
[8] Spurgeon, Charles H. *Os tesouros de Davi*, vol. 3, p. 755.
[9] Harman, Allan. *Salmos*. São Paulo: Cultura Cristã, 2011, p. 442.
[10] Kidner, Derek. *Salmos 73—150: introdução e comentário*. São Paulo: Vida Nova, 2006, p. 460.
[11] Spurgeon, Charles H. *Os tesouros de Davi*, vol. 3, p. 756.
[12] Purkiser, W. T. "O livro de Salmos", p. 312.
[13] Kidner, Derek. *Salmos 73—150: introdução e comentário*, p. 460.
[14] Harman, Allan. *Salmos*, p. 442.
[15] Spurgeon, Charles H. *Os tesouros de Davi*, vol. 3, p. 757.
[16] Wiersbe, Warren W. *Comentário bíblico expositivo*, vol. 3, p. 334.
[17] Spurgeon, Charles H. *Os tesouros de Davi*, vol. 3, p. 757.
[18] Ibidem, p. 758.
[19] Ibidem, p. 758,759.
[20] Kidner, Derek. *Salmos 73—150: introdução e comentário*, p. 461.
[21] Harman, Allan. *Salmos*, p. 443.
[22] Kidner, Derek. *Salmos 73—150: introdução e comentário*, p. 461.

Capítulo 132

A união dos irmãos

(Sl 133:1-3)

ESSE É O SEGUNDO e penúltimo salmo da quinta trilogia dos cânticos de romagem. Trata-se de uma das joias mais preciosas e belas do Saltério. Não há nesse salmo nenhum lamento e não pulsa neste poema nenhuma amargura. Usando uma linguagem neotestamentária, vemos aqui a preservação da unidade do Espírito no vínculo da paz (Ef 4:3).

Davi é o autor deste poema, que provavelmente foi escrito quando ele, depois de sete anos governando em Hebrom, passa a reinar em Jerusalém, tendo todas as doze tribos debaixo do seu cetro.

Uma breve retrospectiva é necessária para entendermos melhor este belo poema. Os filhos de Jacó formaram as doze tribos de Israel, que são um símbolo da igreja cristã (Tg 1:1-3). Eles eram filhos de um só pai, mas de quatro mães diferentes, o que suscitava conflitos internos entre eles.

Quando conquistaram a terra prometida, essas diferenças e tensões não cessaram. Depois do longo e turbulento período dos juízes, a situação era ainda conflituosa, e, em virtude das derrotas fragorosas sofridas no período do sacerdote Eli e, mais tarde, na iminência de Samuel, o maior profeta, sacerdote e juiz daquele tempo passar o bastão da liderança para seus filhos avarentos, o povo pediu a ele um rei. A contragosto, Samuel faz a transição do regime teocrático para a monarquia, e Saul foi escolhido para reinar sobre todo Israel. Infelizmente, Saul foi um rei insensato e rebelde, e seus quarenta anos de governo foram de turbulência e desavença. Depois de sua morte, explodiu uma guerra civil, e Davi foi ungido rei pelos homens da tribo de Judá em Hebrom, mas Abner, capitão do exército de Saul, havia constituído Isbosete como rei sobre todo Israel (2Sm 2:4,8-11), o que provocou uma guerra entre a casa de Saul e a casa de Davi por muito tempo (2Sm 3:1).

Com a morte de Abner, comandante de Isbosete, pelas mãos de Joabe, comandante de Davi, as tribos sob o comando de Isbosete afrouxaram suas mãos, e todo o Israel pasmou-se (2Sm 4:1). Mais tarde, Isbosete foi assassinado, traiçoeiramente, em seu próprio leito, o que muito desgostou o Davi, pois ambos já estavam pacificados (2Sm 4:12). Então, todas as tribos de Israel vieram a Davi, em Hebrom, e falaram-lhe: "Somos do mesmo povo de que tu és" (2Sm 5:1). Assim, todos os anciãos de Israel vieram ter com Davi, em Hebrom, e o ungiram rei sobre Israel (2Sm 5:3). Sob o reinado de Davi, as doze tribos viveram em paz umas com as outras e desfrutaram de grande prosperidade. Vinham juntas a Sião celebrar as festas e adorar a Deus, e essa união é o pano de fundo deste precioso salmo.

Nesta mesma linha de pensamento, Joseph Alexander, citado por Spurgeon, diz que esse salmo é a efusão de uma alegria santa, motivada pela visão da congregação de Israel como uma grande família, nas festas anuais. De igual modo, poderia ser uma alusão às invejas e alienações anteriores, na família de Israel, que pareceram ser substituídas pela concordância e pelo afeto mútuo, por ocasião da ascensão de Davi ao trono de toda a nação.[1]

A excelência da união fraternal (133:1)

A união entre os irmãos revela a grande importância dos relacionamentos saudáveis na igreja e o benefício da comunhão dos santos. Vejamos.

Em primeiro lugar, *a união fraternal deve ser admirada por todos* (133:1a). "Oh!...". A palavra hebraica, *hinneh*, traduzida aqui por "Oh!", significa "eis", "preste atenção".[2] Essa exclamação do salmista é uma convocação para fazermos uma pausa, olharmos no mirante da graça, e observarmos e ficarmos admirados com a beleza da união fraternal, que é digna de admiração. Spurgeon diz que essa é uma maravilha raramente vista, mas pode ser vista, pois é a característica dos santos verdadeiros.[3] Nesse mirante da graça, devemos contemplar irmãos vivendo juntos em uma família, em uma igreja cristã, irmãos da mesma denominação e de denominações diferentes. Somos irmãos de sangue de toda alma do universo que foi comprada e lavada pelo sangue do Cordeiro. Nas palavras de Purkiser, "existe uma unidade espiritual entre os filhos de Deus que transcende inclusive barreiras denominacionais, pois, como diz um velho ditado, você não vê as cercas quando o trigo está alto".[4]

Em segundo lugar, *a união fraternal é bela aos olhos de Deus* (133:1b). "[...] como é bom e agradável...". Spurgeon diz que a combinação dos dois adjetivos "bom" e "agradável" é mais notável do que a conjunção de dois astros de primeira grandeza.[5] Arival Dias Casimiro diz que há coisas que são boas, mas não são agradáveis — disciplina (Hb 12:11). Há coisas que são agradáveis, mas não são boas — mel demais (Pv 25:16). Mas, quando vivemos em união com os nossos irmãos, isso é bom e agradável.[6] Jesus disse que uma casa dividida não prevalece (Mt 12:25), e o apóstolo Paulo ensinou que a desunião entre os crentes é um sinal de imaturidade e carnalidade (1Co 3:1-3). Porém, a Escritura diz que, quando os crentes são unidos, a igreja passa a contar com a simpatia dos de fora (At 2:47).

Em terceiro lugar, *a união fraternal é bela aos olhos dos homens* (133:1d). "[...] viverem unidos os irmãos". Nem sempre os irmãos vivem unidos. Caim matou Abel, Esaú e Jacó viveram às turras. Os irmãos de José o odiaram e o venderam como escravo. Arão e Miriam tiveram inveja de Moisés. Absalão matou seu irmão Amnon. Spurgeon diz que é vergonhoso que habitem juntos em desunião. É melhor que vivam separados e em paz, como Abraão e Ló, do que habitem juntos, com inveja, como os irmãos de José.[7]

Nada alegra mais o coração de um pai do que ver seus filhos vivendo em união. Quando os irmãos de sangue ou os irmãos de fé vivem em união, isso é belo aos olhos de Deus e belos aos olhos dos homens. É um poderoso testemunho do poder do evangelho. Spurgeon tem razão em dizer que a união cristã é boa em si mesma, boa para nós mesmos, boa para os irmãos, boa para os novos convertidos e para boa para o mundo.[8]

Os símbolos da união fraternal (133:2,3a)

O salmista usou dois símbolos assaz conhecidos em Israel para ilustrar a união entre os irmãos. Vejamos.

Em primeiro lugar, *a união fraternal é como óleo* (133:2). "É como o óleo precioso sobre a cabeça, o qual desce para a barba, a barba de Arão, e desce para a gola de suas vestes". A união entre os irmãos é como o óleo, que é símbolo do Espírito Santo. As tribos aqui eram permeadas com a santa unção do amor fraternal. Warren Wiersbe tem razão em dizer que as coisas externas nos dividem — gênero, riqueza, aparência, preconceitos étnicos, condição social e posicionamento político, enquanto o Espírito promove nossa união e glorifica a Cristo.[9] Naquele tempo, o óleo era usado como cosmético, remédio e unção espiritual. Vejamos.

Primeiro, *o óleo é símbolo de unção, e esse óleo era puro e perfumado*. No caso em apreço, trata-se do óleo da unção derramado sobre a cabeça de Arão, o sumo sacerdote. Esse óleo era misturado com condimentos e ervas aromáticas (Êx 30:22-30), especiarias caras e raras, e o resultado era um óleo especial muito perfumado. Quando ele era derramado, o cheiro se alastrava pelo tabernáculo, e todos podiam sentir o seu aroma. Quando Arão era ungido, o óleo escorria da sua cabeça para sua barba, da sua barba para o colarinho de suas vestes, passando pelo seu peitoral, onde ficavam as doze pedras com o nome das doze tribos de Israel, chegando até o pé da túnica. O óleo passava pela roupa toda e chegava até lá embaixo. Augustus

Nicodemus diz que, da mesma forma que o óleo passava por Arão completamente, unindo todas as peças de seu vestuário, a união trazia todas as tribos juntas. Arão, que era o representante de Deus diante do povo e do povo diante de Deus, era coberto da cabeça aos pés pelo óleo.[10] A união entre os irmãos era semelhante a esse óleo. Trata-se de uma imagem que descreve a união espiritual do povo de Deus. O óleo é símbolo do Espírito Santo (Is 61:1-3; Lc 4:17-19; At 10:38). Jesus foi ungido pelo Espírito Santo e depois enviou o Espírito sobre sua igreja.

Segundo, *o óleo é símbolo de terapia, ou seja, é terapêutico e produz cura e alívio* (Lc 10:34; Tg 5:14). A igreja de Corinto estava doente porque não havia comunhão entre os crentes (1Co 11:30), porém, onde há comunhão, há cura (Tg 5:16).

Terceiro, *o óleo é símbolo de cosmético e era usado como tal*, isto é, fazia parte do toalete das pessoas, como produto cosmético para o corpo e para os cabelos (Mt 6:16).

Em segundo lugar, *a união fraternal é como orvalho* (133:3a). "É como o orvalho do Hermon, que desce sobre os montes de Sião...". Warren Wiersbe diz que nas Escrituras, o orvalho simboliza a Palavra vivificadora de Deus (Dt 33:2), a bênção de Deus que traz fertilidade (Gn 27:28,39; Dt 33:13,28) e o revigoramento especial que Deus oferece a seu povo (Os 14:5; Zc 8:12).[11]

O monte Hermon, situado ao norte de Israel, com 2.814 metros de altitude, é o monte mais alto do país e era proverbial por seu orvalho pesado. Já o pequeno monte Sião, situado ao sul de Israel, há quase duzentos quilômetros, também desfrutava da mesma dádiva. Assim, grandes e pequenos bebem do mesmo doce refrigério.[12]

Num país desértico, o orvalho é um símbolo apropriado da bênção de Deus. Das neves sobre o alto do Hermon, a umidade provocada pelo sol é levada sob a forma de vapor, pelos ventos, em direção aos montes mais baixos de Sião, sobre os quais cai como um copioso orvalho.[13] A união entre os irmãos é restauradora como orvalho, que é símbolo da presença restauradora de Deus, e o próprio Deus é como orvalho para seu povo (Os 14:5). O orvalho é discreto, cai sem alarde, sem trovões e relâmpagos; ele vem à noite, depois do calor e nas horas mais escuras, trazendo frescor, além de ser constante e abundante. Do mesmo modo, a verdadeira amizade, que produz a união entre os irmãos, é discreta, constante e restauradora.

Augustus Nicodemus diz, corretamente, que as duas figuras que Davi usa aqui — a união do povo de Deus é como óleo que corre pelo sacerdote e é como o orvalho que fecunda dois montes distantes — trazem a ideia de unidade, e o israelita entendia isso perfeitamente.[14] Warren Wiersbe ainda destaca que as duas imagens — do óleo e do orvalho — lembram que a união não é algo que construímos, mas sim algo que Deus envia do alto.[15]

As bênçãos da união fraternal (133:3b)

Duas verdades preciosas são aqui ensinadas.

Em primeiro lugar, *ali o Senhor ordena a sua bênção* (133:3b). "Ali ordena o Senhor a sua bênção...". Essa bênção é ordenada por Deus, é a bênção espiritual e emana do céu; ou seja, não é obra nem conquista humana. Nas palavras de Derek Kidner, "Deus ordena aquilo que somente Ele podia dar (a benção e a vida para sempre).[16]

O autor usa o verbo "descer" três vezes (133:2,3). O óleo desce para a barba de Arão, desce para a gola de suas vestes, e o orvalho desce sobre os montes de Sião. Tanto o óleo como o orvalho que descem têm sua procedência em Deus e são obras dele. Nas palavras de Derek Kidner, "a verdadeira união, como todas as boas dádivas, vem de cima; é doada, em vez de ser planejada, e é também uma bênção, muito mais do que uma realização".[17]

A palavra "ali" (133:3) tem dois significados: Primeiro, pode significar Sião, a Casa de Deus, a morada do Altíssimo, de onde emana sua Palavra e todas as suas bênçãos (132:13-18). Sião é o lugar onde Deus tem um encontro especial com o seu povo e lhe concede suas bênçãos especiais (Hb 12:22-24; 13:14-16). Segundo, pode significar, também, "onde a união está estabelecida". Deus não ordena sua bênção sobre uma igreja desunida, num ambiente hostil de disputas e querelas, mas sobre uma igreja onde os irmãos vivem em união (Rm 15:5,6;). A união é a base da bênção, e essa união, que começa aqui na terra, continuará no céu (Hb 12:18-29). Aqui na terra, por mais bela que seja, é apenas um antegozo da comunhão perfeita que compartilharemos uns com os outros no céu.

Em segundo lugar, *ali o Senhor ordena a vida para sempre* (133:3c). "[...] e a vida para sempre". Com uma palavra de ordem, Ele abençoa com a bênção das bênçãos, a vida para sempre. A vida para sempre é a própria salvação eterna, bem como uma referência às abundantes conversões. Resta, portanto, afirmar que a comunhão é a base da evangelização. Jesus orou: "Não rogo somente por estes, mas também por aqueles que vierem a crer em mim, por intermédio da tua palavra; a fim de que todos sejam um [...] para que o mundo creia que tu me enviaste" (Jo 17:19-21).

O cristianismo é, sobretudo, relacionamento com Deus e com os irmãos, e onde há relacionamento vertical, também haverá relacionamento horizontal.

A igreja é a família de Deus, e não um clube, onde cada um paga sua mensalidade e vive isoladamente, tampouco é um abrigo de salvos, onde cada um busca apenas seus próprios interesses. A igreja não é uma prestadora de serviços, onde só a procuro para atender minhas necessidades, e não é um supermercado, onde eu vou procurar apenas aquilo de que gosto ou preciso; a igreja não é uma casa de shows, onde sou apenas um espectador, nem uma sala de obstetrícia, onde o pastor age como médico obstetra, mas os crentes não desempenham o seu ministério. A igreja é uma família, onde temos o mesmo Pai, o mesmo irmão mais velho e somos todos irmãos. E num mundo onde predomina a desavença, a solidão e o isolamento, a igreja deve ser a comunidade da solidariedade. Num mundo onde o ser humano tem sido despersonalizado, a igreja deve valorizar o tratamento pessoal. Num mundo egoísta, a igreja deve ser um lugar sensível às pessoas, tendo em mente que, em uma família as pessoas são diferentes, mas formam uma só família.

Concluo com as palavras de Augustus Nicodemus: "a Igreja é as doze tribos reunidas. Jesus, o Filho de Davi, reina. Ele tem um povo, e nós estamos unidos debaixo dele, somos irmãos, estamos ligados uns aos outros, porque há um só Espírito, uma só esperança, um só Senhor, uma só fé, um só batismo, um só Deus e Pai de todos, o qual é sobre todos, age por meio de todos e está em todos" (Ef 4:4-6).[18]

Notas

1. SPURGEON, Charles H. *Os tesouros de Davi*, vol. 3. Rio de Janeiro: CPAD, 2017, p. 782.
2. HARMAN, Allan. *Salmos*. São Paulo: Cultura Cristã, 2011, p. 443.
3. SPURGEON, Charles H. *Os tesouros de Davi*, vol. 3. São Paulo: Cultura Cristã, 2017, p. 779.
4. PURKISER, W. T. "O livro de Salmos". In: *Comentário bíblico Beacon*, vol. 3. Rio de Janeiro: CPAD, 2015, p. 313.
5. SPURGEON, Charles H. *Os tesouros de Davi*, vol. 3, p. 780.
6. CASIMIRO, Arival Dias. *Canções de um peregrino*: um estudo dos salmos de romagem sobre as lutas diárias do crente. Santa Bárbara d'Oeste: Z3, 2020, p. 53.
7. SPURGEON, Charles H. *Os tesouros de Davi*, vol. 3, p. 780.
8. SPURGEON, Charles H. *Os tesouros de Davi*, vol. 3, p. 780.
9. WIERSBE, Warren W. *Comentário bíblico expositivo*, vol. 3. São Paulo: Geográfica, 2006, p. 336.
10. LOPES, Augustus Nicodemus. *Caminhos da fé*: uma exposição dos salmos de romagem. Goiânia: Estação da Fé, 2018, p. 161,162.
11. WIERSBE, Warren W. *Comentário bíblico expositivo*, vol. 3, p. 336.
12. KIDNER, Derek. *Salmos 73—150: introdução e comentário*. São Paulo: Vida Nova, 2006, p. 462.
13. SPURGEON, Charles H. *Os tesouros de Davi*, vol. 3, p. 788.
14. LOPES, Augustus Nicodemus. *Caminhos da fé*, p. 163.
15. WIERSBE, Warren W. *Comentário bíblico expositivo*, vol. 3, p. 336.
16. KIDNER, Derek. *Salmos 73—150: introdução e comentário*, p. 462.
17. Ibidem, p. 462.
18. LOPES, Augustus Nicodemus. *Caminhos da fé*, p. 166.

Capítulo 133

Voltando para casa

(Sl 134:1-3)

Esse é o terceiro e último salmo da quinta trilogia dos cânticos de degraus e o menor dos salmos de romagem. Não temos a indicação do escritor, mas podemos perceber, com clareza, que se trata do fim da jornada do peregrino. Os cânticos de romagem que começaram nos ambientes inóspitos de Meseque e Quedar (120:5) terminam apropriadamente na nota de servir a Deus de dia e de noite no seu templo.[1] O adorador que inicia a peregrinação, sentindo-se entre estrangeiros beligerantes na sua própria terra, agora, depois de completada a peregrinação e ter adorado ao Senhor em Sião, está de volta em casa com a bênção do Senhor criador do céu e da terra.

Warren Wiersbe diz que, além de concluir os salmos de romagem, o salmo

134 serve de transição para uma série de salmos que enfatizam o louvor ao Senhor.[2] Nesse culto de despedida, duas coisas acontecem: os peregrinos se dirigem aos sacerdotes e levitas, e os incentivam a serem fervorosos na sua nobilíssima missão de bendizer a Deus. Depois, eles partem recebendo dos sacerdotes a bênção do Senhor. Spurgeon é oportuno quando diz o seguinte: "Que *bendito* e *bênção* possam ser as duas palavras que descrevem a nossa vida".[3] O salmo é uma espécie de antífona, que fala e refala, ou seja, os peregrinos falam (134:1,2) e os sacerdotes respondem (134:3).[4] Além disso, constitui um "Amém" a todo o grupo dos salmos de romagem (120-134).[5]

A adoração ao Senhor (134:1,2)

Os peregrinos chegam a Jerusalém, dirigem-se aos sacerdotes e levitas, ordenando-os a bendizerem ao Senhor: "Bendizei ao SENHOR, vós todos, servos do Senhor, que assistis na Casa do SENHOR, nas horas da noite; erguei as mãos para o santuário e bendizei ao SENHOR" (134:1,2). Esta passagem enseja-nos cinco verdades preciosas.

Em primeiro lugar, *a importância da adoração* (134:1a). No hebraico, há um advérbio demonstrativo que não foi vertido para a Almeida Revista e Atualizada (ARA): o advérbio demonstrativo "eis" precede o verbo imperativo "bendizei". Os peregrinos chamam a atenção dos sacerdotes e levitas para a importância da adoração, encorajando os seus líderes a, diligentemente, cuidarem do seu trabalho e incessantemente adorarem ao Senhor.

Em segundo lugar, *a ordem para bendizer ao Senhor* (134:1b). Os peregrinos ordenam os sacerdotes e levitas, servos do Senhor, que assistiam na casa do Senhor, a bendizerem ao Senhor. Eles eram servos de Deus porque se dedicavam exclusivamente ao serviço de Deus no templo, por isso assistiam na Casa do Senhor até nas horas da noite. Parte da obra dos levitas era "carregar a Arca da Aliança do Senhor, permanecer diante do Senhor para ministrarem e para pronunciarem bênçãos em seu nome" (Dt 10:8).[6] Quando a Arca chegou ao seu lugar de descanso, Davi deu aos levitas novas responsabilidades, mas a adoração continuou ocupando a posição de primazia: "Deviam estar presentes todas as manhãs para renderem graças ao SENHOR, e o louvarem; e da mesma sorte à tarde" (1Cr 23:30). São estes, mais do que a congregação em geral, os servos do Senhor, aos quais aqui os peregrinos dirigem a palavra.[7]

A adoração é a principal missão dos servos do Senhor no tempo e na eternidade (103:1,2). Nosso trabalho de evangelismo e discipulado um dia vai cessar, mas por toda a eternidade vamos adorar ao Senhor.

Em terceiro lugar, *a quem se deve bendizer* (134:1,2). A ordem é bendizer ao Senhor, que é o grande EU SOU, o Deus da aliança. Praticamente todos os salmos de romagem deram ênfase ao nome Yaweh, o Deus que se revelou a Moisés no Sinai, o Deus do pacto, o Deus da nossa salvação.

Em quarto lugar, *quem deve bendizer* (134:1). Todos os servos do Senhor, que assistem na casa do Senhor, nas horas da noite. Essa era a missão dos sacerdotes e levitas, os quais viviam no templo e do templo. Eles cuidavam das coisas sagradas, faziam sacrifícios, ensinavam o povo e adoravam a Deus. O fogo do altar não podia apagar (Lv 6:13), e o culto para eles não terminava, pois assistiam nas horas da noite (1Cr 9:33; 23:28-32; 25:1,6). Nas palavras de Warren

Wiersbe, "Deus nunca dorme, e nossa adoração nunca termina".[8] A vida de adoração do cristão é ininterrupta, e tudo o que ele faz deve glorificar a Deus (34:1; 1Co 10:31)

Em quinto lugar, *como se deve bendizer ao Senhor* (134:2. A ordem é: "Erguei as mãos para o santuário e bendizei ao Senhor". O levantar as mãos durante as orações ou durante o louvor é um símbolo do elevar da nossa alma e do nosso coração, e indica a expectativa do suplicante de receber bênçãos do Senhor, e era também um reconhecimento de que as tinham recebido. A postura costumeira para a oração incluía mãos levantadas (28:2; 141:2; Lm 2:19; 1Tm 2:8). Isso também representa o gesto dos sacerdotes ao proferir uma bênção sobre o povo.[9] Erguer as mãos, mais do que um gesto, era honrar ao Senhor, reconhecer sua majestade e demonstrar submissão a Ele. Allan Harman diz que "erguer as mãos" representava uma atitude externa e interna de oração. O Novo Testamento toma sua terminologia quando Paulo diz que deseja que "os homens, em todos os lugares, ergam mãos santas em oração, sem ira nem animosidade" (1Tm 2:8).[10]

Concordo com Augustus Nicodemus que não é a postura física que torna eficaz uma oração. Ajoelhar-se, levantar as mãos, ficar de pé ou assentado serve apenas para expressar o nosso estado de alma.[11]

A bênção do Senhor (134:3)

A peregrinação encerra com a bênção sacerdotal resumida aos peregrinos que voltarão para casa. Quando os peregrinos estavam saindo do santuário, o sacerdote oficiante exclama: "De Sião te abençoe o Senhor, criador do céu e da terra" (134:3). Os peregrinos, que haviam exortado os sacerdotes e levitas a bendizerem ao Senhor, agora recebem dos sacerdotes a bênção sacerdotal. Nas palavras de Derek Kidner, "até este ponto, a palavra foi dirigida a Deus, para bendizê-lo; agora, volta de Deus para o homem, para abençoá-lo".[12]

No versículo 3, o Senhor é descrito, em primeiro lugar, como o Criador do universo e, em segundo lugar, como habitando "em Sião". No primeiro aspecto, Ele é representado como o Deus da natureza; no segundo, como o Deus da graça. Quando eu o considero o criador do universo, há provas abundantes de que Ele pode me abençoar. Quando eu o considero como habitando na igreja, há provas abundantes de que Ele irá me abençoar, e esses dois elementos são essenciais para a nossa fé.[13] Quatro verdades devem ser aqui destacadas neste versículo.

Em primeiro lugar, *a bênção sacerdotal* (134:3). A prerrogativa de abençoar o povo de Deus era exclusiva dos sacerdotes, os quais não eram a fonte da bênção, mas veículo dela. Eles não tinham em si mesmos o poder de abençoar, mas invocavam a bênção sobre o povo, porque só o Senhor é abençoador e só dele procede a bênção. O abençoador é maior do que o abençoado. Os sacerdotes eram iguais aos peregrinos, por isso eles rogam ao Senhor que abençoe os peregrinos de volta para casa — essa bênção era um eco da bênção araônica (Nm 6:22-26).

Em segundo lugar, *os peregrinos abençoados* (134:3). Embora a palavra sacerdotal seja proferida ao grupo de peregrinos, a bênção é ordenada individualmente. O autor faz uma transição da segunda pessoal do plural nos dois primeiros versículos para a segunda pessoa do singular no versículo 3. Warren Wiersbe diz que o pronome "te" é singular, pois a bênção de Deus é para cada um de nós, pessoalmente; também é singular na bênção sacerdotal em Números 6:22-26. Deixar a Casa de Deus com a bênção dele sobre nós é, ao mesmo tempo, um grande privilégio e uma grande responsabilidade, pois devemos compartilhar essa bênção com outros. Se receber uma bênção é uma grande alegria, ser uma bênção é uma alegria ainda maior.[14]

Em terceiro lugar, *a procedência da bênção* (134:3). O pedido é: "De Sião te abençoe...". A bênção vem do alto, do céu, do Senhor, mas intermediada de Sião, a partir de Sião, onde está o santuário, a Arca da Aliança, lugar da manifestação de Deus em sua graça redentora. Não importa se os peregrinos das tribos retornassem para o norte ou para o sul, pois de Sião o Senhor haveria de abençoá-los.

Concordo com Allan Harman quando diz que, agora na era neotestamentária, a ênfase não é ao Templo (Sião), mas a Jesus. Nossas bênçãos vêm por meio dele, da Jerusalém Celestial (Hb 12:22-24).[15] O verdadeiro monte Sião é, como demonstra Hebreus 12:22-24, onde Jesus, o Mediador da Nova Aliança, reina no meio do seu povo.

Em quarto lugar, *o abençoador* (134:3). "[...] O SENHOR, criador do céu e da terra!". Aqui está a razão pela qual Deus pode nos abençoar, porque Ele é o criador do céu e da terra. Tudo é dele, por isso Ele pode dar bênçãos do céu e pode dar bênçãos da terra. O Senhor pode abençoar porque Ele é o Todo-poderoso Deus, de cujas mãos procedem o universo e toda sorte de bênção.

Spurgeon interpreta corretamente essa bênção sacerdotal nos seguintes termos:

Vocês vão se dispersar e ir para suas casas, um a um; que a bênção possa estar sobre vocês, um por um. Vocês subiram à cidade do Senhor e ao seu Templo, obedecendo à sua ordem; retornem, cada um de vocês, com uma bênção que somente Ele pode dar — divina, infinita, efetiva, eterna. Vocês não vão se afastar das obras ou das glórias do Senhor, pois Ele fez o céu acima de vocês e a terra em que vocês habitam.[16]

Augustus Nicodemus ainda esclarece:

É o Senhor, criador do céu e da terra, que tem poder para abençoar. Eu não posso abençoar porque eu não sou dono de nada. Nós não temos como abençoar; nós podemos pedir que Deus, o criador do céu e da terra, abençoe. Nós não podemos abençoar uma pessoa porque é o maior que abençoa o menor, e nós somos todos iguais. Só Deus pode abençoar, porque Ele tem todas as coisas em suas mãos e pode tirar de seus tesouros e concedê-los aos homens.[17]

A descrição de Deus como criador do céu e da Terra é vista no começo dos salmos de romagem (Sl 121:2), no meio (Sl 124:8) e agora no final (134:3). Portanto, esta é uma descrição muito importante de quem é Deus.[18]

Algumas aplicações oportunas devem ser destacadas na conclusão deste último salmo de romagem. A primeira delas é que os sacerdotes e levitas do Antigo Testamento são uma figura de Jesus Cristo. Ele, sendo perfeito, ofereceu a si mesmo, como sacrifício perfeito. Ele é Cordeiro de Deus que tira o pecado do mundo. Ele morreu pelos nossos pecados, ressuscitou para a nossa justificação, retornou ao céu vitoriosamente e está assentado a direita de Deus, o Pai, de onde intercede por nós e de onde voltará para buscar sua igreja. Consequente, hoje não temos mais sacerdotes, nem altares, nem devemos usar os símbolos judaicos nos cultos cristãos, pois tudo isso era sombra da realidade que se cumpriu em Cristo. A segunda verdade é que hoje, por causa da obra consumada de Cristo, todos aqueles que creem nele são o templo, sacerdotes e reis (1Pe 2:5,9). Hoje, somos a morada de Deus, e Ele habita em nós, por isso temos livre acesso à sua presença. Portanto, pastor não é sacerdote, o púlpito não é altar nem o santuário é a morada de Deus, pois Ele não habita em casa feitas por mãos. Todos nós somos o santuário do Espírito, todos nós oferecemos a Deus, sempre, sacrifício de louvor, que é fruto de lábios que confessam o seu nome (Hb 13:15).

Notas

[1] KIDNER, Derek. *Salmos 73—150: introdução e comentário*. São Paulo: Vida Nova, 2006, p. 463.
[2] WIERSBE, Warren W. *Comentário bíblico expositivo*, vol. 3. São Paulo: Geográfica, 2006, p. 336.
[3] SPURGEON, Charles H. *Os tesouros de Davi*, vol. 3. Rio de Janeiro: CPAD, 2017, p. 791.
[4] LOPES, Augustus Nicodemus. *Caminhos da fé*: uma exposição dos salmos de romagem. Goiânia: Estação da Fé, 2018, p. 170.
[5] HARMAN, Allan. *Salmos*. São Paulo: Cultura Cristã, 2011, p. 444.
[6] HARMAN, Allan. *Salmos*, p. 444.
[7] KIDNER, Derek. *Salmos 73—150: introdução e comentário*, p. 463.
[8] WIERSBE, Warren W. *Comentário bíblico expositivo*, vol. 36, p. 337.
[9] PURKISER, W. T. "O livro de Salmos". In: *Comentário bíblico Beacon*, vol. 3. Rio de Janeiro: CPAD, 2015, p. 314.
[10] HARMAN, Allan. *Salmos*, p. 444.
[11] LOPES, Augustus Nicodemus. *Caminhos da fé*, p. 172.
[12] KIDNER, Derek. *Salmos 73—150: introdução e comentário*, p. 463.
[13] SPURGEON, Charles H. *Os tesouros de Davi*, vol. 3, p. 795.
[14] WIERSBE, Warren W. *Comentário bíblico expositivo*, vol. 3, p. 337.
[15] HARMAN, Allan. *Salmos*, p. 444.

[16] SPURGEON, Charles H. *Os tesouros de Davi*, vol. 3, p. 792.
[17] LOPES, Augustus Nicodemus. *Caminhos da fé*, p. 175.
[18] CASIMIRO, Arival Dias. *Canções de um peregrino*: um estudo dos salmos de romanagem sobre as lutas diárias do crente. Santa Bárbara d'Oeste: Z3, 2020, p. 55.

Capítulo 134

O Senhor é digno de louvor

(Sl 135:1-21)

Esse salmo sucede os cânticos de romagem e abre os cânticos de Aleluia. Não sabemos ao certo quem o escreveu nem mesmo quando foi escrito, mas sabemos que o escritor garimpa o conteúdo de vários outros textos das Escrituras para compor o seu poema. Derek Kidner, nessa mesma linha de pensamento, diz que cada versículo desse salmo ecoa ou é ecoado por alguma outra parte das Escrituras.[1]

Esse salmo contendo 21 versículos pode ser dividido em três partes distintas de 7 versículos cada: 1) O Senhor deve ser louvado por sua bondade como o senhor da criação (135:1-7); 2) O Senhor deve ser louvado pela sua graça como o libertador do seu povo (135:8-14); e

3) O Senhor deve ser louvado pela sua unidade, como o único Deus vivo e verdadeiro (135:15-21).[2] Cinco verdades importantes são postas neste poema. Vejamos.

O Senhor deve ser louvado pela sua eleição soberana (135:1-4)

Esse salmo começa e termina com "Aleluia" (135:1,21), e, no seu bojo, existem motivos eloquentes, porque o povo de Deus deve bendizê-lo. Destacamos aqui, três razões eloquentes pelas quais o Senhor deve ser louvado.

Em primeiro lugar, *o Senhor é digno de receber louvor pela sua bondade* (135:1-3a). "Aleluia! Louvai o nome do Senhor; louvai-o, servos do Senhor, vós que assistis na Casa do Senhor, nos átrios da casa do nosso Deus. Louvai ao Senhor porque o Senhor é bom...". Yahweh é chamado "o Nome" porque é muito superior a todos os outros nomes, e só é peculiar e próprio ao Deus verdadeiro.[3] Os servos do Senhor, que assistem em sua casa, os sacerdotes e levitas no passado e toda a igreja no presente devem louvá-lo porque Ele é bom e sua bondade é a fonte de todo bem.

Em segundo lugar, *o Senhor é digno de receber louvor, porque isso lhe é próprio* (135:3b). "[...] cantai louvores ao seu nome, porque é agradável". O cântico de louvor cai bem para ao Senhor, que é digno de receber toda honra, glória e poder. Ele é merecedor de todos os elogios de seu povo, ou seja, nenhum elogio deve ser dado ao homem; toda honra deve ser dada ao Senhor.

Em terceiro lugar, *o Senhor é digno de receber louvor porque é o autor da eleição do seu povo* (135:4). "Pois o Senhor escolheu para si a Jacó e a Israel para sua possessão". Derek Kidner diz que, se o primeiro motivo do louvor é o caráter de Deus (135:3), o segundo é o seu amor eletivo (135:4).[4] A eleição divina é motivo de louvor do seu povo, além de eterna, livre, soberana e incondicional — em outras palavras, um puro ato de graça. Deus não escolheu Jacó por suas virtudes (Dt 7:7,8) nem Israel como sua possessão e tesouro pessoal por seus méritos (Êx 19:5). Deus escolheu o seu povo para a salvação e para a santidade e testemunho (Ef 1:4; 1Pe 2:9). Purkiser destaca que a eleição de Israel (como a nossa) foi uma eleição que implica mais responsabilidade do que privilégio.[5]

O Senhor deve ser louvado pelo seu poder criador (135:5-7)

Destacamos aqui três verdades importantes.

Em primeiro lugar, *o Senhor é incomparavelmente grande* (135:5). "Com efeito, eu sei que o SENHOR é grande e que o nosso Deus está acima de todos os deuses". Os povos de perto e os de longe tinham seus deuses, mas só o Senhor é grande. Ele não é um dentre os demais do panteão pagão, mas está acima de todos os deuses, e só Ele é o Deus vivo e verdadeiro; só Ele é autoexistente, imenso, infinito, eterno, imutável, onipresente e onisciente; só Ele é soberano. Só Ele é Deus!

Em segundo lugar, *o Senhor é grande por sua criação* (135:6). "Tudo quanto aprouve ao SENHOR, Ele o fez, nos céus e na terra, no mar e em todos os abismos". O Senhor criou os céus e a terra, os oceanos profundos e os mares piscosos, além dos mundos estelares, as galáxias distantes com o seu exército de estrelas — ou seja, não há limitação em seu poder.

Em terceiro lugar, *o Senhor é grande por sua providência* (135:7). "Faz subir as nuvens dos confins da terra, faz os relâmpagos para a chuva, faz sair o vento dos seus reservatórios". Deus não só criou, mas está presente e preside a criação. Allan Harman diz que todas as forças da natureza são parte do seu plano e Ele é capaz de usar o vento, a chuva e os relâmpagos para cumprir seus propósitos. Eles são servos, não poderes independentes a seu próprio modo, como criam muitas religiões no Oriente Próximo.[6]

O Senhor deve ser louvado pela sua soberania na história (135:8-14)

Purkiser diz que, lado a lado com o poder de Deus na criação, o Antigo Testamento coloca o poder de Deus na história. A história é, de fato, a história dele, e Deus fala por meio de seus eventos. Isaías tinha declarado que até mesmo a Assíria era apenas a vara da indignação de Deus (Is 10:5), e Ciro, embora não o conhecesse, era o servo do Senhor (Is 44:28). Esse poder soberano na história foi visto de modo preeminente no Egito e no Êxodo (135:8,9), no deserto (135:10,11a) e na tomada da terra prometida (135:11b,12).[7] Destacamos três fatos importantes:

Em primeiro lugar, *o Senhor libertou o seu povo do Egito* (135:8,9). "Foi Ele quem feriu os primogênitos no Egito, tanto dos homens como das alimárias; quem, no meio de ti, ó Egito, operou sinais e prodígios contra Faraó e todos os seus servos". O salmista descreve as intervenções de Deus no Egito para libertar o seu povo da amarga escravidão como expressão de sua graça soberana. O Senhor enviou dez pragas para desbancar os deuses do Egito e finalizou essa demonstração de poder ferindo de morte todos os primogênitos nas terras dos faraós, tanto de homens como de animais. Allan Harman diz que ferir os primogênitos e enviar as pragas é um sumário muito breve do que está registrado em Êxodo 7-14, no entanto, realça o modo como Deus agiu soberanamente em favor do seu povo.[8]

Em segundo lugar, *o Senhor instalou o seu povo na terra prometida* (135:10-12). "Quem feriu muitas nações e tirou a vida a poderosos reis: a Seom, rei dos amorreus, e a Ogue, rei de Basã, e a todos os reinos de Canaã; cujas terras deu em herança, em herança a Israel, seu povo". O autor descreve como o Senhor exerceu seu juízo sobre as nações cananeias, porque o cálice de sua iniquidade já havia transbordado. O próprio Deus estabeleceu Israel no lugar dessas nações, e a ocupação da terra foi uma obra divina (Js 1-20). A terra foi uma dádiva em herança da parte do Senhor (Dt 4:21; 4:38; 12:9). Um símbolo do poder divino na conquista da terra prometida foi a morte de Seom, rei dos amorreus e de Ogue, rei de Basã (Nm 21:21-35).

Em terceiro lugar, *o Senhor disciplinou o seu povo* (135: 13,14). "O teu nome, SENHOR, subsiste para sempre; a tua memória, SENHOR, passará de geração em geração. Pois o SENHOR julga ao seu povo e se compadece dos seus servos". O nome do Todo-poderoso jamais cairá no esquecimento. Os deuses pagãos são passíveis de descrédito e seus nomes são apagados da História, mas o Senhor Altíssimo continua sendo Deus pelos séculos sem fim, não apenas por escolher e libertar o seu povo, mas também por discipliná-lo. A linguagem do versículo 13 certamente retrocede à declaração de Deus a Moisés: "Este é o meu nome para sempre, o nome pelo qual devo ser lembrado de geração em geração" (Êx 3:15).

O Senhor deve ser louvado pela sua distinção dos ídolos inúteis (135:15-18)

Os versículos de 15 a 18 são idênticos à passagem de Salmos 115:4-6,8. Há aqui três verdades importantes que queremos destacar.

Em primeiro lugar, *os ídolos dos povos são feitos pelo homem* (135:15). "Os ídolos das nações são prata e ouro, obra das mãos dos homens". Embora prata e ouro sejam nobres metais, não passam disso, isto é, são objetos e não seres, e podem ser achados, perdidos, comprados e vendidos, mas não podem ouvir a voz do aflito nem socorrer o necessitado. Concordo com Purkiser quando diz que a eternidade e a compaixão do Senhor estão em completa contraposição com a inoperância dos ídolos que as nações pagãs adoram.[9]

Em segundo lugar, *os ídolos dos povos são inúteis* (135:16,17). "Têm boca e não falam; têm olhos e não veem; têm ouvidos e não ouvem; pois não há alento de vida em sua boca". Os ídolos não falam, não veem, não ouvem, não agem, não respiram — resumindo, são completamente inúteis. O comentarista bíblico Warren Wiersbe cita um exemplo bem conhecido: o do grande deus Ra, a quem tantas riquezas eram dedicadas, e hoje, essa deidade não passa de vocábulo nas palavras cruzadas.[10]

Em terceiro lugar, *os ídolos dos povos produzem falsas esperanças* (135:18). "Como eles se tornam os que os fazem, e todos os que neles confiam". Os fabricantes de ídolos e os adoradores dos ídolos tornam-se cegos espiritualmente. Eles fabricam e adoram aquilo que será um laço para seus próprios pés, e são enredados no cipoal de sua própria crença.

O Senhor deve ser louvado por todo o seu povo (135:19-21)

A convocação para o louvor no começo é agora ampliada para incluir todo o Israel (135:19), bem como a casa de Arão, os sacerdotes e a casa de Levi, os obreiros do templo (135:20a) e todos os tementes a Deus (135:20b).[11] Aqui, vemos a congregação reunida e os sacerdotes oficiantes imprimindo louvor unificado ao Senhor. Vejamos.

Em primeiro lugar, *todas as tribos devem bendizer ao Senhor* (135:19a). "Casa de Israel, bendizei ao Senhor...". A casa de Israel congrega todas as tribos. Fala da totalidade da nação, ou seja, todos são alvos da bondade de Deus e todos devem bendizer ao Senhor.

Em segundo lugar, *os sacerdotes e levitas devem bendizer ao Senhor* (135:19b,20). "[...] casa de Arão, bendizei ao Senhor; casa de Levi, bendizei ao Senhor; vós que temeis ao Senhor, bendizei ao Senhor". Da casa de Arão procediam os sacerdotes, e os que trabalham no serviço do templo eram levitas. Todos são convocados a bendizer ao Senhor, pois a familiaridade com o sagrado não pode apagar a chama do fervor. Enfim, todos aqueles que temem ao Senhor devem bendizer ao Senhor.

Em terceiro lugar, *a Casa onde Deus habita deve bendizer ao Senhor* (135:21). "Desde Sião bendito seja o Senhor, que habita em Jerusalém! Aleluia!". Que o Senhor seja mais bendito onde mais abençoa. Que o lugar da sua habitação ecoe os seus louvores. Que o templo de santas solenidades, que é Cristo, e a cidade do grande Rei, que é a igreja, sejam o quartel general dos louvores do Senhor.[12] Allan Harman diz que o louvor deve fluir de Jerusalém, e o cumprimento final disso foi a disseminação do evangelho de Jerusalém até a Judeia e Samaria, e então até aos confins da terra (At 1:8).[13]

Notas

[1] KIDNER, Derek. *Salmos 73—150: introdução e comentário.* São Paulo: Vida Nova, 2006, p. 464.
[2] SPURGEON, Charles H. *Os tesouros de Davi,* vol. 3. Rio de Janeiro: CPAD, 2017, p. 806.
[3] SPURGEON, Charles H. *Os tesouros de Davi,* vol. 3, p. 807.
[4] KIDNER, Derek. *Salmos 73—150: introdução e comentário,* p. 464.
[5] PURKISER, W. T. "O livro de Salmos". In: *Comentário bíblico Beacon,* vol. 3. Rio de Janeiro: CPAD, 2015, p. 315.
[6] HARMAN, Allan. *Salmos.* São Paulo: Cultura Cristã, 2011, p. 446.
[7] PURKISER, W. T. "O livro de Salmos", p. 316.
[8] HARMAN, Allan. *Salmos,* p. 446.
[9] PURKISER, W. T. "O livro de Salmos", p. 316.
[10] WIERSBE, Warren W. *Comentário bíblico expositivo,* vol. 3. São Paulo: Geográfica, 2006, p. 338.
[11] PURKISER, W. T. "O livro de Salmos" 2015, p. 316.
[12] SPURGEON, Charles H. *Os tesouros de Davi,* vol. 3, p. 806.
[13] HARMAN, Allan. *Salmos,* p. 447.

Capítulo 135

Misericórdias eternas

(Sl 136:1-26)

NÃO HÁ OUTRO SALMO como este em todo o Saltério, com um estribilho ocorrendo em cada versículo. O salmo continua os temas de Deus como criador e redentor, os quais ocorreram no salmo 135.[1] O salmo 136 aborda, em grau superlativo, o *chesed,* a misericórdia de Deus. Muitas coisas doces estão na Palavra de Deus, mas a sua misericórdia, *chesed,* é a mais doce palavra em todas as passagens das Escrituras, o que fez o salmista mencioná-la 26 vezes nesse salmo.[2] O propósito do autor é mostrar a singularidade do Senhor e a grandeza de seus feitos extraordinários no universo, a Israel e a todas as suas criaturas.

Derek Kidner diz que, na tradição judaica, esse salmo é frequentemente conhecido como o Grande Hallel, ou seja, o grande salmo de louvor.³ Esse é um salmo antifônico, preparado para ser usado por um dirigente e a congregação, ou, ainda, talvez por dois coros. O refrão desse salmo é conhecido, pois foi entoado na consagração do templo de Salomão (2Cr 7:3,6) e, também, pelos cantores do rei Josafá quando Judá foi atacada por Moabe e Amom (2Cr 20:21).

Warren Wiersbe diz que esse salmo é uma recapitulação de como Deus se relaciona com seu povo, transformando a história em teologia e a teologia em adoração.⁴

O Deus dos deuses (136:1-3)

Os três primeiros versículos desse salmo contêm três diferentes nomes da Divindade. No versículo 1, "Senhor" é a tradução de *Yahweh;* no versículo 2, "Deus dos deuses" é a tradução de *Elohim;* e no versículo 3, o vocábulo "Senhor dos senhores" é a tradução de *Adonai*. Encontramos aqui também uma indicação da própria Trindade: Deus Pai, Deus Filho e Deus Espírito Santo.

O salmista começa enaltecendo ao Senhor por sua bondade (136:1), afirmando em seguida que Ele é o Deus dos deuses (136:2), o Senhor dos senhores (136:3) e o único que opera maravilhas (136:4). Essencialmente, só o Senhor é bom, e bom em grau superlativo. Ele é o Deus dos deuses porque, embora possa haver poderes no céu e na Terra que os homens chamam de deuses, o Senhor está acima deles. Há muitos senhores, mas Yahweh é o Senhor de todos eles. Nas palavras de Spurgeon, "toda a autoridade é conferida pelo Eterno. Ele faz e administra a lei, governa a mente e a matéria. Ele possui em si mesmo, toda soberania e todo o poder".⁵

O Deus criador (136:4-9)

O salmista passa a mostrar a misericórdia que dura para sempre nas obras da criação. O autor começa afirmando que só o Senhor opera grandes maravilhas (136:4), pois Ele, com entendimento, numa exibição de sua sabedoria, fez os céus (135:5), estendeu a terra sobre as águas (136:6), fez os grandes luminares (136:7), o sol para presidir o dia (136:8) e a lua e as estrelas para presidirem a noite (136:9) — tudo isso faz referência ao primeiro capítulo das Escrituras.

O Senhor é o grande realizador de milagres. Ele faz maravilhas. Suas maravilhas são grandes, e apenas Ele é capaz de tamanhas proezas. Do nada, Ele tudo todas as coisas. Sem matéria preexistente, trouxe à existência tudo o que existe. Os céus, a terra e os grandes luminares foram feitos com entendimento incomum. Ele não somente criou o universo colossal, mas também funcional, de modo que os seres criados dependem do funcionamento do que foi criado para viverem e procriarem. O vastíssimo e insondável universo, com mais de 93 bilhões de anos-luz de diâmetro, é governado por leis, e tudo funciona sob o rigoroso controle do Criador, que é transcendente e ao mesmo tempo imanente.

A criação redunda em glória ao Criador e benefícios às criaturas. Se nos faltasse qualquer dos elementos mencionados na criação, nossa vida seria impossível neste imenso planeta. Que nosso coração, portanto, exulte na misericórdia do Senhor e a celebre, pois sua misericórdia dura para sempre! Spurgeon exorta: "Que os nossos agradecimentos sejam tão numerosos quanto as estrelas, e que a nossa vida reflita a bondade do Senhor, assim como a lua reflete a luz do sol".[6]

O Deus libertador (136:10-16)

O salmista, tendo falado da singularidade do Senhor e da grandeza de sua criação, agora passa a tratar da libertação do seu povo. Se na criação vimos o seu poder; agora contemplaremos a sua graça; e se suas obras são dirigidas aos nossos olhos, a libertação do seu povo é um apelo ao nosso coração.

O autor descreve como o Senhor feriu o Egito nos seus primogênitos (136:10) e tirou a Israel do meio deles (136:11) com mão poderosa e braço estendido (136:12). Já no começo da jornada, separou em duas partes o mar Vermelho (136:13), fez passar a Israel (136:14), precipitou Faraó e seu exército no mar Vermelho (136:15) e conduziu o seu povo pelo deserto (136:16). Esses eventos do êxodo são uma síntese da poderosa intervenção do Senhor na libertação, resgate e condução do seu povo pelo deserto rumo à terra prometida. Concordo com Warren Wiersbe quando diz que o êxodo marcou o nascimento de Israel como nação e também é um retrato da redenção que temos em Jesus Cristo, o Cordeiro perfeito de Deus, que derramou seu sangue para libertar-nos (1Pe 1:18,19; Jo 1:29; Ef 1:7; Cl 2:14; Hb 9:12).[7]

Allan Harman destaca que a travessia do mar Vermelho significou salvação para os israelitas, porém juízo para o exército egípcio perseguidor.[8] Na jornada pelo deserto, como um pastor zeloso, Deus deu ao seu povo proteção e sustento (Sl 78:52,53).

Israel não sacudiu o jugo do cativeiro com sua própria força, tampouco desbancou os deuses do Egito com o seu próprio poder. Também não abriu o mar Vermelho com seus próprios artifícios nem exerceu juízo sobre o exército de Faraó com sua própria estratégia. A jornada no deserto, com uma colossal multidão, tendo maná para comer, água da rocha para beber, roupa preservada da intempérie do tempo para vestir e sandálias para calçar, não foram ações do braço da carne, mas manifestações das misericórdias do Senhor, que duram para sempre.

O mesmo Deus que revelou sua glória na criação do mundo, agora revela sua graça na criação da nação eleita. Spurgeon diz que Israel não saiu do Egito de forma desprezível ou clandestina; em vez disso, o Senhor os fez sair com prata e ouro, e entre suas tribos não houve um só enfermo.[9] Deus fez passar o seu povo pelo abismo aberto no mar e abriu-lhes veredas pelo deserto de rochas escarpadas e empinadas aos céus e vales profundos. Os céus tornaram-se benfazejos, fazendo chover diariamente maná, e as rochas se transformaram em fontes de águas deliciosas. Durante o dia, uma coluna de nuvem guiava o povo, oferecendo-lhe frescor e conforto, e, durante a noite, uma coluna de fogo iluminava o caminho, aquecia o povo do frio e espantava as feras peçonhentas e perigosas. Oh! Misericórdia bendita e eterna! Nas palavras de Spurgeon, "Israel, tirado como um cordeiro de entre os dentes do leão, com razão, louva o seu libertador".[10]

O Deus vencedor (136:17-22)

Essa passagem é quase exatamente paralela a Salmos 135:10-12. Tendo tratado da singularidade do Senhor, da criação e do êxodo, agora o salmista vai focar nas grandes vitórias impostas pelo Senhor aos que tentaram impedir o povo de Israel de atravessar o deserto e possuir a terra prometida. Essas intervenções divinas mais uma vez foram uma expressão da sua misericórdia que dura para sempre ao seu povo escolhido. O Senhor feriu grandes reis (136:17) e tirou a vida de reis famosos (137:18), como a Seom, rei dos amorreus (137:19), e Ogue, rei de Basã (136:20). A terra desses grandes e famosos reis foi dada pelo Senhor em herança a Israel (136:21), seu servo (136:22).

Esse texto nos ensina que os planos de Deus não podem ser frustrados, ou seja, o que Deus determina fazer, Ele vai fazer, porque ninguém pode impedir a sua mão — em outras palavras, opor-se ao Todo-poderoso é entrar numa empreitada fracassada. Nem o poder dos reis famosos nem a fúria de seus exércitos puderam impedir Israel de avançar rumo à terra prometida. Nem as agruras do deserto nem o tamanho dos gigantes puderam obstruir o caminho dos filhos de Deus rumo à posse da terra da promessa. Nas palavras de Spurgeon, "como Senhor de toda a terra, Ele transferiu a sua propriedade de um arrendatário a outro. A terra não se tornou propriedade dos israelitas pela sua própria espada ou pelo seu arco, mas por uma concessão do trono.[11]

É importante ressaltar que nem Seom, rei dos amorreus, nem Ogue, rei de Basã, permitiram a passagem de Israel sem disputa, e, depois de serem derrotados pelas mãos dos israelitas, suas terras foram tomadas — os relatos históricos são dados em Números 21:21-35 e Deuteronômio 2:24-3:11.

O Deus consolador (136:23,24)

Instalado o povo de Israel na terra prometida, as lutas externas e internas não cessaram. Havia adversários por fora e abatimento por dentro, porém, o salmista diz: "O

Senhor se lembrou de nós em nosso abatimento (136:23) e nos libertou dos nossos adversários (136:24). É digno de nota que o salmista passa a retratar as ações divinas num tom pessoal. As graças pessoais despertam o mais doce cântico. O Senhor se lembrou de nós. Ele pensa em nós. Mesmo quando ficamos abatidos, atordoados pela angústia ou mesmo quando nossos adversários rosnam para nós, arreganhando os dentes afiados, prontos a nos devorar, o Senhor se lembra de nós, consolando-nos e libertando-nos. Nosso abatimento pode durar um pouco, mas nosso consolo é certo. Nossos adversários podem prevalecer por um momento, mas nossa libertação é garantida. Israel sofreu nas mãos do Egito, da Assíria, da Babilônia, da Pérsia, da Grécia, de Roma, mas esses poderosos impérios passaram e Israel sobreviveu. A igreja de Cristo foi perseguida, os mártires tingiram a terra com o seu sangue, mas os inimigos da igreja sofrerão vexame eterno, e a igreja sobranceira e vitoriosa reinará com Cristo eternamente.

Oh, quão rica e permanente é a misericórdia divina que nos traz consolo e novo ânimo quando estamos abatidos e nos livra dos adversários que nos oprimem.

O Deus da provisão universal (136:25)

O salmista registra: "E dá mantimento a toda carne, porque a sua misericórdia dura para sempre" (136:25). Na redenção de Israel, vimos a graça especial de Deus agindo, mas, no cuidado provedor a todas as criaturas, vemos sua graça comum operando. É Deus quem veste o lírio do campo e quem alimenta os pássaros, e é Ele também quem dá sustento às alimárias do campo e às feras selvagens. Concordo com Spurgeon quando diz que a providência comum, que cuida de todos os seres vivos, merece os nossos mais devotos agradecimentos. A bondade universal de Deus de alimentar todas as suas criaturas é tão merecedora de louvor quanto a sua benevolência especial com a nação eleita.[12]

O Deus do céu (136:26)

Derek Kidner diz que este versículo final retoma o estilo dos versículos 1 a 3, fazendo com que o salmo volte, em efeito, à nota tônica que lhe deu início.[13]

Este rico poema é concluído de forma brilhante: "Oh! Tributai louvores ao Deus dos céus, porque a sua misericórdia dura para sempre". Essa é a primeira e única vez no livro de salmos que Deus é chamado de "Deus dos céus". Porém, esse nome de Deus aparece com frequência nos livros posteriores (2Cr 36:23; Ed 1:2; 5:11,12; 6:9; Ne 1:4,5; 2:4; Dn 2:18,44; 5:23; Jn 1:9).[14] "Deus dos céus" é um título cheio de honra. O Senhor é Deus nos mais elevados domínios e entre os seres celestiais. O seu trono é estabelecido em glória, acima de tudo e fora do alcance dos adversários.[15] Sendo assim, devemos louvar ao Deus dos céus por sua misericórdia, pois Ele preparou-nos o céu, bênção superior a todas as outras coisas.

NOTAS

[1] HARMAN, Allan. *Salmos.* São Paulo: Cultura Cristã, 2011, p. 448.
[2] SPURGEON, Charles H. *Os tesouros de Davi,* vol. 3. Rio de Janeiro: CPAD, 2017, p. 836.
[3] KIDNER, Derek. *Salmos 73—150: introdução e comentário.* São Paulo: Vida Nova, 2006, p. 466.
[4] WIERSBE, Warren W. *Comentário bíblico expositivo,* vol. 3. São Paulo: Geográfica, 2006, p. 339.

[5] SPURGEON, Charles H. *Os tesouros de Davi*, vol. 3, p. 825.
[6] Ibidem, p. 828.
[7] WIERSBE, Warren W. *Comentário bíblico expositivo*, vol. 3, p. 340.
[8] HARMAN, Allan. *Salmos*, p. 449.
[9] SPURGEON, Charles H. *Os tesouros de Davi*, vol. 3, p. 829.
[10] Ibidem, p. 831.
[11] Ibidem, p. 833.
[12] Ibidem, p. 834.
[13] KIDNER, Derek. *Salmos 73—150: introdução e comentário*, p. 467.
[14] PURKISER, W. T. "O livro de Salmos". In: *Comentário bíblico Beacon*, vol. 3. Rio de Janeiro: CPAD, 2015, p. 317.
[15] SPURGEON, Charles H. *Os tesouros de Davi*, vol. 3, p. 834.

Capítulo 136

O lamento de um exilado

(Sl 137:1-9)

Esse é um dos mais controvertidos poemas do Saltério por causa da pesada oração imprecatória no final do salmo. Hoje, nós que vivemos no tempo do evangelho, obviamente dispomos de mais luz, porém, a concepção de que Deus nega a equidade da retribuição é falsa.[1]

Esse salmo fala do cativeiro babilônico. Derek Kidner diz que cada linha dele revela uma dor viva, cuja intensidade cresce a cada estrofe, até ao clímax apavorante.[2] A gloriosa cidade de Jerusalém havia sido invadida, saqueada e destruída por Nabucodonosor em 586 a.C. O povo de Judá, por não ouvir a voz de Deus e por se corromper moral e espiritualmente, foi levado cativo.

Salmos — O livro das canções e orações do povo de Deus

Foi um cerco doloroso, no qual jovens foram passados ao fio da espada. As crianças esmagadas sob as pedras. As jovens foram forçadas. Os que morreram à espada foram mais felizes do que aqueles que morreram de fome dentro das muralhas (Lm 4:9). Os que tentavam escapar do cerco da morte eram encurralados pelos edomitas, que festejaram a ruína de Jerusalém (Ob 10-14).

O povo judeu viveu no exílio babilônico por setenta anos, e aqueles que voltaram à Jerusalém estão relembrando o passado, trazendo à memória o passado de dor. Eles se lembram de como deixaram de cantar e de como dependuraram suas harpas. O cativeiro havia passado, mas as memórias amargas não. Três verdades essenciais são ensinadas nesse salmo.

A saudosa lembrança, o infortúnio na Babilônia (137:1-3)

Judá tinha se desviado de Deus. Homens maus se levantaram em Jerusalém, como Acaz e Manassés. O povo deixou a lei do Senhor. Deus levantou profetas, mas o povo perseguiu a uns e matou a outros. A nação se corrompeu. Os ricos oprimiam os pobres; os juízes, por suborno, vendiam sentenças para oprimir os fracos. Então, Deus trouxe a Babilônia e entregou Jerusalém nas mãos de Nabucodonosor. O povo foi levado para uma terra estranha, perdendo suas casas, suas terras, sua pátria, sua liberdade e suas famílias. Destacamos alguns pontos.

Em primeiro lugar, *os cativos estavam num ambiente estranho* (137:1). "Às margens dos rios da Babilônia, nós nos assentávamos e chorávamos, lembrando-nos de Sião". Criados nos altiplanos da Judeia, acostumados a contemplar os montes ao redor de Jerusalém, os exilados estão, agora, numa planície, contemplando os rios Tigre e Eufrates, com seus muitos canais de irrigação, sentindo saudades de casa. Ali bate forte no peito a crise da desinstalação, pois eles estão onde não gostariam de estar, pisando um chão que não gostariam de pisar. Eles foram arrancados do seu lar e seus vínculos foram quebrados. Tudo que eles amavam foi violentado. Perderam suas raízes. A vontade deles não foi respeitada e eles já não eram mais livres. Eram tratados como coisas, como objetos. Perderam seus bens, suas casas, suas famílias, seu templo, sua cidade, sua cidadania. Foram despojados e levados cativos pelos opressores, e ali eles enfrentavam a crise da apatia coletiva, o choro da melancolia e a saudade nostálgica de Sião.

É digno de nota que eles se assentam para chorar, com um pranto doloroso, como de um funeral, não por causa da crueldade sofrida, por causa da saudade de Sião. Nas palavras de Spurgeon, "a lembrança da cruel opressão secou suas lágrimas e fez seu coração arder de ira, mas, quando a amada cidade de suas solenidades veio à sua mente, não puderam refrear dilúvios de lágrimas".[3] Allan Harman escreve: "Para o povo hebreu, viver em exílio não era o mais cruel, nem a prisão fechada, mas viver separados de Sião".[4]

Em segundo lugar, *os cativos estavam sendo alvos de zombaria* (137:2,3). "Nos salgueiros que lá havia, pendurávamos as nossas harpas, pois aqueles que nos levaram cativos nos pediam canções, e os nossos opressores, que fôssemos alegres, dizendo: Entoai-nos algum dos cânticos de Sião". Os salgueiros eram árvores frondosas às margens dos rios, cujos galhos, sendo longos, delgados e pendentes serviam de cabide para seus instrumentos musicais. Sabedores que os soldados caldeus, para zombar deles, pediam-lhes que entoassem as canções sagradas do templo para diverti-los, já deixavam suas harpas dependuradas. Esses guardas exigiam dos pobres exilados que os distraíssem, entoando-lhes os cânticos de Sião.

É melhor pendurar as harpas nos salgueiros do que profaná-las ao serviço dos ídolos. Os cantores se recusaram a cantar os louvores do Senhor para a diversão dos incrédulos. Eles temiam mais ao Senhor do que aos seus opressores. Spurgeon diz que é melhor ser mudo do que ser forçado a agradar um inimigo com cânticos forçados. Que crueldade é fazer um povo suspirar de dor e, depois, exigir que cantem! Isso é tortura calculada; é ferro que penetra na alma; é crueldade refinada![5] Spurgeon diz, ainda, que a exigência dos caldeus era cruel, pois exigiam um cântico dos cativos, um cântico para agradar os opressores e um cântico sagrado com propósitos profanos.[6]

Os cativos não deviam apenas cantar, mas também sorrir e acrescentar alegria à sua música. Mesmo roubados, feridos, levados ao cativeiro e à pobreza, ainda assim o povo devia cantar, como se estivessem todos se divertindo e devessem se divertir. Isso era amargura e fel para os que verdadeiramente amavam o Senhor e a sua terra escolhida.

Esta passagem é um alerta para todos aqueles que transformam a música cristã em show para agradar a homens e tangem seus instrumentos para animar plateias mundanas. A ridicularização das coisas santas deveria merecer nosso repúdio, pois nenhuma harpa deve ser tangida, exceto para Jesus. O cântico do Senhor deve ser entoado não para entreter os homens, mas exclusivamente para louvar e exaltar ao Senhor. Myer Pearlman diz que o salmista devoto e seus companheiros tinham horror de transformar os hinos em passatempo para a diversão dos pagãos.[7] Do mesmo modo, hoje seria uma profanação empregar os hinos e cânticos espirituais para o entretenimento dos ímpios. Warren Wiersbe escreve: "Como é triste ver, nos dias de hoje, celebridades usando hinos tradicionais para o entretenimento de multidões pagãs que não conhecem o Senhor nem sua graça. Isso é dar aos cães o que é santo e lançar pérola aos porcos (Mt 7:6)". [8]

A apaixonada dedicação, o compromisso com Jerusalém (137:4-6)

Duas atitudes dos exilados são demonstradas aqui.

Em primeiro lugar, *os exilados demonstram tenacidade* (137:4). "Como, porém, haveríamos de entoar o canto do Senhor em terra estranha?" Os ímpios podiam, como Belsazar, profanar os objetos sagrados sem sentir qualquer culpa, mas os servos de Deus preferiam morrer a profanar a música sagrada. Assim como Daniel resolveu firmemente não se contaminar com as iguarias da mesa do rei (Dn 1:8), os cantores estavam determinados a não entoar o canto do Senhor em terra estranha. Os exilados não transigiam com os valores absolutos nem faziam concessão, ou seja, pressão ou sedução não dobrava esses prisioneiros da esperança.

Em segundo lugar, *os exilados demonstram lealdade a Jerusalém* (137:5,6). "Se eu de ti me esquecer, ó Jerusalém, que se resseque a minha mão direita. Apegue-se-me a língua ao paladar, se me não lembrar de ti, se não preferir eu Jerusalém à minha maior alegria". A mão direita para tocar os instrumentos e a língua para entoar os cânticos de Sião eram consagrados ao Senhor. Entoar os cânticos de Sião para o prazer dos adversários de Sião seria o mesmo que esquecer a cidade santa. Individualmente, os cativos prometem fidelidade a Jerusalém, e nenhum deles irá desonrar o Senhor para glorificar Bel, o deus pagão, e gratificar os seus admiradores. Os exilados juram solenemente que se vingarão de si mesmos se foram tão falsos e tão incrédulos.[9]

Os cantores invocam um silêncio eterno à sua boca se eles se esquecerem de Jerusalém para gratificar a Babilônia. Os que tocam os instrumentos e os doces cantores têm a mesma opinião: os inimigos do Senhor não obterão nenhum cântico ou melodia alegre deles.[10] Jerusalém, a cidade do grande Rei, onde estava o templo, lugar da habitação de Deus, era a maior prioridade da vida deles e o conteúdo dos pensamentos deles, de modo que preferiam ficar aleijados e mudos a profanar seus hinos sagrados. Que aprendamos com esses judeus piedosos a sermos zelosos com as coisas de Deus!

A veemente indignação, a maldição sobre Edom e Babilônia (137:7-9)

Warren Wiersbe diz que antes de escrever sobre os julgamentos de Deus contra Edom e a Babilônia (137:7-9), o salmista julga a si mesmo por seu descuido e chega a pedir que Deus o castigue, caso não cumpra seu voto.[11]

Nestes últimos versículos (137:7-9), temos expressões de ardente indignação contra os principais adversários de Israel, uma indignação tão justa quanto fervorosa.[12] O templo foi queimado e Jerusalém, destruída. As esposas foram violentadas e os filhos, arremessados nas pedras. A fome e a espada devoraram sem piedade, e uma força selvagem e sem remorso foi exibida sem misericórdia sobre o povo de Deus. Dois fatos solenes são destacados.

Em primeiro lugar, *a maldição sobre Edom* (137:7). "Contra os filhos de Edom, lembra-te, SENHOR, do dia de Jerusalém, pois diziam: Arrasai, arrasai-a, até aos fundamentos". O salmista, em sua oração imprecatória, não aciona o braço da vingança pessoal, mas entrega o caso nas mãos do Senhor. Como o Senhor é o reto juiz, distribuirá a justiça de forma imparcial, de modo que, quando chegar o dia da restauração de Jerusalém, Edom será lembrada e deixará de existir.

Os edomitas (descendentes de Esaú) agiram com desumana crueldade contra os seus irmãos israelitas (descendentes de Jacó) quando estes estavam vivendo o dia da sua calamidade (Am 1:11,12; Jr 49:7-22; Ml 1:2-5). Os edomitas haviam dominado a cidade e matado os fugitivos que tentavam escapar (Ob 11-14; Ez 25:12-14; 35:5-15). Os edomitas não só queriam ver Jerusalém arrasada até o chão, mas também destruído até os fundamentos o governo de Deus. O profeta Obadias descreve a cena assim:

> Por causa da violência feita a teu irmão Jacó, cobrir-te-á a vergonha, e serás exterminado para sempre. No dia em que, estando tu presente, estranhos lhe levaram os bens, e estrangeiros lhe entraram pelas portas e deitaram sortes sobre Jerusalém, tu mesmo era um deles. Mas tu não devias ter olhado com prazer para o dia de teu irmão, o dia da sua calamidade; nem ter-te alegrado sobre os filhos de Judá, no dia da sua ruína; nem ter falado de boca cheia no dia da angústia; não devias ter entrado pela porta do meu povo, no dia da sua calamidade; tu não devias ter olhado com prazer para o seu mal, no dia da sua calamidade; nem ter lançado mão nos seus bens, no dia da sua calamidade; não devias ter parado nas encruzilhadas, para

exterminares os que escapassem; nem ter entregado os que lhe restassem, no dia da angústia (Ob 10-14).

Em segundo lugar, *a maldição sobre Babilônia* (137:8,9). "Filha da Babilônia, que hás de ser destruída; feliz aquele que te der o pago do mal que nos fizeste. Feliz aquele que pegar teus filhos e esmagá-los contra a pedra". A Babilônia estava como uma jovem virgem, na sua maior formosura, porém já estava condenada pelos seus crimes. O salmista, com base nas profecias, afirma, categoricamente, que Babilônia será destruída. Charles Swindoll diz que, de acordo com Isaías 13:14-16, os babilônios assassinavam brutalmente as crianças judias diante dos olhos de seus pais. Assim, com apelos apaixonados, o autor deste cântico o conclui com um pedido de justiça.[13] Quanto ao futuro da Babilônia, o salmista conhecia as profecias (Is 13:14-16; Jr 50-51). O que ele pede é que o Senhor cumpra a sua palavra no devido tempo e faça justiça (Jr 51:56). Resta, portanto, afirmar que o inimigo final do povo de Deus é chamado "Babilônia" no livro de Apocalipse, e sua destruição é saudada com alegria (Ap 19:1-4).

É importante ressaltar que essa oração imprecatória não é uma questão de vingança pessoal, mas a execução da justa retribuição, em conformidade com a lei divina, onde o transgressor recebe o mal que pratica na mesma proporção (Dt 19:16-21; Pv 24:29; Gl 6:7).

A justa retribuição cairá sobre a Babilônia, de modo que a violência desumana que ela impôs ao povo de Deus cairá sobre sua própria cabeça e o mal que ela praticou voltará contra ela. Babilônia beberá do seu próprio veneno e sua maldade voltará contra o seu próprio seio. O salmista diz que bem-aventurado é aquele que auxiliar na derrubada de

Babilônia. Mais feliz será aquele que contemplar esse sistema iníquo e perverso sendo arremessado ao fundo do mar para nunca mais ressurgir.

Derek Kidner diz que há bastante evidência de que "esmagar os filhos contra a pedra" (137:9) era uma prática bastante comum a uma vitória pagã (2Rs 8:12; Is 13:16; Os 10:14; 13:16), e Babilônia não se sentiu-se disposta a controlar-se na queda de Jerusalém (2Rs 25:7; Lm 5:11,12). À pergunta: qual o merecimento daqueles que cometeram tais atos? A resposta imparcial seria "o grau de sofrimento que impuseram aos outros". A essa pergunta, o Novo Testamento responde que, em última análise, Deus "retribuirá a cada um segundo as suas obras" (Jó 34:11), mas também torna claro que a ira é somente para a "dureza e coração impenitente" (Rm 2:5,6). A nossa vocação depois da cruz é orar pedindo a reconciliação, e não o julgamento.[14]

Deus respondeu ao apelo do salmista? Certamente que sim! A Babilônia, poucos anos depois, caiu nas mãos do império Medo-Persa. O profeta Jeremias profetizou que o Senhor faria dessa enorme e poderosa cidade "um deserto perpétuo" (Jr 25:12). Swindoll escreve:

> Os persas não apenas invadiram os babilônios, mas extirparam a Babilônia da face da terra. Somente restam os escombros da cidade. A Babilônia ainda é uma terra desolada, estéril, de silêncio, ao longo da ferrovia de Bagdá, pouco mais que uma parada flagelada pelo vento, para arqueólogos a caminho de uma escavação na acidentada terra deserta. A cidade é um testamento permanente da fidelidade de Deus de fazer o que prometeu.[15]

Salmos — O livro das canções e orações do povo de Deus

NOTAS

1. PURKISER, W. T. "O livro de Salmos". In: *Comentário bíblico Beacon*, vol. 3. Rio de Janeiro: CPAD, 2015, p. 317,318.
2. KIDNER, Derek. *Salmos 73—150: introdução e comentário*. São Paulo: Vida Nova, 2006, p. 467.
3. SPURGEON, Charles H. *Os tesouros de Davi*, vol. 3. Rio de Janeiro: CPAD, 2017, p. 853.
4. HARMAN, Allan. *Salmos*. São Paulo: Cultura Cristã, 2011, p. 451.
5. SPURGEON, Charles H. *Os tesouros de Davi*, vol. 3, p. 853,854.
6. Ibidem, p. 870.
7. PEARLMAN, Myer. *Salmos*. Rio de Janeiro: CPAD, 1977, p. 134.
8. WIERSBE, Warren W. *Comentário bíblico expositivo*, vol. 3. São Paulo: Geográfica, 2006, p. 341.
9. SPURGEON, Charles H. *Os tesouros de Davi*, vol. 3, p. 854.
10. Ibidem, p. 854,855.
11. WIERSBE, Warren W. *Comentário bíblico expositivo*, vol. 3, p. 342.
12. SPURGEON, Charles H. *Os tesouros de Davi*, vol. 3, p :852.
13. SWINDOLL, Charles R. *Vivendo Salmos*. Rio de Janeiro: CPAD, 2018, p. 263.
14. KIDNER, Derek. *Salmos 73—150: introdução e comentário*. 2006, p. 468,469.
15. SWINDOLL, Charles R. *Vivendo Salmos*, p. 264.

Capítulo 137

Um tributo de louvor ao Senhor

(Sl 138)

ESSE SALMO DÁ INÍCIO à última coletânea de salmos atribuída a Davi, a qual é composta de oito salmos (138-145). Ao todo, quase a metade dos 150 salmos é de autoria davídica. Essa coletânea de poemas prepara-nos para a conclusão do Saltério, finalizando com os quatro "salmos de Aleluia" (146-150). Poderíamos chamar esses oito salmos de Davi de manual de oração e louvor particular do israelita devoto. Purkiser diz que eles são provavelmente os últimos escritos por Davi, um tipo de comentário acerca da grande promessa messiânica em 2Samuel 7.[1]

O belo salmo 138 constitui, respectivamente, um cântico e uma expressão de inabalável confiança,[2] uma vez que

Davi expressa, nesse salmo, sua gratidão pela promessa de Deus (138:2), sua presteza (138:3a), seu poder (138:3b), sua proteção (138:7) e sua persistência (138:8).[3]

Davi exalta a Deus pela excelsitude de seu ser e pela supremacia da sua Palavra. Louva a Deus diante dos reis da terra e de todos os poderosos do mundo. Ele vê, também, o triunfo da Palavra de Deus na conversão dos reis de toda a terra e testemunha como o Senhor atenta para os humildes, mas enxerga de longe a futilidade dos soberbos. Davi conclui esse salmo mostrando como Deus é fiel para responder as orações, cumprir suas promessas e completar sua obra em nós. Destacamos três verdades preciosas na exposição deste inspirado poema.

A grandeza do Senhor e a supremacia da sua Palavra (138:1-3)

Cinco verdades preciosas são destacadas.

Em primeiro lugar, *a determinação de louvar ao Senhor* (138:1a). "Render-te-ei graças, SENHOR, de todo o meu coração...". À semelhança de Salmos 9:1, Davi aqui se compromete a tributar ao Senhor seus efusivos louvores e fazer isso com toda a inteireza do seu coração.

Em segundo lugar, *o testemunho ousado no louvor ao Senhor* (138:1b). "[...] na presença dos poderosos te cantarei louvores". A palavra "poderosos" é a tradução da palavra hebraica *Elohim,* a mesma palavra usada para Deus (Gn 1:1). A Septuaginta e a Vulgata traduzem o vocábulo por "anjos"; outros estudiosos defendem que Davi está se referindo aos "falsos deuses dos povos", e outros, ainda, que o autor está se referindo aos "governantes humanos" (82:1; Êx 21:6; 22:8,9), portanto, sinônimo de "reis" (138:4).

Não há consenso sobre o real significado nesta passagem. O que fica claro é que Davi está determinado a louvar ao Senhor, o único Deus vivo e verdadeiro, diante daqueles que são opositores de sua fé, zombadores da verdadeira religião e considerados poderosos no mundo. Ele não se intimida nem se acovarda, e, mesmo num ambiente hostil, publica sua fé e manifesta sua adoração ao Senhor.

Em terceiro lugar, *a centralidade do Senhor na adoração* (138:2a). "Prostrar-me-ei para o teu santo templo e louvarei o teu nome, por causa da tua misericórdia e da tua verdade...". Derek Kidner diz, com razão, que desde o início há uma mistura nobre de ousadia e humildade em Davi: ousadia para confessar o Senhor na presença dos poderosos e humildade para se prostrar diante dele, perante o seu templo.[4]

A palavra "templo" é uma tradução do vocábulo hebraico *heykal*, que pode significar também santuário, até porque o templo de Jerusalém ainda não havia sido construído. Allan Harman diz que o termo hebraico *heikal* é aplicado à tenda que havia sido a casa de Deus antes que o templo fosse construído (1Sm 1:9; 3:3), e no salmo 27 ele é usado juntamente com casa (*bet*), barraca (*sok*) e tenda (*ohel*) para descrever a habitação temporária para a arca da aliança.[5]

Muitos críticos tentam remover a autoria de Davi por causa da menção do templo, uma vez que este ainda não havia sido construído. Spurgeon alerta: "Muitos críticos modernos são, para a Palavra de Deus, o que moscas varejeiras são para a comida do homem; não fazem nenhum bem, e a menos que sejam incansavelmente expulsos, provocam um grande mal".[6]

Davi, à semelhança de Daniel (Dn 6:10), está orando com seu rosto voltado para o templo, representação visível da presença de Deus entre o seu povo e tipo e figura do Senhor Jesus Cristo. Isso significa que Deus é o centro do seu culto e da sua adoração. Spurgeon interpreta corretamente ao escrever,

> O Senhor tinha ordenado um centro de unidade, um lugar de sacrifício, uma casa para a sua morada; e Davi aceitou a maneira da adoração ordenada por revelação. Do mesmo modo, o crente sincero não deve cair na adoração da superstição, nem na adoração do ceticismo, mas adorar, reverentemente, como o próprio Senhor prescreve. Os deuses-ídolos tinham seus templos, mas Davi desvia deles o seu olhar e olha fervorosamente para o ponto escolhido pelo Senhor para o seu próprio santuário. Não somente devemos adorar o Deus verdadeiro, mas fazer isso da maneira indicada por Ele; os judeus olhavam para o templo; nós devemos olhar para Jesus, o templo vivo da divindade.[7]

Resta afirmar, portanto, que Jesus é o nosso templo, e não há adoração aceitável senão por intermédio dele. Por isso, precisamos colocar Jesus diante dos nossos olhos se quisermos adorar a Deus de modo digno e aceitável. É importante ressaltar, ainda, que o louvor era a parte principal da adoração de Davi; o nome de Deus, o grande objeto do seu cântico; e, o ponto especial do seu louvor era a misericórdia e a verdade que brilhavam tão visivelmente neste nome.[8]

Em quarto lugar, *a supremacia da Palavra de Deus na adoração* (138:2b). "[...] pois magnificaste acima de tudo o teu nome e a tua palavra". O Senhor tem o nome que é sobre todo nome. Diante do seu nome todo joelho precisa se dobrar no céu, na terra e debaixo da terra (leia também Fp 2:10,11). Sua Palavra é magnificada acima de tudo, pois ela contém a revelação do seu ser grandioso e das suas obras magníficas. A Palavra de Deus é o espelho que reflete a glória de sua graça. Se os céus declaram a majestosa glória de Deus, transborda das Escrituras sua misericórdia infinita; se Deus se dirige aos nossos olhos por meio da criação, Ele apela aos nossos ouvidos por intermédio de sua Palavra. Não podemos conhecer o que Deus exige de nós em sua criação e providência, mas tudo quanto Deus quer que saibamos sobre Ele, suas obras e seu plano redentor encontramos em sua Palavra.

Em quinto lugar, *o renovo espiritual em resposta à oração* (138:3). "No dia em que eu clamei, tu me acudiste e alentaste a força da minha alma". Na vida de Davi, angústia e louvor sempre caminham juntas. Ele vive entre pressão e livramento. O Deus a quem ele adora é o mesmo que responde suas orações. O Deus em quem ele se deleita é o mesmo que atende o seu clamor e fortalece a sua alma. Derek Kidner tem razão em dizer que nem sempre é a situação que tem mais necessidade de mudança; o caso mais comum é que o próprio homem é quem precisa desta, no meio da situação.[9]

O que, de qualquer modo, é digno de destaque, é que o Senhor tem seus ouvidos abertos ao clamor do seu povo e seus braços estendidos para socorrer o seu povo. Concordo com Spurgeon quando diz que nenhuma prova é tão convincente como a da experiência, uma vez que ninguém duvida do poder da oração depois de ter recebido uma pronta resposta do Senhor.[10]

A excelsitude do Senhor e a conversão dos reis da terra (138:4-6)

O Senhor não é apenas mais exaltado do que os deuses inimigos, mas também maior do que seus governantes. Todas as nações que se opuseram e perseguiram a Israel foram derrotadas, conforme Deus havia prometido a Abraão (Gn 12:1-3). Essa mesma verdade é atestada no livro de salmos (68:29-32; 72:8-11; 96:1,3,7; 102:15-17). Conforme diz Warren Wiersbe, "a esperança messiânica de Israel é sua única esperança e a única esperança do mundo". Jesus Cristo veio e é "o soberano dos reis da terra" (Ap 1:5), "o Rei dos reis e o Senhor dos senhores" (Ap 19:16). Que grande dia será quando os governantes da terra se juntarem ao povo de Deus para louvar ao Senhor!".[11] Três verdades são postas aqui.

Em primeiro lugar, *a conversão dos reis da terra* (138:4). "Render-te-ão graças, ó SENHOR, todos os reis da terra, quando ouvirem as palavras da tua boca". Normalmente, os reis têm pouco interesse em ouvir a Palavra do Senhor, mas o rei Davi se sente seguro de que, se eles realmente a ouvirem, sentirão o seu poder.[12] Os reis da Terra precisam ouvir a Palavra do Senhor, pois esse tesouro não pode ficar escondido. A Palavra de Deus precisa ser espalhada por toda a terra, a mensagem do evangelho não pode ser retida nem sonegada aos reis, uma vez que toda língua deve confessar ao Senhor. A Palavra de Deus é tão poderosa para eles como o é para seus súditos. Os reis da terra, ao ouvirem a Palavra de Deus, converter-se-ão também, pois o caminho da conversão para os reis é o mesmo para nós, ou seja, o arrependimento e a fé em Cristo.

Em segundo lugar, *o testemunho dos reis da terra* (138:5). "E cantarão os caminhos do SENHOR, pois grande é a glória do SENHOR". Os reis da terra não apenas serão convertidos, mas também darão testemunho da sua fé, pois estarão nos caminhos do Senhor e cantando ali. Eles cantarão os caminhos do Senhor, porque reconhecerão a majestade indisputável do Senhor.

Em terceiro lugar, *a grandeza incomparável do Rei dos céus* (138:6). "O SENHOR é excelso, contudo, atenta para os humildes; os soberbos, Ele os conhece de longe". Aqui, Davi destaca a singularidade do Senhor na excelsitude do seu ser: Ele é único na sua majestade. Spurgeon diz que o Senhor é maior do que os maiores em grandeza, dignidade e poder. A sua natureza está acima da compreensão das suas criaturas, e a sua glória excede até mesmo os mais altos voos da imaginação.[13]

Inobstante a grandeza insondável do Senhor, Ele tem seus olhos voltados para os humildes. Olha-os com prazer, pensa neles com deleite, ouve suas orações com presteza e protege-os do mal com mão poderosa. Warren Wiersbe diz que a expressão "atentar para os humildes" significa cuidar deles e considerá-los de maneira favorável (Sl 11:4; 113:5-9; Is 57:15; 66:2; Lc 1:47-55).[14]

Outrossim, o Senhor, em sua onisciência perscrutadora, conhece os soberbos de longe. Entrementes, a verdadeira grandeza de Deus não tem nenhum ponto convergência com a suposta grandeza dos soberbos. Spurgeon diz, corretamente, que o Senhor não precisa se aproximar deles para descobrir a sua total futilidade; um olhar a distância lhe revela o vazio e as ofensas deles. O Senhor não tem comunhão com eles nem se deixa enganar por eles, tampouco tem respeito pelos soberbos; antes, os abomina completamente, e prova disso é que o Senhor não se deixou enganar pelo sacrifício de Caim, pela promessa de Faraó nem pela oração do fariseu.[15]

O auxílio do Senhor na angústia e o cumprimento de suas promessas (138:7,8)

Duas verdades preciosas são ensinadas aqui.

Em primeiro lugar, *restauração e salvação* (138:7). "Se ando em meio à tribulação, tu me refazes a vida; estendes a mão contra a ira dos meus inimigos; a tua destra me salva". Davi não foi poupado da tribulação, mas experimentou o renovo divino; também não foi poupado da ira dos inimigos, mas foi alvo do livramento divino. Isso nos ensina que nem sempre Deus livra os seus servos da fornalha, mas os livra na fornalha; nem sempre Deus poupa os seus servos da cova dos leões, mas os poupas na cova. Nem sempre Deus livra os seus servos da morte, mas os livra na morte.

Em segundo lugar, *esperança inabalável* (138:8). "O que a mim me concerne o SENHOR levará a bom termo; a tua misericórdia, ó SENHOR, dura para sempre; não desampares as obras das tuas mãos". Davi tem plena convicção de que, o que Deus começou a fazer em sua vida, Ele vai completar. Sua esperança nas promessas de Deus é inabalável, pois todos os seus interesses estão a salvos nas mãos do Senhor. Spurgeon escreve o seguinte: "Deus se interessa por tudo o que interessa aos seus servos e se certificará de que nenhuma das suas obras preciosas deixe de ser concluída; a vida de cada um deles, a sua força, as suas esperanças, as suas graças, a sua peregrinação, cada uma destas coisas, e todas elas, serão perfeitas".[16]

Allan Harman diz que a palavra hebraica, *gamar*, traduzida por "bom termo" ou "cumprir", é uma palavra rara, mas, como em Salmos 57:2, parece referir-se ao propósito ou vontade de Deus sendo completada.[17] Nas palavras de Purkiser, "o que Deus começou, completará".[18]

Por fim, ele afirma: "[...] a tua misericórdia, ó SENHOR, dura para sempre". Parte do propósito divino é que o amor pactual seja mantido por todo o tempo. Não é sem razão que o refrão do salmo 136 está nos ouvidos de Davi, e ele o repete como sua convicção e consolação pessoal. A obra de Deus em nós, não será abandonada, mas permanecerá até à perfeição (Fp 1:6), porque a misericórdia do Senhor por nós dura para sempre.

Notas

[1] PURKISER, W. T. "O livro de Salmos". In: *Comentário bíblico Beacon*, vol. 3. Rio de Janeiro: CPAD, 2015, p. 319.
[2] HARMAN, Allan. *Salmos*. São Paulo: Cultura Cristã, 2011, p. 452.
[3] PURKISER, W. T. "O livro de Salmos", p. 319.
[4] KIDNER, Derek. *Salmos 73—150: introdução e comentário*. 2006, p. 470.
[5] HARMAN, Allan. *Salmos*. 2011, p. 453.
[6] SPURGEON, Charles H. *Os tesouros de Davi*, vol. 3. São Paulo: Vida Nova, 2017, p. 872.
[7] SPURGEON, Charles H. *Os tesouros de Davi*, vol. 3, p. 873.
[8] Ibidem, p. 874.
[9] KIDNER, Derek. *Salmos 73—150: introdução e comentário*, p. 470.
[10] SPURGEON, Charles H. *Os tesouros de Davi*, vol. 3, p. 874.
[11] WIERSBE, Warren W. *Comentário bíblico expositivo*, vol. 3. São Paulo: Geográfica, 2006, p:343.
[12] SPURGEON, Charles H. *Os tesouros de Davi*, vol. 3, p. 875.
[13] Ibidem, p. 876.
[14] WIERSBE, Warren W. *Comentário bíblico expositivo*, vol. 3, p. 343.
[15] SPURGEON, Charles H. *Os tesouros de Davi*, vol. 3, p. 876.
[16] Ibidem, p. 877.
[17] HARMAN, Allan. *Salmos*, p. 454.
[18] PURKISER, W. T. "O livro de Salmos", p. 320.

Capítulo 138

Encurralado por Deus

(Sl 139:1-24)

O SALMO 139 é considerado um dos mais notáveis hinos sagrados, a coroa dos salmos. Alguns chegam a considerá-lo o salmo mais glorioso e excelente de todo o Saltério, ao passo que outros o consideram uma das mais sublimes composições do mundo. De fato, esse salmo é uma pérola de singular beleza entre as finas joias da poesia hebraica e ressalta, como nenhum outro, a onisciência, a onipresença e a onipotência divina. Purkiser diz que ele é notável entre os grandes textos do Antigo Testamento.[1]

O rei Davi, no salmo 139, mostra de forma incontroversa que é impossível o homem escapar do conhecimento, da presença e do poder de Deus, pois o Senhor é o grande "caçador celestial".[2]

Charles Swindoll diz que esse salmo responde a quatro perguntas vitais: 1) Quão bem Deus me conhece? (139:1-6); 2) Quão próximo Deus está de mim? (139:7-12); 3) Quão cuidadosamente Deus me criou? (139:13-18); 4) O quanto Deus me protege (139:19-24). Essas quatro perguntas lidam com quatro dos nossos problemas humanos mais básicos: 1) Quão bem Deus me conhece? (o problema da identidade); 2) Quão próximo Deus está de mim? (o problema da solidão); 3) Quão cuidadosamente Deus me criou? (o problema da autoestima); 4) O quanto Deus me protege? (o problema do medo).[3] Vamos à exposição do texto!

Somos encurralados pelo Deus onisciente (139:1-6)

Davi diz que somos encurralados pelo conhecimento absoluto que Deus tem a nosso respeito. O conhecimento de Deus é pessoal e ativo: discerne-nos (v. 2b), peneira-nos (v. 3a), conhece mais de perto a nossa mente do que nós mesmos a conhecemos (v. 2b,4; Am 4:13), cerca-nos e trata conosco (v. 5).[4] Destacamos seis verdades importantes.

Em primeiro lugar, *Deus nos sonda e nos conhece* (139:1). "SENHOR, tu me sondas e me conheces". Se nós não conseguimos sondar e conhecer plenamente a nós mesmos, Deus nos sonda e nos conhece de forma profunda e exaustiva. Spurgeon diz que nunca houve um tempo em que nós fôssemos desconhecidos de Deus, e jamais haverá um momento em que estaremos além da sua observação,[5] pois Ele examina cuidadosamente as nossas motivações íntimas. Warren Wiersbe diz que o verbo "sondar" significa examinar com grande empenho, cuidado e em profundidade.[6] Charles Swindoll acrescenta que a palavra hebraica significa originalmente "explorar", transmitindo a ideia de escavar algo. A ideia é que Deus explora, escava e me examina completamente.[7]

Em segundo lugar, *Deus conhece todos os nossos movimentos* (139:2a). "Sabes quando me assento e quando me levanto...". Ele conhece todos os nossos movimentos, ou seja, quando nos assentamos e nos levantamos, quando descansamos e trabalhamos. Davi retrata-se em duas fases da vida — passiva (assentado) e ativa (levantado) —, mostrando que nossos momentos mais comuns e casuais são completamente familiares ao Senhor.

Em terceiro lugar, *Deus conhece todos os nossos pensamentos* (139:2b). "[...] de longe penetras os meus pensamentos". Deus conhece até mesmo os nossos pensamentos quando estão sendo formulados — em outras palavras, eles são um livro aberto para o Senhor. Charles Swindoll diz que pensamentos vêm à nossa mente por meio de uma série de conceitos distantes e fugazes, da mesma maneira que os nervos microscópicos conectam-se uns aos outros, no cérebro, por meio de um processo complicado de conexões. E o nosso Senhor sabe até mesmo esses pensamentos, e é isso o que Davi quer dizer com a expressão "de longe penetras os meus pensamentos".[8]

Em quarto lugar, *Deus conhece todos os nossos caminhos* (139:3). "Esquadrinhas o meu andar e o meu deitar e conheces todos os meus caminhos". Davi diz que Deus esquadrinha o nosso andar e o nosso deitar. Na verdade, Ele conhece todos os nossos caminhos. O verbo "esquadrinhar" descreve o ato de peneirar ou selecionar os grãos.[9] Trata de submeter-se a um escrutínio detalhado, deixando claro que Deus peneira cuidadosamente nossas escolhas e decisões.[10]

Em quinto lugar, *Deus conhece todas as nossas palavras* (139:4). "Ainda a palavra me não chegou à língua, e tu, SENHOR, já a conheces toda". Deus conhece todas as palavras, de todos os idiomas, de todos os seres humanos, de todos os continentes, de todos os tempos, em todos os momentos. Deus conhece nossas palavras antes mesmo de nós as proferirmos. Nas palavras de Purkiser, "Deus não conhece meramente a palavra falada que os homens podem ouvir, mas seu verdadeiro significado e os pensamentos secretos que motivaram sua expressão".[11] Corrobora essa ideia Myer Pearlman quando diz: "É impossível enganar o Senhor, porque a nossa fala, que tantas pessoas empregam para esconder os seus verdadeiros pensamentos, fica patente diante dele".[12] Spurgeon, nessa mesma linha de pensamento, escreve: "A palavra sem forma, que está na língua como uma semente no solo, certamente é completamente conhecida do Grande Sondador dos corações".[13]

Em sexto lugar, *Deus nos encurrala por todos os lados* (139:5,6). "Tu me cercas por trás e por diante e sobre mim pões a mão. Tal conhecimento é maravilhoso demais para mim: e sobremodo elevado, não o posso atingir". Deus nos encurrala por todos os lados, conhecendo nossa vida como jamais alguém poderia conhecê-la. Myer Pearlman diz: "Você não pode escapar de Deus. Não pode voltar para trás, porque Deus está atrás de você; não pode fazer marchas forçadas para a frente, porque o caminho dele está lá longe adiante".[14] Você está cercado pelos lados, por baixo e por cima. Deus é inescapável!

Diante da onisciência de Deus, portanto, ficamos completamente atônitos, assombrados, extasiados e maravilhados. O termo traduzido por "cercar" significa "guardar um objeto valioso", de modo que somos protegidos pelo conhecimento e pela orientação de Deus.[15] Mas a palavra "cercar" também traz a ideia do cerco de uma cidade em batalha — fechando todas as rotas de fuga.[16] Spurgeon coloca essa verdade da seguinte maneira:

> O Senhor nos cerca como se estivéssemos presos em uma emboscada ou cercados por um exército que cercou completamente os muros da cidade. Foi Deus quem nos colocou onde estamos e nos cerca onde quer que estejamos. Atrás de nós está Deus, registrando os nossos pecados, ou, com graça, apagando a lembrança deles; e diante de nós está Deus, conhecendo antecipadamente todas as nossas obras e suprindo todas as nossas necessidades. Não podemos nos virar para tentar escapar dele, pois Ele está atrás de nós; não podemos seguir em frente e deixá-lo para trás, pois Ele está à nossa frente. Ele não apenas nos contempla, mas nos cerca; e para que não pareça que há alguma chance de escapar, e para que não imaginemos que a presença que nos cerca está a distância, está acrescentado: "e sobre mim pões a tua mão". O prisioneiro marcha rodeado por uma guarda e agarrado por um soldado. Deus está muito próximo; nós estamos inteiramente em seu poder; desse poder não há como escapar.[17]

Ciência igual a essa está muito além da realização ou mesmo da compreensão humana. Concordo com Allan Harman quando diz que só podemos conhecer a Deus porque Ele se revela a nós, mas não podemos conhecê-lo exaustivamente. Esse tipo de conhecimento pertence unicamente a Ele, e isso é o que o salmista quer dizer quando diz "[...] não o posso atingir" (139:6b).[18]

Somos encurralados pelo Deus onipresente (139:7-12)

O que significa a onipresença de Deus? Significa que ele não está excluído de nada por um lado, ou incluído em tudo, por outro. Deus está em todas as coisas, não como parte de sua essência, nem como um acidente, mas como um agente está presente naquilo em que opera.[19] Deus está em toda parte, mas não é tudo. O Panteísmo é uma visão equivocada de Deus. Deus é o criador, mas é distinto da criação. Ele é transcendente, sem deixar de ser imanente. O texto apresentado deixa claro que somos encurralados pela onipresença de Deus. Mesmo assim, "o impulso de fugir da face de Deus é tão antigo como a Queda".[20] Sobre isso, destacamos quatro verdades importantes.

Em primeiro lugar, *é impossível fugir de Deus* (139:7). "Para onde me ausentarei do teu Espírito? Para onde fugirei da tua face?". É impossível ausentar-se do Espírito de Deus e fugir de sua face, pois Ele está em toda parte, e não há um centímetro deste vasto e insondável universo onde Ele não esteja.

Em segundo lugar, *altura e abismo não podem nos esconder de Deus* (139:8). "Se subo aos céus, lá estás; se faço a minha cama no mais profundo abismo, lá estás também". Tanto os mais altos céus como o mais profundo abismo não estão fora dos seus limites nem seriam esconderijos seguros para nos escondermos de Deus. Subindo ao lugar mais alto ou descendo até ao lugar mais baixo do universo, ali Deus estará e nos encontrará.

Em terceiro lugar, *a distância mais longínqua não fica fora do alcance de Deus* (139:9,10). "Se tomo as asas da alvorada e me detenho nos confins dos mares, ainda lá me haverá de guiar a tua mão, e a tua destra me susterá". Os confins dos mares não estão fora do alcance da onipresença de Deus. A luz tem a velocidade de 300 mil quilômetros por segundo, então, mesmo que o homem viajasse à velocidade da luz para os confins dos mares, de modo nenhum escaparia da presença de Deus, pois mesmo ali a mão de Deus haveria de guiá-lo e a destra de Deus haveria de sustentá-lo.

Em quarto lugar, *a luz e as trevas não podem esconder-nos de Deus* (139:11,12). "Se eu digo: as trevas, com efeito, me encobrirão, e a luz ao redor de mim se fará noite, até as próprias trevas não te serão escuras: as trevas e a luz são a mesma coisa". Nem mesmo as trevas podem nos encobrir de seus olhos, pois para Deus as próprias trevas são como a luz. Myer Pearlman diz que o homem bom não desejaria ser escondido pelas trevas; o homem sábio não imagina que tal coisa seja possível. Do ponto de vista de Deus, todos nós habitamos numa luz que a tudo revela a todo instante.[21] Resta, portanto, afirmar que Deus é inescapável. Em relação a Ele, estamos num beco sem saída, pois Ele nos cerca por todos os lados. Em resumo, é impossível fugir de sua presença.

Somos encurralados pelo Deus onipotente (139:13-18)

O Deus onipresente e onisciente é, também, onipotente. Seu supremo poder é demonstrado na forma maravilhosa como fomos criados e formados. Vemos, aqui, uma das passagens mais lindas sobre o milagre da concepção e do nascimento humano. Destacamos alguns pontos importantes.

Em primeiro lugar, *Deus nos formou* (139:13,14). "Pois tu formaste o meu interior, tu me teceste no seio de minha mãe. Graças te dou, visto que por modo assombrosamente maravilhoso me formaste; as tuas obras são admiráveis, e a minha alma o sabe muito bem". Como poderíamos escapar daquele que nos criou e nos formou? Como fugir daquele que formou o nosso interior e nos entreteceu no ventre de nossa mãe? Swindoll diz que o verbo "tecer" (139:13) sugere a ideia de tricotar ou tecer, com uma massa tecida ou um bosque cerrado. Deus está envolvido em juntar todos os órgãos e as várias partes do nosso corpo de uma maneira tão organizada, de modo que formem um "bosque cerrado" de músculos, tendões, ossos, sangue, veias e artérias. Ao fim, somos uma espécie de maravilhas. Ninguém refutaria que o corpo humano é uma combinação fenomenal de força, beleza, coordenação, graça e equilíbrio.[22]

O Senhor cuidou do nosso desenvolvimento mesmo na vida intrauterina, portanto, em vez de pegarmos, tolamente, uma rota de fuga para tentarmos, em vão, escaparmos de Deus, como o profeta Jonas, deveríamos dar graças a Ele pela forma tão assombrosamente maravilhosa como Ele nos formou. Nosso corpo, embora frágil, é de uma complexidade indescritível. Somos um ser programado geneticamente. Temos em nosso corpo cerca de 60 trilhões de células vivas, e em cada uma delas um metro e setenta centímetros de fita DNA, onde estão gravados e computadorizados todos os nossos dados genéticos. Sabemos que códigos de vida não são gerados espontaneamente, tampouco de uma explosão cósmica ou de uma evolução de milhões e milhões de anos. Códigos de vida foram plantados em nós pelo Criador onipotente. Myer Pearlman afirma que o nosso Criador fez uma planta do nosso corpo, anotando de antemão todas as suas peças.[23] Purkiser diz, com razão, que o homem moderno, com todo o seu conhecimento científico da anatomia humana, não pode ultrapassar esse conhecimento maravilhoso.[24]

Em segundo lugar, *Deus nos tratou como um ser humano na fase embrionária da vida* (139:15,16a). "Os meus ossos não te foram encobertos, quando o oculto fui formado e entretecido como nas profundezas da terra. Os teus olhos me viram a substância ainda informe...". Allan Harman diz que a madre é chamada de "lugar oculto" e "as profundezas da terra" (139:15) porque, nessas áreas, ela partilha das ideias de separação da esfera normal da vida. Ela é escura e oculta da visão humana, mas bem clara aos olhos de Deus.[25] A palavra "entretecido" (139:15b) significa literalmente "diversificado", como um tecido de várias cores ou como uma peça bordada de tapeçaria, demonstrando que nosso corpo é uma obra de arte do tapeceiro divino. Charles Swindoll diz que a imagem deve incluir o conceito de nossas veias e artérias, "bordadas" como fios variados pelo corpo. Deus é como um artista cuidadoso e talentoso, que se esforça muito com cada cor e cada pincelada.[26] Concordo com Spurgeon quando diz que não precisamos ir até os confins da terra em busca de maravilhas, nem mesmo cruzar a soleira de nossa própria casa; as maravilhas são abundantes em nosso próprio corpo.[27]

Deus não trata o zigoto, o embrião, o feto como uma massa humana impessoal, que pode ser descartada e arrancada do ventre como uma verruga pestilenta, como muitos defendem. O aborto está em aberta oposição a Deus, pois é uma afronta ao Criador e uma crueldade à criatura. O ser que está sendo formado no ventre da mãe não é apenas uma "vida humana", mas, sobretudo, um ser humano (Jr 1:5). Não podemos lidar com o bebê que está sendo formado como uma coisa, tampouco podemos concordar, incentivar nem patrocinar a cultura da morte, pois o sangue dos inocentes clama aos céus. Sendo assim, o aborto deve ser repudiado com todas as forças da nossa alma e com todas as luzes da nossa mente.

Em terceiro lugar, *Deus determinou nosso futuro* (139:16b). "[...] e no teu livro foram escritos todos os meus dias, cada um deles escrito e determinado, quando nem um deles havia ainda". Deus não só nos viu quando éramos apenas uma substância informe, como também escreveu no seu livro todos os nossos dias, quando nenhum deles havia ainda. Allan Harman corrobora dizendo que a extensão da vida é soberanamente determinada por Deus, e com presciência Ele conhece a história da vida como se fosse escrita de antemão.[28]

Purkiser destaca o fato de que este versículo não é fácil de traduzir. A Nova Versão Internacional (NVI) o traduziu assim: "Todos os dias determinados para mim foram escritos no teu livro". A Almeida Revista e Atualizada (ARA) fez a seguinte tradução: "No teu livro foram escritos todos os meus dias, quando nem um deles havia ainda". Na versão Berkeley: "No teu livro tudo foi registrado e preparado dia a dia". Já a versão de Harrison o verteu assim: "Em teu registro foram determinados os dias que foram planejados para mim".[29]

É preciso deixar claro que a onisciência divina não faz de Deus o responsável pelo mal moral nem o torna o agente das escolhas erradas das pessoas. Embora Deus conheça o fim desde o começo, e jamais é pego de surpresa, uma vez que não determinou as escolhas erradas dos homens. Além do mais, a presciência divina não está em oposição à responsabilidade humana. Concordo com Purkiser quando diz: "O Senhor conhece o futuro desconhecido para nós e pode, portanto, guiar-nos pelos caminhos desconhecidos se nos sujeitarmos à sua liderança".[30] Resta afirmar, portanto, que Davi não está falando de determinismo cego nem de fatalismo. Charles Swindoll lança luz ao tema quando escreve:

> A palavra hebraica traduzida por "foram escritos" (139:16) é usada, frequentemente, no Antigo Testamento, em conexão com um oleiro que forma barro em sua roda, moldando, pressionando e amassando, até que o barro assuma a forma que o oleiro tem em mente. Deus forma os nossos dias para que sejam exatamente o tipo de dias que deveríamos ter para nos tornar o tipo de pessoa que Ele quer que sejamos.[31]

Em quarto lugar, *Deus é insondável em seus pensamentos* (139:17,18). "Que precioso para mim, ó Deus, são os teus pensamentos! E como é grande a soma deles! Se os contasse, excedem os grãos de areia; contaria, contaria, sem jamais chegar ao fim". Diante da grandeza insondável de Deus, só nos resta ficarmos extasiados, sobretudo diante da nossa limitação e incapacidade. Deus é inesgotável em seu ser, e seus planos são inescrutáveis. O finito não pode esgotar o infinito, e a criatura não pode compreender completamente o Criador. Deus sempre será maior do que nós e jamais haverá um tempo em que nossa compreensão vai esgotar os pensamentos divinos. Se tentarmos contá-los, isso seria a mesma coisa de alguém tentar contar os grãos de areia de todas as praias do nosso planeta. Spurgeon lança luz sobre este momentoso tema:

> Quando nos lembramos de que Deus pensou em nós desde a eternidade, continua a pensar em nós a cada momento e pensará em nós quando não existir mais tempo, podemos exclamar: Quão grande é a soma deles! Os pensamentos do nosso

criador, preservador, redentor, Pai e amigo fluem para sempre do seu coração. Pensamentos sobre o nosso perdão, renovação, sustento, provisão, educação, aperfeiçoamento e mil outros tipos perpetuamente jorram da mente do Altíssimo. Deve nos encher de admiração, humilde adoração e reverente surpresa o fato de que a mente infinita de Deus dedique tantos pensamentos a nós, que somos tão insignificantes e tão indignos.[32]

Na verdade, o universo, com todas as suas leis, revela a mente de Deus, e todas as ciências juntas nada mais fizeram do que arranhar a superfície de todos os conhecimentos que se acham no primeiro livro que Deus escreveu, a natureza (Sl 19:1-6).[33]

Somos encurralados pelo Deus vingador (139:19-22)

O salmo 139 tem uma súbita mudança neste ponto, diz Allan Harman.[34] Da gratidão, a tonalidade muda para o juízo e a maldição. Davi mostra aqui seu repúdio àqueles que vivem deliberadamente no pecado, afrontando e escarnecendo do Senhor. Concordo, entrementes, com Derek Kidner quando diz que, apesar de toda a veemência de Davi, o ódio nesta passagem não é despeito, mas zelo por Deus.[35] Destacamos duas verdades importantes aqui.

Em primeiro lugar, *a rebeldia contra Deus é consumada insensatez* (139:19,20). "Tomara, ó Deus, desses cabo do perverso; apartai-vos, pois, de mim, homens de sangue. Eles se rebelam insidiosamente contra ti e como teus inimigos falam malícia". Porque Deus é onisciente, onipresente e onipotente, não existe nada mais insensato do que o homem perverso, que foi feito do pó, é pó e voltará ao pó, tentar desafiá-lo (v:19,20). Mesmo sabendo que Deus é o vingador e não terá por inocente o culpado, os perversos são homens de sangue e têm mãos para a prática da violência. Rebelam-se contra o Senhor de forma maliciosa. Os perversos não eram adversários moderados e passivos do Senhor, mas desprezavam descarada, aberta, odiosa e flagrantemente a Deus e ao seu povo. E sendo inimigos de Deus, desandavam a boca para blasfemar contra Ele.

Davi deixa claro que esses perversos receberão a merecida punição do seu erro, isto é, os crimes cometidos diante da face do Juiz não ficarão impunes. Deus não permitirá que a sua amada criação seja desfigurada e profanada sempre pela presença da iniquidade. Davi quer esse tipo de gente longe dele. Nas palavras de Spurgeon, "homens que se alegram com a crueldade não são companheiros adequados para aqueles que andam com Deus".[36]

Em segundo lugar, *a inimizade contra Deus deve ser veementemente repudiada por nós* (139:21,22). "Não aborreço eu, Senhor, os que te aborrecem? E não abomino os que contra ti se levantam? Aborreço-os com ódio consumado; para mim são inimigos de fato". Davi firmemente se posiciona contra aqueles que se insurgem insidiosamente contra Deus. Os inimigos de Deus são seus inimigos, como Deus é inimigo dos inimigos do seu povo (Êx 23:22). Davi aborrece a quem Deus aborrece e abomina o que Deus abomina. Ele não ocupa uma posição neutra e não é cúmplice de traidores. Nós, de igual modo, devemos amar a justiça e odiar o mal. Nunca devemos perder a capacidade de exercitar a ira santa diante da maldade. Charles Swindoll diz que a palavra "aborrecer" indica uma decisão de rejeitar alguma coisa em favor de outra. O conceito hebraico de "ódio" envolve um afastamento, ou seja, odiar alguém no Antigo Testamento é dar as costas a essa pessoa.[37]

Somos encurralados pelos nossos pecados (139:23,24)

Além de declarar seu desgosto contra os que se rebelam contra Deus e o próximo a fim de derramarem sangue, Davi também volta as armas contra si. Ele conclui o salmo assim: "Sonda-me, ó Deus, e conhece o meu coração, prova-me e conhece os meus pensamentos; vê se há em mim algum caminho mau e guia-me pelo caminho eterno". Davi clama a Deus para sondá-lo, prová-lo e guiá-lo. O verbo "provar" é o mesmo usado para a purificação dos metais no fogo. Assim como a fornalha testa os metais, Davi quer ser provado por Deus, a fim de que toda impureza seja removida de sua vida. Mesmo que a fornalha esteja sete vezes mais aquecida, ele anseia separar o seu ouro da escória.

Davi conclui esse singular poema rogando a Deus não apenas para trazer à tona o que há de mau em seu coração e em seus pensamentos, mas também pede para Deus guiá-lo pelo caminho eterno. Spurgeon diz que Davi deseja que Deus o sonde, e sonde completamente, até que cada ponto do seu ser seja conhecido, e lido, e entendido; pois ele está certo de que, mesmo depois de tal investigação, não será encontrada nenhuma cumplicidade com os ímpios.[38]

Assim, os pensamentos conclusivos de Davi ecoam a abertura do salmo, e sua convicção doutrinária afirmada no versículo primeiro transforma-se em oração nos últimos dois versículos do salmo.

NOTAS

[1] PURKISER, W. T. "O livro de Salmos". In: *Comentário bíblico Beacon*, vol. 3. Rio de Janeiro: CPAD, 2015, p. 320.
[2] KIDNER, Derek. *Salmos 73—150: introdução e comentário*. São Paulo: Vida Nova, 2006, p. 472.

[3] SWINDOLL, Charles R. *Vivendo Salmos*. Rio de Janeiro: CPAD, 2018, p. 269.
[4] KIDNER, Derek. *Salmos 73—150: introdução e comentário*, p. 472.
[5] SPURGEON, Charles H. *Os tesouros de Davi*, vol. 3. Rio de Janeiro: CPAD, 2017, p. 892.
[6] WIERSBE, Warren W. *Comentário bíblico expositivo*, vol. 3. São Paulo: Geográfica, 2006, p. 344.
[7] SWINDOLL, Charles R. *Vivendo Salmos*, p. 271.
[8] Ibidem, p. 271.
[9] WIERSBE, Warren W. *Comentário bíblico expositivo*, vol. 3, p. 344.
[10] SWINDOLL, Charles R. *Vivendo Salmos*, p. 271.
[11] PURKISER, W. T. "O livro de Salmos", p. 320.
[12] PEARLMAN, Myer. *Salmos*. Rio de Janeiro: CPAD, 1977, p. 144.
[13] SPURGEON, Charles H. *Os tesouros de Davi*, vol. 3, p. 893.
[14] PEARLMAN, Myer. *Salmos*, p. 144-5.
[15] WIERSBE, Warren W. *Comentário bíblico expositivo*, vol. 3, p. 344.
[16] SWINDOLL, Charles R. *Vivendo Salmos*, p. 273.
[17] SPURGEON, Charles H. *Os tesouros de Davi*, vol. 3, p. 893.
[18] HARMAN, Allan. *Salmos*. 2011, São Paulo: Cultura Cristã, p. 455.
[19] PURKISER, W. T. "O livro de Salmos", p. 321.
[20] KIDNER, Derek. *Salmos 73—150: introdução e comentário*, p. 472.
[21] PEARLMAN, Myer. *Salmos*, p. 145.
[22] SWINDOLL, Charles R. *Vivendo Salmos*, p. 279,280.
[23] PEARLMAN, Myer. *Salmos*, p. 146.
[24] PURKISER, W. T. "O livro de Salmos", p. 321.
[25] HARMAN, Allan. *Salmos*, p. 456.
[26] SWINDOLL, Charles R. *Vivendo Salmos*, p. 281.
[27] SPURGEON, Charles H. *Os tesouros de Davi*, vol. 3, p. 897.
[28] HARMAN, Allan. *Salmos*, p. 456.
[29] PURKISER, W. T. "O livro de Salmos", p. 321.
[30] Ibidem, p. 321.
[31] SWINDOLL, Charles R. *Vivendo Salmos*, p. 282.
[32] SPURGEON, Charles H. *Os tesouros de Davi*, vol. 3, p. 898.
[33] PEARLMAN, Myer. *Salmos*, p. 147.
[34] HARMAN, Allan. *Salmos*, p. 456.
[35] KIDNER, Derek. *Salmos 73—150: introdução e comentário*, p. 475.
[36] SPURGEON, Charles H. *Os tesouros de Davi*, vol. 3, p. 899.
[37] SWINDOLL, Charles R. *Vivendo Salmos*, p. 284.
[38] SPURGEON, Charles H. *Os tesouros de Davi*, vol. 3, p. 901.

Capítulo 139

Deus, o protetor do seu povo

(Sl 140:1-13)

ESSE É UM SALMO de Davi e retrata com cores vivas a perseguição insidiosa e também em campo aberto que sofreu dos homens perversos. O contexto, mui provavelmente, está relacionado à campanha promovida por Saul para destruir a reputação de Davi e as muitas armadilhas que engendrou para capturá-lo e matá-lo.

O texto enseja-nos quatro lições principais, segundo Warren Wiersbe:

1. O que os pecadores fazem com o povo de Deus (140:1-5);
2. O que o povo de Deus deve fazer com os pecadores (140:6-8);

3. O que o pecado faz com os pecadores (140:9-11);
4. O que Deus faz por seu povo (140:12,13).[1] Vamos seguir essa mesma trilha.

O que os inimigos fazem com o povo de Deus (140:1-5)

Os inimigos de Davi eram homens perversos (140:1), que tramavam o mal (140:2), falavam o que era mal (140:3) e praticavam o mal (140:4,5). Derek Kidner diz: "O que emerge claramente dessa passagem é o mal que surge não de qualquer pressão de circunstâncias, mas de homens que amam a violência, a crueldade e a intriga. Esses homens escolheram o caminho alternativo ao caminho de Deus, o caminho daquele que é "assassino desde o princípio e pai da mentira".[2] Destacamos seis características desses inimigos.

Em primeiro lugar, *o caráter dos inimigos* (140:1a). "Livra-me, Senhor, do homem perverso…". O homem perverso tem uma sinuosidade em seu caráter, de modo que o que ele fala e faz procede da malignidade de seu coração rendido à perversidade. Spurgeon diz que, quando o homem mau se incita contra os piedosos, ele é um ser tão terrível como um lobo, ou uma serpente, ou até mesmo um demônio. Feroz, implacável, impiedoso, infatigável, inescrupuloso, ele não se preocupa com nada, exceto dar vazão à sua maldade.[3] Por isso, o salmista clama a Deus por livramento. Só o Senhor pode nos resgatar quando nossa destruição já parece certa e só Ele pode ser a âncora da nossa esperança!

Em segundo lugar, *a violência dos inimigos* (140:1b). "[…] guarda-me do homem violento". A perversidade é a raiz e a violência, o fruto. A perversidade é a fonte, a violência é o que jorra dessa fonte. A violência é filha da perversidade, de modo que a maldade gestada no coração logo evolui rumo à violência. Spurgeon alerta:

> Davi foi atacado por Saul, Doegue, Aitofel, Simei e outros; até mesmo Mardoqueu, sentado humildemente à porta, teve seu Hamã; e o nosso Senhor, o Perfeito, estava rodeado por aqueles que tinham sede do seu sangue. Não podemos, portanto, ter esperança de passar pelo mundo sem inimigos, mas podemos ter esperança de ser libertados de suas mãos e preservados do seu ódio, de modo que nenhum mal de suas mãos venha sobre nós. Essa bênção é buscada pela oração e esperada pela fé.[4]

Em terceiro lugar, *as intenções malignas do inimigo* (140:2). "Cujo coração maquina iniquidades e vive forjando contendas". O coração do perverso é uma fábrica que produz iniquidades em larga escala. O perverso gasta seu tempo causando intrigas e forjando contendas, e aonde ele chega, o ambiente azeda, os relacionamentos estremecem, a guerra é declarada. O coração do perverso está sempre planejando, conspirando e idealizando contendas, e ele trabalha no plural e prepara muitas flechas para o seu arco. Os ímpios formam um comitê de oposição em sessão permanente e intentam fazer o máximo mal contra o homem de Deus. Nas palavras de Allan Harman, "Davi vive numa situação de guerra perpétua".[5]

Em quarto lugar, *as falsas acusações do inimigo* (140:3). "Aguçam a língua como a serpente; sob os lábios têm veneno de áspide". A serpente arremessa a sua língua antes de ferir com as presas. Assim é o perverso. A língua do homem perverso tem mais veneno do que as víboras mais peçonhentas, e ele esconde na toca dos dentes uma fera indomável, um veneno mortífero. Sua língua destrói como fogo e mata como veneno. O perverso se alimenta da mentira, e seu paraninfo é o Diabo, o pai da mentira. Ele é um caluniador inveterado, e sua diversão predita é manchar a honra das pessoas, espalhando boatarias. Concordo com Spurgeon quando diz que o mais mortal de todos os venenos é a calúnia dos inescrupulosos.[6] É digno de destaque que o apóstolo Paulo lançou mão deste versículo 3 para provar a pecaminosidade universal e mostrar a depravação de todos os homens (Rm 3:13). Tão depravados nós somos por natureza que as criaturas mais venenosas são os nossos tipos adequados.

Em quinto lugar, *as intenções declaradas do inimigo* (140:4). "Guarda-me, SENHOR, da mão dos ímpios, preserva-me do homem violento, os quais se empenham por me desviar os passos". A oposição dos inimigos não é apenas verbal, mas também assume a forma de violência física.[7] A intenção declarada dos ímpios violentos é desviar os passos do homem reto, pois eles sentem um prazer mórbido ao ver um santo tropeçando, um crente se desviando, um homem piedoso caindo em desgraça. Cair, portanto, em suas mãos seria uma grande tragédia, por isso Davi preferiu cair nas mãos de Deus a cair nas mãos dos homens, pois o homem é o mais temível inimigo do próprio homem. Nas palavras de Spurgeon, "ele atacará de qualquer maneira, usará qualquer arma, ferirá de qualquer lado".[8]

Em sexto lugar, *as armadilhas sorrateiras do inimigo* (140:5). "Os soberbos ocultam armadilhas e cordas contra mim, estenderam-me uma rede à beira do caminho". Armadilhas, cordas e rede são os mecanismos usados pelos soberbos para capturarem e destruírem o homem piedoso.

O soberbo confia nele mesmo, e não em Deus, pois é o seu próprio deus, por isso se sente no direito de caçar os piedosos. Assim como um caçador usa desses artifícios para pegar um pássaro, os soberbos usam os mesmos mecanismos para aprisionar os piedosos (9:16; 31:4; 141:9; 142:3). Davi chama atenção para o fato que os soberbos armam suas arapucas "à beira do caminho", de modo que o menor desvio do caminho fará com que a presa caia na rede. O caminho do dever é, portanto, a rota de segurança. Spurgeon diz que podemos ver neste versículo quatro fatos solenes:

1. A característica secreta e furtiva dos ataques dos ímpios: "Os soberbos ocultam armadilhas";

2. A variedade de suas armas: "armadilhas […], cordas […], rede";

3. A ardilosa e astuta escolha da posição: "à beira do caminho";

4. O objeto de seus desígnios: "me desviar os passos" (v. 4).[9]

O que o povo de Deus deve fazer com seus inimigos (140:6-8)

O texto apresentado ensina-nos três verdades.

Em primeiro lugar, *o povo de Deus deve reafirmar sua confiança no Senhor* (140:6). "Digo ao SENHOR: tu és o meu Deus; acode, SENHOR, a voz das minhas súplicas". Aqui está o apoio e a esperança de Davi. O que mais incomoda os inimigos é a nossa fé no Deus vivo, então, longe de ficarmos acuados e acovardados, precisamos reafirmar nossa confiança no Senhor, que é nosso Deus, o Grande Eu Sou. Ele escuta o nosso clamor, por isso a Ele devemos recorrer.

Em segundo lugar, *o povo de Deus deve pedir a proteção do Senhor* (140:7). "Ó Senhor, força da minha salvação, tu me proteges a cabeça no dia da batalha". Numa batalha, o capacete da salvação é uma peça indispensável para o guerreiro. O inimigo nos pesquisa para encontrar uma brecha em nosso escudo e uma fenda em nosso capacete, de modo que só o Senhor pode nos proteger desses dardos inflamados do maligno. Golias foi ferido mortalmente na fenda de seu capacete, porém, o escudo do Eterno e o capacete da salvação é melhor proteção do que um capacete de bronze.

Em terceiro lugar, *o povo de Deus deve pedir ao Senhor para frustrar os planos dos inimigos* (140:8). "Não concedas, Senhor, ao ímpio os seus desejos; não permitas que vingue o seu mau propósito". Davi ora ao Senhor para que os planos e desejos do ímpio sejam frustrados. Que seu arco seja quebrado e despedaçada a sua lança. Que seus carros sejam queimados no fogo (20:9). Deus é poderoso para colocar o inimigo em confusão e desbaratar seus planos e seus exércitos.

O que o pecado faz com os pecadores (140:9-11)

Warren Wiersbe diz que nossos inimigos acreditam que estão nos ferindo, mas, na realidade, estão apenas ferindo a si mesmos. Os problemas que causam acabam recaindo sobre eles mesmos, pois, pela lei inevitável de Deus, as pessoas colhem aquilo que semeiam.[10] Nas palavras de Derek Kidner, "esses homens devem receber o que merecem, e tomar uma dose da xaropada que receitaram para os outros".[11] Destacamos três solenes verdades.

Em primeiro lugar, *os inimigos colhem a maldade que semearam com os lábios* (140:9). "Se exaltam a cabeça os que me cercam, cubra-os a maldade dos seus lábios". Aqueles que encurralavam Davi com língua peçonhenta para atacá-lo, falando palavras maliciosas a seu respeito, estão vendo essas palavras se voltando contra eles mesmos. O mal que lançaram sobre Davi estava caindo sobre eles como se todos tivessem uma só cabeça.

Spurgeon diz: "Ao Senhor, que tinha coberto a cabeça de Davi, em meio ao ruído das armas, o salmista apela contra os seus adversários, para que as suas cabeças possam ser cobertas, mas de outra maneira — cobertas com a recompensa da sua própria maldade".[12] Concordo, entretanto, com Allan Harman quando diz que o contexto mostra que esta não é uma vingança pessoal do salmista contra seus inimigos, pois ele é um servo pactual leal (140:6), cujo desejo é que Deus o vingue, revertendo aos inimigos o mal que lhe fizeram.[13]

Em segundo lugar, *os inimigos sofrem irreversível condenação pelas suas obras más* (140:10). "Caiam sobre eles brasas vivas, sejam atirados ao fogo, lançados em abismo para que não mais se levantem". Davi, numa oração imprecatória, roga ao Senhor a completa ruína de seus inimigos e sua inexorável condenação. Que o destino deles seja o fogo e que a queda deles seja irreversível. Que eles tenham o destino de Sodoma, que o juízo extraordinário venha de cima sobre eles e os cerque por todos os lados, para que só lhes reste total destruição. Warren Wiersbe diz que os inimigos jogaram brasa sobre a cabeça de Davi, mas Deus faria o mesmo com eles (Sl 11:6; 18:8; 120:4; Pv 25:22; Gn 19:24). Acabariam sendo queimados pelo fogo destruidor que haviam começado com a própria língua e cairiam nas covas que haviam aberto para Davi (Sl 7:15; 9:15; 35:7,8; Pv 26:27).[14]

Em terceiro lugar, *os inimigos têm um futuro assaz sombrio de derrotas contínuas* (140:11). "O caluniador não se estabelecerá na terra; ao homem violento, o mal o seguirá com golpe sobre golpe". Davi profetiza a ruína completa, sistemática e final do caluniador. Juntamente com seu patrono, o Diabo, o caluniador, depois de sofrer um golpe atrás do outro, será lançado no lago de fogo (Ap 20:10,15). Ele será alcançado pelo seu próprio mal e beberá a largos sorvos o cálice do mal que distribui sem moderação aos seus desafetos. O seu pecado é a sua própria punição, por isso o caçador será devorado pelos seus próprios cães de caça. A Escritura diz: "Sabei que o vosso pecado vos há de achar" (Nm 32:23).

O próximo parágrafo introduzirá o contraste entre o justo e o ímpio (140:9-13), assim como foi ensinado em Salmos 1:1-6. Purkiser diz que o princípio geral de retribuição ao ímpio é que a sua impiedade volta para amaldiçoá-lo e o seu pecado se torna seu próprio castigo.[15]

O que Deus faz por seu povo (140:12,13)

Deus defendeu a causa de Davi, derrotou seus inimigos e cumpriu sua promessa de colocá-lo no trono de Israel. Davi fundou uma dinastia que, por fim, trouxe ao mundo o Salvador. Ele escreveu quase a metade dos salmos, expandiu e defendeu as fronteiras do reino, e fez os preparativos necessários para construção do templo.[16] Derek Kidner acrescenta que Davi foi, também, libertado da perseguição e obsessão de seus inimigos, pois finalmente deixou o assunto liquidado. A tônica final desse salmo é totalmente positiva e está de acordo com o livro de Apocalipse: "Os seus servos o servirão e contemplarão a sua face" (Ap 22:3,4).[17] Purkiser conclui: "O poema termina com uma nota positiva. O destino dos ímpios é o pano de fundo negro contra o qual a bem-aventurança dos justos é pintada.[18] Vejamos.

Em primeiro lugar, *o Senhor defende a causa do seu povo* (140:12). "Sei que o Senhor manterá a causa do oprimido e o direito do necessitado". Se o desamparo do ímpio é total, o próprio Senhor tomará a causa do oprimido em suas mãos e defenderá o direito do necessitado. Os ímpios podem prevalecer por um tempo, mas seu fracasso é certo e sua condenação, inevitável. Tão certo como Deus julgará e condenará os ímpios, Ele salvará o oprimido e encherá a sua boca de louvores. Derek Kidner diz, com razão, que a palavra "causa", neste versículo, é jurídica, e é reforçada por "direito" no mesmo versículo. Não pode haver, portanto, qualquer questão não resolvida na administração do Senhor.[19]

Em segundo lugar, *o Senhor coloca um cântico de gratidão nos lábios do seu povo* (140:13a). "Assim, os justos renderão graças ao teu nome...". O homem que começa o salmo cercado de inimigos perversos, violentos, traidores e levianos encerra o salmo com um cântico de louvor em seus lábios, com um tributo de gratidão ao Senhor.

Em terceiro lugar, *o Senhor promete aos retos segura comunhão com Ele* (140:13b). "[...] os retos habitarão na tua presença". O destino dos justos, daqueles que são retos de coração, é a habitação segura na presença do Senhor, onde há felicidade maiúscula e delícias superlativas por toda a eternidade. Concluo com as palavras de Spurgeon: "A que ponto elevado chegamos nesse salmo — estávamos sendo perseguidos pelo homem mau, porém, chegamos ao clímax de habitar na presença de Deus; assim, a fé levanta o santo das profundezas mais inferiores até às alturas do repouso celestial".[20]

Notas

[1] WIERSBE, Warren W. *Comentário bíblico expositivo,* vol. 3. São Paulo: Geográfica, 2006, p. 346.
[2] KIDNER, Derek. *Salmos 73—150: introdução e comentário*. São Paulo: Vida Nova, 2006, p. 476.
[3] SPURGEON, Charles H. *Os tesouros de Davi,* vol. 3. Rio de Janeiro: CPAD, 2017, p. 934.
[4] SPURGEON, Charles H. *Os tesouros de Davi*, vol. 3, p . 934.
[5] HARMAN, Allan. *Salmos*. São Paulo: Cultura Cristã, 2011, p. 458.
[6] SPURGEON, Charles H. *Os tesouros de Davi*, vol. 3, p. 935.
[7] HARMAN, Allan. *Salmos*, p. 458.
[8] SPURGEON, Charles H. *Os tesouros de Davi*, vol. 3, p. 936.
[9] Ibidem, p. 947.
[10] WIERSBE, Warren W. *Comentário bíblico expositivo*, vol. 3, p. 346.
[11] KIDNER, Derek. *Salmos 73—150: introdução e comentário*, p. 476.
[12] SPURGEON, Charles H. *Os tesouros de Davi*, vol. 3, p. 938.
[13] HARMAN, Allan. *Salmos*, p. 459.
[14] WIERSBE, Warren W. *Comentário bíblico expositivo*, vol. 3, p. 346.
[15] PURKISER, W. T. "O livro de Salmos". In: *Comentário bíblico Beacon*, vol. 3. Rio de Janeiro: CPAD, 2015, p. 323.
[16] WIERSBE, Warren W. *Comentário bíblico expositivo*, vol. 3, p. 346.
[17] KIDNER, Derek. *Salmos 73—150: introdução e comentário*, p. 477.
[18] PURKISER, W. T. "O livro de Salmos", p. 323.
[19] KIDNER, Derek. *Salmos 73—150: introdução e comentário*, p. 477.
[20] SPURGEON, Charles H. *Os tesouros de Davi*, vol. 3, p. 940.

Capítulo 140

Tome a decisão de orar

(Sl 141:1-10)

ESSE É UM SALMO de Davi estreitamente conectado com o salmo 140 e que usa praticamente o mesmo estilo de linguagem, as mesmas figuras, a mesma tonalidade, apela por auxílio divino e exige a mesma confiança no Senhor. Mais uma vez Davi está sendo atacado pelos adversários que falam e urgem o mal contra ele, que então clama a Deus, com senso de urgência, pedindo intervenção, livramento e discernimento para não cair em pecado, não fazer alianças espúrias e ser poupado das armadilhas que colocaram em seu caminho.

Purkiser diz que este é um salmo de lamentação com um forte elemento penitencial, embora não esteja relacionado entre os salmos de penitência. É a oração de alguém que reconhece que sua única esperança de sobrevivência diante do ataque severo reside em manter-se livre do pecado.[1] Derek Kidner ainda diz que esse salmo é uma oração contra a insinceridade, e os meios-termos, uma petição em prol da sobrevivência sob os ataques selvagens que semelhante atitude provocou.[2]

A vida é feita de decisões, e Davi, sempre que passou por situações adversas ou foi atacado por inimigos poderosos, recorreu a Deus em oração. A oração é a coisa mais importante que podemos fazer, pois, quando oramos, unimos a fraqueza humana à onipotência divina, unimos o altar de incenso e o trono da graça, e conectamos a terra aos céus. Davi tomou quatro decisões importantes no salmo apresentado. Vejamos.

Oração, pedindo o auxílio do Senhor (141:1,2)

Destacamos três verdades importantes aqui.

Em primeiro lugar, *uma súplica humilde* (141:1). "Senhor, a ti clamo...". Clamar é mais do que pedir. O clamor é um grito de socorro de alguém necessitado e sempre vem embrulhado na embalagem da humildade.

Em segundo lugar, *uma súplica urgente* (141:1b). "[...] dá-te pressa em me acudir; inclina os ouvidos à minha voz, quando te invoco". Davi tem pressa em ser acudido e ouvido pelo Senhor, e clama a Deus no aceso da batalha, no epicentro da tempestade, no ruído ensurdecedor das armas inimigas apontadas para ele. Esta é uma oração com senso de urgência para ser protegido do mal.

Em terceiro lugar, *uma súplica cheia de reverência* (141:2). "Suba à tua presença a minha oração, como incenso, e seja o erguer de minhas mãos como oferenda vespertina".

William MacDonald diz que este versículo é extraordinariamente belo, pois o salmista pede que sua oração seja como um agradável perfume de incenso para Deus.[3] Davi se vê como um sacerdote que queima incenso no altar da adoração e vê sua oração como a oferta da noite. Ele não traz em suas mãos oferendas, mas traz em sua alma sua súplica como oferenda ao Senhor. Nas palavras de Warren Wiersbe, "as mãos de Davi estavam vazias, mas seu coração estava cheio de amor pelo Senhor e de fé em suas promessas".[4] Allan Harman diz, ainda, que uma leitura bem atenta destas palavras sugere a ideia de que a oração substitui o sacrifício. O salmista deseja que sua oração seja aceita por Deus justamente como são o incenso e os sacrifícios vespertinos.[5] Da mesma maneira que o incenso era cuidadosamente preparado, aceso com fogo santo e devotamente apresentado a Deus, Davi anseia que sua oração, com mãos levantadas, seja agradável ao Senhor.

Oração, pedindo sabedoria para ficar longe do mal (141:3-5c)

Davi se move das generalidades para coisas específicas e está particularmente interessado na graça de Deus para resistir à tentação de pecar, quer em palavra, quer em atos. Está cônscio de que a graça é necessária para vencer essa inclinação e sabe que só pelo processo da santificação podemos, de igual modo, nos manter longe do pecado. Sobre isso, destacamos cinco verdades importantes.

Em primeiro lugar, *a vigilância das palavras* (141:3). "Põe guarda, SENHOR, à minha boca; vigia a porta dos meus lábios". No salmo anterior, faz-se menção da calúnia dos ímpios (140:3). Agora, nos versículo 3 e 4, o salmista roga que ele não partilhe desse uso da língua.[6] Os inimigos de Davi eram homens mentirosos, cuja língua ferina era mais venenosa que o veneno da áspide. Ele teme responder aos seus inimigos no mesmo tom e usar as mesmas armas, e teme também tropeçar em suas próprias palavras. Por isso, pede ao Senhor para colocar uma sentinela em sua boca e um vigia na porta de seus lábios. Derek Kidner destaca que não pode fluir da mesma boca bênçãos e maldições (Tg 3:9,10); e se a casa de Deus precisa dos seus guardas e porteiros, quanto mais a boca do homem de Deus![7] Spurgeon ainda esclarece: "Esta boca tinha sido usada em oração; seria uma pena que ela fosse profanada com inverdades ou ira, mas isso acontecerá, a menos que ela seja cuidadosamente vigiada pelo Senhor, pois esses intrusos estão sempre espreitando à porta".[8]

Em segundo lugar, *a vigilância do coração* (141:4a). "Não permitas que meu coração se incline para o mal...". O nosso coração é um poço profundo de iniquidades e um laboratório que produz o mal em larga escala. É do coração que procedem os maus desígnios, e Davi, cônscio desse fato, pede a Deus para que seu coração não se incline para o mal.

Em terceiro lugar, *a vigilância das ações* (141:4b). "[...] para a prática da perversidade na companhia de homens que são malfeitores...". Davi quer fugir não só da prática da perversidade, mas também da companhia dos malfeitores. É verdadeiro o adágio: "Dize-me com quem andas e dir--te-ei quem és".[9] Concordo com Purkiser quando escreve: "Coisas más nascem de uma associação com aqueles que praticam a iniquidade".

Em quarto lugar, *a vigilância das alianças perigosas* (141:4c). "[...] e não coma eu das suas iguarias". Davi não quer associar-se com os malfeitores, nem mesmo quando partilham de sua hospitalidade (Pv 4:14-17). Isso porque "comer das iguarias" implicaria envolvimento com crenças e valores contrários aos preceitos divinos. Por esse motivo, Daniel resolveu firmemente, em seu coração, não se contaminar com as finas iguarias do rei (Dn 1:8). De igual modo, Davi não faz concessão para negociar princípios e valores, pois não quer comprometer sua lealdade ao Senhor. Derek Kidner está correto quando diz que "comer das suas iguarias" dá a entender um laço muito mais estreito de amizade do que necessariamente significaria em nossa sociedade.[10]

Em quinto lugar, *a prontidão para receber bons conselhos* (141:5a). "Fira-me o justo, será isso mercê; repreenda-me, será como óleo sobre a minha cabeça, a qual não há de rejeitá-lo...". Davi não quer ter sua cabeça ungida com o óleo dos ímpios, mas está disposto a deixar-se repreender por um homem bom. Ele sabe que as feridas feitas pelo amigo que ama são leais e trazem cura (Pv 17:10; 27:6). Os conselhos dos sábios confrontam, mas abençoam; a bajulação dos inimigos são macias como manteiga, mas ferem como espada. Nas palavras de Spurgeon, "Davi prefere ser censurado pelo gracioso a ser adulado pelo ímpio".[11] Concordo com William MacDonald quando diz que geralmente não conseguimos ver as faltas em nós mesmos tão claramente como podemos vê-los nos outros, portanto, somente aqueles que nos amam e cuidam de nós podem nos repreender com vistas ao nosso bem.[12]

Oração, pedindo vingança divina contra os inimigos (141:5d-7)

A oração por vingança divina aos perversos não é estranha no livro de salmos (Sl 14:8-11; 141:5-7). Nesse salmo, a oração é dirigida, respectivamente, contra os malfeitores e seus líderes. O desejo é que eles sejam encaminhados a um fim cruel, colhendo o que plantaram.[13] Vejamos.

Em primeiro lugar, *enfrente os perversos com oração* (141:5b). "[...] continuarei a orar enquanto os perversos praticam maldade". Em vez da participação com os ímpios, Davi busca a face de Deus em oração. Os perversos não dão trégua. Eles são resolutos e determinados na prática da maldade, porém, nosso papel, à semelhança de Davi, é continuar em oração, pois não podemos perder o foco nem a paz. Nossos joelhos devem continuar dobrados e nossos olhos devem continuar fitos no Senhor.

Em segundo, *testemunhe sua fé com ousadia* (141:6). "Os seus juízes serão precipitados penha abaixo, mas ouvirão as minhas palavras, que são agradáveis". Os juízes, que lideram a causa da perseguição, sofrerão uma derrota acachapante e um juízo arrasador. Lançar alguém de um penhasco era uma forma horrível de execução (2Cr 25:12; Lc 4:29). Purkiser interpreta corretamente este texto quando diz: "Quando esses líderes forem destruídos, a verdade das palavras do salmista será reconhecida".[14] Derek Kidner corrobora dizendo que Davi afirma que o julgamento alcançará os líderes dos seus oponentes e que, depois, afinal, os seguidores deles escutarão a ele de bom grado.[15]

Em terceiro lugar, *testemunhe ainda que o preço seja a morte* (141:7). "Ainda que sejam espalhados os meus ossos à boca da sepultura, quando se lavra e sulca a terra". Há aqui uma espécie de desolação dos justos. Os servos de Deus enfrentam perseguição e até mesmo a morte por sua fidelidade a Deus, pois a igreja de Deus é martírica (At 1:8; 2Tm 3:12). Na descrição, feita aqui por Davi, parece não haver vida, nem coesão, nem forma, ordem ou liderança, entre o grupo piedoso em Israel: Saul o tinha demolido e espalhado as suas partes, de modo que ele não existia em um conjunto organizado. O próprio Davi era como um desses ossos secos, e os outros piedosos estavam praticamente na mesma condição. A passagem, portanto, pode ser uma referência à matança dos sacerdotes por ordem de Saul (1Sm 22:16-19). A linguagem, no entanto, pode ilustrar os muitos massacres, como aquele da véspera da noite de São Bartolomeu, onde os huguenotes, tão numerosos e espalhados pela face da terra, foram mortos à traição, marcando a passagem de mártires piedosos deste mundo para um melhor e testemunhando onde o sangue dos mortos será revelado para o juízo de seus assassinos.[16]

Oração, pedindo livramento das armadilhas do inimigo (141:8-10)

Destacamos três verdades aqui.

Em primeiro lugar, *uma confiança inabalável no Senhor* (141:8). "Pois em ti, SENHOR Deus, estão fitos os meus olhos: em ti confio; não desampares a minha alma". Davi não vive pelos sentimentos nem é governado pelas circunstâncias. Ele vive pela fé. Apesar da turbulência à sua volta, ele não tira os seus olhos do Senhor, como Pedro fez no mar da Galileia. Sua confiança no Senhor é inabalável.

Em segundo lugar, *um pedido de proteção* (141:9). "Guarda-me dos laços que me armaram e das armadilhas dos que praticam iniquidade". Os inimigos de Davi nem sempre davam as caras, mas a traição era a estratégia deles. Laços e armadilhas eram suas armas mais perigosas, e

Davi não pode entrar nesse campo minado sem a proteção divina.

Em terceiro lugar, *um pedido de justa retribuição aos ímpios* (141:10). "Caiam os ímpios nas suas próprias redes, enquanto eu, nesse meio tempo, me salvo incólume". Davi conclui esse salmo fazendo uma oração imprecatória, pedindo ao Senhor para que os ímpios caiam nas suas próprias armadilhas, enquanto ele, homem de Deus, consiga escapar ileso das suas redes de morte. Nas palavras de Derek Kidner, "ele passará deslizando por muitos laços com a ajuda de Deus, na certeza de que avançará ainda mais, muito mais" (Lc 4:28-30).[17]

NOTAS

[1] PURKISER, W. T. "O livro de Salmos". In: *Comentário bíblico Beacon*, vol. 3. Rio de Janeiro: CPAD, 2015, p. 324.

[2] KIDNER, Derek. *Salmos 73—150: introdução e comentário*. São Paulo: Vida Nova, 2006, p. 477.

[3] MACDONALD, William. *Believer's Bible Commentary*. Westmont: IVP Academic, 1995, p. 773.

[4] WIERSBE, Warren W. *Comentário bíblico expositivo*, vol. 3. São Paulo: Geográfica, 2006, p. 347.

[5] HARMAN, Allan. *Salmos*. São Paulo: Cultura Cristã, 2011, p. 460.

[6] HARMAN, Allan. *Salmos*, p. 460.

[7] KIDNER, Derek. *Salmos 73—150: introdução e comentário*, p. 478.

[8] SPURGEON, Charles H. *Os tesouros de Davi*, vol. 3. Rio de Janeiro: CPAD, 2017, p. 952.

[9] PURKISER, W. T. "O livro de Salmos", 2015, p. 324.

[10] KIDNER, Derek. *Salmos 73—150: introdução e comentário*, p. 478.

[11] SPURGEON, Charles H. *Os tesouros de Davi*, vol. 3, p. 950.

[12] MACDONALD, William. *Believer's Bible Commentary*, p. 773.

[13] HARMAN, Allan. *Salmos*, p. 461.

[14] PURKISER, W. T. "O livro de Salmos", p. 324.

[15] KIDNER, Derek. *Salmos 73—150: introdução e comentário*, p. 479.
[16] SPURGEON, Charles H. *Os tesouros de Davi*, vol. 3, p. 954,965.
[17] KIDNER, Derek. *Salmos 73—150: Introdução e comentário*, p. 479

Capítulo 141

Do desespero ao triunfo

(Sl 142:1-7)

ESSE SALMO, ESCRITO POR Davi quando fugia da perseguição insana de Saul, seu sogro, é mais um salmo de lamentação, no qual o salmista derrama o seu coração diante de Deus em oração. Saul, o rei louco de ciúme, com medo de perder o trono para Davi, seu genro, faz da morte deste sua maior plataforma de governo, de modo que não havia lugar no território de Israel que Saul não buscasse Davi para matá-lo.

Allan Harman diz que o tema desse salmo dá segmento ao dos salmos 140 e 141. Em meio ao estresse, há confissão de sólida confiança no Senhor e reconhecimento de que Ele conhece todas as circunstâncias em que seu servo se encontra.[1]

Purkiser destaca que, apesar dos sofrimentos, o salmista não expressa nenhum clamor por vingança, uma atitude não raras vezes encontrada em outros salmos.[2]

O salmo 142 retrata o momento doloroso que Davi viveu na caverna de Adulão (1Sm 22). O filho de Jessé está acuado, deprimido, desamparado, na mais insalubre prisão, a masmorra da alma, e é dessa caverna escura e solitária que ele ergue sua alma e clama, é desse cenário cinzento de solidão que Davi retrata os riscos que corre e a necessidade urgente da intervenção divina. Mas também é nessa caverna que ele recebe quatrocentos homens endividados e angustiados, semelhantes a ele; é dessa caverna que Davi vê, com os olhos da fé, a luz no fim do túnel e dali sai para formar com esses homens o seu exército fiel. Charles Swindoll diz que os quatrocentos homens eram um grupo desorganizado, ineficiente, deprimido, sem um líder, e por isso se apegaram a Davi.[3] Quatro verdades centrais são ensinadas nesse salmo. Vejamos.

O clamor do homem atribulado (142:1,2)

Duas verdades são destacadas aqui.

Em primeiro lugar, *a quem ele clama* (142:1). "Ao SENHOR ergo a minha voz e clamo, com a minha voz suplico ao SENHOR". Davi está numa caverna física e emocional, e é do interior desse buraco existencial que ele, no silêncio cavernoso, ergue sua voz e clama, fazendo sua súplica ao Senhor. Não encontrando qualquer apoio nos homens, ele busca Yahweh, o Grande Eu Sou, o Deus da aliança. Spurgeon destaca que, quando não havia ninguém na caverna buscando o seu sangue, Davi, com toda a sua alma, estava engajado em buscar o seu Deus.[4]

Em segundo lugar, *como ele clama* (142:2). "Derramo perante Ele a minha queixa, à sua presença exponho a minha tribulação". Davi tem em sua bagagem um molho de queixas. Ele é um homem atribulado e não tem ao seu redor qualquer ouvido humano disponível ou sensível ao seu clamor. Só tem o Senhor como o seu auxílio, e é diante dele que derrama a sua queixa, os seus pensamentos perturbados. Davi não se queixa de Deus, mas a Deus. Concordo com Warren Wiersbe quando diz que, anos depois, Davi entenderia melhor que, durante aqueles anos que passou como fugitivo, Deus o estava preparando para o trabalho que realizaria pelo resto de sua vida.[5] Warren Wiersbe diz, ainda, que a palavra "tribulação" significa estar num lugar apertado, em apuros (Sl 120:1; 138:7; 143:11). Davi, porém, descobriria que essas passagens estreitas e perigosas normalmente conduzem a lugares mais espaçosos e a maiores oportunidades (Sl 18:18,19; 25:17).[6] O deserto não é um acidente na vida dos filhos de Deus, mas sim a escola superior do Espírito Santo, onde ele treina seus melhores líderes. Antes de Davi subir ao trono, Deus o quebrantou, para que ele não viesse a ser um Saul II. Deus arrancou o Saul interno de Davi usando o Saul externo, pois com Deus não existe acaso, e sim rica providência!

O desamparo humano e o amparo divino (142:3-5)

Destacamos cinco fatos solenes aqui.

Em primeiro lugar, *o esmorecimento humano* (142:3a). "Quando dentro de mim me esmorece o espírito...". Davi estava vivendo um estado de torpor emocional, um esgotamento espiritual. Estava andando na reserva, com o tanque vazio. Spurgeon escreve: "Davi era um herói e, ainda assim, o seu espírito decaiu; ele podia ferir e derrubar um gigante, mas não conseguia se manter em pé. Ele não conseguia andar em seu próprio caminho nem se sentia capaz de sustentar a sua própria carga".[7]

Em segundo lugar, *o conhecimento divino* (142:3b). "[...] conheces a minha vereda...". É assaz consolador saber que, inobstante as lutas que passamos, Deus conhece nossa vereda. Ele sabe onde estamos, como estamos e para onde devemos ir. Assim, Davi tira seus olhos de sua precária situação e coloca-os sobre Deus, que tudo observa, que tudo sabe, e se consola com o fato de que o Amigo Celestial sabia de tudo.[8]

Em terceiro lugar, *a crueldade humana* (142:3c). "[...] no caminho em que ando, me ocultam armadilhas". Davi andava em terreno minado, visto que seus perseguidores, escondidos nas moitas, em tocaias de morte, eram peritos em colocar laços escondidos e armadilhas mortais em seu caminho. Nós, de igual modo, lidamos com um inimigo astuto, perverso e maligno, o Diabo, aquele que ruge como leão procurando a quem devorar. As ciladas do Diabo são estratagemas de morte (Ef 6:10-13). O Diabo tem um arsenal variado e muda de métodos de acordo com a pessoa e com as circunstâncias. Suas aparentes tréguas são apenas para recarregar as baterias contra o povo de Deus (Lc 4:11).

Em quarto lugar, *o desamparo humano* (142:4). "Olha à minha direita e vê, pois não há quem se reconheça, nenhum lugar de refúgio, ninguém que por mim se interesse". Davi convida o Senhor para olhar à sua direita, o lugar do ajudante e do protetor, só para constatar que esse lugar está vacante. Ele não tem guarda-costas nem amigos para protegê-lo. Davi estava só, abandonado pelos amigos, desamparado pelas circunstâncias, sob a mira dos perseguidores sedentos de sangue. A perseguição dos inimigos é amarga e muito nos perturba, mas o abandono dos amigos é mais amarga ainda e nos perturba muito mais.

Concordo com Spurgeon quando diz que é melhor ser antagonizado por adversários do que abandonado por amigos.[9] Na verdade, ninguém se importava se Davi vivia ou morria, ou seja, nenhuma alma se preocupou com a sua alma. Ele não tinha nenhum lugar onde reclinar sua cabeça e nenhuma cabeça disposta a encontrar um lugar para ele, e os seus inimigos ficaram felizes em ver Davi, o amigo de Deus, sem um amigo sequer.[10]

Em quinto lugar, *o refúgio e o quinhão divino* (142:5). "A ti, clamo, SENHOR, e digo: tu és o meu refúgio, o meu quinhão na terra dos viventes". Davi não encontrava nenhum refúgio entre os homens. Em face do desamparo humano, ele clama ao Senhor e encontra nele seu refúgio na batalha e sua mais doce herança na vida. As lutas de Davi matricularam-no na escola do quebrantamento e o diplomaram na academia da oração, de modo que aquilo que parecia ser sua morte foi sua vida, aquilo que parecia ser sua prisão foi sua porta de escape, e aquilo que parecia ser sua pobreza extrema foi sua riqueza mais excelente. Concordo com Spurgeon quando diz: "Qualquer coisa que nos levar a clamar a Deus será uma bênção para nós".[11]

Nestas duas sentenças, "refúgio e quinhão", temos duas partes, a segunda muito acima da primeira. Uma coisa é ter o Senhor Deus como nosso refúgio; mas é tudo tê-lo como a nossa porção. Se Davi não tivesse clamado, não poderia ter dito: o Senhor é o meu refúgio; e se o Senhor não tivesse sido o seu refúgio, nunca poderia ter sido a sua porção. Em outras palavras, o degrau inferior é tão necessário como o superior; mas não é sempre necessário parar no primeiro patamar da escada.¹²

O argumento do homem fraco (142:6)

Dois fatos são colocados em relevo aqui.

Em primeiro lugar, *fraqueza extrema* (142:6a). "Atende o meu clamor, pois me vejo muito fraco...". A primeira razão que Davi menciona para pedir a Deus para atender seu clamor é que ele já se sentia esgotado, sem forças, sem capacidade de lutar. Sua fraqueza era tão notória que ou Deus o resgatava ou ele perecia. Spurgeon, citando Robert Bellarmine, diz que, ainda que isso possa ter sido verdade a respeito de Davi, escondido em uma caverna enquanto seu inimigo, Saul, estava liderando um poderoso exército, é mais literalmente verdade a respeito de Cristo, que poderia verdadeiramente dizer no Jardim do Getsêmani, na mais titânica batalha da humanidade: "A minha alma está profundamente triste até à morte..." (Mt 26:38).¹³

Em segundo lugar, *inimigos mais fortes* (142:6b). "Livra-me dos meus perseguidores, porque são mais fortes do que eu". A segunda razão que ele apresenta ao Senhor para pedir livramento dos perseguidores é que eles o superavam em força. Tratava-se de uma luta desigual. Saul, o monarca louco, e todo o seu aparato militar estão no encalço de Davi, o qual, como se fosse um foragido da lei, já está cansado de se esconder pelos desertos e pelas cavernas. Ele sente-se encurralado por inimigos sórdidos e terríveis, e, por isso, pede o livramento do Senhor, que é mais forte do que os seus perseguidores.

A perspectiva da fé (142:7)

Derek Kidner diz que Davi termina o salmo num pico, onde a fé, agora acompanhada pela esperança, olha para o futuro.[14] Vejamos.

Em primeiro lugar, *o pedido de libertação* (142:7a). "Tira a minha alma do cárcere...". A prisão mais escura e insalubre é a prisão da alma, pois não podemos abrir essas portas pesadas com trancas de ferro com nossas próprias mãos. Nossos amigos, por mais poderosos e influentes, não podem nos tirar dessa masmorra; em outras palavras, só o Senhor pode nos libertar desse cárcere. Por isso, Spurgeon tem razão em dizer que a emancipação da alma é a forma mais nobre de libertação.[15]

Em segundo lugar, *o propósito certo* (142:7b). "[...] para que eu dê graças ao teu nome...". Davi quer trocar o clamor da súplica pelo louvor do livramento, pois aquele que é libertado das masmorras do desespero certamente exaltará o nome do Senhor. As ações de graça seguem as súplicas atendidas!

Em terceiro lugar, *o resultado seguro* (142:7c). "[...] os justos me rodearão...". A intervenção de Deus na libertação de Davi traria para junto de si os justos, as doze tribos, a nação inteira. Na verdade, todas as doze tribos correram e se colocaram debaixo do estandarte de Davi, e de bom grado o aclamaram rei sobre todo o Israel. Nas palavras de Warren Wiersbe, "por fim Davi foi liberto, a nação unificou-se em torno dele e o recebeu como rei escolhido por Deus".[16] Aqueles que não puderam proteger Davi em seus problemas agora podem participar de seu triunfo.

Em quarto lugar, *a certeza da vitória* (142:7d). "[...] quando me fizeres esse bem". Davi faz uma transição do mal perpetrado pelos perseguidores para o grande bem que o Senhor realizaria em sua vida. Concordo com Spurgeon quando diz: "Quando nós podemos começar um salmo com um clamor, podemos esperar encerrá-lo com um cântico, pois a voz da oração logo desperta a voz do louvor".[17]

Notas

[1] HARMAN, Allan. *Salmos*. São Paulo: Cultura Cristã, 2011, p. 461.
[2] PURKISER, W. T. "O livro de Salmos". In: *Comentário bíblico Beacon*, vol. 3. Rio de Janeiro: CPAD, 2015, p. 325.
[3] SWINDOLL, Charles R. *Vivendo Salmos*. Rio de Janeiro: CPAD, 2018, p. 292.
[4] SPURGEON, Charles H. *Os tesouros de Davi*, vol. 3. Rio de Janeiro: CPAD, 2017, p. 970.
[5] WIERSBE, Warren W. *Comentário bíblico expositivo*, vol. 3. São Paulo: Geográfica, 2006, p. 348.
[6] WIERSBE, Warren W. *Comentário bíblico expositivo*, vol. 3, p. 349.
[7] SPURGEON, Charles H. *Os tesouros de Davi*, vol. 3, p. 971.
[8] Ibidem, p. 971.
[9] Ibidem, p. 971.
[10] Ibidem, p. 972.
[11] Ibidem, p. 972.
[12] Ibidem, p. 972.
[13] Ibidem, p. 980.
[14] KIDNER, Derek. *Salmos 73—150: introdução e comentário*, 2006, p. 481.
[15] SPURGEON, Charles H. *Os tesouros de Davi*, vol. 3, p. 973.
[16] WIERSBE, Warren W. *Comentário bíblico expositivo, vol. 3*, p. 349.
[17] SPURGEON, Charles H. *Os tesouros de Davi*, vol. 3, p. 973.

Capítulo 142

O clamor do aflito

(Sl 143:1-12)

ESSE É UM SALMO de Davi. Não sabemos exatamente as circunstâncias em que foi escrito, mas depreendemos que ele estava enfrentando uma horrenda perseguição de inimigos cruéis, que queriam atormentar a sua alma e tirar a sua vida. É muito provável que Davi esteja tratando da mesma situação adversa do salmo anterior. Saul estava em seus calcanhares, e Davi não tinha descanso nem trégua, tanto que nem mesmo no interior das cavernas mais escuras sentia-se protegido do inimigo implacável. É nessa conjuntura que ele clama a Deus e apela à sua misericórdia.

Inobstante a providência carrancuda, Davi conhece a promessa que o Senhor vai entregar-lhe o trono e suscitar o seu descendente, o Messias, cujo governo será eterno. Está escrito:

> Quando teus dias se cumprirem e descansares com teus pais, então, farei levantar depois de ti o teu descendente, que procederá de ti, e estabelecerei o seu reino. Este edificará uma casa ao meu nome, e eu estabelecerei para sempre o trono do seu reino [...]. A tua casa e o teu reino serão firmados para sempre diante de ti; teu trono será estabelecido para sempre (2Sm 7:12,13,16).

Purkiser diz que este é o último dos sete salmos de penitência e expressa o pedido do penitente para que o julgamento seja temperado com a misericórdia.[1] Há nesse salmo de Davi uma confissão de pecados, um lamento pela sua trágica situação e uma súplica por libertação temporal e por graças espirituais.[2] Embora este seja um dos sete salmos penitenciais, ele se assemelha mais com uma defesa de sua integridade e uma oração pungente contra os caluniadores do que uma confissão de erro. Warren Wiersbe diz que todo o salmo pode ser resumido em duas orações: "Ouve-me (143:1-6) e "responde-me" (143:7-12).[3] Na exposição desse salmo, destacaremos alguns pontos importantes.

O clamor por misericórdia (143:1,2)

Três verdades são postas em relevo.

Em primeiro lugar, *a quem ele clama* (143:1a). "Atende, SENHOR, a minha oração, dá ouvidos às minhas súplicas...". Davi é um servo pactual e recorre ao seu Senhor, o Deus Yahweh (Javé), o grande EU SOU, o Deus incausado, autoexistente e Todo-poderoso. Os olhos de Davi não estão em suas muitas fraquezas, mas na onipotência daquele a quem recorre em oração. Sua urgência na oração pode ser notada nos dois pedidos: "atende" e "dá ouvidos". Ele deseja ser ouvido e considerado.

Em segundo lugar, *em que base ele clama* (143:1b). "[...] responde-me, segundo a tua fidelidade, segundo a tua justiça". Como alguém que está se afogando, sendo engolido pela morte, Davi roga: "Responde-me". Mas em que base ele clama? "Segundo a tua fidelidade e a tua justiça". Porque Deus é fiel para cumprir o que prometeu, Davi sabe que as insanas perseguições de Saul não vão anular os propósitos divinos, pois Deus é fiel e justo para atender o seu clamor.

Em terceiro lugar, *o que ele pede em seu clamor* (143:2). "Não entres em juízo com o teu servo, porque à tua vista não há justo nenhum vivente". Condenado pela sua culpa, o salmista ora para que Deus não entre em juízo com ele.[4] Mesmo sendo um homem de Deus, ele está consciente de que não pode estar na presença de Deus fiado em sua própria justiça. Este versículo foi citado pelo apóstolo Paulo duas vezes (Rm 3:20; Gl 2:16), e em ambos os casos acrescenta as palavras explicativas de que a justificação, aos olhos de Deus, não provém da observância da lei.[5]

Quanto mais perto da luz, mais enxergamos o que está sujo em nós, e quanto mais perto de Deus, mais consciência de pecado. Aqueles que mais lamentaram, choraram e confessaram seus pecados foram os servos de Deus, aqueles que mais perto de Deus andaram. Quando Davi diz, porém, "pois sou teu servo", isso não trata de uma vanglória pelo seu serviço, mas uma exaltação da graça seletora de Deus.[6] Embora ele seja um servo do Senhor, não ousa chegar diante do trono de Deus fiado em sua justiça, pois sabe que não há justo nenhum sequer. Ele reconhece o quão pecador é, portanto, pede ao Senhor para não entrar em juízo com ele. O que Davi está declarando aqui está em consonância com o que já foi dito em Salmos 130:3: "Se tu, SENHOR, observares as iniquidades, Senhor, quem subsistirá?". Spurgeon, citando as palavras de Bernardo de Claraval (1090-1153) diz: "Tão longe estou de ser capaz de responder pelos meus pecados, eu não posso responder nem mesmo pela minha justiça".

Spurgeon corrobora dizendo que Davi tinha suplicado por uma audiência diante do trono de misericórdia, mas não desejava comparecer diante do trono do juízo. Embora limpo diante dos homens, ele não podia declarar inocência diante de Deus. Embora soubesse ser um servo do Senhor, não declarava perfeição nem alegava merecimento. Ninguém pode comparecer diante de Deus com base na Lei. Davi apresentou a doutrina da condenação universal da Lei muito antes que Paulo tomasse a sua pena para escrever a mesma verdade (Rm 1:18—3:21).[7] Derek Kidner diz, com razão, que o paradoxo de um juiz justo que, mesmo assim, "justifica o ímpio", um ato que Provérbios 17:15 chama de abominação diante do Senhor, não seria resolvido até que a cruz de Cristo a resolvesse (Rm 3:21-26; 1Jo 1:9).[8]

A perseguição cruel (143:3,4)

Destacamos dois pontos importantes.

Em primeiro lugar, *a perversidade do inimigo* (143:3). "Pois o inimigo me tem perseguido a alma; tem arrojado por terra a minha vida; tem-me feito habitar na escuridão".

O inimigo de Davi não se contentava apenas em atormentá-lo de todas as formas; não se contentava apenas em derrubá-lo ao chão; não se contentava apenas em matá-lo. Se possível fosse, queria despachá-lo para o próprio inferno.

Spurgeon diz que Davi foi levado, pela animosidade de Saul, a frequentar cavernas e covas, como um fantasma inquieto; ele vagava durante a noite e se escondia durante o dia, como um espírito desassossegado, a quem tinha sido negado, por muito tempo, o repouso da sepultura.[9]

Em segundo lugar, *o estado do perseguido* (143:4). "Por isso, dentro de mim esmorece o meu espírito, e o coração se vê turbado". Davi diagnostica a sua deplorável situação, afirmando que está com o espírito esmorecido e o coração turbado. Ele se sente perplexo, arruinado e sozinho. Sente-se nocauteado, abatido, sem forças para prosseguir. Está vivendo um profundo esgotamento físico, emocional e espiritual.

A lembrança que alimenta a esperança (143:5,6)

Colocamos em destaque duas verdades preciosas.

Em primeiro lugar, *memórias que trazem esperança* (143:5). "Lembro-me dos dias de outrora, penso em todos os teus feitos e considero as obras das tuas mãos". Quando o presente está sombrio demais, devemos decolar nas asas da memória e pousar no passado, onde experimentamos, outrora, o cuidado de Deus. É das fontes do passado que jorram as águas da esperança para sermos vivificados no presente e prosseguirmos vitoriosamente rumo ao futuro. O profeta Jeremias, quando contemplava a destruição de Jerusalém, escreveu: "Quero trazer à memória o que me pode dar esperança" (Lm 3:21).

Spurgeon, nessa mesma linha de pensamento, diz que, quando não vemos nada novo que possa nos animar, devemos pensar em coisas antigas. Nós já tivemos dias felizes, dias de libertação, alegria e ação de graças (Sl 126:1-3); por que não podemos tê-los outra vez? O Senhor Deus resgatou o seu povo nas gerações passadas, séculos atrás, por que não faria a mesma coisa outra vez? Quando examinamos demoradamente as obras de Deus, podemos concluir que todas as coisas cooperam para o bem daqueles que amam a Deus.[10] A história é nossa pedagoga, é o registro das grandes e portentosas obras de Deus. Quando olhamos para o passado, vemos Deus tirando José duma cova e conduzindo-o ao território da realização de seus sonhos. Vemos um profeta Jonas no ventre do grande peixe clamando e sendo respondido. Vemos um Pedro sentenciado de morte e a igreja orando por ele, e o anjo do Senhor sendo escalado para libertá-lo.

Em segundo lugar, *anseio por Deus* (143:6). "A ti levanto as mãos; a minha alma anseia por ti, como terra sedenta". Em suas idas e vindas, em suas fugas e retiradas, acossado pelas cruzadas odiosas e ininterruptas de Saul, Davi percorre as terras desérticas e áridas da Judeia. Então, levanta as mãos ao Senhor e diz que sua alma está tão sedenta de Deus como a terra seca anseia pela chuva. A alma de Davi tem sede não de riqueza e prosperidade; não do trono ou de poder. Sua alma tem sede de Deus. Há muitos que têm sedes mundanas, como a sede do bêbado (Dt 29:19), do materialista (Hc 2:5; Fp 3:19), do perverso sanguinário (Sl 5:6). Essas sedes desembocarão naquela sede irremediável, onde nem uma gota d'água será dada aos que estão atormentados pelas chamas do inferno (Lc 16:24).

Spurgeon diz que, como um prisioneiro, cujos pés estão acorrentados, o salmista estende as suas mãos em súplica na esperança da liberdade. E, assim como o solo racha, e se cansa, e abre a sua boca, em mudos apelos, também sua alma está ávida em anseios, anseios por Deus. Nada poderia contentá-lo senão a presença do seu Deus.[11]

A oração por livramento (143:7-9)

Derek Kidner diz que três vezes, nos versículos 8 a 10, Davi ora pedindo direção; e cada petição tem seu próprio matiz de sentido. "O caminho por onde devo andar" (143:8b) dá algum leve destaque ao fato do destino individual, isto é, que cada um de nós tem uma posição e vocação sem igual (Jo 21:21,22). "Ensina-me a fazer a tua vontade" (143:10a) liquida as prioridades, definindo o alvo como sendo agradar a Deus e completar a sua obra, e não a realização de si mesmo. As palavras "guia-me" (143:10b) falam com a humildade que sabe que precisa de ser pastoreado, além de o caminho certo ser indicado a ele.[12] Destacamos aqui três verdades.

Em primeiro lugar, *a pressa do abatido* (143:7). "Dá-te pressa, SENHOR, em responder-me; o espírito me desfalece; não me escondas a tua face, para que eu não me torne como os que baixam à cova". Davi está se sentindo como um paciente terminal. Suas forças se esvaíram e seu espírito está desfalecendo. Os homens esconderam a face dele e agora, se o Senhor fizer isso também, não lhe restará outra opção a não ser morrer e descer à cova. Por essa causa, ele clama a Deus para respondê-lo, e respondê-lo rápido. Oh, bendito seja Deus, porque sua misericórdia tem asas em seus calcanhares, quando a desgraça que se abate sobre o seu povo é extrema. O autor aos Hebreus coloca essa verdade assim:

> Tendo, pois, a Jesus, o Filho de Deus, como grande sumo sacerdote que penetrou os céus, conservemos firmes a nossa confissão. Porque não temos sumo sacerdote que não possa compadecer-se das nossas fraquezas [...]. Acheguemo-nos, portanto, confiadamente, junto ao trono da graça, a fim de recebermos misericórdia e acharmos graça para socorro em ocasião oportuna (Hb 4:14-16).

Em segundo lugar, *a necessidade de direção* (143:8). "Faze-me ouvir, pela manhã, da tua graça, pois em ti confio; mostra-me o caminho por onde devo andar, porque a ti elevo a minha alma". Davi eleva a sua alma ao Senhor porque queria começar o dia com esperança, ouvindo sobre a graça e sendo instruído acerca do caminho por onde andar. Os que confiam no Senhor desejam andar no caminho do Senhor, caminho de vida, de santidade, de obediência. Mas, se não conhecemos o caminho, como podemos nos manter nele? Se não sabemos onde devemos andar, como poderemos seguir o caminho correto?

Em terceiro lugar, *o abrigo verdadeiro* (143:9). "Livra-me, Senhor, dos meus inimigos; pois em ti é que me refugio". Davi não tem forças nem estratégias para se livrar de seus inimigos, pois são muitos, atrevidos e implacáveis. Só o Senhor pode desbaratar os planos dos inimigos, desfazer suas armadilhas, vencê-los e libertar o seu servo. Concordo com Spurgeon quando diz que a arma da oração nos colocará em melhor posição do que a espada e o escudo. Deus pode nos esconder fora do alcance do mal e até mesmo fora da vista do mal. Jesus se fez refúgio do seu povo:

quanto mais cedo e mais inteiramente fugirmos até Ele, melhor será para nós, pois debaixo da cobertura escarlate da expiação do nosso Senhor, os crentes estão completamente escondidos; devemos permanecer ali e descansar.[13]

O anseio da alma (143:10-12)

Destacamos três verdades preciosas.

Em primeiro lugar, *o aprendiz na escola de Deus* (143:10). "Ensina-me a fazer a tua vontade, pois tu és o meu Deus; guie-me o teu bom Espírito por terreno plano". Purkiser diz, com razão, que o alinhamento com a vontade de Deus é o maior bem que a alma pode conhecer.[14] Por isso, Davi é matriculado na escola de Deus e deseja não apenas conhecer, mas fazer a vontade de Deus. Não quer ser um mero ouvinte, mas um praticante da Palavra de Deus. Davi já havia suplicado para andar no caminho do Senhor; agora, ele quer ser guiado nesse caminho pelo bom Espírito de Deus. O apóstolo Paulo escreveu: "Pois todos os que são guiados pelo Espírito de Deus são filhos de Deus" (Rm 8:14). Nascemos do Espírito, andamos no Espírito, vivemos no Espírito e somos guiados pelo Espírito. Spurgeon está certo ao afirmar que esta é a melhor forma de instrução, pois a sua fonte é Deus, o seu objeto é a santidade e o seu espírito é de sincera lealdade.[15]

Em segundo lugar, *o atribulado na expectativa do avivamento* (143:11). "Vivifica-me, SENHOR, por amor do teu nome; por amor da tua justiça, tira da tribulação a minha alma". O avivamento sempre foi concebido no ventre da crise e seu parto sempre se deu entre as lágrimas de arrependimento. É quando Davi está com sua alma no cárcere, na masmorra da tribulação, que ele recorre ao Senhor para pedir por uma vivificação, não fiado em seu nome ou em sua justiça própria, mas confiado no amor que Deus tem pelo seu próprio nome e pelo amor que Ele tem à sua própria justiça. Em virtude de nossas fraquezas, podemos até conduzir nossa alma à tribulação, mas somente o Senhor pode tirá-la dessa situação.

Em terceiro lugar, *o perseguido na esperança da justiça divina* (143:12). "E, por tua misericórdia, dá cabo dos meus inimigos e destrói todos os que me atribulam a alma, pois eu sou teu servo". Essa oração final é feita pelo servo pactual. Não se trata de uma vingança pessoal, mas de santo zelo pela honra daquele que fez promessas alusivas ao reino do seu descendente. Aqueles que se interpõem no caminho dos propósitos de Deus serão, inexoravelmente, destruídos, e aqueles sobre quem a pedra não lavrada por mãos rolar serão esmagados (Dn 2:34,35,44,45).

Notas

[1] PURKISER, W. T. "O livro de Salmos". In: *Comentário bíblico Beacon*, vol. 3. Rio de Janeiro: CPAD, 2015, p. 326.
[2] SPURGEON, Charles H. *Os tesouros de Davi*, vol. 3. Rio de Janeiro: CPAD, 2017, p. 989.
[3] WIERSBE, Warren W. *Comentário bíblico expositivo*, vol. 3. São Paulo: Geográfica, 2006, p. 349.
[4] PURKISER, W. T. "O livro de Salmos", p. 326.
[5] HARMAN, Allan. *Salmos*. São Paulo: Cultura Cristã, 2011, p. 463.
[6] SPURGEON, Charles H. *Os tesouros de Davi*, vol. 3, p. 989.
[7] Ibidem, p. 984.
[8] KIDNER, Derek. *Salmos 73—150: introdução e comentário*. São Paulo: Vida Nova, 2006, p. 482.
[9] SPURGEON, Charles H. *Os tesouros de Davi*, vol. 3, p. 985.
[10] Ibidem, p. 985.

[11] Ibidem, p. 986.
[12] KIDNER, Derek. *Salmos 73—150: introdução e comentário*, p. 482,483.
[13] SPURGEON, Charles H. *Os tesouros de Davi*, vol. 3, p. 987.
[14] PURKISER, W. T. "O livro de Salmos", p. 327.
[15] SPURGEON, Charles H. *Os tesouros de Davi*, vol. 3, p. 987.

Capítulo 143

A majestade de Deus e a felicidade do seu povo

(Sl 144:1-15)

Esse é o penúltimo salmo atribuído a Davi no Saltério. Derek Kidner diz que o salmo é um mosaico, e não um monolito; a maior parte de sua matéria, sem contar os versículos finais, é tirada de outros salmos de Davi, mais substancialmente do salmo 18.[1] Neste belíssimo poema, Davi contrasta o poder majestático de Deus com a fraqueza e a efemeridade do homem. Em seguida, roga a Deus para fazer o céu descer a fim de livrá-lo das mãos do inimigo e, como resultado da intervenção divina, entoa um novo cântico ao Senhor. O salmo encerra com aspirações profundas acerca dos filhos e filhas, da abundância material, da cessação de lamentos nas praças e da bem-aventurança da nação. Destacamos três verdades básicas.

O Deus amoroso que cuida de nós (144:1-4)

Davi bendiz ao Senhor, fazendo robusto destaque acerca do cuidado amoroso de Deus e da notória fraqueza humana, apresentando um contraste entre Deus e o homem. Vejamos.

Em primeiro lugar, *a fortaleza divina* (144:1,2). "Bendito seja o SENHOR, rocha minha, que me adestra as mãos para a batalha e os dedos, para a guerra; minha misericórdia e fortaleza minha, meu alto refúgio e meu libertador, meu escudo, aquele em quem confio e quem me submete o meu povo". O salmista, sem qualquer prelúdio, abre o salmo bendizendo ao Senhor, dedicando sua melhor palavra ao seu melhor amigo. Ele bendiz ao Senhor não apenas por aquilo que Deus faz, mas, sobretudo, por quem Deus é. Deus é sua rocha, ou seja, seu lugar seguro acima e além do alcance do inimigo.

O Senhor é, também, seu mestre na arte da guerra, adestrando suas mãos para a batalha, dando-lhe habilidade e destreza, pois força e habilidade precisam caminhar juntas. Spurgeon diz que a força não treinada é frequentemente uma ofensa para o homem que a possui e pode até mesmo se tornar um perigo para os que o rodeiam; e por isto o salmista bendiz ao Senhor, tanto pelo ensinamento como pela força.[2]

A história do povo de Israel é a história do treinamento de Deus para a batalha. Deus treinou Josué para conquistar a terra. Treinou Gideão para selecionar apenas trezentos homens para a peleja. Treinou Josafá para formar um exército de cantores para enfrentar uma coligação de inimigos. Treinou Ezequias para confiar no Senhor diante da iminente invasão assíria à cidade de Jerusalém. Treinou Davi para enfrentar um urso, um leão, o gigante Golias e vários exércitos inimigos. Hoje, Deus nos treina para vencermos a guerra espiritual (Ef 6:10-20).

O Senhor não apenas oferece misericórdia a Davi, mas é, também, sua própria misericórdia. O Senhor é a sua fortaleza, para onde ele pode correr e se esconder dos inimigos de sangue. O Senhor é o seu alto refúgio, onde os inimigos não podem atingi-lo com suas setas venenosas. O Senhor é o seu próprio libertador, o seu escudo protetor, em quem Davi colocava sua confiança. Foi Deus quem lhe colocou no trono, pacificou o reino e fez com que as doze tribos se unissem a ele, como se fossem um só homem. É como se Davi dissesse: "O Senhor mantém sujeitos os meus súditos naturais e os meus súditos conquistados pacíficos sob o meu poder".

Em segundo lugar, *a fraqueza do homem* (144:3,4). "Senhor, que é o homem para que dele tomes conhecimento? E o filho do homem para que o estimes? O homem é como um sopro; os seus dias, como a sombra que passa". Davi toma emprestado o que já havia escrito em Salmos 8:4 para escrever o versículo 3. Que é o homem? O homem é a imagem de Deus criada, deformada pelo pecado e restaurada pela graça. Podemos contemplar o homem em seus quatro elementos: terra, ar, fogo e água. Na terra, ele é como o pó fugaz; no ar, é como o vapor que desaparece; na água, é como uma bolha que se rompe; e no fogo, é como uma fumaça que se esvai.[3] A despeito desses fatos incontroversos, os homens têm se besuntado de orgulho, e isso pode ser visto na construção da torre de Babel, na megalomania de

Nabucodonosor, no narcisismo de Absalão, na prepotência do fariseu, na expressão da vaidade estampada na face de cada um de nós, quando corremos atrás do vento.

Depois de colocar em relevo a nulidade e a insignificância do homem diante da majestade de Deus, Davi dá destaque à efemeridade do homem, dizendo que sua vida não passa de um sopro e os seus dias são como a sombra que passa. Nossa confiança não pode estar no homem, pois este é frágil demais, instável demais, efêmero demais! Inobstante essas indubitáveis realidades acerca do homem, Deus ainda o fez o sujeito da eleição, o objeto da redenção e o alvo de sua infalível providência.

Quando Davi diz que o homem é "como um sopro", está declarando que ele é semelhante à vaidade. O homem é como aquilo que não é nada. Nas palavras de Spurgeon, "o homem se assemelha àquela coisa insubstancial, que não é nada, senão um nada inflado — uma bolha".[4] Warren Wiersbe diz que o termo hebraico traduzido por "sopro" é *habel*, nome do segundo filho de Adão (Abel) — a mesma palavra traduzida 38 vezes por "vaidade" em Eclesiastes.[5]

Quando o salmista diz que os seus dias são como "a sombra que passa", está declarando que o homem tem uma vida tão curta que seu nascimento e sua morte são vistos pelo mesmo sol. Uma sombra é uma vaga semelhança, uma ausência de algo, em lugar de ser, em si mesma, uma existência.[6]

O Deus poderoso que nos livra vitoriosamente (144:5-11)

Depois de contrastar a majestade divina com a fragilidade humana, Davi clama pela intervenção divina. Destacamos três fatos.

A majestade de Deus e a felicidade do seu povo

Em primeiro lugar, *um clamor pelo livramento divino* (144:5-8). Davi tem muitos inimigos. Foi um homem de guerra, e tanto antes de subir ao trono como depois teve muitos enfrentamentos, por isso, ele faz alguns pedidos ao Senhor. Vejamos.

Primeiro, *pede para o próprio Deus descer* (144:5a). "Abaixa, SENHOR, os teus céus e desce...". A terra clama para que o céu se abaixe; na verdade, o clamor é para que o Senhor do céu abaixe o céu e apareça entre os filhos da Terra. Spurgeon diz que o Senhor fez isso frequentemente, e nunca mais plenamente do que em Belém, quando o Verbo se fez carne e habitou entre nós.[7] Citando Jonathan Edwards, Spurgeon diz: "Isso nunca se cumpriu de maneira mais plena do que na encarnação de Jesus Cristo, quando o céu e a terra se uniram. O próprio céu se abaixou para que pudesse se unir à terra. Deus desceu e trouxe o céu com ele para os homens e pelos homens".[8]

Segundo, *pede para Deus se manifestar com poder* (144:5b). "[...] toca os montes, e fumegarão". Foi exatamente isto que aconteceu quando Deus desceu no Sinai: o monte fumegou; as pedras rolaram; e o povo tremeu. Nas palavras de Spurgeon, "as mais fortes colunas da terra não conseguem suportar o peso do dedo de Deus. O seu toque incendeia os picos mais alto do mundo e os faz fumegar".[9]

Terceiro, *pede para Deus entrar na batalha com as suas armas de guerra* (144:6). "Despede relâmpagos e dispersa os meus inimigos; arremessa as tuas flechas e desbarata-os". Os relâmpagos são a artilharia do céu, e quando o Senhor aciona essas armas de guerra, riscando os céus com relâmpagos luzidios e fazendo ribombar os trovões, os inimigos batem em retirada e se dispersam amedrontados. As flechas de Deus, ao serem arremessadas, nunca erram o alvo, isto é, são fatais aos inimigos do seu povo. Spurgeon escreve: "Um crente em Deus pode, sem presunção, esperar que o Senhor Todo-poderoso use, para o seu bem, todas as reservas de sua sabedoria e de seu poder; até mesmo as terríveis forças da tempestade serão convocadas para a luta, para a defesa dos eleitos do Senhor".[10]

Quarto, *pede para o Senhor libertá-lo* (144:7,8). "Estende a mão lá do alto; livra-me e arrebata-me das muitas águas e do poder de estranhos, cuja boca profere mentiras, e cuja direita é direita de falsidade". O braço de Deus é forte e longo o suficiente para alcançar os inimigos, aprisioná-los e libertar os seus filhos. Davi quer ser um novo Moisés arrebatado das águas. Os estranhos ou estrangeiros de todas as raças que se opõem a ele e atacam Israel são mestres em mentira e doutores em falsidade, e agem tão falsamente quanto falam. Eles mentem com destreza e enganam com toda a sua capacidade, pois estas duas coisas andam sempre juntas: a língua que mente e a mão que engana.

Em segundo lugar, *um louvor pelo livramento divino* (144:9,10). "A ti, ó Deus, entoarei novo cântico; no Saltério de dez cordas, te cantarei louvores. É ele quem dá aos reis a vitória; quem livra da espada maligna a Davi, seu servo". Diante da retumbante vitória imposta por Deus aos inimigos de Davi, ele promete ao Senhor usar sua voz e seus instrumentos para entoar-lhe um novo cântico (Sl 33:3; Sl 40:3). Davi quer usar o seu melhor instrumento e usar a sua melhor música vocal. Reconhece que suas vitórias militares não são tanto em virtude da destreza de seus soldados, mas procedem das mãos daquele que livra os seus servos da espada maligna. Concordo com Allan Harman quando diz que "o novo cântico é em louvor à ação salvífica de Deus que havia libertado Davi da ameaça de morte".[11]

Em terceiro lugar, *uma oração renovada* (144:11). "Livra-me e salva-me do poder de estranhos, cuja boca profere mentiras, e cuja direita é direita de falsidade". Davi retorna à sua súplica e implora novamente libertação de seus inimigos declarados e estrangeiros, que tinham rompido pactos e tratado as alianças como coisas vãs.[12] Os estranhos são as nações ao seu redor, que falam outra língua, servem a outros deuses. Essas nações inimigas lutavam não apenas com armas perigosas, mas, sobretudo, com a mentira. O lado direito desses estranhos, símbolo da honra, não passava de pura falsidade. Nas palavras de Spurgeon, "os inimigos de Davi, com notável unanimidade, estavam com uma boca e uma mão buscando a sua destruição".[13]

Allan Harman diz que este versículo em apreço serve a dois propósitos: reitera a oração dos versículos 7 e 8 e provê um elo com os versículos seguintes, pois, se a oração for respondida, então paz e prosperidade seguirão para a nação.[14]

O Deus bondoso que nos abençoa abundantemente (144:12-15)

Davi traz impressionantes imagens de uma nação próspera e feliz, e fala das bênçãos especiais destinadas ao povo de Deus: filhos valentes, filhas belas, despensas cheias, rebanhos numerosos e ausência de clamores nas praças. Derek Kidner diz que oração de Davi começa com a família e com a sua nova geração — e não com sonhos de um império. Aqui, conforme indica Salmos 127:3-5, temos força viva, dada por Deus. Os filhos, os jovens rebentos de oliveira (Sl 128:3), agora se retratam como árvores robustas e bem estabelecidas, e as filhas, como o próprio retrato da elegância e força esculturais, "como pilares esculpidos nas esquinas de um palácio".[15] Destacamos cinco verdades muito preciosas.

Em primeiro lugar, *a bênção sobre os filhos* (144:12). "Que nossos filhos sejam, na sua mocidade, como plantas viçosas, e nossas filhas, como pedras angulares, lavradas como colunas de palácio". A primeira bênção começa em casa. A maior necessidade da família, da igreja e da nação é que os filhos e as filhas sejam educados no lar com valores absolutos. Davi usa aqui duas figuras: uma da botânica e outra da engenharia civil. Vejamos.

Primeiro, *os filhos devem ser na sua mocidade como plantas viçosas*. Os filhos não são plantas nativas, mas plantadas, e precisam ser plantadas junto à fonte para serem viçosas. Precisam ter raízes profundas, crescimento vertical, copa abundante para cumprir seu propósito de oferecer sombra e frutos. Um jovem deve crescer como uma árvore: não deve haver nada entre ele e o céu.

Numa sociedade que atenta contra a ética judaico-cristã, as palavras do salmista são um alerta. É preciso investir nas futuras gerações, pois, se perdemos os filhos hoje, amanhã teremos filhos disfuncionais, que formarão famílias disfuncionais, que desembocarão numa sociedade doente. A grande riqueza de uma nação são as famílias, e a grande riqueza das famílias são os filhos como plantas viçosas. Spurgeon é oportuno quando escreve:

> Os nossos filhos (do sexo masculino) são de primordial importância para o Estado, uma vez que os homens desempenham um papel fundamental nas questões da nação; e aquilo que os jovens são, os homens mais velhos serão. Ele deseja que eles

possam ser como árvores jovens, fortes e bem arraigadas, que prometem grandes coisas. Se eles não crescerem na sua mocidade, quando crescerão? Se no início da sua idade adulta eles definharem, nunca superarão isso. Ó, as alegrias que podemos ter com os nossos filhos! E, por outro lado, que infelicidade eles nos podem trazer! As plantas podem crescer tortas ou de alguma outra maneira desapontar aquele que as plantou, assim também podem ser nossos filhos. Mas quando nós os vemos desenvolvidos em santidade, que alegria sentimos por eles![16]

Segundo, *as filhas devem ser como pedras angulares, lavradas como colunas de palácio.* As pedras angulares dão estabilidade ao muro e unem as outras pedras da construção. As mulheres oferecem firmeza e unidade à família, portanto, se perderem os valores morais, a sociedade se corrompe, uma vez que elas, mais do que ninguém, influenciam a formação das futuras gerações, pois a formação do caráter da próxima geração começa com a influência da mãe. Mas as mulheres não apenas são instrumentos de estabilidade e unidade, mas também de beleza. São pedras lavradas, e não pedras brutas, e são lavradas como coluna de palácio, ou seja, são robustas e belas. Allan Harman diz que amiúde era costume no Oriente Próximo esculpir as colunas na forma de jovens.[17] Spurgeon é oportuno ao escrever:

> As filhas unem as famílias, da mesma maneira como as pedras de esquina unem os muros, e, ao mesmo tempo, elas as adornam, como pedras polidas enfeitam as estruturas em que são inseridas. A casa se torna um palácio quando as filhas são donzelas de honra e os filhos são nobres em espírito; então, o pai é um rei e a mãe, uma rainha, e as residências reais estão mais que ultrapassadas. Uma cidade edificada com tais moradas é

uma cidade de palácios, e um Estado composto de tais cidades é uma república de príncipes.[18]

Em segundo lugar, *a bênção sobre os celeiros* (144:13a). "Que transbordem os nossos celeiros, atulhados de toda sorte de provisões...". Depois dos filhos e das filhas, vêm a farta provisão. Os campos produzem abundantemente, os celeiros são abastecidos, as despensas ficam cheias. Há boa administração, fartura e prosperidade. Essa descrição fala de uma economia próspera e de uma sociedade forte. Por outro lado, aonde a escassez chega, a crise se instala, e onde a fome impera, a infelicidade reina e o desassossego se estabelece.

Em terceiro lugar, *a bênção sobre os campos* (144:13b,14a). "[...] que os nossos rebanhos produzam a milhares e a dezenas de milhares, em nossos campos; que as nossas vacas andem pejadas, não lhes haja rotura, nem mau sucesso...". Allan Harman diz que a linguagem reflete a promessa pactual de bênção contínua tais como Deuteronômio 28:1-14.[19] Os campos produzem mantimento e os rebanhos saudáveis produzem roupa, leite e carne. A prosperidade vem da agricultura e da pecuária, e a riqueza é vista no plantio e na colheita, bem como na criação de gado e na multiplicação dos rebanhos. Warren Wiersbe destaca que há mais de uma tradução possível para o versículo 14. As vacas "pejadas" estão prenhes ou carregando cargas pesadas por causa da produção farta dos campos.[20]

Em quarto lugar, *a bênção sobre a cidade* (144:14b). "[...] não haja gritos de lamento em nossas praças". Uma nação que tem sua base em Deus, seus valores morais ensinados nas famílias, na criação de seus filhos e filhas, sua pujança é vista na prosperidade do campo e tem como reflexo ausência de perturbação nas ruas da cidade. Ao contrário, há alegria nas praças. A fome traz lamento nas praças, e a miséria e a opressão patrocinam o choro, mas a vida dentro dos preceitos divinos afasta a insatisfação pessoal e o tumulto público.

Em quinto lugar, *a bênção sobre a nação* (144:15). "Bem-aventurado o povo a quem assim sucede! Sim, bem-aventurado é o povo cujo Deus é o SENHOR!". A felicidade é filha da obediência, mas o pecado é o opróbrio das nações. A nação que cuida das famílias e valoriza a formação sadia de seus jovens é uma nação próspera e feliz. A nação que abandona o ateísmo, as falsas religiões, as filosofias perversas, os vícios deletérios e se volta para Deus, para adorá-lo e servi-lo como o único Senhor é uma nação bem-aventurada.

Concordo com Purkiser quando diz que, mais importante do que as bênçãos da abundância e de uma sociedade estável, são as bênçãos da lealdade ao Deus vivo e verdadeiro. Os alicerces sobre os quais toda a estrutura da vida nacional deve estar apoiada são colocados sobre a rocha sólida da lei santa de Deus. Continua sendo verdade que a "justiça exalta as nações, mas o pecado é o opróbrio dos povos" (Pv 14:34).[21]

Derek Kidner destaca que a oração termina na fonte da harmonia que visualizou. Isso porque, embora dê valor às dádivas, reserva a bem-aventurança final para o relacionamento que há por trás delas: aquele de ser o povo que conhece o Senhor como sendo o Deus dele. Esse relacionamento, como haveria de declarar, com fervor, Habacuque, homem de Deus, em tempos posteriores (Hc 3:17,18), pode pesar na balança mais do que a perda de tudo o mais.[22]

Salmos — O livro das canções e orações do povo de Deus

Notas

1. Kidner, Derek. *Salmos 73—150: Introdução e comentário*. São Paulo: Vida Nova, 2006, p. 483.
2. Spurgeon, Charles H. *Os tesouros de Davi*, vol. 3. Rio de Janeiro: CPAD, 2017, p. 1008.
3. Spurgeon, Charles H. *Os tesouros de Davi*, vol. 3, p. 1018.
4. Ibidem, p. 1010.
5. Wiersbe, Warren W. *Comentário bíblico expositivo*, vol. 3. São Paulo: Geográfica, 2006, p. 351.
6. Spurgeon, Charles H. *Os tesouros de Davi*, vol. 3, p. 1011.
7. Ibidem, p. 1011.
8. Ibidem, p. 1020.
9. Ibidem, p. 1011.
10. Ibidem, p. 1011.
11. Harman, Allan. *Salmos*. São Paulo: Cultura Cristã, 2011, p. 466.
12. Spurgeon, Charles H. *Os tesouros de Davi*, vol. 3, p. 1013.
13. Ibidem, p. 1013.
14. Harman, Allan. *Salmos*, p. 467.
15. Kidner, Derek. *Salmos 73—150: introdução e comentário*, p. 485.
16. Spurgeon, Charles H. *Os tesouros de Davi*, vol. 3, p. 1014.
17. Harman, Allan. *Salmos*, p. 467.
18. Spurgeon, Charles H. *Os tesouros de Davi*, vol. 3, p. 1014.
19. Harman, Allan. *Salmos*, p. 467.
20. Wiersbe, Warren W. *Comentário bíblico expositivo*, vol. 3 p. 352.
21. Purkiser, W. T. "O livro de Salmos". In: *Comentário bíblico Beacon*, vol. 3. Rio de Janeiro: CPAD, 2015, p. 329.
22. Kidner, Derek. *Salmos 73—150: introdução e comentário*, p. 486.

Capítulo 144

Uma canção de louvor

(Sl 145:1-21)

ESSE É O ÚLTIMO dos salmos atribuídos a Davi e o último salmo acróstico ou alfabético. Cada um dos versículos começa com a letra sucessiva do alfabeto hebraico, com a exceção da letra *nun*, que deveria ser intercalada entre os versículos 13 e 14. Purkiser diz que a Septuaginta apresenta um versículo adicional: "O Senhor é fiel em suas palavras, e santo em todas as suas obras". A versão hebraica dessas palavras começava com *nun* e provavelmente fazia parte da cópia do texto hebraico que os tradutores da Septuaginta usaram.[1]

O poeta-mor de Israel encerra sua obra de forma arrebatadora, com seu salmo peculiar, a sua joia da coroa do louvor. Aqui, ele chega ao pináculo de seus cânticos com abundantes louvores ao Senhor. Trata-se de uma riqueza de louvor variado, um colar com muitas pérolas preciosas. Spurgeon diz que Davi louva a Deus pela sua glória (145:1-7), pela sua bondade (145:8-10), pelo seu reino (145:11-13), pela sua providência (145:14-16), pela sua misericórdia salvadora (145:17-21).[2] Purkiser destaca que, na liturgia judaica, o salmo 145 é usado nas orações diárias do ano religioso. É fácil, portanto, entender por que esse salmo chegou a ocupar um lugar tão importante na liturgia judaica. Dia após dia, ele é lido duas vezes no culto matinal e uma vez no culto da tarde. O clímax do salmo é alcançado na afirmação de que não só Israel, mas toda a humanidade, louvará o seu santo nome para todo o sempre.[3]

Alguns estudiosos chegaram a rotular esse salmo de "o novo cântico" prometido em Salmos 144:9. Spurgeon, citando Agostinho de Hipona, diz que os salmos são os louvores a Deus, acompanhados com cânticos; os salmos são cânticos que contêm o louvor a Deus. Se há louvor, mas não é a Deus, não é um salmo. Se há louvor, e louvor a Deus, mas não é cantado, não é um salmo. Para fazer um salmo, são necessárias estas três coisas: louvor, louvor a Deus e cântico.[4]

Exalte ao Rei (145:1,2)

Duas verdades preciosas merecem destaque.

Em primeiro lugar, *o Rei é digno de ser exaltado* (145:1). "Exaltar-te-ei, ó Deus meu e Rei; bendirei o teu nome para sempre". Aqui, o maior rei de Israel está exaltando o Rei dos reis, a quem ele chama de seu Deus e Rei. O louvor de Davi é pessoal, diário, entusiasta e perpétuo, e seu compromisso é bendizer o nome do Senhor durante toda a sua vida e por toda a eternidade. A morte pode silenciar e encerrar nossos louvores na terra, mas, na eternidade, perpetuamente continuaremos louvando ao Senhor. Spurgeon está correto quando diz que, quando não conseguimos expressar todo o nosso louvor exatamente agora, é sensato registrar a nossa resolução de continuar nesta abençoada obra e escrever isso como uma obrigação: "eu te exaltarei".[5] O mesmo autor prossegue:

> O louvor é a única parte do dever em que nós nos envolvemos no presente, que é permanente. Nós oramos, mas haverá uma ocasião em que a oração oferecerá a sua última litania; nós cremos, mas haverá uma ocasião quando a fé estará fora do alcance da vista; nós temos esperança, e a esperança não traz confusão, mas haverá uma ocasião em que a esperança morrerá, perdida no esplendor dos benefícios que Deus irá revelar. Mas o louvor continua reverberando no céu, e está pronto — sem um professor para tocar a harpa que o espera — para transmitir, junto com os ecos da eternidade, o cântico do Cordeiro.[6]

Em segundo lugar, *o Rei é digno de ser exaltado para sempre* (145:2). "Todos os dias te bendirei e louvarei o teu nome para todo o sempre". Davi está dizendo que, qualquer que seja o caráter do dia ou de suas circunstâncias e condições durante esse dia, continuará a glorificar a Deus. Nas palavras de Spurgeon, "tudo antes do dia, tudo durante o dia, tudo após o dia, deve nos impelir a exaltar o nosso Deus todos os dias, durante o ano inteiro".[7] Nossas orações se limitarão a este mundo, mas nossos louvores ao Senhor cruzarão os umbrais da eternidade.

Salmos — O livro das canções e orações do povo de Deus

Medite no esplendor da sua Majestade (145:3-7)

Destacamos, aqui, quatro verdades preciosas.

Em primeiro lugar, *a grandeza insondável do Rei* (145:3). "Grande é o SENHOR e mui digno de ser louvado; a sua grandeza é insondável" (145:3). A grandeza do Senhor é incomparável e indescritível. Como diz Warren Wiersbe, "Deus é grande demais para ser perscrutado pela mente humana".[8] Os grandes deste mundo diante dele são como coisa que não é nada. Só o Senhor é verdadeiramente grande e digno de ser louvado. A sua grandeza não pode ser descrita em palavras. Nenhum vocábulo pode esgotar ou mesmo expressar sua infinita grandeza. Não há nenhuma parte da grandeza do Senhor que não seja merecedora de grande louvor.

Em segundo lugar, *o testemunho para as futuras gerações* (145:4). "Uma geração louvará a outra geração as tuas obras e anunciará os teus poderosos feitos". Nós tivemos o compromisso com a geração passada de aprendermos o que nos ensinaram, e temos o compromisso com a geração futuro de transmitir o que aprendemos. Nós somos o fruto do que as gerações passadas nos legaram e devemos transmitir às gerações pósteras o que aprendemos (Dt 6:1-9; Sl 78:1-9). Não podemos sonegar às futuras gerações o que Deus tem feito por nós, em nós e por intermédio de nós, pois, se falharmos em transmitir aos nossos filhos o que aprendemos, teremos fracassado rotundamente em nossa missão. Warren Wiersbe alerta: "Quer reconheçamos, quer não, toda igreja local está a apenas uma geração da extinção. Por isso, devemos obedecer ao que Paulo ensinou em 2Timóteo 2:2: "E o que de minha parte ouviste através de muitas testemunhas, isso mesmo transmite a homens fiéis e também idôneos para instruir a outros".[9]

Spurgeon é oportuno quando escreve:

> Haverá uma tradição de louvor: os homens passarão adiante esse serviço e farão questão de instruir os seus descendentes neste santo exercício. Nós examinamos as experiências de nossos pais e cantamos sobre elas; da mesma maneira, os nossos filhos aprenderão a louvar a partir das obras do Senhor entre nós. Devemos nos assegurar de que louvemos diante de nossos filhos, e nunca os façamos pensar que o serviço a Ele seja algo infeliz [...]. Cada geração contribuirá com o seu capítulo, e todas as gerações juntas comporão um volume de caráter inigualável.[10]

Resta, portanto, afirmar que a igreja e seus adoradores estão ajuntando louvores de sucessivas gerações para a celebração do Aleluia final. Cada geração toma as melodias da última e as repete e transmite à seguinte, e assim marcharemos como um verdadeiro exército de cantores!

Em terceiro lugar, *a meditação na pessoa e na obra do Rei* (145:5,6). "Meditarei no glorioso esplendor da tua majestade e nas tuas maravilhas. Falar-se-á do poder dos teus feitos tremendos, e contarei a tua grandeza". É apropriado que um rei fale da majestade do Rei dos reis. A majestade do Senhor é tão esplendorosa que não podemos alcançá-la num rápido relance, de modo que precisamos meditar e meditar sobre ela. As maravilhas divinas e os seus feitos tremendos só realçam sua grandeza, porém, a sua obra de graça, revelada na cruz de Jesus, reluz acima e além de todas as outras maravilhas.

Davi fala também dos feitos tremendos ou terríveis do Senhor, como a destruição de Sodoma e Gomorra, as pragas do Egito e o sepultamento do exército de Faraó no mar Vermelho, dentre tantos outros, como um *outdoor* da grandeza majestática do Senhor.

Em quarto lugar, *a divulgação da bondade do Rei* (145:7). "Divulgarão a memória de tua muita bondade e com júbilo celebrarão a tua justiça". O povo redimido do Senhor divulgará todas as obras de Deus carimbadas pela sua bondade. A justiça divina, revelada de forma visível e constrangedora na cruz de Jesus, deve ser celebrada na proclamação do evangelho (Rm 1:16,17). A justiça de Deus, com que Ele justifica os pecadores e santifica os justificados, e executa o juízo pelo seu povo reconciliado, é o mais doce objeto da alegria da igreja. Spurgeon, nessa mesma linha de pensamento, traz sua preciosa contribuição quando escreve:

> Os remidos falarão e então cantarão. E qual é o tema que os impele a trocar o púlpito pela orquestra? Sobre o que cantam eles? Eles cantam sobre aquela justiça que é o terror do pecador, que até mesmo os homens bons mencionam com profunda solenidade. A justiça recebida pela luz do Evangelho é, na realidade, a fundação secreta da esperança do crente. O concerto da graça de Deus é a nossa fonte de consolação, porque aquele que o fez é justo e não recuará dele. Como Jesus morreu como nosso substituto, a justiça exige e assegura a salvação de todos os remidos. Esse atributo é o nosso melhor amigo, e por isso cantamos sobre ele.[11]

Fale da glória do seu Reino (145:8-13)

Destacamos quatro verdades preciosas.

Em primeiro lugar, *a glória de seus atributos* (145:8,9). "Benigno e misericordioso é o SENHOR, tardio em irar-se e de grande clemência. O SENHOR é bom para todos, e as suas ternas misericórdias permeiam todas as suas obras". Davi alista vários atributos de Deus: benignidade, misericórdia, paciência e bondade. A ênfase é dada na disposição de Deus de relacionar-se conosco sendo tardio em irar-se e sendo rápido no exercício de sua misericórdia. Ele trata as suas criaturas com bondade, os seus súditos com consideração e os seus santos com benevolência. Nas palavras de Spurgeon, "vemos aqui graça para os indignos, compaixão para os aflitos, tolerância com os culpados e misericórdia para os penitentes".[12]

Quando Davi diz que o Senhor é bom para todos, está trazendo um conceito mais claramente demonstrado no Novo Testamento. O Senhor permite que até mesmo os seus inimigos vivam e traz a chuva benfazeja e o sol cheio de vida e calor aos bons e aos maus. O próprio Deus abençoa com sua graça comum, dando vida, saúde, família e prosperidade aos ímpios, da mesma forma que abençoa os pios.

Em segundo lugar, *a glória de suas obras* (145:10a). "Todas as suas obras te renderão graças, SENHOR...". As obras de Deus na criação, na providência e no governo unem-se às ações de graças da igreja para oferecerem ao Senhor um culto universal.

Em terceiro lugar, *a glória proclamada pelos seus santos* (145:10b-12). "[...] e os teus santos te bendirão. Falarão da glória do teu reino e confessarão o teu poder, para que aos filhos dos homens se façam notórios os teus poderosos feitos e a glória da majestade do teu reino". Não apenas as obras de Deus, mas, sobretudo, os seus santos bendirão ao Senhor e falarão da glória do seu reino. Na verdade, somente os santos de Deus bendirão àquele que é triplamente santo. Concordo com Spurgeon quando diz que o poder de Deus sustenta o reino e exibe a glória, e estamos certos de falar sobre Ele quando a glória do reino divino estiver em discussão. O poder de Deus, de criar ou destruir, de abençoar ou punir, de fortalecer ou esmagar, é assunto para frequente repetição, pois todo o poder vem de Deus. Sem Ele, as leis da natureza estariam inoperantes. O seu poder é a única fonte de força — mecânica, vital, mental e espiritual.[13]

Em quarto lugar, *a glória de seu reino eterno* (145:13). "O teu reino é o de todos os séculos, e o teu domínio subsiste por todas as gerações...". O reino de Deus é eterno e seu domínio alcança todas as gerações. Spurgeon, corretamente, diz que o reino do Senhor não tem princípio, não tem interrupções, não tem limites e não tem fim. O Senhor nunca abdica do seu trono nem chama algum subordinado para dividir o seu império. Ninguém pode derrotar o seu poder nem escapar do seu governo. Nem este século, nem o século futuro, nem os séculos dos séculos poderão fazer com que falhe a sua soberania. Nisto está a base da fé: o Senhor se assenta como Rei perpetuamente. Os homens vêm e vão como sombras na parede, mas Deus reina eternamente. Nós distinguimos os reis quando eles se sucedem, uns aos outros, chamando-os primeiro e segundo, mas este Rei é o Senhor Deus, o Primeiro e o Último. Adão, na sua geração, soube que o seu Criador era Rei, e o último da sua raça saberá a mesma coisa.[14]

Reconheça o cuidado gracioso do Senhor (145:13b-16)

Destacamos aqui, três verdades importantes.

Em primeiro lugar, *o Senhor é digno de confiança* (145:13b). "[...] o SENHOR é fiel em todas as suas palavras e santo em todas as suas obras". Não há qualquer abismo entre palavras e obras no Senhor, pois suas palavras são fiéis e suas obras, santas. Em outras palavras, as obras de Deus são avalistas de suas palavras.

Em segundo lugar, *o Senhor restaura os caídos* (145:14). "O SENHOR sustém os que vacilam e apruma todos os prostrados". Mesmo sendo o Senhor revestido de glória e majestade, Ele se importa com aquele com que os homens não se importam mais. O Senhor não esmaga a cana quebrada nem apaga a torcida que fumega. Ele tem prazer na misericórdia e é rico em perdoar, e segura continuamente as mãos daqueles que cambaleiam e apruma aqueles que, prostrados, foram nocauteados na vida. Nas palavras de Spurgeon, "o Senhor se compraz em reverter as coisas — Ele derruba os soberbos e levanta os abatidos".[15] A Escritura diz que Jesus endireitou a filha de Abraão, a mulher encurvada dezoito anos por um espírito de enfermidade. O infinito curvou-se para levantar a mulher encurvada e ainda continua inclinando-se para servir de apoio aos que estão prestes a cair.

Em terceiro lugar, *o Senhor é o provedor de todos* (145:15,16). "Em ti esperam os olhos de todos, e tu, a seu tempo, lhes dás o alimento. Abres a mão e satisfazes de benevolência a todo vivente". Todas as criaturas, em toda a criação, têm o Senhor como provedor, e é Ele é quem alimenta as feras do campo, as aves dos céus e os filhos dos homens.

Contemple a providência do Senhor (145:17-20)

Quatro verdades importantes são aqui postas em relevo.

Em primeiro lugar, *justiça e benignidade* (145:17). "Justo é o SENHOR em todos os seus caminhos, benigno em todas as suas obras". Justiça e benignidade no Senhor não estão em conflito, pois seus caminhos são justos e suas obras, benignas. Ele não manifestou misericórdia à custa da justiça, mas manifestou a sua justiça ao oferecer-nos sua misericórdia, não poupando o seu próprio Filho, antes, por todos nós o entregando à morte de cruz.

Em segundo lugar, *presença garantida aos que o invocam* (145:18). "Perto está o SENHOR de todos os que o invocam, de todos os que o invocam em verdade". O Senhor está perto não daqueles que o invocam, mas daqueles que o invocam em verdade. O Senhor está perto não apenas pela realidade de sua onipresença, mas pela demonstração de sua benignidade.

Em terceiro lugar, *socorro imediato ao que clama* (145:19). "Ele acode à vontade dos que o temem; atende-lhes o clamor e os salva". O Senhor não apenas está perto, mas também acode aqueles que o temem para salvá-los. Spurgeon diz: "Na medida em que eles tiverem respeito pela sua vontade, o Senhor terá respeito pela vontade deles".[16]

Em quarto lugar, *proteção garantida aos que o amam* (145:20a). "O SENHOR guarda a todos os que o amam...". O Senhor que está perto e salva também guarda a todos os que o amam. Ele guarda do maligno e de tropeços, bem como de perigos visíveis e invisíveis. Spurgeon diz que eles o guardam no seu amor, e o Senhor os guarda pelo seu amor.[17] Allan Harman destaca que, nos versículos 19 e 20, o povo de Senhor é descrito por dois termos usados em outros lugares nos salmos. São "os que o temem" (Sl 22:23; 25:12,14; 33:18; 60:4; 119:63) e os "que o amam" (Sl 5:11; 97:10; 119:132). Amor e reverência pelo Senhor são plenamente compatíveis.[18]

Em quinto lugar, *juízo certo aos ímpios impenitentes* (145:20b). "[...] porém os ímpios serão exterminados". Os ímpios são como a palha levada pelo vento para o fogo, pois não têm raiz nem frutos e seu destino é a fornalha. Eles são como monumentos de ira, como foram Sodoma, Gomorra, Nínive, Babilônia e outros lugares destruídos, e só existirão para declarar o quão completamente Deus cumpre as suas ameaças.

Erga um tributo de louvor ao Senhor (145:21)

Davi conclui seu último salmo do Saltério com uma doxologia: "Profira a minha boca louvores ao SENHOR, e toda carne louve o seu santo nome, para todo o sempre". Ele não se contenta apenas uma dar louvores ao Senhor, mas conclama toda a carne a fazer o mesmo, e isso por toda a eternidade. O louvor individual desemboca no desejo do louvor universal, pois não é um monopólio só de uma pessoa; outras pessoas são, também, devedoras. Todos os homens, de todas as raças, de todas as culturas, de todas as línguas, devem se unir para glorificar a Deus. Esse cântico, uma vez iniciado, não terá fim. Nas palavras de Derek Kidner, "assim termina a contribuição de Davi ao Saltério, com uma nota de louvor que é totalmente dele (145:21a), sendo, porém, tão vasta como a humanidade e tão imarcescível como a eternidade".[19]

Notas

[1] PURKISER, W. T. "O livro de Salmos". In: *Comentário bíblico Beacon*, vol. 3. Rio de Janeiro: CPAD, 2015, p. 329.
[2] SPURGEON, Charles H. *Os tesouros de Davi*, vol. 3. Rio de Janeiro: CPAD, 2017, p. 1032.
[3] PURKISER, W. T. "O livro de Salmos", p. 329.
[4] SPURGEON, Charles H. *Os tesouros de Davi*, vol. 3, p. 1041.
[5] Ibidem, p. 1033.
[6] Ibidem, p. 1043.
[7] Ibidem, p. 1033.
[8] WIERSBE, Warren W. *Comentário bíblico expositivo*, vol. 3. São Paulo: Geográfica, 2006, p. 352.
[9] WIERSBE, Warren W. *Comentário bíblico expositivo*, vol. 3, p. 352.
[10] SPURGEON, Charles H. *Os tesouros de Davi*, vol. 3, p. 1034.
[11] Ibidem, p. 1035.
[12] Ibidem, p. 1060.
[13] Ibidem, p. 1037.
[14] Ibidem, p. 1038.
[15] Ibidem, p. 1039.
[16] Ibidem, p. 1040.
[17] Ibidem, p. 1040.
[18] HARMAN, Allan. *Salmos*. São Paulo: Cultura Cristã, 2011, p. 470.
[19] KIDNER, Derek. *Salmos 73—150: introdução e comentário*. São Paulo: Vida Nova, 2006, p. 488.

Capítulo 145

Louve ao Deus de Jacó

(Sl 146:1-10)

ESSE POEMA ABRE OS cinco últimos salmos do Saltério, conhecidos como salmos de Aleluia (146-150). Todos esses cinco salmos começam e encerram com a palavra hebraica *Hallelu-Yah,* Aleluia ou Louvai ao Senhor. A partir de agora, estaremos entre os Aleluias. Tudo é louvor no encerramento do Saltério. Nas palavras de Spurgeon, "este salmo é uma pérola, um incensário sagrado de santo incenso, que se derrama em um doce perfume".[1] Allan Harman diz que esses cinco salmos conduzem todo o livro dos salmos ao seu final com uma nota de louvor triunfante.[2] Derek Kidner diz que os salmos são uma miniatura da nossa história como um todo, que terminará com bênçãos e deleites sem fim.[3]

Não sabemos quem escreveu esse salmo nem quando foi escrito, muito embora nas versões gregas e latinas esse salmo e o 147 sejam atribuídos a Ageu e Zacarias.[4] Mas o salmista faz um contraste entre o Senhor e os príncipes: estes são impotentes, efêmeros e mortais e Aquele é onipotente, eterno e a esperança do seu povo. Esse salmo, portanto, apresenta o evangelho da confiança. Algumas verdades preciosas são ensinadas nesse salmo. Vejamos.

Uma convocação ao louvor (146:1,2)

Arival Dias Casemiro destaca, nestes dois versículos, a decisão de louvar, a forma de louvar e a duração do louvor.[5] Destacamos dois pontos importantes.

Em primeiro lugar, *uma exortação dirigida a nós mesmos* (146:1). "Aleluia! Louva, ó minha alma ao Senhor". O salmista começa o poema dando uma ordem: "Louvai ao Senhor", que significa "Aleluia". E ele não apenas ordena aos outros a louvarem, mas dá seu próprio exemplo, convocando sua própria alma para louvar ao Senhor, uma vez que seria um despropósito conclamar os outros a adorarem e privarmos nossa própria alma da adoração. Fica evidente que o salmista deseja praticar o que pregou e ser o líder do coro que tinha convocado, por isso invoca o mais nobre elemento do seu ser para exercer a sua mais nobre função.

Em segundo lugar, *um compromisso para a vida toda* (146:2). "Louvarei ao Senhor durante a minha vida; cantarei louvores ao meu Deus enquanto eu viver". O salmista não sabe quanto tempo vai viver ou se vai viver nos picos ensolarados da bem-aventurança ou nos vales sombrios da dor. O que já está definido é que, enquanto viver, ele cantará louvores ao Senhor. Concordo com Spurgeon quando diz: "Como a nossa vida é um dom da misericórdia de Deus, ela deve ser usada para a sua glória".[6]

Warren Wiersbe está correto quando diz que ter uma vida de louvor a Deus é superar as críticas e queixas, é deixar de competir com os outros e de nos comparar com eles. É ser grato em tudo e por tudo, e crer, de fato, que Deus faz com que tudo coopere para nosso bem. Uma vida de louvor não é cheia de ansiedade e desânimo, pois nos concentramos no Senhor, mencionado 11 vezes nesse salmo.[7]

Uma advertência sobre a falsa confiança (146:3,4)

O homem tem a tendência de confiar em si mesmo ou confiar nos outros, mas ambas as fontes de confiança são fracas, efêmeras e impotentes. Vejamos.

Em primeiro lugar, *uma ordem expresssa* (146:3a). "Não confieis em príncipes nem nos filhos dos homens…". Há aqui uma ordem peremptória: somos proibidos de colocar nossa confiança nos homens, sejam eles príncipes ou plebeus. Os homens têm a mania de bajular os príncipes e colocar a confiança neles e em suas promessas, mas isso é pura tolice, uma vez que os príncipes e os demais filhos dos homens são impotentes, efêmeros e mortais como todos os demais. Sendo assim, confiar neles não é escorar-se numa coluna inabalável, mas é como edificar uma casa sobre um montão de pó. A Escritura diz que "maldito é o homem que confia no homem" (Jr 17:5), pois isso seria o mesmo que um mendigo pedir esmola a outro mendigo ou um aleijado tentar carregar outro aleijado.

Concordo com Warren Wiersbe quando diz que este versículo indica que uma das preocupações do salmista era que os líderes de Israel não fizessem alianças com os ímpios, buscando, antes, a ajuda de Deus. Começando com Abraão (Gn 12:10-20) e a geração do êxodo (Êx 14:10-14; 16:1-3; Nm 14:1-10), o povo de Israel voltou-se para o Egito em várias ocasiões em vez de confiar no Senhor, padrão que persistiu até os tempos de Isaías (Is 31:1-9) e Jeremias (Jr 2:18; 37:1-10). Confiar na sabedoria e na força humana é depender daquele que não pode durar, pois todos morrem, e as ideias brilhantes de um líder são substituídas pelas ideias não tão brilhantes de outro.[8]

Em segundo lugar, *uma razão convincente* (146:3b). "[...] em quem não há salvação". Os líderes humanos são incompetentes para salvar, pois são meros mortais e falíveis, e não se pode achar neles salvação alguma. Na verdade, eles precisam de salvação, pois não podem nos valer na hora da aflição, da depressão mental, no dia do luto amargo, na noite da condenação do pecado nem na hora da morte — em outras palavras, são absolutamente impotentes.

Em terceiro lugar, *uma mortalidade irremediável* (146:4). "Sai-lhes o espírito, e eles tornam ao pó; nesse mesmo dia, perecem todos os seus desígnios". A vida humana tem prazo de validade. O homem que foi feito do pó, é pó e voltará ao pó (Gn 3:19; Ec 12:7). O pó que fomos e o pó que seremos define o pó que somos. O homem não é o que é, mas o que foi e o que há de ser. Porque o homem veio do pó e voltará ao pó, ele é pó. Hoje pó levantado, amanhã pó caído. O que levanta o pó é o vento. O que dá fôlego da vida ao homem é o sopro de Deus. Quando o vento cessa, o pó cai na rua, em casa, no hospital. Nesse mesmo dia da morte, perecem todos os projetos do homem. Seus pensamentos se desfazem, seus planos mergulham na bolha do nada e sua esperança de construir novos celeiros e viver regaladamente por muitos anos entra em colapso (Lc 12:16,20).

Spurgeon diz que o homem que vem da terra retorna à terra; ela é a mãe e a irmã do seu corpo, e deve necessariamente estar entre os seus semelhantes tão logo o espírito, que era a sua vida, parta e abandone o corpo. Nesse mesmo dia cairão por terra as esperanças edificadas sobre homens que logo estarão debaixo da terra.[9]

Uma felicidade genuína no Deus de Jacó (146:5-7a)

Vejamos a seguir alguns pontos.

Em primeiro lugar, *nossa felicidade decorre de quem Deus é* (146:5). "Bem-aventurado aquele que tem o Deus de Jacó por seu auxílio, cuja esperança está no SENHOR, seu Deus". O Deus de Jacó é o Deus da aliança, o Deus do amor incondicional, da salvação pela graça, da restauração milagrosa. O Deus de Jacó é o Deus criador e governador de todas as coisas em contraste com os ídolos das nações. Esse Deus é nosso auxílio e nossa esperança; em resumo, nosso auxílio não está no braço da carne nem nossa esperança está no poder do dinheiro, na robustez da força e na abundância da riqueza, mas sim em Deus. Nessa mesma linha de pensamento, Spurgeon escreve:

> O Deus de Jacó é o Deus do concerto, o Deus da oração que luta, o Deus do crente tentado; Ele é o único Deus vivo e verdadeiro. O Deus de Jacó é [Yahweh], que apareceu a Moisés e conduziu as tribos de Jacó, do Egito, pelo deserto à terra prometida. São bem-aventurados os que confiam nele, pois nunca serão envergonhados ou confundidos. O Senhor nunca morre, nem os seus pensamentos perecem. O seu propósito de misericórdia, como ele mesmo, permanece por todas as gerações. Aleluia![10]

Em segundo lugar, *nossa felicidade decorre do que Deus faz* (146:6,7a). "Que fez os céus e a terra, o mar e tudo o que neles há e mantém para sempre a sua fidelidade. Que faz justiça aos oprimidos e dá pão aos que têm fome...". O Deus de Jacó pode ser nosso auxílio e nossa esperança porque é onipotente. Ele criou os céus e a terra, o mar o tudo o que neles há. Do nada, Ele tudo criou. Sem matéria preexistente, Ele trouxe à existência este vastíssimo e insondável universo. Seu poder não anula suas promessas, pois Ele mantém para sempre a sua fidelidade. Spurgeon diz que aquele que fez os céus pode fazer um céu para nós e nos tornar adequados para o céu. Aquele que criou a terra pode nos preservar enquanto estamos na terra e nos ajudar a fazer bom uso dela enquanto permanecermos nela. Aquele que fez o mar e todos os seus mistérios pode nos conduzir pelas profundezas intransitáveis de uma vida afligida e fazer um caminho sobre o qual o seu redimido possa passar.[11]

Uma descrição dos gloriosos feitos do Deus de Jacó (146:7b-9)

Destacamos sete verdades.

Em primeiro lugar, *o Senhor liberta os encarcerados* (146:7b). "[...] o Senhor liberta os encarcerados". Há prisões físicas, emocionais, morais e espirituais, mas o Senhor é poderoso para nos libertar de todas elas. Ele liberta da prisão da enfermidade, da prisão do pecado e da prisão de Satanás. Jesus aprisiona o Diabo e liberta os homens. Ele é o atormentador dos demônios e o emancipador dos homens. O Messias foi enviado para "[...] proclamar libertação aos cativos e a pôr em liberdade os algemados" (Is 61:1).

Em segundo lugar, *o Senhor abre os olhos aos cegos...*" (146:8a). William MacDonald diz que há cegos fisicamente, alguns mental e espiritualmente, alguns por nascimento, outros por acidente e ainda outros por escolhas.[12] O Senhor cura a todos, pois aquele que criou os olhos também pode abri-los. Há aqueles que, embora enxerguem com os olhos físicos, espiritualmente vivem no reino das trevas, porque o Diabo cegou-lhes o entendimento. A esses, também, o Senhor abre os olhos. Os evangelhos registram vários cegos que foram curados por Jesus; entre esses, destacamos o cego de nascença (Jo 9:1-12) e Bartimeu, o cego que voltou a ver (Mc 10:46-52).

Em terceiro lugar, *o Senhor levanta os abatidos* (146:8b). "[...] o SENHOR levanta os abatidos...". O Senhor estende a mão ao que tropeçou e caiu nas desgraças da vida. Ele levanta aqueles que caíram no laço do passarinheiro, que sucumbiram à tentação do pecado e que foram parar na sarjeta dos vícios mais humilhantes.

Em quarto lugar, *o Senhor ama os justos*" (146:8c). "[...] o SENHOR ama os justos". O Senhor justo ama a justiça e aqueles que foram justificados por sua graça e que têm fome e sede de justiça.

Em quinto lugar, *o Senhor guarda o peregrino* (146:9a). "O SENHOR guarda o peregrino...". O Senhor sempre cuidou do estrangeiro (Dt 10:18). O povo de Deus viveu como peregrino em terra estranha. Nós não estamos em casa neste mundo, ou seja, somos forasteiros e peregrinos em busca de uma cidade cujo arquiteto e fundador é Deus. Sendo assim, caminhamos para a nossa verdadeira pátria que está no céu.

Em sexto lugar, *o Senhor ampara o órfão e a viúva* (146:9b). "[...] ampara o órfão e a viúva...". O órfão e a viúva eram desamparados e dependiam da compaixão alheia para viverem (Dt 23:25; 26:12,13). Deus é o nosso parente mais achegado. Ele é o provedor daqueles que são vitimados pelo luto. Spurgeon diz que, quando a paternidade secundária desaparece, o filho retorna sob a paternidade principal, do Criador; quando o marido da terra é removido, a viúva piedosa se coloca sob os cuidados do seu Criador.[13]

Em sétimo lugar, *o Senhor transtorna o caminho dos ímpios* (146:9c). "[...] porém, transtorna o caminho dos ímpios". Na mesma medida que Deus ampara o justo, transtorna o caminho dos ímpios, de modo que aqueles que ignoram a Deus e oprimem o seu povo podem até andar por caminhos que parecem ser de vida, mas, no fim, são caminhos de morte, uma vez que Deus frustra os planos do ímpio e derrota seus esquemas. Spurgeon diz que o próprio Deus enche o caminho do ímpio de lugares tortuosos. Ele o inverte e o derruba ou perturba, de modo que o ímpio não alcança aquilo que almejava e consegue apenas o que de bom grado teria evitado. O caminho dos ímpios é, em si mesmo, uma inversão moral das coisas. Providencialmente, tudo dá errado com aquele que anda errado.[14] Nesse sentido, o profeta Isaías é categórico: "[...] para os ímpios não há paz" (Is 48:22).

Um reinado eterno (146:10)

O nosso Deus está assentado sobre um alto e sublime trono. Ele reina e nós reinamos com Ele, pois estamos assentados com Cristo nos lugares celestiais (Ef 1:18-23; 2:4-10; Cl 3:1-4). O trono do universo é para nós um trono de graça (Hb 4:14-16), e hoje vivemos o reinado da graça e participaremos do reinado da glória. Destacamos quatro verdades preciosas no texto apresentado.

Em primeiro lugar, *uma causa para o louvor* (146:10a). "O Senhor reina para sempre…". O salmo termina com uma declaração grandiosa. Se os príncipes apeiam do poder e são ceifados pela morte, o Senhor reina para sempre. Ele jamais abdica do trono, jamais perderá a sua coroa, jamais morre e jamais é substituído por um sucessor. O seu reino nunca está em risco porque Ele vive e reina para sempre!

Em segundo lugar, *um centro de louvor* (146:10b). "[…] o teu Deus, ó Sião reina…". Sião ou Jerusalém é um símbolo, um emblema da presença de Deus, pois ali estava a arca da aliança, ali foi erigido o templo, e para lá as tribos subiam para adorar, pois o Deus que habita com o seu povo reina.

Em terceiro lugar, *um ciclo de louvor* (146:10c). "[…] reina de geração em geração…". O Senhor reinou ontem, reina hoje e reinará para sempre. As gerações vêm e passam, mas o Senhor continua no trono.

Em quarto lugar, *um chamado para o louvor* (146:10d). "[…] Aleluia!". O salmo conclui com uma ordem expressa: "Louvai ao Senhor". Este é o doce cântico dos salvos: "Aleluia"!

Notas

[1] Spurgeon, Charles H. *Os tesouros de Davi*, vol. 3. Rio de Janeiro: CPAD, 2017, p. 1062.
[2] Harman, Allan. *Salmos*. 2011, São Paulo: Cultura Cristã, p. 471.
[3] Kidner, Derek. *Salmos 73—150: introdução e comentário*. São Paulo: Vida Nova, 2006, p. 489.
[4] Harman, Allan. *Salmos*, p. 471.

5. CASIMIRO, Arival Dias. *O livro dos louvores 2*. Santa Bárbara d'Oeste: Z3, 2019, p. 52,53.
6. SPURGEON, Charles H. *Os tesouros de Davi*, vol. 3, p. 1063.
7. WIERSBE, Warren W. *Comentário bíblico expositivo*. São Paulo: Geográfica, 2006, p. 354.
8. WIERSBE, Warren W. *Comentário bíblico expositivo*, vol. 3, p. 354.
9. SPURGEON, Charles H. *Os tesouros de Davi*, vol. 3, p. 1064.
10. Ibidem, p. 1064.
11. Ibidem, p. 1065.
12. MACDONALD, William. *Believer's Bible Commentary*. Westmont: IVP Academic, 1995, p. 778.
13. SPURGEON, Charles H. *Os tesouros de Davi*, vol. 3, p. 1066.
14. Ibidem, p. 1066.

Capítulo 146

Louve ao Deus todo-poderoso

(Sl 147:1-20)

Esse é o segundo salmo de Aleluia. O poema começa e termina com a palavra hebraica *Hallelu-Yah*, e todo o salmo é um convite ao louvor. Segundo Derek Kidner, esse salmo vincula as maravilhas da criação com as glórias da providência e da graça.[1] Purkiser chega a dizer que a amplitude dos atos beneficentes de Deus é o tema desse poema.[2] Spurgeon diz que este é um salmo da cidade e do campo, da primeira criação e da segunda, da nação e da igreja.[3]

Concordo com Allan Harman quando diz que a referência ao regresso dos exilados pressupõe que ele foi um cântico composto no período pós-exílico. A ocasião mais provável para sua composição teria sido a dedicação dos muros reconstruídos em Jerusalém (Ne 12:27-43), uma vez que esse tempo jubiloso teria sido mais apropriado a um cântico conclamando a todos que louvem o Senhor por seu grande amor e favor demonstrados a Israel.[4] Resta afirmar, portanto, como diz William MacDonald, que esse salmo celebra a restauração de Jerusalém depois do cativeiro babilônico.[5]

O salmo está dividido em três estrofes, cada uma delas com um convite a louvar a Deus (147:1; 147:7; 147:12). Vejamos.

Louve ao Senhor pela sua redenção (147:1-6)

Destacamos aqui duas verdades mui preciosas.

Em primeiro lugar, *a ordem expressa* (147:1). "Louvai ao Senhor, porque é bom e amável cantar louvores ao nosso Deus; fica-lhe bem o cântico de louvor". Fomos criados para adoração, e louvar ao Senhor é a razão precípua da nossa vida. Neste versículo, o salmista destaca três adjetivos acerca do louvor ao Senhor.

Primeiro, *é bom*. Alcançamos o pináculo do propósito de nossa vida quando louvamos ao Senhor. Esta é a coisa certa a fazer, é o ato de adoração por quem Deus é e um ato de gratidão pelo que Deus faz. Esse ato é bom porque eleva o coração da terra ao céu, e é bom também porque reconhecemos com Ele nossa dívida de gratidão ao Senhor por sua tão grande salvação.

Segundo, *é amável*. Louvar ao Senhor é um ato belo aos olhos de Deus, aos nossos próprios olhos e aos olhos das nações. Louvar ao Senhor é uma fonte inexaurível de puro deleite e prazer.

Terceiro, *é decoroso*. Louvar aos príncipes ou a si mesmo é impróprio, mas louvar ao Senhor, o criador, o preservador, o redentor, o libertador e o consolador é apropriado, porque fica bem a Ele receber toda adoração e louvor.

Em segundo lugar, *os motivos arrazoados* (147:2-6). Quatro verdades preciosas são destacadas pelo salmista. Vejamos.

1. O Senhor deve ser louvado porque Ele restaura o seu povo (147:2). "O Senhor edifica Jerusalém e congrega os dispersos de Israel". O Senhor é o arquiteto, construtor, provedor, sustentador e restaurador de Jerusalém. Este texto, portanto, muito provavelmente está falando do retorno de Israel do cativeiro babilônico. O cativeiro durou setenta anos, conforme profetizou Jeremias (Jr 29:10). Em 539 a.C., o Império Medo-Persa conquistou a Babilônia. Em seguida, em 537 a.C., o rei Ciro, debaixo de profecia (Is 45:1-7), publicou um decreto permitindo que os judeus voltassem à sua terra, o que aconteceu em três levas respectivas, sob a liderança de Zorobabel, Esdras e Neemias. O Senhor não apenas edificou Jerusalém, mas trouxe de volta os que estavam dispersos. Hoje, o Senhor edifica a igreja, com pedras espirituais, sobre o fundamento que é Cristo.

2. O Senhor deve ser louvado porque Ele restaura os feridos física, emocional e espiritualmente (147:3). "Sara os de coração quebrantado e lhes pensa as feridas". O Senhor é tanto o edificador como o sarador, e restaura muros quebrados e corações feridos.

Tanto os que foram dispersos como os que ficaram em Jerusalém estavam feridos na alma, nas emoções e, certamente, havia muitos que se encontravam feridos fisicamente. O Senhor sarou os de coração quebrantado e terapeutizou suas feridas, tanto as do corpo como as da alma. Vemos aqui os pacientes e o médico: os pacientes são os quebrantados de coração; o médico é o Senhor, aquele que pensa as feridas. Nas palavras de Warren Wiersbe, "o Deus das galáxias, que sabe o nome de cada estrela, também é o Deus que cura o coração quebrantado do seu povo (Lc 4:16-21), pois nada é difícil demais para Ele (Is 40:26-29)".[6] A Palavra de Deus diz que o Senhor é quem perdoa todas as nossas iniquidades e quem sara todas as nossas enfermidades (Sl 103:3). A cruz de Cristo é para nós, hoje, nossa fonte de perdão e cura, e pelas pisaduras de Cristo somos sarados (Is 53:5). Arival Dias Casimiro coloca essa preciosa verdade do seguinte modo: "Deus cura os corações dilacerados pela culpa, pela desonra e pela vergonha (Is 61:1-3). Trata-se de um ato sobrenatural que só Deus pode fazer (Is 43:11,12; Jr 33:7-9; Ez 36:22-28)".[7] Spurgeon acrescenta o seguinte: "O Senhor aplica o unguento da graça, as suaves compressas do amor, e assim enfaixa as feridas sangrentas dos condenados pelo pecado — essa é a verdadeira compaixão que está em Deus".[8]

3. O Senhor deve ser louvado pelo seu imenso poder e por sua imensa sabedoria (147:4,5). "Conta o número das estrelas, chamando-as todas pelo seu nome. Grande é o Senhor nosso e mui poderoso; o seu entendimento não se pode medir". O restaurador

de Israel é ninguém menos que o Deus da criação. Dentre a vastidão do universo, o salmista destaca as estrelas. Os cientistas afirmam que o universo tem mais de 93 bilhões de anos-luz de diâmetro e que há mais estrelas no firmamento do que todos os grãos de areia de todas as praias e desertos do nosso planeta. O Senhor não apenas criou todas elas, mas batizou cada uma delas com seu nome apropriado, e conta e chama cada estrela pelo seu nome (Is 40:26). Allan Harman escreve: "Uma vez que o Senhor conhece sobre as coisas, como as estrelas, a ponto de lhes dar nomes, imagine quanto mais Ele cuida de seu povo ferido".[9] Fica patente que não há como avaliar sua sabedoria nem medir o seu conhecimento (Is 40:13,14).

4. O Senhor deve ser louvado porque Ele exalta os humildes (147:6). "O SENHOR ampara os humildes e dá com os ímpios em terra". O mundo valoriza o forte e o soberbo, mas o Senhor ampara os humildes e joga ao chão os ímpios arrogantes. Nas palavras de Spurgeon, "o Senhor reverte a ordem maligna das coisas. Os humildes estão abatidos, e Ele os eleva; os ímpios estão exaltados, e Ele os arremessa por terra".[10]

Louve ao Senhor pela sua providência (147:7-11)

Esta segunda estrofe do salmo trata basicamente do poder de Deus manifestado nos prodígios da natureza.[11] Nas palavras de Allan Harman, "o criador não só se preocupa com as estrelas, mas também com as necessidades do gado e das aves, que também são obras de sua mão".[12] Vejamos.

Em primeiro lugar, *Ele prepara a chuva para terra* (147:7,8a). "Cantai ao SENHOR com ações de graças; entoai louvores, ao som da harpa, ao nosso Deus, que cobre de nuvens os céus, prepara a chuva para a terra...". O salmista ordena o povo de Deus a cantar com sua voz e com seu melhor instrumento, reconhecendo seus grandes feitos com gratidão e louvor. Doravante, o poeta destaca as ações da providência. Aqui, o Senhor deve ser louvado porque Ele prepara a chuva para a terra. Israel é, em grande parte, uma terra árida, e a produção dos campos e a criação dos rebanhos dependem das chuvas que regam a terra. Se a chuva não descer, não haverá celeiros cheios, despensas supridas nem campos farturosos.

Em segundo lugar, *Ele prepara a terra para os frutos* (147:8b). "[...] faz brotar nos montes a erva". Quando as chuvas descem, não apenas os campos cultivados produzem, mas até os montes onde não se pode lavrar cobrem-se de erva para alimentar os rebanhos e produzir seus frutos generosos.

Em terceiro lugar, *Ele alimenta os animais* (147:9). "E dá o alimento aos animais e aos filhos dos corvos, quando clamam". O Senhor cuida não apenas do seu povo, mas também dos animais, e é provedor de todas as criaturas. Todos esperam de Deus o alimento no tempo certo (104:27). Na despensa de Deus, há comida não só para o seu povo, mas também para as aves dos céus, para os peixes do mar, para os animais domésticos e selváticos.

Em quarto lugar, *Ele não faz caso da força da cavalaria e da infantaria* (147:10). "Não faz caso da força do cavalo, nem se compraz nos músculos do guerreiro". As expressões "força do cavalo" e "músculos do guerreiro" referem-se a um exército de cavalaria e infantaria, o qual era a expressão máxima de força naquele tempo. Nas palavras de Arival Dias Casimiro, "os reis deste mundo podem gabar-se de seus poderosos exércitos e das suas poderosas armas, mas isso não impressiona a Deus".[13] O Senhor não se intimida com a expressão de poder dos exércitos humanos, pois Ele é o Senhor dos Exércitos!

Em quinto lugar, *Ele se agrada daqueles que nele esperam* (147:11). "Agrada-se o SENHOR dos que o temem e dos que esperam na sua misericórdia". Tudo o que a natureza oferece tem como alvo a adoração a Deus e a confiança do homem no seu Criador.[14] Por isso, os que temem ao Senhor e esperam na sua misericórdia são o seu deleite, e neles o Senhor tem todo o seu prazer.

Louve ao Senhor pelo seu governo (147:12-20)

Cinco verdades preciosas são ensinadas aqui.

Em primeiro lugar, *Ele protege o seu povo* (147:12,13). "Louva, Jerusalém, ao SENHOR; louva, Sião, ao teu Deus. Pois Ele reforçou as trancas das tuas portas e abençoou os teus filhos, dentro de ti". O salmista conclama Jerusalém, também chamada de Sião, para louvar ao Senhor, pois Ele não apenas trouxe de volta o seu povo, mas agora promete segurança para a cidade e para os filhos dentro de seus muros. Portas e ferrolhos são bons para uma cidade, mas esta somente está segura quando Deus a protege, pois a verdadeira munição de uma cidade é a defesa que Deus faz dela. As armas, leis, riquezas são os ferrolhos, mas Deus precisa fortificá-las, por isso, bem-aventurada é a cidade cujas portas Deus fecha com o seu poder e abre novamente com a sua misericórdia, pois não há nada que possa defender aquilo que a sua justiça deseja golpear; e não há nada que possa ofender aquilo que a sua justiça deseja preservar.[15] Nas palavras de Allan Harman, "O Senhor fornece as defesas da cidade e concede suas bênçãos a seus habitantes. O povo tem descanso da batalha e provisão abundante".[16]

Em segundo lugar, *Ele dá paz e prosperidade ao seu povo* (147:14). "Estabeleceu a paz nas tuas fronteiras e te farta com o melhor do trigo". Paz nas fronteiras é ausência de guerra, de conflitos e tensões. A palavra hebraica *shalom* significa não só ausência de conflitos, mas também bem-estar absoluto, inclusive prosperidade material, saúde física e espiritual.[17] O Senhor guarda externa e internamente o seu povo, e dá paz nas fronteiras e o melhor do trigo dentro dos muros.

William MacDonald resume os pontos retromencionados dizendo que há quatro bênçãos distintas destacada nos versículos 12 a 14: 1) Segurança civil (reforçou as trancas de tuas portas); 2) felicidade doméstica (abençoou os teus filhos, dentro de ti); 3) tranquilidade nacional (estabeleceu a paz nas tuas fronteiras); 4) prosperidade material (te farta com o melhor do trigo).[18]

Em terceiro lugar, *Ele dá ordens ao seu povo* (147:15). "Ele envia as suas ordens à terra, e a sua palavra corre velozmente". Os céus comandam a terra, visto que as ordens divinas vêm de cima e sua palavra, celeremente, corre como nenhum corredor veloz consegue fazer. Não há um momento entre o disparar da flecha e a sua chegada ao alvo; as duas coisas acontecem ao mesmo tempo, por isso lemos nas Escrituras sobre os efeitos imediatos da palavra de Cristo. Ele disse ao leproso: "sê limpo. E logo ficou purificado de sua lepra" (Mt 8:3). E ao cego, "vai, a tua fé te salvou. E logo viu" (Mc 10:52). Nenhuma flecha faz uma impressão tão imediata no alvo como a flecha da Palavra de Cristo, de modo que tão logo Cristo diga à alma sê iluminada, sê vivificada, sê consolada, a obra é feita.[19]

Em quarto lugar, *Ele controla o tempo para o bem do seu povo* (147:16-18). "Dá a neve como lã e espalha a geada como cinza. Ele arroja o seu gelo em migalhas; quem resiste ao seu frio? Manda a sua palavra e o derrete; faz soprar o vento, e as águas correm". Israel tem invernos rigorosos, quando as temperaturas ficam abaixo de zero. No inverno, a neve branca e macia parece um lençol de lã a vestir os montes, e os flocos de neve que descem sobre a terra parecem gelo esfarelado. Mas, logo que a estação muda do inverno para a primavera, Deus manda a sua palavra e faz o gelo derreter. O vento sopra e as águas degeladas correm como ribeiros para regar a terra e trazer fartura às mesas.

Em quinto lugar, *Ele dá a sua palavra ao seu povo* (147:19,20). "Mostra a sua palavra a Jacó, as suas leis e os seus preceitos, a Israel. Não fez assim a nenhuma outra nação; todas ignoram os seus preceitos. Aleluia!". Aquele que é o Criador também é o Revelador. Deus escolheu Israel dentre as nações e deu ao seu povo a sua Palavra escrita, palavra esta que é um tesouro inestimável (19:10). Além de dar sua Palavra escrita a Israel, o Senhor escolheu essa nação para ser o seu povo peculiar. Concordo com Spurgeon, quando diz que a graça da eleição inspira o coração com louvor. O amor de Deus nos escolheu. Aleluia. Deus nos confiou sua verdade (Jd 3). Aleluia. Deus nos tornou despenseiros de sua generosidade. Aleluia.[20]

Notas

[1] KIDNER, Derek. *Salmos 73—150: Introdução e comentário.* São Paulo: Vida Nova, 2006, p. 490.
[2] PURKISER, W. T. "O livro de Salmos". In: *Comentário bíblico Beacon*, vol. 4. Rio de Janeiro: CPAD, 2015, p. 332.
[3] SPURGEON, Charles H. *Os tesouros de Davi*, vol. 3. Rio de Janeiro: CPAD, 2017, p. 1079.
[4] HARMAN, Allan. *Salmos.* São Paulo: Cultura Cristã, 2011, p. 472.
[5] MACDONALD, William. *Believer's Bible Commentary.* Westmont: IVP Academic, 1995, p. 778.
[6] WIERSBE, Warren W. *Comentário bíblico expositivo*, vol. 3, 2006, p. 355,356.
[7] CASEMIRO, Arival Dias. *O Livro dos Louvores 2.* 2019, p. 58.
[8] SPURGEON, Charles H. *Os tesouros de Davi*, vol. 3, 2017, p. 1080.
[9] HARMAN, Allan. *Salmos*, p. 473.
[10] SPURGEON, Charles H. *Os tesouros de Davi*, vol. 3, p. 1081.
[11] PURKISER, W. T. "O livro de Salmos", p. 333.
[12] HARMAN, Allan. *Salmos*, p. 473.
[13] CASIMIRO, Arival Dias. *O livro dos louvores 2.* Santa Bárbara d'Oeste: Z3, 2019, p. 59.
[14] PURKISER, W. T. "O livro de Salmos", p. 333.
[15] SPURGEON, Charles H. *Os tesouros de Davi*, vol. 3, p. 1099.
[16] HARMAN, Allan. *Salmos*, p. 474.
[17] WIERSBE, Warren W. *Comentário bíblico expositivo*, vol. 3. São Paulo: Geográfica, 2006, p. 356.
[18] MACDONALD, William. *Believers's Bible Commentary*, p. 780.
[19] SPURGEON, Charles H. *Os tesouros de Davi*, vol. 3, p. 1100.
[20] Ibidem, p. 1105.

Capítulo 147

O louvor universal

(Sl 148:1-14)

Esse é o terceiro salmo de Aleluia. É um cântico da natureza e também da graça. William MacDonald diz que esse salmo é o coro da criação, composto de toda a criação animada e inanimada, e o universo inteiro é a sala de apresentação desse magnífico coral.[1] Ele começa com as hostes angelicais, descendo pelos céus até as várias formas e criaturas na terra, conclamando depois a família dos homens e, por fim, o povo escolhido para o louvor universal.[2] Nas palavras de Purkiser, "este salmo mostra que o louvor procede dos céus para a terra e conclama a todos a louvarem ao Senhor".[3] Warren Wiersbe destaca que o verbo "louvar" é usado 13 vezes nesse salmo, que começa nos mais altos céus e encerra na minúscula nação de Israel. Esse salmo apresenta dimensões cósmicas e, ao mesmo tempo, propósitos extremamente pessoais.[4]

Allan Harman diz que, apesar de esse salmo não pressupor um cenário escatológico, muitos o têm visto como um quadro profético do louvor que seria dado a Deus quando a criação ficar isenta de sua presente escravidão (Rm 8:18-21).[5]

Os três últimos salmos são uma tríade de maravilhoso louvor, que cresce do louvor a um louvor mais elevado, até que se torna "alegria indizível e cheia de glória" (2Pe 1:8), uma exultação que não conhece limites. Vejamos.

O louvor a Deus nos céus (148:1-6)

Destacamos cinco verdades preciosas.

Em primeiro lugar, *uma convocação solene* (148:1). "Aleluia! Louvai ao Senhor do alto dos céus, louvai-o nas alturas". Considerando que a palavra "aleluia" significa "louvai ao Senhor", temos neste versículo três ordens para louvar ao Senhor. O Deus Trino deve ser louvado três vezes, e esse louvor deve começar nas alturas e de lá descer para a terra. A exortação para louvar ao Senhor nunca será indevida. Serafins, querubins, anjos e todos os outros que habitam dos recintos celestiais devem louvar ao Senhor. Nas palavras de Spurgeon, "Deus deve ser louvado não apenas das alturas, mas nas alturas; a adoração deve ser aperfeiçoada nos céus, de onde se origina, pois nenhum lugar é elevado demais para os louvores do Altíssimo".[6]

Em segundo lugar, *o louvor dos anjos* (148:2). "Louvai-o, todos os seus anjos; louvai-o, toda as suas legiões celestes". Os anjos são criaturas de Deus. São espíritos perfeitos em caráter e santidade, que adoram a Deus e executam suas ordens (Sl 103:20; Hb 1:14). São ministros de Deus a serviço da igreja, que nos guardam para não tropeçarmos nalguma pedra. Em todas as suas ordens e desde os seres mais exaltados, como serafins e querubins, todos têm como missão principal adorar ao Senhor, e eles não se cansam de exaltar o Criador.

Derek Kidner destaca que, ao longo dos séculos, os homens têm sido tentados a adorar os anjos (Cl 2:18), que são nossos conservos (Ap 22:8,9), e a tratarem as estrelas como árbitros do destino. O salmo afasta para longe semelhante estultícia[7] e mostra que tanto os anjos, seres morais e espirituais, como as legiões celestes, que incluem os corpos celestes, e as estrelas, têm suas formas de louvar ao Senhor.

Em terceiro lugar, *o louvor dos astros* (148:3). "Louvai-o sol e lua; louvai-o, todas as estrelas luzentes". O sol, a lua e as estrelas são convocados a louvar ao Senhor. Os luzeiros do dia e da noite devem exaltar aquele que os criou. Spurgeon diz, com razão, que o sol e a lua, como governantes associados do dia e da noite, se combinam no louvor, sendo um o complemento do outro, e, assim, estão intimamente associados nas convocações ao louvor. O sol tem seu modo peculiar de glorificar o Grande Pai das luzes, e a lua tem o seu próprio método especial de refletir o seu esplendor. Há uma adoração perpétua ao Senhor nos céus: ela varia com a noite e o dia, mas continua enquanto o sol e a lua existirem.[8]

Em quarto lugar, *o louvor dos céus* (148:4). "Louvai-o, céus dos céus e as águas que estão acima do firmamento". Os mais altos céus falam do lugar da morada do Altíssimo e dos remidos do Senhor, as nuvens que estão acima do firmamento são as fontes das chuvas abençoadas (Gn 1:6,7), e todos devem se unir a esse grande coro universal de louvor ao Criador.

Em quinto lugar, *o louvor devido* (148:5,6). "Louvem o nome do SENHOR, pois mandou Ele, e foram criados. E os estabeleceu para todo o sempre; fixou-lhes uma ordem que não passará". Aqui está a razão pela qual todo o universo deve louvar ao Senhor, porque Ele é o criador, a origem e a fonte de tudo quanto existe. Tudo foi criado por Ele, segundo um plano e para um propósito, por isso o Criador deve receber a honra de suas criaturas. Ao longo das Escrituras, é a palavra falada de Deus que chama à existência o universo e tudo o que nele há (Gn 1:3,6,9,11; Hb 1:3; 11:3). Nas palavras de Allan Harman, "a motivação para o louvor é o modo decisivo como foram criadas. Deus "falou, e tudo se fez; Ele ordenou, e tudo surgiu (Sl 33:9). Ele trouxe todas as coisas à existência, e as pôs em seu lugar".[9] Quando o texto diz que o Senhor lhes fixou uma ordem que não passará, está dizendo que os corpos celestes são governados pelo decreto do Senhor e, portanto, não podem ultrapassar o seu limite nem transgredir a sua lei.

O louvor a Deus na terra (148:7-12)

O poeta volta para terra e convoca os seres aquáticos, terrestres e voláteis, a natureza inanimada, bem como todos os gêneros, todas as classes e todas as idades dos homens a louvar ao Senhor. Allan Harman diz que, em geral, esses versículos seguem a ordem da criação em Gênesis 1, chegando a um clímax com as referências ao gênero humano. Tudo na terra — vegetal, animal e humano — deve unir-se ao coro de louvor.[10] Pessoas de todas as nações, de todos os níveis, de todas as classes e de todas as idades são convocadas a louvar ao Senhor. Vejamos.

Em primeiro lugar, *o louvor dos seres marinhos* (148:7). "Louvai ao SENHOR da terra, monstros marinhos e abismos todos". O salmista desce do céu para a terra e convoca os monstros marinhos e as camadas abissais dos oceanos, onde miríades de seres aquáticos vivem, para louvar ao Senhor da terra. Spurgeon destaca que, no primeiro versículo, o cântico era "desde os céus", mas aqui é "desde a terra"; em outras palavras, os cânticos que descem do céu devem se mesclar com os que sobem da terra. [11]

Em segundo lugar, *o louvor dos fenômenos da natureza* (148:8). "Fogo e saraiva, neve e vapor e ventos procelosos que lhe executam a palavra". O salmista vê os fenômenos da natureza agindo não de forma independente, mas cumprimento o propósito do Criador. Tanto os relâmpagos que riscam os céus, como as saraivadas da tempestade; tanto a neve que cai no inverno como o vapor que sobe da terra, bem como os ventos procelosos, todos em sintonia devem compor essa grande orquestra de adoração ao Criador.

Em terceiro lugar, *o louvor dos montes e florestas* (148:9). "Montes e todos os outeiros, árvores frutíferas e todos os cedros". O salmista conclama os picos mais altos e os montes mais baixos, bem como as árvores frutíferos e aqueles que servem para as construções dos homens, a louvarem ao Senhor.

Em quarto lugar, *o louvor dos animais* (148:10). "Feras e gados, répteis e voláteis". Animais terrestres, sejam domésticos ou selvagens, devem louvar ao Criador. De igual modo, todas as aves que voam pelo espaço devem se unir a esse coral cósmico para adorar ao Senhor.

Em quinto lugar, *o louvor dos governantes e governados* (148:11). "Reis da terra e todos os povos, príncipes e todos os juízes da terra". O salmista deixa, agora, os animais irracionais, volta-se para os reis da terra e todos os povos conclamando a todos ao louvor. Todas as classes sociais devem louvar ao Senhor. Reis e vassalos, juízes e magistrados, servos e chefes, governantes e governados, todos, sem exceção, devem engrossar a fileira dos adoradores. Nas palavras de Spurgeon, "agora o poeta chegou à nossa própria raça, e de maneira muito apropriada ele deseja que governantes e súditos, líderes e magistrados, se unam em adoração ao Senhor soberano de todos".[12]

Em sexto lugar, *o louvor de todos os gêneros e faixas etárias* (149:12). "Rapazes e donzelas, velhos e crianças". O louvor ao Senhor deve ser prestado por todos os gêneros e por todas as faixas etárias. Ninguém está dispensado. Nas palavras de Warren Wiersbe, "seja homem ou mulher, jovem ou velho, famoso ou anônimo, todos podem conhecer o Senhor e louvá-lo".[13]

O louvor a Deus na igreja (148:13,14)

Duas verdades preciosas são destacadas aqui.

Em primeiro lugar, *a dignidade daquele que é louvado* (148:13). "Louvem o nome do SENHOR, porque só o seu nome é excelso; a sua majestade é acima da terra e do céu". O salmista destaca que o Deus adorado tem um nome incomparável. Sendo o criador, sua majestade é maior do que as maiores glórias das criaturas. Nas palavras de Allan Harman, "o esplendor do Criador excede infinitamente ao da criação".[14] O nome do Senhor é Yahweh (Javé), um nome de grande em poder e eficácia, um nome que tem algumas vogais, sem as quais nenhuma linguagem pode ser expressa; um nome que tem também três silabas, indicando a Trindade de Pessoas, a eternidade de Deus, Um em Três e Três em Um.[15]

Em segundo lugar, *os privilégios da igreja que louva* (148:14). "Ele exalta o poder do seu povo, o louvor de todos os seus santos, dos filhos de Israel, povo que lhe é chegado. Aleluia!". Este versículo ensina-nos quatro verdades sublimes.

Primeiro, *Deus exalta o seu poder.* Embora Deus conheça a nossa estrutura e saiba que somos pó, em Cristo somos o povo mais poderoso do mundo (Ef 1:19-23).

Segundo, *Deus os separa do mundo.* Os santos são aqueles que foram separados do mundo para estarem no mundo, mas sem serem do mundo, para serem testemunhas no mundo. Somos propriedade exclusiva de Deus. Spurgeon diz, com razão, que "aqueles que são filhos do privilégio devem ser filhos do louvor".[16]

Terceiro, *Deus os adota como filhos.* Como filhos de Israel, somos filhos de Deus, adotados em sua família. Temos Deus como nosso Pai e Jesus como nosso irmão mais velho. Oh! Que privilégio pertencermos à família de Deus!

Quarto, *Deus lhes dá a conhecer sua intimidade.* Somos o povo achegado ao Senhor, que desfruta da sua intimidade. Concordo com Derek Kidner quando diz que esse é o ponto culminante do salmo, como também o é do evangelho: "Eis o tabernáculo de Deus com os homens. Deus habitará com eles. Eles serão povos de Deus" (Ap 21:3).[17] Spurgeon acrescenta: "Esta proximidade deve nos incentivar à adoração perpétua, pois os eleitos do Senhor são os filhos do seu amor, os cortesões do seu palácio, os sacerdotes do seu templo, e por isso devem, mais do que todos os outros, estar cheios de reverência por Ele e ter prazer nele".[18]

Concluímos com as palavras de Spurgeon, citadas por Arival Dias Casimiro:

> Este salmo é uma profecia gloriosa daquele dia vindouro, quando não somente o conhecimento do Senhor será espalhado por toda a terra, como as águas cobrem o mar, mas de todo objeto criado no céu e na terra, animada ou inanimada, desde o mais alto arcanjo até cada grau e fase do ser, até o mais ínfimo átomo — jovens homens e donzelas, velhos e crianças, e todos os reis, príncipes e juízes da terra se unirão neste hino cósmico para o louvor do Redentor (Ap 5:11-14).[19]

Notas

1. MacDonald, William. *Believer's Bible Commentary*. Westmont: IVP Academic, 1995, p. 780
2. Kidner, Derek. *Salmos 73—150: introdução e comentário*. São Paulo: Vida Nova, 2006, p. 492.
3. Purkiser, W. T. "O livro de Salmos". In: *Comentário bíblico Beacon*, vol. 3. Rio de Janeiro: CPAD, 2015, p. 333.
4. Wiersbe, Warren W. *Comentário bíblico expositivo*, vol. 3. São Paulo: Geográfica, 2006, p. 356,357.
5. Harman, Allan. *Salmos*. São Paulo: Cultura Cristã, 2011, p. 474.
6. Spurgeon, Charles H. *Os tesouros de Davi*, vol. 3. Rio de Janeiro: CPAD, 2017, p. 1107.
7. Kidner, Derek. *Salmos 73—150: introdução e comentário*, p. 492.
8. Spurgeon, Charles H. *Os tesouros de Davi*, vol. 3, p. 1108.
9. Harman, Allan. *Salmos*, p. 475.
10. Ibidem, p. 475.
11. Spurgeon, Charles H. *Os tesouros de Davi*, vol. 3, p. 1109.
12. Ibidem, p. 1110.
13. Wiersbe, Warren W. *Comentário bíblico expositivo*, vol. 3, p. 357.
14. Harman, Allan. *Salmos*, p. 475.

[15] SPURGEON, Charles H. *Os tesouros de Davi*, vol. 3, p. 1121.
[16] Ibidem, p. 1111.
[17] KIDNER, Derek. *Salmos 73—150: Introdução e comentário*, p. 493.
[18] SPURGEON, Charles H. *Os tesouros de Davi*, vol. 3, p. 1111.
[19] CASIMIRO, Arival Dias. *O livro dos louvores 2*. Santa Bárbara d'Oeste: Z3, 2019, p. 64.

Capítulo 148

O poder através do louvor

(Sl 149:1-9)

ESSE É O QUARTO salmo de Aleluia, e ele continua a doxologia que começou no salmo 146. Como diz Warren Wiersbe, "a atividade mais importante da igreja é a adoração a Deus; é isso que continuaremos a fazer no céu por toda a eternidade".[1] O foco do louvor nesse salmo é Deus como Rei e Guerreiro. A linguagem bélica dos versículos 6 a 9 sugerem que o cântico era entoado na celebração de um vitória obtida em batalha.[2] A *Bíblia de Estudo NVI* diz que este é um salmo pós-exílico que revela a honra incomparável de Israel em dois aspectos: Para Israel, foi outorgada a salvação; e, ainda, a nação foi armada para executar a sentença divina de juízo contra as potências mundiais que desferiram seus ataques contra o reino de

Deus.³ Purkiser, nessa mesma linha de pensamento, diz que este breve salmo apresenta disposições de ânimo fortemente contrastantes em suas duas esferas. Vemos uma bela convocação para a adoração (149:1-5) e uma forte nota de julgamento contra os inimigos do povo de Deus (149:6-9).⁴ Vejamos.

Que os santos cantem ao seu Criador, que neles se agrada (149:1-5)

Destacamos quatro verdades importantes.

Em primeiro lugar, *uma convocação para o louvor* (149:1). "Aleluia! Cantai ao Senhor um novo cântico e o seu louvor, na assembleia dos santos". O salmo começa e termina com a palavra Aleluia. Charles Swindoll diz que "Aleluia" é uma palavra composta, formada de dois termos menores — *halal*, que significa "gloriar", e *yad*, uma versão encurtada de Yahweh, o nome pessoal de Deus. Ao colocá-los em conjunto, o significado exato de *aleluia* é o mandamento: "glorie-se no Senhor (Yahweh)!" Assim, sempre que dizemos *Aleluia*, estamos afirmando: "Demos glória e louvor ao Senhor — e a mais ninguém!".⁵

A ordem é cantar ao Senhor um novo cântico. Não se trata apenas de um hino composto agora, mas um hino que tem um novo conhecimento de Deus. Infelizmente, como diz Spurgeon, "os homens gostam mais de fazer novas queixas do que cantar um novo cântico".⁶ Esse cântico deve ser entoado na assembleia dos santos. Se os santos são preciosos para Deus, uma assembleia de santos é um baú cheio de joias. Porque Deus está no meio dos seus santos, devemos desejar ardentemente estar, também, no meio deles. Concordo com Spurgeon quando escreve: "Quando os santos se encontram, adoram o Santo. Os santos não se reúnem para se divertir com música nem para exaltarem uns aos outros, mas para cantarem o louvor daquele a quem os santos pertencem. Uma congregação de santos é o próprio céu sobre a terra".[7]

Em segundo lugar, *uma expressão de júbilo diante do Criador e Rei* (149:2,3). "Regozije-se Israel no seu Criador, exultem no seu Rei os filhos de Sião. Louvem-lhe o nome com flauta; cantem-lhe salmos com adufe e harpa". Deus criou Israel como uma nação santa e soberana no tempo do êxodo, e no Sinai Ele governa sobre o povo. Essas são amplas razões para uma alegre adoração, por isso o salmista convida Israel a celebrar ao Senhor com entusiasmo e efusiva alegria, pois Ele deve ser louvado com as vozes e com os instrumentos.

Em terceiro lugar, *quando Deus se agrada do seu povo e adorna de salvação os humildes* (149:4). "Porque o SENHOR se agrada do seu povo e de salvação adorna os humildes". Deus se agrada do seu povo não por causa de seus méritos, mas apesar de seus deméritos. A causa do agrado de Deus por seu povo está no próprio Deus, que escolheu seu povo não porque era maior ou melhor, mas apesar de ser o menor e o mais fraco. Assim também o Senhor nos vê em seu Filho, e por isso somos preciosos para Ele. Somos a menina dos seus olhos, somos a sua delícia, em quem Ele tem todo o seu prazer. Porque nos amou com amor eterno, Ele nos adornou com as vestes alvas da salvação, porque colocou o seu coração em nós, Ele nos orna e nos adorna com as roupagens festivas da salvação. Nessa mesma linha de pensamento, Spurgeon escreve:

> Que condescendência é esta, por parte do Senhor, notar, amar e se agradar dos seus eleitos! Certamente não há nada em nossa pessoa, nem em nossos atos, que pudesse agradar ao Sempre Bendito, não fosse pelo fato de que Ele é condescendente com os homens de menor condição. A ideia de que o Senhor se agrade de nós é uma mina inesgotável de alegria.[8]

Deus não apenas se agrada do seu povo, mas Ele de salvação adorna os humildes. Ele os salva e os santifica; justifica-os e os glorifica. A beleza de Cristo é esculpida neles, pois são transformados de glória em glória na imagem de Cristo (leia 2Co 3:18). Nas palavras de Spurgeon, "eles usam a beleza da santidade e a beleza de uma alegria, que brota da plena salvação".[9]

Em quarto lugar, *quando o culto é uma expressão pública e privada de louvor* (149:5). "Exultem de glória os santos, no seu leito cantem de júbilo". Vemos aqui a adoração pública e a adoração particular, mas a primeira não deve apagar suas luzes e cessar quando o adorador retornar ao recesso do seu lar; em outras palavras, devemos adorar a Deus em todo lugar, em todo tempo, tanto em público como no privado, lembrando que o louvor não está restrito à liturgia do templo. O nosso leito, no interior do nosso quarto, pode ser o Santo do Santos, onde encontramos em Deus o mais puro deleite da adoração. Nossa cama pode ser convertida em trono e nosso recesso em arrebatador triunfo. Nas palavras de Allan Harman,

> o leito inundado de lágrimas (6:6) se destina a ser substituído por cânticos noturnos (Sl 42:8; 77:6), e as noites de tristeza se destinam a ser substituídas por noites de cântico.[10]

Que os santos exultem pela honra de participar do julgamento de Deus (149:6-9)

Allan Harman diz, com razão, que o contraste entre as duas partes principais do salmo é muito agudo, mas ele procede das duas classes de pessoas aqui descritas. Nos versículos 1-5, é o povo de Deus que está em pauta; aqui, é outro povo, que não reconhece o senhorio do Deus de Israel e que tem uma sentença de juízo pendente contra ele. Prova disso é que o hebraico usa palavras diferentes para "povo" (v. 4) e "povos" (v. 7).[11] Enquanto Deus adorna de salvação os humildes e se deleita no seu povo, Ele manifesta o seu juízo aos povos.

Como diz Warren Wiersbe, o livro de Apocalipse, em sintonia com esse salmo, deixa claro que a guerra e a adoração andam juntas. Satanás sempre quis ser adorado (Is 14:12-15) e está disposto a pagar por isso (Mt 4:8-11), por isso sempre trabalha para seduzir o mundo a lhe prestar culto (Ap 13:1-8). Nesse contexto, a igreja é um exército, e este mundo é um campo de batalha. Certamente há uma luta em andamento pela alma dos pecadores (Mt 16:17,18; Ef 6:10-20; 2Ts 2:3,4; 2Co 10:3-5). Jesus Cristo, o Príncipe da Paz (Is 9:6), também é o Guerreiro Conquistador (Sl 45:3-7; Ap 19:11-21), e, como os trabalhadores no tempo de Neemias, devemos ter tanto ferramentas para construir quanto espadas para lutar (Ne 4:17,18). Nossas armas são a oração, a Palavra e o louvor.[12]

Infelizmente, na época de Lutero, Thomas Munzer usou esses versículos para inflamar a Guerra dos Camponeses, incitando-os a se insurgirem e matarem seus senhores para instaurar o reino de Deus. Algumas gerações depois, Caspar Scloppius usou o mesmo texto na Guerra dos Trinta

Anos (1618-1648) para instar os católicos a derrotarem os príncipes luteranos. Contudo, a igreja deve se lembrar que "as armas da nossa milícia não são carnais, mas poderosas em Deus para destruir fortalezas e anular sofismas" (2Co 10:4), e a espada que os cristãos empunham é a Palavra de Deus (Ef 6:17; Hb 4:12).[13] Sobre isso, destacamos três pontos importantes.

Em primeiro lugar, *o louvor como arma da guerra* (149:6). "Nos seus lábios estejam os altos louvores de Deus, nas suas mãos, espada de dois gumes". Há aqui uma combinação entre o corista e o guerreiro. Nas palavras de Spurgeon, "a vida cristã é uma combinação de adoração e conflito".[14] O louvor é arma de guerra, e nós somos um exército de soldados que canta. Os altos louvores dos lábios se juntam às mãos manejando a espada de dois gumes, que é a Palavra de Deus. Louvor e Palavra foram as armas usadas pelo rei Josafá para triunfar na batalha contra uma coalisão de inimigos que estava na iminência de atacar Jerusalém (2Cr 20:1-22). A nossa espada de dois gumes é a Palavra de Deus, criada para "destruir fortalezas; anulando sofismas e toda altivez que se levante contra o conhecimento de Deus". Charles Swindoll diz que a imagem visual deste versículo é a de um trabalhador que segura uma colher de pedreiro em uma das mãos e uma espada na outra. Em outras palavras de incentivo: "Não baixe a guarda, não desanime e não desista! A vitória é inevitável para aqueles que permanecem fiéis".[15]

Em segundo lugar, *o louvor como instrumento de vingança* (149:7). "Para exercer vingança entre as nações e castigo sobre os povos". O alegre louvor a Deus é interrompido com convocações pela "vingança" e "castigo" de Deus. A vingança aqui mencionada é o justo castigo de Deus contra os que têm atacado o seu reino (58:10; 79:10; 94:1). Deus usa o seu povo para julgar as nações, e um dos exemplos mais notáveis extraídos das Escrituras é o juízo imposto aos cananeus na época de Josué, quando Deus usou os filhos de Israel para executar seu juízo sobre esse povo (Nm 33:50-56). Mais tarde, Israel tomou vingança contra os filisteus, moabitas, amonitas e outros (2Sm 8) e aplicou a punição sobre esses povos por tudo de errado que haviam cometido contra o povo de Deus.

Na época do Novo Testamento, porém, o povo de Deus está armado com a "espada do Espírito" para vencer as forças organizadas contra o reino de Deus (2Co 6:7; 10:4; Ef 6:12,17; Hb 4:12), por isso sua participação no castigo divino contra o mundo é deixada para o derradeiro juízo (1Co 6:2,3). Matthew Henry diz que Cristo nunca desejou que seu evangelho fosse difundido pela espada e pelo fogo, e que sua justiça fosse aplicada pela fúria do homem. Quando os altos louvores de Deus estão em nossa boca, devemos ter também o ramo de oliveira da paz em nossas mãos, tendo em mente que as vitórias do Messias ocorrem pelo poder de seu evangelho e de sua graça exercido sobre inimigos espirituais, contra os quais todos os crentes são mais do que conquistadores.[16] Os cristãos não têm a comissão de vingança; eles só podem executar o mandamento da misericórdia. É óbvio, portanto, que o versículo em pauta olha para a frente e chama a atenção para esta expectativa de que um dia os fiéis serão agentes do juízo de Deus pelo mundo (1Co 6:2,3; Jd 14,15; Ap 19:14).

Em terceiro lugar, *o louvor como instrumento de prisão dos reis* (149:8,9). "Para meter os seus reis em cadeias e os seus nobres, em grilhões de ferro; para executar contra eles a sentença escrita, o que será honra para todos os seus santos.

Aleluia!". Spurgeon diz que os maiores inimigos do Senhor e do seu povo se tornam imponentes e são reduzidos à vergonha. Os principais poderes do mal são restringidos e, no final, destruídos. Os que fizeram cativos os piedosos serão feitos cativos, uma vez que os poderes do mal não podem prender o nosso Rei, mas, pelo seu poder, o rei deles será preso com uma grande cadeia e encerrado no abismo para ser pisado sob os pés dos santos[17]. N. T. Wright diz que este penúltimo salmo forma um grande círculo com o salmo 2, logo no início da coletânea, no qual o rei vindouro, celebrado por Yahweh como "meu filho", receberá nações como sua herança, transformando suas ameaças e zombarias em respeito e obediência.[18]

O Apocalipse, apesar de todos os quadros flamejantes do julgamento final, descreve a vitória da igreja com alguma coisa em harmonia com a do Calvário. "Eles, pois, o venceram por causa do sangue do Cordeiro e por causa da palavra do testemunho que deram, e, mesmo em face da morte, não amaram a própria vida" (Ap 12:11).[19]

O texto conclui dizendo que o juízo divino sobre os inimigos será honra para todos os santos, e essa é a vindicação da santidade de Deus, uma vez que a alegria dos santos não está na ruína dos inimigos, mas da manifestação da glória de Deus. Concordo com Spurgeon quando diz que todas as outras glórias e honras não passam de coisas fracas e insignificantes. Deus é a sua glória, e eles são honrados com sua bendita presença, honrados com sua visão, com seus abraços; eles o veem e desfrutam dele. Essa é a própria glória de sua honra, o cume e o ápice de tudo, pois na sua presença há plenitude de alegria e delícias perpetuamente (Sl 16:11). Essa é a honra promovida à glória eterna.[20]

Notas

[1] WIERSBE, Warren W. *Comentário bíblico expositivo*, vol. 3. Geográfica, 2006, p. 358.
[2] *BÍBLIA DE ESTUDO DE GENEBRA*. São Paulo: Cultura Cristã/Sociedade Bíblica do Brasil. 2009, p. 804.
[3] *BÍBLIA DE ESTUDO NVI*. São Paulo: Vida, 2000, p. 1047.
[4] PURKISER, W. T. "O livro de Salmos". In: *Comentário bíblico Beacon*, vol. 3. Rio de Janeiro: CPAD, 2015, p. 335.
[5] SWINDOLL, Charles R. *Vivendo Salmos*. Rio de Janeiro: CPAD, 2018, p. 300.
[6] SPURGEON, Charles H. *Os tesouros de Davi*, vol. 3. Rio de Janeiro: CPAD, 2017, p. 1124.
[7] SPURGEON, Charles H. *Os tesouros de Davi*, vol. 3, p. 1124.
[8] Ibidem, p. 1125.
[9] Ibidem, p. 1125.
[10] HARMAN, Allan. *Salmos*. São Paulo: Cultura Cristã, 2015, p. 477.
[11] HARMAN, Allan. *Salmos*, p. 477.
[12] WIERSBE, Warren W. *Comentário bíblico expositivo*, vol. 3, p. 359.
[13] *BÍBLIA DE ESTUDO DA REFORMA*. São Paulo: Sociedade Bíblica do Brasil, 2017, p. 992.
[14] SPURGEON, Charles H. *Os tesouros de Davi*, vol. 3, p. 1135.
[15] SWINDOLL, Charles R. *Vivendo Salmos*, p. 306.
[16] HENRY, Matthew. *Bíblia de estudo Matthew Henry*. Rio de Janeiro: Central Gospel, 2014, p. 940,941.
[17] SPURGEON, Charles H. *Os tesouros de Davi*, vol. 3, p. 1126.
[18] WRIGHT, N. T. *Salmos*. Rio de Janeiro: Thomas Nelson, 2020, p. 137.
[19] KIDNER, Derek. *Salmos 73—150: Introdução e comentário*. São Paulo: Vida Nova, 2006, p. 494.
[20] SPURGEON, Charles H. *Os tesouros de Davi*, vol. 3, p. 1134.

Capítulo 149

Louve ao Senhor

(Sl 150:1-6)

Esse é o último salmo de Aleluia e o último salmo do Saltério. Começa e termina com a mesma palavra hebraica, *Halellu Yah*! Ao encerrar o Saltério, esse salmo convoca "todo ser que respira" a louvar ao Senhor com todo tipo de instrumento musical.

Esse salmo serve de doxologia final do livro todo, quando o adorador louva ao Senhor com seus lábios, com seus instrumentos e com seu corpo, e parece descrever uma procissão festiva. Purkiser registra que o salmo é a ilustração mais abrangente e bela do perfeito louvor de todo o Saltério. Trata-se da maior sinfonia de louvor a Deus já escrita na terra.[1]

Nessa mesma linha de pensamento, Allan Harman diz que, com toda probabilidade, esse salmo foi composto como a doxologia final para especificamente encerrar o Saltério.[2] É digno de nota que todos os cinco livros do Saltério terminam com uma palavra de louvor, mas este último termina apoteoticamente com um salmo inteiro dedicado ao louvor (Sl 41:13; 72:18,19; 89:52; 106:48; 150:1-6).

No salmo 150, a palavra *Hallely Yah*, Aleluia, ou Louvai ao Senhor é repetida 13 vezes. Há um "Aleluia" para cada tribo de Israel. Assim, o convite final ao louvor avança poderosamente por etapas, de locais para temas e da orquestra para o coro universal. Como já afirmamos, esse salmo encerra não apenas o quinto livro do Saltério, mas todo o livro de salmos. O poema inteiro é um jorro caudaloso de Aleluias. São torrentes que brotam do céu e emanam da terra, afirmando que o Senhor deve ser louvado tanto no firmamento como no santuário, tanto no céu como na terra, tanto pelos anjos como pelos homens.

O comentarista bíblico Allan Harman diz corretamente que o salmo 1 forma uma introdução apropriada do Saltério; sendo assim o salmo 150 avança para o final de toda a coleção.[3] Quatro perguntas essenciais são respondidas por esse poema. Vejamos.

Onde louvar ao Senhor? (150:1)

O salmista escreve: "Aleluia! Louvai a Deus no seu santuário; louvai-o no firmamento, obra do seu poder" (150:1). A abertura desse salmo convoca a terra e o céu para o louvor. Céu e terra se destinam a unir-se em adoração jubilosa, cantando as demonstrações de sua grande força e seu majestoso poder. Assim, tanto a criação como a redenção estão em pauta.[4] O foco do louvor e da adoração, porém, não é o adorador e suas necessidades. O objeto da adoração é Deus, seu poder e sua glória.[5]

Aqui, os membros da congregação convidam uns aos outros a louvar a Deus no seu santuário, onde estão reunidos para o culto e onde Deus manifesta a sua presença. O santuário era o tabernáculo e, mais tarde, o templo de Jerusalém, onde os sacerdotes e levitas dirigiam o povo no louvor a Deus. Embora Deus não habite em santuários feitos por mãos humanas (At 17:24,25), Ele está presente onde seu povo se reúne para adorá-lo, pois Ele habita no meio dos louvores (22:3).

O convite para louvar a Deus no firmamento pode estar dirigido aos anjos e luzeiros, convidando-os a se unirem no louvor. Mas a palavra "firmamento" significa também a vastidão do céu (Sl 11:4; 148:1; Gn 1:6), onde os anjos e os espírito dos justos aperfeiçoados (Sl 148:1-7; Hb 12:23) habitam. Outrossim, significa a esfera onde o poder de Deus reside, e é em geral considerado uma referência ao templo de Deus no céu (11:4), mas pode ainda significar a abóboda celeste do universo visível, que aos olhos humanos parece ser um templo cósmico.[6] Aqui, os locais terrenos e celestiais do culto são mencionados juntos. Nas palavras de Spurgeon, "o louvor começa em casa, por isso o santuário deve estar cheio de louvor e avança para os páramos celestiais".[7]

Por que louvar ao Senhor? (150:2)

As razões para o louvor são dadas pelo salmista neste versículo 2. Destacamos dois pontos aqui.

Em primeiro lugar, *o Senhor deve ser louvado pelos seus feitos poderosos* (150:2a). "Louvai-o pelos seus poderosos feitos...". Deus deve ser louvado pelo que tem feito. As obras de Deus merecem nossos maiores encômios. Oh, os homens não têm voz suficiente para exaltar a Deus pela grandeza excelsa de seus feitos! Nunca pagaremos a dívida dos poderosos feitos de Deus em nosso favor, pois, por meio deles, Deus nos redimiu em Cristo e nos trouxe à fé. Devemos louvar ao Senhor pelo que Ele tem feito por nós, em nós e por meio de nós. Matthew Henry diz que devemos louvar ao Senhor pelo poder de sua graça, por tudo aquilo que Ele fez na criação, no governo e na redenção do mundo, pelos filhos dos homens em geral e por sua igreja e seus filhos em particular.[8]

Ao nos concentrarmos na história da redenção e voltarmos os olhos para o passado, nos registros do Antigo Testamento, contemplamos os grandes feitos de Deus no êxodo do Egito, na conquista da Terra Prometida, na expansão do reino de Davi, na libertação dos judeus da Babilônia e na restauração de Israel como nação. Olhando para os registros do Novo Testamento, contemplamos os grandes feitos de Deus na encarnação do Verbo, nos seus ensinos verdadeiros, nos seus milagres portentosos, na sua morte vicária, na sua ressurreição poderosa, na sua ascensão vitoriosa e na expansão da sua igreja até aos confins da terra. Nossos lábios jamais devem cessar de louvar ao Senhor por esses gloriosos feitos.

Em segundo lugar, *o Senhor deve ser louvado pela sua grandeza* (150:2b). "[...] louvai-o consoante a sua muita grandeza". Não apenas as obras de Deus, mas também o próprio ser de Deus deve nos mover ao louvor. Devemos louvar a Deus pelo que Ele tem feito e adorá-lo por quem Ele é. Devemos louvá-lo consoante a sua muita grandeza, que pode ser observada em seu ser incomparável, uma vez que Deus é autoexistente, imenso, infinito, eterno, imutável, onisciente, onipresente, onipotente, transcendente e soberano. Ele é espírito. Ele é luz. Ele é amor. Ele é santo e justo, fiel e verdadeiro, bondoso e compassivo, tardio em irar-se e grande em benignidade.

Como louvar ao Senhor? (150:3-5)

Muito embora a voz humana seja o mais perfeito instrumento musical, o Senhor se agrada também do uso de instrumentos na adoração ao seu santo nome; portanto, toda a orquestra está aqui envolvida no louvor. O salmista passa a mostrar, então, como Deus deve ser louvado: "Louvai-o ao som da trombeta; louvai-o com Saltério e com harpa. Louvai-o com adufes e danças; louvai-o com instrumentos de cordas e com flautas. Louvai-o com címbalos sonoros; louvai-o com címbalos retumbantes" (150:3-5).

Três tipos de instrumentos musicais foram empregados no louvor a Deus: instrumentos de sopro (que incluem a trombeta e as flautas), de cordas (que incluem o Saltério e a harpa) e de percussão (que incluem adufes e os címbalos sonoros e retumbantes).[9] Vemos, portanto, aqui, uma orquestra completa! A adoração a Deus não é apenas grande demais para todas as vozes, mas é, também, grande demais para todos os instrumentos, e essa adoração merece a plena expressão da energia e da devoção humana, com instrumentos tão variados como trombetas, harpas, instrumentos de cordas, flautas e címbalos.

Quem deve louvar ao Senhor? (150:6)

Essa orquestra de todas as vozes, com todos os instrumentos, prepara o *grand finale*, onde todo ser que respira (homens, animais voláteis, aquáticos e terrestres são convocados ao louvor (Sl 148:7-12). O salmista escreve: "Todo ser que respira louve ao SENHOR" (150:6).

Allan Harman diz que, muito embora a expressão hebraica usada aqui, *neshamah,* denote particularmente "seres humanos", ela é usada mais amplamente para todas as criaturas vivas (Gn 7:21,22).[10] N. T. Wright corrobora ao dizer que:

> Todo o ser que respira é convocado a louvar a Yahweh de todo o coração. Afinal, a vida se origina do sopro de Deus, sendo sua prerrogativa de dar, tirar, e tornar a dar esse mesmo fôlego (Sl 104:29,30) [...]. Em salmos, criaturas que louvam a Deus são criaturas físicas, materiais. Seus corpos não representam armários físicos irrelevantes onde as partes verdadeiramente "espirituais" estão guardadas. A matéria é relevante; na verdade, é tão relevante que Deus se tornou humano e, na ressurreição, inaugurou essa matéria transformada, essa fisicalidade imortal, à qual o livro de salmos remete antecipadamente.[11]

Este imperativo final ao louvor no Saltério tem seu eco numa visão do livro de Apocalipse. O apóstolo João diz: "Então, ouvi que toda criatura que há no céu e sobre a terra, debaixo da terra e sobre o mar, e tudo o que neles há, estava dizendo: Àquele que está sentado no trono e ao Cordeiro, seja o louvor, e a honra, e a glória, e o domínio pelos séculos dos séculos" (Ap 5:13).

O salmo 150 termina, portanto, de forma apoteótica e arrebatadora, com um sonoro Aleluia! Louvem ao Senhor! Nas palavras de Leupold, "um livro de hinos e orações como o de salmos deveria terminar com uma nota de triunfo e vitória".[12] Concluo com as palavras de N. T. Wright: "Deus nos dá esses poemas, o livro de salmos, como um dom, a fim de que, ao fazermos deles nossa oração e canção, tornemo-nos o dom de Deus para o seu mundo. Somos chamados a ser poemas que vivem, respiram, oram e cantam".[13]

Notas

[1] Purkiser, W. T. "O livro de Salmos". In: *Comentário bíblico Beacon*, vol. 4. Rio de Janeiro: CPAD, 2015, p. 336.
[2] Harman, Allan. *Salmos*. São Paulo: Cultura Cristã, 2011, p. 477.
[3] Harman, Allan. *Salmos*, p. 477,478.
[4] Ibidem, p. 478.
[5] Wiersbe, Warren W. *Comentário bíblico expositivo*, vol. 3. São Paulo: Geográfica, 2006, p. 360.
[6] *Bíblia de Estudo NVI*. São Paulo: Vida, 2000, p. 1048.
[7] Spurgeon, Charles H. *Os tesouros de Davi*, vol. 3. Rio de Janeiro: CPAD, 2017, p. 1136.
[8] Henry, Matthew. *Bíblia de Estudo Matthew Henry*. Rio de Janeiro: Central Gospel, 2014, p. 941.
[9] Purkiser, W. T. "O livro de Salmos", p. 336.
[10] Harman, Allan. *Salmos*, p. 478.
[11] Wright, N. T. *Salmos*. Rio de Janeiro: Thomas Nelson, 2020, p. 137,138.
[12] Leupold, H. C. *Exposition of the Psalms*. Grand Rapids: Baker Book House, 1969, p. 1006.
[13] Wright, N. T. *Salmos*, p. 39.

Sua opinião é importante para nós.
Por gentileza, envie-nos seus comentários pelo e-mail:

editorial@hagnos.com.br

Visite nosso site:

www.hagnos.com.br